金融业务实务与技能丛书

张同庆 编著

信托业务
风险管理与案例分析

XINTUO YEWU
FENGXIAN GUANLI YU ANLI FENXI

第 2 版

中国法制出版社
CHINA LEGAL PUBLISHING HOUSE

目 录

第一章 信托公司风险管理概论 ……………………………… 1

第一节 风险管理概论 ……………………………………… 1
一、风险管理概述 ………………………………………… 1
二、风险管理体系 ………………………………………… 3
三、风险管理类型 ………………………………………… 7

第二节 公司法人治理结构 ………………………………… 10
一、基本原则 ……………………………………………… 10
二、股东及股东会 ………………………………………… 10
三、董事及董事会 ………………………………………… 12
四、监事及监事会 ………………………………………… 14
五、高级管理层 …………………………………………… 14

第三节 内部控制与内审稽核 ……………………………… 16
一、控制环境 ……………………………………………… 16
二、业务控制 ……………………………………………… 18
三、其他方面控制 ………………………………………… 23
四、内部控制评价 ………………………………………… 26

第四节 资产风险分类 ……………………………………… 27
一、资产风险分类概述 …………………………………… 27
二、资产风险分类的范围 ………………………………… 27
三、资产风险分类的标准 ………………………………… 28

第五节 全面风险管理报告 ………………………………… 31
一、经营情况综述 ………………………………………… 31

二、信托业务创新情况 ··· 35
　　三、风险管理与内控制度建设 ··· 36
　　四、监管检查与监管政策分析 ··· 38
　　五、宏观经济金融政策分析 ·· 40
　第六节　尽职调查报告格式与指引 ··· 42
　　一、尽职调查报告基本要求 ·· 42
　　二、信托计划概况 ·· 42
　　三、项目调查过程记录 ··· 43
　　四、交易对手基本情况 ··· 43
　　五、投资方案 ·· 44
　　六、销售方案 ·· 45
　　七、风险分析及风险防范措施 ··· 45
　　八、合规性分析 ··· 46
　　九、综合效益分析 ·· 46
　　十、项目调查结论 ·· 46
　第七节　项目操作流程管理 ·· 46
　　一、项目审批流程 ·· 46
　　二、合同审批及用印流程 ·· 47
　　三、项目推介、成立流程 ·· 48
　　四、投后管理与项目清算 ·· 49
　第八节　信托行业稳定机制 ·· 50
　　一、净资本管理 ··· 50
　　二、生前遗嘱及资本补充机制 ··· 51
　　三、信托业保障基金 ·· 52
　第九节　信托公司监管评级与行业评级 ·· 55
　　一、信托公司监管评级 ··· 55
　　二、信托公司行业评级 ··· 55

第二章　资本市场投资信托业务风险管理与案例分析 ························· 63
　第一节　基本业务综述 ·· 63

一、业务概述 ……………………………………………………… 63
　　二、基本业务模式 ………………………………………………… 64
　　三、产品分类 ……………………………………………………… 66
第二节　资本市场投资信托业务风险控制措施 ……………………… 69
　　一、监管指引 ……………………………………………………… 69
　　二、投资策略 ……………………………………………………… 70
　　三、投资决策 ……………………………………………………… 73
　　四、风险监控 ……………………………………………………… 74
　　五、风险类型 ……………………………………………………… 75
第三节　产品估值方法 …………………………………………………… 77
　　一、估值的基本原则 ……………………………………………… 77
　　二、估值的基本方法 ……………………………………………… 77
　　三、具体投资品种的估值方法 …………………………………… 78
　　四、停牌股票的估值方法 ………………………………………… 79
第四节　股指期货交易 …………………………………………………… 81
　　一、股指期货概述 ………………………………………………… 81
　　二、股指期货交易参与方资质条件 ……………………………… 82
　　三、信托公司股指期货交易业务规则 …………………………… 84
第五节　受托境外理财信托业务 ………………………………………… 85
　　一、基本业务模式 ………………………………………………… 85
　　二、相关参与方资质 ……………………………………………… 86
　　三、投资范围和投资比例 ………………………………………… 89
　　四、外汇管理与外汇账户 ………………………………………… 91
第六节　实务案例分析 …………………………………………………… 93
　　一、ZY1号集合资金信托计划 …………………………………… 93
　　二、XYZ海外债券市场投资集合资金信托计划（QDII）……… 99

第三章　房地产信托业务风险管理与案例分析 ……………………… 114
　第一节　基本业务综述 ………………………………………………… 114
　　一、基本业务模式 ………………………………………………… 114

二、房地产信托业务监管政策 ································· 119
第二节　房地产开发基本流程 ································· 121
　　一、房地产开发概述 ································· 121
　　二、土地一级开发基本流程 ································· 123
　　三、房屋工程开发基本流程 ································· 130
第三节　房地产开发可行性分析 ································· 137
　　一、规划技术指标 ································· 137
　　二、成本收入指标 ································· 138
　　三、现金流及敏感性分析 ································· 144
第四节　房地产信托业务风险控制措施 ································· 147
　　一、房地产开发开发企业信用风险分析 ································· 147
　　二、信用增级措施 ································· 149
　　三、项目公司管理 ································· 154
　　四、账户监管 ································· 155
　　五、工程监管 ································· 156
　　六、项目销售监管 ································· 157
　　七、房地产预售政策及预售资金监管 ································· 158
第五节　实务案例分析 ································· 160
　　一、鼎新×号项目集合资金信托计划 ································· 160
　　二、RJ集团武汉项目集合资金信托计划 ································· 162
　　三、ZXQH专项资产管理计划 ································· 165
　　四、江城新型城镇化发展基金集合资金信托计划 ································· 171

第四章　资产证券化信托业务风险管理与案例分析 ································· 176
第一节　基本业务综述 ································· 176
　　一、基本交易模式 ································· 176
　　二、交易品种分类 ································· 179
第二节　风险控制与信用增级 ································· 182
　　一、资产证券化业务风险类型 ································· 182
　　二、资产证券化业务风险控制指引 ································· 184

三、资产证券化业务信用增级措施 …… 188

第三节　信贷资产证券化业务准入与规则 …… 190
一、交易主体 …… 190
二、业务规则与风险管理 …… 192
三、税费问题 …… 196
四、资格审批与产品备案 …… 197
五、发行情况 …… 198

第四节　资产支持票据准入与规则 …… 200
一、资产支持票据概述 …… 200
二、参与机构 …… 200
三、基础资产 …… 201
四、投资者保护 …… 201
五、信息披露 …… 202

第五节　证券公司资产证券化业务准入与规则 …… 202
一、特殊目的载体 …… 202
二、基础资产 …… 203
三、参与主体 …… 204
四、发行情况 …… 206
五、设立、备案及信息披露 …… 206

第六节　保险资产支持计划准入与规则 …… 208
一、特殊目的载体 …… 208
二、基础资产 …… 208
三、参与主体 …… 209
四、发行、登记和转让 …… 210
五、风险控制 …… 211
六、信息披露 …… 212

第七节　实务案例分析 …… 213
一、2013年第一期发元信托资产证券化信托资产支持证券 …… 213
二、HLG主题公园入园凭证专项资产管理计划 …… 221

第五章　股权质押融资信托业务风险管理与案例分析 …… 244
第一节　基本业务综述 …… 244
一、股票质押贷款业务 …… 244
二、股票收益权业务 …… 246
三、股票质押式回购交易业务 …… 247
四、交易性股票融资业务 …… 249
第二节　股权质押融资信托业务风险控制措施 …… 250
一、标的股票投资策略 …… 250
二、风险控制指标标准 …… 251
三、风险监控与风险处置 …… 253
第三节　上市公司股票质押登记与处置 …… 254
一、上市公司股票质押登记 …… 254
二、上市公司质押股票处置 …… 256
第四节　标的股票相关问题分析 …… 259
一、限售股类型与处置 …… 259
二、国有股与特种股票 …… 261
第五节　非上市金融股权质押融资业务 …… 262
一、金融机构类型 …… 262
二、非上市金融类股权估值 …… 263
三、出质登记及处置 …… 266
第六节　实务案例分析 …… 270
一、DR 电子股票收益权投资集合资金信托计划 …… 270
二、HSH 银行股权收益权投资集合资金信托计划 …… 273

第六章　工商企业与矿产能源信托业务风险管理与案例分析 …… 284
第一节　基本业务综述 …… 284
一、业务概述 …… 284
二、基本交易模式 …… 285
第二节　工商企业及矿产能源信托风险控制措施 …… 290
一、偿债能力分析 …… 290

二、信用增级措施 ⋯⋯⋯⋯⋯⋯⋯⋯⋯⋯⋯⋯⋯⋯⋯⋯⋯⋯⋯⋯⋯⋯ 294
　第三节　工商企业及矿产能源信托主要担保类型 ⋯⋯⋯⋯⋯⋯⋯⋯⋯ 297
　　一、保证担保 ⋯⋯⋯⋯⋯⋯⋯⋯⋯⋯⋯⋯⋯⋯⋯⋯⋯⋯⋯⋯⋯⋯⋯ 297
　　二、动产质押担保 ⋯⋯⋯⋯⋯⋯⋯⋯⋯⋯⋯⋯⋯⋯⋯⋯⋯⋯⋯⋯⋯ 301
　　三、应收账款质押担保 ⋯⋯⋯⋯⋯⋯⋯⋯⋯⋯⋯⋯⋯⋯⋯⋯⋯⋯⋯ 303
　　四、矿业权抵押 ⋯⋯⋯⋯⋯⋯⋯⋯⋯⋯⋯⋯⋯⋯⋯⋯⋯⋯⋯⋯⋯⋯ 305
　第四节　矿产能源信托风险审查要点 ⋯⋯⋯⋯⋯⋯⋯⋯⋯⋯⋯⋯⋯⋯ 307
　　一、矿产能源企业证照及批复文件 ⋯⋯⋯⋯⋯⋯⋯⋯⋯⋯⋯⋯⋯⋯ 307
　　二、安全生产与环境保护 ⋯⋯⋯⋯⋯⋯⋯⋯⋯⋯⋯⋯⋯⋯⋯⋯⋯⋯ 310
　　三、矿产资源相关税费 ⋯⋯⋯⋯⋯⋯⋯⋯⋯⋯⋯⋯⋯⋯⋯⋯⋯⋯⋯ 312
　第五节　我国矿产资源法律制度体系 ⋯⋯⋯⋯⋯⋯⋯⋯⋯⋯⋯⋯⋯⋯ 315
　　一、矿产资源权利制度 ⋯⋯⋯⋯⋯⋯⋯⋯⋯⋯⋯⋯⋯⋯⋯⋯⋯⋯⋯ 315
　　二、矿产资源勘查开采审批登记制度 ⋯⋯⋯⋯⋯⋯⋯⋯⋯⋯⋯⋯⋯ 318
　　三、矿产资源有偿使用制度 ⋯⋯⋯⋯⋯⋯⋯⋯⋯⋯⋯⋯⋯⋯⋯⋯⋯ 319
　　四、矿产资源规划管理制度 ⋯⋯⋯⋯⋯⋯⋯⋯⋯⋯⋯⋯⋯⋯⋯⋯⋯ 319
　　五、矿产资源储量管理制度 ⋯⋯⋯⋯⋯⋯⋯⋯⋯⋯⋯⋯⋯⋯⋯⋯⋯ 320
　　六、地质资料管理制度 ⋯⋯⋯⋯⋯⋯⋯⋯⋯⋯⋯⋯⋯⋯⋯⋯⋯⋯⋯ 321
　　七、相关术语 ⋯⋯⋯⋯⋯⋯⋯⋯⋯⋯⋯⋯⋯⋯⋯⋯⋯⋯⋯⋯⋯⋯⋯ 321
　第六节　实务案例分析 ⋯⋯⋯⋯⋯⋯⋯⋯⋯⋯⋯⋯⋯⋯⋯⋯⋯⋯⋯⋯ 322
　　一、江城窖酒特定资产收益权投资集合资金信托计划 ⋯⋯⋯⋯⋯⋯ 322
　　二、江城电力建设集团应收账款投资附加回购单一资金信托 ⋯⋯⋯ 326
　　三、江城聚汇煤炭资源产业投资基金1号集合资金信托计划 ⋯⋯⋯ 329

第七章　基础设施信托业务（政信合作）风险管理与案例分析 ⋯⋯⋯⋯ 337
　第一节　基础设施信托业务（政信合作）概述 ⋯⋯⋯⋯⋯⋯⋯⋯⋯⋯ 337
　　一、基础设施建设融资概述 ⋯⋯⋯⋯⋯⋯⋯⋯⋯⋯⋯⋯⋯⋯⋯⋯⋯ 337
　　二、城市基础设施建设类型 ⋯⋯⋯⋯⋯⋯⋯⋯⋯⋯⋯⋯⋯⋯⋯⋯⋯ 344
　第二节　基础设施信托业务（政信合作）类型 ⋯⋯⋯⋯⋯⋯⋯⋯⋯⋯ 345
　　一、土地储备贷款 ⋯⋯⋯⋯⋯⋯⋯⋯⋯⋯⋯⋯⋯⋯⋯⋯⋯⋯⋯⋯⋯ 345
　　二、保障性住房建设 ⋯⋯⋯⋯⋯⋯⋯⋯⋯⋯⋯⋯⋯⋯⋯⋯⋯⋯⋯⋯ 348

三、交通运输设施建设 ······ 354
第三节 基础设施信托业务（政信合作）风险评估与防范 ······ 361
　一、概述 ······ 361
　二、基础设施信托业务（政信合作）风险评估与风险揭示 ······ 362
　三、政府性债务风险指标 ······ 367
　四、地方政府信用风险评价指标 ······ 374
第四节 政府融资平台与地方政府性债务 ······ 376
　一、政府投融资平台公司 ······ 376
　二、地方政府债务问题 ······ 377
　三、融资平台的清理整顿 ······ 382
第五节 政府和社会资本合作业务 ······ 387
　一、政府和社会资本合作模式 ······ 387
　二、政府和社会资本合作操作流程 ······ 389
　三、政府和社会资本合作付费机制 ······ 392
　四、承诺与担保机制与安排 ······ 395
　五、风险承担机制与安排 ······ 396
　六、财政承受能力论证与物有所值评价 ······ 400
第六节 实务案例分析 ······ 404
　一、TJ区域发展基金集合资金信托计划 ······ 404
　二、JL省高速公路集团有限公司股权投资单一资金信托 ······ 410

第八章 股权投资与并购信托业务风险管理与案例分析 ······ 419
　第一节 股权投资信托业务模式 ······ 419
　　一、股权投资信托业务概述 ······ 419
　　二、夹层融资信托业务 ······ 425
　第二节 股权投资信托业务尽职调查与风险控制措施 ······ 428
　　一、目标公司尽职调查 ······ 428
　　二、风险控制措施 ······ 435
　　三、投资增值服务 ······ 441
　　四、投资退出方式 ······ 443

五、估值方法 ·· 446
第三节　并购信托 ·· 448
　　一、并购业务概述 ·· 448
　　二、并购信托业务模式 ·· 452
　　三、并购贷款风险控制措施 ······································ 455
　　四、国有资产转让问题分析 ······································ 458
第四节　股权投资与并购税务问题分析 ································ 461
　　一、股权投资业务税务问题分析 ·································· 461
　　二、并购业务所得税务问题分析 ·································· 462
　　三、并购业务其他税务分析 ······································ 464
第五节　实务案例分析 ·· 466
　　一、江城重工集团并购基金集合资金信托计划 ······················ 466
　　二、江城锦绣股权投资基金信托计划 ······························ 469
　　三、MC足球俱乐部并购贷款担保单一资金信托 ···················· 473

第九章　影子银行与事务管理类信托业务风险管理与案例分析 481
第一节　影子银行业务 ·· 481
　　一、影子银行概述 ·· 481
　　二、事务管理类信托概述 ·· 486
　　三、资金池业务 ·· 487
第二节　事务管理类信托业务主要类型 ································ 488
　　一、银信理财合作业务 ·· 488
　　二、债权资产转让 ·· 490
　　三、商业银行同业业务 ·· 496
　　四、不良资产处置业务 ·· 500

第十章　另类信托业务风险管理与案例分析 505
第一节　公益信托 ·· 505
　　一、公益信托概述 ·· 505
　　二、公益信托设立与审批 ·· 507
　　三、公益信托的终止 ·· 508

第二节　家族信托 ………………………………………………… 510
一、家族财富传承概述 ………………………………………… 510
二、家族信托优势 ……………………………………………… 511
三、我国家族信托发展的问题 ………………………………… 513

第三节　土地流转信托 …………………………………………… 514
一、土地承包经营权流转概述 ………………………………… 514
二、土地承包经营权流转信托业务模式 ……………………… 516
三、农村承包土地经营权抵押贷款 …………………………… 519
四、实务案例分析 ……………………………………………… 520

第四节　艺术品信托 ……………………………………………… 522
一、艺术品信托业务模式 ……………………………………… 522
二、实务案例分析 ……………………………………………… 524

第五节　企业年金基金 …………………………………………… 527
一、企业年金基金概述 ………………………………………… 527
二、企业年金管理机构 ………………………………………… 529
三、企业年金基金投资 ………………………………………… 530
四、企业年金所得税 …………………………………………… 533

第六节　铁路发展基金专项信托 ………………………………… 536
一、铁路发展基金专项信托 …………………………………… 536
二、铁路发展基金 ……………………………………………… 537

第七节　其他创新信托业务 ……………………………………… 538
一、炭资产信托 ………………………………………………… 538
二、人寿保险信托 ……………………………………………… 542
三、传媒影视信托 ……………………………………………… 543

第一章　信托公司风险管理概论

第一节　风险管理概论

一、风险管理概述

(一) 风险概念

风险可以表述为两层含义，第一层含义是指风险体现未来收益的不确定性，第二层含义是指风险体现成本/代价的不确定性。风险可以衍生出风险因素、风险事件、风险损失及风险管理等相关概念。

1. 风险因素

定义：风险因素是指发生风险事件，进而增加风险损失概率的潜在条件。

【示例一】用以抵押的土地属于闲置土地，该抵押物很有可能被政府收回，从而使得抵押担保措施落空，此即为抵押物风险的风险因素。

【示例二】某信托公司经营风格较为激进，内部控制及风险管理能力较为薄弱，此即为信托公司经营风险的风险因素。

2. 风险事件

定义：风险事件是指可能造成风险损失或者已经造成风险损失的事件。

【示例一】比如用以抵押的闲置土地被政府收回，从而使得抵押担保措施落空。

【示例二】某信托公司因为经营风格较为激进，其管理的多款信托计划出现兑付风险。

3. 风险损失

定义：风险损失是指由风险事件造成的实际收益低于预期收益，甚至使得本金（成本）发生亏损。

【示例一】比如用以抵押的土地被政府收回，且没有其他担保措施的情况下，债务人因丧失偿债能力而发生信用违约时，债权人的债权本息就无法收回。

【示例二】某信托公司由于管理的多款信托计划出现兑付风险，该信托公司因受托人过错而需要承担以固有资金向信托受益权人进行赔付。

(二) 风险管理

1. 风险管理概念

风险管理是指风险识别、风险监控/预警、风险评估、风险控制以及风险处置方案实施等系列过程。狭义上的风险管理是一种事前对不确定性的管理，有效控制风险因素，以防范因风险事件发生而造成的风险损失；广义上的风险管理还包括事后对确定性的管理，对风险事件及风险损失进行及时有效的处置，以将风险损失降到最低程度。

2. 信托公司风险管理

金融机构是经营风险的机构，其所从事的是信用交易活动，因此风险管理是金融机构的核心内容。信托公司作为重要的非银行金融机构，其风险管理可以分为公司经营、日常监管、行业风险管理制度三个层面。

(1) 在公司经营层面

信托公司应当建立健全有效的内部控制制度、风险管理组织和风险管理流程体系，建立健全有效的业务准入标准、风险控制措施、风险监测预警及风险处置预案。

信托公司的日常经营管理及业务开展应当遵循"一法三规"以及监管部门发布的各项监管规章政策，切实防范经营管理和业务拓展的合规性风险。

(2) 在日常监管层面

银监会通过现场监管和非现场监管方式对信托公司进行日常风险监管。现场检查分为定期检查和不定期检查以及全面检查和专项检查；现场检查的方法主要包括总体查阅/查账、问卷调查、座谈提问、询问调查、测试五种方法。非现场检查的主要工具包括非现场监管报表、非现场监管指标和分析预警系统、临时性业务检测报表。

(3) 在行业风险管理制度层面

银监会通过行业风险管理制度对信托公司进行宏观风险管理：①净资本管

理：信托公司实行净资本管理，信托公司业务规模的扩大应当有相应的资本作支持，防止因高杠杆经营而造成的行业系统性风险；②信托业保障基金：为了消化单体业务及单体机构风险，避免单体机构倒闭给信托行业乃至金融业带来较大的负面冲击，信托行业设立中国信托业保障基金；③生前遗嘱：信托公司股东应当在信托公司章程中明确股东对信托公司建立流动性支持及资本补充机制，信托公司应当结合自身特点制定恢复与处置计划[①]；④监管部门对信托公司进行监管评级，监管部门将根据评级结果对信托公司实行"有限牌照"管理。

二、风险管理体系

（一）风险管理组织体系

1. 三会一层

由股东会、董事会、监事会、高级管理层组成的"三会一层"构成现代公司的治理结构，"三会一层"的风险偏好直接反映了信托公司对待风险的基本态度和容忍度。董事会负责制定风险管理的总体目标、基本风险偏好和风险承受度，负责批准信托公司基本风险管理制度；高级管理层根据董事会的授权负责批准具体的风险管理制度和流程，负责处置具体的风险事件；监事会对信托公司日常风险管理工作进行监督。

董事会应当下设风险管理与审计委员会，专门负责：①确定公司风险管理策略和重大风险管理解决方案；②审议公司风险管理组织机构的设置及职责；②监督信托业务及固有业务的风险控制及管理情况；③评估关联交易风险，审查重大关联交易事项并提交董事会审议；④聘请及更换外部审计机构，监督内部审计制度及其实施；⑤董事会授权的其他事项。

2. 风险管理部门

信托公司狭义上的风险管理部门是指风险管理部，广义上的风险管理部门包括风险管理部、合规法律部、内部审计部。风险管理部主要负责业务的准入与审批、风险管理制度流程及业务评审指引的制定、风险识别与监测等；合规

[①] 银监会要求信托公司制定生前遗嘱，也即恢复与处置计划，具体包括激励性薪酬延付制度、限制分红或红利回拨制度、业务分割与恢复机制、机构处置机制。

管理部门主要负责法律法规、监管政策及内部规章制度的遵守，具体负责业务的合规风险审查、法律文件的审查、反洗钱及与监管部门的沟通等；内部审计部门主要负责定期对风险及合规管理职能的履行情况进行独立评价，内部审计的范围包括信托公司内部的各个职能部门。

3. 业务部门及其他部门

业务部门：业务部门（包括信托业务部门和自营业务部门）是信托公司风险管理的第一道环节。业务部门在向公司上报项目前应当进行尽职调查，对业务的可行性进行初步分析判断；项目成立后，业务部门应当按照投后管理的要求，配合投后管理部门做好项目的投后管理工作；如果项目出现风险事件，业务部门应当及时向公司进行报告，并配合风险管理部门进行相关的风险处置。

其他部门：诸如人事、财务、行政、信息技术等部门亦是信托公司风险管理的重要环节，比如劳动合同纠纷、信息技术漏洞/故障等给公司造成的不良影响/损失。

（二）风险管理流程体系

1. 尽职调查与风险审查

项目主办部门根据尽职调查情况撰写尽职调查报告/可行性研究报告，并将尽职调查报告/可行性研究报告及尽职调查所收集的基础资料报送风险管理部；风险管理部从包括但不限于交易结构、融资人/保证人经营及财务情况以及偿债/担保能力、抵/质押物价值评估、项目的风险与收益匹配度等方面出具评估意见（以融资类信托业务为例），合规法律部就项目的合规风险出具合规审查意见。

2. 风险识别、监测与预警

风险识别贯穿于风险管理的全过程：业务主办部门对业务所进行的尽职调查及可行性研究，就是对包括但不限于市场风险、信用风险、流动性风险、合规风险、操作风险以及其他风险的初步识别过程；业务主办部门应当于项目成立后积极配合投后管理部门做好项目的投后管理工作，对项目潜在风险/风控指标建立完整的监测、报告、预警与处置机制。

3. 交易对手信用评级

信用评级是指对交易对手整体的违约可能性以及违约损失情况进行合理评

估，从而得出交易对手主体信用等级和债项信用等级。风险管理部可以综合交易对手行业状况、企业运营情况、财务状况、内控以及公司治理、信用增进等方面建立交易对手的信用评级体系，根据交易对手的信用等级建立交易对手准入门槛。

【示例】

(1) 主体评级：包括外部因素和内部因素两大部分，具体因子如下图：

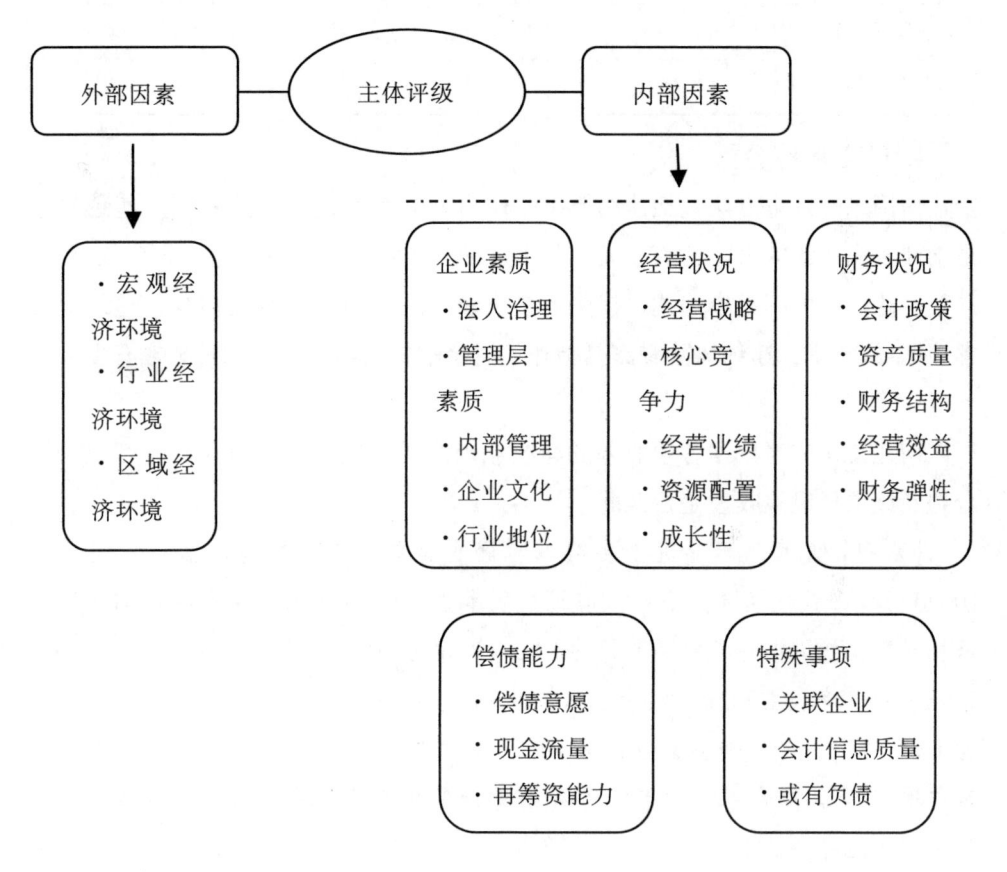

```
                    主体评级
     外部因素  ←――――――――→  内部因素
        ↓                      ↓
```

外部因素：
- 宏观经济环境
- 行业经济环境
- 区域经济环境

内部因素：

企业素质
- 法人治理
- 管理层素质
- 内部管理
- 企业文化
- 行业地位

经营状况
- 经营战略
- 核心竞争力
- 经营业绩
- 资源配置
- 成长性

财务状况
- 会计政策
- 资产质量
- 财务结构
- 经营效益
- 财务弹性

偿债能力
- 偿债意愿
- 现金流量
- 再筹资能力

特殊事项
- 关联企业
- 会计信息质量
- 或有负债

(2) 债项评级：债项评级主要用于度量客户违约时，贷款损失的比率，为信贷准入、授信管理及风险定价提供依据。通常考虑的因素包括担保物的类型、担保比率以及其他因素（行业、地理位置、宏观经济等）。

无担保物或者无合格担保物的 LGD 估算：高级债权为 45%、次级债权为 75%。

有合格担保物的 LGD 估算：

违约担保比率 抵押物	最低违约损失率	最低担保率 （债权金额/担保物价值）	维持担保比率 （担保物价值/债权金额）
金融类股权			
上市公司股票			
土地及房产			
其他抵押品			

4. 风险量化/分析

信用风险计量方法包括违约概率、违约损失率及违约风险暴露。违约概率是指债务人违约的可能性有多大，各个级别的违约概率＝对应违约客户数/总客户数；违约损失率是指违约时损失有多大及违约时清收金额是多少，违约损失率＝1－回收率；违约风险暴露是指违约时金融机构给客户的融资金额有多大。

5. 风险绩效分析

信托公司应当根据各项业务的净收益以及所对应计提的风险资本情况，综合判断该项目风险收益是否匹配。

【示例】A房地产信托业务（其他融资类单一资金房地产信托）规模为10000万元，信托期限为1年，信托报酬率为1%/年，本年度可收取100万元信托报酬；如果上一年度经审计的营业净利率为40%，则A房地产信托业务净信托报酬（净收益）为40万元。其他融资类单一资金房地产信托的风险系数为1%，A房地产信托业务应计提100万元风险资本，则A房地产信托业务还需占用60万元净资本。如果使得A房地产信托业务的风险收益相匹配，其信托报酬率应当不低于2.5%。

6. 压力测试

定期对项目开展压力测试工作，对测试结果进行分析，及时提出业务风险预警信息。

【示例】A房地产项目可售建筑面积为100000平方米，预测销售价格为5000元/平方米，预测每年销售去化率为50%，每年销售价款为25000万元，预测销售总价款为50000万元。信托公司向A房地产项目发放信托贷款15000万元，信托贷款期限为2年，贷款利率为10%年，合计贷款本息为18000万元

(假设 A 房地产项目没有其他融资)，借款人应每年归还信托贷款本息 9000 万元。如果销售价格和销售面积分别下降超过 40%，则 A 房地产项目的销售价款无法覆盖信托贷款本息。

下降幅度	销售价格	销售面积	第一年销售价款	第二年销售价款	覆盖率
10%	4500 元/m²	45000m²/年	20250 万元	20250 万元	225%
20%	4000 元/m²	40000m²/年	16000 万元	16000 万元	178%
30%	3500 元/m²	35000m²/年	12250 万元	12250 万元	136%
40%	3000 元/m²	30000m²/年	9000 万元	9000 万元	100%
50%	2500 元/m²	25000m²/年	6250 万元	6250 万元	69%

（三）风险管理制度体系

风险管理制度体系包括公司基本管理制度、业务管理制度、部门内部制度三个方面。

1. 基本管理制度：基本管理制度应当由董事会批准，包括但不限于董事会/监事会及专业委员会议事规则、基本业务管理制度、风险管理制度、合规管理制度、基本财务管理制度、基本人事管理制度、基本信息技术管理制度、关联交易管理制度等。

2. 业务管理制度：业务管理制度应当由经营管理层批准，比如各类具体业务的管理制度，财务、人事、行政、信息技术等具体的管理制度。

3. 部门内部制度：各部门可以制定本部门内部工作流程、各岗位职责分工、内部绩效考核等业务/管理流程。

三、风险管理类型

（一）市场风险

市场风险包括宏观经济风险、行业周期风险、资产价格波动风险等。

1. 宏观经济风险：宏观经济运营情况直接反映出微观经济主体的经营情况，如果宏观经济出现下行趋势，则微观经济主体的整体财务经营情况必然出现下滑/恶化现象，金融机构的资产不良率必然大幅度上升。

2. 行业周期风险：国民经济的各产业都有自己的产业生命周期，即都要经历由成长到衰退的发展演变过程，产业生命周期通常可分为初创期、成长期、成熟期和衰退期四个阶段。通常而言，初创期和衰退期的行业，对于金融机构的风险就相对较大。

3. **资产价格波动风险**：资产价格波动风险可以细分为利率风险、汇率风险、证券价格风险等。比如股市出现大幅下跌，证券投资产品的业绩就会大幅度下滑；汇率风险是信托公司QDII产品的特有风险，如果人民币出现持续升值，会对QDII的投资业绩产生不利影响（受托人以人民币进行信托利益分配的情形）；金融市场的利率波动会导致资产价格和资产收益率发生变动，直接影响到企业的融资成本和金融产品的投资收益。

（二）信用风险

信用风险是指信托计划项下信托财产在交易过程发生交收违约，或者所投资标的交易对手出现违约而不愿支付到期本息，或者债务人/担保人经营财务状况严重恶化，从而影响债务人的偿债能力及担保人的担保能力。

【示例】信用风险计量的基本风险参数

（1）违约概率（PD）：违约概率即债务人违约的可能性有多大？各级别PD＝违约客户数/客户总数。

（2）违约损失率（LGD）：违约损失率即违约时的损失率有多大？违约时的清收金额有多大？违约损失率 $LGD = 1 - 回收率$。

（3）违约暴露（EAD）：违约暴露即违约时金融机构给客户的信贷金额有多大？违约暴露 $EAD = 授信余额 + 未提用额 \times 信用转换系数$。

（4）有效期限（M）：风险暴露的有效剩余期限是多少。

（三）流动性风险

信托计划项下信托资金投资于流动性较弱的资产，信托公司因不能按时将信托财产进行变现，从而产生无法及时向受益人分配信托收益的流动性风险。

如果信托计划项下有较为完善的抵/质押等担保措施，信托公司在融资人违约时可以通过行使抵/质押权获得变现资金向受益权人分配信托利益；由于抵/质押物的变现需要一个相对较长的时间，此时信托公司面临的不是兑付损失风险，而是抵/质押物不能及时变现的流动性风险。

（四）合规风险

信托公司的合规风险就是指因没有遵守法律、规则和准则而可能遭受的法律制裁、监管处罚、重大财务损失和声誉损失的风险。信托公司在内部制度建设、产品研发、市场拓展、业务创新中，没有有效地遵守法律法规、监管规则，将会面临着法律制裁、监管处罚等后果。失败的合规工作给信托公司带来的直接损失就是倒闭、罚款、诉讼、限制或暂停业务，所带来的间接损失就是声誉损害、市场份额损失和客户信任度降低。

（五）操作风险

操作风险是指由不完善或有问题的内部程序、员工和信息技术系统，以及外部事件所造成损失的风险。比如证券投资信托业务中，因为交易员的操作失误导致错误下单，从而给该信托计划带来相应的损失；比如重要数据、账册、重要空白凭证严重损毁或丢失，从而严重影响正常工作的开展。

【示例】操作风险管理工具

1. 操作风险界定：操作风险形成的因素包括：①内部员工欺诈、内外勾结、业务技能欠缺或管理不善等风险因素；②内部程序缺失、设计不完善或没有效果等风险因素；③信息技术系统开发或维护不完善等风险因素；④非信托公司能够控制的外部主客观风险因素。

2. 操作风险管理：操作风险事件根据发生频率及损失程度划分为高频低损风险事件、高频高损风险事件、低频低损风险事件和低频高损风险事件四种情形，信托公司应当根据不同的情形采取不同的应对措施：

风险事件类型	风险缓释策略
高频低损风险事件	可以采取风险缓释策略，降低风险事件的负面影响。
高频高损风险事件	可以采取规避策略，禁止或审慎介入涉及该情形的业务。
低频低损风险事件	可以采取计提拨备予以覆盖等主动承担策略。
低频高损风险事件	可以采取保险、外包等风险转移策略以有效转移和控制风险。

操作风险管理的三大工具包括风险控制自我评估、损失数据收集以及关键风险指标：①风险控制与自我评估是指各业务及经营管理部门按照操作风险管理的基本原理与标准，识别并评估业务经营活动中固有风险、残余风险的大小和发生频率，评价控制活动效果，提出优化控制措施建议的一系列管理活动。

②损失数据收集是指在标准化操作风险事件定义和分类基础上,对已发生的风险事件进行确认和记录,并采用结构化的方式进行存储,建立内部数据库和外部数据库。

③针对各风险影响因素及其控制环境设定的统计变量,通过监测变量数值大小及变化,可揭示当前操作风险水平及操作风险变化趋势。

第二节 公司法人治理结构

一、基本原则

信托公司应当以受益人利益最大化为基本原则,以保障股东、受益人及其他利益相关者的合法权益为出发点,建立合理有效的"三会一层"的公司治理机构。信托公司构建公司治理结构应当遵守如下五项基本原则:1)认真履行受托职责,遵循诚实、信用、谨慎、有效管理的原则,恪尽职守,为受益人的最大利益处理信托事务;2)明确股东、董事、监事、高级管理人员的职责和权利义务,完善"三会一层"的议事制度和决策程序;3)建立完备的内部控制、风险管理和信息披露体系,以及合理的绩效评估和薪酬制度;4)树立风险管理理念,确定有效的风险管理政策,制定详细的风险管理制度,建立全面的风险管理程序,及时识别、计量、监测和控制各类风险;5)积极鼓励引进合格战略投资者、优秀的管理团队和专业管理人才,优化治理结构。

二、股东及股东会

(一)股东资格

信托公司股东可以包括中国境内的金融机构和非金融机构,也可以包括境外的金融机构和银监会认可的其他主体,提示注意:境外非金融机构暂时不能成为信托公司的股东。

1. 境内机构(金融机构和非金融机构)作为信托公司股东应当符合下列条件:①在工商行政管理部门登记注册,具有法人资格(该项条件排除了非法人企业如合伙企业等作为信托公司出资人的情形);②有良好的公司治理结构或有效的组织管理方式；③有良好的社会声誉、诚信记录和纳税记录；④经营管理良好，最近2年内无重大违法违规记录；⑤财务状况良好，且最近2个会计年度连续盈利；⑥年终分配后，净资产不低于资产总额的30%（金融机构股东不适用）；⑦入股资金来源合法，不得以借贷资金入股，不得以他人委托资金入股（该项条件排除了信托公司以信托资金入股其他信托公司情形，但信托公司可以以固有资金入股其他信托公司）；⑧单个出资人及其关联方入股信托公司不得超过2家，其中绝对控股不得超过1家；⑨承诺3年内不转让所持有的信托公司股权（银监会依法责令转让的除外），不将所持有的信托公司股权进行质押或设立信托，并在公司章程中载明；⑩除国务院规定的投资公司和控股公司外，权益性投资余额原则上不得超过本企业净资产的50%。

2. 境外金融机构作为信托公司出资人，应当符合以下条件：①最近1年年末总资产原则上不少于10亿美元；②银监会认可的国际评级机构最近对其作出的长期信用评级为良好及以上；③财务状况良好，最近两个会计年度连续盈利；④境外金融机构为商业银行时，其资本充足率应不低于8%；为其他金融机构时，应满足住所地国家（地区）监管当局相应的审慎监管指标的要求；⑤内部控制制度健全有效；⑥承诺3年内不转让所持有的信托公司股权（银监会依法责令转让的除外）、不将所持有的信托公司股权进行质押或设立信托，并在公司章程载明；⑦注册地金融机构监管制度完善；⑧所在国（地区）经济状况良好；⑨单个境外金融机构向信托公司投资入股比例不得超过20%，且其本身及关联方投资入股的信托公司不得超过2家。

（二）股东义务

1. 股东承诺

信托公司股东应当承诺：①入股有利于信托公司的持续稳健发展；②持股未满3年不转让其所持有的股份（上市信托公司除外）；③不质押所持有的信托公司股权以及不以所持信托公司股权设立信托；④履行出资义务。

2. 股东禁止

信托公司股东不得有如下行为：①虚假出资、出资不实、抽逃出资或变相抽逃出资；②利用股东地位牟取不当利益；③直接或间接干涉信托公司的日常经营管理；④要求信托公司作出最低回报或分红承诺；⑤要求信托公司为其提供担保；⑥与信托公司违规开展关联交易；⑦挪用信托公司固有财产或信托财产；⑧通过股权托管、信托文件、秘密协议等形式处分其出资；⑨损害信托公司、其他股东和受益人合法权益的其他行为。

3. 股东通知

信托公司股东发生如下情形之一的，应当及时通知信托公司：①所持有信托公司股权被采取诉讼保全措施或被强制执行；②转让所持有的信托公司股权；③变更名称；④发生合并分立；⑤解散、破产、关闭或被接管；⑥其他可能导致所持有信托公司股权发生变化的情形。

（三）股东大会

信托公司的公司章程需要明确股东大会的召集、表决方式和程序、职权范围等内容，股东大会的议事细则由董事会制定并经股东大会审议通过，具体应当包括通知、文件准备、召开方式、表决形式、会议记录及其签署等内容。

股东大会的定期会议必须审议如下事项：通报监管部门对公司的监管意见及公司执行整改情况；报告受益人利益的实现情况。股东大会会议决议及相关文件需要报中国证监会或证监局备案，会议记录应当至少保存15年。

股东会议应当按照《公司法》和《公司章程》规定的表决程序和方式对相关会议事项进行表决，但是如果信托公司的股东单独或者与其关联方合并持有信托公司50%以上股权的，为了缓冲大股东利用表决权优势产生的对信托公司的控制，增强小股东在信托公司治理中的话语权，股东会议选举董事、监事应当实行累计投票制①。

三、董事及董事会

（一）董事与独立董事

信托公司的公司章程应当对董事的人数、产生办法、任免程序、权利义务

---

① 根据《公司法》的规定，股东大会选举董事、监事，可以依照公司章程的规定或者股东大会的决议，实行累积投票制。累积投票制是由证监会、国家经济贸易委员会（已变更）2002年颁布的《上市公司治理准则》首次引进的一种表决制度，2005年修订《公司法》时，也吸收了这一表决制度。累积投票制的具体含义是指：股东大会选举董事或者监事时，每一股份拥有与应选董事或者监事人数相同的表决权，股东拥有的表决权可以集中使用。

和任职期限等内容进行规定。信托公司董事应当对其与公司的关联交易的性质和程序及时告知董事会，并在审议表决该关联交易事项时予以回避。

信托公司董事会必须设立独立董事，且独立董事人数不得少于董事会成员总数的1/4；如果单个股东及其关联方合计持有信托公司总股本的比例为2/3以上时，独立董事人数不得少于董事会成员总数的1/3。独立董事主要需要关注和维护中小股东及受益人的利益，不得与信托公司及其股东之间存在影响其独立判断或决策的关系，不得在其他信托公司任职。

独立董事有如下的职责或权利：提议召开股东大会临时会议或董事会；向股东大会提交工作报告；基于履行职责的需要而聘请审计或咨询机构时，相关费用由信托公司承担；对重要业务发表独立意见，就关联交易等情况单独向监管部门报告；对董事及高管的薪酬计划、激励计划等事项发表独立意见。

独立董事不得存在如下情形：① 本人及其近亲属合并持有该金融机构1%以上股份或股权；② 本人或其近亲属在持有该金融机构1%以上股份或股权的股东单位任职；③ 本人或其近亲属在该金融机构、该金融机构控股或者实际控制的机构任职；④ 本人或其近亲属在不能按期偿还该金融机构贷款的机构任职⑤ 本人或其近亲属任职的机构与本人拟（现）任职金融机构之间存在因法律、会计、审计、管理咨询、担保合作等方面的业务联系或债权债务等方面的利益关系，以至于妨碍其履职独立性的情形；⑥ 本人或其近亲属可能被该金融机构主要股东、高管层控制或施加重大影响，以至于妨碍其履职独立性的其他情形。

（二）董事会

1. 董事会组成

股份有限公司董事会成员应为5～19人，有限责任公司董事会成员应为3～13人；两个以上的国有企业或者两个以上的其他国有投资主体投资设立的有限责任公司，其董事会成员中应当有职工董事。

董事会下需要设立各专门委员会，其中信托委员会为必设机构。信托委员会成员不少于3人，由独立董事担任委员会主任，职责在于督促信托公司履行受托职责、为受益人利益最大化服务。除信托委员会外，信托公司董事会还可以下设人事、薪酬、审计、风险管理等专门委员会。

2. 董事会的召集与表决

董事会应当就其召集的程序、议事表决规则制定相关的规范，经股东大会表决通过后，报监管部门备案。董事会每年至少召开 2 次会议，一般决议事项需要董事会过半数董事通过，涉及重大投资、重大资产处置、变更高级管理人员和利润分配方案等特别事项应当经过 2/3 以上董事会成员通过。

3. 董事会特别报告事项

如果发生如下事项，董事会应当立即通知全体股东，并向监管部门报告：公司或高管涉嫌重大违法违规行为；公司财务状况持续恶化或发生重大亏损；更换董事、监事或高管人员；一致行动时可以实际上控制信托公司的关联股东名单；其他可能影响公司持续经营事项。

四、监事及监事会

(一) 监事

股份有限公司监事会成员不得少于 3 人，职工监事的比例不得低于 1/3；有限责任公司监事会成员不得少于 3 人，职工监事的比例不得低于 1/3。信托公司的董事、高级管理人员及其直系亲属不得担任本公司监事。

(二) 监事会

1. 会议召集：信托公司必须设监事会，并就监事会的议事规则经股东大会审议通过后，报监管部门备案。监事会每年至少召开 2 次会议，可以要求董事或高管出席监事会议并回答所关注的问题。

2. 监督职责：监事有权了解公司的经营情况，并可聘请外部审计咨询机构就其关注的事项出具专业意见，聘请费用由公司承担；监事应当列席董事会会议，有权发表意见，但不享有表决权；公司应当将其内部稽核报告、合规检查报告、财务会计报告及其他重大事项及时报监事会。

五、高级管理层

(一) 高级管理层

高级管理层需要为受益人利益最大化履行职责，切实做到：(1) 在信托业务与公司其他业务之间建立有效隔离机制，保证其人员、信息、会计账户之间保持相对独立,保障信托财产的独立性;(2)为每一个集合资金信托计划至少配备一名信托经理。

高级管理层应当根据公司经营管理的需要,建立健全投资决策系统、内部规章制度、经营控制系统、业务审批及操作系统等内部控制机制,并报监管部门备案;高级管理层还应当设立内部审计部门和合规管理部门,分别对公司经营活动进行审计监督和合规稽核。

(二)高级管理人员

信托公司董事及高级管理人员应当具备相应的任职资格条件,并应在任职前获得监管部门任职资格核准。拟任人员曾任金融机构董事长或高级管理人员的,申请人在向监管部门递交任职资格申请材料时,还应当递交拟任人的离职审计报告[①]。

根据监管要求,信托公司高管的准入实行"三考"制度,即考核(对过往业绩做非现场检查)、考试(考察履职能力和业务能力是否相符)、考查(当面谈话,判断是否具备高管能力)。凡是信托公司新聘任的董事和高管都必须通过"三考"后,再予以核准任职资格。

首先应当(1)具备完全民事行为能力,(2)具备相应的知识、经验及能力,(3)应履行对金融机构的忠实勤勉义务。

其次还应当具备:

(1)具有良好的守法合规记录、品行和声誉、经济金融从业记录。

凡是具备如下情形之一的,均为不符合该项条件:①有故意或重大过失犯罪记录的;②有违反社会公德的不良行为,造成恶劣影响的;③对曾任职机构违法违规经营活动或重大损失负有个人责任或直接领导责任,情节严重的;④担任或曾任被接管、撤销、宣告破产或吊销营业执照机构的董事或高级管理人员的,但能够证明本人对曾任职机构上述事件不负有个人责任的除外;⑤因违反职业道德、操守或者工作严重失职,造成重大损失或者恶劣影响的;⑥指使、参与所任职机构不配合依法监管或案件查处的;⑦被取消终身董事和高级管理人员任职资格,或受到监管机构或其他金融管理部门处罚累计达两次以上

---

① 离任审计报告一般应当于该人员离任后的六十日内向其离任机构所在地监管机构报送。在同一法人机构内平行调动的,应当于该人员离任后的三十日内向其离任机构所在地监管机构报送。

的；⑧不具备任职资格条件而采用不正当手段获得任职资格核准的。

（2）个人及家庭财务稳定，具有担任金融机构董事和高级管理人员职务所需的独立性。

凡是具备如下情形之一的，均为不符合该项条件：①本人或其配偶有数额较大的逾期债务未能偿还；②本人及其近亲属合并持有该金融机构5%以上股份，且从该金融机构获得的授信总额明显超过其持有的该金融机构股权净值；③本人及其所控股的股东单位合并持有该金融机构5%以上股份，且从该金融机构获得的授信总额明显超过其持有的该金融机构股权净值；④本人或其配偶在持有该金融机构5%以上股份的股东单位任职，且该股东单位从该金融机构获得的授信总额明显超过其持有的该金融机构股权净值，但能够证明相应授信与本人或其配偶没有关系的除外；⑤存在其他所任职务与其在该金融机构拟任、现任职务有明显利益冲突，或明显分散其在该金融机构履职时间和精力的情形。

第三节　内部控制与内审稽核

一、控制环境

评价信托公司内部控制有效性的前提，在于其是否具备良好的内部控制环境。信托公司内部控制环境包括如下内容：

（一）良好的公司治理和成熟的公司文化

1. 信托公司应当按照"三会一层"的公司治理结构完善公司治理，公司监事会和独立董事应当充分发挥监督职能。信托需要防范大股东和实际控制人操纵和内部人控制，需要从如下两方面保持公司的独立性：

（1）信托公司与股东、实际控制人以及关联方之间，应当在资产、财务、人事、业务和机构等方面保持独立性；

（2）关键重要岗位员工不得在股东、实际控制人和关联方兼职，也不得直接接受股东、实际控制人和关联方的指令。

2. 成熟的公司文化是良好的内部控制环境的精神内涵，培育成熟的公司文化应当从如下方面着手：

（1）树立合规经营的理念和风控优先的意识。只有树立其合规经营的理念和风控优先的意识，信托公司才能保持长期稳健的发展；

（2）建立公司员工行为准则、职业道德规范和诚信记录。信托公司从业人员应当严格遵守员工行为准则和职业准则规范，严格防范从业人员职业道德风险和商业贿赂行为。

（二）职能部门与防火墙

1. 前、中、后台防火墙

信托公司风险控制包含事前防范、事中控制和事后监督，建立健全前台、中台和后台的相互约束和监督机制。

（1）前台主要指信托业务部门和固有业务部门，主要负责业务的受理和初审及各类业务的具体操作；

（2）中台主要指风险管理部门、合规法律部门、研究开发部门，主要负责业务的决策评审、合规审查以及研究开发等职能；

（3）后台主要指信托/固有财务部门、内审部门、投后管理部门、信息技术部门、综合管理部门等，主要负责财务核算和内审稽核、项目后期管理、信息技术服务和综合管理服务等职责。

2. 信托业务与固有业务防火墙

（1）固有业务和信托业务需要保持相互独立的运行，分别设立固有业务部门和信托业务部门，工作人员不得相互兼职，并由不同的高级管理人员管理；

（2）固有业务与信托业务应当分别建账、分别核算，并由不同的财务人员负责且相互之间不得兼职；

（3）信托公司应当建立信息隔离制度，固有业务信息和信托业务信息应当相互独立，业务人员应对工作中知悉的未公开的业务信息保密，不得相互传递、交流未公开的业务信息；

（4）信托财产与固有财产、不同信托财产之间应当分别管理、分别核算。

3. 风险部门隔离

信托公司设立风险管理部门，负责风险的识别、计量、监测和管理；信托公司设立合规法律部门，负责处理公司各类法律实务、审查各类法律文件、对新业务的合规论证；信托公司设立内部审计部门，负责公司内审稽核职责，并将评价结果向董事会和监管部门进行报告；信托公司设立与固有财务部门相隔离的信托财务部门，独立负责信托财产和信托账户的管理、信托财产权益证明文件和凭证的保管、信托财产的划拨清算分配等职责。

二、业务控制

信托公司的固有业务和信托业务应当相互隔离，应当设立相互独立的信托业务部门和固有业务部门。信托业务人员和固有业务人员不能相互兼任，信托业务部门和固有业务部门应当由不同的分管领导（高级管理人员）负责管理。

（一）信托业务控制

信托业务控制包括信托设立、信托财产的运用与管理、信托终止与清算三个环节，并且应当有相应的业务流程、操作规程和风控制度与之相配套。信托业务控制的防火墙包括如下内容：①信托业务与自营业务相分离；②不同信托财产之间相分离；③同一信托财产的运用与托管相分离；④业务操作与风险监控相分离。

1. 信托设立

（1）尽职调查

信托业务部门根据信托公司的尽职调查标准和程序，根据不同类型的业务进行差异化的尽职调查。信托业务部门对主动管理业务应当进行详尽的尽职调查，包括但不限于尽职调查材料收集、项目现场调查、公司管理人员访谈等；事务管理类业务的尽职调查职责可以由实际风险承担方负责，但是实际风险承担方应当将尽调报告和项目基础资料副本交由信托公司存档。

尽职调查原则上应当至少由两人进行，尽调所搜集的基础资料应当与原件核对一致；项目现场调查时需要对项目现象拍照，通过周边走访进行周边项目的比较和项目前景评估分析。风险管理部门可以根据业务实际情况，对其关心的问题独立或协助信托业务部门进行补充尽职调查；信托公司也可以聘请律师和会计师对项目进行法律和财务的尽职调查，聘请资产评估机构对抵/质押物、投资资产等进行价值评估。

（2）审查与决策

信托业务部门将项目尽职调查报告及项目基础资料报送部门负责人和分管

高管同意后提交风控合规部门进行合规与风险审查，审查人员将初步审查意见反馈信托业务部门，由信托经理根据初步审查意见进行补充尽职调查或者进行补充说明分析。风险与合规审查人员将初审审查结论提交风险与合规部门负责人审核，风险与合规部门认为该项目不符合公司准入标准的，可以退回业务部门并说明退回理由；风险与合规部门认为该项目符合提交评审的条件，可以将项目提交项目评审委员会进行评审。

信托公司应当建立科学有效的信托业务决策机制，设立独立的项目评审委员会、制定合理有效的决策程序。项目评审委员会委员不能由拟评审表决项目的主办业务部门人员和主办业务部门的分管高管担任。项目评审应当实行集合审议和多数决原则，提出反对意见的委员应当在表决意见中明确反对的理由，表决意见应当全部记录存档；如果评审委员会委员同意的票数符合公司项目通过的票数比例（如2/3及以上同意票），则该项目通过；附条件同意的表决票，如果所附条件能够落实，则该表决票为同意，反之则为否决。

信托业务部门于项目评审通过后，根据评审条件向合规法律部门上报信托文件和项目交易合同，其中集合资金信托计划信托文件包括信托合同、信托计划说明书和风险申明书。信托文件和交易合同通过法审后，信托业务部门可以启动项目推介程序。信托公司应当建立面签核保制度①，面签核保制度应当由两人共同进行。

(3) 项目推介

①信托公司应当建立直销业务制度，建立直销业务受理、审核流程，并且确保直销制度和流程的合规性和完备性。直销制度和流程包括投资者资格审查、销售适当性和客户信息保密等内容。

销售适当性和投资者资格审查：信托公司应当识别投资者身份信息及交易的有效性，注意投资者资金是否来源于投资者本人的银行账户，是否去向投资者本人的银行账户，关注交易金额是否存在异常及账户变更情况。信托公司应当向有相应风险识别能力和风险承受能力的合格投资者推介信托产品，应当对投资者进行风险评估测试，并向投资者充分揭示风险。

---

① 面签制度是指信托公司和交易对手签署合同时，应当由信托公司指派的面签人员当面核实交易对手的签署人员是否具备相应的身份和权限，并应现场见证交易对手有权签署人员签署交易合同；核保制度是指信托公司应当指派核保人员与交易对手一起现场办理抵质押担保登记手续、公证手续等。

销售行为的合规性：信托公司不得公开或变相公开销售信托产品，不得向投资者夸大、虚假销售，不得向投资者违规承诺保障本金和/或收益。信托公司应当保护投资者投资安全、个人隐私和商业秘密。信托公司如果在异地推介信托产品的，应当向信托公司注册地和推介地的监管部门进行报备。

②信托公司不得委托非金融机构代销信托产品。信托公司应当与销售机构签订正式的销售协议，规范销售机构的销售行为，明确销售机构的权利和义务。信托公司和代销机构应当就双方在销售适当性、信息提供、客户服务等销售行为的权利义务关系做出明确约定。

③信托公司应当制定投资者投诉处理制度和服务热线管理制度。信托公司需要规范客户投资处理，对投诉进行记录、处理和回访，切实保护投资者利益。

（4）信托成立

信托推介期届满符合成立条件的，或者信托推介期提前结束且符合成立条件的，信托公司应当通过公司官网发布信托成立的公告。信托成立后，信托公司应当将信托财产划付至信托专户。信托推介期限届满时，未能满足信托文件约定的成立条件的，信托公司应当在推介期限届满后三十日内返还委托人已缴付的款项，并加计银行同期存款利息。由此产生的相关债务和费用，由信托公司以固有财产承担。

信托公司主办业务部门于信托成立后，应当按照信托文件和交易合同的约定发起划款流程。根据审批与付款项分离的风险隔离的防火墙机制，信托财务部门应当负责审核划款金额、利率、收款人、账户等是否与交易合同相一致，负责审核放款前提条件是否已成就（如需要在划款前签署的合同是否已经全部签署完毕，抵/质押登记手续是否已经办理完毕，必须在划款前提供的项目材料是否已经提供以及在项目划款前需要满足的条件是否已经满足等）。

2. 信托的运营管理和清算

（1）信托运营控制

信托公司应当以受益权人利益最大化为原则，严格按照信托合同约定的目的、投资范围和投资策略，谨慎有效地管理运用信托财产；如果在管理运用信托财产过程中发生影响委托人、受益权人利益的重大事项变更，信托公司应当按照信托合同的约定事先征得委托人、受益权人的同意。

信托公司应当为每个信托计划至少配备一名信托经理，并且应当在信托计划存续期间选择经营稳健的商业银行担任信托资金的保管人，并在信托保管银行开设保管账户（保管账户应当与信托专户为同一账户）。信托公司应当对不同信托计划项下信托资金开设不同的信托专户，为固有资金和信托资金分别开设不同账户，以确保不同信托财产之间、固有财产和信托财产之间的独立性。

信托公司申请开立信托专户，信托专户的账户名称应当为受托人全称（如中信信托有限责任公司等），并在内部管理上对不同信托专户和所对应的账号分别管理。信托专户可以办理现金缴存和款项划入，但不得办理现金支取；固有财产账户和信托专户之间、不同信托专户之间不得办理款型划转，信托公司为管理信托财产所垫付的费用、应收取的信托报酬等费用，以及根据信托文件约定不同信托财产之间可以交易等事项的除外。

信托公司运用信托财产在银行间债券市场进行债券交易的，应当为每个信托开立单独的信托专用债券账户，账户名称由"受托人全称+信托产品全称"组成（如中信信托有限责任公司+重阳8期证券投资集合资金信托计划）。信托公司管理的不同信托专用债券账户之间，以及自营债券账户与信托专用债券账户之间不得相互进行债券交易。信托公司运用信托财产在沪深证券交易所进行证券投资时，应当以"受托人全称+信托产品全称"作为账户名开立信托专用证券账户和信托专用资金账户。

（2）信托管理控制

信托公司应当建立投后管理部门，专门负责信托业务管理过程中的风险识别、评估、监测和预警控制。信托经理应当对交易对手或投融资项目进行持续跟踪检查和分析，并将跟踪检查所获信息或资料提交投后管理部门；投后管理部门建立业务管理台账，定期出具投后管理报告，并按照法律法规和信托合同约定及时向委托人和受益权人进行披露。

如果信托业务发生风险事件，信托经理应当立即向部门负责人、分管高管和风险管理部门进行报告，并根据风险事件的具体情况提出风险应急机制和风险处置预案。

信托经理应当建立业务管理台账，根据信托文件的约定，按时向信托财务部门提供信托报酬、报关费等信托费用以及信托收益分配数据，信托财务人员经过符合确认无误后向保管银行发送划款支付指令。为了避免人工台账容易疏忽遗忘的风险，信托公司应当将信托产品的相关交易参数输入信息系统，并设置定期提醒功能。

（3）信托清算终止控制

信托公司应当在信托终止后10个工作日内出具信托事务的清算报告，并向信托受益权人进行披露；信托文件如果约定了清算报告应当进行审计的，信托公司应当提交经审计的清算报告，信托文件也可以约定清算报告无须审计。受益权人或信托财产的权利归属人对清算报告无异议的，并且信托公司没有不当行为的，信托公司可以就清算报告所列事项解除责任。

信托公司应当建立档案文件的存档保存制度，根据文件重要性的不同，分别规定不同的保存时间，所有文档至少应当保存15年。

（二）自营业务控制

1. 资产配置原则

信托公司应当设置专门的自营业务部门，以保证和信托业务部门相独立。自营业务资产配置的基本原则是确保自营资产的安全性及充足的流动性，制定各类自营业务的制度、流程和风险管理措施以确保自营业务的"制度先行、风控优先"的原则。

自营业务对单一客户/行业、关联客户或集团客户的投融资额度应当有相应的比例控制，以防范集中度风险。信托公司应当对自营资金实行资产的五级分类，对于不良资产应提足准备金并及时核销。

2. 资产配置方案

自营业务部门在年度之初应当向项目评审委员提交自营资金年度资产配置基本原则和总体方案。

①对于自营资金配置银行间市场和交易所市场的标准化、高流动性资产，应当建立分级授权机制；投资经理在其授权范围内可以自行进行资产配置，超过授权范围的应当报送部门负责人和分管高管审批。

信托公司应当加强投资研究，建立投资风险评估与管理制度，主要投资要有研究报告和风险分析支持；投资交易应当设置止损线，并由专门人员进行实时监控，风险管理部门对证券持仓、盈亏状况、风险状况和交易活动进行有效监控。

②对于自营资金配置非标准化、流动性较差的资产，投资经理对投资资产进行详尽的尽职调查，并将尽调材料经部门负责人和分管高管同意后提交公司风险与合规部门；风险与合规部门对投资资产经过审查后，对于符合上会标准的投资资产，递交项目评审委员会进行评审。

（三）关联交易控制

信托公司董事会应当设立关联交易委员会，委员会主任应当由独立董事担任，委员不得由控股股东提名的董事担任；信托公司还应当制定关联交易管理办法，明确重大关联交易的范围以及关联交易的决策、监督及报告机制。信托公司开展关联交易应当按照公平的市场价格进行，并逐笔向银监会进行事前报告，并按照有关规定进行信息披露。

信托公司如下关联交易被明确禁止：①向关联方融出资金或转移财产；②为关联方提供担保；③固有财产与信托财产进行交易；④不同信托财产进行相互交易。

三、其他方面控制

（一）财务会计系统控制

1. 信托财务与自营财务的防火墙

信托财产与信托公司的固有财产相区别，信托公司不得将信托财产归入其固有财产或成为固有财产的一部分；信托公司管理运用处分信托财产所产生的债权不得与固有财产产生的债务相抵销。受托人所管理的不同信托计划的信托财产应当相区分，信托公司管理运用处分不同委托人的信托财产所产生的债权债务不得相互抵销。

信托公司应当根据上述关于信托财产与固有财产、信托财产之间的防火墙要求，分别设置信托财务部门和固有财务部门，分别设立信托财产账户和固有财产账户以及为不同信托计划项下信托财产设置不同的托管账户，以此保证信托财产与固有财产、信托财产之间的独立性。

2. 财务会计管理制度

（1）基本财务会计的原则和规范

财务会计管理的重点是防范资金的擅自动用，设置账外账。应收应付和内部往来混乱，信托财务部门与业务部门以及保管人的对账不及时等所引起的风险。信托公司应当制定并实施明确的财务管理制度、资金审批制度以及财务会计业务规范，其中财务会计业务规范应当覆盖会计业务的所有环节。财务核算应当遵循合规、及时、准确、完整的原则，以确保能够提供及时、可靠的财务信息。信托公司不得在应收应付科目、其他应收应付科目以及损益类科目中隐匿违反会计制度和准则的资产和负债、收入和费用。

（2）会计工作的独立性

会计人员的账务记录必须有严格审定的有效会计凭证，不得接受除此之外的任何指令。财务会计的账务处理必须有明确的岗位分工和岗位职责，不得由一人兼岗或独自进行全过程操作。信托公司对财务会计账务处理需要坚持账账、账据、账款、账实、账表及内外账务核对相符六个原则，坚持对不同账务进行每日核对或定期核对，建立和完善外部对账制度，定期按户对账，对财务会计差错建立追究制度。

（3）费用与利润

信托公司需要制定并严格执行费用管理办法，加强费用的预算管理，明确费用标准，履行备用金借款管理和费用报销审批程序。信托公司在合理分配利润前，应当按照规定计提公积金和信托赔偿准备金。

（4）会计档案制度

信托应当制定并完善会计档案资料的交接、整理、借阅、保管等管理制度，对会计账务处理的有效依据实行专人保管（如业务专用章、密押、空白凭证等）。

（二）信息系统控制

1. 信息系统制度建设与人员配置

信托公司应当设立专门的信息技术部门，以加强对立项、设计、开发、测试、运行与维护等环节的管理，并定期对信息系统的可靠性和安全性进行检查，其中信息系统的立项审批与开发、运行与维护、开发测试与日常运转之间适当分离；建立信息系统的管理制度、操作流程、岗位手册和风险控制制度，以加强信息技术人员、设备、软件、数据、机房安全、病毒及黑客防范、技术资料、操作安全、事故防范与处理、系统网络等管理。

2. 信息安全要求与记录

信托公司应当设置有效的操作系统和应用系统安全设置及密码策略，严格系统进入控制以及信息系统的权限、密码管理，权限审批、设置、变动以及密码的使用、修改应当有严格的控制措施并保留完备的记录，用户权限设置应当遵循权限最小化原则。信托公司应当建立办公区域门禁系统及机房门禁系统，并应确保机房符合安全要求。

信托公司应当保证信息系统日志的完备性，确保所有重大修改被完整地记录，确保开启审计留痕功能，信息系统的日志至少应当保存15年。

3. 灾难备份机制应急有效

信托公司应当建立可靠完备的灾难备份计划和应急处理机制，重要数据和资料应当进行异地备份，制定详细的信息系统安全应急方案并定期修改和演练。信托公司应当建立系统安全和病毒防范制度，实时监控信息系统的安全，严防黑客或病毒入侵系统。

（三）人力资源管理控制

1. 试用考核与培训教育

信托公司应当建立选聘人员试用期和岗前培训制度，对试用期人员进行严格考查。选聘人员试用期经考核合格后，方可正式上岗；试用期考核不合格的，应当及时解除劳动关系。

信托公司应当建立健全员工的持续教育制度，加强对员工的合规及业务培训，确保所有从业人员及时获得充分的法律法规、内控和行为规范的最新文件和资料。加强从业人员的从业资格管理，应当确保从业人员具备信托业协会的从业资格。

2. 激励约束与晋升退出

信托公司应当建立合理有效的激励约束机制，设置科学的业绩考核指标体系，以及与业绩考核相挂钩的薪酬制度；信托公司对各级管理人员和全体员工进行考核评价，以此作为确定员工薪酬、职级调整和解除劳动合同的重要依据，体现效率优先、兼顾公平的原则。

建立严格的责任追究制度。按照监管要求，对于存在违规行为、风险管理或风险化解不当的信托公司及其责任人员，应当及时实施监管问责并报送银监会，并应建立风险责任人及交易对手案底制度。

建立严谨、公开和合理的人事选拔制度，明确人事任免决定权的归属，具有完整的人事任免的决策记录。建立健全公司员工退出机制，明确退出的条件和程序，确保员工退出机制得到有效实施；公司对经考核不能胜任岗位要求的员工，应当安排再培训或调整岗位；安排再培训或调整岗位后仍然不能满足岗位要求的，应当按照规定的权限和程序解除劳动合同。

3. 离职审计与述职

信托公司关键岗位人员的任期届满、工作调动或离职，应当进行任期经济责任审计及专项审计。对高管人员、信托经理的稽核审计应当向监管部门报备，对高管人员的离职应当向监管部门及时报告。

信托公司应当与员工签订有关岗位的保密协议，明确员工在职以及离职后相应的保密义务。信托公司应当建立高管人员及其他关键岗位人员的年度述职及定期谈话制度。

4. 员工权益保护

信托公司应当在员工入职之日起1个月内与员工签订劳动合同。建立科学的员工薪酬制度和激励机制，建立高管人员和员工薪酬的正常增长机制，不得克扣或无故拖欠员工薪酬；信托公司应当及时为员工办理员工社会保险，足额缴纳社会保险费用。信托公司应当遵守法定的劳动时间和休息休假制度，维护员工的休息和休假的权利。

四、内部控制评价

(一) 概念与原则

信托公司内部控制评价分为内部评价和外部评价，其中内部评价是指由内部审计部门负责组织实施对内部控制有效性进行全面评价，外部评价是指由外部会计师事务所对公司内部控制有效性进行的全面评价。内部控制评价机构对信托公司内部控制进行检查评估后，出具相应的内部控制评价报告；内部控制评价报告从发现内控缺陷、指出缺陷影响、提出建议意见三个方面组成，公司管理对内控评价出具管理层意见。

根据《企业内部控制评价指引》规定，内部控制评价至少应当遵循的原则包括：全面性原则、重要性原则和客观性原则。信托公司董事会对内部控制评价报告的真实性负责。

（二）程序与内容

根据《企业内部控制评价指引》规定，内部控制评价程序包括：内部控制评价工作方案、组成评价工作组、实施现场测试、认定控制缺陷、汇总评价结果、编制评价报告；内部控制评价方法包括：个别访谈、调查问卷、专题讨论、穿行测试、实地查验、抽样和比较分析等。

内部控制评价报告应当包括如下内容：（1）董事会对内部控制评价报告真实性的声明；（2）内部控制评价工作的总体情况；（3）内部控制评价的依据；（4）内部控制评价的范围；（5）内部控制评价的程序和方法；（6）内部控制缺陷及认定情况；（7）内部控制缺陷的整改情况及重大缺陷拟采取的整改措施；（8）内部控制有效性的结论。

第四节 资产风险分类

一、资产风险分类概述

资产风险分类是信托公司风险管理的重要环节，信托公司应当按照风险程度将固有资产或者信托资产划分为不同的风险档次，坚持做到全面、真实、准确地反映资产质量的实际状况。信托公司董事会下设的风险管理委员会全面负责资产风险分类工作。

参照《非银行金融机构资产风险分类指导原则（试行）》，将资产分为正常、关注、次级、可疑和损失五类，其中次级、可疑、损失类资产称为不良资产。信托公司进行资产风险分类，可以①揭示资产的实际价值和风险程度，真实、全面和动态地反映资产的质量；②发现资产使用、管理、监控、催收以及不良资产管理中存在的问题，以此加强对资产的风险管理；③为判断资产损失准备金是否充足提供依据。

二、资产风险分类的范围

信托公司进行风险分类的资产包括债权类资产、权益类资产。债权类资产包括各种贷款、租赁资产、同业债权、投资附加回购、债券投资、各种应收款项等；权益类资产包括对股票和基金的短期投资、长期股权投资和其他权益性资产。

对于不承担风险的通道类业务的信托资产可以不进行分类。对于固定资产一般不进行分类，但是固定资产由于技术陈旧、损坏、长期闲置等因素导致其实际价值低于账面价值的，应当参照市场上同类资产的价值，并根据其减值程度进行分类。对于在建工程一般不进行分类，但是对于长期停工并且预计3年内不会重新开工的在建工程，应当至少划分为次级类。对现金、中央银行债权、存放银行的活期存款不进行风险分类。不涉及资金回收或资产变现，但是又是公司经营所必然产生的资产，不进行风险分类。

三、资产风险分类的标准

（一）债权类资产风险分类标准

1. 定义及一般标准

使用资产风险分类法对债权类资产进行分类时，需要参考如下四个主要因素：交易对手的还款能力、记录和意愿，资产的担保，资产偿还的法律责任，信托公司的内部管理和控制。债权类资产风险分类中五类资产的定义及逾期天数[①]的参考标准如下：

（1）正常类资产

基本定义：交易对手能够履行合同或协议，没有足够理由怀疑债权本金及收益不能够按时足额偿还。

逾期天数的参考标准：对于账龄为3个月以内的其他应收款，一般应划分为正常类。

其他情形：对于非上市交易的国债、政策性金融债以及未到期3A级企业债，一般应划分为正常类。

[①] 资产或收益的逾期天数是资产风险分类的重要参考指标。如果没有充足的理由，某资产的风险分类不能高于按照逾期天数所确定的分类级别；即使资产或收益的逾期天数未达到某一类别的标准，若该项资产的风险状况符合这一类别的标准，则该资产的分类结果也不能高于该类别。

(2) 关注类资产

基本定义：尽管交易对手目前有能力偿还，但存在一些可能对偿还产生不利影响的因素。

逾期天数的参考标准：贷款及投资附加回购资产的本金或利息逾期90天以内的，应收款项资产账龄为3个月至6个月的。

其他情形：对于非上市交易已到期3A级企业债、未到期其他企业债，一般应划分为关注类。对交易对手利用破产、解散、兼并、重组、分立、租赁、转让、承包等形式恶意逃废债务的资产，以及违反国家有关法律、法规所形成的资产，应当至少划分为关注类。

(3) 次级类资产

基本定义：交易对手的偿还能力出现明显的问题，完全依靠其正常经营收入无法足额偿还债务本金及收益，即使执行担保，也可能会造成一定损失。

逾期天数的参考标准：贷款及投资附加回购资产的本金或利息逾期90天至180天的，应收账款账龄为6个月至1年的，逾期的同业债权。

其他情形：对于已到期其他企业债一般应划分为次级债。

(4) 可疑类资产

基本定义：交易对手无法足额偿还债务本金及收益，即使执行担保，也肯定会造成较大损失。

逾期天数的参考标准：贷款及投资附加回购资产的本金或利息逾期180天至360天，应收款项账龄为1年至2年的，逾期3个月以上的同业债权。

(5) 损失类资产

基本定义：在采取所有可能的措施或一切必要的法律程序之后，资产及收益仍然无法收回，或只能收回极少部分。

逾期天数的参考标准：贷款及投资附加回购类资产本金或利息逾期360天以上的，应收款项账龄为2年以上的，逾期6个月以上的同业债权。

其他情形：待处理资产损失划分为损失类。

2. 特殊标准

需要重组的债权至少应当划分为次级类；重组后的债权仍然逾期，或者交易对手仍然无力归还资产，至少应当划分为可疑类。重组债权的分类级别在重组后至少6个月的观察期内不得调高，观察期结束后按照资产风险分类标准进行分类。

如果交易对手为已撤销或者破产的金融机构，其同业债权至少应当划分为可疑类；作为交易对手的金融机构虽未撤销或破产，但是已经停业经营、名存实亡，并且没有财产可供执行的，其同业债权应当划分为损失类。

（二）权益类资产风险分类标准

1. 短期投资中可上市交易的股票和基金

总体计算市场价值高于账面价值时，划分为正常类；总体计算市场价值低于账面价值时，相当于市场价值的部分划分为关注类，折价部分（即账面价值减去市场价值的差额部分）划分为损失类。如果股票或基金发行主体经营状况严重恶化或股票和基金的市场价格严重扭曲的特殊情况下，应当参照债权类资产的分类标准分析发行主体还款能力和资产的实际价值进行分类。

2. 长期股权投资

长期股权投资的资产风险分类需要综合分析被投资企业的经营与财务状况、盈利能力与分红情况等因素，对于非上市的其他短期投资参照长期股权投资进行资产分类。

（1）正常类：被投资企业所有者权益大于实收资本，且经营状况良好，盈利能力较强，正常分红的。

（2）关注类：被投资企业所有者权益大于实收资本，但盈利能力一般，已不能正常分红的。

（3）次级类：被投资企业所有者权益小于实收资本或连续3年不分红的。新开业的被投资企业所有者权益小于实收资本，但是经营状况良好、经营前景较好的，可以划分为关注类。

（4）可疑和损失类：被投资企业资不抵债，至少应当划分为可疑类；资不抵债数额较大的，至少应当划分为损失类。

第五节 全面风险管理报告[①]

一、经营情况综述

（一）公司总体经营情况

1. 经营指标情况

2014年年末，公司资产总额为［　］亿元，净资产为［　］亿元；公司实现营业收入［　］亿元，利润总额为［　］亿元，净利润为［　］亿元；营业收入中的手续费及佣金净收入［　］亿元、利息净收入［　］亿元、投资收益［　］亿元。

2014年年末，公司经营业务主要分为信托业务、固有业务以及基金业务，实际资产管理规模为［　］亿元，其中信托资产规模为［　］亿元，通过基金管理子公司等形式管理的资产规模为［　］亿元。

2. 信托业务

（1）信托资产运用分布情况

资产运用	金额	占比	资产分布	金额	占比
货币资产			基础产业		
贷款			房地产		
交易性金融资产投资			证券市场		
可供出售金融资产投资			实业		
持有至到期投资			金融机构		
长期股权投资			其他		
其他					
资产总额			资产总计		

[①] 本节全面风险管理报告仅为笔者提供给读者参考的范本，其中的数据全部为虚拟数据。

（2）存量及新增信托业务

2014年年末存续信托资产规模为〔　〕亿元，信托项目〔　〕个，其中新增信托资产规模〔　〕亿元，新增信托项目〔　〕个。

①按照资金来源分析

2014年年末存续单一资金信托资产规模为〔　〕亿元，信托项目〔　〕个，其中新增信托资产规模〔　〕亿元，新增信托项目〔　〕个；

2014年年末存续集合资金信托资产规模为〔　〕亿元，信托项目〔　〕个，其中新增信托资产规模〔　〕亿元，新增信托项目〔　〕个；

2014年年末存续财产权信托资产规模为〔　〕亿元，信托项目〔　〕个，其中新增信托资产规模〔　〕亿元，新增信托项目〔　〕个。

②按照业务功能分析

2014年年末存续融资类信托资产规模为〔　〕亿元，信托项目〔　〕个，其中新增信托资产规模〔　〕亿元，新增信托项目〔　〕个；

2014年年末存续投资类信托资产规模为〔　〕亿元，信托项目〔　〕个，其中新增信托资产规模〔　〕亿元，新增信托项目〔　〕个；

2014年年末存续事务管理类信托资产规模为〔　〕亿元，信托项目〔　〕个，其中新增信托资产规模〔　〕亿元，新增信托项目〔　〕个。

（3）信托项目风险情况

本年度未出现不能按期向信托受益权人兑付的风险事件。

江城市城投公司经济适用房贷款集合资金信托计划项下信托贷款本息回收情况正常，但是用款项目没有按照预定计划进行预售，业务主办部门已就该风险因素向借款人进行了风险预警，并督促借款人采取有效措施加快项目销售进度；风险管理部将会同业务主办部门随时关注用款项目的销售进度及用款项目还款现金流。

卓越财富证券投资集合资金信托计划已清算结束，该信托计划因跌破止损线而提前清盘终止。公司客服中心接到××客户的投诉电话，投诉称在卓越财富成立至清算期间从未收到该项目的纸面信息披露材料，其并不认同公司只在网站进行信息披露的方式。公司财务管理总部、业务主办部门以及代销银行已多次和客户进行沟通协调，以此避免引起监管关注而给公司带来声誉的损失。

3. 固有业务

(1) 信托资产运用分布情况

资产运用	金额	占比	资产分布	金额	占比
货币资产			基础产业		
贷款			房地产		
交易性金融资产投资			证券市场		
可供出售金融资产投资			实业		
持有至到期投资			金融机构		
长期股权投资			其他		
其他					
资产总额			资产总计		

(2) 固有业务风险情况分析

本年度固有业务运作正常，未发生风险事件。

①自营贷款

本年度新增自营贷款 [ ] 万元，期限为 [ ] 月以内，均为正常类贷款。

②非标金融产品

本年度公司以固有资产投资集合信托计划 [ ] 个，总金额为 [ ] 万元；以固有资产投资证券公司、基金管理子公司集合资产管理计划合计 [ ] 个，总金额为 [ ] 万元。

③标准化金融产品

公司固有资金债券投资日均余额 [ ] 亿元，加权平均待偿期限为 [ ] 年，其中信用债加权平均待偿期限为 [ ] 年。公司投资信用债评级比例为 AAA:AA+:AA = [ ]%:[ ]%:[ ]%，公司信用债配置整体评级高于/低于信用债券市场的评级比例。

根据公司年度权益类资产配置策略，全年权益类产品侧重于新股投资及新兴战略性行业股票配置。上一年库存的新股于第二季度已基本处置完毕，本年年末新股库存 [ ] 亿元，年度股权益类资产处于浮盈/浮亏状态。

④长期股权投资

截至 2014 年年末，ZJ 证券公司资产总额和净资产分别为 [ ] 亿元、

[ ]亿元,分别比年初增加[ ]%、[ ]%,营业收入和净利润分别为[ ]亿元、[ ]亿元,分别比上一年度增加[ ]%、[ ]%。

截至2014年年末,ZJ基金管理公司资产总额和净资产分别为[ ]亿元、[ ]亿元,分别比年初增加[ ]%、[ ]%,营业收入和净利润分别为[ ]亿元、[ ]亿元,分别比上一年度增加[ ]%、[ ]%。

4. 基金类业务

公司通过ZT资本管理有限公司开展股权投资基金类业务,截至2014年年末,公司共管理PE基金[ ]支,基金管理规模[ ]亿元主要投向交通运输业、装备制造业、新能源产业及环保产业等多个领域。

(二) 监管指标情况

监管要求	公司具体比例
信托公司管理信托计划,向他人提供贷款不得超过其所管理的所有信托计划实收余额的30%,银监会另有规定除外。	
信托公司不得开展除同业拆入业务以外的其他负债业务。	
信托公司开展同业拆入业务的,同业拆入余额不得超过其净资产的20%。	
信托公司开展对外担保业务的,对外担保余额不得超过其净资产的50%。	
信托公司以固有资金认购私人股权投资信托计划份额的,其所认购的份额不得超过该信托计划财产的20%,且用于认购私人股权投资信托计划的固有资金不得超过信托公司净资产的20%。	
信托公司以固有资产从事股权投资业务和以固有资产参与私人股权投资信托等的投资总额不得超过其上年年末净资产的20%,但经中国银监会特别批准的除外,且持有被投资企业股权不得超过5年。	
信托公司融资类银信理财合作业务余额占银信理财合作业务余额的比例不得高于30%。	
信托公司净资本不得低于人民币2亿元。	
信托公司净资本不得低于各项风险资本之和的100%。	
净资本不得低于净资产的40%。	

（三）关联交易情况

1. 固有财产方面：公司以固有财产向母公司支付一笔金额为〔　〕万元的财务顾问费；母公司向公司支付本年度增资款〔　〕万元；公司向同一实际控制人控制的关联方存放资金〔　〕亿元。

2. 信托业务方面：母公司委托公司设立单一资金信托总金额为〔　〕元；受同一实际控制人控制的关联方委托公司设立单一资金信托总金额为〔　〕元。

3. 上述关联交易均符合公司《关联交易管理办法》的规定。本年度不存在以固有财产向关联方融出资金和转移财产、为关联方提供担保、以股东持有的本公司股权进行质押的融资等反向关联交易；本年度不存在以非来源于股东或关联方资金的集合信托计划项下信托资金直接或间接运用于股东或关联方。

二、信托业务创新情况

（一）土地流转信托

公司于2014年度成立土地承包经营权流转信托计划，主要的交易结构为：公司与村委会签署信托合同，村委员代表全体村民将土地承包经营权委托公司设立财产权信托，公司作为受托人将土地承包经营权出租给农业经营公司，公司将信托财产的增值收益用于向全体村民进行分配。土地流转信托充分发挥信托的制度优势，在保护和提升农民利益的前提下，在改善城乡二元结构，推进城镇化建设等方面将产生重要影响。

（二）贵金属投资信托

信托计划采用结构化分层设计，优先级信托单位与次级信托单位比例不高于7∶3，其中次级信托单位份额全部由投资顾问认购。信托资金用于上海黄金交易所各黄金品种间套利、白银品种间套利、黄金与白银间跨品种套利、现货与延期交割品种间的期限套利以及价差交易，交易品种涉及Au99.99、Au99.95、Ag99.99、Ag（T+D）以及Au（T+D）。

（三）两融债权收益权

信托计划项下信托资金用于受让证券公司融资融券业务项下融资债权收益权，证券公司按照约定的期限和溢价率进行回购。如果证券公司没有按时履行回购义务，则信托计划所受让的融资债权收益权将直接转化为受让融资债权，受托人有权将融资债权进行转让以实现信托资金的退出，该种情形下不免除证券公司的回购义务。

三、风险管理与内控制度建设

（一）风险管理制度建设情况

序号	牵头部门	文号	制度名称
1	资本经营部	〔2014〕1号	《固有财产股权投资管理办法》
2	房地产部	〔2014〕2号	《房地产信托业务管理办法》
3	风险管理部	〔2014〕3号	《房地产信托业务评审指引》
4		〔2014〕4号	《政府融资平台信托业务评审指引》
5		〔2014〕5号	《证券投资信托业务评审指引》
6	合规法律部	〔2014〕6号	《合同审查与管理操作指引》
7	证券信托部	〔2014〕7号	《证券投资信托业务管理办法》
8	信息科技部	〔2014〕8号	《信息科技重大突发事件应急管理办法》
9	财富管理部	〔2014〕9号	《客户投诉管理办法》
10		〔2014〕10号	《销售适用性与风险等级管理办法》
11	计划财务部 信托财务部	〔2014〕11号	《银行结算票据使用管理办法》
12	综合管理部	〔2014〕12号	《公司印章管理办法》

（二）稽核审计

1. 内部审计

公司稽核审计部对公司2014年度存续的证券投资信托业务进行了专项审计，并出具《证券投资信托业务内部审计报告》。根据《证券投资信托业务内部审计报告》，公司证券投资信托业务运行情况正常，各业务部门均基本按照公司评审条件及其他相关制度的要求开展证券投资信托业务。

审计发现的问题主要有：①在风险监控方面，信托单位净值跌破补仓线时，公司未能及时通知补仓义务人予以补仓；②部分业务信息未能及时在TA系统中进行录入。

2. 外部审计

PHYD 会计师事务所于 2014 年 5 月 4 日进场开展为期一周的内控检查工作。由风险管理部牵头，各部门积极配合 PHYD 对于公司内控的检查评估工作。风险管理部将会根据本次内控检查所发现的问题，进一步完善公司内控制度建设。

（三）完善风险管理措施

1. 信息科技系统建设

公司 2014 年度上线 CRM 客户系统、用友财务管理系统（含 1104 监管报表、人行资金信托报表、净资本报表等）。公司向恒生电子股份有限公司购买"恒生信托计划登记过户系统软件 V3.0"，包括信托 TA、代销清算子系统、代销电子合同（招行模式）、招商银行代销 1.0 接口机支持电子合同，进一步完善专项计划募集、存续和清算等各阶段电子化管理。

2. 评估中介机构管理

风险管理、房地产管理部就拟聘请 X 评估事务所、Y 评估事务所作为公司常用不动产评估中介机构进行专题调研。各业务部门开展业务所接受的不动产抵押物的价值，必须由公司指定常用评估中介机构进行价值评估，以此确保抵押物评估价值的公允性。

3. 通道类业务审批流程

根据项目的风险程度，将项目审批流程分为授权审批流程和一般审批流程。通过一般审批流程报审的项目应当由风险管理部提交项目评审委员会审议表决，项目评审委员会审议表决通过的项目，应由总裁最后签批后方可实施，总裁有最后否决权；通过授权审批流程报审的项目，由总裁授权的首席风控官行使决策权。

符合授权审批流程报审的项目需要符合如下条件：① 委托人为金融机构；② 委托人承担尽职调查和投资管理职责；③ 委托人发送投资指令，并承担根据投资指令进行投资管理所产生的风险；④ 委托人接受原状分配条款。

4. 证券投资业务管理

证监会及证券交易所于 2014 年第 2 季度就公司部分证券投资信托计划涉嫌参与"炒新股"投机而下达暂停公司买入新股的书面通知。为了避免因"炒新股"投机行为而带来的监管风险，风险管理部会同证券业务管理部，对证券投资信托业务进行实时监控，以便于及时制止证券投资信托计划的"炒新股"投资交易，并向投资顾问发送谨慎投资的风险提示函。

5. 放款审核管理

为了加强对放款审核工作的管理，防范放款环节可能存在的风险，风险管理部、合规法律部、信托财务部及综合管理部召开专门会议，就各部门在放款环节进行联动配合进行了工作部署。业务部门在提交放款申请时，应当首先由风险管理部就评审条件是否已经落实到位、基础资料是否已补充齐全进行审核，合规法律部应当就相关交易合同是否已经签署完毕、担保措施是否已经办理完毕进行审核，信托财务部应当就放款金额、相关账户、划款指令等进行审核，最后由信托财务部对符合放款条件的项目根据划款指令进行资金划付。如果在资金划付环节需要加盖公章、合同专用章、法人名章等印鉴的，由综合管理部负责办理。

6. 区域性风险防范

根据江城市银监局的要求，公司对与海湾市企业开展的项目的具体信息进行统计，包括融资人名称、信托规模、信托成立及到期的时间、信托资金运用方式及投向。银监会本次针对单一区域业务进行专项摸底调查，切实防范区域性风险的发生。

公司与海湾市企业合作的业务有 8 笔，合计金额为 10 亿元，其中集合信托计划有 3 笔，合计金额为 4 亿元，单一信托有 5 笔，合计金额为 6 亿元，项目风险状况均为正常。

四、监管检查与监管政策分析

（一）监管检查

1. 风险排查

2014 年 3 月，公司根据《江城市银监局办公室关于开展 2014 年风险排查的通知》（江银监办〔2014〕40 号）中关于防范操作风险"十四条"的要求进行专项自查。公司就内部控制有效性、内审稽核质效、员工职业操守等情况开展排查活动，于 2014 年 4 月将所排查的问题进行整改落实，并将整改落实情况报告提交江城市银监局。

2. 现场检查

2014 年 10 月，江城市银监局对公司开展为期一周的现场检查，并向公司下发《现场检查意见书》（×银监〔2014〕第300号）。《现场检查意见书》充分肯定公司在积极开拓业务的同时，建立健全内部控制制度和风险管理制度流程，大力强化各类业务的风险控制，不断提高各类业务的尽职调查和投后管理的水平；《现场检查意见书》指出公司自主营销能力、专业人才队伍建设等方面还存在明显的不足，房地产信托业务集中度过高等问题。公司根据监管意见进行全面整改，并于2014年11月将整改情况向银监局进行反馈。

（二）监管政策分析

1.《关于信托公司风险监管的指导意见》

中国银监会办公厅于2014年4月8日下发《关于信托公司风险监管的指导意见》，通过如下措施以有效防范化解信托公司风险，推动信托公司转型发展，主要核心内容如下：

（1）行业风险监管

要求信托公司股东应承诺为信托公司建立流动性支持及资本补充机制；信托公司应当建立恢复与处置机制，并应于2014年6月30日前将经董事会和股东会批准通过的恢复与处置机制报送监管机构；建立信托行业稳定基金，消化单体业务及单体机构风险，避免单体机构倒闭给信托行业乃至金融业带来较大负面冲击。

（2）业务风险监管

信托公司应当严格项目的准入审批管理，对业务范围项下的具体产品实行报告制度；信托公司不得开展非标准化理财资金等具有影子银行特征的业务，对存续业务要形成整改防范报送监管机构；研究推出债券型信托直接融资工具，通过直接投资子公司开展股权投资，鼓励开展并购业务以参与企业的并购重组，鼓励开展信贷资产证券化、家族财富管理以及公益信托业务。

2. 乙类债券账户重启

2014年11月底，中国人民银行发出通知，农村商业银行、农村合作银行、农村信用社、村镇银行等农村金融机构以及信托产品、证券公司资管计划、基金管理公司及其子公司特定客户资管计划、保险资产管理公司资管产品四类非法人投资者可向中国人民银行上海总部金融市场管理部办理入市备案，以申请进入银行间市场进行交易。此次乙类账户的重启，对于债券型证券投资信托计划将是重大利好。

五、宏观经济金融政策分析

1. 2014年11月22日降息

中国人民银行于2014年11月21日晚宣布降息消息：自2014年11月22日起，一年期贷款基准利率下调0.4个百分点至5.6%，一年期存款基准利率下调0.25个百分点至2.75%，存款利率浮动区间上调至基准利率的1.2倍。

本次降息的意义在于：有针对性地引导市场利率和社会融资成本下行，促进实际利率逐步回归合理水平，降低企业的融资成本；存款利率浮动区间上限的扩大及以非对称方式下调贷款和存款基准利率意在培育金融机构利率市场化的适应能力和金融资产的定价能力。

2. 《私募投资基金监督管理暂行办法》

中国证监会于2014年8月21日印发《私募投资基金监督管理暂行办法》，明确各类私募基金管理人应当按照基金业协会的规定，向基金业协会申请登记；各类私募基金募集完毕，私募基金管理人应当根据基金业协会的规定，办理基金的备案手续。该《私募投资基金监督管理暂行办法》还明确了私募基金合格投资者的标准、资金募集以及投资运作的规则、行业自律和监管管理等内容，同时还对创业投资基金的特别规定进行明确。

3. 保险资金投资集合资金信托计划

保监会于2014年5月5日印发《关于保险资金投资集合资金信托计划有关事项的通知》，保险金资金所投集合资金信托计划之受托人的上年年末经审计的净资产不低于30亿元，近三年及高级管理人员未发生重大刑事案件且未受监管机构行政处罚，并且受托人承诺向保险业协会报送相关信息。

保险资金投资的集合资金信托计划，基础资产限于融资类资产和风险可控的非上市权益类资产。其中固定收益类集合资金信托计划，信用等级不得低于国内信用评级机构评定的A级或者相当于A级的信用级别。不得投资单一信托，不得投资基础资产属于国家明令禁止行业或产业的信托计划。

截至2014年第3季度末，保险行业总资产规模超过9万亿元，保险资金投资信托的累计投资余额为2805亿元，占保险行业总资产的2.99%。保监会于2014年9月29日印发《关于保险公司投资信托产品风险有关情况的通报》，指出保险资金投资信托产品存在如下较为突出的风险：投资规模增速快、投资集中度较高、关联交易存在风险、基础资产不明确、信用评级机制不完善。

4. 《关于加强地方政府性债务管理的意见》

国务院办公厅于 2014 年 9 月 21 日下发《关于加强地方政府性债务管理的意见》，从规范地方政府举债融资机制、地方政府债务实行规模控制和预算管理、控制和化解地方政府性债务风险、妥善处理存量债务和在建项目后续融资等方面对地方政府性债务管理进行规范。

财政部随后发布了配套文件《地方政府存量债务纳入预算管理清理甄别办法》，对地方政府存量债务纳入预算管理进行清理甄别工作进行规范：①通过 PPP 模式能够转化为企业债务的，不纳入政府债务；②项目没有收益、计划偿债来源主要依靠一般公共预算收入的，甄别为一般债务；③项目有一定收益、计划偿债来源依靠项目收益对应的政府性基金收入或专项收入、能够实现风险内部化的，甄别为专项债务；④项目有一定收益但项目收益无法完全覆盖的，无法覆盖的部分列入一般债务，其他部分列入专项债务。

5. 《关于规范金融机构同业业务的通知》

中国人民银行、银监会、证监会、保监会、国家外汇管理局联合印发《关于规范金融机构同业业务的通知》，逐项界定并规范了同业拆借、同业存款、同业借款、同业代付、买入返售（卖出回购）等同业投融资业务。

上述《通知》明确禁止：①三方或以上交易对手之间的买入返售（卖出回购）交易不得纳入买入返售（卖出回购）业务管理和核算，不得开展非标准化资产的买入返售业务；②委托方不得在同一市县有分支机构的情况下委托当期其他金融机构代付，不得通过同业代付进行变相融资；③金融机构开展买入返售（卖出回购）和同业投资业务，不得接受和提供任何直接或间接、显性或隐性的第三方金融机构信用担保；④同业借款业务的最长期限不得超过三年，其他同业融资业务最长期限不得超过一年，业务到期后不得展期。

第六节　尽职调查报告格式与指引

一、尽职调查报告基本要求

1. 尽调报告格式应保持统一，按照公司统一模板撰写；

2. 保持尽调报告内容完整，禁止随意删减公司统一模板的格式内容，如不适用请标注"不适用"；

3. 尽调报告内容应与实际调查的事实情况保持一致，并应提供相应的基础资料以便审核；

4. 认真仔细审查尽职调查报告文稿，不能出现数据和字句等文字性错误。

二、信托计划概况

指引：请填写信托计划概况表，要求内容完整，表述清晰。

项目要点	1. 信托计划名称	
	2. 委托人	
	3. 交易对手	
	4. 资金用途	
	5. 信托计划规模	
	6. 信托计划期限	
	7. 融资总成本 （1）信托预期收益率 （2）信托报酬率 （3）托管费率 （4）其他信托费率	
	8. 退出方式/还款资金来源	
风险防范措施	9. 信用增级措施	

三、项目调查过程记录

（一）拓展背景

指引：请写明此项业务拓展的背景，重点阐述该项目的来源，交易对手与公司的业务往来情况，交易对手与公司及员工的关联关系等。

（二）调查过程

指引：请阐述交易对手及项目调查的方式、程序、程度等要素。

四、交易对手基本情况

（一）基本信息

1. 基本情况表

指引：请填写基本信息表，并注意交易对手基本情况表所反映信息完备性、及时性。

交易对手全称			
信用等级			
营业执照注册号		年检记录	
贷款卡号		年检记录	
组织机构代码		年检记录	
成立时间		法人代表及电话	
注册地址		企业实际地址	
注册资本		实收资本	
基本账户行		基本账户账号	
税务登记号码（国税地税）			
房地产开发资质			
企业性质	□国有 □集体 □私营 □股份合作 □有限责任 □股份公司 □外商投资 □个体工商户 □其他		
主营业务			
其他信息			

2. 历史沿革

指引：请阐述交易对手的历史沿革，并应有工商登记资料进行佐证，交易对手的历史沿革需与工商登记资料记录相一致。

3. 股权结构图

指引：请阐述交易对手的股权结构，各股东的持股比例，通过交易对手及其关联企业的股权结构图，全面展现交易对手及其关联企业股权结构的基本情况。

4. 公司组织和管理

指引：请阐述公司的组织结构、管理构架、实际控制人及主要高管履历情况。

（二）交易对手的经营状况分析

指引：请阐述交易对手的经营状况，重点关注交易对手的主营业务是否清晰。交易对手的经营规模、交易对手的业绩、交易对手的经营经验、交易对手的市场排名、交易对手的市场形象。

（三）交易对手的财务评价

指引：包括基于财务报告（资产负债表、利润表和现金流量表）的财务常规评价，基于财务信息和银行征信系统查询结果对交易对手的信用状况进行评价，对交易对手表内负债以及或有负债情况进行评价，对交易对手现金流的评价及重要财务信息进行评价。

（四）交易对手关联交易、对外担保、对外诉讼情况分析

指引：详细描述交易对手的关联关系与主要关联交易情况；全面披露交易对手对外担保情况；全面披露已决诉讼和未决诉讼情况，并须评估未决诉讼对交易对手可能产生的重大影响。

五、投资方案

（一）投资方案

指引：清晰描述具体的投资方案，可以通过交易结构图展现具体的交易结构；投资方案还应注意有关要素描述的全面性，交易结构的合理性及合规性，是否存在显性财务风险等。

（二）被投资项目分析

指引：投资方案涉及项目的描述清晰完整性、项目可行性、合规性评价、项目及项目公司的财务评价。

（三）被投资项目投融资情况

指引：项目融资需要明确该项目的投资概算、自有资金投入比例、对外融资情况、项目资金缺口及解决措施。

（四）还款能力分析

1. 第一还款来源的分析

指引：基于自有现金流项目的第一还款来源分析。

2. 增信措施（其他还款来源）的分析

指引：增信措施的描述的清晰度，增信措施的可行性评价，担保方的评价：包括财务评价、抵/质押物的价值评估，权属的清晰度及抵/质押物的变现能力。

（五）退出安排

指引：投资退出方案的设计与描述，退出方案的可行性评价。

六、销售方案

指引：销售方案包括销售机构、销售费用、销售规模、销售地区、销售时间等；公司销售部门与代销机构的衔接工作、代销协议的签署情况；异地销售的监管报备方案。

七、风险分析及风险防范措施

（一）风险的揭示

指引：对项目风险揭示应坚持充分、全面和客观的原则。

（二）风险的防范措施

指引：对项目风险的防范措施表述应全面、准确和完整，同时应当制订相应的风险紧急预案。

（三）危机处理预案

指引：对可能出现的危机的描述应当全面，针对可能出现危机的处理方案应当合理可行。

八、合规性分析

指引：信托计划符合法律法规和监管政策规定的相关情况，拟投资项目相关批文证照的取得情况，固定资产投资项目的资本金到位情况。

九、综合效益分析

指引：公司关于项目收益指导政策及公司的成本控制政策的执行情况。

十、项目调查结论

指引：尽职调查结论清晰，内容表述准确。

第七节　项目操作流程管理

一、项目审批流程

（一）一般审批流程

1. 信托经理根据尽职调查所收集的基础资料撰写项目尽职调查报告，并经部门负责人、分管高管审核确认后，由信托经理将项目尽职调查报告和基础资料提交风险管理部审核。

2. 风险管理部业务审批人员根据尽职调查报告和基础资料对报审项目进行审核，业务审批人员将报审项目需要补充完善的审查意见反馈给信托经理；信托经理根据业务审批人员的审查反馈意见对报审项目进行补充尽职调查，并将补充调查材料提交风险管理部。

3. 如果报审项目需要补充完善的条件均已落实且已符合公司报审项目的上会条件，风险管理部应当出具报审项目的风险审查意见；信托经理和部门负责人应在尽职调查报告上签字，并报分管高管签署同意上会意见后，风险管理部将风险审查意见、已签字尽职调查报告提交项目评审委员会进行审议。

4. 项目评审委员会对报审项目进行审议，信托经理应当对项目评审委员会委员的提问进行解答，项目评审委员会委员对报审项目进行表决。风险管理部业务审批人员对项目评审委员会委员的表决意见进行汇总，并将经项目评审委员会主任委员签字确认的汇总意见发送业务主办部门。

5. 如果项目汇总意见是有条件通过的，信托经理应当落实汇总意见的所附条件，并将落实情况形成项目完备报告提交风险管理部，风险管理部对项目完备报告审核无意见后提交项目评审委员会主任委员和总裁审批，项目经总裁最终签署同意意见后正式通过。

（二）项目复议流程

1. 如果报审项目被项目评审委员会否决的，业务主办部门可以申请项目复议，复议申请仅限一次。项目复议流程参照项目报审流程执行。

2. 申请复议的项目被项目评审委员会再次否决的，自复议申请否决意见签署之日起一年内，该项目不得再行报审。

（三）条件变更流程

1. 报审项目经项目评审委员会评审通过之后至该项目终止期间内，该项目交易条件发生变更的，业务主办部门应当提交条件变更申请。

2. 如果所变更的条件没有增加项目风险或减少公司收益的，则应当向风险管理部备案；如果所变更的条件增加项目风险或减少公司收益的，则该条件变更申请应当提交项目评审委员会审议。条件变更流程参照项目报审流程执行。

（四）简易审批流程

1. 简易审批流程适用一般审批流程的前两项。

2. 如果报审项目需要补充完善的条件均已落实，风险管理部出具同意意见，且经首席风控官签署同意后，报审项目正式通过。

二、合同审批及用印流程

（一）合同审批流程

1. 报审项目通过评审后，信托经理即可发起合同审批流程。信托经理起草信托合同及相关交易合同，信托经理将经部门负责人审核同意后的信托合同及相关交易合同提交合规法律部审核。

2. 合规法律部将合同法律审查意见反馈给信托经理，信托经理根据法律审查意见对报审合同进行修改。报审合同经交易各方审核无异议后形成最终定稿版合同。

（二）用印审批流程

1. 报审合同定稿后，信托经理即可发起合同用印审批流程。合同用印申请由信托经理签字后，需要经业务主办部门负责人、业务主办部门分管高管、合规法律部负责人、首席风控官、总裁签字同意后方可进行合同用印。

2. 如果交易对手方先用印的合同，信托经理应当将交易对手方已用印的合同与信托公司定稿版合同核对一致后方可发起用印流程，信托经理应当在用印审批单承诺用印版合同与定稿版合同核对一致。如果交易对手方已用印合同与定稿版合同不一致的，信托经理对于仅是修改个别词句标点格式等地方可在用印审批单上予以标明，对于有重大条款修改的，应当重新报审合同。

3. 如果是在对方用印合同复印件上用印的，签报单上应当标明"复印件用印"；如果是在对方用印合同的原件上用印的，签报单上应当标明"原件用印"。对于开户等事项需要在格式合同上用印的，应当在签报单上标明"格式合同，不允许修改"字样。

4. 所有用印文件的内容必须要素齐备，原则上不得在留空合同上用印；如果用印文件个别地方确实暂时无法填写相关要素，签保单上应当予以明确说明。

三、项目推介、成立流程

1. 集合资金信托计划

（1）项目推介：集合资金信托计划通过评审，且信托合同及交易合同定稿后，信托经理即可发起项目推介审批流程。项目推介前，项目评审条件均应全部落实，比如信用增级措施已办理完毕、基础资料已收集齐全等。如果集合资金信托计划是在异地推介的，信托公司还应当分别向注册地和推介地银监局进行报告。

（2）项目划款：项目推介前，信托财务部还应当为信托计划开立信托计划募集账户和托管专户。信托计划募集完毕，信托资金应当由募集账户划付进托管专户；信托计划符合成立条件的，信托经理应当提请信托业务管理部发布项目成立公告。在信托成立当日，信托公司向信托财务部提交划款/投资指令，由信托财务部将信托资金向交易对手进行划付。

2. 事务管理类信托：委托人向信托公司发送投资/划款指令，信托公司向托管人发送投资/划款指令，托管人根据投资/划款指令进行信托资金的划付。

3. 融资类信托业务，信托资金由托管专户直接向融资人指定账户进行划付；股权投资类信托业务，信托资金由托管专户直接向验资户（直接股权投资或增资）进行划付，或者向股权转让方（受让股权）指定账户进行划付。金融产品投资类信托，信托资金直接向金融产品发行人的募集账户或托管账户进行划付。

4. 如果信托计划项下信托资金用于投资券商资管产品、基金份额、股权、债权以及其他标准化证券产品，信托经理应当向交易员发送投资指令，交易员根据投资指令进行投资操作。

四、投后管理与项目清算

（一）项目投后管理

项目成立后，信托经理应当配合信托业务管理部做好项目的投后管理工作，按期编制投后管理报告或信托单位净值披露报告。信托公司应当按照信托文件的约定，在公司官网公布定期投后管理报告或者信托单位净值报告，或者向委托人预留的电子邮箱发送定期投后管理报告或者信托单位净值报告。

项目存续期间，如果项目发生重大风险事件或存在潜在风险隐患，则信托经理应当及时向公司进行报告，并配合合规法律部、风险管理部、信托业务管理部等部门制订风险应急预案；信托公司应当将风险事件情况及风险应急预案报送监管部门。

（二）项目清算分配

信托公司按照信托文件的约定，提取并分别向受托人、保管人支付信托报酬和保管费后，按照预期信托收益率向受益权人分配信托收益。

信托计划终止，信托公司应当对信托计划进行清算；信托公司应于信托计划终止后10个工作日内编制清算报告，由信托业务管理部按照信托合同约定的信息披露方式向受益权人发送清算报告；信托财务部根据信托经理的清算划款指令，将清算财产向交易各方进行划付。

信托计划清算完毕后，信托公司应当及时进行销户（信托财产专户/保管账户、信托专用债券账户、信托专用证券账户及信托专用资金账户等）。

第八节 信托行业稳定机制

一、净资本管理

（一）资本管理概述

金融机构的资本管理可以包括经济资本、账面资本和监管资本。账面资本即净资产，包括实收资本、资本公积、盈余公积、未分配利润等，是可用资本；监管资本是监管当局要求必须持有的最低资本，是符合监管指标的最低财务资源要求；经济资本是反映金融机构抵补自身风险所需要的资本。

（二）净资本管理

《信托公司管理办法》明确规定中国银行业监督管理委员会对信托公司实行净资本管理，具体办法由中国银行业监督管理委员会另行制定。鉴于信托公司资产管理规模的快速增长，信托公司的资本实力与其管理的资产规模的杠杆率急剧放大，从而导致信托公司风险抵补能力严重不足。为了防范信托公司的经营风险，同时也是为了落实《信托公司管理办法》的规定，银监会于2010年印发了《信托公司净资本管理办法》，正式对信托公司实行净资本管理。

信托公司净资本不得低于2亿元，净资本不得低于各项风险资本之和的100%，净资本不得低于净资产的40%。信托公司根据各项目业务的风险系数和各项业务的规模计算风险资本，并建立起风险资本与净资本的对应关系；信托公司应结合业务发展规划，各项业务风险绩效分析及风控政策，以确定各业务条线可分配风险资本额度。

【示例】净资本：净资本是在净资产基础上对各固有资产项、表外项目和其他有关业务进行风险调整后得出的综合性风险控制指标，净资本计算公式为：净资本＝净资产－各类资产的风险扣除项－或有负债的风险扣除项－银监会认定的其他风险扣除项。信托公司实施净资本管理的目的，是确保信托公司固有资产充足并保持必要的流动性，以满足抵御各项业务不可预期损失的需要。

风险资本：风险资本是指信托公司按照一定标准计算并配置给某项业务用于应对潜在风险的资本，风险资本的计算公式为：固有业务各项资产净值×风险系数＋信托业务各项资产余额×风险系数＋其他各项业务余额×风险系数。

风险控制指标：信托公司的净资本不得低于人民币2亿元，信托公司应当持续符合下列风险控制指标：①净资本不得低于各项风险资本之和的100%；②净资本不得低于净资产的40%。

二、生前遗嘱及资本补充机制

（一）生前遗嘱

生前遗嘱又称为恢复与处置计划，是由金融稳定理事会提出的，要求金融机构拟定向监管机构提交，对当期陷入实质性财务困境或经营失败的快速有序的处置方案，以使其恢复经营能力，或者实现业务分拆或机构关闭等制度安排。

信托公司应当制订恢复与处置计划，并经董事会和股东会批准后报监管部门备案。恢复与处置计划具体包括但不限于：

1. 激励性薪酬延付制度：信托公司需要建立与风险责任和经营业绩挂钩的科学合理的薪酬延期支付制度。

2. 限制分红或红利回拨制度：信托公司股东应承诺在信托公司章程中约定，当信托公司出现严重风险时，减少分红或不分红，必要时应将以前年度分红用于资本补充或风险化解，增强信托公司风险抵御能力。

3. 业务分割与恢复机制：通过对部分业务实施分割或托管以保全整体实力。

4. 机构处置机制：事前做好机构出现重大风险的应对措施。

（二）资本补充机制

信托公司应当根据监管要求建立流动性支持和资本补充机制。信托公司股东应当在信托公司章程中约定，当信托公司出现流动性风险时，给予必要的流动性支持。信托公司经营亏损并侵蚀资本时，应当在净资本中全额扣减，并相应压缩业务规模，或者由股东及时补充资本。信托公司违反审慎经营规则、严重危及公司稳健运行、损害投资人合法权益的，监管机构可以依法采取限制控股股东转让股权或限制有关股东权利等监管措施。

三、信托业保障基金

(一) 信托业保障基金概述

1. 保障基金设立背景

中国银监会办公厅于 2014 年 4 月 8 日印发《关于信托公司风险监管的指导意见》，要求建立信托行业的稳定机制，积极探索设立信托行业稳定基金，发挥行业合力，消化单体业务及单体机构风险，避免单体机构倒闭给信托行业乃至金融业带来较大负面冲击。中国银监会、财政部于 2014 年 12 月 10 日印发《信托业保障基金管理办法》；中国信托业保障基金有限责任公司于 2014 年 12 月 19 日宣布成立；中国银监会办公厅于 2015 年 2 月 25 日印发《关于做好信托业保障基金筹集和管理等有关具体事项的通知》，信托业保障基金于 2015 年 4 月 1 日正式启动。

2. 保障基金性质和来源

根据《信托业保障基金管理办法》，信托业保障基金是由信托业市场参与者共同筹集，用于化解和处置信托业风险的非政府性行业互助资金。中国信托业保障基金有限责任公司作为保障基金管理人，依法负责保障基金的筹集、管理和使用。保障基金主要来源于：①信托业市场参与者认购的资金；②使用保障基金获得的净收益；③国内外其他机构、组织和个人的捐赠；④国务院银行业监督管理机构和财政部批准的其他来源。

(二) 保障基金的认购主体

信托公司与保障基金公司签署认购保障基金合同认购保障基金：①按信托公司净资产余额和财产信托报酬比例认购的保障基金，由信托公司以自有资金进行认购。②融资性资金信托对应认购的保障基金，由融资人或用款人委托信托公司认购；投资性资金信托对应认购的保障基金，信托公司可以根据与信托当事人的约定，将认购保障基金作为信托财产投资组合的一部分，由信托公司认购。

(三) 保障基金的认购比例和标准

1. 认购比例：

(1) 信托公司按母公司净资产余额的 1% 认购保障基金，每年 4 月底前以上年度末经审计的母公司净资产余额为基数动态调整。

（2）资金信托按新发行金额的1%认购保障基金。在每个资金信托产品发行结束时，缴入信托公司基金专户，由信托公司按季向保障基金公司集中划缴。

（3）新设立的财产信托，信托公司应按审计的前一年度实际收取财产信托报酬的5%认购保障基金。信托公司收取的报酬具体指信托公司与委托人签订的信托协议中约定由信托公司收取的管理费用、手续费、佣金等各种形式的报酬。

2. 认购标准

（1）分期放款的融资性资金信托，由融资人或用款人按照实际使用金额认购。

（2）结构化资金信托产品中包含部分财产信托的区分资金信托和财产信托分别认购。

（3）TOT信托产品按最底层终端信托的性质各自进行认购，上层信托不进行重复认购。

（4）家族信托区分资金信托和财产信托分别认购。

（5）信贷资产证券化信托和企业年金信托按财产信托的标准认购。

（四）保障基金的使用

保障基金公司可以在具备如下情形之一时使用保障基金：

1. 信托公司市场退出风险

信托公司出现如下市场退出风险时，保障基金公司应根据相关有权机关的认定和处置原则拟订处置方案并报基金理事会批准后实施：（1）信托公司因资不抵债，在实施恢复与处置计划后仍需重组的；（2）信托公司依法进入破产程序，并进行重整的；（3）信托公司因违法违规经营，被责令关闭、撤销的。

2. 信托公司流动性风险

信托公司因临时资金周转困难，需要提供短期流动支持的，由信托公司向保障基金公司提出申请，并提交流动性困难解决方案及保障基金偿还计划，由保障基金公司审核决定是否使用保障基金。信托公司与保障基金公司根据使用保障基金的金额和期限等协商资金使用的条件，并签署资金有偿使用合同，办理合法有效的担保手续，依法约定相关监督条款和双方履行的权利义务。

3. 需要使用保障基金的其他情形

当出现需要使用保障基金的其他情形的，由保障基金公司拟订方案报基金理事会批准后实施。

附件：项目操作流程图

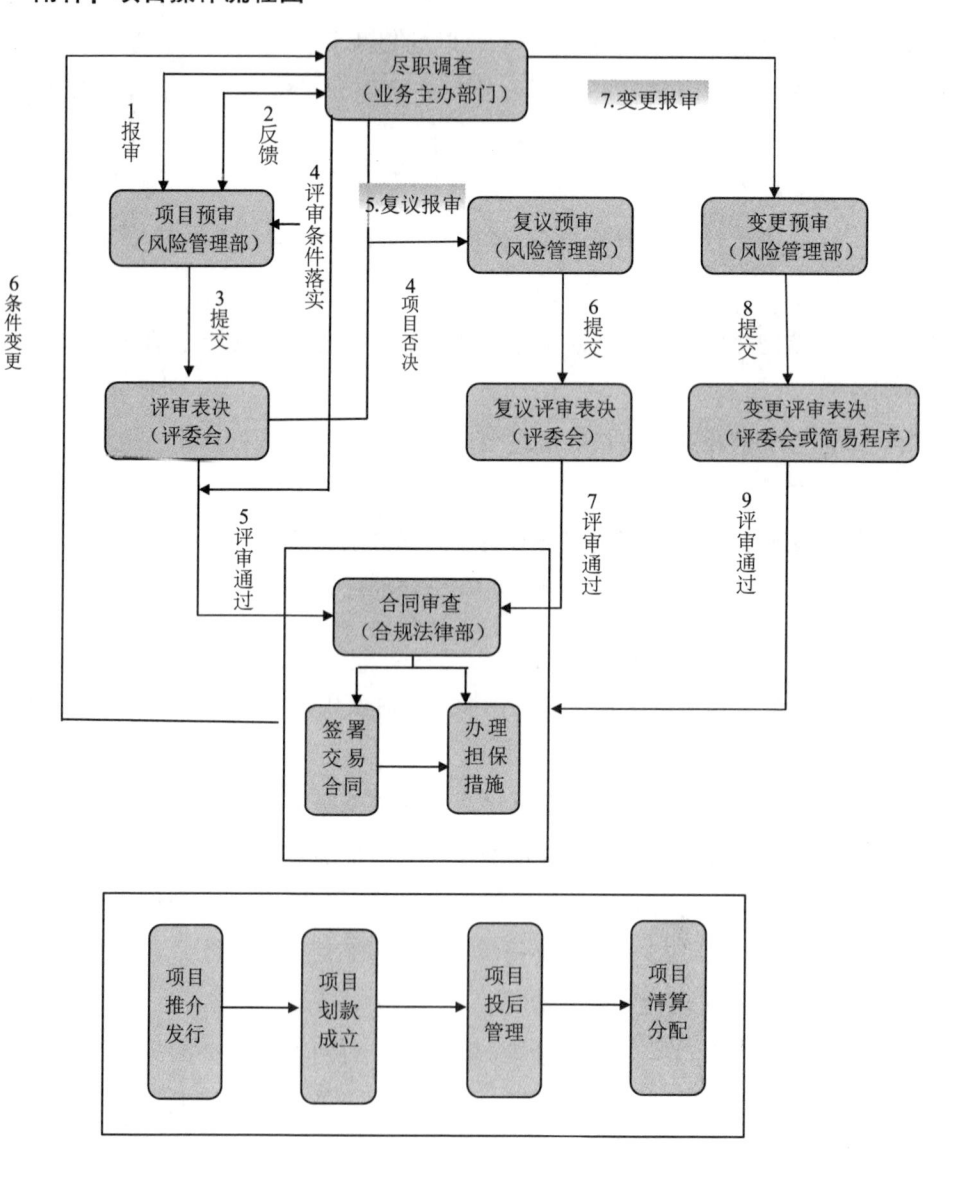

```
                          ┌──────────────┐
              ┌──────────→│   尽职调查   │←─────── 7.变更报审 ───────┐
              │    ┌─────→│（业务主办部门）│                         │
              │    │      └──────────────┘                         │
              │  2.反馈         │                                   │
           1.报审              │                                   │
              │              5.复议报审                             │
              ↓                ↓                                   │
        ┌──────────┐     ┌──────────┐                      ┌──────────┐
        │ 项目预审 │     │ 复议预审 │                      │ 变更预审 │
        │(风险管理部)│    │(风险管理部)│                      │(风险管理部)│
        └──────────┘     └──────────┘                      └──────────┘
         │    4.评审           │                                │
         │   条件落实        4.项目否决                           │
       3.提交                6.提交                            8.提交
         ↓                    ↓                                ↓
        ┌──────────┐     ┌──────────┐                      ┌──────────┐
        │ 评审表决 │     │复议评审表决│                      │变更评审表决│
        │ (评委会) │     │ (评委会)  │                      │(评委会或简易程序)│
        └──────────┘     └──────────┘                      └──────────┘
    6.条件变更  │              │                                │
              5.评审通过      7.评审通过                       9.评审通过
                ↓              ↓                                │
              ┌──────────────────────┐                         │
              │      合同审查        │←────────────────────────┘
              │    (合规法律部)      │
              └──────────────────────┘
                    ↓        ↓
              ┌────────┐ ┌────────┐
              │签署交易│ │办理担保│
              │  合同  │ │  措施  │
              └────────┘ └────────┘
```

```
┌────────┐   ┌────────┐   ┌────────┐   ┌────────┐
│ 项目   │→ │ 项目   │→ │ 项目   │→ │ 项目   │
│ 推介   │   │ 划款   │   │ 投后   │   │ 清算   │
│ 发行   │   │ 成立   │   │ 管理   │   │ 分配   │
└────────┘   └────────┘   └────────┘   └────────┘
```

第九节 信托公司监管评级与行业评级

一、信托公司监管评级

（一）监管评级概述

对信托公司进行监管评级是信托公司风险监管体系的重要组成部分，也是监管部门实现对信托公司持续监管、分类监管和风险预警的一种重要的监管工具。监管部门通过对信托公司进行监管评级，可以使监管部门全面掌握信托公司的风险状况，合理配置监管资源，以实现对信托公司进行分类监管、扶优限劣，促进信托公司积极创新、做优做强。监管部门可以根据评级结果，制定对信托公司的监管计划和政策，确定监管重点以及现场检查和非现场监管的频率和范围，同时还应当将评级结果作为市场准入的重要参考因素。

（二）监管评级内容

根据《信托公司监管评级与分类监管指引》的规定，对信托公司的监管评级应当从公司治理、内部控制、合规管理、资产管理和盈利能力五个方面进行；评级结构分为综合评级1级、综合评级2级、综合评级3级、综合评级4、综合评级5级、综合评级6级，每个等级中可以再分为A、B、C三档。

（三）监管评级流程

信托公司监管评级的周期为1年。信托公司根据监管评级标准进行自评，并上报属地监管局，但自评结果不影响监管评级结果；属地监管局促成评级工作小组对信托公司进行初评，初评确定监管评级的级别，但是不确定各级别的档次，初评结果由部分主任或监管局（分局）局长主持的会议确定；银监会对各地银监局上报的评级结果进行最终审定，并确定评级结果和各级别的档次。

二、信托公司行业评级

（一）评级内容

中国信托业协会于2015年12月15日发布《信托公司行业评级指引（试行）》，中国信托业协会将组织对信托公司从行业角度进行综合评价的行业评级。行业评级内容主要包括资本实力（Capital Strength）、风险管理能力（Risk Management）、增值能力（Incremental Value）、社会责任（Social Responsibility）四个方面，简称"短剑"（CRIS）体系。

1. 资本实力

评价：信托公司净资本充足程度及其与业务风险的匹配程度。

目的：引导信托公司优化资本结构，合理控制业务发展，确保固有资本充足并保持必要的流动性。

2. 风险管理能力

评价：信托公司信托业务的风险处置情况，以及固有信用风险资产不良情况。

目的：引导信托公司强化"卖者尽责"的经营理念，提升风险管控能力，建立全面的风险管理体系，有效防范和化解风险。

3. 增值能力

评价：信托公司作为专业受托机构对资产的管理能力。

目的：引导信托公司通过提高资产运营效率、提供专业化服务，优化收入和成本结构、重视信托主业发展、提升客户满意度，不断增强市场核心竞争力。

4. 社会责任

评价：信托公司作为社会经济组织对国家和社会的和谐发展、公共利益实现、自然环境保护和资源科学利用，以及对利益相关方所应承担的责任。

目的：引导信托公司与经济社会的良性互动，树立良好社会形象，实现行业可持续发展。

（二）评级实施

1. 评级周期

评级周期为1年，即上一年度1月1日至12月31日，评级工作涉及的财务及业务数据以上一年度经审计的报表和信托业协会公布的数据为准。

2. 评级流程

评级流程包括信托公司自评、信托业协会秘书处初评、审议及复议、评级结果发布等环节。评级工作完成后5个工作日内，信托业协会将评级结果发送至银监会及各银监局，供监管评级参考，同时由信托业协会秘书处负责信托公司行业评级结果对外公布事宜。

附件1

信托公司行业评级短剑（CRIS）体系

类别（权重）	指标名称	公式	基础值	目标值	评分评价
资本实力 Capital Strength（28分）	净资本（9分）	$NC = E_e - RD$	2亿元	100亿元	1. 短剑行业评分评价的分值为100分，综合项评级分数由各评项分数总产生。 2. 根据基础值和目标值确定分值区间，基础值代表行业的达标水平或监管下限设置为0分，目标值代表行业的领先水平，设置为满分。介于基础值和目标值之间按线性方法取值。
	净资本/风险资本（13分）	$R_{ca} = \dfrac{NC}{RA}$	100%	150%	
	净资本/加权信托风险项目规模（6分）	$C_{cr} = \dfrac{NC}{100\% \times P_{hr} + 50\% \times P_{mr} + 20\% \times P_{lr}}$	2	10	
风险管理能力 Risk Management（36分）	信托项目正常清算率（16分）	$P_{td} = \dfrac{D_{np}}{D_p}$	98%	100%	
	信托项目风险化解率（10分）	$R_r = \dfrac{100\% \times R_{hr} + 50\% \times R_{mr} + 20\% \times R_{lr}}{100\% \times L_{hr} + 50\% \times L_{mr} + 20\% \times L_{lr}}$	20%	50%	
	固有信用风险资产不良率（10分）	$R_{npa} = \dfrac{NPA_{ia} - P_{ia}}{IA_{cr}}$	5%	0%	
增值能力 Incremental Value（26分）	净资产收益率（7分）	$ROE = \dfrac{P}{E_b + P \div 2 + E_i \times M_i \div 12 - E_j \times M_j \div 12}$	5%	20%	
	信托业务收入占比（6分）	$P_{ti} = \dfrac{TFI}{OI}$	50%	75%	
	营业费用收入比（6分）	$R_{ci} = \dfrac{OE}{OI}$	60%	20%	
	人均信托净收益（7分）		2000万元	8000万元	
社会责任 Social Responsibility（10分）	社会价值贡献度（10分）	$V = 30\% \times Ln(T) + 30\% \times Ln(A) + 20\% \times Ln(Di) + 20\% \times Ln(F)$	18.5	20.5	

注释：

A：当年新增信托资产中运用至信托公司注册地的金额。其中注册地范围为省、自治区、直辖市

C_{cr}：信托风险项目净资本覆盖率

D_i：年内向受益人分配的信托收益

D_p：依据合同年内应向受益人分配的非事务管理融资类信托收益

D_{np}：年内正常向受益人分配的非事务管理融资类信托本金

E_b：年初净资产余额

E_e：年末净资产余额

E_i：因增资、新发行股票、债转股等引起的净资产增加额

E_j：因现金分红等引起的净资产减少额

F：年末缴纳的信托业保障基金余额

H_b：年初员工人数

H_e：年末员工人数

IA_{cr}：固有信用风险资产总额

L_{hr}：信托高风险项目累计发生额

L_{lr}：信托低风险项目累计发生额

L_{mr}：信托中风险项目累计发生额

M_i：新增净资产下一月份起至年末的月份数

M_j：减少净资产下一月份起至年末的月份数

NC：净资本

NPA_{ia}：固有信用风险资产中不良资产余额

OE：营业费用，不含营业外支出、资产减值损失

OI：营业收入

P：净利润

P_{hr}：高风险信托本金

P_{ia}：为固有信用风险资产计提的资产减值准备余额

P_{lr}：低风险信托本金

P_{mr}：中风险信托本金

P_{td}：信托项目正常清算率

P_{ti}：信托业务收入占比

RA：风险资本

R_{ca}：资本充足率

R_{ci}：营业费用收入比

RD：各项风险扣除项，含各类资产的风险扣除项、或有负债的风险扣除项、中国银行业监督管理委员会认定的其他风险扣除项

R_{hr}：信托高风险项目累计化解额

R_{lr}：信托低风险项目累计化解额

R_{mr}：信托中风险项目累计化解额

R_{npa}：固有信用风险资产不良率

ROE：净资产收益率

R_t：信托项目风险化解率

T：纳税额，包括营业税金及附加、所得税

TFI：信托业净收入

$TIPS$：人均信托净收益

V：社会价值贡献度

附件2

信托公司行业评级短剑（CRIS）体系指标公式说明

指标名称	公式	公式说明	数据来源
净资本	$NC = E_e - RD$	E_e：年末净资产余额 RD：年末各项风险扣除项 NC：净资本	根据《信托公司净资本管理办法》（银监会令2010年第5号）第二十四条要求，在年报中披露的净资本、风险资本金额。
净资本/风险资本	$R_{ca} = \dfrac{NC}{RA}$	RA：风险资本 NC：净资本	
净资本/加权信托风险项目规模	$C_{cr} = \dfrac{NC}{100\% \times P_{hr} + 50\% \times P_{mr} + 20\% \times P_{lr}}$	P_{hr}、P_{mr}、P_{lr}：高、中、低风险信托本金	根据年末《风险项目要素表》填报的高、中、低风险项目事务管理类信托项目信托规模（D列）减去劣后级信托规模（AZ列＋BB列＋BD列）。无信托风险项目的视为满分。
信托项目正常清算率	$P_{td} = \dfrac{D_{np}}{D_p}$	D_{np}：年内正常向受益人分配的非事务管理项下融资类信托本金	信托管理信息系统（在建）。
		D_p：依据合同约定年内应向受益人分配的非事务管理项下融资类信托本金	信托管理信息系统（在建）。

续表

指标名称	公式	公式说明	数据来源
信托项目风险化解率	$R_r = \dfrac{100\% \times R_{hr} + 50\% \times R_{mr} + 20\% \times R_{lr}}{100\% \times L_{hr} + 50\% \times L_{mr} + 20\% \times L_{lr}}$	R_{hr}、R_{mr}、R_{lr}：高、中、低信托风险项目累计回收额	根据《风险项目要素表》首次填报开始（2014年3月），累计化解的高、中、低风险项目规模（D列）。
		L_{hr}、L_{mr}、L_{lr}：高、中、低信托风险项目累计发生额	根据《风险项目要素表》首次填报开始（2014年3月），累计发生的高、中、低风险项目的规模（D列）。无信托风险项目的视为满分。
固有信用风险资产不良率	$R_{npa} = \dfrac{NPA_{ia} - P_{ia}}{IA_{cr}}$	NPA_{ia}：固有信用风险资产中不良资产余额	根据407号文附件二6.4.1.1要求，在年报中披露的固有信用风险资产中不良资产金额。
		P_{ia}：为固有信用风险资产计提的资产减值准备余额	根据407号文附件二6.4.1.2要求，在年报中披露的为信用风险资产计提的资产减值损失准备余额。为固有信用风险资产计提的资产减值准备余额大于固有信用风险资产中不良资产余额的视为满分。
		IA_{cr}：固有信用风险资产总额	根据407号文附件二6.4.1.1要求，在年报中披露的固有信用风险资产金额。

续表

指标名称	公式	公式说明	数据来源
净资产收益率	$ROE = \dfrac{P}{E_b + P \div 2 + E_i \times M_i \div 12 - E_j \times M_j \div 12}$	P：净利润	根据407号文附件二"自营利润表"中披露的净利润。
		E_b：年初净资产余额	根据407号文附件二5.1.2要求，在年报"自营资产负债表"中披露的年初所有者权益金额。
		E_i：因增资、新发行股票、债转股等引起的净资产增加额	以工商变更登记为准。
		E_j：因现金分红引起的净资产减少额	以批准分红的股东会决议为准。
		M_i：新增净资产下一月份起至年末的月份数	以工商变更登记为准。
		M_j：减少净资产下一月份起至年末的月份数	以批准分红的股东会决议为准。
信托业务收入占比	$P_{ti} = \dfrac{TFI}{OI}$	TFI：信托业务收入	根据407号文附件二6.4.1.7要求，在年报"公司的信托业务收入结构"中披露的信托手续费收入。
		OI：营业收入	根据407号文附件二5.1.3要求，在年报"自营利润表"中披露的营业收入。

续表

指标名称	公式	公式说明	数据来源
营业费用收入比	$R_{ci} = \dfrac{OE}{OI}$	OE：营业费用	根据407号文附件二5.1.3要求，在年报"自营利润表"中披露的营业支出减去资产减值损失。
		OI：营业收入	根据407号文附件二5.1.3要求，在年报"自营利润表"中披露的营业收入。
人均信托净收益		Di：年内向受益人分配的信托收益	根据407号文附件二5.2.2要求，在年报"信托项目利润及利润分配汇总表"中披露的本期已分配信托利润。
		H_b：年初员工人数	根据407号文附件二3.5要求，在上一期年报中披露的报告期内职工人数。
		H_e：年末员工人数	根据407号文附件二3.5要求，在年报中披露的报告期内职工人数。
社会价值贡献度	$V = 30\% \times Ln\,(T) + 30\% \times Ln\,(A) + 20\% \times Ln\,(Di) + 20\% \times Ln\,(F)$	T：纳税额，包括营业税金及附加、所得税	T（纳税额）：营业税金及附加、所得税：年报利润表。
		A：当年新增信托资产中运用至信托公司注册地（省、自治区、直辖市）的金额（人民币元）	信托管理信息系统（在建）
		Di：年内向受益人分配的信托收益（人民币元）	根据407号文附件二5.2.2要求，在年报"信托项目利润及利润分配汇总表"中披露的本期已分配信托利润。
		F：年末缴纳的信托业保障基金余额	信托管理信息系统（在建）

第二章 资本市场投资信托业务风险管理与案例分析

第一节 基本业务综述

一、业务概述

证券投资基金是我国资本市场非常重要的机构投资者,根据募集方式的不同可以分为公募证券投资基金和私募证券投资基金。公募证券投资基金由证监会监管,可以通过公开方式进行资金募集;私募证券投资基金不受金融监管部门监管,不能通过公开方式进行资金募集。私募证券投资基金主要是由那些对资本市场有深入研究的人士成立的私募投资机构发起的证券投资产品。由于私募证券投资产品不受金融监管部门监管,在信息披露、投资者利益保护等方面都存在明显的不足,在证券账户开立等方面也存在诸多限制。

资本市场投资信托业务是信托公司非常重要的业务品种,即市场上所称的阳光私募产品。阳光私募产品由信托公司发起设立集合资金信托计划募集信托资金,由私募投资机构担任投资顾问,信托公司接受投资顾问的投资建议进行证券投资。阳光私募产品结合了信托公司和私募投资机构两方面的优势:首先,信托公司是银监会监管的非银行金融机构,并且信托资金由保管银行进行保管,在信息披露、投资者利益保护等方面都较有保障;其次,私募投资机构有较为丰富的资本市场投资经验,可以弥补信托公司资本市场投资研究能力的不足。

2012年12月28日修订通过并于2013年6月1日实施的《证券投资基金法》(最新修订于2015年4月24日)首次将私募证券投资基金纳入监管。根据中国证券投资基金业协会颁发的《私募投资基金管理人登记和基金备案办法

(试行)》，私募基金管理人需要向中国证券投资基金业协会进行登记并申请成为会员单位，私募基金管理人需要在私募基金募集完毕后 20 个工作日内通过私募基金登记备案系统进行备案。截至 2014 年 5 月 10 日，共有 708 家私募投资管理人在中国证券投资基金业协会进行备案登记。

二、基本业务模式

信托公司没有专业的证券业务投研团队，其本身不具备独立开展证券业务的专业能力，因此基本上都由私募投资机构作为机构顾问提供资产配置的投资建议。根据监管要求，信托公司聘请的投资顾问不得代为实施投资决策，信托公司需要亲自处理信托事务，自主决策并亲自向证券投资经纪机构下达交易指令。信托公司开展的阳光私募产品基本可以分为三种模式：深圳模式、上海模式和云南模式。

（一）深圳模式

深圳模式主要是指信托公司担任受托人，发起设立集合资金信托计划，募集信托资金用于证券市场投资。信托公司聘请第三方投资顾问，并根据投资顾问的投资建议进行资产配置。深圳模式主要以华润信托和平安信托为代表，私募机构担任投资顾问，但是不承担资本市场的投资风险。

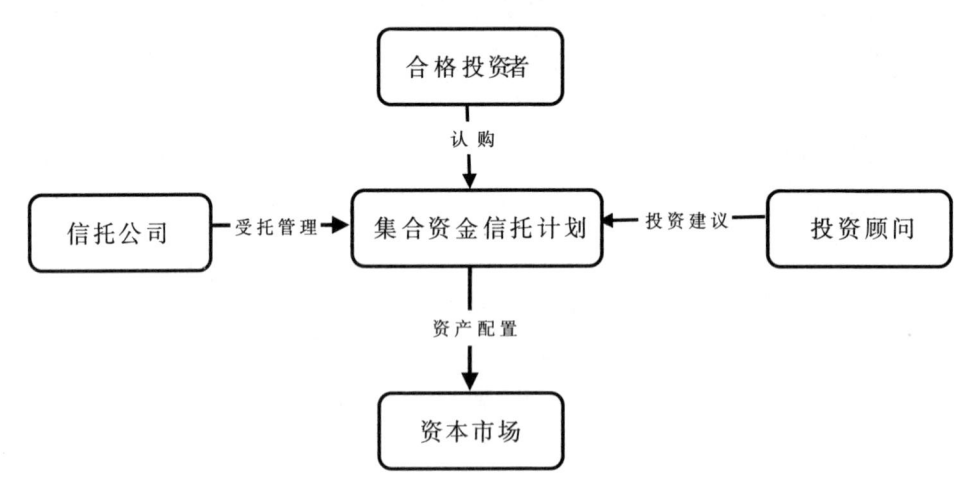

```
            合格投资者
                │
               认购
                ↓
信托公司 ──受托管理──→ 集合资金信托计划 ←──投资建议── 投资顾问
                │
              资产配置
                ↓
            资本市场
```

（二）上海模式

上海模式主要是指信托公司担任受托人，发起设立结构化集合资金信托计划，募集信托资金用于证券市场投资。结构化集合资金信托计划份额分为优先级和次级，其中优先级份额由社会投资者认购，次级由第三方投资顾问认购，信托公司根据投资顾问的投资建议进行资产配置。上海模式主要以上海信托和华宝信托为代表，私募机构担任投资顾问，但是需要按照约定的比例认购次级信托单位，并以次级信托资金为优先级提供信用增级。

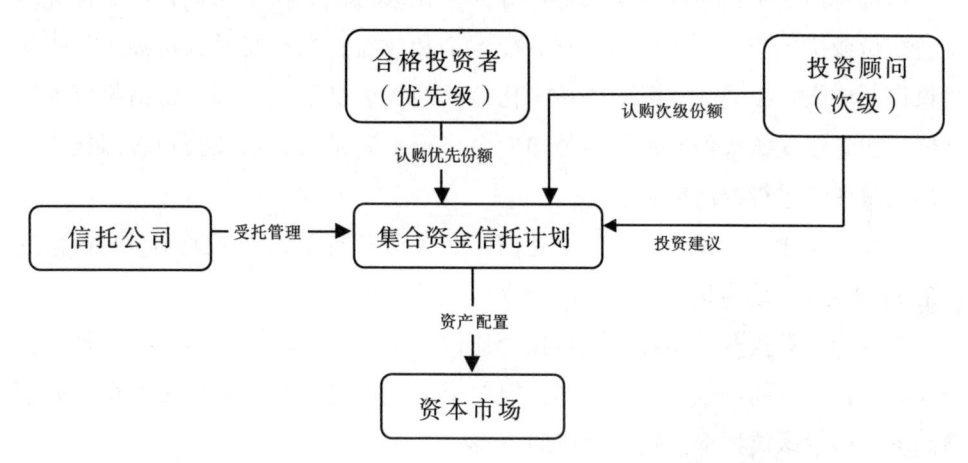

（三）云南模式

云南模式主要是指信托公司担任受托人，发起设立集合资金信托计划，募集信托资金用于证券市场投资，由自己的投资团队进行资产配置。云南模式主要以云南信托为代表，其有独立的投资团队，旗下多款阳光私募产品均取得较好的投资业绩；根据云南国际信托有限公司网站披露，截至2015年3月31日，中国龙资本市场集合资金信托计划单位净值6.1542，累计净值7.3359。

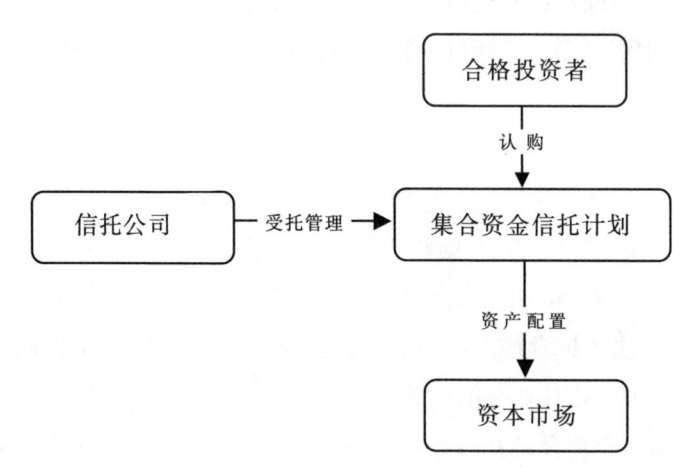

三、产品分类

（一）从交易结构角度，可分为结构化产品、TOT产品、伞型产品

1. 结构化信托

结构化信托是指信托受益权份额分为优先级份额和次级份额，其中优先级受益权份额优先于次级受益权份额分配本金和收益，次级受益权份额为优先级提供信用增级。在业务实际中，结构化信托的次级受益权份额通常由投资顾问认购，优先级受益权份额由信托公司向合格投资者销售，信托公司按照投资顾问的投资建议进行资产配置。

根据《关于加强信托公司结构化信托业务监管有关问题的通知》（银监通〔2010〕2号），结构化证券投资信托业务应当遵守如下规定：

①明确证券投资的品种范围和投资比例：可以根据各类证券投资品种的流动性差异设置不同的投资比例限制，但单个信托产品持有一家公司发行的股票最高不得超过该信托产品资产净值的20%；

②科学合理地设置止损线：止损线的设置应当参考受益权分层结构的资金配比，经过严格的压力测试，能够在一定程度上防范优先受益权受到损失的风险；

③配备足够的证券交易操作人员并逐日盯市：当结构化证券投资信托产品净值跌至止损线或以下时，应按照信托合同的约定进行平仓处理。

中国银监会办公厅《关于进一步加强信托公司风险监管工作的意见》对股票投资信托产品的杠杆比例进行限制，明确规定优先级受益人与劣后级受益人投资资金配置比例原则上不超过1:1，最高不超过2:1，不得变相放大劣后级受益人的杠杆比例。

2. TOT信托

信托证券账户开户被禁之后，信托公司发行证券投资信托产品面临着制度约束，信托公司随之推出TOT创新产品。基本模式为：信托公司设立集合资金信托计划募集信托资金，用于组合投资于已存续的证券投资信托产品。TOT产品一定程度上解决了证券账户被禁给信托公司证券信托业务所带来的制度"瓶颈"，同时也实现了信托业务的创新。

《信托公司集合资金信托计划管理办法》第二十七条第（五）项规定信托

公司管理信托计划,不得将不同信托财产进行相互交易。如果信托公司开发 TOT 信托产品,用来购买本公司发行的证券信托产品,是否触及"不得将不同信托财产进行相互交易"的监管规定是一个值得讨论的问题。笔者认为信托公司以 B 信托项下信托资金用以认购 A 信托的信托份额,并非以 B 信托项下的信托财产与 A 信托项下的信托财产进行相互交易,因此并不涉及"不得将不同信托财产进行相互交易"的监管规定[①]。

TOT 产品是信托公司应对证券账户开户被禁所造成的对证券投资信托业务的影响而创设的产品新类型,当然该种模式也可推广到其他业务领域,即 TOT 产品所募集的信托资金不仅投向证券信托产品,也可组合投向诸如房地产、基础设施等其他信托业务领域。信托公司可以用 TOT 模式规避集合资金信托计划关于 50 个自然人[②]的限制,比如:信托公司可以设立母信托(A 信托),然后再设立若干个子信托(A1、A2、A3……An),子信托募集的信托资金用以认购 A 信托,母信托项下信托资金则用以进行项目投资,这样母信托实际自然人委托人人数则为 (n+1)×50 人[③]。

3. 伞型信托

伞型证券投资信托也是信托公司为了应对证券账户开户被禁后所产生的账户短缺问题而开发的创新性证券投资信托产品。具体操作模式为:在信托计划下设不同的投资组合,每个投资组合均为独立交易、单独核算。由于每个投资组合的独立交易和核算,从而使得在交易指令的发送、净值核算、费用分摊与分割等方面的操作都更加复杂化,因此信托公司在内部操作指引中会对单个投资组合的规模和数量、合作券商的资质和数量、投资范围等都做出相应的规范。鉴于该类业务的上述特点,信托公司一般都是禁止各投资组合进行新股申购、新债申购、国债回购等需要单一证券账户的各类投资。

---

① 如果 B 信托项下信托资金用以受让 A 信托项下的信贷资产,则属于"将不同信托财产进行相互交易"的情形。监管部门禁止信托公司将不同信托财产进行相互交易,主要是为了防止信托公司将其管理的不同信托项下的信托财产通过不当关联交易进行利益输送,从而损害其他投资者的利益。

② 根据《信托公司集合资金信托计划管理办法》第五条第(三)项:"单个信托计划的自然人人数不得超过 50 人,但单笔委托金额在 300 万元以上的自然人投资者和合格的机构投资者数量不受限制。"

③ 根据《关于印发信托公司净资本计算标准有关事项的通知》(银监发〔2011〕11 号)三:"对于 TOT(信托之信托)信托产品,信托公司应按照被投资信托产品的分类分别计算风险资本。除 TOT 和股票受益权投资信托业务外,其他受益权投资信托业务原则上应按照融资类业务计算风险资本。"由此可知银监会认可 TOT 的产品模式,并未对"单笔认购 300 万元以下的自然人投资者"进行打通计算。

信托公司需要对各投资组合在估值系统中单独建立分组单元账套，设置有关费率参数，进行单独估值，并且需要与保管银行的日常估值对账。由于存在多个投资组合共用一个证券账户的情况，因此会出现在股票分红派息的情况下，不同单元购买同一只股票而导致分配偏差的问题。这些问题如果发生，并且交易系统无法自动正确分配，则信托公司应当安排专人根据上市公司分红派息数据，按照各个投资组合之间的持股比例计算各投资组合应分配的红利股息，并通过手工在估值系统中进行记账。

（二）从参与交易阶段，可以分为新股申购产品、定向增发产品、二级市场证券交易产品

1. 新股申购产品

《证券发行与承销管理办法》（2012年修订）规定：首次公开发行股票的询价对象包括信托公司，股票配售的对象包括信托公司证券自营账户和已向监管部门履行报告程序的集合信托计划；但是机构投资者管理的证券投资产品在招募说明书、投资协议等文件中以直接或间接方式载明以博取一、二级市场价差为目的的申购新股的，相关证券投资账户不得作为股票配售对象。

为了规范以博取一、二级市场价差为目的的新股申购行为，中国证券业协会《关于首次公开发行股票询价对象及配售对象备案工作有关事项的通知》（中证协发〔2012〕150号）规定，停止受理一级债券型证券投资基金和集合信托计划成为新股配售对象的备案申请，停止已完成备案的一级债券型证券投资基金和集合信托计划的新股配售对象资格。《证券发行与承销管理办法》（2013年修订）取消了信托公司及其管理的集合信托计划作为询价和配售对象的相关条款。

中国证券业协会《首次公开发行股票网下投资者管理细则》（2017年修订）规定，网下投资者指定的股票配售对象不得为债券型证券投资基金或信托计划，不得为在招募说明书、投资协议等文件中以直接或间接方式载明以博取一、二级市场价差为目的申购首发股票的理财产品等证券投资产品。至此，信托产品作为配售对象参与新股申购的资格被正式取消，但信托公司自营证券账户还是可以参与首次公开发行股票新股配售；为了规避集合信托计划不能参与网下新股申购，信托公司通过发行合集信托计划认购公募基金或基金专户，参

与新股网下申购。根据我国证券发行与承销的相关规则，信托公司作为资本市场重要的机构投资者，可以作为首次发行股票的询价对象。信托公司的自营证券账户及集合资金信托计划可以成为股票配售对象，信托公司可以开发专门以博取一、二级市场差价为目的的新股申购类证券投资集合信托产品。

2. 定向增发产品

根据《上市公司非公开发行股票实施细则》（2017年修订）规定，信托公司作为发行对象，只能以自有资金认购。因此，信托产品不能作为定向增发的发行对象，不能直接参与上市公司定向增发业务。定向增发是信托公司重要的资本市场业务之一，信托公司主要有两种方式间接参与上市公司定向增发业务：①为私募投资基金等机构参与定向增发业务提供配资、估值清算等服务；②通过股票质押融资方式，为上市公司大股东及其关联方参与定向增发提供场外配资。

3. 二级市场证券交易产品

证券二级市场交易是指在证券交易所买卖上市交易的证券产品的交易行为，投资者通过证券产品的买卖差价来获利。已经发行的股票及其他证券产品经申请在交易所上市，就进入证券二级市场。投资者根据对证券市场行情的分析判断进行证券买卖，交易价格由市场供需关系来决定。

第二节　资本市场投资信托业务风险控制措施

一、监管指引

（一）投资顾问准入

《信托公司证券投资信托业务操作指引》对信托公司聘请的投资顾问设置了准入要求，信托公司应当按照如下准入要求对投资顾问进行尽职调查：①依法设立的公司或合伙企业，且没有重大违法违规记录；②实收资本金不低于1000万元；③有合格的证券投资管理和研究团队，团队主要成员通过证券从业资格考试，从业经验不少于3年，且在业内具有良好的声誉，无不良从业记录，并有可追溯的证券投资管理业绩证明；④有健全的业务管理制度、风险控制体系，有规范的后台管理制度和业务流程；⑤有固定的营业场所和与所从事业务相适应的软硬件设施；⑥与信托公司没有关联关系；⑦中国银监会规定的其他条件。

（二）业务限制与禁止

信托公司证券投资信托业务的禁止行为包括：①以任何方式承诺信托资金不受损失，或者以任何方式承诺信托资金的最低收益；②为证券投资信托产品设定预期收益率；③不公平地对待其管理的不同证券投资信托；④利用所管理的信托财产为信托公司，或者委托人、受益人之外的第三方谋取不正当利益或进行利益输送；⑤从事内幕交易、操纵证券交易价格及其他违法违规证券活动。

根据《关于加强信托公司结构化信托业务监管有关问题的通知》规定，结构化证券投资信托业务需要遵守如下规定：①明确证券投资的品种范围和投资比例，根据各类证券投资品种的流动性差异设置不同的投资比例限制，但是单个信托产品持有一家公司发行的股票最高不得超过该信托产品资产净值的20%。②科学合理地设置止损线。止损线的设置应当参考受益权分层结构的资金配比，经过严格的压力测试，能够在一定程度上防范优先受益权受到损失的风险。③配备足够的证券交易操作人员并逐日盯市。当结构化证券产品净值跌至止损线及以下时，应当按照信托合同的约定进行平仓处理。

（三）信息披露与报备

净值披露：①至少每周一次在公司网站公布信托单位净值；②至少每30日一次向委托人、受益人寄送信托单位净值书面材料；③随时应委托人、受益人要求披露上一个交易日信托单位净值。

结构化信托产品报备：信托公司按季报送上一季度开展结构化信托产品情况的报告，具体报告内容包括但不限于每个结构化信托产品的规模、分层设计情况、投资范围、投资策略和比例限制、每个劣后受益人的名称及认购金额等。

二、投资策略

（一）投资策略概述

组合投资和风险分散原则是证券投资的基本策略。信托公司在信托文件中必须明确证券投资的范围、投资比例、投资限制、投资程序及投资权限，信托公司必须严格按照约定的投资策略进行组合投资。信托公司在信托文件中还需对变更投资策略是否需要征得委托人、受益人同意以及向委托人、受益人的报告方式进行明确约定。

(二) 投资范围

【示例①】

1. 混合型：本信托投资范围主要包括国内依法发行上市的股票（包含中小板、创业板及其他经中国证监会核准上市的股票）、债券（包括中小企业私募债、中期票据以及中国证监会允许的其他固定收益类产品）、权证、货币市场工具、信用评级为 BBB 级及以上的资产支持证券以及中国证监会允许投资的其他产品。

2. 债券型：本信托主要投资于固定收益类金融工具，主要包括企业债、公司债、国债、央行票据、金融债、地方政府债、次级债、可分离交易可转换债的纯债部分、短期融资券、中期票据、资产支持证券、债券回购、银行存款以及中国证监会允许投资的其他产品。

(三) 投资比例

【示例】

1. 混合型：①本信托的股票投资比例为信托资产的 0~90%；投资于权证的比例不超过信托资产的 5%；现金、债券以及中国证监会允许投资的其他品种占信托资产的比例为 0~95%，其中现金或到期日在一年以内的政府债券不低于信托资产的 5%；②持有一家上市公司股票的市值不得超过信托净资产的 10%，本信托持有一家公司发行的证券不得超过该证券的 10%；③本信托持有的全部权证的市值不得超过信托净资产的 5%，本信托持有同一权证不得超过该权证的 10%，本信托在任何交易日买入权证的总额不得超过上一交易日信托净资产的 0.5%；④本信托持有同一原始权益人的各类资产支持证券的比例不得超过信托净资产的 10%，本信托持有全部资产支持证券的市值不得超过信托净资产的 20%，本信托持有同一信用级别的资产支持证券的比例不得超过该资产支持证券发行规模的 10%，对于信用级别下降至不符合投资标准的资产支持证券应当在评级报告发布之日起 1 个月内全部卖出；⑤参与股票发行申购所申

---

① 示例仅为分析的便利，仅供读者参考，具体业务会有不同的投资策略。

报的金额不得超过本信托总资产，申报股票数量不得超过拟发行股票公司本次发行股票的总量；⑥全国银行间市场债券回购资金余额不得超过信托净资产的30%，债券回购的最长期限为1年且不得展期；⑦投资单只中小企业私募债的市值不得超过信托净资产的10%。

2. 债券型：①本信托与受托人管理的其他信托持有一家公司发行的证券总和，不超过该证券的10%；②固定收益类资产的比例不低于信托资产的80%；③在全国银行间同业市场中的债券回购最长期限为1年，债券回购到期后不展期；④在银行间市场进行债券回购融入的资金余额不超过信托资产净值的40%；⑤现金或者到期日在一年以内的政府债券的比例合计不低于信托资产净值的5%；⑥本信托应投资于信用级别为BBB以上（含BBB）的资产支持证券。本信托持有的同一信用级别资产支持证券的比例，不得超过该资产支持证券规模的10%；本信托投资于同一原始权益人的各类资产支持证券的比例，不得超过信托资产净值的10%；本公司管理的全部证券投资信托投资于同一原始权益人的各类资产支持证券，不得超过其各类资产支持证券合计规模的10%；本信托持有的全部资产支持证券，其市值不得超过信托资产净值的20%，中国证监会规定的特殊品种除外。本信托持有资产支持证券期间，如果其信用等级下降、不再符合投资标准，将在评级报告发布之日起3个月内予以全部卖出。

（四）投资限制

【示例】

1. 混合型：禁止投资的范围包括：①承销证券；②向他人贷款或者提供担保；③从事承担无限连带责任的投资；④买卖受托人、托管人或者受托人、托管人股东或者与受托人、托管人具有其他重大利害关系的公司发行的证券或者在承销期内承销的证券；⑤从事内幕交易、操纵证券交易价格及其他不正当的证券交易活动；⑥依照法律法规或中国证监会禁止的其他活动。

2. 债券型：禁止投资的范围包括：①承销证券；②向他人贷款或提供担保；③从事承担无限责任的投资；④买卖受托人、托管人发行的股票或债券，买卖受托人、托管人股东或者与受托人、托管人有其他重大利害关系的公司发行的证券或者承销期内承销的证券；⑤从事内幕交易、操纵证券交易价格及其他不正当的证券交易活动；⑥依照法律法规有关规定，由中国证监会规定禁止的其他活动。

三、投资决策

（一）主动管理型业务投资决策

证券投资信托业务的投资决策程序一般可以分为投资研究、投资决策、投资执行、投资核对与监督、风险控制五个流程：

1. 投资研究：定期召开投资决策委员会会议，主要就目前宏观经济金融形势、货币政策方向及利率水平等宏观经济数据进行分析，以此作为投资策略的参考；讨论信托经理提交的投资策略报告及未来一定期间的资产配置方案。信托经理根据国内外经济金融形势、市场走势制定未来一定期间的投资策略，明确未来一定期间的股票、债券等金融产品的投资比例。信托经理应当制定投资策略报告上报投资决策委员会讨论。

信托公司开展主动管理类证券投资业务，应当建立投资组合备选证券库，所投资证券均应具有相应的研究支持，重点个券应有深度的研究支持；投资分析及建议均应有充分的依据，切实避免主观臆断，严禁利用内幕信息作为投资交易依据。

2. 投资决策：在信托经理权限范围内的事项，由信托经理亲自下达投资操作指令进行投资操作。超出信托经理投资权限的事项，信托经理应当按照投资授权流程上报审批（信托经理—主办部门负责人—主办部门分管领导）。对于需由投资决策委员会审批的事项，信托经理提交投资建议书和可行性研究报告，提交投资决策委员会进行讨论决策。

3. 投资执行：信托经理根据投资策略报告和投资组合方案在其权限范围内向集中交易室下达交易命令；集中交易室交易主管复核交易指令无误后，分解交易指令并下达到集中交易室分配给交易员执行；集中交易室交易员执行交易指令并就交易状况进行反馈。

4. 投资监督：交易清算员复核当日的交易数据，如发现有违反法律法规、公司内部风控制度流程及信托合同的，应当立即向主办部门分管领导报告，同时通报风控合规部门、信托经理、集中交易室。集中交易室负责对证券投资日常交易行为进行实时监控。

5. 风险控制：证券投资业务的风险控制可以分为两个层面：一个层面由主办部门内部对资产组合进行初步的合规性分析，对投资绩效、业绩基准及市场相类似产品的比较，提出投资风险评估分析报告；另一个层面是由外部相关风险管理机构（包括风控合规部门、风险控制委员会）进行风险管理与监控。

（二）投资顾问型业务投资决策

投资顾问向受托人提供投资顾问服务，包括但不限于向受托人提供投资建议。受托人参考投资顾问提供的投资建议和信托文件中关于信托财产运用范围和投资比例的规定自主决策，并亲自下达交易指令。投资顾问投资建议按如下程序执行：①投资顾问提供交易建议，预留受托人的执行时间和价格空间。②受托人对交易建议进行审核无异议后进行投资操作；如果因交易条件不能满足、上市公司停牌、证券交易所闭市等原因导致交易建议书不能执行，则该交易建议作废。投资顾问的交易建议只在当天交易时间内有效，超过当天交易时间的投资建议作废。③如果信托财产净值跌破止损线时，受托人有权在无须投资建议情况下直接进行止损操作。

四、风险监控

（一）预警线、补仓线、止损线

证券投资信托业务会根据初始信托单位净值设置预警线、补仓线和止损线，其中初始信托单位净值 =（信托财产总值 - 已计提的各项负债）/ 信托单位总份数。信托公司设置专门的人员逐日盯市，并进行每日估值。

结构化证券投资信托业务将信托受益权分级为优先级和次级受益权份额，其中优先份额由合格投资者进行认购，次级份额由特定投资者认购，该特定投资者通常为投资顾问或其关联方，次级受益权人通过结构化杠杆以获取超额收益。结构化证券投资信托业务设置预警线、补仓线及止损线以保障优先级受益权人的本金安全及收益的实现。

如果信托单位净值触及预警线时，受托人应当及时向补仓义务人（次级委托人）予以预警，提示其做好补仓准备；如果信托单位净值触及补仓线时，受托人应当及时通知补仓义务人追加信托资金予以补仓，追加信托资金计入信托财产，但不改变次级受益权份额，不改变信托受益权总份额；如果信托单位净值触及止损线或者补仓义务人不按照约定进行补仓，则受托人可以按照约定进行平仓操作，将信托所持证券全部进行变现。

（二）风控指标设置与监控

1. 指标设置：风险监控人员应在投资组合运作前，根据法规要求及合同约定编制交易系统风险控制指标表单，并在交易系统进行风控指标的设置；风险指标可以分为政策性指标、契约性指标和内部控制指标三类，风控指标可以设置为阀值一、阀值二、阀值三及禁止等不同级别及对应不同级别的处置措施。交易系统风险控制指标表单应经B岗复核、部门负责人审核后提交信托经理、交易员及主办部门负责人确认，并提交首席风控官和总经理审核同意。

2. 监控实施：风险监控人员应每日盘中及盘后对风险预警指标进行查询，如果风险指标接近"禁止"阀值且不具有充分的合理性，应当向部门负责人、首席风控官汇报，并向信托经理及主办部门负责人进行书面提示。风险监控人员应当对异常交易、同向交易价差及反向交易进行监控和分析。

3. 监控报告：风险监控人员应当编制监控日报、周报，具体内容包括交易系统运行状态、风控指标设置及监控情况，风险指标异常及处理情况；对不同投资组合的整体收益率差异及不同时间窗口内同向交易的交易价差数据进行分析，由信托经理、主办部门负责人、首席风控官及总经理签署同意后备查。

五、风险类型

（一）风险概述

证券投资风险总的来说可分为系统性风险和非系统性风险。系统性风险也可以称为市场风险，主要是由于政治、经济、社会等因素对证券交易价格所造成的影响，具体可以包括政策性风险、经济周期风险、利率与汇率风险、购买力风险等。非系统性风险主要是指个别行业或者个别证券的波动所产生的风险，具体可以包括经营与财务风险、信用风险、流动性风险等，其对整个证券市场不会产生系统性影响。

（二）系统性风险

1. 政策性风险：政策性风险是指国家宏观政策发生变化，导致证券市场价格出现波动的风险。比如央行通过降低存款准备金率向市场释放流动性，这对于股票市场来说是利好政策，一般情况下是有利于股市的上涨的。

2. 经济周期风险：股市是经济的晴雨表，宏观经济处于扩张期或者宏观经济开始复苏，股市在一般情况下会出现上涨行情。经济变动周期与股市变动周期又不是完全同步的，通常情况股市变动的周期要领先于经济变动周期。

3. 利率与汇率风险：利率水平的变动是股市波动较为敏感的因素之一，央行对基准利率的调整，对股市都会产生重大影响。通常情况，利率上升会导致股市下跌，利率下降会导致股市上升。利率对债券市场的影响就更为直接，利率上升会导致债券价格下降，利率下降会导致债券价格上升。

4. 购买力风险：购买力风险又可以称为通货膨胀风险。一方面，投资者取得的信托收益可能因为通货膨胀的因素导致其实际收益率下降；另一方面，通货膨胀会引起证券价格产生波动。

（三）非系统性风险

1. 经营与财务风险：上市公司的经营业绩会直接影响该上市公司的股票价格。上市公司经营业绩良好，会引起该公司股票价格上涨；上市公司经营业务恶化，会导致该公司股票价格下跌。

2. 信用风险：信用风险是债券市场的主要风险。如果债券信用评级出现下降、发生支付违约等情形，必然会促使债券价格出现大幅度下降。信用风险也包括证券交易对手违约而产生的证券交割风险。

3. 流动性风险：流动性风险既包括市场整体流动性不足的风险，也包括证券市场个股和个券的流动性不足的风险，流动性因素会影响到建仓成本和变现成本。一方面，证券市场受整体市场流动性的影响，在某个时期成交较为活跃时流动性就会较好，在某个时期成交不活跃时流动性就会较差。另一方面，由于个股和个券的流动性存在差异，即使市场整体流动性较好，个股和个券也会出现比较差的情形。

第三节　产品估值方法

一、估值的基本原则

(一) 公平合理原则

受托人应当确保估值的公平、合理，尤其需要保证估值未被歪曲从而避免对信托份额持有人产生不利影响。

(二) 一贯性原则

在考虑投资策略的情况下，同一受托人对管理的不同证券投资信托持有的同一证券的估值政策、程序及相关方法应当保持一致。除非产生需要更新估值政策或程序的情形，已确定的估值政策和程序应当持续适用。

(三) 有效性和适用性原则

受托人应当定期对估值政策和程序进行评价。如果发生影响估值政策和程序的有效性及适用性的情形时，受托人应当及时修正估值方法以保证其持续适用。受托人在采用新投资策略或投资新品种时，应当评价现有估值政策和程序的适用性。

估值政策和程序的采用应当充分考虑参与估值流程各方及人员的经验和专业胜任能力和独立性，通过建立估值委员会、参考行业协会估值意见、参考独立第三方机构估值数据等方式，以此减少估值偏差的发生。

二、估值的基本方法

(一) 存在活跃市场

1. 估值日有市价：采用市价确定资产的公允价值。
2. 估值日无市价：对于估值日无市价的投资品种的资产估值方法分为两种情形，并按照如下特殊调整方法进行估值（以下简称特殊调整估值方法）：

①最近交易日后经济环境未发生重大变化且证券发行机构未发生影响证券价格的重大事件的，应当采用最近的交易市价确定资产的公允价值；

②最近交易日后经济环境发生重大变化或证券发行机构发生影响证券价格

的重大事件,使得潜在估值调整对前一估值日的信托财产净值的影响在一定幅度[①]以上的,应参考类似投资品种的现行市价及重大变化等因素,调整最近交易市价以确定公允价值。

(二) 不存在活跃市场

如果投资品种不存在活跃市场,并且潜在估值调整前对前一估值日的信托财产净值的影响在一定幅度以上的,应当采用市场参与者普遍认同,且被以往市场实际交易价格验证具有可靠性的估值技术以确定资产的公允价值。

三、具体投资品种的估值方法

(一) 证券交易所上市交易的有价证券

1. 如股票、权证等在证券交易所上市的有价证券以其估值日的收盘价进行估值。如果该估值日没有发生交易的,按照特殊调整估值方法进行估值。

2. 在证券交易所上市且实行净价交易的债券按照估值日的收盘价估值。如果该估值日没有发生交易的,按照特殊调整估值方法进行估值。

3. 在证券交易所上市且未实行净价交易的债券按照估值日收盘价减去收盘价所含的债券应收利息后的净价进行估值。如果该估值日没有交易的,按照特殊调整估值方法进行估值(需要按照减去债券应收利息后的净价进行估值)。

4. 当投资品种不再有活跃市场,且其潜在估值调整对前一估值日的信托财产净值的影响在一定幅度以上的,应当采用市场参与者普遍认同,且被以往市场实际交易价格验证具有可靠性的估值技术以确定资产的公允价值。

(二) 未上市期间有价证券的估值方法

1. 公开增发新股、配股、送股、公积金转增股等股票,按照估值日在证券交易所挂牌交易的同一股票的收盘价估值;估值日无交易的,按照最近一日的收盘价估值。

---

① 根据中国证监会《关于进一步规范证券投资基金估值业务的指导意见》(中国证券监督管理委员会公告〔2008〕38号)规定:对存在活跃市场但估值日无市价的投资品种(最近交易日后经济环境发生重大变化或证券发行机构发生影响证券价格的重大事件)以及不再存在活跃市场的投资品种,潜在估值调整对前一估值日的基金资产净值的影响幅度超过 0.25% 以上的,分别按照如下方法调整:(1) 参考类似投资品种的现行市价及重大变化等因素,调整最近交易市价,确定公允价值;(2) 采用市场参与者普遍认同,且被以往市场实际交易价格验证具有可靠性的估值技术,确定投资品种的公允价值。

因持有股票而获配的配股权,在配股除权日在配股缴款截止日之后的,按照配股的估值原则进行估值;配股除权日在配股缴款日截止日之前的,按照权证的估值方法进行估值。

2. 首次公开发行未上市的股票、债券和权证,采用估值技术确定公允价值;在估值技术难以可靠计量公允价值的情况下,按照成本估值。

3. 首次公开发行有明确锁定期的股票,按照交易所上市后的同一股票的收盘价估值;非公开发行有明确锁定期的股票,按照监管机构或者行业协会规定的估值方法确定资产的公允价值。

(三)全国银行间市场证券估值

1. 全国银行间证券市场交易的债券、资产支持证券等固定收益类产品,采用估值技术进行估值。

2. 同一债券同时在两个或两个以上市场交易的,按照债券所处的市场分别估值。

四、停牌股票的估值方法

根据中国证券业协会基金估值工作小组发布的《关于停牌股票估值的参考方法》,对停牌股票提供了四种可供参考的估值方法:指数收益法、可比公司法、市场价格模型法、估值模型法。

(一)指数收益法

使用指数收益法对停牌股票进行估值,可以分为如下两个步骤:①以估值日公开发布的相应行业指数的日收益率作为该股票的收益率;②根据收益率计算该股票当日的公允价值。

优劣势:指数收益法的估值方法相对公允,同一个行业有近似的属性,能反映市场和行业的变化;因为有公开数据且容易表述,所以操作上比较简单,有利于剔除系统风险对个股的影响。但是每个公司情况千差万别,行业指数不能代表每个公司的情况,且市场上的行业划分标准尚不统一,因此公司本身自有的风险可能无法得以反映。

(二)可比公司法

使用可比公司法对停牌股票进行估值,可以分为如下三个步骤:①选出与该股票上市公司可比的其他可以取得合理市场价格的公司；②以估值日可比公司的股票平均收益率作为该股票的收益率；③以该收益率计算该股票当日的公允价值。

优劣势：可比公司法的估值方法相对公允，估值相似性高。但是有些股票可能找不到可比公司，找到的可比公司与停牌股票有各种不同之处，需要采取各种参数进行修正，涉及主观因素较多，计算较复杂。

(三) 市场价格模型法

市场价格模型法主要是利用历史上股票价格和市场指数的相关性，根据指数的变动近似推断出股票价格的变动。使用市场价格模型法对停牌股票进行估值，可以分为如下三个步骤：①根据历史数据计算该股票价格与某个市场指数或行业指数的相关性指标；②根据相关性指标和指数收益率，计算该股票的日收益率；③根据该收益率计算该股票当日的公允价值。

优劣势：市场价格模型法与指数收益法相比，该方法考虑了上市公司过去自身的特点。但是 BETA 值计算期间的选择不好确定，仅考虑了停牌前的特点，没有很好地反映停牌期间公司的变化。

(四) 估值模型法

估值模型法可以分为三种模型：资本资产定价模型、现金流折现法、市盈率法。

1. 资本资产定价模型

基本公式：$E(r_i) = r_f + \beta_{im}[E(r_m) - r_f]$

其中：$E(r_i)$ 是资产 i 的预期回报率；r_f 是无风险利率；β_{im} 是 [Beta 系数]，即资产 i 的系统性风险；$E(r_m)$ 是市场 m 的预期市场回报率；$E(r_m) - r_f$ 是市场风险溢价，即预期市场回报率与无风险回报率之差。资本资产定价模型侧重于理论研究，实际应用性较差，通常资产定价的应用层面不予采用。

2. 现金流折现法

现金流折现估值模型是将资产的未来所能产生的自由现金流根据特定的折现率计算出该项资产的现值。现金流折现估值模型所依据的参数确定，涉及的主观判断较高，因此不同公司的结果可能差异较大，因此不倾向于单独使用，可以作为辅助模型参考使用。

3. 市盈率法

市盈率是指每股市价和每股净利润的比率，市盈率估值模型与市场实际情况结合较为紧密，所用参数涉及主观判断程度较少。

第四节　股指期货交易

一、股指期货概述

（一）股指期货的意义

资本市场风险包括系统性风险和非系统性风险：系统性风险是指对整个证券市场或绝大部分证券普遍产生不利影响而导致证券市场变动的风险，其主要是由宏观政治经济环境因素引起的；非系统性风险主要是指对某一只证券或某一类证券产生不利影响而导致其价款发生大幅度波动的风险，其主要是由证券发行人经营与财务状况、销售、投资等微观因素引起的。

投资者通过组合投资可以有效规避单只证券市场价格波动而产生的非系统性风险，但是却无法规避整个证券市场下跌所带来的系统性风险。股指期货是指以股价指数为交易标的物的标准化期货合约，投资者可以通过股指期货交易进行套期保值以规避股票市场系统性风险。

（二）我国股指期货发展

我国于2010年2月推出并于2010年4月正式上市交易第一只股指期货产品——沪深300股指期货合约。沪深300指数是中证指数有限公司在上海证券交易所和深圳证券交易所中选取的300只A股作为样本编制而成的成分股指数，其上市交易市场为中国金融期货交易所[1]。

---

[1] 中国金融期货交易所是期货合约和期权合约的公开交易场所，是由上海期货交易所、郑州商品交易所、大连商品交易所、上海证券交易所和深圳证券交易所共同发起设立。中国金融期货交易所是我国内地的首家金融衍生品交易所，目前中国金融期货交易所的上市品种除了沪深300股指期货之外，还有中证500股指期货、上证50股指期货、5年期国债期货、10年期国债期货。

沪深 300 指数期货合约表

合约标的	沪深 300 指数
合约乘数	每点 300 元
报价单位	指数点
最小变动价位	0.2 点
合约月份	当月、下月及随后两个季月（季月指 3、6、9、12 月）
交易时间	上午：9：30～11：30 下午：13：00～15：00
最后交易日交易时间	第一节：9：15～11：30 第二节：13：00～15：00
每日价格最大波动限制	上一个交易日结算价的 ±10%
最低交易保证金	合约价值的 8%
最后交易日	合约到期月份的第三个周五，遇国家法定假日顺延
交割日期	同最后交易日
交割方式	现金交割
交易代码	IF
上市交易所	中国金融期货交易所

二、股指期货交易参与方资质条件

（一）信托公司资质

信托公司直接或者间接参与股指期货交易，应当经银监会批准并取得股指期货交易业务资格。信托公司申请开展股指期货交易业务资格应当具备如下条件：

1. 最近年度监管评级达到 3C 级及以上。如果申请开展以投机为目的的股指期货交易，最近年度的监管评级应为 2C 级及以上，并且已开展套期保值或套利业务 1 年以上。

2. 具有完善有效的股指期货交易内部控制制度和风险管理制度。

3. 具有接受相关期货交易技能专门培训半年以上，通过期货从业资格考试、从事相关期货交易 1 年以上的交易人员至少 2 名，相关风险分析和管理人员至少 1 名，熟悉套期会计操作程序和制度规范的人员至少 1 名，以上人员相互之间不得兼任，且无不良记录。期货交易业务主管人员应具备 2 年以上直接参与期货交易活动或风险管理的资历，且无不良记录。

4. IT 系统的要求：具备可靠、稳定、高效的股指期货交易管理系统及股指期货估值系统，能够满足股指期货交易及估值的需要；具备风险控制系统和风险控制模块，能够实现对股指期货交易的实时监控；将股指期货交易系统纳入风险控制指标动态监控系统，确保各项风险控制指标符合规定标准；信托公司与其合作的期货公司 IT 系统至少铺设一条专线连接，并建立备份通道。

5. 具有从事交易所需要的营业场所、安全防范设施和其他相关设施。

6. 具有严格的业务分离制度，确保套期保值类业务与非套期保值类业务的市场信息、风险管理、损益核算有效隔离。

7. 银监会规定的其他条件。

（二）期货公司的资质

信托公司开展股指期货交易业务，可以选择期货公司进行合作，但该期货公司应当具备如下条件：

1. 按照中国金融期货交易所会员分级制度，具备全面结算会员或者交易结算会员资格。

2. 最近年度监管评级达到 B 级（含）以上。

3. 具备二类及以上的技术资格。

4. 有与业务规模相匹配的风险准备金余额。

（三）投资顾问

信托公司开展股指期货交易应当遵循自主管理原则，亲自处理信托事务，自主进行投资决策。信托公司也可以在信托文件中约定聘请投资顾问，但投资顾问应当具备以下条件：

1. 依法设立，没有重大违法违规记录。

2. 实收资本金不低于 1000 万元人民币。

3. 有合格的股指期货投资管理和研究团队，团队主要成员通过证券、期货从业资格考试，在业内具有良好的声誉，无不良从业记录，并有可追溯的证券或期货投资管理业绩证明。

4. 有健全的业务管理制度、风险控制体系、规范的后台管理制度和业务流程。有固定的营业场所和与所从事业务相适应的软硬件设施。

5. 其他条件。

三、信托公司股指期货交易业务规则

（一）业务准入范围

根据《信托公司参与股指期货交易业务指引》的规定，信托公司固有业务不得参与股指期货交易，集合信托业务可以以套期保值和套利为目的参与股指期货交易，单一信托业务可以以套期保值、套利和投机为目的开展股指期货交易。如果信托公司已经开展的信托业务未明确约定可以参与股指期货交易的，不得投资股指期货，但可以通过召开受益人大会或取得委托人（受益人）的同意，变更信托合同，约定投资股指期货，并对后续事项做出合理安排。

信托公司以套期保值、套利为目的参与股指期货交易，应当制订详细的套期保值、套利方案。套期保值方案中应当明确套期保值工具、对象、规模、期限以及有效性等内容；套利方案中应当明确套利工具、对象、规模、套利方法、风险控制方法等内容。风险管理部门应当对套期保值或套利交易的可行性、有效性进行充分研究、及时评估、实时监控并督促信托业务部门及时调整风险敞口，确保套期保值或套利交易的可行性与有效性。

（二）集合信托计划参与股指期货交易规则

1. 参与套期保值交易时，在任何交易日日终持有的卖出股指期货合约价值总额不得超过集合信托计划持有的权益类证券总市值的20%；在任何交易日日终持有的买入股指期货合约价值总额不得超过信托资产净值的10%；

2. 参与股指期货交易须符合交易所相关规则；

3. 参与股指期货交易时，在任何交易日日终所持有的权益类证券市值和买入股指期货合约价值总额的合计价值，应当符合信托文件关于权益类证券投资比例的有关约定；

4. 银信合作业务应当作为集合信托计划管理；

5. 结构化集合信托计划不得参与股指期货交易。

（三）单一信托参与股指期货交易规则

信托公司单一信托参与股指期货交易，在任何交易日终持有股指期货的风险敞口不得超过信托资产净值的80%，并符合交易所相关规则。

信托公司以集合信托计划或单一信托业务进行股指期货交易，如果因为证券市场波动、信托规模变动等信托公司之外的原因致使股指期货投资比例不符合规定的，在该情形发生之日起 2 个工作日内，信托公司应当向银监会或属地银监局报告，并应当在 10 个工作日内调整完毕，调整完毕后 2 个工作日内应当再次向银监会或属地银监局报告。

（四）禁止行为

信托公司开展股指期货交易信托业务，应当避免从事如下禁止性规定：

1. 以任何方式承诺信托资金不受损失，或者以任何方式承诺信托资金的最低收益；

2. 为股指期货信托产品设定预期收益率；

3. 利用所管理的信托财产为信托公司，或者为委托人、受益人之外的第三方谋取不正当利益或进行利益输送；

4. 从事内幕交易、操纵股指期货价格及其他违法违规活动；

5. 法律法规和中国银监会、中国金融期货交易所及其他监管机构禁止的其他行为。

（五）信息披露

信托公司参与股指期货交易，应当履行及时、准确、完整的信息披露义务，按期公布信托资产管理报告。信托公司在信托资产管理报告中应详细披露投资目的、持仓情况、损益情况等，并应当说明投资股指期货对信托资产总体风险影响情况及是否符合既定的投资目的。

第五节　受托境外理财信托业务

一、基本业务模式

受托境外理财信托业务是指境内机构或居民个人将合法所有的资金委托给信托公司设立信托，信托公司以自己的名义按照信托文件约定的方式在境外进行规定的金融产品投资和资产管理的经营活动。银监会负责信托公司受托境外理财业务的准入管理和业务管理，国家外汇管理局负责信托公司受托境外理财业务的外汇管理。基本的交易结构如下图：

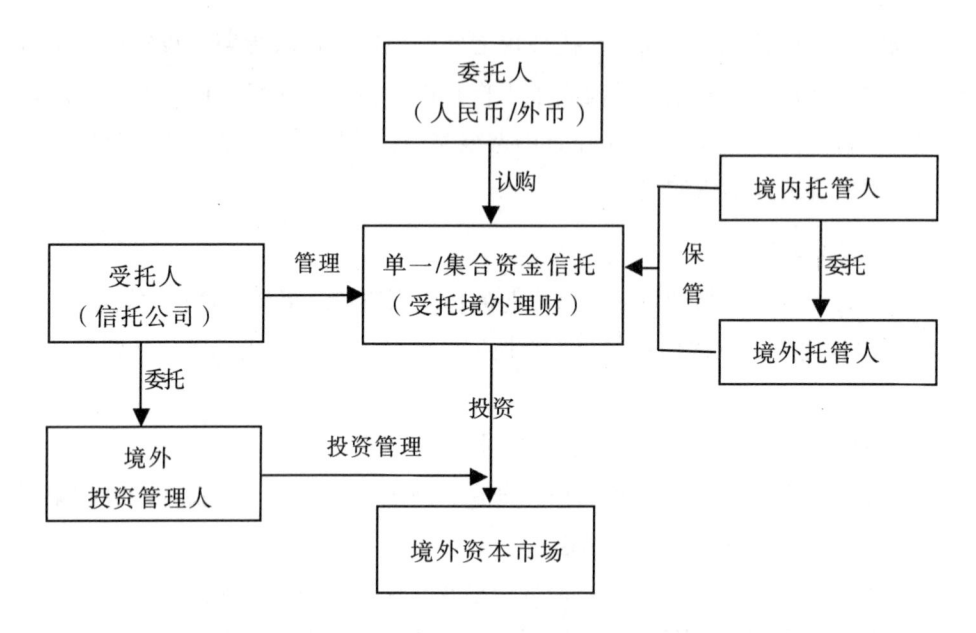

```
                  委托人
               （人民币/外币）
                     │认购
                     ▼
  受托人    管理    单一/集合资金信托    保管    境内托管人
（信托公司） ────▶  （受托境外理财） ◀────          │委托
     │                    │                        ▼
     │委托                │投资              境外托管人
     ▼          投资管理    │
   境外       ────────────▶│
   投资管理人               ▼
                      境外资本市场
```

信托公司受托境外理财信托业务采取境内托管人和境外托管代理人的托管模式：即信托公司委托具有代客境外理财业务托管资格的境内商业银行作为境内托管人，托管用于境外投资的全部信托资产；境内托管人选择具有托管资格的境外金融机构作为境内托管人的境外托管代理人。笔者认为该种托管模式并非双托管模式，境外托管代理人仅是境内托管人的代理人，境外托管代理人的资格条件应当由境内托管人负责审核。信托公司为信托财产在境内托管人处设置托管账户，境内托管人应当在境外托管代理人处为信托公司受托境外理财信托开设境外外汇资金运用结算账户和证券托管账户。

信托公司可以选择境外投资管理人负责将信托财产投资运用于境外资本市场。境外投资管理人和境外托管代理人可以是境内托管人的关联方，但是信托公司应事先向银监会报告，且应当实行境内托管人和境外托管代理人、境外托管代理人与境外投资管理人职责分离。

二、相关参与方资质

受托境外理财信托业务主要参与方包括：委托人（合格投资者）、受托人（信托公司）、境内托管人、境外托管代理人、境外投资管理人。

(一) 委托人资质

信托公司接受委托人资金的，应核实委托人确实具备相应的投资资格，且其投资活动符合中国及投资所在地国家或地区的法律规定；同时委托人应符合《信托公司集合资金信托计划管理办法》中关于合格投资人的规定。

1. 境内居民个人投资者

境内居民个人以自有外汇资金购买信托公司受托境外理财信托：①不得直接使用外币现钞，不得使用个人外汇结算账户内资金。只能使用本人外汇储蓄账户和资本项目账户内资金；②本金和收益汇回后，应由境内托管账户经信托专用外汇账户划至受益人外汇储蓄账户，不得直接提取现钞或结汇。

2. 境内机构投资者

境内机构投资者投资信托公司受托境外理财信托：①不得以债务性外汇资金购买信托公司受托境外理财信托。②以自有外汇资金购买的，本金和收益应由境内托管账户经信托专用外汇账户汇回境内机构的原外汇账户。

(二) 信托公司资质

1. 受托境外理财业务资格

信托公司开展受托境外理财信托业务，应当向银监会申请开办受托境外理财业务资格。信托公司取得受托境外理财业务资格后，开办受托境外理财业务适用报告制，即应当向中国银监会及属地监管局报告。

信托公司开办受托境外理财业务应当具备的条件包括：

(1) 注册资本金不低于10亿元人民币或者等值可自由兑换货币。经批准具备经营外汇业务资格，且具有良好开展外汇业务经历。连续2年监管评级为良好以上。

(2) 最近2年连续盈利，且提足各项损失准备金后的年末净资产不低于其注册资本；最近2年没有受到监管部门的行政处罚。

(3) 健全的公司治理结构、内控制度、风险管理制度，且执行良好。

(4) 配备能够满足受托境外理财业务需要且具有境外投资管理能力和经验的专业人才（2年以上从事外币有价证券买卖业务的专业管理人员不少于2人）；设有独立开展受托境外理财业务的部门，对受托境外理财业务集中受理、统一运作、分账管理。

(5) 具备满足受托境外理财业务需要的风险分析技术和风险控制系统；具有满足受托境外理财业务需要的营业场所、计算机系统、安全防范设施和其他相关设施；在信托业务与固有业务之间建立了有效的隔离机制。

2. 经营外汇业务资格

信托公司开展受托境外理财信托业务，还应当向国家外汇管理局申请经营外汇业务资格。信托公司申请开办外汇业务应当具备的条件包括：（1）依法合规经营，内控制度健全有效，经营状况良好；（2）有健全的外汇业务操作规程和风险管理制度；（3）有与开办外汇业务相适应的合格的外汇业务从业人员；（4）银监会规定的其他审慎性条件。

（三）托管人

1. 境内托管人

受托境外理财信托业务的境内托管人应当是中国银监会认可获得代客境外理财业务托管资格的境内商业银行。

2. 境外托管代理人的资质要求

境外托管代理人由境内托管人选择的境外金融机构担任，并且由境内托管人负责审核境外托管代理人的资质条件。境外托管代理人应当符合的具体条件包括：

（1）具有所在国家或者地区监管部门认定的托管资格，或者与境内托管人具有合作关系，近3年在所在国家或者地区无重大处罚记录；

（2）实收资本不低于25亿元美元或者等值的自有兑换货币；

（3）国际公认评级机构最近3年对其长期信用评级为A级或相当于A级以上；

（4）公司治理结构健全、内部管理制度和风险控制机制完善；具有安全、高效的清算交割系统及灾难应变机制；

（5）所在国家或者地区的金融监管制度完善，金融监管部门与中国金融监管机构已签订监管合作谅解备忘录，并保持着有效的监管合作关系；

（6）中国银监会和国家外汇管理局规定的其他审慎条件。

（四）境外投资管理人

如果信托公司委托境外投资管理人从事受托境外理财业务，境外投资管理人应当为与中国银监会已签订代客境外理财业务监管合作备忘录的境外监管机构批准或认可的机构。信托公司负责对其所选择的境外投资管理人进行尽职调查,并确保其持续取得相关资格,信托公司还应当在投资管理制度中明确选择境外投资管理人的原则、基准和程序。

三、投资范围和投资比例

(一) 投资范围

1. 集合信托投资范围

信托公司受托境外理财集合信托计划项下信托资金可以运用于如下投资品种或者工具:

(1) 国际公认评级机构最近3年对其长期信用评级至少为投资级以上的外国银行存款;

(2) 国际公认评级机构评级至少为投资级以上的外国政府债券、国际金融组织债券和外国公司债券;

(3) 中国政府或者企业在境外发行的债券;

(4) 国际公认评级机构评级至少为投资级以上的银行票据、大额可转让存单、货币市场基金等货币市场产品;

(5) 中国银监会规定的其他投资品种或者工具[①]。

2. 单一信托投资范围

信托公司受托境外理财单一信托项下信托资金可以运用于如下投资品种或者工具:

(1) 集合信托计划可以投资的品种或者工具;

(2) 为规避受托境外理财单一信托产品风险,涉及金融衍生产品交易的品种或者工具[②];

(3) 中国银监会规定的其他投资品种或者工具。

3. 中国银监会规定的其他投资品种或工具

根据《中国银监会办公厅关于调整信托公司受托境外投资范围的通知》规

---

① 包括为规避受托境外理财集合信托计划风险所涉及的金融衍生产品交易的品种或工具。信托公司应当按照《金融机构衍生产品交易业务管理暂行办法》的规定获得相应的经营资格;信托公司应当作为金融衍生产品的最终用户进行相关交易,不得作为金融衍生产品的交易商和做市商投资金融衍生产品和工具,严禁用于投机或放大交易。

② 信托公司应按照《金融机构衍生产品交易业务管理暂行办法》的规定获得相应的经营资格;信托公司应当作为金融衍生产品的最终用户进行相关交易,不得作为金融衍生产品的交易商和做市商投资金融衍生产品或者工具。

定,中国银监会规定的受托境外理财集合信托计划或者单一信托其他投资品种或工具包括:

(1) 已与中国银监会签订代客境外理财业务监管合作备忘录的国家或地区相关监管机构所批准或登记注册的公募基金;

(2) 已与中国银监会签订代客境外理财业务监管合作备忘录的国家或地区证券市场挂牌交易的普通股、优先股、全球存托凭证和美国存托凭证、房地产信托凭证(股票等投资品种);

(3) 与固定收益、股权、信用、商品指数、基金等标的物挂钩的结构性投资产品,且该类产品应获得国际公认评级机构投资级或以上评级的金融机构发行的结构性产品。

(二) 投资比例限制

信托公司境外受托理财信托产品投资公募基金、股票等投资品种(普通股、优先股、全球存托凭证和美国存托凭证)、金融衍生产品或工具的,应当符合相应的投资比例限制。

1. 信托公司受托境外理财产品投资对象全部为境外基金的,每只境外基金投资比例不得超过该信托产品所募集资金余额的20%,该类基金投资组合中包含境外伞型基金,该伞型基金应当视为一只基金。

2. 信托公司受托境外理财产品投资对象为股票等投资品种的:①在任何时点上,单个信托产品的股票等投资产品的资金余额不得超过该产品所募集资金余额的50%,投资于单只股票等投资产品的资金余额不得超过该信托产品所募集资金余额的5%。②在任何时点上,投资于任一国家或者地区市场的股票等投资产品的资金余额不得超过该信托产品所募集资金余额的20%。

3. 信托公司受托境外理财集合信托计划或单一信托关于金融衍生产品交易或者工具需要符合如下投资比例限制:

(1) 单个受托境外理财信托产品中的金融衍生产品全部敞口不得高于信托产品资产净值的100%。

(2) 单个受托境外理财信托产品中投资期货支付的初始保证金、投资期权支付或收取的期权费、投资柜台交易衍生品支付的初始费用的总额不得高于该信托产品资产净额的10%。

（3）受托境外理财信托产品投资于远期合约、互换等柜台交易金融衍生品的，应当符合的条件包括：①中资商业银行之外的所有参与交易的对手方应当具有不低于中国银监会认可的信用评级机构评级；②交易对手方应当至少每个工作日对交易进行估值，并且境外理财信托产品在任何时候以公允价值终止交易；③任一交易对手方的市值计价敞口不得超过该境外理财信托产品资产净值的20%；④境外理财信托产品不得直接投资实物商品相关的衍生品。

四、外汇管理与外汇账户

（一）投资付汇额度

1. 投资付汇额度申请流程

信托公司取得受托境外理财业务资格和经营外汇业务资格后，可以向中国银监会报告发起设立受托境外理财信托产品。信托公司发起设立受托境外理财信托产品时，应当按照我国外汇管理制度的要求，向国家外汇管理局申请投资付汇额度。信托公司必须按照国家外汇管理局批准的额度进行外汇投资支付，并且累计净汇出额不得超过批准的投资付汇额度。具体的投资付汇额度申请流程如下图：

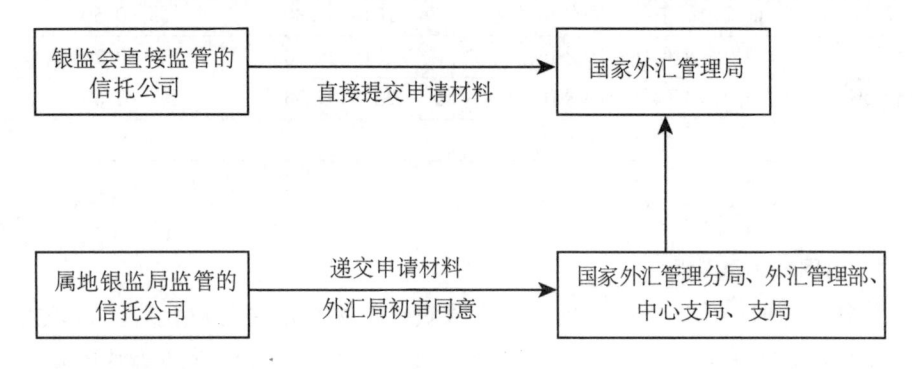

```
[银监会直接监管的信托公司] --直接提交申请材料--> [国家外汇管理局]

[属地银监局监管的信托公司] --递交申请材料 外汇局初审同意--> [国家外汇管理分局、外汇管理部、中心支局、支局] --> [国家外汇管理局]
```

2. 投资付汇额度规模

根据国家外汇管理局《合格境内机构投资者（QDII）投资额度审批情况表》：截至2018年7月30日，合格境内机构投资者投资审批总额度为1032.33亿美元，其中30家银行类公司合计获批额度148.40亿美元，58家证券类（证券公司、基金公司）公司合计获批额度461.3亿美元，46家保险类公司合计获批额度339.53亿美元，18家信托公司合计获批额度83.1亿美元。下表是信托公司QDII业务投资额度获批情况表。

截至日期：2018年7月30日 单位：亿美元

序号	机构名称	投资额度获批时间	获批额度
1	中诚信托有限责任公司	2014.11.27	16.00
2	上海国际信托有限公司	2014.12.28	9.50
3	中海信托股份有限公司	2009.12.30	1.00
4	平安信托有限责任公司	2011.09.30	1.00
5	大连华信信托股份有限公司	2011.12.20	1.00
6	华宝信托有限责任公司	2014.12.28	19.00
7	中信信托有限责任公司	2014.12.28	9.5
8	新华信托股份有限公司	2015.01.30	1.50
9	中国对外经济贸易信托有限公司	2014.09.22	5.00
10	建信信托有限责任公司	2014.11.27	4.00
11	中融国际信托有限公司	2014.11.27	3.00
12	兴业国际信托有限公司	2015.02.13	2.00
13	北京国际信托有限公司	2015.02.13	3.00
14	交银国际信托有限公司	2015.03.26	2.00
15	长安国际信托有限公司	2018.04.24	1.80
16	重庆国际信托有限公司	2018.05.30	0.50
17	国投泰康信托有限公司	2018.05.30	0.70
18	中国民生信托有限公司	2018.05.30	0.60
	合计		83.1

（二）外汇相关账户

1. 境内外汇托管账户

信托公司取得国家外汇管理局关于投资付汇额批准文件后，应当持该批准文件和境内托管人签订托管协议，开立境内托管账户，并应在境内托管账户开设之日起5个工作日内向国家外汇管理局报送正式托管协议。信托公司在境内托管银行开立的托管账户，可以同时包含人民币账户和外汇账户。

（1）境内外汇托管账户的收入范围包括：①依据受托境外理财信托项目从受托境外理财信托专用外汇账户划入的资金；②依据受托境外理财信托项目从境内人民币托管账户购汇划入的资金；③境外汇回的投资本金及收益，以及国家外汇管理局批准的其他收入。

（2）境内外汇托管账户的支出范围包括：①汇往境外外汇资金运用结算账户的资金；②汇回受托境外理财信托专用外汇账户的资金；③依据受托境外理财信托项目结汇的资金；④货币兑换费、托管费、资产管理费等各类手续费，以及外汇管理局批准的其他支出。

2. 信托专用外汇账户

委托人既可以人民币认购受托境外理财信托产品，也可以外汇认购受托境外理财信托产品。如果委托以外汇认购受托境外理财信托产品的，信托公司应当在资金收付代理银行开立信托专用外汇账户。

（1）信托专用外汇账户的收入范围包括：①委托人划入的外汇信托资金；②从境内托管账户划回的资金；③经外汇管理局批准的其他收入。

（2）信托专用外汇账户支出范围包括：①按照外汇信托产品中的指定用途向境内托管账户划出外汇信托资金；②信托产品终止后的外汇信托资金和收益的分配、相关税费的支出；③外汇管理局批准的其他支出。

3. 外汇资金运用结算账户和证券托管账户

信托公司在境内开展证券市场投资业务的，需要开立资金账户和证券账户。信托公司开展受托境外理财信托业务的，也需要开立外汇资金运用结算账户与证券托管账户，主要用于和境外证券登记结算机构之间的资金结算业务和托管业务。与境内证券市场投资业务不同的是，外汇资金运用结算账户和证券托管账户不是由信托公司直接开立，而是由境内托管人在境外托管代理人处为其所托管的受托境外理财信托产品开设。

第六节 实务案例分析

一、ZY1 号集合资金信托计划

（一）基本要素

1. 产品要素

信托规模	信托成立时，信托规模不低于50000万元，其中优先级信托单位不低于45000万元，次级信托单位不低于5000万元，但是受托人有权下调信托成立时的最低信托规模标准。 优先级信托单位总份数与次级信托单位总份数的比例不得超过9∶1。

续表

信托期限	3年
信托单位净值	信托单位净值 =（信托财产总值 – 已计提的各项负债）/信托单位总份数，其中信托负债包括但不限于信托报酬、保管费、每日计提的应付优先级受益人的信托收益等。 初始信托单位净值 = 1.0000元
资金用途	主要投资于固定收益类产品：在交易所市场/银行间市场交易的国债、企业债券、公司债券、各类金融债、中央银行票据、短期融资券、中期票据、中小企业私募债、非公开定向债务融资工具。
平仓线/预警线	平仓线：信托单位净值为0.9400元，设为平仓线； 预警线：信托单位净值为0.9500元，设为预警线。
委托人	优先级委托人为YC银行（理财资金），次级委托人为DZRD投资有限公司（投资顾问DB证券有限公司的全资子公司）。
交易参与方	受托人：XY信托公司 投资顾问：DB证券公司 证券经纪商：HT证券公司 保管银行：XY银行
信托报酬	信托单位总份数≤30亿份的部分，按照0.3/年的信托报酬率每日计提信托报酬； 信托单位总份数>30亿份的部分，按照0.25/年的信托报酬率每日计提信托报酬。

2. 交易结构

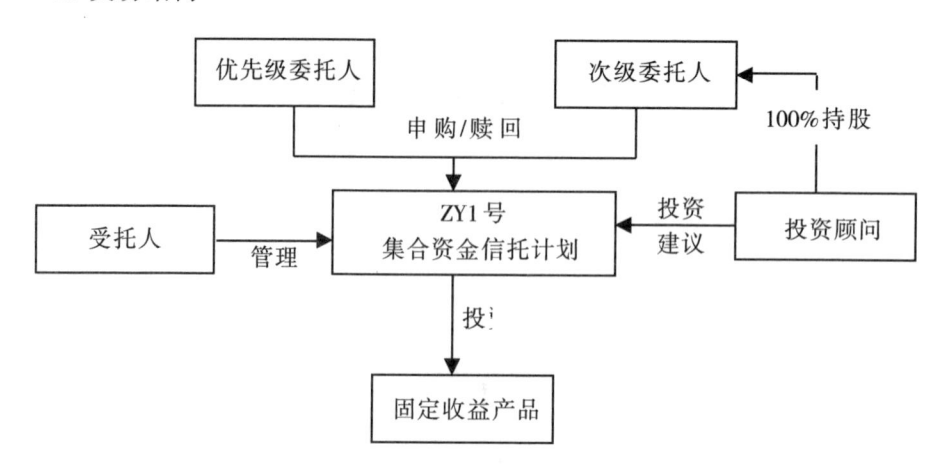

(二) 开放日及申购/赎回

1. 开放日

（1）任一开放日

本信托生效后的任一交易日均可以成为开放日。优先级受益人可以提出开放申请并经受托人同意后，确定开放申请书所申请开放日为自该开放申请提出之日后本信托的下一个开放日。

优先级受益人可以在任一开放日办理申购/赎回业务，但是办理赎回业务仅可在其向受托人提交的开放申请中所确定的每笔申购资金拟赎回日期办理该笔申购资金的赎回业务；次级受益人在任一开放日只可办理申购业务，不允许办理赎回业务（特别开放日除外）。

（2）特别开放日

次级受益人可于特别开放日办理赎回业务。特别开放日的确认条件包括：① 优先级受益人在开放申请中明确表明该开放日为特别开放日，并应经受托人同意；② 特别开放日前一自然日扣除次级受益人累计追加但未返还信托资金后的信托单位净值≥1.0000时。

2. 申购/赎回

（1）申购/赎回时间

优先级受益人应于开放日与特别开放日前2个工作日向受托人提出申购/赎回的申请；次级受益人应于开放日前2个工作日向受托人提出申购申请，或于特别开放日前2个工作日向受托人提出申购/赎回的申请。

次级受益人应于拟申购开放日前3个交易日向信托财产专户划付2000万元申购保证金；在优先级委托人向信托财产专户缴付优先级信托单位申购资金之前，次级受益人应将其申购资金与已支付申购保证金的差额部分划付至信托财产专户。

（2）申购与赎回价格

优先级信托单位申购资金按1元/份折算成优先级信托单位份额。次级信托单位申购资金按1元/份折算成次级信托单位份数。优先级及次级信托单位赎回价格为1元/份。

3. 特定开放日的净值归一

如果特别开放日（T日）的信托单位净值小于1.0000，次级受益人须在规定时间内追加信托资金至信托单位净值恢复至 1.0000（每个信托开放日前一自然日及信托终止日为信托利益核算日）。

（1）次级受益人可于该 T+1 日前（含）向本信托项下信托财产专户追加信托资金至：追加信托资金≥S－Q（S＝信托利益核算日存续的全部信托单位份额×1元，Q＝信托利益核算日包含次级受益人累计追加但未返还信托资金的信托财产净值）。次级受益人追加的信托资金，不享有本信托计划取得的任何收益，不改变信托受益权的类别，不改变次级受益人持有的信托单位份数。

（2）如次级受益人于 T+1 日前（含）按照公式"追加信托资金≥S－Q"向信托财产专户追加信托资金，受托人按照信托利益核算日的估值结果向优先受益人支付已计提但未支付的优先级受益人收益。在该等情况下，优先级受益人可以申购/赎回所持有的信托单位份额。

（3）如次级受益人未能在 T+1 日前（含）按照公式"追加信托资金≥S－Q"足额向信托财产专户追加信托资金，自 T+2 日起受托人有权对本信托计划持有的全部非现金资产进行不可逆变现，直至信托财产全部变现为止。全部变现完成后，受托人以变现后的信托财产为限支付各项费用并按照本信托计划终止时的信托财产分配顺序向全体受益人进行收益分配及本金返还，本信托计划提前终止。

当且仅当该 T－1 扣除次级受益人累计追加但未返还信托资金后的信托单位净值大于等于 1.0000 时，则强制分红使信托单位净值等于 1.0000。特别开放日次级受益人信托收益＝本次特别开放日扣除次级受益人累计追加但未返还的信托资金后的信托财产净值－信托单位总份数×1.0000 元。

（三）投资范围与投资限制

1. 投资范围

本信托计划项下信托资金主要投资于固定收益类产品，具体投资品种包括但不限于：

（1）在交易所市场/银行间市场交易的国债、企业债券、公司债券、各类金融债、中央银行票据、短期融资券、中期票据、中小企业私募债、非公开定向债务融资工具。具体投资标准如下：

①除短期融资券以外的信用类债券的债项评级和主体评级在 AA（含）以

上（不含私募类债券）。

②短期融资券债项评级为A-1级，主体评级在AA-（含）以上。

③非公开定向债务融资工具的债项评级或主体评级在AA（含）以上；如果发行主体为民营企业，应由国有企业或国有担保公司提供相应的担保措施。

④中小企业私募债的债项评级或主体评级或担保机构评级在AA（含）以上；如果发行主体为民营企业，应由国有企业或国有担保公司提供相应的担保措施。

（2）货币市场工具：现金、一年以内（含）的银行定期存单、大额存单；剩余期限在397天以内（含）的债券；期限在一年以内（含）的债券回购；期限在一年以内（含）的中央银行票据；中国证监会及中国人民银行认可的其他具有良好流动性的金融工具。

（3）证券投资基金：货币市场基金、债券型基金。

2. 投资限制

信托计划项下信托财产应当遵守投资标的限制、投资比例限制、到期日限制、关联交易限制等。如果因为投资标的自身变动、信托财产净值变动等因素致使本信托计划项下投资不符合相关投资限制要求，受托人、投资顾问应在10个交易日内予以调整。

（1）投资标的限制：①不得将信托财产中的证券用于回购融资交易；②不得将信托财产用于贷款、抵押融资或对外担保等用途，以及用于可能承担无限责任的投资；③不得将信托财产用于股票和股指期货投资、融资融券交易、新股申购。

（2）投资比例限制：①投资于单一债券规模不得超过该债券发行总规模的10%；②投资于单一债券金额不得超过T-1日信托财产净值的25%；③投资于单一债券型基金额不得超过T-1日信托财产净值的20%；④投资于中小企业私募债金额不得超过T-1日信托财产净值的10%。

（3）到期日限制：①本信托计划到期日前第10个交易日起禁止买入交易，到期日前的第5个交易日起应赎回基金类资产。②本信托计划到期日前5个交易日持有的非现金类资产不得超过信托财产总值的30%，到期日前3个交易日持有的非现金类资产不得超过信托财产总值的10%。

（4）关联交易限制：不得投资于次级委托人、受托人、投资顾问自身发行的债券以及存在关联关系的债券。

（四）风险控制措施

1. 预警线

（1）当 T 日信托单位净值≤0.9500 元（预警线）时，受托人将于 T+1 日以录音电话或传真形式通知次级委托人不晚于 T+2 日向信托专户追加信托资金至信托单位净值≥1.0000 元。次级委托人应按照如下公式计算应追加的信托资金金额：信托资金追加金额≥T 日存续信托单位份数 ×（1.0000 元 − T 日信托单位净值）。

（2）自信托单位净值触及预警线之日的次日（T+1 日）起，受托人仅接受投资顾问的卖出或赎回投资建议，不再接受投资顾问买入或申（认）购投资建议。当次级委托人按信托文件约定足额追加信托资金或次级受益人未追加信托资金但信托单位净值恢复至 1.0000 元（含）以上之日的次日起，受托人恢复接受投资顾问买入或申（认）购投资建议。

（3）如次级委托人未按信托文件约定按时足额追加信托资金且信托单位净值未恢复到 1.0000 元（含）以上，则自 T+3 日起，受托人有权根据自身判断自主变现本信托所持非现金资产，使本信托所持非现金资产比例以成本价计算不高于信托财产总值的 30%。此后即使次级委托人足额追加信托资金或信托单位净值恢复至 1.0000 元（含）以上，受托人已经进行的自主变现操作为不可撤销的。若在受托人变现过程中触及平仓线的，按照平仓条款约定进行平仓处理。

（4）本信托触及预警线后，次级委托人按信托文件约定及时足额追加信托资金后，次级委托人所追加信托资金全部足额到账之日计入信托财产，即次级委托人分次追加信托资金的，全部追加信托资金足额到账前，已追加部分不计入信托财产，仅当全部追加信托资金全部到账后一次性计入信托财产。追加信托资金不享有本信托取得的任何收益，不改变信托受益权类别，不增加次级受益人持有的信托单位份数。次级委托人追加信托资金后，信托单位总份数不变。

（5）在次级委托人追加信托资金后，如扣除次级委托人累计交付但未返还的全部追加信托资金后信托单位净值连续 5 个交易日≥1.0000 元时，次级委托人可向受托人申请返还所追加的信托资金，追加信托资金返还金额应以已追加但未返还的信托资金为限，且扣除本次返还的信托资金后，返还申请日前一交易日信托单位净值应≥1.0000 元。

2. 平仓线

当 T 日信托单位净值 ≤0.9400 元时,无论次级委托人是否追加信托资金且无论信托单位净值是否恢复到平仓线以上,受托人有权于触及平仓线的次日对本信托持有的全部非现金资产进行不可逆变现,直至信托财产全部变现为止。

(五) 信托利益分配

1. 优先级受益人信托利益分配

优先级受益人的信托收益按照 $R_i\%$/年的预期收益率每日计提。优先级受益人于开放日赎回优先级信托资金时,受托人将赎回信托资金所对应的信托收益向优先级受益人进行分配。每日应计提的优先级信托单位信托收益 = 优先级信托资金金额 × $R_i\%$/365。其中 R_i 值以优先级委托人在认购/申购申请中确认的预期年化收益率为准。

2. 次级受益人信托利益分配

如果特别开放日扣除次级委托人累计追加且未返还的信托资金后的信托单位净值 >1.0000,受托人可以按照如下公式计算并向次级受益人进行信托收益分配:特别开放日次级信托单位信托收益 = 特别开放日扣除次级委托人累计追加且未返还的信托资金后的信托单位净值 − 信托单位总份数 × 1.0000 元。

二、XYZ 海外债券市场投资集合资金信托计划(QDII)

(一) 基本要素

1. 产品要素

信托规模	信托总规模不超过 1.6 亿美元,委托人可以美元或人民币认购/申购,但是仅以美元币种进行估值。
信托期限	3 年,信托成立后 6 个信托月度为封闭期。
信托财产/单位净值	信托财产净值是指信托财产总值扣除信托费用以及其他负债后的净值;信托单位净值是指信托财产净值与信托单位总份数之比。
资金用途	信托资金运用于海外债券市场投资,具体可参见下文的投资范围。
信用增级措施	ZZ 信用增进投资股份有限公司为本信托计划终止分配时的信托本金提供差额补足的保障措施。

续表

信托相关费用	（1）固定信托报酬：费率为上一自然月度信托财产净值的0.3%/年，每估值日计提，按自然季度以美元支付； （2）固定信用增级费用：费率为A类信托单位总份额×1美元×0.7%/年，每估值日计提，按自然季度以美元支付； （3）托管费：费率为上一自然月度信托财产净值的0.2%/年，每估值日计提，按自然季度以美元支付； （4）投资顾问费：费率为上一自然月度信托财产净值的0.5%/年，每估值日计提，按自然季度以美元支付； （5）超额投资收益分配：信托单位净值超过1美元的，超额部分分别为A类委托人的超额收益（30%）、B类委托人的超额收益（40%）、投资顾问的浮动顾问费（20%）、受托人的浮动信托报酬（10%）； （6）其他费用，包括律师费、审计费、证券交易手续费等。
委托人	本信托计划委托人分为A类委托人和B类委托人，B类委托人为ZZ信用增进投资股份有限公司： （1）A类委托人应支付信用增级费，可以按照信托合同约定申购/赎回信托单位； （2）B类最低投资金额为1000万元人民币，且不低于信托初始募集总规模的5%，B类委托人在信托期限不得提前赎回其所持有的信托单位份额。
交易参与方	受托人：SH信托有限公司 投资顾问：GD资产管理有限公司 境内托管银行：SP银行 境外托管银行：HQ银行（境外托管银行由境内托管银行选择，并由境内托管银行支付境外托管费）。

2. 交易结构

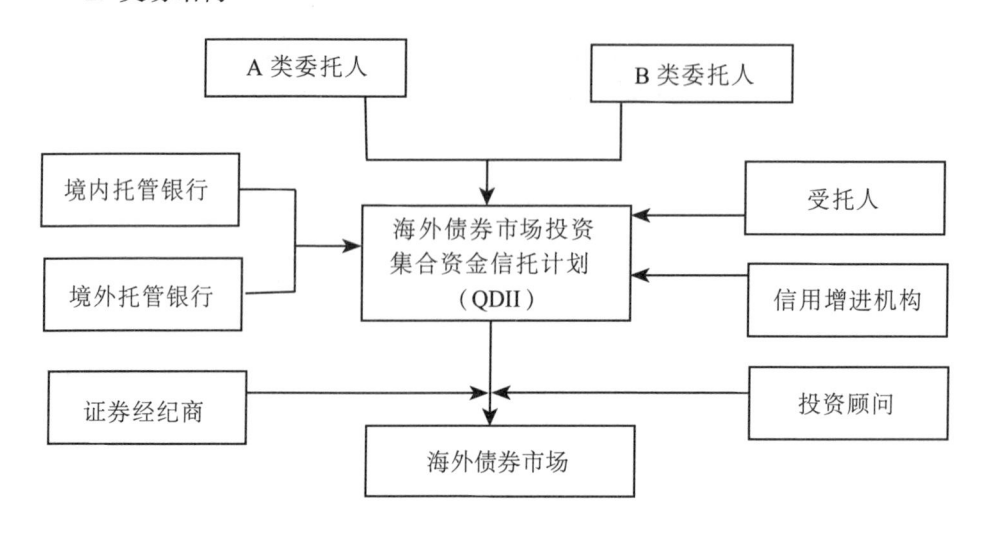

(二)投资范围与投资限制

1. 投资范围

(1) 本信托计划项下信托资金的投资标的为法律法规所规定的在香港地区注册发行的包括但不限于投资债券、股票和基金等可投资产品，以及其他非香港市场具有中国概念且为法律法规所允许的以海外债券市场为主的相关投资产品。具体包括：

①发行主体是中国企业，或发行主体的母公司（集团公司）是中国企业的企业债券（包括但不限于普通债、可转债）；

②国际公认评级机构评级（标准普尔、穆迪和惠誉）至少为投资级以上的外国债券、国际金融组织债券和外国公司债券；

③与固定收益、汇率标的物挂钩的结构性投资产品，且该类产品应是为获得国际公认评级机构（标准普尔、穆迪和惠誉）投资级或以上评级的金融机构所发行。

其中，上述投资范围所涉及的中国公司或中国企业是指在中国内地、中国香港地区、美国、新加坡等地上市的公司，这些公司注册于中国大陆境内，或者尽管注册于中国大陆境外但其主要控股股东或其主要业务收入源自中国大陆。

(2) 如法律法规或监管部门对信托计划的投资范围有新的规定，则信托合同等信托文件中的投资范围将根据有关法律法规的规定以及监管部门的监管政策进行相应调整。

2. 投资限制

①本信托计划投资固定收益类产品的市值/信托财产净值的比例应为0~100%；

②除信托计划成立后的3个信托月度和信托计划到期前的3个信托月度之外，本信托计划持有中国公司普通债的市值/最近一自然月度末信托财产净值的比例应不低于50%；

③本信托计划持有外国公司的普通债的市值/最近一自然月度末信托财产净值的比例应不超过20%；

④本信托计划持有公开发行的可转债的市值/最近一自然月度末信托财产净值，或成本计值/最近一自然月度末信托财产成本计值的比例不超过20%；

⑤本信托计划持有非公开发行的普通债及可转债的成本计值/最近一自然月

度末信托财产成本计值的比例总计不超过20%；

⑥本信托计划投资于因可转换公司债券转股所形成股票等权益类资产，在转股后的3个月内应全部卖出，有封闭期规定的应在封闭期结束后3个月内全部卖出；

⑦本信托计划所投资一家公司公开发行的债券，按债券面值计算，不得超过该债券发行总量的10%；本信托计划所投资一家公司非公开发行的债券，按债券面值计算，不得超过该债券发行总量的50%；

⑧本信托计划投资于一家公司公开发行债券，以市值计算，不得超过信托财产净值10%；

⑨本信托计划投资的外国普通债券的信用级别评级应为投资级别以上（含投资级别），如果其信用等级在持有期间下降至非投资级别，应在评级报告公开发行之日起3个月内全部卖出。

3. 投资禁止

本信托计划禁止从事如下投资行为：

①以信托财产直接进行二级市场股票、权证等权益类产品交易；

②以信托财产进行资金拆借、贷款、抵押融资或者对外提供担保；

③以信托财产进行可能承担无限责任的投资；

④《信托公司受托境外理财业务管理暂行办法》及《关于调整信托公司受托境外理财业务境外投资范围的通知》规定禁止从事的其他投资。

（三）认购/申购与赎回

1. 认购/申购资金

A类委托人认购资金为美元，申购资金为人民币/美元，信托利益以对应的认购/申购资金币种进行分配，赎回币种与其信托单位对应的认购/申购币种相同；B类委托人认购资金为人民币，信托利益以美元进行分配。信托存续期间，以人民币资金申购的A类信托单位份数不超过A类信托单位总份数的40%。

每份信托单位的面值为1美元。若委托人资金为美元，认购/申购份数＝信托资金额÷1美元/份；若委托人资金为人民币，认购/申购份数＝信托资金额÷R÷1美元/份，其中R为换汇时银行实际使用的美元兑人民币汇率。受美元汇率影响，投资者需自行承担委托资金为人民币、信托利益收取币种为人民币情况下的美元汇率波动风险。

2. 申购与赎回

信托计划存续期间，每信托季度末日（T日）本信托计划开放申购/赎回，申购以金额申请，赎回以信托单位份数申请。A类委托人可以在开放期进行申购和赎回信托单位份额，B类委托人不允许进行申购和赎回。

委托人赎回申请应不迟于T-1日提出，经受托人于T+1日确认允许赎回后，赎回资金不迟于T+2日划付至受益人信托利益账户，信托利益计算截止日为T日；委托人申购申请应不迟于T+1日提出，经受托人确认申购申请后，委托人应不迟于T+1日将申购资金划付至信托募集账户，并由受托人确认申购信托单位份数。

受托人有权根据如下信托运行的具体情况，决定同意或拒绝申购/赎回申请：

（1）信托财产规模或信托单位总份数达到了受托人规定的上限（受托人可根据外管局的审批及市场情况进行调整）；

（2）受托人认为会有损于现有受益人利益的某笔申购/赎回；

（3）因市场剧烈波动或其他原因导致本信托的现金支付出现困难；

（4）不可抗力的原因导致本信托无法正常运作，或受托人不能支付赎回款项。

（四）信托利益分配

1. 信托期间信托利益分配

每信托季度末，受托人向全体委托人按照信托单位份数×1美元×3%/年×当季实际天数/365天进行信托利益分配，分配后信托单位净值下降；如果某A类委托人资金为人民币，受托人将其应得信托利益兑换成人民币后划付至委托人信托利益账户，即某A类委托人持有的信托单位份数×1美元×3%/年×当季实际天数/365天×R（R为汇换时银行实际使用的美元对人民币的汇率）。

2. 信托期限届满时信托利益分配

信托期限届满时，如果信托单位净值小于1美元，ZZ信用增进投资股份有限公司（次级委托人）应当履行信用保障义务（为信托计划终止分配时的信托本金提供差额补足义务）；在ZZ信用增进投资股份有限公司履行完毕信用保障义务后或者信托单位净值≥1美元时，受托人按照如下顺序分配信托利益：

受托人以全部可分配信托利益为限优先向A类信托受益人分配信托利益

至：信托期限届满时 A 类信托单位总份数 ×1 美元；之后再以剩余可分配信托利益为限向 B 类信托受益人分配信托利益至：信托期限届满时 B 类信托单位总份数 ×1 美元；如果 A 类信托受益人和 B 类信托受益人的信托利益均按照上述公式获得足额分配后，剩余信托财产在扣除固定费用后，按照 3:4:2:1 分配 A 类委托人的超额收益、B 类委托人的超额收益、投资顾问的浮动顾问费、受托人的浮动信托报酬。

(五) 投资决策程序

1. 联合投资委员会

信托计划设立联合投资委员会，主要负责依据信托计划的投资范围、投资限制和投资策略，确定一定时期内信托计划的资产配置比例、组合基准久期、重仓产品的投资策略等重大投资决策。

联合投资委员会由 5 名委员组成，其中 ZZ 信用增进投资股份有限公司（信用增级机构）和 SH 信托有限公司（受托人）各委派 1 名委员，投资顾问 GD 资产管理有限公司委派 3 名委员，联合投资委员会主任委员由投资顾问委派的 3 名委员之一担任。联合投资委员会应由全体委员出席方可举行，联合投资委员会决议应由 4 名及以上委员表决同意方可通过，但是对于单一投资品种投资金额超过信托初始募集规模 5% 的，信用增级机构有一票否决权。

2. 信用增级机构的风险管理权利

如果出现如下情形之一的，联合投资委员会中投资顾问委派的委员减至 1 名，信用增级机构委派的委员增至 3 名，联合投资委员会主任委员由信用增级机构委派的 3 名委员之一担任：

(1) 信托计划成立满 12 个月（含）期间，如果月度公布的信托单位净值 + 每信托单位已分配期间信托利益≤0.85 的；

(2) 信托计划成立满 12 个月（不含）至 24 个月（含）期间，如果月度公布的信托单位净值 + 每信托单位已分配期间信托利益≤0.90 的；

(3) 信托计划成立满 24 个月（不含）至 36 个月（含）期间，如果月度公布的信托单位净值 + 每信托单位已分配期间信托利益≤0.95 的。

3. 投资交易

投资顾问指定基金经理直接与交易对家发送投资指令，受托人不负责日常交易，受托人仅负责当日投资交易事后的交收工作和事后风险管理。

如果投资顾问指定的基金经理当日交易超出本月度联合投资委员会会议确定的投资操作边界或投资策略约定，则受托人可于交易日（含）后3个工作日内书面通知投资顾问和信用增级机构，并督促投资顾问的基金经理及时调整投资组合、进行平盘交易，或者由投资顾问以交易对家的身份与信托计划进行交易。

附录：其他金融机构受托境外理财业务

一、保险资金境外投资业务

（一）相关参与方

保险资金境外投资业务运作的是保险公司在海外的资产，也即保险公司自有外汇资金、用人民币购买的外汇资金及上述资金境外投资形成的资产。保险资金境外投资当事人包括委托人、受托人和托管人。委托人是指在中国境内依法设立的保险公司、保险集团公司、保险控股公司等保险机构；受托人包括境内受托人和境外受托人，境内受托人是指在中国境内依法设立的保险资产管理公司以及符合保监会规定条件的境内其他专业投资管理机构，境外受托人是指在中国境外依法设立的并经保监会认可的专业投资管理机构；托管人是指在中国境内依法设立的符合保监会规定条件的商业银行和其他金融机构。

（二）投资范围与投资限制

1. 投资范围

根据《保险资金境外投资管理暂行办法实施细则》（保监发〔2012〕93号）及《关于调整保险资金境外投资有关政策的通知》（保监发〔2015〕33号），保险资金境外投资应当限制在《实施细则》附件1所列国家或地区金融市场的如下品种：

（1）货币市场类

期限不超过1年的商业票据、银行票据、大额可转让存单、逆回购协议、短期政府债券和隔夜拆出等货币市场工具或者产品。货币市场类工具（包括逆回购协议用于抵押的证券）的发行主体应当获得A级或者相当于A级以上的信用评级。

（2）固定收益类

银行存款、政府债券、政府支持性债券、国际金融组织债券、公司债券、可转换债券等固定收益产品。债券发行人及债项的信用评级应为国际公认评级机构BBB-或者相当于BBB-级及以上的评级。中国政府境外发行的债券不受信用级别限制。可转换债券应当为《实施细则》附件1所列国家或地区证券交易所主板市场挂牌交易。

（3）权益类

普通股、优先股、全球存托凭证、美国存托凭证、未上市企业股权等权益类工具或产品。股票应当为《实施细则》附件1所列国家或者地区证券交易所主板市场及香港创业板市场挂牌交易，存托凭证应当为《实施细则》附件1所列国家或者地区证券交易所主板市场挂牌交易；直接投资的未上市企业股权，限于金融、养老、医疗、能源、资源、汽车服务和现代农业等企业股权。

（4）不动产

直接投资的不动产限于《实施细则》附件1所列发达市场主要城市的核心地段，且具有稳定收益的成熟商业不动产或办公不动产。

（5）基金

符合《保险资金境外投资管理暂行办法实施细则》规定标准的证券投资基金、股权投资基金及房地产信托投资基金。

2. 投资限制

保险机构境外投资余额不超过上年年末总资产的15%，投资《实施细则》附件1所列新兴市场余额不超过上年年末总资产的10%。

保险资金境外投资应当控制短期资金融出或者融入：①逆回购交易及隔夜拆出融出的资金，不超过上年年末总资产的1%；②因交易清算目的拆入资金，不超过上年年末总资产的1%，且拆入资金期限不得超过5个工作日。

保险资金境外投资不得：①投资实物商品、贵重金属或者代表贵重金属的凭证和商品类衍生工具；②利用证券经营机构融资，购买证券及参与未持有基础资产的卖空交易；③除为交易清算目的 拆入资金外，以其他任何形式借入资金。

二、商业银行代客境外理财业务

商业银行代客境外理财业务是指取得代客境外理财业务资格的商业银行，受境内机构和居民个人委托以投资者的资金在境外进行规定的金融产品投资的经营活动。为了规范商业银行开展代客境外理财业务，人民银行、银监会、国家外汇管理局颁发了《商业银行开办代客境外理财业务管理暂行办法》（银发

〔2006〕121号），银监会颁发了《中国银行业监督管理委员会办公厅关于商业银行开展代客境外理财业务有关问题的通知》（银监办发〔2006〕164号）。

商业银行开展的代客境外理财业务可以分为两类：一类是商业银行在境内发行外币理财产品，以客户的自有外汇进行境外理财投资；另一类是商业银行在境内发行人民币理财产品，以人民币购汇办理代客境外理财业务。

商业银行开展代客境外理财的方式，包括理财顾问服务和综合理财服务。商业银行提供理财顾问服务时，投资风险完全由客户承担。商业银行应核实理财顾问服务客户的投资资格，且其投资活动符合中国及投资所在地国家或地区的法律规定。商业银行不得向境内机构出租、出借或变相出租、出借其境外可利用的投资账户。

商业银行通过综合理财服务方式开展代客境外理财业务时，可以投资于包括具有固定收益性质的债券、票据和结构性产品。如果投资非固定收益及较高风险的收益类产品，应该按照《商业银行个人理财业务管理暂行办法》的相关规定，并在发售理财产品的申请或报告时附设"投资特别说明"进行详细的信息披露。商业银行以综合理财服务方式开展代客境外理财业务时，不得直接投资于股票及其结构性产品、商品类衍生产品、BBB级以下证券。

银监会于2007年颁发《关于调整商业银行代客境外理财业务境外投资范围的通知》，该《通知》将股票及其结构性产品纳入投资的范围，同时规定商品类衍生产品、对冲基金以及国际公认评级机构评级的BBB级以下的证券。该《通知》对商业银行代客境外理财产品投资于股票应当符合的相关条件进行了规范。

三、合格境内投资者境外证券投资业务（证券公司/基金公司）

（一）相关参与方资质

1. 相关参与方

（1）境内托管人：证券公司和基金管理公司开展受托境外理财业务时，应当选择资产托管人负责资产托管业务；资产托管人应当由具有证券投资基金托管资格的商业银行担任。

（2）境外托管人：资产托管人可以委托具有相应资质的境外资产托管人负责境外资产托管业务。

（3）境外投资顾问：证券公司和基金管理公司也可以委托符合相应资质条件的境外投资顾问为其境外证券投资提供证券买卖建议或者投资组合管理等服务。

2. 资产管理人资质

申请境内机构投资者资格从事受托境外理财业务，基金管理公司和证券公司应当分别具备如下条件：

(1) 基金管理公司

基金管理公司的净资产不少于2亿元人民币，经营证券投资基金管理业务达2年以上，在最近1个季度末资产管理规模不少于200亿元人民币或等值外汇资产。

(2) 证券公司

证券公司净资本不少于8亿元，净资本与净资产比例不低于70%，经营集合资产管理计划业务达1年以上，在最近1个季度末资产管理规模不少于20亿元人民币或等值外汇资产，各项风险控制指标符合规定标准。

申请境内机构投资者资格从事受托境外理财业务的基金公司和证券公司需要拥有具有5年以上境外证券市场投资管理经验和相关专业资质的中级以上管理人员不少于1名，具有3年以上境外证券市场投资管理相关经验的人员不少于3名。

3. 首次募资要求

中国证监会《关于实施〈合格境内机构投资者境外证券投资管理试行办法〉有关问题的通知》（证监发〔2007〕81号）规定了基金管理公司和证券公司设立基金和集合资产管理计划首次募集的要求：(1) 可以人民币、美元或其他主要外汇货币为计价货币募集；(2) 基金募集金额不少于2亿元人民币或者等值货币，集合计划募集金额不少于1亿元人民币或者等值货币；(3) 开放式基金份额持有人不少于200人，封闭式基金份额持有人不少于1000人，集合计划持有人不少于2人；(4) 以面值进行募集，境内机构投资者可以根据产品特点确定面值金额的大小。

(二) 投资范围与投资限制

1. 投资范围

证券公司和基金管理公司开展境外证券投资业务可以投资的金融产品包括：

(1) 银行存款、可转让存单、银行承兑汇票、银行票据、商业票据、回购协议、短期政府债券等货币市场工具；

(2) 政府债券、公司债券、可转换债券、住房按揭支持证券、资产支持证券等及经中国证监会认可的国际金融组织发行的证券；

(3) 在已与中国证监会签署双边监管合作谅解备忘录的国家或地区证券市场挂牌交易的普通股、优先股、全球存托凭证和美国存托凭证、房地产信托凭证；

(4) 在已与中国证监会签署双边监管合作谅解备忘录的国家或地区证券监管机构登记注册的公募基金；

(5) 与固定收益、股权、信用、商品指数、基金等标的物挂钩的结构性投资产品；

(6) 远期合约、互换及经中国证监会认可的境外交易所（附件4）上市交易的权证、期权、期货等金融衍生产品。

2. 投资限制

(1) 一般投资比例限制

①单只基金、集合计划持有同一家银行的存款不得超过基金、集合计划净值的20%。在基金、集合计划托管账户的存款可以不受上述限制。

②单只基金、集合计划持有同一机构（政府、国际金融组织除外）发行的证券市值不得超过基金、集合计划净值的10%。指数基金可以不受上述限制。

③单只基金、集合计划持有与中国证监会签署双边监管合作谅解备忘录国家或地区以外的其他国家或地区证券市场挂牌交易的证券资产不得超过基金、集合计划资产净值的10%，其中持有任一国家或地区市场的证券资产不得超过基金、集合计划资产净值的3%。

④基金、集合计划不得购买证券用于控制或影响发行该证券的机构或其管理层。同一境内机构投资者管理的全部基金、集合计划不得持有同一机构10%以上具有投票权的证券发行总量。指数基金可以不受上述限制。

前项投资比例限制应当合并计算同一机构境内外上市的总股本，同时应当一并计算全球存托凭证和美国存托凭证所代表的基础证券，并假设对持有的股本权证行使转换。

⑤单只基金、集合计划持有非流动性资产市值不得超过基金、集合计划净值的10%。前项非流动性资产是指法律或基金合同、集合计划合同规定的流通受限证券以及中国证监会认定的其他资产。

⑥单只基金、集合计划持有境外基金的市值合计不得超过基金、集合计划净值的10%。持有货币市场基金可以不受上述限制。

⑦同一境内机构投资者管理的全部基金、集合计划持有任何一只境外基金，

不得超过该境外基金总份额的20%。

若基金、集合计划超过上述投资比例限制，应当在超过比例后30个工作日内采用合理的商业措施减仓以符合投资比例限制要求。

（2）基金中基金：

①每只境外基金投资比例不超过基金中基金资产净值的20%。基金中基金投资境外伞型基金的，该伞型基金应当视为一只基金。

②基金中基金不得投资于以下基金：其他基金中基金；联接基金（A Feeder Fund）；投资于前述两项基金的伞型基金子基金。

③主要投资于基金的集合计划，参照上述规定执行。

（3）金融衍生产品：

基金、集合计划投资衍生品应当仅限于投资组合避险或有效管理，不得用于投机或放大交易，同时应当严格遵守下列规定：

①单只基金、集合计划的金融衍生品全部敞口不得高于该基金、集合计划资产净值的100%。

②单只基金、集合计划投资期货支付的初始保证金、投资期权支付或收取的期权费、投资柜台交易衍生品支付的初始费用的总额不得高于基金、集合计划资产净值的10%。

③基金、集合计划投资于远期合约、互换等柜台交易金融衍生品，应当符合以下要求：所有参与交易的对手方（中资商业银行除外）应当具有不低于中国证监会认可的信用评级机构评级；交易对手方应当至少每个工作日对交易进行估值，并且基金、集合计划可在任何时候以公允价值终止交易；任一交易对手方的市值计价敞口不得超过基金、集合计划资产净值的20%。

④基金、集合计划拟投资衍生品，境内机构投资者在产品募集申请中应当向中国证监会提交基金、集合计划投资衍生品的风险管理流程、拟采用的组合避险、有效管理策略。

⑤境内机构投资者应当在每只基金、集合计划会计年度结束后60个工作日内向中国证监会提交包括衍生品头寸及风险分析年度报告。

⑥基金、集合计划不得直接投资与实物商品相关的衍生品。

（4）证券借贷交易：

①所有参与交易的对手方（中资商业银行除外）应当具有中国证监会认可

的信用评级机构评级。

②应当采取市值计价制度进行调整以确保担保物市值不低于已借出证券市值的102%。

③借方应当在交易期内及时向基金、集合计划支付已借出证券产生的所有股息、利息和分红。一旦借方违约，基金、集合计划根据协议和有关法律有权保留和处置担保物以满足索赔需要。

④除中国证监会另有规定外，担保物可以是以下金融工具或品种：现金；存款证明；商业票据；政府债券；中资商业银行或由不低于中国证监会认可的信用评级机构评级的境外金融机构（作为交易对手方或其关联方的除外）出具的不可撤销信用证。

⑤基金、集合计划有权在任何时候终止证券借贷交易并在正常市场惯例的合理期限内要求归还任一或所有已借出的证券。

⑥境内机构投资者应对基金、集合计划参与证券借贷交易发生的任何损失负相应责任。

(5) 正回购交易、逆回购交易：

①所有参与正回购交易的对手方（中资商业银行除外）应当具有中国证监会认可的信用评级机构信用评级。

②参与正回购交易，应当采取市值计价制度对卖出收益进行调整以确保现金不低于已售出证券市值的102%。一旦买方违约，基金、集合计划根据协议和有关法律有权保留或处置卖出收益以满足索赔需要。

③买方应当在正回购交易期内及时向基金、集合计划支付售出证券产生的所有股息、利息和分红。

④参与逆回购交易，应当对购入证券采取市值计价制度进行调整以确保已购入证券市值不低于支付现金的102%。一旦卖方违约，基金、集合计划根据协议和有关法律有权保留或处置已购入证券以满足索赔需要。

⑤境内机构投资者应当对基金、集合计划参与证券正回购交易、逆回购交易中发生的任何损失负相应责任。基金、集合计划参与证券借贷交易、正回购交易，所有已借出而未归还证券总市值或所有已售出而未回购证券总市值均不得超过基金、集合计划总资产的50%。

前项比例限制计算，基金、集合计划因参与证券借贷交易、正回购交易而持有的担保物、现金不得计入基金、集合计划总资产。

3. 投资禁止行为：

购买不动产；购买房地产抵押按揭；购买贵重金属或代表贵重金属的凭证；购买实物商品；除应付赎回、交易清算等临时用途外，借入现金。该临时用途借入现金的比例不得超过基金、集合计划资产净值的10%；利用融资购买证券，但投资金融衍生品除外；参与未持有基础资产的卖空交易；从事证券承销业务；中国证监会禁止的其他行为。

四、QDII 外汇管理制度

（一）合格境内机构投资者

根据国家外汇管理局《合格境内机构投资者境外证券投资外汇管理规定》，商业银行、证券公司、基金管理公司、保险机构、信托公司等经相关部门批准或许可开展境外证券等投资的境内机构为合格境内机构投资者。除银行自有资金境外运用外，合格境内机构投资者可以自有资金或募集境内机构和个人资金，投资于法规及相关部门允许的境外市场及产品。

（二）投资额度

合格境内机构投资者开展境外投资，应当取得国家外汇管理局批准的投资额度；国家外汇管理局对投资额度实行余额管理，合格境内机构投资者境外投资净汇出额（含外汇及人民币资金）不得超过经批准的投资额度。已经取得投资额度的合格境内机构投资者，如果两年内未能有效使用投资额度，国家外汇管理局有权对其投资额度进行调减。合格境内机构投资者不得转让或转卖投资额度。

（三）账户管理

1. 境内托管账户

合格境内机构投资者进行境外投资的，应当委托境内具有相关业务资格的商业银行或其他金融机构作为境内托管人；合格境内机构投资者可以凭国家外汇管理局投资额度批准文件，根据募集及汇出入资金币种等需要，选择开立境内外汇托管账户及境内人民币托管账户。

2. 境外托管账户

境内托管人应在境外托管人处为合格境内机构投资者相关产品开立境外托管账户，该境外托管账户收支范围仅限与境内托管账户之间的资金划转以及合格境内机构投资者境外投资项下的相关收支。

3. 其他账户

合格境内机构投资者募集境内机构和个人资金进行投资的，可以为其产品开立募集资金专用账户和清算账户；通过直销和代销方式募集境内机构和个人资金的，合格境内机构投资者可以开立产品的直销和代销账户。上述账户如果涉及外汇收支的，合格境内机构投资者可持国家外汇管理局投资额度批准文件开立相应的外汇账户：募集资金专用外汇账户、外汇清算账户、直销和代销外汇账户。

(四) 汇兑管理

合格境内机构投资者可以分别通过境内外汇托管账户和境内人民币托管账户以外汇或人民币形式汇出入境外投资资金；涉及购汇及境内外汇划转的，合格境内机构投资者可凭国家外汇管理局投资额度批准文件到境内商业银行办理。

合格境内机构投资者的境外投资本金及收益，可以外汇或人民币形式汇回；以外汇形式汇回的投资本金和收益，可以外汇形式保留或划转至境内机构和个人外汇账户，也可以结汇划转至其境内人民币托管账户。合格境内机构投资者可凭国家外汇管理局投资额度批准文件到银行办理相关资金结汇及划转手续。

第三章 房地产信托业务风险管理与案例分析

第一节 基本业务综述

一、基本业务模式

（一）融资类业务模式

1. 房地产信托贷款

房地产信托贷款是指信托公司以信托资金向房地产开发企业发放贷款，房地产开发企业于信托到期时以用款项目的现金流归还信托贷款本息。该类业务基本交易结构如下：

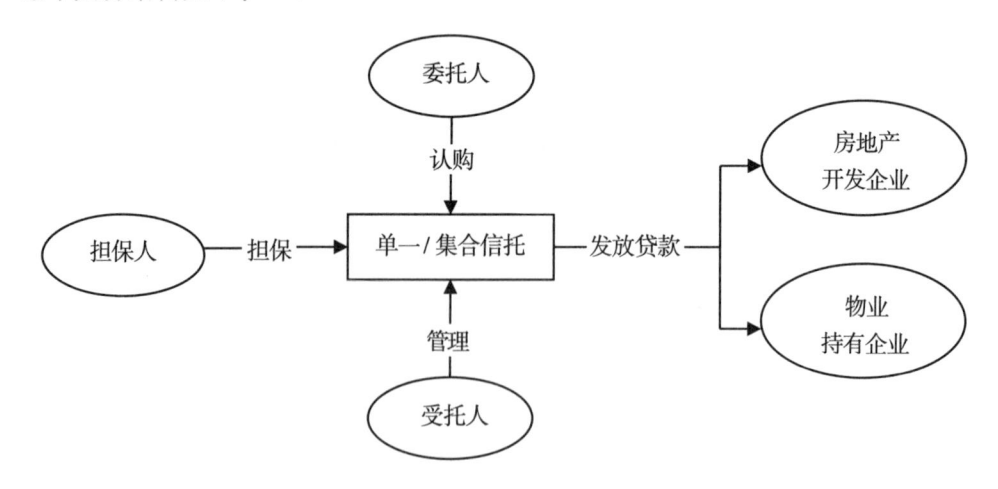

房地产信托贷款业务是房地产信托业务的基本业务模式，其交易结构和操作流程较为简单，属于房地产信托业务中风险较低的一种业务模式。房地产信托贷款业务可以分为开发贷款业务和经营性物业贷款业务。开发贷款业务主要是向房地产开发企业正在开发的房地产项目发放贷款,主要用于该项目的开发建设,一般以该项目的销售收入作为还款来源;经营性物业贷款主要是向经营性物业持有企业发放贷款,主要用于该物业日常经营维护等所需流动资金,一般以该经营性物业的经营收益作为还款来源。

【知识拓展】永续债作为权益工具的确认条件

1. 合同中约定发行人拥有续期选择权。

2. 合同中约定发行人可以无条件、无限次推延付息;如有强制付息事件条款,则该事件应由发行人控制是否发生。

3. 没有担保条款、或有结算条款;如果合同存在或有结算条款,需满足下述条件之一:

(1) 要求以现金、其他金融资产或以其他导致该工具成为金融负债的方式进行结算的或有结算条款几乎不具有可能性,即相关情形极端罕见、显著异常或几乎不可能发生。

(2) 只有在发行人清算时,才需以现金、其他金融资产或以其他导致该工具成为金融负债的方式进行结算。

4. 合同中仅约定发行人拥有赎回选择权,持有人没有回售权。

2. 权益投资附加回购

权益投资附加回购业务是指信托公司以信托资金受让资产收益权或者股权,并由出让人在约定时间内按照约定价格回购该资产收益权或股权。监管部门对信托公司开发贷款业务有较为严格的监管政策,信托公司只能向符合"四三二"[①]的项目发放开发贷款,因此信托公司通过投资附加回购方式向不符合"四三二"条件的项目提供融资,以此规避上述监管政策。而监管部门基于审慎监管原则调整了监管口径,将贷款、投资附加回购等业务一律归为融资类业务,统一遵守房地产开发贷款业务的监管政策。

权益投资附加回购业务可以实现如下目的:(1) 突破"向他人提供贷款不得超过其管理的所有信托计划实收余额的30%"的监管规定,(2) 不计入融资人长短期借款科目,不录入人民银行企业征信系统,一般会在应付账款或其他

---

① "四三二"指"四证、30%的项目资本金以及房地产开发二级资质",其中"四证"包括国有土地使用权证、建设用地规划许可证、建设工程规划许可证和建筑工程施工许可证。

应付款科目体现。

(二) 投资类模式

信托公司可以与房地产开发企业合资成立项目公司，或者向项目公司增资，通过项目公司开发建设房地产项目；信托公司与房地产开发企业共同承担房地产开发建设的风险，并按股权比例分享房地产开发收益。信托公司在该类业务中仅扮演财务投资者的角色，房地产开发企业负责开发项目的具体运营事项，信托公司通过派驻董事、财务负责人等以实现对项目公司的管理。投资类业务不受监管部门关于融资类业务的监管限制，因此信托公司可以介入房地产开发的任何环节。

单纯的股权投资类业务在实务中并不多见，实务中开展较多的业务类型为"股+债"业务模式。"股+债"基本的业务模式为：信托公司通过与房地产开发企业共同出资成立项目公司，然后再通过股东借款的方式向项目公司注资。"股+债"业务是否能被认定为股权投资类业务，还取决于各地银监局的监管尺度。投资类业务还包括直接投资经营性物业，并通过该物业产生的现金流向信托受益权人分配投资收益。下图为结构化"股+债"业务模式：

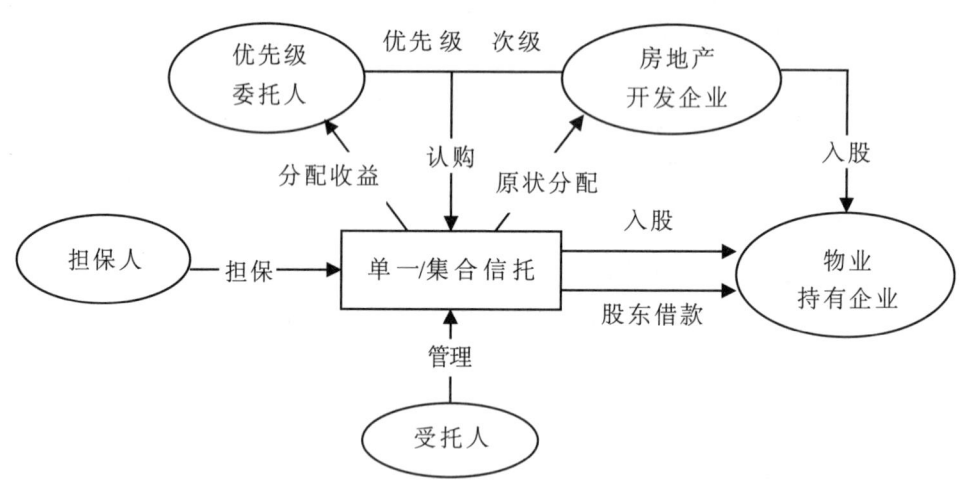

【司法实务】股东借款能否与外部债权人同等受偿？

1. 案例名称：沙港公司诉开天公司执行分配方案异议案。

2. 裁判要点

(1) 根据《公司法》第三条第二款规定："有限责任公司的股东以其认缴的出资额为限对公司承担责任；股份有限公司的股东以其认购的股份为限对公司承担责任。"如果公司股东出资不实，公司股东应在各自出资不实范围内对公司债权人承担责任。

（2）出资不实股东因向公司外部债权人承担出资不实的股东责任并被扣划款项后，出资不实的股东不能以其对于公司的债权与外部债权人就其被扣划的款项平等参与分配。

3. 裁判依据：关于判决要点（2），我国法律尚未明确规定，美国历史上深石案所确立的衡居次原则可供借鉴。如果允许出资不实的问题股东就其对公司债权与外部债权人处于同等受偿顺位，既会导致对公司外部债权人不公平的结果，与公司法对于出资不实股东科以的法律责任相悖。

（三）房地产信托基金

1. 信托受益权凭证

第一种类型的房地产信托基金是指开发商将其持有的能够产生稳定现金流的经营性物业委托给信托公司进行管理和处分，由信托公司以经营性物业产生的现金流为支撑，在公开市场向投资者发行信托受益权凭证，开发商或其指定的第三方可于信托期限届满时回购信托受益权凭证；信托公司也可以设计成结构化信托产品，优先级信托受益权凭证向投资者发行，次级信托受益权凭证由物业持有人持有。基本交易结构如下图：

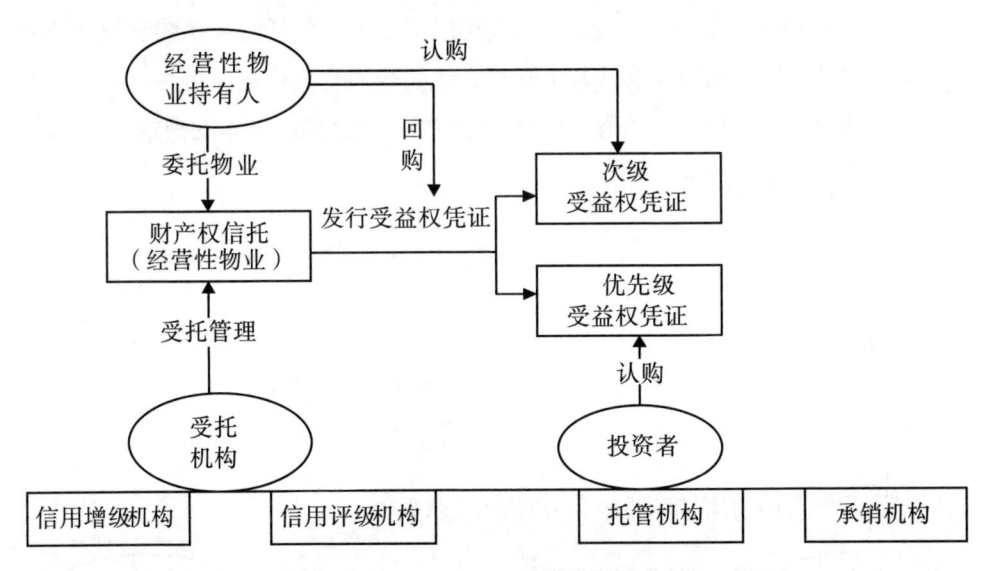

中国人民银行于2009年起草了《银行间债券市场房地产信托受益券发行管理办法（征求意见稿）》（以下简称央行版REITs），准备在银行间债券市场以

信托受益券的形式试点发行房地产投资信托基金，不过由于房地产宏观调控政策升级，该试点工作被暂停而没有推进。央行版REITs实质为在银行间市场发行的资产支持债券，优先级信托受益权可以通过受托人在银行间市场发行受益券的方式进行转让，且受益券为固定收益产品；次级受益权由委托人全部持有，且在受益券存续期间不得转让。委托人或第三方在信托受益券到期时负有按照合同约定收购受益券的义务，且应对受益券的收益水平提供流动性支持。

2. 开放式、封闭式基金（资金池）

第二种类型的房地产信托基金是指信托公司发起设立房地产投资信托基金，通过向投资人发售基金份额以募集资金，信托公司所募集的信托资金以股权、债权、买入返售等方式参与房地产的开发经营，以获取基金投资收益。该类产品不同于普通的房地产信托产品之处在于：（1）基金可以采取封闭式结构，也可以采取开放式结构；（2）信托期限相对较长，一般应当在3年以上（至少应当涵盖一个完整的房地产开发周期），甚至可以长达15~30年；（3）基金募集后，再在市场上选择并参与房地产项目的开发经营；（4）基金可以综合运用股权、债权、买入返售等多样化投融资方式。

3. 有限合伙基金

第三种类型是有限合伙基金，信托公司以信托项下信托资金认购有限合伙基金的有限合伙份额，由有限合伙基金管理人认购普通合伙份额，再由有限合伙基金综合运用多样化投融资方式参与房地产项目的开发经营。基本交易结构如下图：

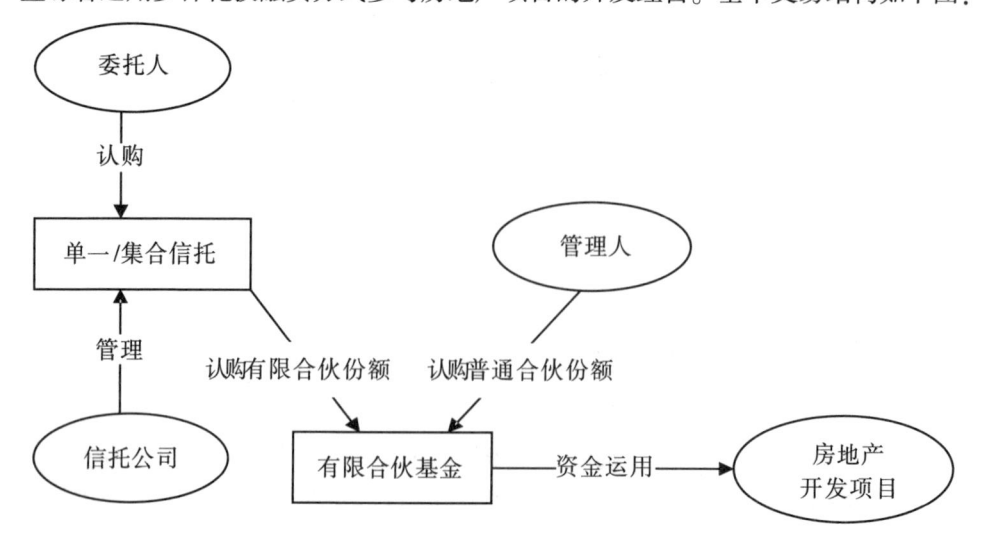

有限合伙基金应当由2个以上50个以下合伙人设立，因此认购有限合伙份额的信托不能超过49个。由于认购有限合伙份额的信托项下资金是向投资者募集的，因此这里需要注意的问题是50个合伙人上限是否需要在信托端"打通计算"，即是否需要将信托项下投资者作为实质合伙人来合并计算合伙人数。根据目前的法律法规和监管政策，股权投资企业需要对最终投资者进行打通计算[①]，对于有限合伙房地产基金并无相关规定。

有限合伙基金可以通过多样化的投融资方式参与到房地产项目的开发经营，多样化的投融资方式包括股权、债权、买入返售等方式。这里需要提示注意一个问题，由于合伙企业没有贷款业务资格，因此有限合伙基金不能直接向房地产企业发放贷款，业务实际中一般通过委托银行等有贷款业务资格的金融机构向房地产企业发放委托贷款。

二、房地产信托业务监管政策

（一）房地产信托贷款条件[②]

1. 取得国有土地使用权证、建设用地规划许可证、建设工程规划许可证和建筑工程施工许可证；

2. 房地产开发企业资质不低于国家建设行政主管部门核发的二级房地产开发资质；

3. 开发项目资本金比例不低于国家最低要求。加强对项目资本金来源及到位真实性的审查认定。

[①] 根据发改委《关于促进股权投资企业规范发展的通知》（发改办财金〔2011〕2864号）的规定：股权投资企业的投资者人数应当符合《公司法》和《合伙企业法》的规定。投资者为集合资金信托、合伙企业等非法人机构的，应打通核查最终的自然人和法人机构是否为合格投资者，并打通计算投资者总数，但投资者为股权投资母基金的除外。

[②] 为了应对国际金融危机对国内经济的冲击，银监会于2009年颁发的《关于支持信托公司创新发展有关问题的通知》（银监发〔2009〕25号）规定：对于最近一年的监管评级为2C级及以上，且经营稳健、风险管理水平良好的信托公司可以向已经取得国有土地使用权、建设用地规划许可证、建设工程规划许可证的房地产开发企业发放项目开发贷款；对于最近一年的监管评级为2C级及以上，且经营稳健、风险管理水平良好的信托公司也可以向不具备二级资质的房地产开发企业发放项目开发贷款。银监会办公厅于2010年颁发的《关于加强信托公司房地产信托业务监管有关问题的通知》（银监办发〔2010〕54号）停止执行上述对于监管评级2C级及以上，且经营稳健、风险管理水平良好的信托公司关于"三证"和二级资质的例外规定。

(二) 房地产信托贷款禁止性条件

1. 对不符合房地产贷款条件的房地产项目，严禁以投资附加回购承诺、商品房预售回购等方式间接发放房地产贷款；

2. 严禁向房地产开发企业发放流动资金贷款，严禁以购买房地产开发企业资产附加回购承诺等方式变相发放流动资金贷款；

3. 严禁向房地产开发企业发放用于缴纳土地出让价款的贷款；

4. 要严格防范对建筑施工企业、集团公司等的流动资金贷款等用于房地产开发；

5. 对股东借款、银行贷款等债务性资金和银行个人理财资金不得充作项目资本金，但是股东承诺在项目公司偿还银行或信托公司贷款前放弃对该股东借款受偿权的情况下的股东借款可以充作项目资本金，商业银行私人银行业务中的银行个人理财资金可以充作项目资本金；

6. 信托公司不得将债务性集合信托计划资金（包括股权投资附加回购承诺、投资附加关联方受让或投资附加其他第三方受让的情形）用于补充项目资本金，以达到国家规定的最低资本金要求；

7. 信托公司以结构化方式设计房地产集合资金信托计划的，其优先和劣后受益权配比比例不得高于3∶1；

8. 商业银行个人理财资金投资于房地产信托产品，理财客户应符合《信托公司集合资金信托计划管理办法》中的有关合格投资者的规定。

(三) 土地储备信托贷款的特殊规定

1. 对政府土地储备机构的贷款应以抵押贷款方式发放；
2. 所购土地应具有合法的土地使用权证；
3. 贷款额度不得超过所收购土地评估值的70%；
4. 贷款期限最长不得超过2年。

但是根据《关于加强信托公司房地产信托业务监管有关问题的通知》（2010年2月11日）的规定，信托公司不得以信托资金发放土地储备贷款。土地储备贷款是指向借款人发放的用于土地收购及土地前期开发、整理的贷款。

第二节 房地产开发基本流程

一、房地产开发概述

从狭义上，房地产开发是指房屋工程建设，包括住宅（普通商品房、保障性住房、别墅等）、经营性物业（商铺、写字楼、酒店等）、工业仓储用房等项目建设；从广义上，房地产开发包括土地一级开发、市政工程建设及房屋工程建设。

（一）土地一级开发概述

1. 土地开发主体

土地一级开发主体包括各地土地整理储备中心和其他建设单位。土地整理储备中心作为开发主体的，由土地整理储备中心负责筹措开发资金、办理相关手续、通过招标方式确定具体实施单位；其他建设单位作为开发主体的，由该建设单位负责筹措资金、办理相关手续、组织土地开发建设。

2. 土地储备范围

纳入土地储备范围的土地包括：(1) 依法收回的国有土地；(2) 收购的土地；(3) 行使优先购买权取得的土地；(4) 已办理农用地转用、土地征收批准手续的土地；(5) 依法取得的其他土地。

（二）房屋工程开发概述

1. 房地产开发资质

房地产开发企业从事房地产开发业务，应当取得相应的房地产开发资质。房地产开发资质分为一级至四级及暂定资质：一级资质需要由省级建设主管部门初审后报住房与城乡建设部审批，房地产开发项目的建设规模不受限制；二级及以下资质需要报省级建设主管部门审批，但是承担开发建设项目的建筑面积不得超过25万平方米。

2. 房地产开发"四证"

(1) 建设用地使用权证：需要建设单位已签署《国有土地使用权出让合同》，并按照合同约定缴纳相关税费后，方可向国土部门申领；国有土地使用权有划拨和出让两种取得方式，其中划拨方式取得国有土地使用权仅限如下情形：①国家机关用地和军事用地，②城市基础设施用地和公益事业用地，③国家重点扶持的能源、交通、水利等基础设施用地，④法律法规规定的其他用地。

（2）建设用地规划许可证：根据《城乡规划法》的规定，以划拨方式取得建设用地使用权的建设项目，需要在取得《建设项目选址意见书》和发改委对建设项目用地的预审意见后，方可申请建设用地规划许可证；建设单位在取得建设用地规划许可证后，方可向县级以上土地主管部门申请并由县级以上人民政府审批后，方可由土地主管部门划拨土地。以出让方式取得国有土地使用权的建设项目，在签订《国有土地使用权出让合同》后，建设单位需要持建设项目的批准、核准、备案文件和国有土地使用权出让合同，向市县城乡规划部门申领建设用地规划许可证。

（3）建筑工程规划许可证：根据《城乡规划法》的规定，申领建筑工程规划许可证，建设单位需要取得国有土地使用权证，并且应提交建设工程设计方案等材料；如果需要建设单位编制修建性详细规划的建设项目，还应当提交修建性详细规划。

（4）建设工程施工许可证：建筑工程开工前，建设单位需要向工程所在地的县级以上建设主管部门申领建设工程施工许可证，对于按照国务院规定的权限和程序取得开工报告的建筑工程及国务院建设行政主管部门确定的限额以下的小型工程，可以不用领取施工许可证。根据《建筑法》的规定，申领建设工程施工许可证需要满足如下条件[①]：①已经办理该建筑工程用地批准程序及建筑工程规划许可证；②拆迁进度符合施工要求；③已经确定建筑施工企业；④有满足施工需要的施工图纸及技术资料；⑤有保证工程质量和安全的具体措施；⑥建设资金已经落实。

---

① 《建筑工程施工许可管理办法》对该条件进行了细化，具体为：（1）已经办理该建筑工程用地批准手续。（2）在城市规划区的建筑工程，已经取得建设工程规划许可证。（3）施工场地已经基本具备施工条件，需要拆迁的，其拆迁进度符合施工要求。（4）已经确定施工企业。按照规定应该招标的工程没有招标，应当公开招标的工程没有公开招标，或者肢解发包工程，以及将工程发包给不具备相应资质条件的，所确定的施工企业无效。（5）有满足施工需要的施工图纸及技术资料，施工图设计文件已按规定进行了审查。（6）有保证工程质量和安全的具体措施。施工企业编制的施工组织设计中有根据建筑工程特点制定的相应质量、安全技术措施，专业性较强的工程项目编制了专项质量、安全施工组织设计，并按照规定办理了工程质量、安全监督手续。（7）按照规定应该委托监理的工程已委托监理。（8）建设资金已经落实。建设工期不足一年的，到位资金原则上不得少于工程合同价的50%，建设工期超过一年的，到位资金原则上不得少于工程合同价的30%。建设单位应当提供银行出具的到位资金证明，有条件的可以实行银行付款保函或者其他第三方担保。（9）法律、行政法规规定的其他条件。

二、土地一级开发基本流程

（一）用地手续

1. 一级开发申请

（1）一级开发申请及建设用地预审

土地所有者或者使用者征得区县政府或上级主管单位关于进行土地开发的同意后，向国土部门提交一级开发申请，申请进行土地一级开发；国土部门受理土地一级开发申请，并根据预审申请报告进行建设用地预审。

根据北京市国土资源局规定，申请建设用地预审应提供的材料包括：①建设项目用地预审申请表及申请报告；②申请人身份证明材料；③规划部门核发的《建设项目选址意见书》及附件、附图或《规划条件》及附件、附图或规划部门发给发改部门的函复文件；④发改部门或具备相应批准权限的主管机关核发的项目审批、核准、备案文件或项目办理用地预审告知单；⑤项目建议书与可行性研究报告分开审批的审批单和备案类单独选址项目，提交《建设项目不压覆重要矿产资源核查意见》或《建设项目压覆重要矿产资源核查意见》；⑥报国土资源部预审的，建设项目位于地质灾害防治规划确定的地质灾害易发区内的，提交《地质灾害危险性评估报告》和《地质灾害危险性评估报告备案登记表》。

（2）开发方案编制及联审、开发主体招标

通过建设用地预审的项目，由市区县土地储备机构负责编制一级开发实施方案①，并将一级开发实施方案提交由国土部门会同发改委、规划、建设、交通、环保等部门参加的联审会。通过联审会的项目举行招投标，以此确定土地开发主体。

2. 土地一级开发主体

土地一级开发主体包括土地储备机构和通过招标方式确定的开发企业。确定土地开发主体后，由土地开发主体负责土地一级开发资金的筹措、项目的规划和核准、征地拆迁及大市政建设等手续。

3. 土地一级开发内容

土地一级开发的内容包括"三通一平""五通一平""七通一平"。"三通一

---

① 土地一级开发实施方案一般包括储备地块的范围和面积、控制规划条件、地上建筑物状况、开发的成本和收益，开发的计划和实施方式等。

平"主要是指通水、通电、通路和场地平整;"五通一平"主要是指通水、通电、通路、通信、排水和场地平整;"七通一平"主要是指通水、通电、通路、通信、排水、热力、燃气和场地平整。

(二) 规划核准

1. 办理规划意见书

根据《城市规划编制办法》，城市人民政府应当负责所在城市总体规划和城市分区规划的编制工作；城市建设部门或规划部门依据已经批准的城市总体规划或者城市分区规划编制控制性详细规划，确定建设地区的土地使用性质、使用强度等控制指标、道路和工程管线控制性位置以及空间环境控制的规划，是建设主管部门或规划部门作出建设项目规划许可的依据。土地一级开发主体应当按照要求向建设主管部门或城市规划部门申请办理规划意见书。

根据北京市规划委的规定，土地开发申请核发《建设项目规划条件（土地储备前期整理）》需要提交如下资料：①《建设项目规划许可及其他事项申请表》及《建设项目法人授权委托书》；②市国土主管部门明确的由申报主体承担土地储备任务的授权批准文件及区县政府授权文件明确的作为土地储备项目的主体单位授权批准文件；③土地储备机构关于开展土地储备工作的说明；④用铅笔标绘拟开展土地储备前期整理用地范围的地形图；⑤其他法律、法规、规章规定的相关要求。

2. 项目核准

土地一级开发主体取得规划意见书后，委托测绘单位对规划用地进行测绘钉桩，并按照建设用地钉桩成果及绘制要求绘制出地形图。土地一级开发主体需要向发改委申请项目核准手续，并征求建设、交通、园林、文物、环保及市政等相关部门的意见。

(1) 测绘院委托钉桩

钉桩即固定规划用地区域的四角位置，需要在规划意见书办理之后，委托测绘院确定桩点，并由执法大队实施。土地一级开发主体按照建设用地钉桩成果及绘制要求绘制出地形图。

(2) 项目核准

土地一级开发主体需要将土地一级开发项目报市发改委核准批复，批复内容主要包括建设地点（具体为四至范围）、规划用地（规划总用地面积，包括建设用地面积、代征道路用地面积、代征公共绿地面积等规划用地指标）、建设规模及内容（建筑规模，住宅、商业及公共服务设施等建设内容）。

发改委在对土地一级开发项目批复核准的同时，需要征求相关部门的意见，比如住建委的建设意见、交通委的交评意见、园林局的古树园林处理意见、文物局的文物保护意见、环保局的环评意见、市政部门的接用意见。

(三) 农用地征收或转用

1. 签订征地补偿协议

根据《北京市建设征地补偿安置办法》规定，征地单位与被征地农村集体经济组织或村民委员会签订征地补偿安置协议，协议内容包括补偿方式、补偿金额及支付方式、安置人员数量及安置方式、青苗及土地附着物补偿、违约责任和纠纷处理方式等内容。被征地农村集体经济组织或村民委员会在签订协议前应当就协议主要内容经村民大会民主程序形成书面决议，并应于协议签订后向村民公示征地补偿安置协议。

2. 农用地转为建设用地/征收集体土地批准

(1) 用地申请条件

农用地转为建设用地：根据北京市国土资源局规定，办理农用地转为建设用地申请需要符合如下条件：①农用地转用实施主体与有关批准文件一致；②符合土地利用总体规划；③已列入年度土地利用计划中确定的农用地转用指标；④符合城市规划和村庄集镇规划；⑤涉及占用耕地的，应先落实补充耕地或缴纳耕地开垦费。

征收集体土地批准：根据北京市国土资源局规定，办理征收集体土地批准需要符合如下条件：①征地实施主体与有关批准文件一致；②符合土地利用总体规划；③征收农用地已列入年度土地利用计划中确定的农用地转用指标；④已经调整城市规划和村庄集镇规划；⑤征地补偿标准符合本市有关规定；⑥征收耕地的，应先落实补充耕地或缴纳耕地开垦费。

(2) 申请材料

农用地转为建设用地和征收集体土地批准均需要提供的申请材料：①区县人民政府上报市政府的建设用地请示；②加盖区县国土分局公章的建设项目拟

征/转用地的《土地权属地类情况汇总表》；③项目审批、核准或备案文件，建设项目在国家发展改革委或国家部委、解放军四总部立项的，还需要提交建设主管部门的《建设项目征地计划通知书》；④规划部门核发的规划批准文件及附图；⑤建设用地勘测定界技术报告书和勘测定界图；⑥补充耕地方案或补充耕地审核意见及附件（不占耕地的免交）；林业主管部门同意使用林地的意见（不占林地的免交）；⑦《地质灾害危险性评估报告备案登记表》（建设项目用地预审意见不要求做的免交）、《建设项目不压覆重要矿产资源核查意见》或《建设项目压覆重要矿产资源核查意见》（建设项目用地预审意见不要求做的免交）；⑧拟用/征地的土地利用现状图、拟征地的土地利用总体规划局部图；调整土地利用总体规划的，提交规划局部调整方案及附图；⑨《土地权属审查告知书》；⑩申请人身份证明材料。

农用地转为建设用地还需要另外提供如下材料：①区县人民政府填报的《建设用地项目呈报说明书》《农用地转用方案》《补充耕地方案》；②补偿协议（使用自用地免交）；③村民大会议决议或村民代表大会决议（国有农用地免交）；④规划部门出具用地钉桩成果。

征收集体土地批准还需要另外提供如下材料：①区县人民政府填报的《建设用地项目呈报说明书》《农用地转用方案》《补充耕地方案》《征收土地方案》《供地方案》；②征地情况调查表；③征地补偿安置协议；④村民大会议决议或村民代表大会决议；⑤征地公示材料；⑥被征地单位、区县国土分局关于征地公示情况的证明；⑦征地听证记录（放弃听证的免交）；⑧规划部门出具的用地钉桩成果及用地钉桩通知单。

报国务院审批的，农用地转为建设用地和征收集体土地批准均需要另外提供如下申请材料：①项目是否符合国家产业政策等情况的说明；②占用基本农田需要修改土地利用总体规划的听证会会议纪要、专家论证意见；③建设项目对规划实施影响评估报告；④补划基本农田位置图（不涉及占用基本农田的免交）；⑤项目动工情况说明；⑥公路建设项目用地审查表（非公路项目免交）；⑦市人力社保部门关于社保方案的批准文件；⑧建设项目总平面图或线形工程平面图；⑨项目初步设计的批复。

(3) 征地公示

根据北京市国土资源局规定，各区县分局在建设项目签订征地补偿安置协议后,将征地补偿安置协议主要内容在被征地村予以公示。被征地村民提出听证申请的,应当依法举行听证,并将听证纪要随征地材料上报;征地公示期满后,由分局依法草拟建设项目农用地转用方案、补充耕地方案、征用土地方案和供地方案,经区县政府审核同意后,报市国土局审核(一书四案:征地补偿安置协议书、农用地转用方案、补充耕地方案、征用土地方案和供地方案)。

(4) 征地结案

根据北京市国土资源局规定,征地已经国务院或北京市政府批准并已公告,且征地补偿款已经到位时,一级开发主体可以提交如下资料申请征地结案:①办理国家建设用地征用结案申请表;②国务院或北京市人民政府用地批准文件;③征地补偿安置协议;④村委会及乡政府出具的国家建设征用土地结案证明;⑤国家建设征地土地结案表;⑥征地补偿款交款凭证。

3. 《建设用地批准书》

根据北京市国土资源局规定,《建设用地批准书》由北京市国土资源局各区县分局实施,具体申请材料包括:①申请人主体资格证明文件、法定代表人身份证明书及授权委托书和受托人身份证;②划拨决定书或土地有偿使用合同;③工程进度计划;④标注用地位置的1:2000的地形图。

4. 房屋拆迁及补偿

根据《国有土地上房屋征收与补偿条例》,房屋征收决定由市县级政府作出,具体可以征收的情形包括:①国防和外交需要;②由政府组织实施的能源、交通、水利等基础设施建设的需要;③由政府组织实施的科技、教育、文化、卫生、体育、环境和资源保护、防灾减灾、文物保护、社会福利、市政公用等公共事业需要;④由政府组织实施的保障性安居工程建设需要;⑤由政府依照城乡规划法有关规定组织实施的对危房集中、基础设施落后等地段进行旧城区改建的需要;⑥法律、行政法规规定的其他公共利益需要。

房屋征收部门需要拟订征收补偿方案,并报市县级政府;市县级政府组织有关部门对征收补偿方案进行论证并予以公布以征求公众意见,并将征求意见情况和根据公众意见修改情况及时公布。因旧城改建需要征收房屋,多数被征收人认为征收补偿方案不符合条例规定的,市县级政府应组织被征收人和公众代表参加听证会,并根据听证会情况修改方案。

征收的补偿方式包括货币补偿和房屋产权调换，补偿范围包括：①被征收房屋价值的补偿；②因征收房屋造成的搬迁、临时安置的补偿；③因征收房屋造成的停产停业损失补偿。县市级政府还应当制定补助和奖励办法，对被征收人给予补助和奖励。实施房屋征收按照先补偿后搬迁的原则进行，禁止建设单位参与搬迁活动，禁止采用暴力、威胁或者违反规定中断供水、供热、供气、供电和道路通行等非法方式迫使被征收人搬迁。

（四）验收结案与入市交易

1. 验收结案

土地一级开发完成后，应由国土资源部门组织有关部门对土地一级开发工作进行验收。根据北京市土地储备中心关于土地一级开发主体应当编制的《土地一级开发结案报告》，土地一级开发验收结案应当审验如下内容：

（1）项目基本情况：项目基本情况包括项目名称、项目坐落、项目开发主体、实施方案和委托协议编号、批复方式（初始批复时间和批复文件编号）、批复项目四至及土地面积、分期审验情况。

（2）结案文件审核内容：①征地核验文件：与集体经济组织签署的征地协议、征地批复、征地结案表、村委会出具的关于征地补偿和回迁房建设到位的证明；②拆迁核验文件：拆迁许可证、拆迁结案表、规划意见书和订桩坐标成果报告、开发单位出具的对拆迁遗留问题补偿的保证书；③市政核验文件：开发单位出具的市政建设承诺书、未实施市政建设的提供市政咨询方案和市政综合方案、已实施市政建设的提供市政验收文件和市政竣工图纸。

（3）现场审验内容：①规划红线内拆迁、拆除遗留及土地平整情况（边界不清时需要测绘单位现场指界）；②现状地上地下物其他情况（如树木、管线、杂土、排水渠、电缆沟等）；③市政条件情况，要求现场检验各项市政接口位置，与实施方案承诺条件对比核实；④回迁房建设情况、入住情况，与实施方案承诺的条件对比核实；⑤其他情况。

（4）开发成本审验：①成本审计：需要审验一级开发成本报告和审计报告；②实际征地拆迁补偿指标明细和大市政费用明细；③一级开发投资总额和投资回报：投资总额包括前期费用、征地补偿费、拆迁补偿费、市政基础设施建设费、非经营性配套设施建设费、财务费用。

2. 入市交易

根据北京市国土资源局规定，国有土地使用权入市交易需要按照如下程序办理：

（1）申请、批转、核验与联席会审议：原土地使用权人或土地一级开发单位持有关材料向国土局提交申请，并由市国土局土地市场处初审后批转市土地整理储备中心；市土地整理储备中心对原土地使用权人或土地一级开发单位递交的材料进行核验，并由市国土局会同市规划委、发改委、建委、交通委、绿总指、园林局、文物局、环保局、规划院等单位联合对入市交易土地的规划、建设、交通、文物、环保等方面进行联合审议。

（2）规划条件申领、市政方案咨询、土地评估及低价审核：是土地整理储备中心根据联席会审议结果向市规划委申请规划条件；原土地使用权人或土地一级开发单位根据规划意见书完成市政方案咨询和土地评估；市国土局会同市价格管理部门对入市交易土地进行底价审核。

（3）方案编制与报批、签订入市交易协议：市土地整理储备中心根据规划、底价审核等编制招拍挂出让方案以及交易文件，并交易方案报市国土局土地市场处审核后，报局长审批；同意入市交易的土地，由原土地使用权或土地一级开发单位与市土地整理储备中心签订土地入市交易协议。

（4）入市交易：市土地整理储备中心发布交易公告并组织招标、拍卖或挂牌交易，竞得人取得由市国土局核发的成交确认书；竞得人持成交确认书在规定期限内与市国土局签订出让合同并与原土地使用权人或土地一级开发单位签订补偿协议，竞得人按照出让合同及补偿协议规定向市国土局及原土地使用权人或土地一级开发单位支付相关款项。

【司法实务】土地使用权出让转让相关问题

《关于审理涉及国有土地使用权合同纠纷案件适用法律问题的解释》（法释〔2005〕5号）：

（1）土地使用权出让合同的出让方应为市县人民政府土地管理部门，开发区管理委员会作为出让方与受让方订立的土地使用权出让合同，应当认定无效。

（2）土地使用权人未经有批准权的人民政府批复，与受让方订立合同转让划拨土地使用权的，应当认定合同无效。但起诉前经有批准权的人民政府批准办理土地使用权出让手续的，应当认定合同有效。

三、房屋工程开发基本流程

(一)房屋工程开发基本流程概述

房地产开发流程包括三个基本方面:用地手续、勘察设计和规划建设。

1. 用地手续:即为房地产开发企业通过招拍挂等方式取得国有土地使用权,并按照规定缴纳土地使用权出让金及相关税费;

2. 勘察设计:即为对建设项目进行地质勘探、初步设计、出单体报建图及各专业施工图、竣工图等,并通过相关主管部门对各项设计图纸进行审查;

3. 规划建设:即向相关主管申办建设项目备案、用地规划、工程规划、施工许可及项目施工、竣工验收等。

(二)建设用地使用权取得阶段

房地产开发企业通过招拍挂等方式取得建设用地使用权,需要办理建设用地使用权出让手续和土地补偿费手续两个方面。

1. 房地产开发企业参与建设用地使用权竞买时,需要缴纳一定金额的保证金,竞买成功后取得成交确认书或中标通知书,然后与土地出让部门签署《国有土地使用权出让合同》①,房地产开发企业需要按照《国有土地使用权出让合同》约定按期缴纳土地出让价款和税费。

2. 如果竞买的建设用地使用权涉及需要房地产开发企业支付拆迁补偿费用的,房地产开发企业应与建设用地使用权出让单位签署相关补偿协议,并支付拆迁补偿费用。

(三)立项备案阶段

房地产开发企业应当向所属地区的发改委提交备案登记申请表和规划意见书,申请取得固定资产投资项目备案证或立项备案批复。我国对固定资产项目投资采用备案制和核准制两种方式,目前房地产开发投资实行备案制。

---

① 根据《城乡规划法》的规定,《国有土地使用权出让合同》必须包括出让地块的位置、使用性质及开发强度等规划条件。

(四) 建设用地规划许可证办理阶段

1. 建设用地规划许可证办理材料

根据北京市规划委员会的规定，依法取得国有土地使用权的建设项目，建设单位可以提交如下材料申请建设用地规划许可证：①建设单位出具的申报委托书；②《建设项目规划许可及其他事项申报表》；③规划部门及相关部门的批准文件[①]；④《建设用地钉桩测量成果报告书》（含《建设用地钉桩通知书》和《钉桩坐标成果通知书》）；⑤测绘部门按建设用地钉桩成果及绘图要求绘制的1/500或1/2000地形图；⑥法律、法规、规章规定要求的其他相关材料。

2. 地质勘探与初步设计

房地产开发企业需要对建设用地进行地质勘探，并取得地质勘探报告。房地产开发企业通过招投标确定设计单位，由设计单位对建设项目进行初步设计，并报城市规划部门出具设计方案审查意见。

初步设计阶段实行并联审批，城市规划部门为主办部门，人防、园林、消防、交通、教育、市政等为协办部门；城市规划部门先预审通过，在取得各协办部门的审查合格意见后，再出具初步审计审查意见。房地产开发企业完成初步设计工作，需要出单体报建图。

(五) 建设工程规划许可证办理阶段

1. 并联审批程序

《建设工程规划许可证》是建设单位办理《建设工程施工许可证》、进行规划验线及验收、商品房预售/销售及产权登记的必须要件。城市规划部门在收到建设单位提交的办理《建设工程规划许可证》的申请时，应当向人防、园林、消防、交通、教育等主管部门发放并联审批办理通知；城市规划部门收到并联

[①] 规划部门及相关部门的批准文件：
(1) 申请以划拨方式取得国有土地使用权的，提交《选址意见书》附件及附图，建设项目批准、核准、备案文件。
(2) 通过土地市场以招、拍、挂方式取得国有土地使用权的，提交《建设项目规划条件（土地储备供应）》及附图，提交《北京市国有土地使用权挂牌出让成交确认书》及《北京市国有土地使用权出让合同》，建设项目批准、核准、备案文件。
(3) 申请进行土地储备前期整理的，提交《建设项目规划条件（土地储备前期整理）》和土地储备授权批准文件。

审批部门的审核意见书后,应在规定时限内完成现场放验线,并核发《建设工程规划许可证》。

2. 建设工程规划许可证办理材料

根据北京市规划委员会的规定,建设工程规划许可证申请的条件是依法拥有国有土地使用权的建设单位,申请需要提交的资料:①建设单位出具的申报委托书;②《建设项目规划许可及其他事项申报表》;③建设项目批准、核准、备案文件或者相关文件;④前期规划管理文件①;⑤前期规划管理文件注明申报建设工程规划许可证时需要提交的相关文件;⑥使用国有土地的有关证明文件;⑦具有资质的设计单位按照前期规划管理文件要求绘制的建设工程施工图中的主要部分②1套,另再附相同设计总平面图5份;⑧其他法律、法规、规章规定要求提供的相关材料。

(六) 建设工程施工许可证办理阶段

1. 施工图审查

(1) 施工图内容

房地产开发企业出单体报建图后,需要出各专业的施工图,然后报送施工图审查。建设项目施工图是建设工程总体布局和建筑物的外部形状、内部布置、结构构造、内外装修、材料设备等施工要求图样,是建设工程施工的主要依据。建设项目施工图包括建筑施工图、结构施工图、设备施工图等各专业图纸,其中建筑施工图主要包括图纸目录及门窗表、建筑设计总说明、建筑平面图、建筑立面图、建筑剖面图、节点大样图及门窗大样图、楼梯大样图。

(2) 施工图审查

施工图需要报送建设主管部门认定的施工图审查机构进行审查,未经审查合格的施工图不得使用。根据住房与城乡建设部《房屋建筑和市政工程设施工程施工图设计文件审查管理办法》,建设单位向审查机构提交审查的资料包括:作为勘察设计依据的政府有关部门的批准文件及附件、全套施工图、其他应当

---

① 前期规划管理文件包括:选址意见书或规划条件,建设工程设计方案,重大城乡基础设施项目应当提交经过审查的建设工程扩大初步设计方案,需要建设单位编制修建性详细规划的建设项目,还需要提交修建性详细规划。

② 施工图纸的主要部分包括:图纸目录、无障碍设施设计说明、设计总平面图、各层平面图、剖面图、各向立面图、各主要部位平面图、基础平面图、基础剖面图。

提交的材料。

审查机构的审查内容包括：①是否符合工程建设强制性标准；②地基基础和主体结构的安全性；③是否符合民用建筑节能强制性标准，对执行绿色建筑标准的项目，还应当审查是否符合绿色建筑标准；④勘察设计企业和注册执行人员以及相关人员是否按规定在施工图上加盖相应的图章和签字；⑤法律、法规、规章规定必须审查的其他内容。

2. 向市计委、建委和开发办办理年度施工计划，并在建委办理招投标备案

(1) 年度施工计划

根据北京市《关于加强实施许可管理有关工作的通知》及《关于实施京建法〔2012〕14号文件有关问题的说明》规定，在北京市区域内的房屋建筑及市政基础设施工程在申报施工许可时应提交施工计划通知书和年度投资计划。

(2) 招投标备案

建设单位进行房屋建筑工程建筑施工招标时，应当按照规定向北京市住房和城乡建设委员会进行备案。备案申报材料包括：《招标文件备案表》、招标文件、施工图设计文件已通过审查的证明材料。

3. 办理建筑工程施工许可证

(1) 申领条件

根据《北京市建筑工程施工许可办法》规定，建设单位需要具备如下条件方可申领建筑工程施工许可证：①已经办理该建筑工程用地批准手续并取得土地使用权；②取得建设工程规划许可证；③需要拆迁的，其拆迁进度符合施工要求；需要挖掘道路的，已经征得道路主管部门同意；影响交通安全的，已经征得公安机关交通管理部门的同意；④已经确定建筑施工企业，并签订施工承包合同；⑤有满足施工需要的施工图纸及技术资料，施工图设计文件已按规定进行了审查，依法建设的人防工程的施工图符合有关法律规定；⑥有保证工程质量和安全的具体措施，并按规定办理了工程质量监督手续；⑦建设资金已经落实，建设工期不足1年的，到位资金不得少于工程合同价款的50%；建设工期超过1年的，到位资金不得少于工程合同价款的30%；⑧法律、行政法规规定的其他条件。

(2) 申领材料

申领建筑工程施工许可证需要提交如下材料：①建筑工程施工许可申请表；建设工程规划许可证正本、附件、附图；②用地批准手续（国有土地使用证或

有关批准文件）；③建筑工程施工图设计文件审查合格书；④招投标管理部门出具的施工合同备案表；招投标管理部门出具的监理合同备案表；⑤建筑施工企业安全生产管理人员安全生产考核合格证书（B本、C本）及《地上、地下管线及建筑物资料移交单（表AQ-A-2）》；⑥建设单位提供开户行的具体资金证明；⑦人防施工图备案回执；⑧法人委托书；⑨年度投资计划；⑩《建设工程消防设计审核意见书》或建设单位相应的书面承诺；⑪园林绿化部门办理的相应行政许可文件或建设单位相应的书面承诺。

（七）预售许可证办理阶段

1. 放线、规划验线、开工建设

放线：建设单位取得《建筑工程施工许可证》后，在建筑工程开工后需要进行施工放线：首先由城市规划部门下属的测量队和施工单位的测量人员，根据建筑规划定位图对建筑工程进行定位，并在施工现场形成首次定位桩；建筑物定位桩设定后，由施工单位的专业测量人员、施工现场负责人及监理单位对基础工程进行放线及测量复核，根据首次定位桩及建筑物底层施工平面图进行放线，设置所有建筑轴线的定位桩；施工现场的测量员及施工员根据定位的轴线放出的基础边线进行基础开挖，接下来就是在基础工程施工出正负零后的主体工程施工及放线工作。

验线：验线可分为灰线验线和施工±0验线，需要向城市规划部门申请验线。灰线验线主要是检验施工放线是否符合建设工程规划许可证要求，一般要求建设用地范围内应该拆除的建筑物已经拆除完毕，完成施工场地的清理平整并实施放线，地面应留有固定的放线标志。施工±0验线是检验工程施工至±0时，各单体建筑外围轴线位置及±0标高，主要受益查验建设工程基础是否按照灰线检验的要求进行施工。

2. 预售许可证的办理

（1）申领条件

根据《北京市城市房地产转让管理办法》，建设单位符合如下条件时方可申领商品房预售许可证：①已交付全部土地使用权出让金并取得国有土地使用权证，属于预售经济适用房的，应当取得建设用地批准书；②取得建设工程规划许可证和施工许可证；③按提供预售的商品房计算，投入开发的建设资金达到工程建设总投资的25%以上；④已经确定竣工日期，且满足市房地产行政主管部门公布的预售最长期限。

（2）申领材料

建设单位申请预售许可证的，应当提供如下资料：①商品房预售许可申请表；②建设单位营业执照副本和资质证书；③已交付全部土地使用权出让金证明、国有土地使用权证、出让合同；④建设工程规划许可证和建筑工程施工许可证；⑤开户银行出具的投入开发建设的资金达到工程建设总投资的25%以上的证明；⑥招投标管理部门出具的工程施工合同备案表和经施工单位确认的施工进度计划；⑦属于绿化隔离带地区的项目，提交市绿化管理部门认可机构出具的确认商品房范围的证明文件；⑧已将土地使用权或土地使用权连同在建工程设定抵押的，提交抵押权人同意抵押房屋预售的证明；⑨商品房预售方案：房屋预售测绘成果备案表、房地产开发项目手册、销售机构和销售人员情况表、规划管理部门出具的建筑物名称批准文件、《临时管理规约》和《前期物业服务合同》、项目建设方案及建设方案备案登记表。

3. 工地服务、设计洽商、竣工图绘制

在建设工程竣工的时候，施工单位需要根据施工实际情况绘制出竣工图，以便于建设单位和房屋使用者清晰了解建设工程的管道和设备的实际安装情况。竣工图可以在施工图的基础上进行绘制，也可以重新绘制。

（八）竣工结案阶段

1. 竣工验收备案

（1）竣工验收条件

根据《建设工程质量管理条例》，建设单位收到建设工程竣工报告后，应当组织设计、施工、工程监理等有关单位进行竣工验收。工程竣工验收应当符合下列条件：①完成建设工程设计和合同约定的各项内容；②有完整的技术档案和施工管理资料；③有工程使用的主要建筑材料、建筑构配件和设备的进场试验报告；④有勘察、设计、施工、工程监理等单位分别签署的质量合格文件；⑤有施工单位签署的工程保修书。建设工程验收合格的，方可交付使用。

（2）竣工验收材料

《房屋建筑工程和市政基础设施工程竣工验收备案管理暂行办法》规定建

设单位办理工程竣工验收备案应当提交的文件包括：①工程竣工验收备案表；②工程竣工验收报告：包括工程报建日期，施工许可证号，施工图设计文件审查意见，勘察、设计、施工、工程监理等单位分别签署的质量合格文件及验收人员签署的竣工验收原始文件，市政基础设施的有关质量检测和功能性试验资料以及备案机关认为需要提供的有关资料；③法律、行政法规规定应当由规划、环保等部门出具的认可文件或准许使用文件；④法律规定应当由公安消防部门出具的对大型的人员密集场所和其他特殊建设工程验收合格的证明文件；⑤施工单位签署的工程质量保修书；⑥住宅工程应提交《住宅质量保证书》和《住宅使用说明书》。

2. 房屋所有权初始登记（办理大产权证）

建设项目竣工验收后，房地产开发需要办理房屋所有权的初始登记，也即办理大产权证。根据《房屋登记办法》规定，初始登记需要提交如下材料：①登记申请书；②申请人身份证明；③建设用地使用权证明；④建设工程符合规划的证明；⑤房屋已竣工的证明；⑥房屋测绘报告；⑦其他必要材料。

房地产开发企业在初始登记申请时，应当对建筑区划内依法属于全体业主共有的公共场所、公用设施和物业服务用房等一并予以申请登记，由房屋登记机构在房屋登记簿上予以记载，不颁发房屋权属证书。

3. 房屋所有权转移登记（分割小产权证）

房地产开发企业将房屋交付业主后，需要配合业主办理房屋所有权转移登记，也即分割小产权证。根据《房屋登记办法》，申请房屋所有权转移登记提供的材料包括：①登记申请书，②申请人身份证明，③房屋所有权证书或房地产权证书，④证明房屋所有权发生转移的材料，⑤其他必要材料。

在办理房屋所有权转移登记时，业主需要缴纳一定金额的契税。根据财政部、国家税务总局、住房与城乡建设部《关于调整房地产交易环节契税个人所得税优惠政策的通知》，对于个人购买普通住房，且该住房属于家庭成员（购房人、配偶及未成年子女）唯一住房的，减半征收契税；对于个人购买90平方米及以下的普通住房，且该住房属于家庭唯一住房的，按1%税率征收契税。目前，对于个人购买住房暂免征收印花税。

第三节 房地产开发可行性分析

一、规划技术指标

(一) 规划技术指标分析

下表为房地产开发项目主要规划技术指标示例,主要包括总用地面积、总建筑面积、容积率、绿地率、建筑密度,其中总建筑面积包括住宅建筑面积、商业建筑面积、车库(车位)及公建配套设施。信托公司从事房地产信托业务时,分析规划技术指标主要在于①了解用款项目的总体建筑规划情况及是否符合相关主管部门的规划要求,②根据规划技术指标测算项目投资总成本的合理性,③根据规划技术指标测算未来销售收入及经济效益情况,④根据规划技术指标掌握项目的开发进度。

规划技术指标表			面积(平方米)
项目			面积(平方米)
总用地面积(m^2)			
总建筑面积(m^2)			
计容面积(m^2)			
其中	住宅总建筑面积(m^2)		
	商业总建筑面积(m^2)		
	配套设施		
	其中	幼儿园建筑面积	
		居委会	
		物业管理	
		公共配电所	
		开闭所	
		消防控制室	
		公共卫生间	

续表

容积率	
绿地率%	
建筑密度%	
停车位	
地下车库面积	

（二）主要指标要素说明

1. 容积率：容积率是指地上总建筑面积与总建设用地面积的比例（总建筑面积/总建设用地面积），其中地下经营性面积不纳入计算容积率的建筑面积。对于房地产开发企业来说，容积率的大小直接关系到土地价款占总成本的比例；对于业主来说，容积率的大小直接影响到居住的舒适度。具体计算规则可以参考北京市规划委发布的《容积率指标计算规则》。

2. 建筑面积：建筑面积是指建筑物各层水平平面面积的总和，亦即建筑物外墙勒脚以上各层水平投影面积的总和。建筑面积的具体计算规则可参见《建筑面积计算规则》和《商品房销售面积计算及公用建筑面积分摊规则》。

3. 建筑密度：建筑密度是指建筑物基底总面积与规划建设用地面积之比（建筑物基底总面积/规划建设用地面积）。

4. 计容面积：计容面积即计算容积率的建筑面积，是规划容积率与建设用地面积的积（规划容积率×建设用地面积）。计容面积具体为：地上建筑面积－不计容积率的建筑面积＋特殊多倍计容积率的面积。

5. 绿地率：绿地率是指规划范围内绿地面积与建设用地面积的比例（绿地率/建设用地面积）。

二、成本收入指标

（一）项目总投资概算

房地产开发项目总投资概算包括土地费用、前期费用、建筑安装工程费用、基础设施与公共配套费用、其他间接费用，其中占主要比例的为土地费用和建筑安装工程费用。房地产开发项目融资金额具体可根据如下公式测算：总投资概算－资本金－预售款再投入金额。信托公司应该注意核实开发项目的资本金到位情况，并根据资本金到位情况配比提供融资金额。信托公司向房地产开发项目发放信托贷款，开发项目应当符合"四三二"的要求，其中就对资本金投入比例作了硬性规定。

国家对于固定资产投资实行资本金制度，根据《国务院关于调整固定资产投资项目资本金比例的通知》（国发〔2009〕27号），保障性住房和普通商品住房项目的最低资本金比例为20%，其他房地产开发项目的最低资本金比例为30%。在房地产投融资实务中，如何计算项目资本金是个难点，笔者认为可以按照如下方法计算项目资本金：（1）仅开发一个项目的房地产项目公司：资本金比例=（经审计所有者权益－扣除项）/项目总投资；（2）开发多个项目的房地产项目公司：资本金比例=（经审计所有者权益－扣除项）/所有在开发项目总投资合计额。

总投资概算表

明细项目	应付金额（元）
一、土地费用	
1. 土地出让金	
2. 拆迁补偿费	
3. 土地使用税	
4. 契税	
5. 其他（代理费）	
二、前期费用	
1. 规划、设计费	
2. 水文、地质勘探费	
3. 测绘费	
4. 三通一平费用	
5. 水电增容费	
6. 可行性研究费	
7. 小区规划费	
8. 招投标费用	
9. 预、决算编审费	
10. 检测、测试费	
11. 其他	
三、建筑安装工程费	
1. 结构工程	
2. 桩基工程	
3. 装饰工程	

续表

明细项目	应付金额（元）
4. 智能工程	
5. 设备费用	
6. 直饮水	
7. 园林绿化	
8. 幕墙	
9. 监理费	
10. 泛光照明	
11. 其他	
12. 售楼处、样板间装修	
13. 地下车库装修	
四、基础设施及配套费	
1. 道路工程	
2. 供水电气工程	
3. 排污工程	
4. 通讯、照明工程	
5. 园林景观绿化	
6. 消防工程	
7. 小区智能	
8. 其他	
五、公共配套设施费	
其他	
六、间接费用	
1. 利息支出	
2. 开发间接费	
合计	

（二）开发主体成本

1. 土地成本

土地成本包括土地出让金、土地征收及拆迁安置补偿费、土地使用税和契税，土地出让金和土地征收及拆迁安置补偿费的具体金额分别在国有土地使用权出让合同和征收及拆迁安置协议中有明确的约定，土地使用税和契税分别依据《城镇土地使用税暂行条例》及《契税暂行条例》的标准缴纳。

各地政府一般会颁发城市基准地价，准备出让的地块根据影响土地金的因素对土地出让金价款进行修正调整。影响土地出让金的因素包括土地使用权年限、地段、规划用途、建筑容积率、周边环境状况及土地现状等。土地出让金价款的招拍挂底价的估算也可以参考政府同时期出让的类似地块的出让成交价款。

2. 前期工程成本

前期工程成本主要包括开发项目的前期规划设计、勘探、可行性研究以及"三通一平"土地整理等成本。根据房地产开发实践中，规划设计费一般占建筑安装工程成本的3%左右，可行性研究费用一般占总投资成本的0.1%至0.3%，勘探和土地整理费用需要结合工程量和相应的计费标准进行计算。

3. 基础设施建设成本

基础设施建设是指在建筑物2米以外和开发项目规划红线以内的各种管线、道路等工程建设。基础设施建设费用主要包括供水电气、道路及绿化、排污、排洪、电信、环卫等各项目设施建设费用以及与市政设施干线管道的接口费。

4. 建筑安装工程成本

建筑安装工程成本主要包括主体结构建筑及特殊装修工程等建筑工程费、设备及安装工程费、室内装修工程费，其中设备及安装费用包括给排水、电气照明、电梯、煤气管道、消防防雷、弱电等费用。下表是全国住宅类建安成本走势图和各省会城市住宅类建安工程造价指标。

（1）全国住宅建安成本走势图[①]

---

① 中国建设工程造价信息网：http://www.cecn.gov.cn/CecnReport/PlusReport.aspx。

（2）2017年上半年省会城市住宅建安工程造价指标（单位：元/平方米）①

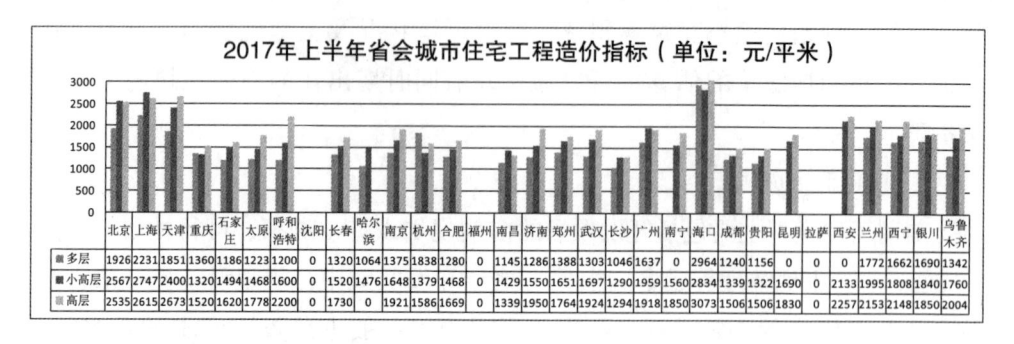

	北京	上海	天津	重庆	石家庄	太原	呼和浩特	沈阳	长春	哈尔滨	南京	杭州	合肥	福州	南昌	济南	郑州	武汉	长沙	广州	南宁	海口	成都	贵阳	昆明	拉萨	西安	兰州	西宁	银川	乌鲁木齐
多层	1926	2231	1851	1360	1186	1223	1200	0	1320	1064	1375	1838	1280	0	1145	1286	1388	1303	1046	1637	0	2964	1240	1156	0	0	1772	1662	1690	1342
小高层	2567	2747	2400	1320	1494	1468	1600	0	1520	1476	1648	1379	1468	0	1429	1550	1651	1697	1290	1959	1560	2834	1339	1322	1690	0	2133	1995	1808	1840	1760
高层	2535	2615	2673	1520	1620	1778	2200	0	1730	0	1921	1586	1669	0	1339	1950	1764	1924	1294	1918	1850	3073	1506	1506	1830	0	2257	2153	2148	1850	2004

5. 公共设施配套建设成本

公共设施配套建设成本包括居委会、派出所、托儿所和幼儿园、公共厕所、停车场等，主要是为小区居民提供配套服务的各种非营业性公共配套设施的建设费用。

（三）房地产开发税费

1. 间接费用

房地产开发的间接费用包括管理费用、销售费用和财务费用。

（1）管理费用：管理费用主要是房地产开发企业为组织和管理房地产开发设施而发生的相关费用，如管理人员的薪酬及福利费用、业务招待费、工会经费、房屋租金（房产税）和管理用房的土地使用税、诉讼审计费用等。

（2）销售费用：销售费用包括广告宣传及市场推广费、销售代理费及其他销售费用，房地产开发项目的销售费用一般占销售收入的比例为4%至6%。

（3）财务费用：房地产开发总投资的资金来源主要包括资本金、金融机构融资、销售收入三个部分，金融机构融资发生的借款或债券的利息支出、金融机构手续费等即构成房地产开发成本中的财务费用。

2. 相关税费

（1）土地使用税：土地使用税的纳税人为拥有城市、县城、建制镇、工矿区范围内土地使用权的单位和个人。土地使用税根据土地级差的不同，采用有幅度的差别税额，具体标准如下：大城市1.5元至30元/平方米/年；中等城市

---

① 中国建设工程造价信息网：http：//www.cecn.gov.cn/NewViewArea.asp？id=3998。

1.2元至24元/平方米/年；县城、建制镇及工矿区0.6元至12元/平方米/年；经济落后地区的适用税额标准可以经省级政府批准，在上述最低税额的基础上下浮30%；经济发达地区的适用税额标准的提高需要报经财政部批准。

（2）契税：房地产开发企业通过招拍挂方式取得出让国有土地使用权，或者通过转让方式取得土地使用权，均需要按照3%至5%的税率缴纳契税，具体的计税依据为国有土地使用权出让成交价款或土地使用权出售成交价款。

根据《国家税务总局关于改变国有土地使用权出让方式征收契税的批复》（国税函〔2008〕662号），对纳税人因改变土地用途而签订土地使用权出让合同变更协议或者重新签订土地使用权出让合同的，应征收契税。计税依据为因改变土地用途应补缴的土地收益金及应补缴政府的其他费用。

（3）土地增值税：土地增值税是基于纳税义务人转让国有土地使用权、地上建筑物及其附着物所取得的增值额而征收的税种，其中需要提示注意的是土地增值税仅针对"转让国有土地使用权"的行为，而非"出让国有土地使用权"的行为。具体计算方式如下：

应纳土地增值税＝增值额×税率。其中增值额为纳税人转让房地产所取得的收入减去扣除项目后的余额。扣除项目具体包括：①取得土地使用权所支付的金额；②开发土地的成本、费用；③新建房及配套设施的成本、费用，或者旧房及建筑物的评估价格；④与转让房地产有关的税金及财政部规定的其他扣除项目。

土地增值税采用四级超率累进税率，具体税率如下：①增值额未超过扣除项目金额50%的部分，税率为30%；②增值额超过扣除项目金额50%、未超过扣除项目金额100%的部分，税率为40%；③增值额超过扣除项目金额100%、未超过扣除项目金额200%的部分，税率为50%；④增值额超过扣除项目金额200%的部分，税率为60%。对于纳税人建造的普通标准住宅，且增值额未超过扣除项目金额的20%的及因国家建设需要依法征用收回的房地产免征土地增值税。

（4）营业税及附加（增值税）

营业税的征税范围为在中国境内提供应税劳务、转让无形资产以及销售不动产。房地产开发企业销售商品房及转让土地使用权等均需要缴纳营业税，转让无形资产及销售不动产的营业税率均为5%。转让无形资产中的土地使用权包括已完成土地前期开发或正在进行土地前期开发以及未进行前期开发的土地使用权；销售不动产包括有偿转让建筑物或构筑物所有权、销售其他土地附着物所有权，以转让有限产权或永久使用权方式销售建筑物、转让进入建筑物施工阶段的在建工程。

营业附加税，是指根据营业税额和相应税率计征的城市维护建设税和教育费附加，具体计算公式为营业税×税率。城市维护建设税率如下：市区7%、县城和镇5%、乡村1%；教育费附加的税率为3%。

根据《营业税改征增值税试点方案》（财税〔2011〕110号），对于交通运输业、建筑业、邮电通信业、现代服务业、文化体育业、销售不动产和转让无形资产，适用增值税一般计税方法；对于金融保险业和生活型服务业适用增值税简易计税方法。对于房地产开发企业所涉及的营业税改征增值税，则适用增值税一般计税方法。

（5）企业所得税

根据《企业所得税法》规定，房地产开发企业的所得税税率为25%，企业所得税是按照应纳税所得额和税率的乘积计算得出，其中应纳税所得额＝利润总额－允许税前扣除项。《国家税务总局关于房地产开发企业所得税预缴问题的通知》（国税函〔2008〕299号）对房地产开发企业所得税的预缴作出如下规定：

①房地产开发企业按当年实际利润据实分季（或月）预缴企业所得税的，对开发、建造的住宅、商业用房以及其他建筑物、附着物、配套设施等开发产品，在未完工前采取预售方式销售取得的预售收入，按照规定的预计利润率分季（或月）计算出预计利润额，计入利润总额预缴，开发产品完工、结算计税成本后按照实际利润再行调整。

②房地产开发企业对经济适用房项目的预售收入进行初始纳税申报时，必须附送有关部门批准经济适用房项目开发、销售的文件及其他相关证明材料。

③非经济适用房开发项目预计利润率根据项目所在地的不同分为不低于20%、不低于15%和不低于10%三个层级，符合标准的经济适用房开发项目的预计利润率不得低于3%。

三、现金流及敏感性分析

（一）现金流量平衡表

现金流量平衡表（表中为虚拟数据）

项目（万元）	总计	T年 上半年	T年 下半年	T+1年 上半年	T+1年 下半年	T+2年 上半年	T+2年 下半年	T+3年 上半年	T+3年 下半年	T+4年 上半年	T+4年 下半年	T+5年 上半年	T+5年 下半年
现金流入	203120	20900	4000	12000	17000	27000	15000	15000	15000	5000	20000	22220	
销售收入	152220	20900	4000	12000	17000	27000	15000	15000	15000	5000	20000	22220	
自筹资金	30900		10000										
对外融资	20000		20000										
现金流出	132208												
土地征用拆迁	31139	15900	15239										
建筑安装工程	34914			6000	6000	6000	6000	6000	4914				
前期工程费用	4681		1300	1000	1000	1381							
基础配套费	14644		200	200	244	3000	3000	3000	3000	2000			
销售费	18634		2434	1800	1800	1800	1800	1800	1800	1800	1800	1800	
管理费	950	90	90	90	90	90	90	90	90	90	90	50	
财务费	4000		1200	700	700	700							
其他费用	900		90	90	90	90	90	90	90	90	90	90	
税金	2346	346	200	200	200	200	200	200	200	200	200	200	
归还贷款	20000						20000						
现金净流额	70912	4564	13247	1920	6876	13739	-16880	3820	4906	820	17820	20080	
累计现金流量	70912	17811		19731	26607	40346	23466	27286	32192	33012	50832	70912	

注：可以根据上述现金流量平衡表对信托期限内房地产开发项目的现金流入与流出情况进行分析，一方面可以了解房地产开发项目是否存在资金缺口从而产生项目完工风险，另一方面可以以此预测开发项目的现金流能否覆盖信托资金本金及投资收益。如果信托期限内累计现金流量净额为负值，则会对信托资金的退出产生较大的压力。

（二）敏感性分析

房地产开发项目的敏感性分析，可以分别按照一定的比例下调销售价格或销售量，从而测算开发项目现金流量是否可以达到盈亏平衡。

1. 销售价格的敏感性分析

房型	数量	基准价格	价格下降5%	价格下降10%	价格下降15%
住宅	278300m²	4000 元/m²	3800 元/m²	3600 元/m²	3400 元/m²
商业	30000m²	12000 元/m²	11400 元/m²	10800 元/m²	10200 元/m²
车库	40000m²	1225 元/m²	1164 元/m²	1103 元/m²	1041 元/m²
销售收入		152220 万元	144609 万元	136998 万元	129387 万元

注：销售价格分别按照5%、10%、15%三种降幅测算总销售收入，可以从如下两个方面进行分析：

（1）可以结合项目总投资概算，根据销售价格下降幅度进行项目盈亏平衡分析。比如，该项目总投资概算为130000万元，则销售价格下降15%即是项目盈亏平衡点，如果销售价格下降幅度超过15%，则该项目将会出现亏损。

（2）可以结合现金流量平衡表，根据销售价格下降幅度预测对项目销售期内各个阶段现金净流量及累计现金流量的影响。如果销售价格下降的幅度导致累计现金流量出现负值，则会对信托资金的退出产生较大的压力。

2. 销售量的敏感性分析

	业态	T年	T+1年	T+2年	T+3年	T+4年	T+5年
销售量 （m²）	住宅	7319	53016	76811	54825	45641	40688
	商业	789	5715	8280	5910	4920	4386
	车库	1052	7620	11040	7880	6560	5848
销售额 （万元）		4000	29000	42000	30000	25000	22220

续表

	业态	T 年	T+1 年	T+2 年	T+3 年	T+4 年	T+5 年
销售量（m²）-5%	住宅	6953	50365	72970	52084	43359	38654
	商业	750	5429	7866	5615	4674	4167
	车库	999	7239	10488	7486	6232	5556
销售额（万元）		3800	27550	39900	2850	23750	21109
销售量（m²）-10%	住宅	6587	47714	69130	49343	41077	36619
	商业	710	5144	7452	5319	4428	3947
	车库	947	6858	9936	7092	4904	5263
销售额（万元）		3600	26100	37800	27000	22500	19998
销售量（m²）-15%	住宅	6221	45064	65289	46601	38795	34585
	商业	671	4858	7038	5024	4182	3728
	车库	894	6477	9384	6698	5576	4971
销售额（万元）		3400	24650	35700	25500	21250	18887

注：在进行业务风险评估时，需要对信托期限内开发项目的销售去化率进行预测。市场风险的不确定性决定了应当对销售去化率预测进行敏感性分析。上表是按照5%、10%、15%三种降幅对不同阶段的销售量进行调整，从而直接影响到各阶段销售现金流入金额。如果销售量下降的幅度导致累计现金流量出现负值，则会对信托资金的退出产生较大的压力。

第四节 房地产信托业务风险控制措施

一、房地产开发开发企业信用风险分析

指标	评价内容
一、规模和市场地位	
销售额	房地产企业营业收入为结转前几年预收项目收入，无法反映当年的实际销售情况，因此房地产企业的市场份额通畅以销售额作为衡量指标。
近三年年均销售增长率	以近三年年均销售增长率反映房地产的成长能力及其市场地位的持续性。

续表

二、库存压力及项目运营能力	
库存压力及项目运营能力	加快项目周转可以使房地产企业较快增大利润规模并控制在售项目累积风险，可以存货/预收款项指标反映库存压力及项目运营能力。
三、项目分部情况	
项目分布城市数量	房地产企业开发项目分布的城市越多，则越能够有效分散风险。
一、二线城市项目待售面积占比	区域景气度较好的城市存在实际需求支撑且库存压力相对可控，开发项目在不同类型城市的分布反映了未来销售回款的风险情况。
四、土地储备情况	
土地储备分布区域	一线城市及核心热点城市由于经济增长较快、库存压力较小、人口净流入等因素，土地价格高企且竞拍压力较大，因此分布于一、二线城市的土地储备可为未来提供较好的支撑。
土地储备充足性	充足的土地储备可为企业未来发展提供充足的可供开发面积，从而维持公司后续持续发展的动力，具体可以土地储备规划建筑面积/当年签约销售面积指标综合评价房地产企业的土地储备情况。
五、盈利能力	
毛利率	毛利率水平受房地产企业销售策略、投资开发进度等因素影响较大，低廉的土地成本和轻资产扩展模式以及低融资成本都可以影响毛利率。
六、财务杠杆情况	
调整后资产负债率	房地产企业因预售房屋而产生的预售款项是对未来收入的提前锁定，在房屋正常完工结算的前提下，该部分负债并无偿还需求，因此应当以扣除预收账款经调整后的资产负债率来反映企业的财务杠杆水平。
七、偿债能力	
即期偿债能力	保持较高的资产流动性和对负债的及时偿还是房地产企业到期债务偿付和持续经营的关键，可以经营活动现金流入/（流动负债－预收款项）作为短期债务周转能力的衡量要素。
长期偿债能力	房地产企业主要集中于存货、同时货币资金和持有型物业等亦存在较好的流动性，极端情况下该等资产可以变现进而对全部债务进行覆盖，因此可以（现金类资产＋存货＋投资性房地产－预收款项）/全部债务作为长期偿债能力的衡量要素。

二、信用增级措施

（一）房地产抵押

1. 房地产抵押概述

信托公司开展房地产融资业务时，通常情况会以房地产抵押作为信用增级措施。房地产抵押中需要关注的事项包括：

（1）抵押人是否拥有用以抵押的房地产完全合法的产权，用以抵押的房地产是否存在权属争议，用以抵押的土地使用权是否已缴纳土地出让金。

（2）用以抵押的房地产的合理市场价值以及合理的抵押率。抵押物的评估应当客观公允，抵押率的设置应当考虑主债权是否还有其他担保措施。

（3）用以抵押的房地产是否存在他项权利或者限制设定抵押权的相关情形或事项。

（4）以划拨方式取得的国有土地使用权设定抵押，除依法办理抵押登记手续外，还应经具有审批权限的人民政府或土地行政管理部门批准①。

2. 他项优先权

信托公司以房地产抵押作为房地产融资业务的风险缓释措施，应注意的五大优先权：税收优先权、土地使用权出让金优先权、建设工程款优先权、消费者购房优先权、买卖不破租赁及承租人优先权。房地产融资抵押权是约定担保物权，其在效力上劣后于法定优先权。

（1）建设工程款优先权：根据《合同法》第二百八十六条及《最高人民法院关于建设工程价款优先受偿权问题的批复》（法释〔2002〕16号）：①建筑工程承包人的优先受偿权优于抵押权和其他债权；②建筑工程价款包括承包人为建设工程应当支付的工作人员报酬、材料款等实际支出的费用，不包括承包人因发包人违约所造成的损失；③建设工程承包人行使优先权的期限为六个月，自建设工程竣工之日或者建设工程合同约定的竣工之日起计算。

（2）消费者购房优先权：根据《最高人民法院关于建设工程价款优先受偿

---

① 《最高人民法院关于破产企业国有划拨土地使用权应否列入破产财产等问题的批复》（法释〔2003〕6号）：企业对其以划拨方式取得的国有土地使用权无处分权，以该土地使用权为标的物设定抵押，除依法办理抵押登记手续外，还应经具有审批权限的人民政府或土地行政管理部门批准。否则，应认定无效。

权问题的批复》（法释〔2002〕16号）：消费者交付购买商品房的全部或者大部分款项后，承包人就该商品房享有的工程价款优先受偿权不得对抗买受人。

（3）税款优先权：根据《税收征收管理法》第四十五条的规定：税务机关征收税款，税收优先于无担保债权，法律另有规定的除外；纳税人欠缴的税款发生在纳税人以其财产设定抵押、质押或者纳税人的财产被留置之前的，税收应当先于抵押权、质权、留置权执行。

根据《企业破产法》第一百零九条的规定："对破产人的特定财产享有担保权的权利人，对该特定财产享有优先受偿的权利。"第一百一十三条第一款规定："破产财产在优先清偿破产费用和共益债务后，依照下列顺序清偿：（一）破产人所欠职工的工资和医疗、伤残补助、抚恤费用，所欠的应当划入职工个人账户的基本养老保险、基本医疗保险费用，以及法律、行政法规规定应当支付给职工的补偿金；（二）破产人欠缴的除前项规定以外的社会保险费用和破产人所欠税款；（三）普通破产债权。"

根据《税收征收管理法》及《企业破产法》的上述规定可知，如果纳税人欠缴的税款发生在纳税人以其财产设定抵押之前，则税收就该财产优先于抵押权受偿；如果纳税人欠缴的税款发生在纳税人以其财产设定抵押之后，则抵押权可就该财产优先于税收受偿。

（4）土地使用权出让金优先权：根据《城市房地产管理法》第五十一条及《最高人民法院关于破产企业国有划拨土地使用权应否列入破产财产等问题的批复》（法释〔2003〕6号）规定，设定房地产抵押权的土地使用权是以划拨方式取得的，抵押权人只有在以抵押物折价或拍卖、变卖所得价款缴纳相当于土地使用权出让金的款项后，对剩余部分方可享有优先受偿权。

根据《招标拍卖挂牌出让国有建设用地使用权规定》（国土资源部令第39号）第二十三条的规定："受让人依照国有建设用地使用权出让合同的约定付清全部土地出让价款后，方可申请办理土地登记，领取国有建设用地使用权证书。未按出让合同约定缴清全部土地出让价款的，不得发放国有建设用地使用权证书，也不得按出让价款缴纳比例分割发放国有建设用地使用权证书。"

根据上述规定可知，通过招拍挂方式出让国有建设用地使用权的，未缴清土地出让金，受让人无法领取土地使用权证书，受让人不可能在该土地使用权上设定抵押权。所以，以出让方式取得土地使用权的，不存在土地出让金优先权的问题,土地出让金对抵押权的优先权仅限于以划拨方式取得的土地使用权。

(5) 买卖不破租赁及承租人优先权:根据《物权法》第一百九十条的规定,订立抵押合同前抵押财产已出租的,原租赁关系不受该抵押权的影响。抵押权设立后抵押财产出租的,该租赁关系不得对抗已登记的抵押权。根据《最高人民法院关于适用〈中华人民共和国担保法〉若干问题的解释》第六十五条的规定:"抵押人将已出租的财产抵押的,抵押权实现后,租赁合同在有效期内对抵押物的受让人继续有效。"根据该解释第六十六条第一款的规定:"抵押人将已抵押的财产出租的,抵押权实现后,租赁合同对受让人不具有约束力。"

(二) 房地产估价

在业务实践中,房地产价值的评估是房地产融资业务风险管理中非常关键的内容。根据《巴赛尔补充规定》的规定:"抵押贷款价值是通过银行所聘请的不直接涉及银行的贷款决定的外部或内部估价师,采取保守和谨慎的方式,在考虑到评估房地产未来出售的可能性、顾及到房地产长期的和持续的特征、正常的和当地的市场情况、房地产的当前用途和可能性的用途改变等条件下,评估出来的房地产的客观价值。投机性因素不予以考虑。抵押贷款价值应以透明、清楚的方式表达。"

《国家标准房地产估价规范(GB/T50291—1999)》对房地产估价行为进行了规范。房地产估价应当遵循四项估价原则:合法性原则、最高最佳使用原则、替代原则、估价时点原则。估价的方法主要包括:市场比较法、收益法、成本法、假设开发法、基准地价修正法、综合法,对同一估价对象适宜于采用两种以上的估价方法。房地产估价的程序包括:明确估价基本项、拟订估价作业方案、搜集估价所需资料、实地勘察估价对象、选定估价方法计算、确定估价结果、撰写估价报告、估价资料归档。根据不同的估价目的,房地产估价可以分为:土地使用权出让价格评估、房地产转让价格评估、房地产租赁价格评估、房地产抵押价值评估、房地产保险估价、房地产课税估价、征地和房屋拆迁补偿估价、房地产分割或合并估价、房地产纠纷估价、房地产拍卖底价评估、企业各种经济活动中涉及的房地产估价以及其他目的房地产估价。

(三) 房地产抵押价值评估

房地产抵押价值评估采取公开市场价值标准,可以参照抵押权设定时的类似房地产的正常市场价格,同时应在估价报告中说明未来市场价值变化风险和短期强制处分因素对抵押价值的影响。房地产抵押价值评估应当注意区分抵押价值和市场价值,抵押价值应当是市场价值扣除政府税费、处置抵押产生的费用、优先权费用以及其他因素所产生的费用后的余额。对房地产融资业务而言,应当以抵押价值而非市场价值作为抵押率计算的标准。抵押价值的确定应注意以下情形:

(1) 首次抵押的房地产,以该房地产的价值作为抵押价值;再次抵押的房地产,以该房地产的价值扣除已担保债权后的余额部分为抵押价值。

(2) 以划拨方式取得的土地使用权连同地上建筑物的抵押价值评估,应当扣除应缴纳的土地出让金。

(3) 抵押价值评估应当考虑土地使用权剩余年限对价值的影响。

(4) 诸如经济适用房等以国家优惠政策购买的房地产抵押价值为抵押人可以处分和收益份额部分的价值。

(5) 按份共有房地产的抵押价值为抵押人所享有份额部分的价值;共同共有房地产抵押价值为该房地产的价值。

【司法实务】他项权证"权利价值"与抵押合同"抵押担保范围"不一致的法律风险[1]

1. 基本案由

2003年A公司向银行借款1350万元,约定A公司将其某房产为该贷款提供抵押担保,抵押合同约定的抵押担保范围为:主债权本金及其利息、违约金、赔偿金及实现抵押权的费用;随后,A公司与银行对上述抵押房产办理了抵押登记手续,他项权证中"权利价值"一栏登记金额为1350万元(债权本金金额)。

2005年A公司又将上述房产抵押给B公司;抵押合同约定的抵押担保的债权本金数额为954万元;随后,A公司与B公司对上述抵押房产办理了抵押登记手续,他项权证中"权利价值"一栏登记金额为954万元。抵押顺位上,银行为第一顺位抵押权人,B公司为第二顺位抵押权人。

2006年B公司向法院起诉A公司要求偿还所欠债务并请求法院确认B公司

---

[1] 摘自中国银行业监督管理委员会江苏监管局2011年4月2日印发的《银行业监管调研》第9期(总第166期)中"抵押权他项权证'权利价值'与抵押合同'抵押担保范围'不一致产生的法律风险亟待关注"。

对上述抵押房产在954万元内享有优先受偿权，法院判决支持B公司的诉讼请求。抵押房产拍卖所得价款为2000万元，其中1350万元支付给银行，剩余650万元支付给B公司。

2. 银行观点

银行认为他项权证中"权利价值"非法律术语，"权利价值"栏只登记债权本金不能认为是与抵押合同约定的抵押担保范围不一致，不能认为是对抵押担保范围的限制。因此抵押房产变现价款除银行支付债权本金1350万元外，还应向银行支付主债权利息、违约金、赔偿金及实现抵押权的费用。

3. 房地产登记管理部门观点

《建设部关于制作颁发全国统一房屋权属证书的通知》（建房〔1997〕第178号）附件"房屋权属证书的填写说明"对"权利价值"的解释为"权利人双方在合同上设定的抵押金、典金"。房地产登记管理部门认为不能将"权利价值"理解为"抵押担保范围"，"抵押担保范围"在房管局内部的登记表上存在相应的记载（在《物权法》生效之后在登记簿上有明确记载），法院应根据房管局内部的登记表或登记簿而不是他项权证来确定"抵押担保范围"。

4. 法院观点

法院认为，根据《最高人民法院关于适用〈中华人民共和国担保法〉若干问题的解释》第六十一条的规定："抵押物登记记载的内容与抵押合同约定的内容不一致的，以登记记载的内容为准。"根据公示公信原则，物权变动必须以一定方式向外界公示，才能产生物权变动的效力；任何因基于对公示行为的信赖而从事的相关交易行为，即使公示错误，其交易行为也为有效。他项权证中"权利价值"对外相当于抵押担保范围的公示，第三方只能通过他项权证获知抵押担保范围。在登记机关只登记抵押担保主债权额的情况下，基于保护交易安全的考虑，债权人只能就主债权额实现抵押权。

笔者按：《物权法》第十六条规定："不动产登记簿是物权归属和内容的根据。不动产登记簿由登记机构管理。"第十七条规定："不动产权属证书是权利人享有该不动产物权的证明。不动产权属证书记载的事项，应当与不动产登记簿一致；记载不一致的，除有证据证明不动产登记簿确有错误外，以不动产登记簿为准。"因此，根据《物权法》的规定，上述案例中房地产登记管理部门观点应为正确；但是该案件发生在《物权法》生效之前，因此法院的判决并无不当。

三、项目公司管理

（一）管理人员派驻

信托公司采取股权投资的方式进入项目公司的，应当加强对项目公司的管理。信托公司原则上应当取得对项目公司绝对控股的地位，立即修改公司章程并改组董事会；信托公司向项目公司董事会派驻董事及财务总监，派驻的董事人数能够控制董事会重大事项表决权，或者派驻董事能对重大事项拥有一票否决权。重大事项的具体内容可根据具体项目而定，笔者认为至少应当包括如下事项：

（1）以项目公司资产或者以项目公司名义对外提供抵质押/保证担保，或者设定权利负担；

（2）对外举债、转让/出售资产或权益、直接或间接放弃项目公司经济利益；

（3）项目公司年度经营报告、财务预决算及大额资金使用计划；

（4）印鉴的启用、废除、变更及备案等；

（5）高级管理人员的聘任、解聘、薪酬等事项；

（6）项目设计方案的确定及变更，项目投资概算、销售计划的确定及变更；

（7）重大规章制度的制定及修改，如董事会议事规则、财务管理制度等。

【解析】否决权可以分为显性否决权和隐性否决权。显性否决权是指对表决事项有直接否决的权利，隐性否决权是指表决事项需要取得特定比例的表决同意票方可通过。

（二）印鉴管理

项目公司的公章、法定代表人名章、财务专用章、合同专用章等应当由信托公司指定专人保管，项目公司未经董事会同意，不得另行刻制除规定印鉴之外的其他印鉴。项目公司每次用印时需要进行登记，并对用印文件及资料留存复印件；印鉴保管人员需要编制用印明细表，向信托公司派驻的财务总监进行汇报。

项目公司的营业执照、税务登记证、组织机构代码证、贷款卡等主体资格证照，以及土地出让合同、建设项目证照批文（包括但不限于立项可研批复、环评批复、土地使用权证、用地规划许可证、工程规划许可证、工程施工许可证、预售许可证等）及其他法律文件等需要由信托公司指定专人保管。

【解析】印鉴管理需要特别注意的风险点包括但不限于如下要点：①印鉴的移交需要办理亲手交接手续，且应将移交的公章与公安局备案印鉴相核对；②关注印鉴移交前的风险敞口，如移交人在移交前以移交印鉴预留大量空白文件。

印鉴使用通常需要注意如下要点：

1. 加盖印章应端正、清晰，位置通常在文件、函件的末尾或表头且应骑年压月。

2. 公文函件末尾加盖印章的，通常印章应与正文在同一页，严禁将用印页单独放在一页纸上；各类合同、协议等用印位置必须与文字同处一页。

3. 印章下弧压在单位名称或成文日期上，或公章中心线压在单位名称或成文日期上。

4. 法律文本为两页及以上的，应加盖骑缝章且应保证文本每页均有印迹。

5. 印章名称应与用印文件落款一致，不漏盖和多盖。

6. 有存根的二联介绍信、证明等应在落款和间缝处一并加盖印章。

7. 需在营业执照、组织机构代码证、税务登记证、金融许可证及身份证复印件上加盖印章的，应加注：仅供办理××事项适用，并在该字样上盖印。

四、账户监管

信托公司可以根据具体情况对项目公司开立的账户种类及数量进行规定，项目公司未经信托公司同意，不得开立除规定账户之外的任何账户。比如，信托公司规定项目公司在监管银行仅能开立主账户、日常营运资金账户、信托资金监管账户、保证金账户/销售资金监管账户，如果项目公司需要在监管银行开立其他账户或者在其他银行开立账户的，需要信托公司书面同意，并接受信托公司按照约定用途进行监管。银行账户预留的印鉴一般分为项目公司财务专用章及法定代表人名章、信托公司指定人员名章。各银行账户的用途如下：

（1）主账户（仅用于资金收入）：不得直接用于资金支出，资金支出仅限于通过银行汇款的方式向日常营运资金账户汇入资金。

（2）日常营运资金账户（仅用于资金支出）：日常营运资金账户项下资金由主账户直接拨付，并用于项目公司日常营运资金需求。项目公司编制日常营运资金用款计划，并报信托公司核准后方可从该账户支付资金。

（3）信托资金监管账户（仅用于资金支出）：信托资金由信托账户划入信托资金监管账户，专项用于项目建设。信托资金监管账户项下资金具体需要根据工程进度进行支付，不得用于项目建设以外的其他用途。

（4）保证金账户/销售资金监管账户（仅用于资金收入）：项目公司每预售1平方米期房，需要向保证金账户划入一定金额的保证金，然后由信托公司相应解押1平方米在建工程[①]，具体划入保证金金额可以根据期房销售价格确定；如果约定提前归集保证金条款的，项目公司应于信托期满一定期限按照相应的比例向保证金账户归集保证金[②]；如果约定对项目销售收入进行监管的，项目销售收入需要按照约定归集到销售资金监管账户。

【解析】账户监管需要注意对印鉴和网银的保管进行明确约定，并应在基本账户开户行查阅被监管人的所有银行账户的开立情况。

【知识拓展】根据《人民币银行结算账户管理办法》，单位银行结算账户可以分为基本存款账户、一般存款账户、专用存款账户和临时存款账户。单位银行结算账户的存款人只能在银行开立一个基本存款账户。

存款人开立基本存款账户、临时存款账户和预算单位开立专用存款账户实行核准制度，经中国人民银行核准后由开户银行核发开户登记证，但是存款人因注册验资需要开立的临时存款账户除外。

五、工程监管

（一）工程进度监管

项目工程能否顺利完工，直接关系信托资金的安全，因此有效控制工程进度是项目风险控制的重要目标和手段。项目公司需要向信托公司提交工程进度承诺函，并按季度编制项目开发进度计划表；信托公司需要至少每月进行现场施工检查，如果项目未能达到约定进度，项目公司需要承担相应的违约责任，或触发特殊事项处理机制。项目开发进度表示例如下：

[①] 项目公司将在建工程抵押给金融机构后，办理预售许可证进行销售时，是否需要解除在建工程抵押，不同地方有不同的规定。如果需要解押后才能销售的，则项目公司需要交纳保证金或者提供其他担保后，方可解押在建工程。

[②] 比如，信托期限为24个月，则可以约定在信托期满20个月时，项目公司应每月按照信托资金本金10%的比例向保证金账户归集保证金。

序号	工程阶段	进度时间
1	土石方外运	2012 年 3 月
2	地下层施工完成	2012 年 6 月
3	地下室结构封顶（出正负零）	2012 年 12 月
4	主体结构封顶	2013 年 9 月
5	内装、外装	2013 年 11 月
6	室外景观	2013 年 11 月
7	消防验收（取证）	2013 年 11 月
8	竣工验收（取得备案证书）	2013 年 12 月

（二）工程质量监督

信托公司没有专业的工程建筑专业资质和人员，很难做到亲自对工程质量进行监理监督，信托公司可以从以下三个方面对工程项目的质量进行监督：

（1）在相关合同中约定项目公司应当严格按照行业内公认或通用的质量标准进行项目的开发建设，并接受信托公司的监督；如果建设项目没有达到相应的质量标准，项目公司及其控股股东应当承担相应的违约责任。

（2）由信托公司聘请的工程监理公司履行对工程建设的投资、工期、工程质量进行控制，履行安全管理和合同管理职责，协调有关单位之间的工作关系（三控、两管、一协调）。

（3）信托公司至少每月一次派员进行现场监督检查，如果建设项目工程质量低于合同约定及行业公认或通用标准的，则触发特殊事项处理机制。

六、项目销售监管

（一）销售进度监管

项目公司制定项目销售计划表并经董事会批准通过，销售计划表包括但不限于销售定价方案、定价变动机制、销售进度等内容；如果需要根据市场变化对销售计划进行调整时，应当及时将调整方案提交董事会批准。项目公司应当就销售计划表向信托公司出具销售进度承诺函。

项目公司应当至少每季度将实际销售情况结合销售计划表出具季度报告，并经信托公司派驻的财务总监审核同意。信托公司根据信托期限对项目的去化率进行约束。比如，信托期满 12 个月时，去化率需要达到 40% 以上；信托期满 18 个月时，去化率需要达到 60% 以上；信托期满 24 个月时，去化率需要达到 80% 以上。如果去化率达不到约定的进度，则触发特殊事项处理机制，由信托公司主导销售定价等销售权利。

（二）销售资金监管

销售资金监管可以采用保证金账户监管或销售资金监管账户监管等方式。在信托资金退出之前，可以约定销售资金不得用于本项目建设之外的其他用途：

1. 如果需要信托公司解押在建工程才能进行预售期房的，则采用保证金账户监管的方式进行监管。项目公司按照×元/平方米的标准向保证金账户划入解押保证金后，再由信托公司解押对应面积的在建工程；实际销售价格超过解押保证金"×元/平方米"的部分可以划入主账户或销售资金监管账户进行全程封闭监管，实际销售价格低于解押保证金"×元/平方米"的部分由项目公司原控股股东补缴入保证金账户。

2. 如果项目公司预售期房不需要解押在建工程的，再采用销售资金监管账户的方式进行监管。在信托资金退出之前，可以约定销售资金不得用于本项目建设之外的其他用途。如果项目公司需要将销售资金用于本项目建设的，可以约定需向信托公司申请并获同意后方可使用。信托公司应当加强与按揭银行的联系与合作，以确保销售款项能全部进入销售资金监管账户。

七、房地产预售政策及预售资金监管

很多城市对房地产预售政策及预售资金监管都有着较为严格规定，其中预售资金必须专项用于项目建设。下文对全国重点城市房地产预售资金监管政策进行解析：

（一）北京市房地产预售及预售资金监管

1. 预售政策

根据《北京市城市房地产转让管理办法》的规定，建设单位符合如下条件时方可申领商品房预售许可证：（1）已交付全部土地使用权出让金并取得国有土地使用权证，属于预售经济适用房的，应当取得建设用地批准书；（2）取得建设工程规划许可证和施工许可证；（3）按提供预售的商品房计算，投入开发的建设资金达到工程建设总投资的 25% 以上；（4）已经确定竣工日期，且满足市房地产行政主管部门公布的预售最长期限。

2. 预售资金监管

根据《北京市商品房预售资金监督管理办法》的规定，房地产开发企业在申请商品房预售许可前，应选择商业银行作为预售资金监管专用账户的开户银行，并按照一个预售许可申请对应一个账户的原则在监管银行开立专用账户。在预售项目完成房屋初始登记后，房地产开发企业可以持房屋所有权登记证明向监管银行申请解除资金监管及专用账户。

商品房预售资金需要全部存入专用账户，其中房地产开发企业直接收取的定金在完成商品房网上签约后5个工作日内存入专用账户，除可以直接收取定金之外的其他购房款必须直接进入专用账户。

房地产开发企业不得从专用账户中支取现金。监管银行对于重点监管额度[①]部分进行重点监管，以优先用于工程建设，专用账户内的资金不得低于重点监管额度的5%。房地产开发企业根据地下结构完成、主体结构完成、竣工验收备案、初始登记完成四个环节设置资金使用环节[②]，并合理确定每个节点的用款额度。对于专用账户内资金超过剩余工程建设节点用款额度后，房地产开发企业可以申请支取超过部分的资金优先用于项目建设。

（二）上海市房地产预售及预售资金监管

1. 预售政策

根据《上海市房地产转让办法》的规定，房地产开发企业预售商品房的，应当符合如下条件：(1) 土地使用权以出让方式取得，已支付全部土地使用权出让价款；(2) 土地使用权已经依法登记并取得房地产权证书；(3) 取得商品房的建设工程规划许可证和建设工程施工许可证；(3) 商品房建筑安装工程投资完成的工程量达到规定标准；(4) 已经确定商品房竣工交付日期，并落实了市政、公用和公共建筑设施的配套建设计划。

房地产开发企业符合上述预售条件的，应当向上海市住房保障管理局或区县房屋管理部门提出申领预售许可证的申请，并提交符合预售条件的文件以及

[①] 重点监管额度是指预售项目所需的建筑施工、设备安装、材料购置、配套建设、代征代建等相关建设费用总额。其中，住宅项目应包括按照本市相关规定达到同步交付使用条件所需的建设费用。

[②] 项目拟预售楼栋中最高楼栋为7层以上（含7层）10层以下建筑的，可增加"建设层数达二分之一"节点；拟预售楼栋中最高楼栋为10层以上（含10层）建筑的，可增加"建设层数达三分之一""建设层数达三分之二"节点。

商品房的总平面图和分层平面图。房地产开发企业取得商品房预售许可证后，才可以进行商品房预售的广告宣传。

2. 预售资金监管

上海市没有颁发专门的预售资金监管办法，《上海市房地产转让办法》对房地产开发企业的预收款监管作了简单规定。根据《上海市房地产转让办法》的规定，房地产开发企业收取的商品房预售款，应当委托监管机构监管，专项用于所预售的商品房的建设。监管机构对预售款监管不当，给预购人造成损失的，应当承担连带责任。

第五节　实务案例分析

一、鼎新×号项目集合资金信托计划

（一）交易结构

HR信托公司发起设立集合资金信托计划募集信托资金9.5亿元，其中6亿元用于受让GG公司持有的NG公司100%股权，剩余3.5亿元用于向NG公司发放股东借款，用于NG公司长江路9号三期项目的开发建设。NG公司每半年向HR信托公司支付股东借款利息，GG公司每半年向HR信托公司支付股权回购溢价款。信托到期时，由NG公司归还HR信托公司股东借款，GG公司向HR信托公司支付股权回购本金价款。

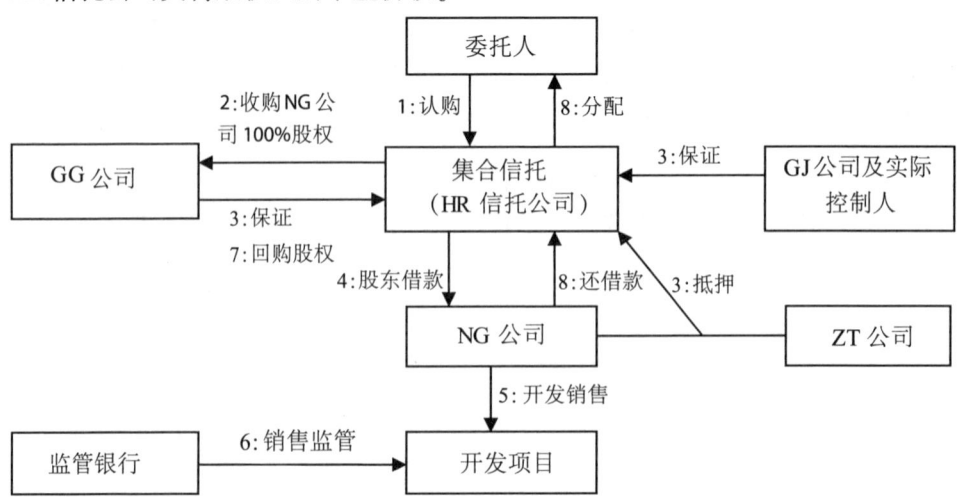

（二）风险缓释措施

1. 物权担保

NG 公司将南京长九三期项目地块建设用地使用权及 ZT 公司杭州天都城项目在建工程抵押给 HR 信托公司，担保主债权为 GG 公司股权收购义务及 NG 公司归还股东借款义务。上述抵押物合计评估价值为 21 亿元，本金抵押率为 45%。

在长九三期项目满足在建工程抵押条件时，NG 公司需要配合 HR 信托公司办理在建工程抵押手续。根据南京市土地抵押转在建工程抵押时，需要先解除土地抵押；在解除土地抵押之前，由 GJ 公司将其持有的某子公司股权出质给 HR 信托公司，在建工程抵押登记手续办理完毕后再行解除该股权质押登记。

对于需要置换抵押物杭州天都城项目在建工程的，新抵押物应由 HR 信托公司认可，并且评估价值不得低于原抵押物价值。

2. 保证担保

GG 公司为 NG 公司归还股东借款本息义务提供连带责任保证担保，NG 公司为 GG 公司股权回购义务提供连带责任保证担保。GJ 公司及其实际控制人、项目公司负责人为 GG 公司股权收购义务及 NG 公司归还股东借款义务提供连带责任保证担保。

3. 项目公司管理

HR 信托公司完成对 NG 公司的股权变更登记手续，并对 NG 公司章程进行修改。NG 公司设董事会，由 5 名董事组成，其中 GG 公司提名 2 名董事，HR 信托公司提名 3 名董事，董事会表决事项需要过半数董事表决同意后方可生效。NG 公司的董事长及总经理由 GG 公司提名；HR 信托公司指派财务代表，并由财务代表保管 NG 公司的所有印章、证照及法律文件，所有付款事项必须经财务代表同意后方可划拨；包括董事会在内的管理层的薪酬事项需要经董事会批准后方可进行。

4. 项目监管

（1）信托资金监管

HR 信托公司向 NG 公司发放的股东借款用于长九三期项目建设，由 HR 信托公司根据工程节点对用款进行监管。

(2) 工程进度监管

HR 信托公司每月进入现场检查工程进度，如果工程没有达到约定进度，则 HR 信托公司可以重组董事会及管理层，并对开发项目进行全盘控制。

(3) 销售监管

HR 信托公司对项目售价进行监控，如果信托资金在项目不降价则无法顺利退出时，则 HR 信托可以重组董事会及管理层，并掌握项目的定价权。

NG 公司在监管银行开立监管账户，在建工程每销售一平方米，则 NG 公司需要提前向监管账户划入 3 万元保证金，然后由 HR 信托公司解押对应面积的在建工程；对于每平方米售价超过 3 万元的资金实施全封闭监管，并在本信托资金退出前不得用于长九三期项目建设之外的其他用途。如果监管账户资金达到 9.5 亿元时，可以不用再行计提保证金。

5. 其他监管措施

(1) NG 公司在监管银行开立还款账户。自本信托成立后的第 25 个月开始，NG 公司需要于每月第 3 个工作日向还款账户划入一定资金，其中保证金监管账户和还款账户内的资金以孰高原则执行。

(2) HR 信托公司可以对 3.5 亿元的股东借款（建设资金）、每满 1000 万元的销售保证金及提前还款账户资金进行理财，如果 GG 公司和 NG 公司出现违约时，则该理财资金及收益可以直接冲抵还款资金。

(3) 在信托资金放款前，GG 公司应当向当地税务部门承诺并取得税务部门盖章确认的承诺函，明确承诺无论 NG 公司股权是否发生变化，长九三期项目前两期所欠缴的土地增值税均由其自行承担。

二、RJ 集团武汉项目集合资金信托计划

(一) 交易结构

RJ 公司的控股子公司 RF 公司在武汉市硚口区所开发的融侨锦江项目已经取得四证（国有土地使用权证、建设用地规划许可证、建筑工程规划许可证、建筑施工许可证），资本金投入比例近 50%，RF 公司具备房地产开发二级资质。RJ 公司控股子公司 RZ 公司取得武汉市武昌区林头村 K3 地块，土地出让金及相关税费已付清，正在办理相关证照以进行后续项目开发建设。WM 信托

公司发起设立集合资金信托计划募集3亿元信托资金用于受让RF公司持有的RZ公司3亿元债权，RF公司将所获转让价款用于融侨锦江项目开发建设，并由RZ公司履行归还借款本息义务。

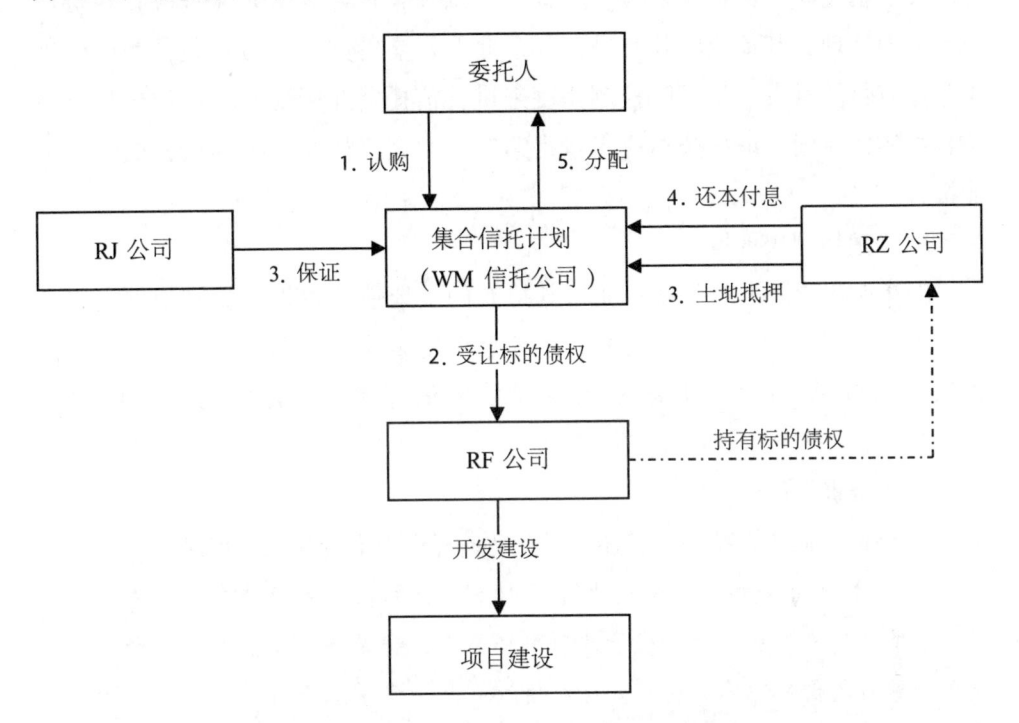

```
                        委托人
                    ↑↓        ↑
                 1.认购      5.分配    4.还本付息
    RJ公司  →  集合信托计划  ←————————  RZ公司
           3.保证 （WM信托公司）  3.土地抵押
                    ↓
                2.受让标的债权
                    ↓
                  RF公司  ← — — 持有标的债权 — —
                    ↓
                  开发建设
                    ↓
                  项目建设
```

【评析】房地产开发企业将贷款资金用于项目开发建设，通常会以该项目的租售收入作为还款来源。本信托计划项下信托资金用于受让RF公司所持有的对RZ公司的债权，RF公司将其所获得的转让价款（信托资金）用于其名下项目的开发建设，RZ公司将承担向信托公司还本付息的义务，该信托计划项下信托资金的退出并非依赖于用款项目的租售收入。

本信托计划项下信托资金退出应主要关注RZ公司还款来源情况，而非RF公司及用款项目的还款来源情况。笔者认为本信托计划项下资金的管理运用方式可以设计成为债权买入返售模式，即信托计划项下信托资金用于受让RF公司所持有的对RZ公司的债权，RF公司应当在约定的期限内回购其所出让的标的债权。该种交易结构可以将RF公司和RZ公司都作为还款义务人，如果RF公司不愿或不能于约定的期限内履行回购标的债权的义务时，信托公司可以以直接债权人的身份要求RZ公司履行还本付息义务。

（二）风险缓释措施

1. 标的债权专项审计

关联企业间的资金往来（资金拆借）款项，资金拆出方（贷方）在资产负债表中体现为其他应收款科目，资金拆入方（借方）在资产负债表中体现为其他应付款科目。从风险控制角度来讲，信托资金所受让的标的债权应当符合真实性原则，信托公司应当取得第三方中介机构关于标的债权的专项审计报告。

2. 土地使用权抵押

出让人和债务人的关联企业以其持有的土地使用权提供抵押担保，该土地使用权面积为71496.2平方米，土地规划用途为住宅和商业，规划建筑面积为222000平方米，土地使用权评估价值总额为23037万元，抵押率为130%。

3. 连带责任保证担保

RJ公司为债务人按期履行还本付息义务提供连带责任保证担保。

【评析】实际业务中，融资人通过向信托计划出让其所持有的应收债权进行融资的业务模式更多地出现于政府融资平台；通常情况下，在信托计划成立之前，该应收债权并不存在，该应收债权只是为了获取融资而临时形成的，因此应收债权的真实性和有效性就是审查的重点。应收债权真实、有效性的审查主要从如下方面入手：首先是聘请第三方中介机构对应收债权进行审计；其次要审查应收债权形成的法律文件、银行凭证、发票等；再次要取得应收债权之债务人的书面还款承诺。

本信托计划项下融资人的融资规模为3亿元，抵押物的评估价值为2.3亿元，本金抵押率约为130%；另外，出让人RF公司和债务人RZ公司的控股股东RJ公司提供连带责任保证担保。从担保措施分析，金融机构向企业融资时，通常会要求融资人的控股股东或实际控制人提供连带责任保证担保，这样可以在一定程度上防止融资人或其实际控制人通过转移财产等方式逃避债务；本信托计划项下抵押物的抵押率为130%，抵押率显然过高，通常情况下的抵押率为30%~60%。

4. 资金提前归集

债务人在信托到期前4个月分别按照10%、20%、30%、40%的比例归集还款本金。

【评析】提前分期归集还款本金主要是防止融资人集中还款可能产生的流动性风险。如果提前归集还款本金，且所归集的还款本金不能冲减融资本金，则会抬高融资人实际融资成本。

(三) 合规性分析

RF公司具备房地产开发二级资质，其控股股东RJ具备房地产开发一级资质；用款项目融侨锦江项目已经取得四证（国有土地使用权证、建设用地规划许可证、建筑工程规划许可证、建筑施工许可证）；用款项目预计总投资规模约20亿元，其中项目资本金投入近10亿元，项目资本金投资占总投资的比例近50%。综上所述，本项目符合房地产信托融资的监管条件。

【评析】本信托计划项下信托资金用于受让融资人所持有的债权，并由标的债权的债务人履行还本付息义务，本信托计划是典型的融资类信托，因此用款项目应当具备房地产信托贷款的"四三二"要求。

三、ZXQH专项资产管理计划

(一) 产品要素

1. 总规模：52.1亿元。

2. 结构化分级：优先级份额比例为70.1%，次级份额为29.9%。

3. 产品期限：优先级份额预期3年，不超过5年；次级份额预期4年，不超过5年。本产品有权提前结束。

4. 信用评级：优先级受益凭证为AAA级，次级受益凭证无评级。

5. 预期收益率：

（1）优先级份额在存续期间获得基础收益5.5%~7%/年，具体根据询价结果确定；退出时获得资本增值的10%作为浮动收益，包含资产增值预期的整体收益率7%~9%/年。

（2）次级份额在存续期间获得扣除优先级份额基础收益后的剩余收益；退出时获得资本增值的90%作为浮动收益，包含资产增值预期的整体收益率

12%~42%/年。

（3）收益分配方式：每年最后一个工作日为分配日，分配额度为一个完整年度的基础收益。

【评析】本产品是由证券公司发起设立的专项资产管理计划，主要通过非公募基金受让项目公司的股权，从而间接持有优质经营性业务；本产品并非房地产投资信托基金，而是普通的用于不动产物业投资的资产管理计划。在市场和政策条件均成熟时，ZXJS基金管理有限公司将会适时首发并在证券交易所上市不动产投资信托基金（REITs的IPO），专项资产管理计划通过向REITs出售经营性物业的方式实现专项计划委托资金的退出，专项计划管理人将以经营性物业出售价款向专项计划委托人进行分配（亦即专项计划委托人通过REITs的IPO实现退出）。

本专项资产管理计划为结构化分级产品，结构化分级比例为3:1；次级投资者通过为优先级投资人提供内部信用增级的方式，追求较高的投资收益（优先级预期整体收益率为7%~9%，而次级预期整体收益率为12%~42%）。

本专项资产管理计划基础预期收益主要来源于经营性业务的租赁收入，资本增值收益主要来源于经营性物业升值所带来的收益。

（二）交易结构

ZX证券股份有限公司通过设立结构化专项资产管理计划，募集资金用于设立非公募基金，非公募基金通过收购项目公司股权从而持有项目公司名下的经营性物业；ZX证券股份有限公司全资设立ZXJS基金管理有限公司，主要负责管理运营非公募基金。非公募基金通过经营性物业的经营收入和资产增值收入向专项资产管理计划委托人分配投资收益。

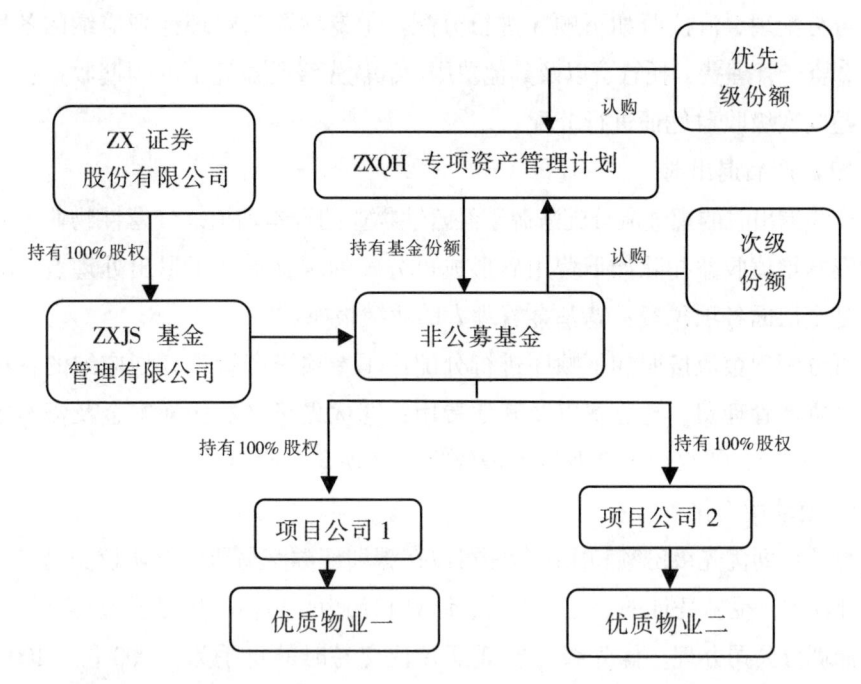

```
                                          ┌──────────┐
                                    认购  │  优先    │
                         ┌──────────────→ │ 级份额    │
                         │                └──────────┘
┌──────────┐      ┌──────────────────┐
│ ZX 证券  │      │ ZXQH 专项资产管理计划│
│股份有限公司│     └──────────────────┘
└──────────┘            ↑                ┌──────────┐
    │            持有基金份额│     认购    │  次级    │
    │持有100%股权            │ ←──────────│  份额    │
    ↓                       │             └──────────┘
┌──────────┐       ┌──────────────┐
│ ZXJS 基金│ ────→ │  非公募基金  │
│管理有限公司│      └──────────────┘
└──────────┘         │            │
         持有100%股权 │            │ 持有100%股权
                    ↓            ↓
             ┌────────┐     ┌────────┐
             │项目公司1│     │项目公司2│
             └────────┘     └────────┘
                 ↓              ↓
             ┌────────┐     ┌────────┐
             │优质物业一│    │优质物业二│
             └────────┘     └────────┘
```

（三）交易参与方

1. 优质物业原持有人/专项资产管理计划管理人：ZX 证券股份有限公司

2. 非公募基金管理人：ZXJS 基金管理有限公司

3. 专项资产管理计划托管人/监管银行：ZX 银行股份有限公司天津分行

4. 法律顾问：BJHW 律师事务所

5. 信用评级机构：ZCX 证券评估有限公司

6. 会计师事务所/税务咨询机构：PHYD 会计师事务所

7. 评估机构/市场调研机构：DDLH 房地产评估有限公司

8. 登记托管机构/支付代理机构：中国证券登记结算有限公司深圳分公司

（四）现金流分配与流动性安排

1. 现金流分配

（1）产品存续期间

专项计划委托人的收益来源于非公募基金所持有的经营性物业的租金收入。经营性物业的租金收入需要扣除如下各项税费后形成可分配现金流：①经营性物业的各项税费；②非公募基金层面各项税费。

可分配现金流按照如下顺序进行分配：①专项资产管理计划应纳的各种税负；②资产管理费、托管费以及其他费用；③优先级受益凭证的预期收益；④剩余收益向次级收益凭证进行分配。

(2) 产品退出时

产品退出时的现金流分配来源于经营性物业的资本增值。经营性物业出售取得的资本增值收益扣除如下费用后形成可分配的现金流：①退出处理费；②非公募基金层面各项税费；③基金管理人的业绩报酬。

可分配现金流按照如下顺序进行分配：①专项资产管理计划应纳的各种税负；②资产管理费、托管费以及其他费用；③优先级受益凭证本金及资本增值收益（现金）；④次级本金及资本增值收益（现金+股票）。

2. 流动性安排

专项计划优先级份额和次级份额可以在深圳证券交易所综合协议交易平台进行转让流通，受益凭证的登记、托管、结算和代为兑付由中国证券登记结算有限公司深圳分公司办理。优先级受益凭证转让交易时的每手为50000份（100元/份，下同），每次转让不得低于10手且需要为1手的整数倍；次级受益凭证转让交易时的每手为300000万份，每次转让时不得低于1手且需要为1手的整数倍[①]。

(五) 退出安排

1. REITs 方式退出

ZXJS 基金管理有限公司发起并在深圳证券交易所上市的 REITs 通过受让非公募基金所持有的两个项目公司的100%股权，进而间接持有项目公司名下的两块经营性物业。REITs 受让非公募基金所持经营性物业对价的支付方式如下：①受让价款的75%以现金方式支付；②受让价款的25%以 REITs 份额方式支付，该部分 REITs 份额由非公募基金持有并锁定1年。专项计划优先级投资者在 REITs 首发上市时（IPO）以现金方式全部退出，次级投资者获得部分现金分配及 REITs 份额。

---

① 转让份额的限制主要是为了将交易前后投资者人数限制在200人以内。根据《证券公司客户资产管理业务管理办法》的规定：证券公司可以通过设立综合性的集合资产管理计划办理专项资产管理业务。证券公司在设立集合资产管理计划时，合格投资者人数累计不得超过200人。合格投资者是指具有相应风险承担能力和风险识别能力且符合如下条件之一的单位和个人：(1) 个人或者家庭金融资产合计不低于100万元人民币；(2) 公司、企业等机构净资产不低于1000万元人民币。

第三章 房地产信托业务风险管理与案例分析

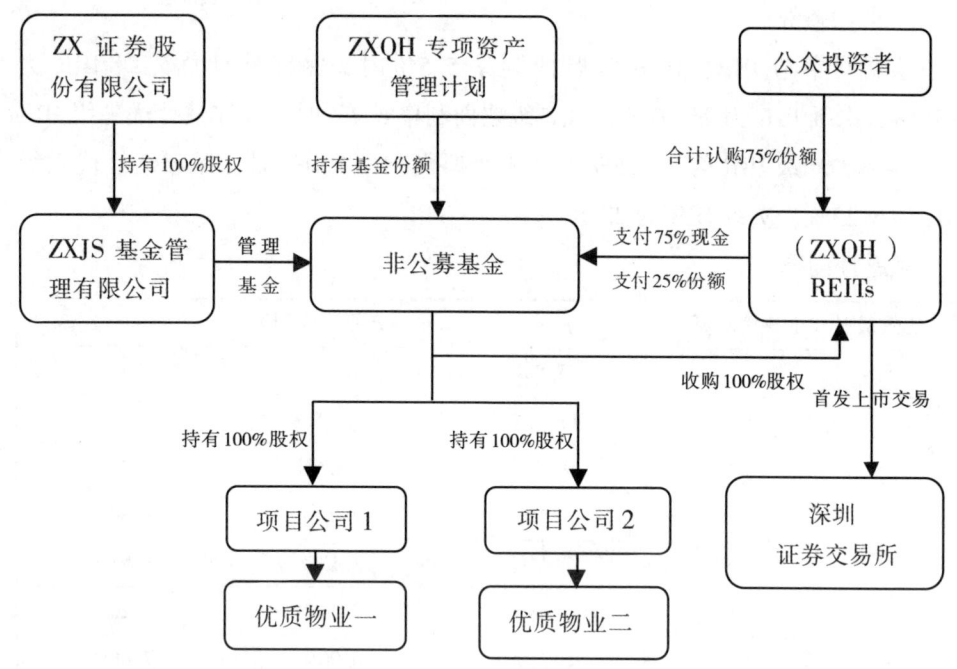

```
┌──────────┐        ┌──────────┐                    ┌──────────┐
│ ZX 证券股 │        │ZXQH 专项资产│                   │ 公众投资者│
│ 份有限公司│        │ 管理计划  │                    │          │
└────┬─────┘        └─────┬────┘                    └─────┬────┘
     │持有100%股权        │持有基金份额    合计认购75%份额  │
     ▼                    ▼                                │
┌──────────┐   管理  ┌──────────┐   支付75%现金    ┌──────────┐
│ZXJS 基金管│────────│ 非公募基金│◄────────────────│(ZXQH)    │
│理有限公司 │  基金   │          │   支付25%份额    │ REITs    │
└──────────┘        └─────┬────┘                   └─────┬────┘
                          │            收购100%股权        │首发上市交易
         持有100%股权     │持有100%股权                    │
                ┌─────────┴──────┐                  ┌──────────┐
                ▼                ▼                  │ 深圳     │
          ┌──────────┐     ┌──────────┐            │ 证券交易所│
          │ 项目公司1│     │ 项目公司2│             └──────────┘
          └────┬─────┘     └────┬─────┘
               ▼                ▼
          ┌──────────┐     ┌──────────┐
          │ 优质物业一│     │ 优质物业二│
          └──────────┘     └──────────┘
```

2. 第三方转让

除了上述通过 REITs 方式实现退出外，非公募基金还可以向其他第三方以市场价格出售所持有的两块经营性物业的方式实现退出，该种退出方式可以作为 REITs 退出方式的重要补充。

（六）投资标的

1. 投资标的估值

非公募基金收购的物业分别为 ZX 证券股份有限公司所持有的北京 ZXZQ 大厦和深圳 ZXZQ 大厦，根据 DDLH 房地产评估有限公司评估的价值分别为 35.11 亿元和 15.27 亿元，合计总价值为 50.38 亿元。

物业	北京 ZXZQ 大厦	深圳 ZXZQ 大厦
资产估值	35.11 亿元	15.27 亿元
未来五年租金预计增长率	4%~6%/年	3%~5%/年
未来五年售价预计增长率	8%~11%/年	5%~8%/年
主力租约租金增长率	6%/2 年	6%/2 年

2. 收益测算

票据利率与 IRR：优先级票面利率 5.5% 时，保守估计优先级 IRR 为 6.75%，次级 IRR 为 25.07%；优先级票面利率 6.2% 时，保守估计优先级 IRR 为 7.44%，次级 IRR 为 23.96%；优先级票面利率 7.0% 时，保守估计优先级 IRR 为 8.23%，次级 IRR 为 22.83%。

敏感性测算：

优先级 IRR 敏感性测算		优先级票面利率		
		5.5%	6.2%	7.0%
派息收益率	2.0%	11.39%	12.05%	12.81%
	2.5%	9.58%	10.26%	11.03%
	3.0%	8.34%	9.02%	9.80%
	3.5%	7.44%	8.13%	8.91%
	4.0%	6.75%	7.44%	8.23%
	4.5%	6.21%	6.90%	7.69%
	5.0%	5.99%	6.68%	7.48%

次级 IRR 敏感性测算		优先级票面利率		
		5.5%	6.2%	7.0%
派息收益率	2.0%	70.32%	69.49%	68.83%
	2.5%	55.17%	54.27%	53.49%
	3.0%	43.26%	42.30%	41.41%
	3.5%	33.42%	32.39%	31.39%
	4.0%	25.07%	23.96%	22.83%
	4.5%	17.56%	16.39%	15.17%
	5.0%	14.32%	13.17%	11.93%

【评析】北京 ZXZQ 大厦位于北京燕莎商圈核心地带，燕莎商圈的写字楼 2012 年度平均空置率约为 2.5%，2013 年第四季度平均租金为 284 元/月/平方米。北京 ZXZQ 大厦总建筑面积近 70000 平方米，出租率为 100%，主要租户为 ZX 证券及其全资子公司；北京 ZXZQ 大厦的租金水平为 388 元/月/平方米，北京燕莎商圈的顶级写字楼的租金水平为 319~480 元/月/平方米。

深圳 ZXZQ 大厦位于福田 CBD 核心地段，福田区 2013 年第三季度甲级写字楼空置率为 5.6%、平均租金水平约为 189.7 元/月/平方米。深圳 ZXZQ 大厦总建筑面积超过 30000 平方米，出租率为 100%，主要租户为 ZX 证券及其全资子公司；北京 ZXZQ 大厦的租金水平为 170～230 元/月/平方米，福田 CBD 写字楼的租金水平为 165～250 元/月/平方米。

综上所述，投资标的资产所处位置均十分优越，出租率均为 100%；主力租户为 ZX 证券及其子公司、ZX 银行，ZX 证券和 ZX 银行均为上市公司，公开市场长期主体评级为 AAA 级。由此可知投资标的能够产生非常稳定可观的现金流，是非常优质的经营性物业；ZCX 证券评估有限公司给予 ZXQH 专项资产管理计划优先级受益凭证 AAA 级评级，即资产管理人向优先级委托人按时全额兑付委托本金及收益的可能性极高，违约的可能性极低。

四、江城新型城镇化发展基金集合资金信托计划

（一）交易要素

1. 产品要素

	产品名称	江城新型城镇化发展基金集合资金信托计划
信托计划要素	信托总规模	90 亿元人民币
	信托期限	8 年，其中投资期为 3 年，退出期为 5 年，根据有限合伙基金实际投资运作情况，信托期限可以延长 2 次，每次不超过 1 年。
	预期信托收益率	8% + 浮动投资收益
	信托财产运用方式	信托资金用于认购江城新型城镇化发展基金（有限合伙）优先级有限合伙份额（优先级 LP），该基金用于江城金融有限责任公司在全国范围内新型城镇化项目建设。
	委托人	优先级信托单位委托人为江城银行（80 亿元理财资金），次级信托单位委托人为江城金融有限责任公司（10 亿元自有资金）。
	受托人	江城信托公司
	信托利益分配	信托期限届满时分配信托利益，信托存续期间不分配信托利益。

续表

江城新型城镇化发展基金（有限合伙）	基金规模	基金总规模为100亿元
	合伙人份额	1. 普通合伙人（GP）：江城新型城镇化发展基金管理有限责任公司（出资0.01亿元）； 2. 优先级有限合伙人（优先级LP）：江城信托公司（代江城新型城镇化发展基金集合资金信托计划出资90亿元）； 3. 次级有限合伙人（次级LP）：江城发展基金（出资9.99亿元）。
	基金期限	8年，其中投资期为3年，退出期为5年，根据有限合伙基金实际投资运作情况，基金期限可以延长2次，每次不超过1年。
	基金运用方式	该基金以债权、股权、股债混合等方式用于江城金融有限责任公司在全国范围内新型城镇化项目建设。

2. 交易结构

江城信托公司拟以江城新型城镇化发展基金集合资金信托计划项下信托资金用于认购江城新型城镇化发展基金（有限合伙）优先级有限合伙份额（优先级LP），该基金用于江城金融有限责任公司在全国范围内新型城镇化项目建设。

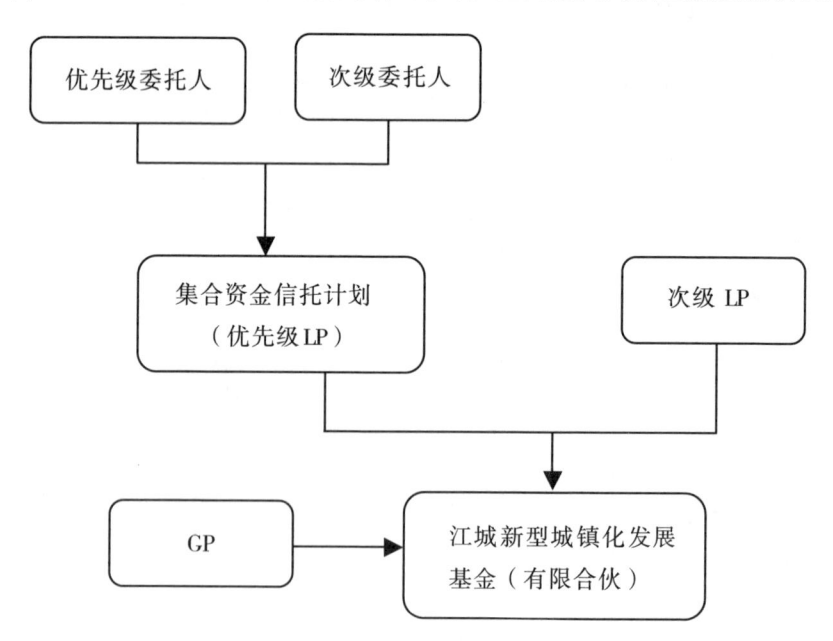

（二）风险控制措施

1. 结构化增信措施

在信托层面，次级信托受益权人江城金融有限责任公司10亿元信托受益权份额劣后于优先级信托受益权份额退出，为优先级信托受益权份额提供信用支持。

在有限合伙基金层面，次级 LP 江城发展基金和 GP 江城新型城镇化发展基金管理有限责任公司合计 10 亿元合伙份额劣后于优先级 LP 份额退出，为优先级 LP 份额提供信用支持。

2. 资金托管

在信托层面，江城银行为信托计划的保管银行，为信托财产提供保管服务，以保障信托财产的安全，同时监督受托人按照约定的投资范围管理运用信托资金。

在有限合伙基金层面，江城银行为江城新型城镇化发展基金托管人，开立托管账户对基金资金进行保管，基金项下所有货币性收支均应通过该托管账户进行。

3. 监督有限合伙基金运作

（1）执行事务合伙人应于每自然季度结束后 30 日内向有限合伙人提交季度报告，报告合伙企业事务的执行情况及合伙财产的投资运营情况；执行事务合伙人应于每一自然年度结束后 3 个月内制作上一年度的合伙企业财务报告并提交给全体有限合伙人。

（2）执行事务合伙人应按照如下约定向优先级 LP 提交相关文件：①于合伙企业投资委员会会议召开后 20 日内，向优先级 LP 提交会议纪要及项目评审报告；②于向每一被投资项目划款或被投资公司出资之日起 20 日内，向优先级 LP 提交该项投资的全部协议文件及重要证照的复印件；③于每一被投资项目/公司变更或退出之日起 20 日内，向优先级 LP 提交与变更或退出相关的全部协议文件及重要证照的复印件。

（三）投资范围及投资策略（基金层面）

1. 投资范围

（1）新型城镇化开发相关领域：如土地一级开发；旧城及棚户区改造；城乡建设用地增减挂钩、农民宅基地置换流转相结合的建新安置和拆旧复垦项目。

（2）城镇特许经营权相关领域：如垃圾、污水处理等市政基础设施项目；地下管沟的建设与改造项目；能源合同管理项目；信息网络、智能建筑、绿色建筑等智慧城市配套设施项目。

（3）以人为核心的新型城镇化项目：如文化、教育、医疗、节能环保、养老等设施项目；旅游休闲等生活服务区项目；产业园区开发建设与运营。

2. 投资策略

（1）投资方式

根据投资方式（投资工具）的风险等级不同，可将新型城镇化发展基金投资的产品模式分为基础级、夹层级和奶油级，其中基础级及夹层级产品投资占基金总投资的比例不低于60%，奶油级产品投资占基金总投资的比例不高于40%：

①基础级：主要进行期限固定的债权性投资以获取固定收益回报。

②夹层级：主要进行股债混合投资，在获得保底收益的前提下，能够参与投资项目的利润分成。

③奶油级：主要进行纯股权性投资，按照股权投资比例获取投资项目的利润。

【评析】投资基础级及夹层级产品，可以使基金在风险可控的前提下，获取稳健的投资收益；投资奶油级产品，可以使基金在承受较高风险时，获取高额的投资收益。通过基础级、夹层级和奶油级产品的组合投资，一方面，可以使基金投资风险可控，另一方面，可以使基金投资收益最大化。

（2）投资标准

重点投资新型城镇化建设、旧城/棚户区改造、城市基础设施项目；单笔投资所对应的子基金或子项目的IRR不低于15%~20%；项目投资期限为5~8年，以使投资项目收益最大化；原则上由地级及以上政府出具财政扶持、财政补贴相关文件，并由同级人大出具决议通过。

【评析】在本案例中，信托公司以信托计划项下信托资金认购江城新型城镇化发展基金（有限合伙）优先级LP，根据《合伙企业法》的规定，信托公司不能执行江城新型城镇化发展基金（有限合伙）的合伙事务，但是可以(1)参与决定普通合伙人入伙、退伙；(2)对企业的经营管理提出建议；(3)参与选择承办有限合伙企业审计业务的会计师事务所；(4)获取经审计的有限合伙企业财务会计报告；(5)对涉及自身利益的情况，查阅有限合伙企业财务会计账簿等财务资料；(6)在有限合伙企业中的利益受到侵害时，向有责任的合伙人主张权利或者提起诉讼；(7)执行事务合伙人怠于行使权利时，督促其行使权利或者为了本企业的利益以自己的名义提起诉讼；(8)依法为本企业提供担保。

江城金融有限责任公司是江城新型城镇化发展基金（有限合伙）的主导方，基金投资的项目均由江城金融有限责任公司推荐，并由江城新型城镇化发展基金（有限合伙）的投资决策委员会表决通过；江城新型城镇化发展基金（有限合伙）的投资决策委员由江城金融有限责任公司领导担任，投资决策委员会按照江城金融有限责任公司内部的风险标准、制度和流程对基金资产投资进行风险把控。除了江城金融有限责任公司以20亿元自有资金分别认购次级信托份额和次级有限合伙份额，为优先级信托资金提供信用支持外，江城信托公司应当对江城金融有限责任公司实力及风控能力进行考察。

第四章　资产证券化信托业务风险管理与案例分析

第一节　基本业务综述

一、基本交易模式

（一）交易模式

资产证券化业务发端于美国，美国的政府国民抵押协会于 1970 年首次发行以抵押贷款组合为基础资产的抵押资产支持证券（房贷转付证券），由此资产证券化作为一种金融创新工具得到了快速发展。资产证券化是一种直接融资工具，是将缺乏流动性且能产生稳定现金流的资产或资产组合通过证券市场发行资产支持证券进行，使得资产持有人从证券市场获得融资并极大地提高了资产的流动性。资产证券化的基本交易模式如下图（以信贷资产证券化为例）：

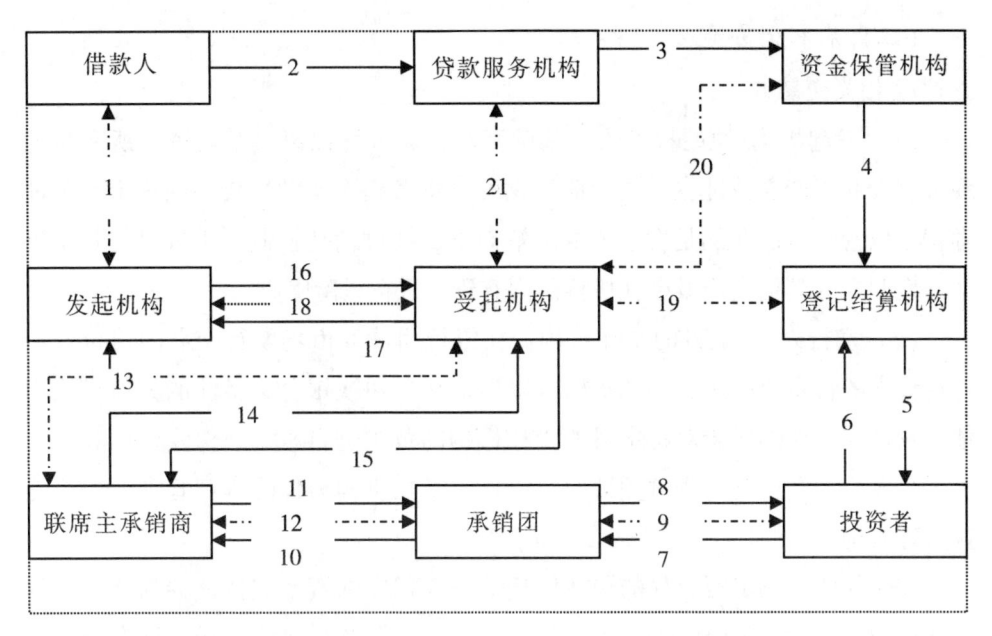

```
借款人 ──2──▶ 贷款服务机构 ──3──▶ 资金保管机构
  ▲                  │                    │
  │1                 │21              20  │4
  │                  ▼                    ▼
发起机构 ──16──▶ 受托机构 ◀──19── 登记结算机构
         ◀─18─       ▲
         ─17─▶       │
  ▲  13              │                     ▲
  │  14              │                    5│6
  │  15                                    │
联席主承销商 ─11─▶ 承销团 ─8─▶ 投资者
            ◀12            ◀9
            ─10─▶          ─7─▶
```

（二）基础资产的特征与范围

我国资产证券化市场分为三种类型，分别为银行间债券市场、交易所市场和保险资产登记交易平台。银行间市场发行交易的资产证券化品种主要有资产支持票据和信贷资产支持证券；交易所市场具体包括上海证券交易所、深圳证券交易所、中国证券业协会机构间报价与转让系统、证券公司柜台市场以及证监会认可的其他交易场所，主要发行资产支持专项计划；保险资产登记交易平台主要发行资产支持受益凭证。

目前在我国可以证券化的基础资产可以概括为如下特征：

（1）符合法律法规规定，无权属纠纷及其他权利限制；

（2）能够产生独立且可预测的现金流；

（3）可以特定化的财产或财产权。

基础资产可以是单项财产或财产权，也可以是多项财产或财产权组合，具体包括：应收款项、信贷资产、基础设施收益权、商业物业等不动产收益权、信托受益权及监管部门认定的其他财产或财产权利。由央行、银监会和财政部2012年5月17日发布的《关于进一步扩大信贷资产证券化试点有关事项的通知》规定，在信贷资产证券化扩大试点阶段禁止再证券化、合成证券化等复杂结构的证券化品种。

（三）基本交易要点

1. 相关交易方

（1）发起机构/原始权益人：基础资产权属人可以以其基础资产所产生的现金流发起资产支持证券。资产证券化可以将发起人流动性较差的资产通过证券化予以盘活，以此满足发起人的融资需求；通过信托机制，也可以使基础资产与发起人的其他资产及受托机构的固有资产进行风险隔离。

（2）发行人/特定目的受托机构：在银行间债券市场发行交易的信贷资产支持证券的特定目的信托受托机构可以由信托公司或银监会批注的其他机构担任；资产支持票据暂未对特定目的受托机构的范围进行限定；保险资产登记交易平台发行的资产支持受益凭证的特定目的受托机构为保险资产管理公司等专业管理机构。

在交易所市场发行交易的包括信托受益权在内的资产支持证券的特定目的受托机构（管理人）指，具备客户资产管理业务资格的证券公司、证券投资基金管理公司设立的具备特定客户资产管理业务资格的子公司，证券公司及证券投资基金公司子公司可以通过设立资产支持专项计划作为特殊目的载体开展资产证券化业务。经中国证监会认可，期货公司、证券金融公司、中国证监会负责监管的其他公司以及商业银行、保险公司、信托公司等金融机构，可以参照《证券公司及基金管理公司子公司资产证券化业务管理规定》开展资产证券化业务。

（3）证券登记托管机构：在银行间市场发行交易的信贷资产支持证券可以在中央国债登记结算有限责任公司登记托管（中国人民银行公告 2005 年第 15 号），也可以在银行间市场清算所股份有限公司进行登记和托管（清算所公告〔2012〕7 号）；资产支持票据暂未对登记托管机构范围进行限定。

在交易所市场发行交易的包括信托受益权在内的资产支持专项计划由具有相关业务资格的商业银行、中国证券登记结算有限责任公司，具有托管资格的证券公司和证监会认可的其他资产托管机构托管。

在保险资产登记交易平台发行的资产支持受益凭证，受托人应当聘请具有保险资金托管资格的机构担任托管人，资产支持受益凭证则在保险资产登记交易平台发行、登记和交易。

（4）资金保管机构：资产证券化业务的受托机构或资产支持专项计划的管理人应当聘请商业银行或其他具有资金保管资格的机构对信托资产或专项计划资产进行保管。

（5）其他相关方：资产证券化业务相关方还可以包括证券承销商（包括主承销商和承销团成员）、信用评级机构、会计师事务所、律师事务所、基础资产服务机构等。

2. 基本交易要点

（1）发起人将其所持有的能够产生稳定现金流的资产或资产组合转移给受托机构，以设立特定目的信托，由受托机构以资产或资产组合产生的现金流为支撑发行资产支持证券。

（2）受托人发行资产支持证券可以根据具体需要由第三方提供信用增级及信用评级服务，并由律师事务所、会计师事务所出具相关专业意见。

（3）受托机构通过承销机构向投资人发售资产支持证券，并由受托机构将证券销售收入向发起人分配。受托机构以资产支持证券的现金流向投资者分配投资收益。

（4）资产支持证券发行完毕可以申请在公开交易市场进行挂牌交易。

（5）发行资产支持证券的基础资产作为信托财产，与发起人的其他财产以及受托机构的固有资产相隔离，其制度基础就在于风险隔离机制的有效性。

二、交易品种分类

（一）国外市场分析

根据美国证券业协会的统计，2012年美国资产支持证券的存量规模仅次于美国国债，占美国债券市场总量的比例超过25%，存量规模近10万亿美元。租金、版权、专利费、信用卡贷款、汽车贷款、公路收费等都可以在美国作为基础资产进行证券化。

美国资产证券化品种主要包括资产支持证券（ABS）和房地产抵押贷款支持证券（MBS）：其中资产支持证券（ABS）又分为狭义的ABS（资产支持商业票据、汽车贷款、信用卡、学生贷款等）和抵押债务权益（CDO）；房地产抵押贷款支持证券（MBS）又分为商业地产抵押贷款支持证券（CMBS）和住宅地产抵押贷款支持证券（RMBS）。

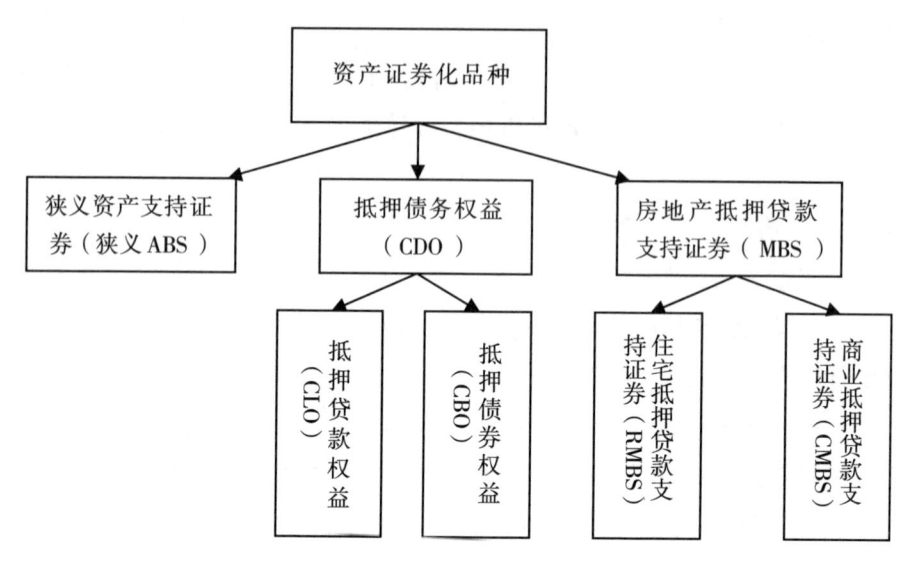

```
                    资产证券化品种
         ┌──────────────┼──────────────┐
   狭义资产支持证    抵押债务权益      房地产抵押贷款
   券（狭义ABS）      （CDO）         支持证券（MBS）
                    ┌─────┴─────┐    ┌─────┴─────┐
                 抵押贷款权益  抵押债券权益  住宅抵押贷款支  商业抵押贷款支
                   （CLO）      （CBO）    持证券（RMBS）  持证券（CMBS）
```

（二）国内市场分析

我国资产证券化主要分为四大模式：信贷资产证券化、证券公司及基金管理子公司资产证券化、资产支持票据、保险资产支持计划。信贷资产证券化业务由中国人民银行和银监会主管，主要交易市场为全国银行间债券市场；证券公司及基金管理公司子公司资产证券化业务由证监会主管，主要在交易所市场发行交易；资产支持票据由全国银行间市场交易商协会主管，主要在全国银行间债券市场发行交易；保险资产支持计划主要由保监会主管，在保险登记交易平台发行登记交易。

	信贷资产证券化	证券公司及基金管理子公司资产证券化	资产支持票据	保险资产支持计划
主管部门	央行、银监会	证监会	交易商协会	保监会
审核方式	资格审批+产品备案制	备案制	注册制	初次申报核准同类产品事后报告制

续表

	信贷资产证券化	证券公司及基金管理子公司资产证券化	资产支持票据	保险资产支持计划
发起人/原始权益人	银行业金融机构	金融及非金融机构	非金融机构	金融及非金融机构
基础资产	信贷资产	企业应收款、租赁债权、信贷资产、信托受益权等财产权利，基础设施、商业物业等不动产财产或不动产收益权，中国证监会认可的其他财产或财产权利。	企业应收账款、租赁债权、信托受益权等财产权利，以及基础设施、商业物业等不动产财产或相关财产权利。	能够直接产生独立、可持续现金流的财产、财产权利或者财产与财产权利构成的资产组合。
特殊目的载体	特殊目的信托	专项资产管理计划	特殊目的信托、特殊目的的公司	资产支持计划
登记托管机构	中央国债登记结算公司上海清算所	中国证券登记结算公司	上海清算所	保险资产登记交易平台

上表是四类资产证券化业务的基本情况对比。我国四类资产证券化业务存在实质性区别，尤其是在特殊目的载体方面。具体而言分析如下：

信贷资产证券化和保险资产支持计划采用特殊目的信托以实现基础资产的真实出售和破产隔离，从而使得资产支持证券持有仅需关注债项信用风险，而无须过多关切主体信用风险。根据银行间市场交易商协会于2012年8月颁发的《银行间债券市场非金融企业资产支持票据指引》，资产支持票据并未要求设立特殊目的载体，并非传统的资产支持证券，实质上仍为一般债券；但是，根据2017年8月29日修订的《银行间债券市场非金融企业资产支持票据指引》，明确了发行载体为特定目的信托、特定目的的公司或交易商协会认可的其他特定目的载体，从而实现了资产证券化业务中基础资产的真实出售和破产隔离功能。

证券公司及基金管理公司子公司资产证券化采用专项资产管理计划作为特殊目的载体，《证券公司及基金管理公司子公司资产证券化业务管理规定》对以专项资产管理计划作为特殊目的载体的资产证券化设计了资产真实出售和风险隔离的机制。由于《证券公司及基金管理公司子公司资产证券化业务管理规定》在效力层级上属于部委规章，无法对抗诸如《企业破产法》等上位法规，并且专项资产管理计划并非特殊目的信托，所以笔者认为如果原始权益人发生破产后，基础资产应当归入其破产财产，无法实现破产隔离。

在信用增级措施方面，四类资产证券化业务也存在很大区别。一般而言，信贷资产支持证券主要采用内部信用增级，如结构化分档设计、利差账户、储备账户、触发机制安排等，银行也可以提供流动性支持等外部增信措施；证券公司及基金管理公司子公司资产证券化和资产支持票据由于没有有效的风险隔离机制，因此需要较多的依赖外部信用增级，如采用资产抵质押、信用担保或其他第三方信用支持；保险资产支持计划内部信用增级包括但不限于结构化、超额抵押等方式，外部信用增级包括但不限于担保、保证保险等方式。

第二节　风险控制与信用增级

一、资产证券化业务风险类型

（一）信用风险

信用风险即是违约风险，具体是指交易对手未能履行约定义务而产生的风险。以信贷资产证券化为例，如果受托人所受让的信贷资产（信托财产）的任何借款人或保证人未能按时足额履行《借款合同》或《保证合同》项下的还本付息义务或保证义务，从而可能致使信托财产的现金流很难达到预期水平，进而影响本期证券的还本付息，由此给投资者造成相应的损失。对于采用信托机制实现基础资产风险隔离的资产支持证券，其信用风险主要在于基础资产本身；如果没有采用信托机制实现基础资产的风险隔离的资产支持证券，其信用风险不仅存在于基础资产，也存在于资产证券化的发起机构（或者是原始权益人）。

（二）利率风险

目前，国内的资产支持证券其实是债券的一种，受托机构发行的受益权凭证一般会有票面利率，该受益权凭证也有其交易价格；无论是该受益权凭证的票面利率，还是交易价格，都会受到利率的影响。由于市场利率存在波动性，因此资产支持证券持有人会面临利率变动风险。

(三) 流动性风险

目前，国内的资产支持证券品种主要分为信贷资产支持证券、资产支持票据、证券公司及基金管理公司子公司资产支持证券，其中信贷资产支持证券及资产支持票据可以在银行间债券市场流通，证券公司及基金管理公司子公司作为管理人发行的资产支持证券则可以在证券交易所、全国中小企业股份转让系统、机构间私募产品报价与服务系统、证券公司柜台市场以及证监会认可的其他交易场所进行流通。由于资产证券化产品在我国尚未大规模开展，产品规模相对较小，开展时间相对较短，尚属于创新类金融产品，投资者对产品还不熟悉，在转让时可能存在一定的流动性风险，使得投资者很难随时将其所持有的证券予以变现。

(四) 法律风险

由于外部法律法规及监管规则不完备或者相关交易对手对于法律规则的不同理解或误解、不能有效执行，或因规则条文没有具体操作细节等原因无法执行合约，以及由于诉讼仲裁、不利裁决判决、法律文件缺失或法律文件条款的不完备等可能对相关交易对手造成损失。

(五) 其他风险

其他风险包括但不限于证券市场发生的系统性及非系统性的市场风险，由于操作人员失误或相关业务系统瘫痪而造成的操作风险等。比如，对于信贷资产支持证券而言，由于基础资产的借款人可能因为对发起人（委托人）拥有抵销权，从而依法行使抵销权，且被抵销的债权属于发起人（委托人）已交付设立信托的信托财产，从而使贷款组合本息回收出现风险；贷款服务机构发生信用危机，从而将所回收的贷款组合的本息与其自身其他资产混同，导致信托财产收益不确定而引发的混同风险。

二、资产证券化业务风险控制指引[①]

(一) 基础资产管理

1. 基本准入条件

基础资产应当符合资产池入池资产的相应标准,入池资产的具体标准应视基础资产种类而不同。通常而言,基础资产在法律上应当能够准确清晰地予以界定,其上未设置诸如抵/质押等担保负担或者其他权利限制,发起机构(基础资产原始权益人)应当拥有基础资产相关所有权权属证明或者运营处分许可证明。

基础资产为债权的,转让环节涉及转让登记、债务人通知、附属担保权益转让等相关事项,受托人应当明确该等事项的相应安排。如果基础债权附属担保权益无法完成向信托转让的法律手续或者转让存在重大经济不合理性,受托人应当采取合理有效措施防止附属担保权益被发起机构(原始权益人)或者第三方侵占,以保护投资者的合法权益。

【示例】租赁资产池资产合格标准[②]:

就每一笔"资产"而言,系指在"初始起算日"和"信托设立日":(1)"资产"对应的全部"租赁合同"适用法律为中国法律,且在中国法律项下均合法有效;(2)相关"租赁物件"均已起租;(3)"发起机构"合法拥有资产,且资产上未设定抵押权、质权等担保物权或其他权利限制;(4)"发起机构"是"租赁物件"的唯一合法所有权人,且"租赁物件"上未被设定抵押权、质权或其他担保物权;(5)"租赁物件"或"资产"不涉及诉讼、仲裁、执行或破产程序;(6)"发起机构"已经履行并遵守了"资产"所对应的任一份"租赁合同";(7)"资产"可以进行合法有效的转让,且无须取得"承租人"或其他主体同意;(8)"资产"不涉及国防、军工或其他国家机密;(9)"承租人"系依据中国法律在中国境内设立且合法存续的企业法人、事业单位法人或其他组织,且当前未发生对其财务状况或营运成果产生重大不利影响的事件或情况,

---

[①] 本部分主要参考中国证券投资基金业协会印发的《资产证券化业务风险控制指引》,不同种类的资产支持证券的风控标准存在较大差异,本部分内容不可作为实际业务的操作依据,仅供读者参考。

[②] 参考华租稳健租赁资产支持证券入池资产标准。

包括但不限于如下情形：重大资产转让、申请停业整顿、申请解散、申请破产、停产、歇业、注销登记、被吊销营业执照、涉及重大诉讼或仲裁、生产经营出现严重困难、财务状况恶化等；(10)"承租人"在"租赁合同"项下不享有任何主张扣减或减免应付款项的权利；(11)"资产"为"发起机构"资产五级分类中的正常类；(12)资产所对应的任一份"租赁合同"项下的到期租金均已按时足额支付，无违约情况。

2. 基础资产估值及现金流预测

基础资产为不动产的，受托人应当聘请具有房地产评估资质的中介机构对不动产进行价值评估，以作为基础资产收购或者处置的作价估值依据；基础资产为债权、固定收益类信托受益权等，资产支持证券的票面金额可以为债权本金。

基础资产现金流的预测应当以历史数据为基础，同时充分考虑影响基础资产现金流变化的各种因素，分析因素变化对现金流预测可能产生的影响；发行文件应当对现金流预测依据和假设条件进行说明，并披露各期现金流的预测结果和现金流覆盖倍数。受托人在信托期间内，应当对现金流实际产生情况与预测结果的差异进行比较分析，并根据实际差异情况对后续期间现金流预测进行修订，实际差异情况应当在项目管理报告中进行披露。

基础资产现金流来源于原始权益人经营性收入的，受托人应当采取相应措施，防范基础资产及相关权益被第三方主张权利的风险。

(二) 现金流管理

1. 现金流划付及监管

受托人应在资金保管机构开设信托账户，并在信托账户下设若干子账户[①]，用以接受/分配基础资产所产生的现金流；受托人应当在信托文件中对基础资产现金流自产生至分配给资产支持证券投资者的全流程，以及各账户环节、资金的流入及流出时间、可能面临的风险及防范措施进行明确说明；如果基础资产现金流产生时未能直接支付至信托账户，则可能存在现金流流转过程中的混同

[①] 比如，信托账户可以下设信托付款账户、信托收款账户和税收专用账户三个一级分账户，信托付款账户下设信托分配（费用和开支）账户、信托分配（证券）账户两个二级子账户，信托收款账户下设本金分账户和收入分账户两个二级子账户。

风险，对此受托人应当设置混同风险的防范机制。

【示例】受托人在资金保管机构为信托专门开立用于归集货币形态的信托财产收益、向受益人支付相应的信托利益以及支付其他相关费用的信托账户[1]。

受托人设置信托账户用以记录信托财产的收支情况，信托账下设立收益账、本金账和税收专用账，其中①收益账是指信托账下设立的用于核算收入回收款的子账，②本金账是指信托账下设立的用于核算本金回收款的子账，③税收专用账是指受托人在信托账下设立的用于核算信托账户中将专项用于支付与信托有关的税收款的提取和支付情况的子账。

本金回收款包括：①借款人正常归还的贷款本金；②在借款人对其债务本金行使抵销权后，委托人就被抵销的债务本金所支付的相应本金部分；③委托人支付的任何赎回价格中所包含的本金部分；④委托人支付的清仓回购价格中所含的本金部分；⑤违约贷款回收资金中减去该笔已回收的违约贷款所发生的执行费用后可归为本金的所有金额，减去未能从收入回收款中扣除的执行费用之后的剩余金额；⑥保证人履行保证责任而支付的金额中的本金部分；⑦受托人根据资产支持证券持有人大会的授权，委托第三方对非现金信托财产进行处置而取得的回收资金中属于本金的部分。

收入回收款包括但不限于：①相关的利息、收费和报酬；②信托账户中的资金取得的所有利息及投资收益，包括但不限于信托账户中的资金进行合格投资所取得的收益；③违约贷款回收资金中减去该笔已回收的违约贷款所发生的执行费用后可归为利息、收费和报酬的款项，在扣除其他违约贷款已发生但尚未扣除的执行费之后的剩余金额；④保证人履行保证责任而支付的金额中除本金以外的部分；⑤受托人根据资产支持证券持有人大会的授权，委托第三方对非现金信托财产进行处置而取得的回收资金中除本金以外的部分。

2. 现金流使用及再投资

（1）再投资：基础资产现金流在流入信托账户后至分配信托利益前，受托人可以按照约定对沉淀在信托账户中的资金进行再投资，再投资范围应当在信托文件中明确约定，通常应当为低风险、高流动性的固定收益类产品；再投资所可能产生的信用风险、市场风险、流动性风险等风险因素，受托人应当在信

---

[1] 参考中银2014年第二期信贷资产证券化信托资产支持证券关于信托账户及子账户的定义。

托文件中进行充分揭示。

受托人可以以基础资产产生的现金流循环收购新的同类基础资产，收购的新的同类基础资产归入信托财产，且应当符合基础资产的入池标准；受托人应当对拟收购资产进行事前审核，并应定期向资产支持证券投资者进行信息披露。

（2）再融资：如果基础资产需要受托人投资运营的，受托人可以向金融机构融资用于基础资产的投资运营，但是融资金额应当限定在基础资产评估价值的特定比例内。

根据《信托公司管理办法》规定，信托公司不得以卖出回购方式管理运用信托财产，问题在于信托公司能否通过除卖出回购之外的负债方式管理运用信托财产。如果将禁止以卖出回购方式管理运用信托财产的规定理解为禁止以负债方式管理运用信托财产，受托人就不能通过再融资的方式投资运营基础资产。

（三）收益分配管理

资产支持证券发行文件应当明确列示各档资产支持证券的受偿顺序、期限、偿付方式等，并向投资者充分提示可能面临的偿付风险及应对措施。受托人应当严格按照发行文件约定进行投资收益分配，严格控制现金流划转、兑付流程，按照发行文件的约定及时向投资者披露投资收益分配相关信息。基础资产为不动产的，期末可分配余额的90%以上应当用于当期分配。在符合分配条件的前提下，分配频率不得低于每年一次。

（四）关联交易管理

受托人应当在发行文件中充分披露发起机构（原始权益人）、受托人、登记托管机构/支付代理机构、主承销商、资金保管机构之间的关联关系。如果资产证券化业务的交易结构中存在关联交易情形的，受托人应遵循资产支持证券投资者利益优先的原则，确保关联交易方按照公允价值进行公平交易，并应及时予以信息披露。

基础资产为不动产的，发行交易价格超过基础资产总值5%以上的关联交易，应当在发生之日起2日内进行公告，披露关联关系性质以及交易要素。信贷资产证券化发起机构应当按照不低于5%的比例保留基础资产的信用风险，具体持有各档次资产支持证券的要求详见下文分析。

（五）信用增级管理

资产支持证券发行文件中应当明确各项信用增级措施的触发条件及触及触发条件后的具体应对措施和流程。受托人以及资产支持证券的承销机构应当如实披露资产证券化交易的信用增级安排，不得夸大信用增级效果以误导投资者。聘请资产评级机构的，资信评级机构应当谨慎评估各项信用增级措施提供信用保护的程度，并如实在信用评级报告中披露。

【示例】基础资产为债权的资产证券化业务，通常设计两类信用触发机制[①]：

（1）同参与机构履约能力相关的"加速清偿事件"

如果加速清偿事件被触发，则收益账的资金将不再用于①次级档证券期间收益的支付及②贷款服务机构和受托人限度以外的应受偿金额，而是将剩余资金全部转入本金账用于优先档证券本金的兑付。

（2）同资产支持证券兑付相关的"违约事件"

如果违约事件被触发，则信托账项下资金不再区分收入回收款和本金回收款，而是将二者混同并在支付有关的税费、报酬后用于顺序偿付优先档证券的利息和本金，以及支付次级档证券的本金，其余额分配给次级档证券持有人。

三、资产证券化业务信用增级措施

（一）外部信用增级

1. 超额抵押

在资产证券化交易中，将资产池价值超过资产支持证券票面价值的差额作为信用保护的一种内部信用增级方式，该差额用于弥补资产证券化业务中可能产生的损失。

2. 资产支持证券分层结构

在资产证券化交易中，将资产支持证券按照受偿顺序分为不同档次证券的一种内部信用增级措施。较高档次的证券比较低档次的证券在本息支付上享有优先权，因此具有较高的信用评级；较低档次的证券先于较高档次的证券承受损失，以此为较高档次的证券提供信用增级。

[①] 参考中银2014年第二期信贷资产证券化信托资产支持证券关于信用触发机制的定义。

3. 现金抵押账户

现金抵押账户资金由发起机构提供或者来源于其他金融机构的贷款，用于弥补资产证券化业务中可能产生的损失。

4. 利差账户

利差账户资金来源于信贷资产利息收入和其他证券化交易收入减去资产支持证券利息支出和其他证券化交易费用之后所形成的超额利差，用于弥补资产证券化业务中可能产生的损失。

（二）外部信用增级

1. 备用信用证

备用信用证是特殊形式的信用证。开证行保证在开证申请人未能履行其应该履行的义务时，受益人只要凭备用信用证的规定向开证行开具汇票，并附有开证申请人未能履行义务的申明或相关证明文件，就可以从开证行得到偿付。

2. 保证与保险

资产支持证券可以采取专业保险公司承保以进行信用增级。资产支持证券的发起机构可以为基础资产购买信用保险，如果基础资产债务人发生违约，则由保险公司赔偿相应损失；资产支持证券的受托机构也可以为资产支持证券购买信用保险，如果受托机构不能按期向资产支持证券持有人兑付，则由保险公司进行赔付。

（三）外部信用评级

目前在国际市场上比较著名的评级机构有穆迪（Moody）、标准普尔（S&P）、惠誉国际（Fitch），而国内占有市场份额比较大的评级公司主要有大公国际、中诚信和联合信用，该三家信用评级公司共占有90%以上的资本市场份额。

在证券交易所市场开展的资产证券化业务，可以对资产支持证券进行初始信用评级和跟踪信用评级，评级机构应当取得中国证监会核准的证券市场资信评级业务资格。

在全国银行间债券市场开展信贷资产证券化业务，应对资产支持证券进行初始信用评级和持续信用评级，评级机构应当具有评级资质。监管部门鼓励探索采取多元化信用评级方式，支持对资产支持证券采用投资者付费模式进行信用评级。

【示例】民生2014年第一期信贷资产证券化信托资产支持证券的信用评级机构为中诚信国际信用评级有限责任公司和中债资信评估有限责任公司。中诚信/中债资信评级结果：优先A-1档为AAA/AAA级、优先A-2档为AAA/AAA级、优先B档为AA-/AA-级、次级档未评级。

信用增级措施安排：内部信用增级包括优先/次级安排和信用触发机制，没有采用外部信用增级措施。

第三节 信贷资产证券化业务准入与规则

一、交易主体

(一) 发起机构

信托资产支持证券的发起机构包括商业银行、政策性银行、信托公司、财务公司、城市和农村信用社以及由银监会监管的其他金融机构，上述银行业金融机构作为信贷资产证券化发起机构，应当符合《金融机构信贷资产证券化试点监督管理办法》规定的准入条件。

信贷资产支持证券由受托机构发行，代表特定目的信托的信托受益权份额。发起机构将信贷资产转移给受托机构设立特定目的信托，此时发起机构持有信托受益权；受托机构以发起人持有的信托受益权份额向投资者发行信托受益权凭证。

(二) 受托机构/发行人

信贷资产支持证券的受托机构由信托公司担任，其他金融机构担任受托机构需要经过银监会的批准。信托公司需要向银监会申请并取得资产证券化业务资格后才能从事该项业务。

监管部门对信托公司担任受托机构的资质进行规定，主要包括如下条件：

1. 根据国家有关规定完成重新登记3年以上；
2. 注册资本不低于5亿元人民币，并且最近3年年末的净资产不低于5亿元人民币；
3. 自营业务资产状况和流动性良好，符合有关监管要求；

4. 原有存款性负债业务全部清理完毕，没有发生新的存款性负债或者以信托等业务名义办理变相负债业务；

5. 具有良好的社会信誉和经营业绩，到期信托项目全部按合同约定顺利完成，没有挪用信托财产的不良记录，并且最近3年内没有重大违法违规行为；

6. 具有良好的公司治理、信托业务操作流程、风险管理系统和内部控制；

7. 具有履行特定目的信托受托机构职责所需要的专业人员、业务处理系统、会计核算系统、管理信息系统及风险管理和内部控制制度；

8. 已按照规定披露公司年度报告及银监会规定的其他审慎性条件。

（三）其他相关机构

信贷资产证券化业务还涉及信用增级/评级机构、贷款服务机构、资金保管机构、登记结算机构、证券承销机构、资产支持证券投资机构、会计师事务所、律师事务所等。

1. 信用增级/评级机构：信用增级机构提供的信用增级措施包括内部信用增级和外部信用增级，其中内部信用增级包括但不限于超额抵押、结构化安排、现金抵押账户和利差账户等方式，外部信用增级包括但不限于备用信用证、担保和保险等方式。

信贷资产支持证券应当由具有相应资质的评级机构进行信用评级，信用评级机构应当对资产支持证券进行初始评级和跟踪评级。

2. 贷款服务机构：贷款服务机构可由在我国境内设立并经营贷款业务具有资格的金融机构担任，一般情况下都是由发起机构担任贷款服务机构。贷款服务机构收取的证券化资产的本息及其他收入必须要及时足额地转入受托机构在保管机构开设的资金账户。

3. 保管机构：保管机构需要为每项信贷资产证券化信托资金单独设账、单独管理，保管机构应当对信托资金和自有资金、不同业务的信托资金之间建立防火墙进行严格分开管理。信贷资产发起机构和贷款服务机构可以是同一金融机构，但是发起机构和贷款服务机构不得担任同一交易的资金保管机构。

4. 投资机构：信贷资产支持证券是在全国银行间债券市场发行，因此信贷资产支持证券的投资机构必须是可以参与买卖银行间债券市场的机构。发起机构原则上不得投资由其发起的资产支持证券，但是可以持有最低档次的资产支持证券；受托机构不得用自有资金或信托资金投资由其发行的资产支持证券，但是依据有关规定或合同约定进行提前赎回的除外。信托公司自有资金可以投资资产支持证券，但是投资余额不得超过净资产的50%，自用固定资产、股权投资和资产支持证券的投资余额合计不得超过净资产的80%；信托公司运用信托项下资金投资资产支持证券的，委托人不能是自然人。

由央行、银监会和财政部于2012年5月17日发布的《关于进一步扩大信贷资产证券化试点有关事项的通知》规定，鼓励保险公司、证券投资基金、企业年金、全国社保基金等非银行机构投资者投资资产支持证券，单个银行业金融机构购买持有单只资产支持证券的比例不得超过该单只资产支持证券发行规模的40%。

5. 登记结算机构：受托机构与登记结算机构签署《债券发行、登记及代理兑付服务协议》，受托机构根据该协议委托登记结算机构为资产支持证券提供登记托管、代理本息兑付等服务。

6. 承销机构：发行人与发起机构和主承销商签署《承销协议》，主承销商根据该协议承销资产支持证券；主承销商与承销团成员签署《承销团协议》，承销团成员根据该协议承销资产支持证券。

7. 法律顾问/会计税务顾问：法律顾问为资产支持证券出具法律意见书，会计税务顾问为资产支持证券出具税务意见书。

二、业务规则与风险管理

（一）信用增级与评级

信用增级措施分为内部信用增级和外部信用增级，其中内部信用增级包括但不限于超额抵押、结构化分层、现金抵押账户和利差账户等，外部信用增级包括但不限于备用信用证、担保和保险等。如果是金融机构提供信用增级服务的，应当在法律文件中明确规定信用增级的条件、保护程度和期限，并将因提供信用增级而承担的义务和责任与因担当其他角色而承担的义务和责任进行明确的区别。

根据建设部于2005年5月16日颁发的《关于个人住房抵押贷款证券化涉及的抵押权变更登记有关问题的试行通知》，为了配合国家个人住房抵押贷款证券化试点工作,建设部对于个人住房抵押贷款证券化涉及的抵押权变更等有关问题进行明确。

对于金融机构与信托公司以个人住房抵押贷款证券化为目的设立信托,需要将金融机构发放或持有的个人住房抵押贷款债权及相应的住房抵押权批量转让给受托机构的,或者在特定目的信托存续期间,金融机构根据合同约定进行债权回购,或者受托机构发生变更的,可以按照通知规定批量办理个人住房抵押权变更登记。批量办理个人住房抵押权变更登记的,由个人住房抵押权转让人和受让人共同申请。房地产管理部门办理批量个人住房抵押权变更登记时,只对抵押权人做变更处理,其他登记事项不作变更。

资产支持证券在全国银行间债券市场发行与交易,应聘请具有评级资质的资信评级机构,对资产支持证券进行持续信用评级。定向发行资产支持证券可免于信用评级,但定向发行的资产支持证券只能在认购人之间转让。由央行、银监会和财政部于2012年5月17日发布的《关于进一步扩大信贷资产证券化试点有关事项的通知》规定,资产支持证券的初始评级应当由2家具有评级资质的评级机构进行;上述通知还鼓励采取投资者付费模式等多元化信用评级方式。

(二) 风险自留原则

由央行、银监会和财政部于2012年5月17日发布的《关于进一步扩大信贷资产证券化试点有关事项的通知》,在扩大试点阶段开展的信贷资产证券化业务应当遵守风险自留原则。发起机构应当按照不低于每一单全部资产支持证券发行规模的5%的比例持有该单资产证券化中的最低档次的资产支持证券,且持有期限不低于最低档次证券的存续期限。发起机构应当同时担任贷款服务机构,切实履行信贷资产的贷后管理工作。在扩大试点阶段之前已经开展的信贷资产证券化业务不受风险自留原则的限制。

2013年12月31日中国人民银行和银监会联合发布〔2013〕21号文,就信贷资产证券化发起机构的风险自留原则作进一步规定。信贷资产证券化发起机构按照不低于5%的比例保留基础资产的信用风险,并应当符合如下要求:(1) 持有由其发起资产证券化产品的一定比例,该比例不得低于该单证券化产品全部发行规模的5%;(2) 持有最低档次资产支持证券的比例不得低于该档次资产支持证券发行规模的5%；（3）若持有除最低档次之外的资产支持证券，各档次证券均应持有，且应以占各档次证券发行规模的相同比例持有；（4）持有期限不低于各档次资产支持证券存续期限；（5）中国人民银行及中国银监会规定的其他要求。

（三）发行交易与托管清算

1. 发行与承销

（1）发行方式：信贷资产支持证券可以通过中国人民银行债券发行系统招标发行，也可以通过簿记建档方式发行。受托机构应当通过组建的承销团发行资产支持证券，承销人可以在发行期间向其他投资者分销其所承担的资产支持证券。承销方式可以采取协议承销，也可以采取招标承销的方式发行；可以采取一次性足额发行方式，也可以采取限额内分期发行的方式发行。

（2）招标发行：受托机构可以通过中国人民银行债券发行系统招标发行资产支持证券，受托机构在计划招标日前的6个工作日内向中央国债登记结算有限责任公司提交如下文件：①发行批文复印件；②资产支持证券信托合同文件的主要内容；③与资产证券化交易相关的资产管理（贷款服务）、资金托管（资金保管）、承销等协议文本复印件；④发行说明书；⑤评级报告；⑥承销团成员名单；⑦资产支持证券操作人员授权书暨预留印鉴卡（一式两份）；⑧发行时间安排申请书。中央国债登记结算有限责任公司对上述文件进行形式审核并确认无误后，为首次发行的受托机构开立发行账户、为授权人员设置操作权限及出具《发行时间安排通知书》。

（3）簿记建档发行：受托机构不通过中国人民银行债券发行系统发行资产支持证券，受托机构于发行前向中央国债登记结算有限责任公司提供上述①～⑦项材料。受托机构在提交承销团成员名单中附载承销额度的，中央国债登记结算有限责任公司据此在簿记系统记录承销人的承销额度。

（4）登记托管：资产支持证券发行成功后，受托机构在信托受益权登记日15时前向中央国债登记结算有限责任公司提交：①附电子文本的发行结果公告；及②受托机构签章的《资产支持证券发行款到账确认书》，其中未通过发行系统发行，在提交的承销团成员名单中未附承销额度的资产支持证券，受托机构须提供《资产支持证券持有人名单》。中央国债登记结算有限责任公司收到文件后，在簿记系统办理资产支持证券信托受益权确认手续，或根据《资产支持证券持有人名单》将持有人持有的资产支持证券记入持有人托管账户，信托受益权关系成立，发行登记托管手续完成，并向受托机构出具《资产支持证券登记托管手续完成确认书》。

2. 交易流通

符合交易流通要求的资产支持证券在全国银行间债券市场公开发行结束之日后，受托机构应根据《全国银行间债券市场债券交易流通审核规则》《资产支持证券交易操作规则》的规定，申请在全国银行间债券市场交易符合交易流通要求的资产支持证券。

全国银行间同业拆借中心为资产支持证券的交易提供报价、交易、行情和信息服务。资产支持证券采取现券买卖方式在全国银行间债券市场进行交易流通，也可以进行质押式回购交易；报价交易方式采取询价交易和点击成交相结合。每期资产支持证券的实际发行额度不得低于5亿元，同期各档次资产支持证券的实际发行额度不少于2亿元。

3. 托管与清算

目前可以办理信贷资产支持证券的登记托管和清算职责的机构包括中央国债登记结算有限责任公司和银行间市场清算所股份有限公司，其中银行间市场清算所股份有限公司是由中国外汇交易中心、中央国债登记结算有限责任公司、中国印钞造币总公司、中国金币总公司共同发起，并由财政部、中国人民银行于2009年批准成立的专业清算机构。

受托机构与登记托管机构按照《信托合同》的约定和《资产支持证券发行登记与托管结算业务操作规则》《信贷资产支持证券登记托管、清算结算业务细则》的规定，签订《债券发行、登记及代理兑付服务协议》。受托机构在登记托管机构办理资产支持证券的登记托管，同期各档次的资产支持证券应作为独立券种分别注册。

资产支持证券的结算按照《资产支持证券发行登记与托管结算业务操作规则》《信贷资产支持证券登记托管、清算结算业务细则》的规定执行。资产支持证券持有人可以将资产支持证券依法转让、用于清偿债务或以其他合法方式进行转移，并按照相关规定办理相应的变更登记手续。

三、税费问题

（一）税务处理

1. 印花税

对于发起机构与受托机构签署的信托合同、受托机构和贷款服务机构签署的委托管理合同，均暂免征收双方印花税；对于发起机构、受托机构与资金保管机构、证券登记托管机构以及其他为证券化交易提供服务的机构签署的其他应税合同，暂免征收发起机构、受托机构应缴纳的印花税；受托机构发售信贷资产支持证券以及投资者买卖证券暂免征收印花税；对发起机构、受托机构因开展信贷资产证券化业务而专门设立的资金账簿暂免征收印花税。

2. 营业税（增值税）

对于受托机构收取的信贷资产的贷款利息收入应全额征收营业税；对于受托机构的信托报酬、贷款服务机构的服务费收入、资金保管机构的报酬、证券登记托管机构的托管费、其他为证券化交易提供服务的机构的服务费收入等，应当按照现行营业税的政策规定缴纳营业税；金融机构投资者和非金融机构投资者买卖信贷资产支持证券取得的以卖出价减去买入价计算的差价收入应缴纳营业税。

值得注意的问题是：发起机构委托受托机构将其信贷资产设立信托，对于设立信托过程中委托人转让其信贷资产的行为，在现行营业税法规及规范性文件中尚无明确要求在上述情形下对该转让方征收营业税的规定。

3. 所得税

（1）发起机构：发起机构转让信贷资产取得的收益应按企业所得税的政策规定计算缴纳企业所得税，转让信贷资产所发生的损失可按企业所得税的政策规定扣除。发起机构赎回或置换已转让的信贷资产，应按现行企业所得税有关转让、受让资产的政策规定处理。

（2）其他机构：贷款服务机构取得的服务收入、受托机构取得的信托报酬、资金保管机构取得的报酬、证券登记托管机构取得的托管费、其他为证券化交易提供服务的机构取得的服务费收入等，均应按照企业所得税的政策规定计算缴纳企业所得税。

（3）信托项目收益：对信托项目收益在取得当年向机构投资者分配的部分，在信托环节暂不征收企业所得税；在取得当年未向机构投机者分配的部分，在信托环节由受托机构按企业所得税的政策规定申报缴纳企业所得税；对在信托环节已经完税的信托项目收益，再分配给机构投资者时，对机构投资者按现行有关取得税后收益的企业所得税政策规定处理。

对信托项目收益暂不征收企业所得税期间，机构投资者从信托项目分配获得的收益，应当在机构投资者环节按照权责发生制的原则确认应税收入，按照企业所得税的政策规定计算缴纳企业所得税。机构投资者买卖信贷资产支持证券获得的差价收入，应当按照企业所得税的政策规定计算缴纳企业所得税，买卖信贷资产支持证券所发生的损失可按企业所得税的政策规定扣除。

机构投资者从信托项目清算分配中取得的收入，应按企业所得税的政策规定缴纳企业所得税，清算发生的损失可按企业所得税的政策规定扣除。

（二）相关费用

信托财产现金流需要支付的报酬和费用包括：①法律法规和监管规定应由信托财产承担的税收和规费；②相关中介机构收入的报酬，包括受托人信托报酬、登记托管机构报酬、代理兑付机构报酬、资金保管机构报酬、贷款服务机构报酬、其他中介机构费用（如评级机构、律师事务所、会计师事务所等）。

四、资格审批与产品备案

（一）受托机构资格准入申请

1. 审批程序

信托公司开展信贷资产证券化业务，需要申请特定目的信托受托机构资格。银监会受理时效为自收到信托公司完整申请材料之日起 5 个工作日内决定是否受理申请；决定受理的，自受理之日起 1 个月内作出批准或不予批准的书面决定；决定不予受理的，应当以书面形式向申请人说明原由。信托公司具体的申请流程为：信托公司将一式三份的申请材料报送属地银监局，由银监局初审后报送银监会，信托公司需要就申请材料向银监会进行现场答辩。

2. 审批资料

申请材料具体包括：①申请报告；②营业执照、注册资本证明及重新登记完成3年以上的证明；③管理特定目的信托财产的操作规程、会计核算制度、风险管理和内部控制制度；④公司最近3个会计年度经审计的财务报表；⑤申请人自律承诺书；⑥监管部门要求的其他文件和材料。

(二) 资产支持证券的备案

1. 备案程序

根据《信贷资产证券化备案登记工作流程的通知》（银监办便函1092号），信贷资产证券化产品的发行由审批制变更为备案制，备案申请由银监会创新部统一受理、核实、登记，并转送各机构监管部实施备案统计；各机构监管部仅对发起机构合规性进行考察，不需打开产品"资产包"对基础资产等具体发行方案进行审查。已备案产品应在3个月内完成发行，3个月内未完成发行的须重新备案。

2. 备案资料

备案登记材料包括：①信贷资产证券化项目备案登记表；②发起机构和受托机构联合签署的项目备案报告；③信贷资产证券化项目计划书；④信托合同、贷款服务合同、资金保管合同及其他相关法律文件草案；⑤执业律师出具的法律意见书草案、注册会计师出具的会计师意见书草案、资信评级机构出具的信用评级报告草案及有关持续跟踪评级安排的说明；⑥受托机构在信托财产收益支付的间隔期内，对信托财产收益进行投资管理的原则及方式说明；⑦发起机构信贷资产证券化业务资格的批复或相关证明文件；⑧特定目的信托受托机构资格的批复；⑨银监会要求的其他文件和材料。

五、发行情况

我国信贷资产证券化业务的发展可分为四个阶段：发起试点阶段、暂停试点阶段、恢复试点阶段和扩大试点阶段。

(一) 第一阶段（2005~2008年）

中国人民银行、银监会于2005年4月发布的《信贷资产证券化试点管理办法》，银监会于同年11月发布了《金融机构信贷资产证券化监督管理办法》，我国银行业金融机构正式开展信贷资产证券化的试点阶段。

根据Wind资讯数据（截至2015年3月10日），2005~2008年，银行间债券市场共发行了17款资产支持证券,基础资产包括个人住房按揭贷款、企业贷款、汽车消费贷款和不良贷款,发起机构有政策性银行、国有商业银行、股份制银行、金融资产管理公司、汽车金融公司。

(二) 第二阶段(2009~2011年)

2008年,美国雷曼兄弟倒闭而引起的金融危机的爆发,我国信贷资产证券化也随之处于停滞状态,银行间债券市场并未于2009~2011年发行资产支持证券。

(三) 第三阶段(2012~2013年)

央行、银监会和财政部于2012年5月17日发布了《关于进一步扩大信贷资产证券化试点有关事项的通知》,信贷资产证券化得以重启。信贷资产证券化重启后所发行的产品中的基础资产均为正常类信贷资产。

根据Wind资讯数据(截至2015年3月10日),2012~2013年,银行间债券市场共发行了11款资产支持证券,基础资产包括企业贷款和汽车消费贷款,发起机构有政策性银行、国有商业银行、股份制银行和汽车金融公司。

(四) 第四阶段(2014年至今)

自2014年开始,银行间债券市场信贷资产支持证券的发行量出现井喷现象,农村商业银行、城市商业银行和金融租赁公司亦获准在银行间债券市场发行资产支持证券。银监会于2014年11月印发《关于信贷资产证券化备案登记工作流程的通知》(银监办便函〔2014〕1092号),将银行间市场资产证券化业务的审批制变更为资格审批+产品备案制。

根据Wind资讯数据(截至2015年3月10日),2014~2015年3月10日,银行间债券市场共发行83款资产支持证券,基础资产包括企业贷款、信用卡应收款、汽车消费贷款、个人住房贷款、租赁债权,发起机构从原先的政策性银行、国有商业银行、股份制银行、汽车金融公司、金融资产管理公司扩展至城商行、农商行和金融租赁公司。

第四节 资产支持票据准入与规则

一、资产支持票据概述

1. 资产支持票据概念

2012年8月,中国银行间市场交易商协会颁发《银行间债券市场非金融企业资产支持票据指引》,正式推出银行间债券市场资产支持证券业务;2017年8月29日就《银行间债券市场非金融企业资产支持票据指引》进行了修订,明确资产支持票据是指非金融企业为实现融资目的,采用结构化方式,通过发行载体发行的,由基础资产所产生的现金流作为收益支持的,按约定以还本付息等方式支付收益的证券化融资工具。

资产支持票据可以公开发行或定向发行,公开发行资产支持票据,应聘请信用评级机构对资产支持票据进行信用评级;采用分层结构发行资产支持票据的,其最低档次票据可不进行信用评级。

2. 资产支持票据注册与发行

发行载体和发起机构应通过符合条件的承销机构向交易商协会提交资产支持票据注册文件。注册有效期为2年,首期发行应在注册后6个月内完成,后续发行应向交易商协会备案。

资产支持票据通过集中簿记建档或招标方式发行,发起机构以风险自留为目的持有到期的部分除外。

二、参与机构

1. 发起机构

指为实现融资目的开展资产支持票据业务的非金融企业。

2. 特定目的载体管理机构

指对特定目的载体进行管理及履行其他法定及约定职责的机构。发行载体可以为特定目的信托、特定目的的公司或交易商协会认可的其他特定目的载体,也可以为发起机构。

第四章 资产证券化信托业务风险管理与案例分析

3. 中介机构

包括但不限于主承销商、资产服务机构、资金监管机构、资金保管机构、律师事务所、会计师事务所、信用评级机构、资产评估机构、信用增进机构。

三、基础资产

1. 基础资产的范围

基础资产可以是企业应收账款、租赁债权、信托受益权等财产权利，以及基础设施、商业物业等不动产财产或相关财产权利等。其中以基础设施、商业物业等不动产财产或相关财产权利作为基础资产的，发起机构应取得合法经营资质；以信托受益权等财产权利为基础资产的，其底层资产需要满足交易商协会对基础资产的相关规定。

2. 基础资产限制

基础资产不得附带抵押、质押等担保负担或其他权利限制，但能够通过相关合理安排解除基础资产的相关担保负担和其他权利限制的除外。基础资产附带担保负担或其他权利限制的，应当在注册文件中对该事项进行充分披露及风险揭示，并对解除该等担保负担或其他权利限制的安排作出相应说明。

四、投资者保护

1. 投资者保护机制

发起机构和发行载体应当在注册文件中约定如下投资者保护机制：
①信用评级结果或评级展望下调的应对措施；
②基础资产现金流恶化或其他可能影响投资者利益等情况的应对措施；
③基础资产现金流与预测值偏差的处理机制；
④发生基础资产权属争议时的解决机制；
⑤资产支持票据发生违约后的相关保障机制及清偿安排。

发起机构和发行载体应在注册文件中还约定持有人会议相关安排，资产支持票据存续期间出现特定情形的，召集人应召开持有人会议。

2. 基础资产现金流监管

发行载体由特定目的载体担任的，基础资产应依照相关交易合同转让至发行载体；资产服务机构将基础资产产生的现金流按约定转让发行载体或其管理机构在资金保管机构开立的资金保管账户。

发行载体由发起机构担任的，发起机构应在资金监管机构开立独立的资金监管账户，明确约定基础资产的未来现金流进入资金监管账户，优先用于支付资产支持票据收益。

五、信息披露

公开发行资产支持票据的，发行载体应在每年4月30日、8月31日前分别披露上年度资产运营报告和半年度资产运营报告；定向发行资产支持票据的，发行载体应在每年4月30日前披露上年度资产运营报告，并可按照注册文件约定增加披露频率。

资产支持票据存续期内，发行载体应在每期资产支持票据收益支付日的前3个工作日披露资产运营报告。资产支持票据发行不足2个月的，可以不编制当期年度和半年度资产运营报告；收益支付频率为每年两次及以上的，可不编制半年度资产运营报告。

发行载体应与信用评级机构就资产支持票据跟踪评级的有关安排作出约定，于资产支持票据存续期内每年的7月31日前向投资者披露上年度的跟踪评级报告，并及时披露不定期跟踪评级报告。

资产支持票据存续期间发生可能对投资价值及投资决策判断有重要影响的重大事项，发行载体和发起机构应在事发后3个工作日内披露相关信息，并向交易商协会报告。

第五节 证券公司资产证券化业务准入与规则

一、特殊目的载体

典型的资产证券化业务是需要通过特殊目的载体来开展的，特殊目的载体可以实现基础资产的风险隔离，而我国能有效实现基础资产风险隔离的特殊目的载体即是特殊目的信托。信贷资产证券化就是以特殊目的信托来开展的，资产支持票据并无特殊目的载体的设计，证券公司及基金管理公司子公司开展资产证券化业务可以采用专项资产管理计划①作为特殊目的载体。值得探讨的问题是作为特殊目的载体的专项资产管理计划是否为特殊目的信托，从《证券公司及基金管理公司子公司资产证券化业务管理规定》关于特殊目的载体的规定及我国《信托法》对信托的规定分析，作为特殊目的载体的专项资产管理计划采取的就是信托结构。

二、基础资产

（一）基础资产范围

证券公司及基金管理公司子公司资产证券化业务基础资产包括企业应收款、租赁债权、信贷资产、信托受益权等财产权利、基础设施、商业物业等不动产财产或不动产收益权，以及中国证监会认可的其他财产或财产权利。附带抵质押等担保负担或者其他权利限制的资产不得作为资产证券化的基础资产，但是通过专项资产管理计划的特殊安排，解除相关担保负担和其他权利限制的资产可以作为资产证券化的基础资产。其中值得注意的是信托受益权可以作为基础资产发起资产支持证券在证券交易市场进行发行交易，这将从一定程度上增强信托产品的流动性，使得信托受益权有了可供交易的平台。

（二）负面清单

中国证券投资基金业协会对基础资产实行负面清单管理。根据《资产证券化业务基础资产负面清单指引》，资产证券化基础资产负面清单如下：

1. 以地方政府为直接或间接债务人的基础资产。但是地方政府按照事先公开的收益约定规则，在政府与社会资本合作模式（PPP）下应当支付或承担的

---

① 专项资产管理计划：根据《证券公司客户资产管理业务管理办法》规定：

（1）证券公司可以为客户办理特定目的的专项资产管理业务。证券公司为客户办理特定目的的专项资产管理业务，应当签订专项资产管理合同，针对客户的特殊要求和基础资产的具体情况，设定特定投资目标，通过专门账户为客户提供资产管理服务。证券公司应当充分了解并向客户披露基础资产所有人或融资主体的诚信合规状况、基础资产的权属情况、有无担保安排及具体情况、投资目标的风险收益特征等相关重大事项。

（2）证券公司可以通过设立综合性的集合资产管理计划办理专项资产管理业务，集合资产管理计划的合格投资者累计不得超过200人，合格投资者是指具备风险识别能力和风险承担能力且符合如下条件的单位和个人：①个人或者家庭金融资产合计不低于100万人民币；②公司、企业等机构净资产不低于1000万人民币。

财政补贴除外。

2. 以地方融资平台公司为债务人的基础资产。地方融资平台公司具体是指根据国务院相关文件规定，由地方政府及其部门和机构等通过财政拨款或注入土地、股权等资产设立，承担政府投资项目融资功能，并拥有独立法人资格的经济实体。

3. 矿产资源开采收益权、土地出让收益权等产生现金流能力具有较大不确定性的资产。

4. 具有下列情形之一的与不动产相关的基础资产：（1）因空置等原因不能产生稳定现金流的不动产租金债权；（2）待开发或在建占比超过10%的基础设施、商业物业、居民住宅等不动产或相关不动产收益权。当地政府证明已列入国家保障房计划并已开工建设的项目除外。

5. 不能直接产生现金流，仅依托处置资产才能产生现金流的基础资产，如仓单、提单、产权证书等具有物权属性的权利凭证。

6. 法律界定及业务形态属于不同类型且缺乏相关性的资产组合，如基础资产中包含企业应收账款、高速公路收费权两种或两种以上不同类型资产。

7. 违反相关法律法规或政策的资产，以及最终投资标的为上述资产的信托计划受益权等基础资产。

三、参与主体

（一）受托机构

1. 业务资格

证券公司及基金管理公司子公司资产证券化业务的受托机构即是专项资产管理计划的管理人，其需要具备的条件包括：（1）证券公司需具备客户资产管理业务资格，基金管理公司子公司须由证券投资基金管理公司设立且具备特定客户资产管理业务资格；（2）最近1年未因重大违法违规行为受到行政处罚；（3）具有完善的合规风控制度及风险处置应对措施，能有效控制业务风险。

2. 禁止行为

管理人的禁止行为包括：（1）募集资金不入账或者进行其他任何形式的账外经营；（2）超过计划说明书约定的规模募集资金；（3）侵占、挪用专项计划资产；(4) 以专项计划资产设定担保或者形成其他或有负债；(5) 违反计划说明书的约定管理、运用专项计划资产；(6) 法律、行政法规和中国证监会禁止的其他行为。

(二) 托管人

托管人可以是具有相关业务资格的商业银行、中国证券登记结算有限责任公司、具有托管业务资格的证券公司或者是中国证监会认可的其他资产托管机构。

(三) 原始权益人

我国债券市场对发债企业的财务与经营状况等都有比较严格的条件，且累计债券余额不超过企业净资产的40%。鉴于资产证券化的风险隔离机制，使得资产证券化业务的信用主要是债项信用，而非发起人的主体信用，因此对发起人的经营与财务状况没有过于严格的条件，且不受债券余额的比例限制。

证券公司及基金管理公司子公司资产证券化对一般原始权益人没有设置准入条件，仅对特定原始权益人设置了如下条件：(1) 生产经营符合法律、行政法规、企业章程或内部规章文件规定；(2) 内部控制制度健全；(3) 最近3年未发生重大违约、虚假信息披露或者其他重大违法违规行为；(4) 具有持续经营能力，无重大经营风险、财务风险和法律风险；(5) 法律法规和证监会规定的其他条件。

特定原始权益人，是指业务经营可能对专项计划以及资产支持证券投资者利益产生重大影响的原始权益人；特定原始权益人在专项计划存续期间，应当维持正常的生产经营活动或者提供合理的支持，为基础资产产生预期现金流提供必要的保障。

(四) 投资者

1. 合格投资者标准

资产支持证券的投资者应当符合合格投资者的标准，发行对象不得超过200人，单笔认购不少于100万元人民币。合格投资者的标准为：(1) 净资产不低于1000万元的单位；(2) 金融资产不低于300万元或者最近3年个人年均收入不低于50万元的个人。

视为合格投资者的投资者包括：(1) 社会保障基金、企业年金等养老基金、慈善基金等社会公益基金；(2) 依法设立并在基金业协会备案的投资计划；（3）投资于所管理私募基金的私募基金管理人及其从业人员；（4）中国证监会规定的其他投资者。

以合伙企业、契约等非法人形式，通过汇集多数投资者的资金直接或间接投资于私募基金的，合格投资者标准及人数需要穿透核查；对于依法设立并受监管机构监管，由金融机构主动管理的投资计划无须穿透核查最终投资者标准及人数（如主动管理类的信托计划、银行理财产品）。

2. 投资者权益

投资者可以交易、转让、质押、继承等方式处置资产支持证券，也可以通过正回购交易进行融资；投资者不得要求分割专项资产管理计划资产，不得要求专项资产管理计划回购资产支持证券。

（五）交易场所

证券公司及基金管理公司子公司资产证券化业务的资产支持证券可以挂牌、转让的场所包括：证券交易所、全国中小企业股份转让系统、机构间私募产品报价与服务系统、证券公司柜台市场以及中国证监会认可的其他交易场所。

四、发行情况

中国证监会于2004年4月启动了"证券公司通过专项资产管理计划作为特殊目的载体开展企业资产证券化业务"的研究论证，并于2005年8月开始证券公司企业资产证券化业务的试点。2012年证券行业的创新大会之后，监管部门对证券公司的监管尺度进行了很大放松，证监会亦于2013年3月颁发《证券公司资产证券化业务管理规定》。

证监会于2014年11月发布《证券公司及基金管理公司子公司资产证券化业务管理规定》及配套规则，将资产证券化业务管理人范围从证券公司扩展至基金管理公司子公司，将事前行政审批更改为基金业协会事后备案和基础资产负面清单管理。

五、设立、备案及信息披露

（一）设立与备案

法律法规规定基础资产转让应当办理批准登记手续的，原始权益人和管理人应当依法办理；基础资产为债权的，原始权益人应当依照法律规定将债权转让事项通知债务人。

证监会取消了资产证券化业务的事前行政审批，实行基金业协会事后备案和基础资产负面清单管理。管理人自专项计划成立之日起 5 个工作日内将专项计划设立情况报送基金业协会备案，并抄送属地证监局。

（二）挂牌转让

资产支持证券可以在沪深证券交易所、全国中小企业股份转让系统、机构间私募产品报价与服务系统、证券公司柜台市场以及中国证监会认可的其他证券交易场所进行挂牌转让。资产支持证券转让的对象必须是合格投资者，且持有资产支持证券的合格投资者始终不得超过 200 人。资产支持证券初始挂牌交易单位所对应的发行面值或等值份额应不少于 100 万元人民币。

（三）信息披露

信息披露义务人包括但不限于管理人、托管人、资信评级机构等，信息披露环节包括：

1. 发行环节信息披露

管理人应当在资产支持证券发行前向合格投资者披露计划说明书、法律意见书、评级报告（如有）等文件。

2. 存续期间信息披露

管理人在每期资产支持证券收益分配日的两个交易日前向合格投资者披露专项计划收益分配报告；每年 4 月 30 日前披露经具有从事证券期货业务资格的会计师事务所审计的上年度资产管理报告（设立不足两个月的，管理人可以不编制年度资产管理报告）；托管人在管理人披露资产管理报告的同时披露相应期间的托管报告；评级对象有效存续期间，资信评级机构应当于资产支持证券存续期内每年 6 月 30 日前向合格投资者披露上年度的定期跟踪评级报告，并及时披露不定期跟踪评级报告。

3. 其他信息披露

其他信息披露内容包括资产支持证券持有人会议信息及持有人会议决议，发生对资产支持证券投资价值或价格有实质性影响的重大事件、专项计划清算报告等。

第六节　保险资产支持计划准入与规则

一、特殊目的载体

保险资产管理公司开展的资产证券化业务采用的特殊目的载体为资产支持计划，原始权益人向保险资产管理公司移交基础资产，保险资产管理公司以基础资产产生的现金流为偿付支持，向保险机构等合格投资者发行受益凭证。

《资产支持计划业务管理暂行办法》（保监发〔2015〕85号）明确规定，其上位法依据之一为《信托法》，因此资产支持计划采取的是信托法律结构。

二、基础资产

（一）基础资产范围

资产支持计划的基础资产应当是能够直接产生独立、可持续现金流的财产、财产权利或者财产与财产权利构成的资产组合。根据穿透原则，基础资产应当符合如下基本要求：

（1）基础资产应可特定化，权属清晰明确；

（2）基础资产的交易基础真实、交易价格公允，符合法律法规及国家政策规定；

（3）基础资产没有附带抵押、质押等担保责任或者其他权利限制，或者能通过相关安排解除基础资产的相关担保责任和其他权利限制；

（4）中国保监会规定的其他条件。

（二）现金流要求

基础资产在资产支持计划存续期间预期能够产生的现金流应当能够覆盖受益凭证预期投资收益和投资本金，但是国家政策支持的基础设施项目、保障房和城镇化建设等领域的基础资产除外。

受托人应当以历史数据为依据，并充分考虑影响未来现金流的因素，合理测算基础资产的现金流，但是基础资产的现金流不包括回购等增信措施产生的现金流。

三、参与主体

(一) 受托机构

1. 能力标准

资产支持计划的受托机构由保险资产管理公司等专业管理机构担任,受托机构应当在首单支持计划设立时向中国保监会报告其能力建设情况。

受托机构应当具备的能力标准包括:(1) 具有基础设施投资计划或者不动产投资计划运作管理经验;(2) 建立相关投资决策机制、风险控制机制、内部管理制度和业务操作流程;(3) 合理设置相关部门或者岗位,并配备专职人员;(4) 信用风险管理能力达到监管标准;(5) 最近一年未因重大违法违规行为受到行政处罚;(6) 中国保监会规定的其他条件。

2. 受托职责

受托机构的受托职责主要包括:(1) 设立、发行和管理支持计划;(2) 按照支持计划约定,向受益凭证持有人分配收益;(3) 协助受益凭证持有人办理受益凭证转让、协议回购等事宜;(4) 持续披露支持计划信息;(5) 法律法规、监管办法规定及支持计划约定的其他职责。

(二) 托管机构

资产支持计划业务应当建立托管机制。托管人应当具有保险资金托管资格,托管人与受托人不得为同一人且不得具有关联关系。

托管人的托管职责主要包括:(1) 安全保管资产支持计划资产;(2) 按照资产支持计划约定方式,向受益凭证持有人分配投资收益;(3) 监督受托人管理支持计划运作行为,发现受托人违规操作的,应当立即以书面形式通知受托人纠正,并及时报告中国保监会;(4) 出具托管报告;(5) 法律法规、本办法规定及支持计划约定的其他职责。

(三) 原始权益人

原始权益人应当按照约定向资产支持计划移交基础资产,并应确保基础资产真实、合法、有效,不存在虚假或欺诈性转移等任何影响资产支持计划的情形。

原始权益人应当具备如下条件:(1) 具备持续经营能力,无重大经营风险、财务风险和法律风险;(2) 生产经营符合法律法规和公司章程的规定,符合国家产业政策；（3）最近三年未发生重大违约或者重大违法违规行为；（4）法律法规和中国保监会规定的其他条件。

（四）其他参与方

投资人：资产支持受益凭证面向保险机构以及其他具有风险识别和承受能力的合格投资者发行，保险机构投资者以保险资金认购。

资产服务机构：受托人可以聘请资产服务机构对基础资产进行管理，原始权益人可以担任资产支持计划的资产服务机构。

信用评级机构：资产支持受益凭证应当由信用评级机构进行初始评级和跟踪评级，且每年跟踪评级应当不少于一次。

评估机构：受托人应当聘请律师事务所对资产支持计划出具独立的法律意见书，并可以根据需要聘请资产评估机构、会计师事务所等专业服务机构出具专业意见。

四、发行、登记和转让

（一）发行核准与报告

1. 发行核准

资产支持计划的发起，实行初次申报核准、同类产品事后报告制度。同类产品具体是指资产支持计划的基础资产类别、交易结构等核心要素基本一致。中国保监会对初次申报的资产支持计划仅实施合规性和程序性审核。

2. 发行完毕（失败）报告

受托人应当在资产支持计划设立完毕（即受益凭证按照募集说明书约定的条件发行完毕）10个工作日内将发行情况报告中国保监会；资产支持计划设立失败的（即发行期限届满而未能满足约定的成立条件），受托人应当在发行期限届满后10个工作日内返还投资人已缴付的款项，并加计同期活期银行存款利息，同时报告中国保监会。

（二）发行与流通

1. 发行文件

发行文件包括认购风险申明书、募集说明书、受托合同等法律文件以及信用评级报告、跟踪评级安排、法律意见书等书面文件。募集说明书应当披露基础资产的构成和运营、基础资产现金流预测分析、回款机制、分配方式的相关情况、受托人与原始权益人存在关联关系、可能存在的风险及防范措施等信息。

2. 发行方式

受益凭证可采取一次足额发行方式，也可以采取在募集规模确定且交易结构一致的前提下限额内分期发行的方式；分期发行的，末期发行距首期发行时间一般不超过 12 个月。

3. 交易平台

资产支持受益凭证可以在保险资产登记交易平台发行、登记和转让。保险资产登记交易平台对受益凭证发行、登记和转让及相关信息披露进行自律管理，并与中国保监会建立信息共享机制。受益凭证持有人可以在保险资产登记交易平台开展受益凭证协议回购。

五、风险控制

（一）信用增级

资产支持计划的信用增级方式分为内部信用增级和外部信用增级。内部信用增级包括结构化、超额抵押等方式，外部信用增级包括担保、保证保险等方式。

（二）风险隔离与现金流归集

受托人应当为资产支持计划单独记账、独立核算，不同的资产支持计划在账户设置、资金划拨、账簿记录等方面应当相互独立；资产支持计划资产与其他资产不得相混同，不得将资产支持计划资产设定担保或者其他或有负债。

受托人应当建立相对封闭、独立的现金流归集机制，明确基础资产现金流转付环节和时限；资产服务机构应当对基础资产单独设账、单独管理，并定期披露现金流归集情况。

受托人应制定原始权益人、资产服务机构运营情况发生重大负面变化时增强现金流归集的方式和相关触发机制，防范资金混同风险。

（三）再投资与循环投资

基础资产沉淀的现金流可以根据约定的投资范围进行再投资，但仅限于投资安全性高的流动性资产；以基础资产现金流循环购买新的同类基础资产，受托人应当事先在募集说明书中明确资产入池标准，并对后续购买的基础资产进行事先审查和确认。

（四）关联交易与利益冲突防范

受托人与原始权益人存在关联关系，或者受托人以自有资金或管理的其他客户资产认购受益凭证的，应当制定利益冲突防范措施。

六、信息披露

（一）定期报告

1. 受托人管理报告：受托人应当于每年6月30日和8月31日前，向受益凭证持有人分别披露年度和半年度受托管理报告，并报送中国保监会；资产支持计划成立不满2个月的，无须编制受托管理报告。

2. 托管人管理报告：托管人在受托人年度受托管理报告披露的同时，向受益凭证持有人披露上一年度的托管报告，并报送中国保监会。

3. 跟踪评级报告：信用评级机构应当于每年6月30日前向受益凭证持有人披露受益凭证上年度定期跟踪评级报告，并及时披露不定期跟踪评级报告。

4. 清算报告：资产支持计划终止清算的，受托人应当在清算完成后的10个工作日内进行信息披露。

（二）临时报告

发生可能对受益凭证投资价值或者价格有实质性影响的重大事件时，受托人应当及时向受益凭证持有人披露相关信息，并向中国保监会报告。

受益凭证持有人会议的召集人应当提前不少于10个工作日向持有人通知会议的召开时间、会议形式、审议事项、议事程序和表决方式等事项，并于会议结束后10个工作日内披露持有人会议决议。

第七节 实务案例分析

一、2013年第一期发元信托资产证券化信托资产支持证券

（一）资产支持证券基本要素

1. 交易结构

中国农业发展银行作为发起机构将相关信贷资产委托给作为受托人的中信信托有限责任公司，由中信信托设立中国农业发展银行2013年第一期发元信贷资产证券化信托。受托人将发行以信托财产为支持的资产支持证券所得认购金额扣除发行费用的净额支付给发起机构。受托人向投资者发行资产支持证券，并以信托财产所产生的现金为限支付相应税收、信托费用及本期资产支持证券的本金和收益。本期资产支持证券分为优先档资产支持证券和次级档资产支持证券，其中优先档资产支持证券包括优先A档资产支持证券和优先B档资产支持证券。

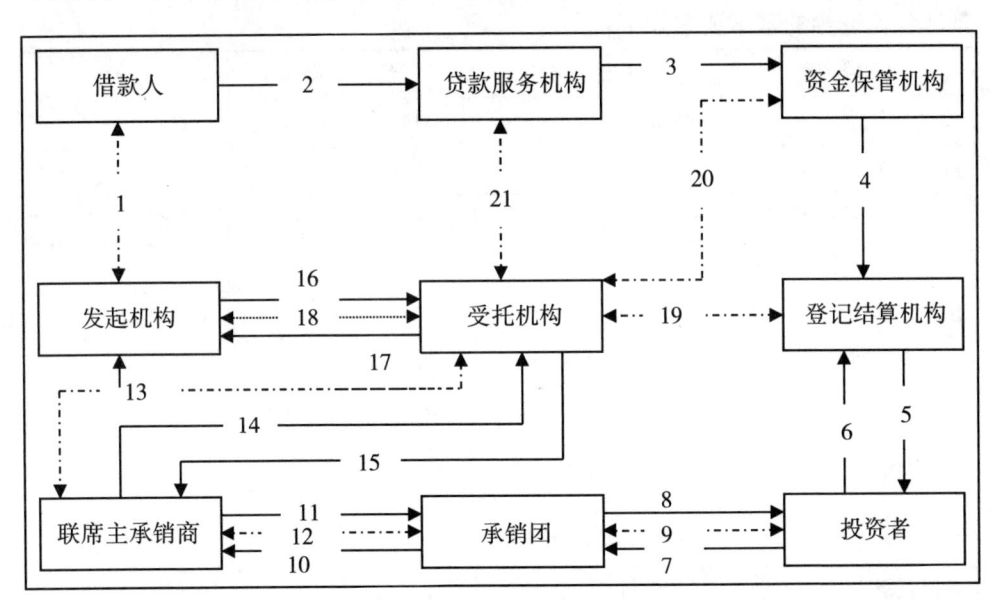

注：1：借款合同；2/3：贷款本金与利息；4/5：证券本息；6：证券托管；7/10/14：募集资金；8/11/15：资产支持证券；9：证券买卖协议；11：承销团协议；13：主承销协议；16：信托财产；17：信托对价；18：信托合同；19：证券托管协议；20：资金保管合同；21：贷款服务合同。

2. 相关当事方

（1）发起机构/贷款服务机构/信托委托人：中国农业发展银行。

（2）受托人/受托机构/发行人：中信信托有限责任公司。

（3）资金保管机构：中国工商银行股份有限公司北京市分行。

（4）登记托管机构：中央国债登记结算有限责任公司。

（5）联席主承销商：中信证券股份有限公司、中国国际金融有限公司。

（6）信用评级机构：联合资信评估有限公司、中债资信评估有限责任公司。

（7）法律顾问：北京市中伦律师事务所。

（8）会计/税务顾问：德勤华永会计师事务所（特殊普通合伙）北京分所。

3. 各档证券的基本要素

由中国农业发展银行发起的，中信信托担任受托人和发行人的2013年第一期发元信托资产证券化信托资产支持证券于2013年9月25日在全国银行间债券市场发行，发行规模127431万元，包括优先档资产支持证券和次级档资产支持证券，其中优先档资产支持证券又分为优先A档和优先B档资产支持证券。具体各档证券的基本要素如下：

证券分层	优先A档	优先B档	次级档
规模（万元）	94500	10000	22931
占比（%）	74.16	7.85	17.99
信用等级（联合资信）	AAA	AA—	不评级
信用等级（中债资信）	AA+	A—	不评级
预期到期日	2015/1/26	2015/1/26	2016/7/26
加权平均期限（年）	0.36	1.29	1.95
票面利率	基准利率+基本利差	基准利率+基本利差	无
基准利率	1年期定期存款利率，在人民银行调整该利率生效后的第3个自然月的对应日进行调整。		不适用
基本利差	根据公开招标结果确定		不适用
支付频率	按季支付	按季支付	不适用
偿还方式	过手	过手	不适用
初始起算日	2013/3/20		
法定到期日	2018/4/27		

(二) 基础资产池

1. 资产池标准

资产池中的信贷资产具有较高的同质性，且信贷资产项下的借款合同对于还款时间做出了明确规定，信贷资产项下能够产生可预测的现金流收入。本业务资产池为静态资产池，在信托财产交付日后，受托人不会购买其他贷款进入本次交易资产池或以其他贷款替换已有贷款；在信托期限内，如果发现不合格信贷资产，受托人有权按照《信托合同》约定通知委托人对该不合格信贷资产予以赎回。

就每一笔贷款及其附属担保权益而言，是指在初始起算日和信托财产交付日：(1) 各笔贷款均为委托人作为贷款人发放并合法所有的人民币贷款；(2) 委托人将全部或部分信贷资产设立信托以及转让或出售该等信贷资产行为不会由于任何原因而被禁止或限制；(3) 信贷资产项下不包含涉及军工或国家机密的贷款；(4) 各笔贷款均不涉及未决诉讼或仲裁；(5) 各笔贷款均为委托人发放的贷款，不含银团贷款；(6) 各笔贷款附属的担保（如有）仅为保证担保[1]；(7)《借款合同》及《保证合同》均适用中国法律并在中国法律项下合法有效；(8) 同一《借款合同》项下的各笔贷款已经全部发放完毕[2]，且同一《借款合同》项下的贷款的未偿款项全部入池；(9) 借款人、保证人均为依照中国法律在中国成立并合法存续的法人或其他组织；(10) 借款人对信贷资产不享有任何主张扣减或减免应付款项的权利，但是法定抵销权除外；(11) 借款人在近3年与委托人的所有借款交易中未出现贷款拖欠、破产或无清偿能力的情况；(12) 信贷资产项下每笔贷款的质量应为正常类贷款；(13) 借款人评级按委托人内部信贷评级不低于AA级；如为保证类贷款，保证人评级按委托人内部信贷评级不低于A级；(14) 信贷资产所包含的每笔贷款的合同到期日不早于2013年6月30日且不晚于2016年4月30日；(15) 对同一借款人的全部入池贷款的未偿还本金余额不小于300万元人民币但不超过1.2亿元人民币。

---

[1] 如为最高额保证担保，则最高额保证担保的决算期已经届满；或者最高额保证担保的决算期虽未届满，但委托人确认并承诺在该最高额保证决算期内不再向借款人发放任何贷款或提供其他债务性融资。

[2] 如为循环贷款且循环期未届满的，则委托人确认并承诺在该《借款合同》约定的循环期内不再向借款人发放循环贷款。

2. 资产池基本情况

本期资产支持证券的基础资产涉及向 36 名借款人发放 42 笔贷款：其中流动资金贷款 9 笔（合同金额 3.96 亿元、入池金额 3.94 亿元）；固定资产贷款 33 笔（合同金额 12.24 亿元、入池金额 8.80 亿元）；信用贷款 3 笔（合同金额 1.19 亿元、入池金额 1.17 亿元）；保证贷款 39 笔（合同金额 15.01 亿元、入池金额 11.57 亿元）。按照中国农业发展银行内部贷款质量分类，所有入池贷款均为正常类，其中 AAA 级 12 笔（合同金额 4.7 亿元、入池金额 3.46 亿元）；AA+级 22 笔（合同金额 8.65 亿元、入池金额 6.97 亿元）；AA 级 8 笔（合同金额 2.85 亿元、入池金额 2.31 亿元）。

联合资信影子评级				中债资信影子评级			
评级	合同金额	入池金额	贷款笔数	评级	合同金额	入池金额	贷款笔数
AA	2.38	2.08	4	AA	0.98	0.88	2
AA−	1.95	1.72	4	AA−	1.00	1.10	1
A+	2.75	2.06	7	A+	0.40	0.20	1
A	3.73	2.15	6	A	0.70	0.50	2
A−	2.37	2.17	5	A−	2.75	1.84	5
BBB+	0.85	0.51	5	BBB+	1.46	0.98	3
BBB	0.80	0.71	4	BBB	2.54	2.28	4
BBB−	0.90	0.90	4	BBB−	1.64	0.95	4
BB+	0.48	0.45	3	BB+	1.49	1.08	7
				BB	2.06	1.90	7
				BB−	0.88	0.85	4
				B+	0.30	0.30	2
合计	16.2	12.74	42	16.2	12.74	42	16.2

行业分布				贷款账龄			
行业	合同金额	入池金额	贷款笔数	贷款账龄	合同金额	入池金额	贷款笔数
农副食品加工	4.90	3.72	11	0.5~1 年	1.00	1.00	4
纺织业	2.05	1.65	6	1~1.5 年	0.60	0.06	1
畜牧业	1.86	1.35	6	1.5~2 年	1.61	1.55	4
食品制造业	1.71	1.52	5	2~3 年	7.01	5.99	18
酒、饮料和精制茶制造业	1.09	1.07	2	3~5 年	5.28	3.10	13
				5~10 年	0.70	0.50	2
医药制造业	1.00	1.00	1	总计	16.2	12.74	42
农业	0.98	0.79	2	贷款余额分布			
渔业	0.88	0.54	3	贷款余额	合同金额	入池金额	贷款笔数
电力、热力生产和供应业	0.70	0.50	2	0~0.1	1.98	0.86	12
				0.1~0.2	1.64	1.10	6
林业	0.50	0.28	2	0.2~0.5	8.63	7.34	20
水的生产和供应	0.40	0.20	1	0.5~0.7	0.60	0.60	1
仓储业	0.14	0.14	1	0.7~1.0	3.35	2.85	3
总计	16.2	12.74	42	总计	16.2	12.74	42

(三) 资产支持证券的发行交易与清算

1. 发行与承销

受托人与委托人签署《信托合同》后,受托人向中国人民银行申请在全国银行间债券市场发行《信托合同》项下资产支持证券。根据风险自留原则,受托人向委托人定向发行的次级档资产支持证券面值为 8931 万元,不低于本期资产支持证券发行总额的 5%。获得央行发行许可后,受托人与登记托管机构、代理兑付机构签订《债券发行、登记及代理兑付服务协议》。

受托人委托联席主承销商负责组织资产支持证券发行与承销,受托人、委托人、联席主承销商签署《中国农业发展银行 2013 年第一期发元信贷资产证券化信托资产支持证券主承销商协议》。联席主承销商为中信证券和中金公司,承销团成员包括：农业银行、中国银行、建设银行、交通银行、邮储银行、招商银行、浦发银行、光大银行、民生银行、北京银行、上海银行、北京农商行、天津农商行、天津银行、中信证券、中金公司、招商证券、国海证券、中山证券。

2. 登记托管与交易结算

受托人与登记托管机构、代理兑付机构就资产支持证券登记托管事宜签署《债券发行、登记及代理兑付服务协议》。

资产支持证券发行结束后，受托人申请在全国银行间债券市场交易；经中国人民银行批准后，资产支持证券持有人可以在全国银行间债券市场进行交易。资产支持证券持有人享有与其持有资产支持证券档次和数额相对应的信托受益权份额；资产支持证券是其持有人享有本信托的相应信托受益权及承担相应义务的证明。

资产支持证券结算按照《资产支持证券发行登记与托管结算业务操作规则》的规定执行；资产支持证券预期到期日前的第三个工作日停止办理资产支持证券的过户；资产支持证券持有人可以将资产支持证券依法转让、用于清偿债务或以其他合法方式进行转移，并按照相关规定办理相应的变更登记手续。

3. 发行不成功的处理

如果资产支持证券发行收入数额未能达到最低募集资金额，则视为资产支持证券发行不成功。受托人和委托人自行承担因发行资产支持证券而支出的各自费用。受托人应不迟于发行结束后的次一日向登记托管机构提供《发行结果公告》，以便登记托管机构据此办理资产支持证券注销手续。

（四）信用增级措施

优先/次级安排：本期资产支持证券分为优先 A 档、优先 B 档以及次级档资产支持证券，其中次级档资产支持证券为优先 B 档资产支持证券提供信用增级，次级档及优先 B 档资产支持证券为优先 A 档资产支持证券提供信用增级。

信用触发机制：设置两类信用触发机制，分别为同参与机构履约能力相关的加速清偿事件和同资产支持证券兑付相关的违约事件。如果加速清偿事件被触发，则收益账的资金在支付完毕优先档资产支持证券的应付利息后全部转入本金账；如果违约事件被触发，则信托账项下资金不再区分收入回收款和本金回收款，而是将二者混同并在支付有关的税费、报酬以后用于顺序偿付优先档资产支持证券的利息和本金，以及支付次级档资产支持证券的本金，其余额分配给次级档资产支持证券持有人。

（五）清仓回购条款

委托人有清仓回购选择权，委托人在满足如下条件的情况可以按照公允市场价值进行清仓回购：信贷资产的未偿本金余额总和在回购起算日24时降至初始起算日资产池余额的10%或以下；并且截至回购起算日24时剩余信贷资产的市场价值不少于A+B之和。

A是指：委托人发出《清仓回购通知书》的当个信托利益核算期届满后第一个本息兑付日的前一日，全部优先档资产支持证券的未偿还本金余额、已产生但未支付的优先档资产支持证券的利息和信托应付的税收和任何应付费用之和。

B是指：为下列（a）和（b）两者之间数值较高者，其中（a）的数值为0；（b）的数值为截至回购起算日24时次级档资产支持证券的未偿本金余额减去累计净损失的差值。

（六）资产支持证券持有人大会

1. 持有人大会召集及表决

（1）召集

本信托项下资产支持证券持有人大会分为三档：优先A档资产支持证券持有人大会、优先B档资产支持证券持有人大会、次级档资产支持证券持有人大会。资产支持证券持有人大会为不定期会议，受托人认为必要时可以随时召开资产支持证券持有人大会；单独或共同持有本类别证券未偿本金余额10%或以上的资产支持证券持有人，为资产支持证券持有人的共同利益事项，可以请求受托人召集资产支持证券持有人大会；受托人在资产支持证券持有人依据《信托合同》约定提出书面申请后10个工作日内未召集或因其他理由不能召集时，单独或共同持有本类别证券未偿本金余额10%或以上的资产支持证券持有人可以自行召集并报中国人民银行备案。

（2）表决

①全体同意事项：如提前终止信托及改变《信托合同》约定的回收款分配顺序。

②特别决议事项：特别决议事项必须经单独或合计持有本类别资产支持证券未偿本金余额75%以上的资产支持证券持有人出席，且经出席资产支持证券持有人表决权总数的75%以上的同意，特别决议事项包括变更受托人、贷款服务机构、资金保管机构及委托后备贷款服务机构。

③普通决议事项：除全体同意事项及特别决议事项外的其他事项须经单独或合计持有本类别资产支持证券未偿本金余额50%以上的资产支持证券持有人出席，且经出席资产支持证券持有人表决权总数的50%以上的同意。

④决议冲突

不同类别资产支持证券持有人大会就同一事项所做出的决议出现不同或冲突的解决规则如下：如果优先A档资产支持证券本息尚未清偿完毕，应以该档资产支持证券持有人大会决议为准；如果优先A档资产支持证券已清偿完毕，且优先B档资产支持证券本息尚未清偿完毕，应以优先B档资产支持证券持有人大会决议为准；当优先档资产支持证券全部清偿完毕，应以次级档资产支持证券持有人大会决议为准。其中，如果相关类别资产支持证券持有人大会没有就某一事项形成决议，则视为该类别资产支持证券持有人大会不同意其他类别的资产支持证券大会就该事项形成的决议。

2. 资产支持证券持有人大会的权利

各类别资产支持证券持有人大会均有权对涉及本类别证券持有人利益的所有重大事项进行表决：

（1）提前终止信托；

（2）改变《信托合同》约定的回收款分配顺序；

（3）发生受托人辞任、受托人解任、贷款服务机构解任、资金保管机构辞任、资金保管机构解任事件，须根据交易文件更换受托人、贷款服务机构、资金保管机构；

（4）决定本信托项下后备贷款服务机构委任事宜；

（5）提高受托人报酬、贷款服务机构服务报酬或资金保管机构服务报酬；

（6）审查信托清算时信托财产的清算方案和清算报告；

（7）决定是否进行费用超过500万元的与信贷资产相关的诉讼或者仲裁及确定诉讼或者仲裁相关费用的支付方式；

（8）决定是否批准单个信托利益核算期内，除与信贷资产相关的诉讼或者仲裁费用外，500万元及以上的其他管理处置费的支出申请与资金用途；

（9）发生任何需经宣布生效的加速清偿事件①，决定是否宣布加速清偿事件已发生；

（10）违约事件②发生后，决定是否以出售、转让等方式处置全部或部分信托财产（但根据《信托合同》条款，要求委托人赎回不合格信贷资产或接受委托人清仓回购及清算信托财产的除外）；

（11）监督并审议受托人和各中介机构对信托财产的管理和收支情况，并有权要求受托人和各中介机构对相关情况做出说明；

（12）其他根据交易文件的约定需要由资产支持证券持有人大会决议的事项。

二、HLG主题公园入园凭证专项资产管理计划

（一）专项资产管理计划基本要素

1. 交易结构

深圳HQC股份有限公司及其子公司北京SJHQC实业有限公司和上海HQC投资发展有限公司作为原始权益人，将其根据政府文件建设和经营HLG主题公

---

① 需经宣布生效的加速清偿事件：(1) 委托人或贷款服务机构未能履行或遵守其作为一方在交易文件项下的任何主要义务，并且受托人合理地认为该等行为无法补救或在受托人发出要求其补救的书面通知后30个自然日内未能得到补救；(2) 委托人在交易文件中提供的任何陈述、保证（资产保证除外）在提供时存在重大不实或误导；(3) 发生对贷款服务机构、委托人、受托人或者贷款有重大不利影响的事件；(4) 交易文件（《主承销商协议》和《承销团协议》除外）全部或部分被终止，成为或将成为无效、违法或不可根据其条款主张权利，并由此产生重大不利影响。
自动生效的加速清偿事件：(5) 委托人发生任何丧失清偿能力事件；(6) 发生任何贷款服务机构解任事件；(7) 贷款服务机构或贷款服务机构经办分行在相关交易文件规定的宽限期内，未能依据交易文件的规定按时付款或划转资金；(8) 根据《信托合同》的约定，需要更换受托人或必须任命后备贷款服务机构，但在45个自然日内，仍无法找到合格的继任受托人或后备贷款服务机构，或在已经委任后备贷款服务机构的情况下，该后备贷款服务机构停止根据《服务合同》提供后备服务，或后备服务机构被免职时，未能根据交易文件的规定任命继任者；(9) 在任一信托利益核算日，累计违约率高于8%，即全部违约贷款在成为违约贷款时的未偿本金余额之和与全部贷款在初始起算日的未偿本金余额之和的比例高于8%。

② 违约事件是指以下任一事件：(1) 回收款不能合法有效交付给受托人或未能对抗第三人对相关信托财产提出的权利主张；(2) 受托人未能在本息兑付日后3个工作日内（或在资产支持证券持有人大会允许的宽限期内）足额支付优先档资产支持证券应付未付利息的；(3) 交易文件的相关方（包括但不限于委托人、受托人、贷款服务机构、资金保管机构）的主要相关义务未能履行或实现，导致对资产支持证券持有人权益产生重大不利影响，重大不利影响情形在出现后30个自然日内未能得到补正或改善；(4) 受托人未能在法定到期日后3个工作日内（或在资产支持证券持有人大会允许的宽限期内）对当时应偿付但尚未清偿的资产支持证券偿还本金。

园而获得的五年特定期间拥有的入园凭证出售给 ZX 证券,由 ZX 证券设立专项资产管理计划,向投资者发售受益权凭证。专项计划受益权凭证本金规模为 18.5 亿元,其中优先级受益权凭证为 17.5 亿元(分为 HQC1－HQC5 等五个品种,信用评级均为 AAA 级),次级受益权凭证为 1 亿元(全部由深圳 HQC 股份有限公司认购)。如果在每个初始核算日的前一个特定期间内,某个 HLG 主题公园的基础资产的销售均价或销售数量低于约定的销售均价或销售数量,则由原始权益人予以补足,HQC 集团公司为原始权益人的补足义务提供连带责任保证担保。

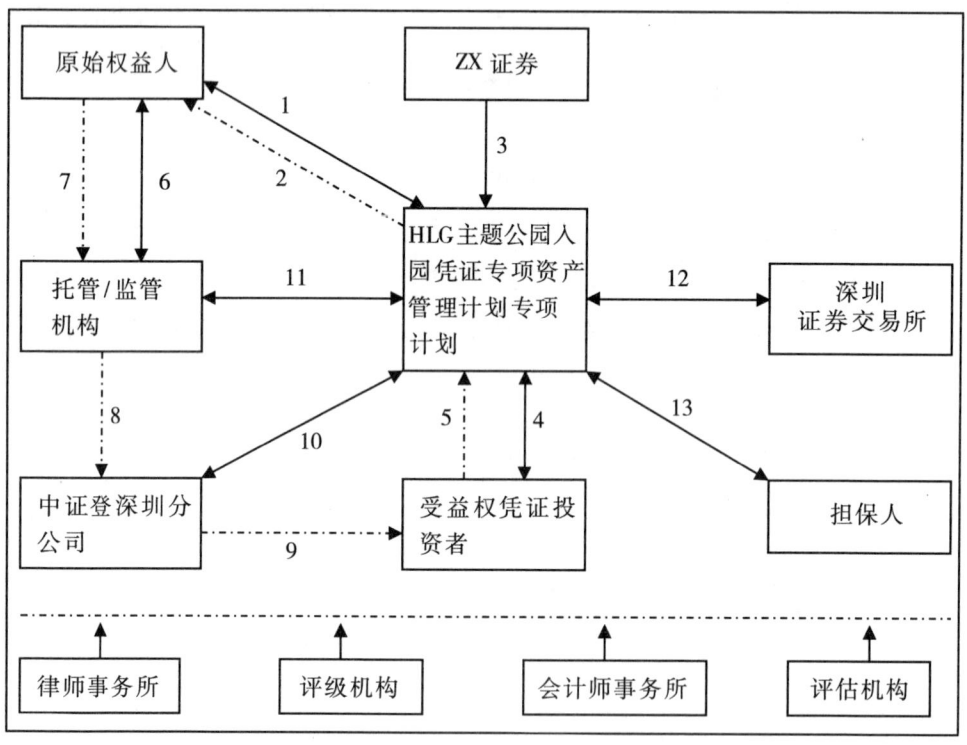

注:1.《基础资产买卖协议》;2.专项计划募集资金;3.设立并管理;4.《认购协议》;5.认购资金;6.《监管协议》及授权与承诺;7.基础资产现金流(如不足,由原始权益人补足);8/9.受益权凭证本金和收益;10.《证券登记服务协议》;11.《托管协议》;12.《上市协议》;13.《担保协议》。

2. 相关交易方

(1) 原始权益人:深圳 HQC 股份有限公司[HQC(A)]、北京 SJHQC 实业有限公司、上海 HQC 投资发展有限公司。

（2）管理人/推介机构：ZX 证券股份有限公司。

（3）托管机构：ZX 银行股份有限公司。

（4）监管银行：ZX 银行深圳分行、ZX 银行上海分行、JT 银行北京分行。

（5）法律顾问：北京市 JTGC 律师事务所。

（6）信用评级机构：LHXY 评级有限公司。

（7）会计师事务所：ZRYH 会计师事务所有限公司。

（8）评估机构：北京 ZQH 资产评估有限责任公司。

（9）登记托管机构/支付代理机构：中国证券登记结算有限公司深圳分公司。

3. 基本要素

证券分层	优先级					次级
	HQC1	HQC2	HQC3	HQC4	HQC5	次级
规模（万元）	29500	32500	34500	37500	41000	10000
信用登记	AAA					
预期期限（年）	1	2	3	4	5	
利率类型	固定利率					
付息频率	按年付息					
本金偿还方式	到期还本					
投资者回售选择权				成立满 3 年按面值回售给 HQC（A）	成立满 3 年和 4 年按面值回售给 HQC（A）	
原始权益人赎回选择权				成立满 3 年，HQC（A）在 HQC4 和 HQC5 的回售量均达到其发行量的 50% 时，选择按面值赎回全部 HQC4 和 HQC5	成立满 4 年，HQC（A）在 HQC5 的回售量均达到其发行量的 50% 时，选择按面值赎回全部 HQC5	

（二）基础资产

1. 基础资产界定

基础资产为原始权益人根据政府文件，因建设运营 HLG 主题公园而获得的，自专项资产管理计划成立之次日起 5 年内所拥有的 HLG 主题公园入园凭证。入园凭证包括各类门票、各类卡以及其他各类可以入园的凭证。

基础资产情况如下表：

特定期间	入园凭证数量		
	深圳	北京	上海
2013/5/1～2013/10/31	120 万张	170 万张	125 万张
2014/5/1～2014/10/31	125 万张	180 万张	125 万张
2015/5/1～2015/10/31	125 万张	180 万张	125 万张
2016/5/1～2016/10/31	125 万张	190 万张	125 万张
2017/5/1～2016/10/31	125 万张	195 万张	125 万张

2. HLG 主题公园概况

HLG 主题公园已经在深圳、北京、成都、上海、武汉相继开业，已建成面积约 228 万平方米。基本概况如下表：

城市	占地面积	总投资	开业时间
深圳	35 万平方米	17 亿元	1998 年
北京	56 万平方米	20 亿元（一期）	2006 年 7 月
成都	47 万平方米	25 亿元（一期）	2009 年 3 月
上海	90 万平方米	16 亿元（一期）	2009 年 9 月
武汉	124 万平方米	45 亿元	2012 年 4 月

基础资产所对应的三地 HLG 入园凭证销售现金流和销售数量如下表（2007～2011 年）：

表一 （2007～2011 年）

公园	科目	2007 年	2008 年	2009 年	2010 年	2011 年
深圳	销售现金流（万元）	33486	31917	26821	27968	32930
	销售数量（万张）	301	272	240	249	282
北京	销售现金流（万元）	22749	20440	22461	26418	30983
	销售数量（万张）	179	176	182	202	224
上海	销售现金流（万元）			7708	27684	29388
	销售数量（万张）			55	173	201

表二 （2007～2011 年每年 5～10 月）

公园	科目	2007 年 5～10 月	2008 年 5～10 月	2009 年 5～10 月	2010 年 5～10 月	2011 年 5～10 月
深圳	销售现金流（万元）	19412	18126	15658	16525	20424
	销售数量（万张）	171	151	137	140	167
北京	销售现金流（万元）	18617	15465	17840	22063	25140
	销售数量（万张）	139	124	137	164	183
上海	销售现金流（万元）				21326	20170
	销售数量（万张）				131	128

表三 （2013～2017 年每年 5～10 月预测）

公园	科目	2013 年 5～10 月	2014 年 5～10 月	2015 年 5～10 月	2016 年 5～10 月	2017 年 5～10 月
深圳	销售现金流（万元）	20349	20756	20964	21175	21385
	销售数量（万张）	143	146	148	149	151
北京	销售现金流（万元）	26542	27767	28581	29416	30279
	销售数量（万张）	193	202	207	213	219
上海	销售现金流（万元）	22297	22909	22366	22295	22685
	销售数量（万张）	144	148	144	144	147

（三）受益权凭证投资价值

1. 原始权益人分析

本专项资产管理计划原始权益人为深圳 HQC 股份有限公司 ［HQC（A）］及其子公司北京世纪 HQC 实业有限公司和上海 HQC 投资发展有限公司。深圳 HQC 股份有限公司为深圳证券交易所主板上市的公司，其控股股东 HQC 集团公司为中央直属企业。

HQC（A）拥有国内数量最多、规模最大及效益最好的主题公园，其中著名品牌包括 HLG、锦绣中华、民俗文化村、世界之窗、东部 HQC 等。HQC（A）2012 年年末主要财务数据如下表：

	2012 年	2011 年	2010 年
营业收入（亿元）	222.84	173.24	173.18
净利润（亿元）	38.50	31.77	30.39
扣除非经常性损益后的净利润（亿元）	38.28	31.74	30.08
总资产（亿元）	729.98	627.62	485.38
股东权益（亿元）	199.19	162.90	132.16
经营活动产生的现金净流量（亿元）	71.48	-17.41	-53.62
基本每股收益	0.53	0.57	0.98
每股净资产	2.74	2.91	4.25

北京 HQC 由 HQC（A）、深圳 HQC 房地产有限公司、北京四方投资管理有限公司、北京南磨房旅游发展有限公司、华瀚投资集团有限公司于 2002 年 6 月共同出资成立，目前股权结构为：HQC（A）直接持股 29.28%、HQC 房地产持股 27.03%、北京四方投资管理有限公司持股 9.91%、北京南磨房旅游发展有限公司持股 10.36%、华瀚投资集团有限公司持股 23.42%。北京 HQC 主要负责开发经营北京 HQC 旅游主题公园，致力于建设经营一个富有文化内涵，融生态旅游、商住、休闲于一体的超大型高尚旅游主题公园。

上海 HQC 由 HQC（A）、HQC 房地产、HQC 集团于 2006 年 3 月共同出资成立，目前股权结构为：HQC（A）持股 65%、HQC 房地产持股 35%。上海 HQC 主要以旅游及其关联产业投资，景区景点规划及管理为主营业务，主营业务收入全部来源于上海 HLG。

原始权益人主要财务数据：

公司	时间	总资产	净资产	资产负债率	营业收入	净利润	经营净现金流
HQC（A）	2010 年	485.38	147.10	69.69%	173.18	33.29	-53.62
	2011 年	627.62	180.94	71.17%	173.24	32.86	-17.41
北京 HQC	2010 年	23.28	9.05	61.13%	17.83	4.37	4.46
	2011 年	22.87	10.27	55.09%	6.5	1.23	0.24
上海 HQC	2010 年	19.60	4.41	77.50%	3.17	0.43	1.35
	2011 年	19.82	4.07	79.47%	3.29	0.31	1.27

2. 基础资产分析

HQC 开发的 HLG 属于文化创意产业，是我国最大的民族品牌主题公园。《文化产业振兴规划》《关于加快发展旅游业的意见》《中国旅游业"十二五"发展规划纲要》等文件分别明确了"加快建设具有自主知识产权、科技含量高、富有中国文化特色的主题公园"，要把旅游业培育成国民经济的战略性支柱产业，并在"十二五"期末将旅游业初步建设成为国民经济的战略性支柱产业和人民群众满意的现代服务业。

2011 年深圳、北京、上海三家 HLG 的入园凭证的销售收入产生的现金流合计约为 9.33 亿元，其中 5~10 月合计约为 6.57 亿元；2013~2017 年每年 5~10 月分别预计可产生销售现金流 6.92 亿元、7.14 亿元、7.19 亿元、7.29 亿元和 7.43 亿元。所选择的基础资产所属的三家 HLG 的区域分布较为分散，并且均为相应区域最发达的中心城市，可以在一定程度上分散基础资产所属主题公园的经营风险。

3. 信用增级措施

结构化设计：受益权凭证分为优先级和次级，其中优先级受益权凭证对应的规模为 17.5 亿元，占比 94.59%，次级受益权凭证对应的规模为 1 亿元，占比为 5.41%。次级受益权凭证由 HQC（A）认购，从而为优先级受益权凭证提供 5.41% 的信用增级，并且可以一定程度上防范原始权益人的道德风险。

差额补足义务：在任意一个初始核算日，如果在前一个特定期间内，基础资产销售数量或销售均价低于约定的销售数量或销售均价，原始权益人承诺予以补足。如果原始权益人未能按照约定履行补足义务，则由保证人 HQC 集团承担保证责任。

保证担保：HQC 集团是以旅游业务为主导的特大型国有中央企业，旗下拥有 HQC（A）、HQC（亚洲）控股、康佳集团等上市公司，以及民俗文化村、世界之窗、锦绣中华、HLG、波托菲诺、新浦江城、何香凝美术馆、OCT-LOFT 创意文化园、华夏艺术中心、HQC 大酒店、威尼斯酒店、茵特拉根大酒店、城市客栈等一系列国内著名的企业和品牌。HQC 集团近年来开发出一系列旅游产品，业态覆盖文化主题景区、连锁文化主题公园、旅游度假区、旅游综合体、当代艺术馆群、公众开放空间、创意文化园、儿童职业体验园、星级酒店、经济型连锁酒店等，并针对各路消费群体的不同需求，打造了生态度假、都市娱乐、滨海休闲、养生旅游等。

根据 LHZX 评估有限公司对 HQC 集团公司信用状况进行综合分析和评估，确定 HQC 集团公司主体长期信用等级为 AAA 级。2011 年年末，HQC 集团资产总额 846.41 亿元，负债总额 614.63 亿元，归属母公司所有者权益合计 109.31 亿元。2011 年度，HQC 集团实现营业收入 335.53 亿元，净利润 36.02 亿元，归属母公司所有者的净利润 20.77 亿元，主营业务收入主要来源于电子业务收入、房地产业务收入及文化旅游综合业务收入。2011 年经营活动产生的现金流量净额为 –37.00 亿元。

（四）流动性安排

本专项资产管理计划受益权凭证在深圳证券交易所综合协议交易平台进行定向流通。在专项资产管理计划成立后第 3 年年末和第 4 年年末，受益权凭证持有人有权选择是否将其所持有的 HQC4 或者 HQC5 的受益权凭证份额全部或部分回售给 HQC（A）；如果第 3 年年末回售登记期结束后扣除回售申报部分后的剩余 HQC4 和 HQC5 的本金规模均低于该档受益权凭证初始本金规模的 50%，或者第 4 年年末回售登记期结束后扣除第 3 年年末回售登记期和第 4 年年末回售登记期内累计回售申报部分后的剩余 HQC5 的本金规模低于该档受益权凭证初始本金规模的 50%，则 HQC（A）有权赎回受益权凭证所有剩余份额。

HQC（A）应在第 3 年年末将不低于 HQC4 和 HQC5 待偿受益权凭证本金总额的 20% 的现金，以及在第 4 年年末将不低于 HQC5 待偿受益权凭证本金总额 20% 的现金划付至回售和赎回准备金账户，以应对当期可能发生的回售和赎回。若回售和赎回准备金账户中的资金不足以支付当期回售和赎回所需支付现金金额，则 HQC（A）予以补足，HQC 集团为补足义务提供连带责任保证。

第四章 资产证券化信托业务风险管理与案例分析 | **229**

附件一 银行间债券市场信贷资产支持证券[①]

序号	项目名称	发起机构	发行总额（万元）	基础资产	计息起始日	受托机构
1	江银2015年第一期信贷资产支持证券	江苏江阴农村商业银行	98,950.00	企业贷款	2015/3/11	苏州信托
2	招元2015年第一期个人住房抵押贷款资产支持证券	招商银行	314,991.72	个人住房抵押贷款	2015/3/10	华润深国投信托
3	福元2015年第一期个人汽车抵押贷款资产支持证券	福特汽车金融（中国）	295,198.94	汽车贷款	2015/2/13	上海国际信托
4	平银2015年对公信贷资产支持证券	平安银行	323,650.00	银行债权	2015/2/12	上海国际信托
5	臻骋2015年第一期信贷资产支持证券	渣打银行（中国）	99,953.02	企业贷款	2015/2/11	华宝信托
6	工元2015年第一期信贷资产支持证券	中国工商银行	1,135,300.00	企业贷款	2015/2/10	中信信托
7	佰丰2015年第一期信贷资产支持证券	佰丰银行	170,900.00	企业贷款	2015/2/3	兴业国际信托
8	深农商2015年第一期信贷通小贷资产支持证券	深圳农村商业银行	100,000.21	企业贷款	2015/2/3	中诚信托
9	华银2015年第一期信贷资产支持证券	华夏银行	459,292.50	企业贷款	2015/1/28	北京国际信托
10	晋元2015年第一期信贷资产支持证券	晋商银行	236,360.00	企业贷款	2015/1/27	中诚信托
11	发元2015年第一期信贷资产支持证券	中国农业发展银行	335,659.25	企业贷款	2015/1/22	中信信托

[①] 附件一和附件二数据均出自Wind资讯，时间截至2015年3月10日。

续表

序号	项目名称	发起机构	发行总额（万元）	基础资产	计息起始日	受托机构
12	浦发2015年第一期工程机械贷款资产支持证券	上海浦东发展银行	146,612.70	企业贷款	2015/1/22	昆仑信托
13	华商2015年第一期信贷资产支持证券	华商银行	101,062.00	企业贷款	2015/1/20	金谷国际信托
14	汇元2015年第一期信贷资产支持证券	汇丰银行（中国）	134,826.00	企业贷款	2015/1/20	交银国际信托
15	工银海天2015年第一期租赁资产支持证券	工银租赁	103,234.98	租赁租金	2015/1/20	中信信托
17	开元2014年第九期铁路专项信贷资产支持证券	国家开发银行	1,500,000.00	企业贷款	2014/12/30	中信信托
18	渝元2014年第一期信贷资产支持证券	重庆银行	191,300.00	企业贷款	2014/12/29	兴业国际信托
19	中银2014年第二期信贷资产支持证券	中国银行	332,988.25	企业贷款	2014/12/26	中信信托
20	华租稳健租赁资产支持证券	华融租赁	64,355.03	租赁租金	2014/12/24	上海国际信托
21	京元2014年第二期信贷资产支持证券	北京银行	870,469.32	企业贷款	2014/12/23	北京国际信托
22	龙商2014年第一期信贷资产支持证券	浙江温州龙湾农村商业银行	45,370.00	企业贷款	2014/12/23	苏州信托
23	湘元2014年第一期信贷资产支持证券	华融湘江银行	253,250.00	企业贷款	2014/12/23	中融国际信托
24	开元2014年第八期铁路专项信贷资产支持证券	国家开发银行	1,023,620.00	企业贷款	2014/12/19	中粮信托
25	进元2014年第一期信贷资产支持证券	中国进出口银行	194,900.00	企业贷款	2014/12/18	金谷国际信托

续表

序号	项目名称	发起机构	发行总额（万元）	基础资产	计息起始日	受托机构
26	开元2014年第七期信贷资产支持证券	国家开发银行	1,277,324.00	企业贷款	2014/12/12	中信信托
27	华元2014年第二期信贷资产支持证券	中国华融	288,294.00	企业贷款	2014/12/10	中融国际信托
28	民生2014年第一期信贷资产支持证券	中国民生银行	584,036.00	企业贷款	2014/12/5	中诚信托
29	锡元2014年第一期信贷资产支持证券	无锡农村商业银行	98,460.00	企业贷款	2014/12/2	苏州信托
30	充银2014年第一期信贷资产支持证券	南充商行	119,750.29	企业贷款	2014/11/28	中粮信托
31	广农元2014年第一期信贷资产支持证券	山东广饶农村商业银行	50,000.00	企业贷款	2014/11/21	苏州信托
32	兴元2014年第三期信贷资产支持证券	兴业银行	637,050.00	企业贷款	2014/11/18	兴业国际信托
33	开元2014年第六期信贷资产支持证券	国家开发银行	1,144,300.00	企业贷款	2014/11/18	平安信托
34	洪元2014年第一期信贷资产支持证券	南昌银行	159,450.00	企业贷款	2014/11/6	华润深国投信托
35	江南2014年第一期信贷资产支持证券	江苏江南农村商业银行	143,362.00	企业贷款	2014/10/30	苏州信托
36	通元2014年第一期个人汽车抵押贷款证券化信托资产支持证券	上汽通用汽车金融	300,000.00	汽车贷款	2014/10/29	中粮信托
37	上银2014年第一期信贷资产支持证券	上海银行	227,300.00	企业贷款	2014/10/28	上海国际信托
38	冀银2014年第一期信贷资产支持证券	河北银行	279,540.00	企业贷款	2014/10/24	中融国际信托
39	交银2014年第二期信贷资产支持证券	交通银行	508,151.50	企业贷款	2014/10/21	交银国际信托

续表

序号	项目名称	发起机构	发行总额（万元）	基础资产	计息起始日	受托机构
40	广汽汇通2014年第一期个人汽车抵押贷款资产支持证券	广汽汇理	79,999.92	汽车贷款	2014/10/17	广东粤财信托
41	杭元2014年第一期信贷资产支持证券	杭州银行	301,390.00	企业贷款	2014/10/17	华宝信托
42	青银2014年第一期信贷资产支持证券	青岛银行	283,292.85	企业贷款	2014/10/16	中信信托
43	九银2014年第一期信贷资产支持证券	吉林九台农村商业银行	31,375.00	企业贷款	2014/9/25	中信信托
44	徽行2014年第一期信贷资产支持证券	徽商银行	308,690.00	企业贷款	2014/9/24	中诚信托
45	交融2014年第一期租赁资产支持证券	交银租赁	101,233.59	租赁租金	2014/9/19	交银国际信托
46	兴元2014年第二期绿色金融信贷资产支持证券	兴业银行	349,418.06	企业贷款	2014/9/18	兴业国际信托
47	长元2014年第一期信贷资产支持证券	中国长城资产管理	121,199.00	企业贷款	2014/9/18	中信信托
48	招商2014年第三期信贷资产支持证券	招商银行	915,500.00	企业贷款	2014/9/17	华润深国投信托
49	浦发2014年第三期信贷资产支持证券	上海浦东发展银行	478,994.90	企业贷款	2014/9/12	华宝信托
50	渤银2014年第一期信贷资产支持证券	渤海银行	367,197.00	企业贷款	2014/9/12	北京国际信托
51	浦发2014年第二期信贷资产支持证券	上海浦东发展银行	459,394.10	企业贷款	2014/9/12	上海国际信托
52	鑫宁2014年第一期信贷资产支持证券	南京银行	332,950.00	企业贷款	2014/9/10	上海国际信托
53	汉银2014年第一期信贷资产支持证券	汉口银行	201,195.00	企业贷款	2014/9/5	北京国际信托
54	苏元2014年第一期信贷资产支持证券	江苏银行	214,090.00	企业贷款	2014/8/26	上海国际信托

第四章 资产证券化信托业务风险管理与案例分析 | 233

续表

序号	项目名称	发起机构	发行总额（万元）	基础资产	计息起始日	受托机构
55	农银2014年第二期信贷资产支持证券	中国农业银行	800,280.00	企业贷款	2014/8/22	中信信托
56	开元2014年第五期信贷资产支持证券	国家开发银行	997,600.00	企业贷款	2014/8/20	中信信托
57	顺德农商银行2014年第一期信贷资产支持证券	广东顺德农村商业银行	153,370.00	企业贷款	2014/8/8	广东粤财信托
58	交银2014年第一期信贷资产支持证券	交通银行	490,890.00	企业贷款	2014/8/5	交银国际信托
59	开元2014年第四期信贷资产支持证券	国家开发银行	1,093,317.00	企业贷款	2014/8/5	金谷国际信托
60	华驭2014年第一期汽车抵押贷款资产支持证券（黑池）	大众汽车金融（中国）	79,557.46	汽车贷款	2014/8/1	中信信托
61	华驭2014年第一期汽车抵押贷款资产支持证券（红池）	大众汽车金融（中国）	79,572.39	汽车贷款	2014/8/1	中信信托
62	邮元2014年第一期个人住房抵押贷款资产支持证券	中国邮政储蓄银行	681,423.77	个人住房抵押贷款	2014/7/25	交银国际信托
63	信银2014年第一期信贷资产支持证券	中信银行	619,680.00	企业贷款	2014/7/24	中海信托
64	台银2014年第一期信贷资产支持证券	台州银行	53,051.00	企业贷款	2014/7/24	百瑞信托
65	平安银行1号小额消费贷款证券化信托资产支持证券	平安银行	263,085.52	银行债权	2014/6/25	华能贵诚信托
66	德宝天元2014年第一期汽车抵押贷款资产支持证券	宝马汽车金融（中国）	80,000.00	汽车贷款	2014/6/17	中粮信托

续表

序号	项目名称	发起机构	发行总额（万元）	基础资产	计息起始日	受托机构
67	东风2014年第一期个人汽车抵押贷款资产支持证券	东风日产汽车金融	79,999.99	汽车贷款	2014/6/10	中诚信托
68	甬银2014年第一期信贷资产证券化信托资产支持证券	宁波银行	457,878.00	企业贷款	2014/5/29	英大国际信托
69	福元2014年第一期个人汽车抵押贷款资产支持证券	福特汽车金融（中国）	79,980.89	汽车贷款	2014/5/27	上海国际信托
70	丰元2014年第一期个人汽车抵押贷款资产支持证券	丰田汽车金融	79,999.00	汽车贷款	2014/5/27	对外经济贸易信托
71	京元2014年第一期信贷资产证券化信托资产支持证券	北京银行	577,930.00	企业贷款	2014/5/20	北京国际信托
72	开元2014年第三期信贷资产证券化信托资产支持证券	国家开发银行	1,094,674.00	企业贷款	2014/5/19	中信信托
73	工元2014年第一期信贷资产证券化信托资产支持证券	中国工商银行	557,199.00	企业贷款	2014/5/16	中海信托
74	东元2014年第一期信贷资产证券化信托资产支持证券	东方资产管理	80,740.00	企业贷款	2014/4/23	中信信托
75	农银2014年第一期信贷资产证券化信托资产支持证券	中国农业银行	212,175.00	企业贷款	2014/4/22	中信信托
76	招商银行2014年第二期信托资产证券化信贷资产支持证券	招商银行	728,040.00	企业贷款	2014/3/25	华润深国投信托
77	招商银行2014年第一期信托资产证券化信贷资产支持证券	招商银行	810,910.04	信用卡应收款	2014/3/25	华润深国投信托

第四章　资产证券化信托业务风险管理与案例分析 | **235**

续表

序号	项目名称	发起机构	发行总额（万元）	基础资产	计息起始日	受托机构
78	中银2014年第一期信贷资产证券化信托资产支持证券	中国银行	938,286.02	企业贷款	2014/3/24	金合国际信托
79	开元2014年第二期铁路专项信贷资产支持证券	国家开发银行	600,000.00	企业贷款	2014/3/18	对外经济贸易信托
80	开元2014年第一期铁路专项信贷资产支持证券	国家开发银行	600,000.00	企业贷款	2014/3/18	中诚信托
81	浦发2014年第一期信贷资产证券化信托资产支持证券	上海浦东发展银行	506,569.60	企业贷款	2014/2/25	上海国际信托
82	兴元2014年第一期信贷资产支持证券	兴业银行	518,418.50	企业贷款	2014/2/19	中诚信托
83	华元2014年第一期信贷资产支持证券	中国华融	123,800.00	企业贷款	2014/1/21	中诚信托
84	民生2013年第一期信贷资产支持证券	中国民生银行	136,657.00	企业贷款	2013/12/13	中信信托
85	进元2013年第一期信贷资产支持证券	中国进出口银行	103,961.68	企业贷款	2013/12/11	中信信托
86	邮元2013年第一期信贷资产支持证券	中国邮政储蓄银行	50,000.00	企业贷款	2013/12/6	中信信托
87	开元2013年第一期铁路专项信贷资产支持证券	国家开发银行	800,000.00	企业贷款	2013/11/20	中信信托
88	发元2013年第一期信贷资产支持证券	中国农业发展银行	127,431.00	企业贷款	2013/10/11	中信信托
89	工元2013年第一期信贷资产支持证券	中国工商银行	359,235.00	企业贷款	2013/3/29	中海信托
90	中银2012年第一期信贷资产支持证券	中国银行	306,154.00	企业贷款	2012/11/28	中诚信托

续表

序号	项目名称	发起机构	发行总额（万元）	基础资产	计息起始日	受托机构
91	上元2012年第一期个人汽车抵押贷款资产支持证券	上海汽车集团财务	99,998.93	汽车贷款	2012/11/27	上海国际信托
92	交银2012年第一期信贷资产支持证券	交通银行	303,355.00	企业贷款	2012/11/2	中海信托
93	通元2012年第一期个人汽车抵押贷款资产支持证券	上汽通用汽车金融	199,998.70	汽车贷款	2012/10/26	中粮信托
94	开元2012年第一期信贷资产支持证券	国家开发银行	1,016,644.00	企业贷款	2012/9/11	中信信托
95	信元2008年第一期重整资产支持证券	中国信达	480,000.00	不良贷款	2008/12/30	中诚信托
96	浙元2008年第一期信贷资产支持证券	浙商银行	69,637.00	企业贷款	2008/11/14	对外经济贸易信托
97	招银2008年第一期信贷资产支持证券	招商银行	409,237.00	企业贷款	2008/10/31	中信信托
98	信银2008年第一期信贷资产支持证券	中信银行	407,700.00	企业贷款	2008/10/10	中诚信托
99	开元2008年第一期信贷资产支持证券	国家开发银行	376,617.00	企业贷款	2008/4/29	平安信托
100	工元2008年第一期信贷资产支持证券	中国工商银行	801,103.50	企业贷款	2008/3/28	中诚信托
101	建元2008年第一期重整资产支持证券	中国建设银行	276,500.00	不良贷款	2008/1/30	中诚信托
102	通元2008年第一期个人汽车抵押贷款资产支持证券	上汽通用汽车金融	199,346.25	汽车贷款	2008/1/18	华宝信托
103	兴元2007年第一期信贷资产支持证券	兴业银行	524,325.00	企业贷款	2007/12/18	对外经济贸易信托

第四章 资产证券化信托业务风险管理与案例分析 | **237**

续表

序号	项目名称	发起机构	发行总额（万元）	基础资产	计息起始日	受托机构
104	建元 2007 年第一期个人住房抵押贷款资产支持证券	中国建设银行	416,068.37	个人住房抵押贷款	2007/12/14	中诚信托
105	工元 2007 年第一期信贷资产资产支持证券	中国工商银行	402,100.00	企业贷款	2007/10/12	华宝信托
106	浦发 2007 年第一期信贷资产资产支持证券	上海浦东发展银行	438,326.00	企业贷款	2007/9/14	华宝信托
107	东元 2006 年第一期重整资产支持证券	东方资产管理	105,000.00	不良贷款	2006/12/21	中诚信托
108	信元 2006 年第一期重整资产支持证券	中国信达	480,000.00	不良贷款	2006/12/20	中诚信托
109	开元 2006 年第一期信贷资产资产支持证券	国家开发银行	572,987.90	企业贷款	2006/4/28	中诚信托
110	开元 2005 年第一期信贷资产资产支持证券	国家开发银行	417,726.98	企业贷款	2005/12/21	中诚信托
111	建元 2005 年第一期个人住房抵押贷款资产支持证券	中国建设银行	301,668.31	个人住房抵押贷款	2005/12/19	中信信托

附件二　银行间债券市场资产支持票据

发行人	注册金额	主承销商	注册号
云南祥鹏航空有限责任公司	20亿元	浦发银行 银河证券	中市协注[2014]ABN10号
苏州城市建设投资发展有限责任公司	20亿元	浦发银行	中市协注[2014]ABN9号
渭南市城市建设投资开发有限责任公司	3亿元	浦发银行	中市协注[2014]ABN7号
常州市交通产业集团有限公司	5亿元	光大银行	中市协注[2014]ABN4号
马鞍山市城市发展投资集团有限责任公司	6亿元	浦发银行	中市协注[2014]ABN3号
太原煤炭气化（集团）有限责任公司	15亿元	光大银行	中市协注[2014]ABN2号
呼和浩特市城市供热投资控股有限公司	8亿元	浦发银行	中市协注[2014]ABN1号
南通国有资产投资控股有限公司	20亿元	上海银行	中市协注[2013]ABN6号
四川能投发展股份有限公司	10亿元	广发银行	中市协注[2013]ABN5号
郑州市污水净化有限公司	6亿元	中国银行	中市协注[2013]ABN4号
成都市公共交通集团公司	8亿元	建设银行	中市协注[2013]ABN3号
江苏宁宿徐高速公路有限公司	10亿元	华夏银行	中市协注[2013]ABN2号
南京市江宁区白木总公司	10亿元	兴业银行	中市协注[2013]ABN1号
太原市龙城发展投资有限公司	5亿元	交通银行	中市协注[2012]ABN8号
扬州市城建国有资产控股（集团）有限责任公司	15亿元	光大银行	中市协注[2012]ABN7号
广西新发展交通集团有限公司	2亿元	中信银行 中信证券	中市协注[2012]ABN6号
天津市房地产信托集团有限公司	20亿元	国开行	中市协注[2012]ABN5号
南京市城市建设投资控股（集团）有限责任公司	10亿元		中市协注[2012]ABN4号

续表

发行人	注册金额	主承销商	注册号
上海浦东路桥建设股份有限公司	5亿元	浦发银行	中市协注[2012]ABN3号
南京公用控股(集团)有限公司	10亿元	中信证券 工商银行	中市协注[2012]ABN2号
宁波城建投资控股有限公司	10亿元	中信证券 中信银行	中市协注[2012]ABN1号

附件三　证券交易所市场资产支持专项计划

序号	项目名称	发行总额（万元）	基础资产	计息起始日	发行人
1	国正小贷一期资产支持专项计划	51,000.00	企业债权	2015/2/11	德邦证券
2	狮桥一期资产支持专项计划	48,200.00	企业债权	2015/1/23	长江证券
3	第一创业金通小贷资产支持专项计划	109,314.00	企业债权	2015/1/16	第一创业
4	长春供热集团供热合同债权1号资产支持专项计划	63,500.00	企业债权	2014/12/26	中投证券
5	五矿发展应收账款资产支持专项计划	294,100.00	企业债权	2014/12/24	中信证券
6	宝信租赁一期资产支持专项计划	40,500.00	企业债权	2014/12/16	恒泰证券
7	中信华夏苏宁云创资产支持专项计划	439,500.00	企业债权	2014/12/16	华夏资本
8	中和农信2014年第一期公益小额贷款资产支持专项计划	50,000.00	企业债权	2014/12/9	中信证券
9	徐州市保障性安居工程专项资产管理计划	200,000.00	企业债权	2014/11/6	中信证券
10	中国水务供水合同债权专项资产管理计划	78,500.00	企业债权	2014/11/3	中国民族证券
11	大都市热电公司电力上网收费权专项资产管理计划	11,200.00	企业债权	2014/10/29	渤海证券
12	东证资管—阿里巴巴10号专项资产管理计划	50,000.00	企业贷款	2014/9/29	东方红资产管理
13	东证资管—阿里巴巴9号专项资产管理计划	50,000.00	企业贷款	2014/9/4	东方红资产管理
14	广州长隆主题公园入园凭证专项资产管理计划	320,000.00	企业债权	2014/8/29	华泰证券

续表

序号	项目名称	发行总额（万元）	基础资产	计息起始日	发行人
15	中航租赁资产支持收益专项资产管理计划	45,500.00	企业债权	2014/8/21	广发证券
16	建发禾山后埔-枋湖片区棚户区改造项目专项资产管理计划	140,000.00	企业债权	2014/8/20	国联证券
17	海印股份信托受益权专项资产管理计划	150,000.00	企业债权	2014/8/14	中信建投证券
18	淮北矿业铁路专用线运输服务费收益权专项资产管理计划	210,000.00	基础设施收费	2014/8/2	银河金汇证券资产管理
19	远东三期专项资产管理计划	241,891.50	企业债权	2014/7/23	中信证券
20	海通资管-浦发集团BT回购项目专项资产管理计划	158,000.00	企业债权	2014/6/27	海通证券资产管理
21	东证资管-阿里巴巴8号专项资产管理计划	50,000.00	企业贷款	2014/6/25	东方红资产管理
22	迁安热力供热收费权专项资产管理计划	125,000.00	基础设施收费	2014/6/13	恒泰证券
23	东证资管-阿里巴巴7号专项资产管理计划	50,000.00	企业贷款	2014/6/13	东方红资产管理
24	大成西黄河大桥通行费收入收益权专项资产管理计划	53,000.00	基础设施收费	2014/5/29	中原证券
25	国泰一期专项资产管理计划	119,600.00	租赁租金	2014/5/20	齐鲁证券
26	中信启航专项资产管理计划	521,000.00	企业债权	2014/4/25	中信证券
27	东证资管-阿里巴巴6号专项资产管理计划	50,000.00	企业贷款	2014/3/28	东方红资产管理

续表

序号	项目名称	发行总额（万元）	基础资产	计息起始日	发行人
28	吉林城建BT项目资产支持收益专项资产管理计划	297,000.00	企业债权	2014/3/21	广发证券
29	汇元一期专项资产管理计划	111,354.41	企业债权	2013/12/4	中信建投证券
30	东证资管-阿里巴巴5号专项资产管理计划	50,000.00	企业贷款	2013/11/6	东方红资产管理
31	东证资管-阿里巴巴4号专项资产管理计划	50,000.00	企业贷款	2013/10/30	东方红资产管理
32	东证资管-阿里巴巴3号专项资产管理计划	50,000.00	企业贷款	2013/9/18	东方红资产管理
33	东证资管-阿里巴巴2号专项资产管理计划	50,000.00	企业贷款	2013/8/13	东方红资产管理
34	东证资管-阿里巴巴1号专项资产管理计划	50,000.00	企业贷款	2013/7/29	东方红资产管理
35	华能澜沧江第二期水电上网收费权专项资产管理计划	330,000.00	基础设施收费	2013/5/31	招商证券
36	隧道股份BOT项目专项资产管理计划	48,400.00	企业债权	2013/2/21	上海国泰君安证券资产管理
37	欢乐谷主题公园入园凭证专项资产管理计划	185,000.00	企业债权	2012/12/4	中信证券
38	南京公用控股污水处理收费收益权专项资产管理计划	133,000.00	企业债权	2012/3/20	中信证券
39	远东二期专项资产管理计划	127,887.38	企业债权	2011/8/5	中信证券
40	江苏吴中集团BT项目回购款资产专项资产管理计划	165,800.00	企业债权	2006/8/31	中信证券
41	南通天电销售资产支持收益专项资产管理计划	80,000.00	企业债权	2006/8/4	华泰证券

续表

序号	项目名称	发行总额（万元）	基础资产	计息起始日	发行人
42	南京城建污水处理收费资产支持受益凭证	72,100.00	基础设施收费	2006/7/13	东海证券
43	浦东建设BT项目资产支持受益计划	42,500.00	企业债权	2006/6/22	国泰君安证券
44	华能澜沧江水电收益专项资产管理计划	200,000.00	基础设施收费	2006/5/11	招商证券
45	远东首期租赁资产支持收益专项资产管理计划	47,690.00	租赁租金	2006/5/10	东方证券
46	中国网通应收款资产支持受益凭证	1,034,000.00	企业债权	2006/3/14	中金公司
47	莞深高速公路收费收益权专项资产管理计划	58,000.00	基础设施收费	2005/12/27	广发证券
48	中国联通CDMA网络租赁费收益计划	950,000.00	租赁租金	2005/12/20	中金公司

第五章　股权质押融资信托业务风险管理与案例分析

第一节　基本业务综述

一、股票质押贷款业务

（一）交易结构

股票质押贷款业务，是指信托公司向借款人发放贷款，由借款人或第三方以其所持有的上市公司股票质押给贷款人，以担保借款人按时履行还本付息的义务。该类业务是目前诸如银行、信托公司等具有信贷主体资格的金融机构都可以开展的业务，是股票质押融资业务最基本的交易模式。基本的交易结构如下图：

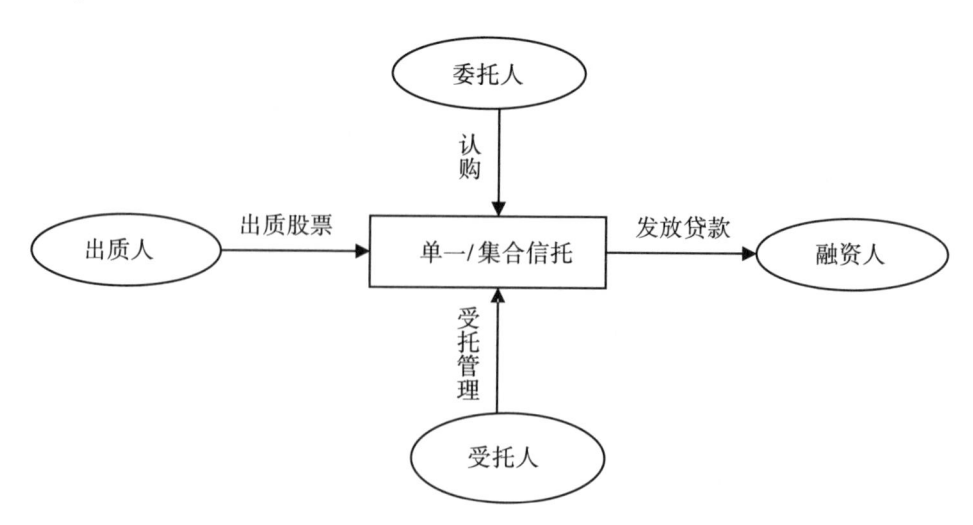

（二）证券公司股票质押贷款业务

由中国人民银行、银监会及证监会联合发布的《证券公司股票质押贷款管理办法》，对证券公司以自营股票、证券投资基金券和上市公司可转换债券为质物向商业银行申请贷款的行为进行规范。

1. 标的股票准入

商业银行不得接受如下股票作为质物以向证券公司发放贷款：①上一年度亏损的上市公司股票；②前六个月内股票价格波动幅度超过200%的股票；③可流通股股份过度集中的股票；④证券交易所停牌或除牌的股票；⑤证券交易所特别处理的股票；⑥证券公司持有一家上市公司已发行股份的5%以上的，该证券公司不得以该种股票质押；证券公司因包销购入售后剩余股票而持有5%以上的股票，不受此限。

2. 风险控制措施

（1）贷款期限与质押率

该类贷款的期限不得长于1年，且不得展期；质押率不得超过50%，其中质押率＝贷款本金/质押股票数量×前7个交易日股票平均收盘价。

质物在质押期间所产生的送股、分红、派息等孳息应当一并予以质押；质物在质押期间发生配股时，出质人应当参与配股并将获配股份一并予以质押，否则应当由出质人补仓。

（2）质押限额

贷款人发放的股票质押贷款余额不得超过其资本净额的15%，对同一家证券公司发放的股票质押贷款余额不得超过贷款人资本净额的5%。

贷款人接受的用于质押的上市公司股票，不得高于该上市公司全部流通股票的10%；作为借款人的证券公司用于质押的上市公司股票，不得高于该上市公司全部流通股票的10%，且不得高于该上市公司已发行股份的5%；被质押的上市公司股票不得高于该上市公司全部流通股票的20%。

（3）警戒线和平仓线

警戒线≥（质押股票市值/贷款本金×100%）×135%；平仓线≥（质押股票市值/贷款本金×100%）×120%。如果质押股票市值与贷款本金之比降至警戒线时，借款人应及时进行补仓；如果质押股票市值与贷款本金之比降至平仓线时，贷款人应及时处置质押股票。

二、股票收益权业务

(一) 交易结构

股票收益权业务可以分为融资类和投资类两种类型。股票收益权融资类业务是指：融资人将其所持有的上市公司股票之收益权转让给信托公司，同时将标的股票出质给信托公司，并在约定的期限内溢价回购该股票收益权；股票收益权投资类业务是指：融资人将其所持有的上市公司股票之收益权转让给信托公司，同时将标的股票出质给信托公司，并在约定的期限内由信托公司和融资人对标的股票收益进行结算。

股票收益权业务是信托公司对股票质押融资业务的金融创新。由于信托公司集合类信托贷款规模不得超过其管理的集合类信托总规模的 30%，所以信托公司创设了股票收益权业务类型以规避上述监管指标，基本的交易结构如下：

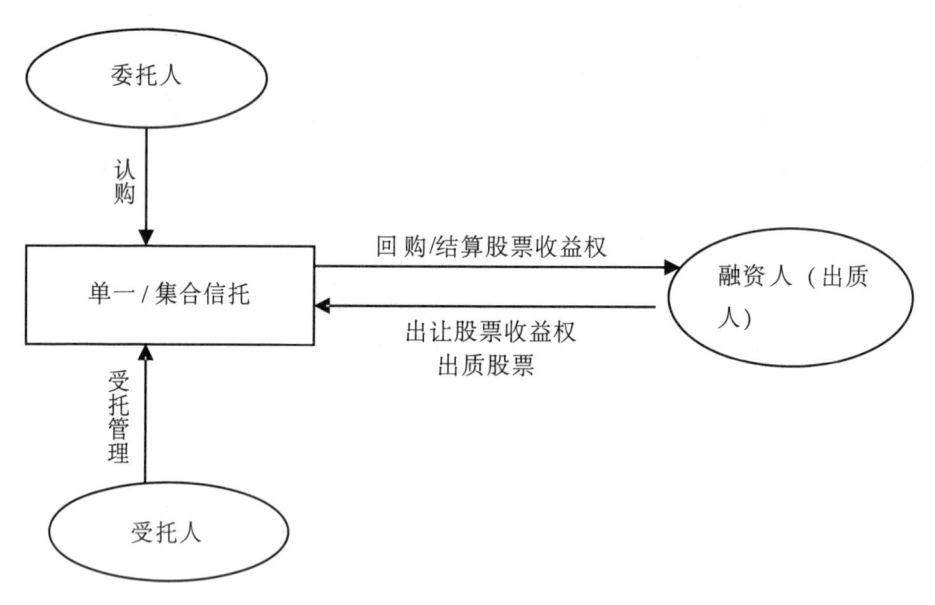

```
        ┌─────────┐
        │  委托人  │
        └────┬────┘
             │ 认购
             ▼
  ┌──────────────────┐   回购/结算股票收益权   ┌──────────┐
  │                  │ ◄─────────────────── │ 融资人    │
  │  单一/集合信托    │                      │ (出质人)  │
  │                  │ ───────────────────► │          │
  └──────────┬───────┘   出让股票收益权      └──────────┘
             ▲            出质股票
             │ 受托管理
        ┌────┴────┐
        │  受托人  │
        └─────────┘
```

(二) 股票收益权的性质及范围

根据《公司法》第四条的规定："公司股东依法享有资产收益、参与重大决策和选择管理者等权利。"因此我们可以将股权的权能归纳为收益权和表决权（重大决策权和选择管理者权）两种类型。股权的收益权和表决权能否分割并进行单独转让,我国现行的法律法规和监管政策并无明确的规定。相关的监管文件承认了股票收益权作为一种创新性金融产品的存在[①],但是并没有相关法律法规和监管政策对"股票收益权"进行明确定义。笔者认为股权收益权至少应当包括如下内容:①标的股票在任何情形下的卖出收入;②标的股票因配股、送股、公积金转增、拆分标的股票而形成的派生股票在任何情形下的卖出收入;③标的股票和派生股票的股息红利收入;④标的股票和派生股票产生的其他收入。

融资类业务中的股票收益权融资人和股票收益权回购人可否为同一人是一个值得探讨的问题。如果融资类业务中的融资人与回购人非同一人,资金融入方为融资人,需要由第三方履行回购股票收益权的义务。根据《合同法》的规定,合同当事人可以约定由第三人向债权人履行债务;如果第三人不履行债务或者履行债务不符合约定,根据合同相对性原理,应当由债务人对债权人承担违约责任。由此可知如果回购人不履行回购义务或履行不适当,则应由融资人承担违约责任。

三、股票质押式回购交易业务

根据上海证券交易所和中国证券登记结算有限责任公司《股票质押式回购交易及登记结算业务办法(2018年修订)》定义,股票质押式回购交易是指符合条件的资金融入方以其所持有的股票或其他证券质押,向符合条件的资金融出方融入资金,并约定在未来返还资金、解除质押的交易。股票质押式回购交易仅限于证券公司、证券公司管理的集合资产管理计划或定向资产管理客户、证券公司资产管理子公司管理的集合资产管理计划或定向资产管理客户、专项资产管理计划;证券公司及其资产管理子公司管理的公开募集集合资产管理计划不得作为融出方参与股票质押回购。股票质押式回购交易的回购期限不得超过3年,延期购回后累计的回购期限一般不超过3年;以有限售条件股份作为

---

① 《关于印发信托公司净资本计算标准有关事项的通知》(银监发〔2011〕11号)规定:"除TOT和股票受益权投资信托业务外,其他受益权投资信托业务原则上应按照融资类业务计算风险资本。"
《关于做好信托公司净资本监管、银信合作业务转表及信托产品营销等有关事项的通知》规定:"对各类形式的受(收)益权信托业务,除TOT和上市公司股票收益权业务外,原则上均应视为融资类业务,并应按照融资类业务计算风险资本。"

标的证券的，解除限售日应当早于回购到期日。在回购期限内的标的证券产生的无须支付对价的股东权益一并自动予以质押（如送股、转增股份、现金红利等）①，而所产生的需要支付对价的股东权益不自动予以质押（如增发、配股等），具体交易结构如下图②：

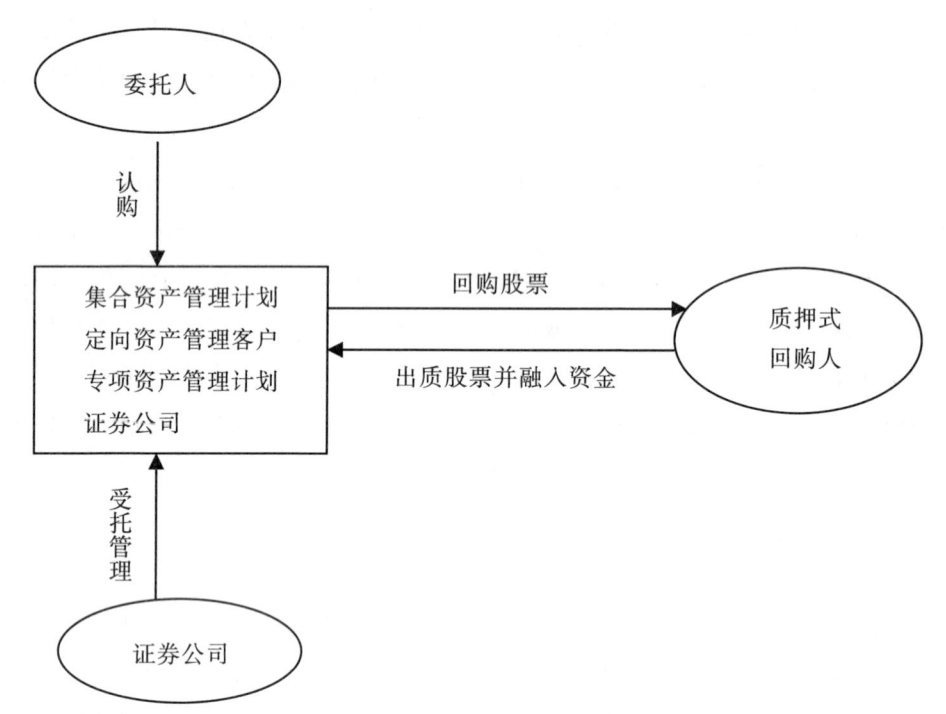

```
        委托人
          │
          │认购
          ↓
┌─────────────────────┐   回购股票      ┌──────────┐
│ 集合资产管理计划    │ ──────────────→ │          │
│ 定向资产管理客户    │                 │  质押式  │
│ 专项资产管理计划    │ ←────────────── │  回购人  │
│ 证券公司            │  出质股票并融入资金│          │
└─────────────────────┘                 └──────────┘
          ↑
          │受托管理
          │
        证券公司
```

集合资产管理计划为融出方，质权人为资产管理人；定向资产管理客户为融出方，质权人可以为资产管理人，也可以为定向资产管理客户。关于定向资产管理客户可以为融出方及质权人是个值得研究的问题。证券公司定向资产管理业务采取的是信托结构，根据信托的原理，委托人委托受托人管理运用信托财产，受托人是以自己的名义进行的，因此融出方及质权人应当均为受托人（资产管理人）。

证券公司作为融出方的，单一证券公司接受单只A股股票质押的数量不得

---

① 如果证券发行人不通过中国证券登记结算有限公司派发的股东权益，以及采用场外现金分红或收益结转份额分红方式的，相应的股东权益不随标的证券一并质押。
② 除了以资产管理业务进行股票质押式回购交易业务外，证券公司也可以自有资金进行股票质押式回购交易业务。

超过该股票 A 股股本的 30%；集合资产管理计划或定向资产管理客户作为融出方的，单一集合资产管理计划或定向资产管理客户作为融出方的，单一集合资产管理计划或定向资产管理客户接受单只 A 股股票质押的数量不得超过该股票 A 股股本的 15%；证券公司在提交交易申报前应当查询该股票市场整体质押比例情况，该笔交易不得导致单只 A 股股票市场整体质押比例超过 50%；证券公司应当根据标的证券资质、融入方资信、回购期限、第三方担保等因素确定和调整标的证券的质押率上限，其中股票质押率上限不得超过 60%。

四、交易性股票融资业务

交易性股票融资业务即是买断式回购交易业务，具体指融资人通过大宗交易或股份报价转让系统等方式将其所持股票过户至信托公司名下以从信托公司融入资金，融资人在约定期限届满时按照约定溢价款购回已过户给信托公司标的股票的业务模式。

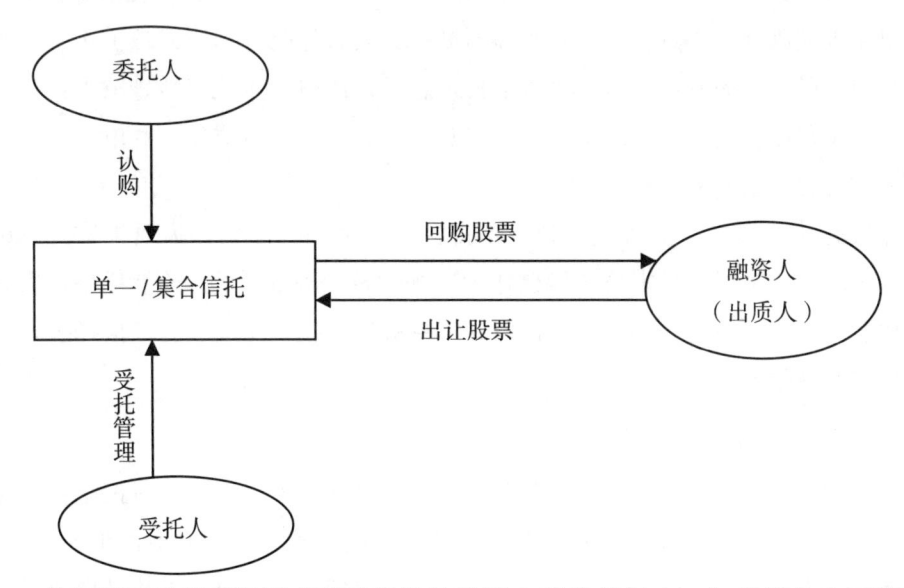

普通股票质押融资模式需要将标的股票出质给债权人，如果债务人不能按期履行偿还债务的义务时，债权人可以通过司法程序实现质权；交易性股票融资业务模式则无须通过司法程序处置标的股票，如果债务人不按照约定购回标的股票，则债权人可以直接变现标的股票或者自持标的股票。

第二节　股权质押融资信托业务风险控制措施

一、标的股票投资策略

（一）标的股票一般准入标准

信托公司从事股票质押融资业务，均会对标的股票的准入有所限制。不同信托公司对准入的标准存在很大的差异，下列类型股票通常来说均会受到禁止准入或限制准入：①上一年度亏损的上市公司股票；②证券交易所停牌或除牌的股票；③S、ST、*ST类股票；④创业板股票；⑤收购人持有的被收购上市公司股票，在收购行为完成后未满12个月；⑥发起人持有的在证券交易所上市未满12个月的股票；⑦董事、监事、高级管理人员持有的在证券交易所上市未满12个月的股票；⑧有重大不良信息的上市公司股票。该重大不良信息包括但不限于近期因虚假信息披露、欺诈等不良行为被媒体公开曝光或该上市公司高管被交易所公开谴责；上市公司董事长、总经理或财务总监因涉嫌重大案件而被公开拘留或逮捕；近期因重大诉讼而对上市公司业绩造成重大影响，可能导致上市公司经营业绩大幅度下降。

根据《公司法》的规定，公司不得接受本公司的股票作为质押标的，因此，金融机构不得接受本公司股票作为质押融资业务的质物。《信托公司管理办法》也规定了信托公司股东不得以其所持有的信托公司股权向该信托公司进行股权质押融资。

（二）标的股票指标风险控制

信托公司还可以从以下几个方面对标的股票准入进行指标风险控制：①流通股本指标：比如标的证券流通股本不少于2亿股或流通市值不低于8亿元；②流动性指标：比如最近6个月日均换手率不得低于沪深300指数日均换手率20%；③波动性指标：比如最近6个月日均涨跌幅的平均值与沪深300指数涨跌幅的平均值偏离度不超过5%，振幅不超过沪深300指数振幅的400%；④股东集中度指标：股东人数不少于5000人。

二、风险控制指标标准

股票质押融资业务的风控指标主要包括质押率、预警线、补仓线和止损线等，如下风控指标为笔者根据行业一般标准而设置，仅供读者参考。

（一）质押率

质押率包括本金质押率和本息质押率两种，本章以本息质押率为基准进行分析，本息质押率的计算公式及计算方法如下：

本息质押率＝质押股票单位价格/质押股票单位市值，其中：质押股票单位价格＝［出让金额×（1＋年溢价回购率）］/质押股票数量；质押股票单位市值：T日收盘价、前五日、前二十日、前六十日收盘平均价四者取最低值。

1. 基准质押率

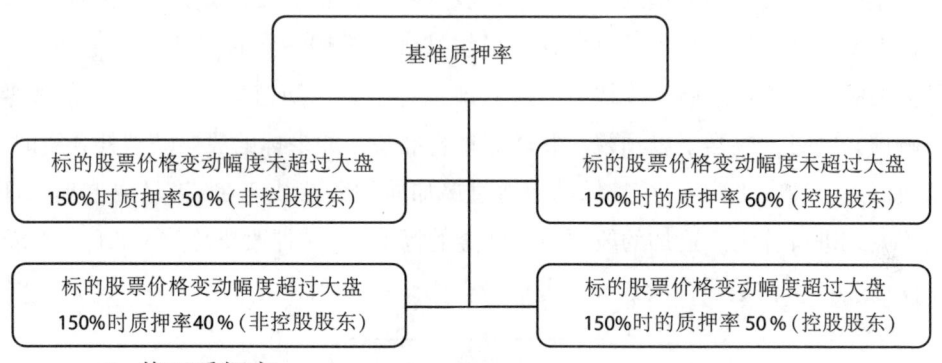

```
                    基准质押率
                       │
        ┌──────────────┴──────────────┐
 标的股票价格变动幅度未超过大盘      标的股票价格变动幅度未超过大盘
 150%时质押率50%（非控股股东）      150%时的质押率60%（控股股东）

 标的股票价格变动幅度超过大盘        标的股票价格变动幅度超过大盘
 150%时质押率40%（非控股股东）      150%时的质押率50%（控股股东）
```

2. 修正质押率

不同类型股票的风险度存在很大差异，因此股票质押率应当采用差异化标准。本章在基准质押率的基础上对沪深300指数股票、上证指数/深证成指股票以及中小板股票三种类型的股票进行相应的调整；如果对于融资人资质一般、质押股票限售期长于信托期限等，或者融资人资质较为优质、提供了其他增信措施等，则应按照特别修正质押率执行。

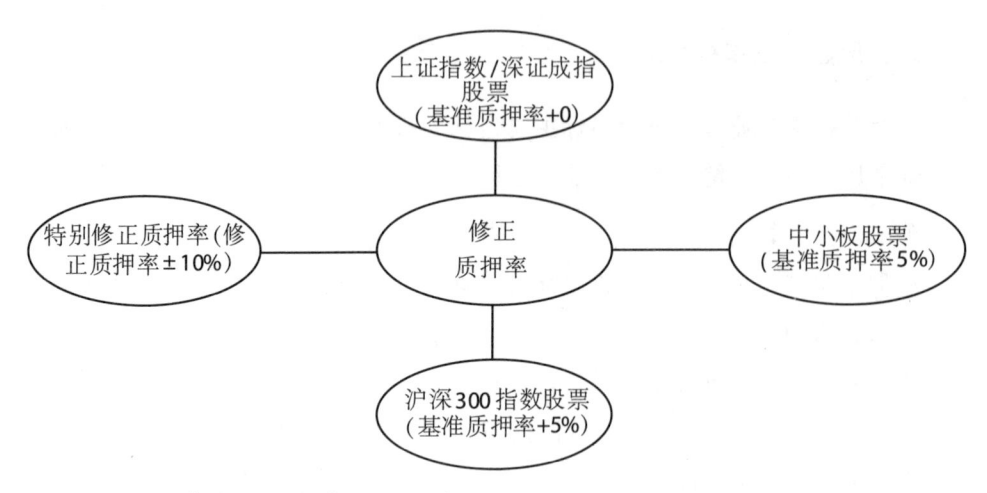

```
                    ┌─────────────────┐
                    │ 上证指数/深证成指 │
                    │      股票        │
                    │  (基准质押率+0)   │
                    └────────┬────────┘
                             │
┌──────────────┐      ┌──────┴──────┐      ┌──────────────┐
│特别修正质押率(修│──────│    修正     │──────│ 中小板股票    │
│正质押率±10%) │      │   质押率    │      │(基准质押率5%)│
└──────────────┘      └──────┬──────┘      └──────────────┘
                             │
                    ┌────────┴────────┐
                    │ 沪深300指数股票  │
                    │ (基准质押率+5%) │
                    └─────────────────┘
```

（二）预警线、补仓线、止损线

止损线根据不同类型的股票在质押股票单位价格基础上按照一定的百分比进行上调，补仓线和预警线分别在止损线基础上按照一定百分比进行上调。如果标的股票收盘价跌破止损线时，应立即进行平仓以防范风险；如果标的股票跌破预警线时，应当予以预警，并做好补仓准备；如果标的股票跌破补仓线时，则融资人应当在 T+3 日内按照约定通过追加质押股票或于 T+1 日内追加保证金等方式进行补仓。追加的股票或保证金的标准：（质押股票总数×T 日收盘价＋保证金）＞初始质押股数×预警价格。

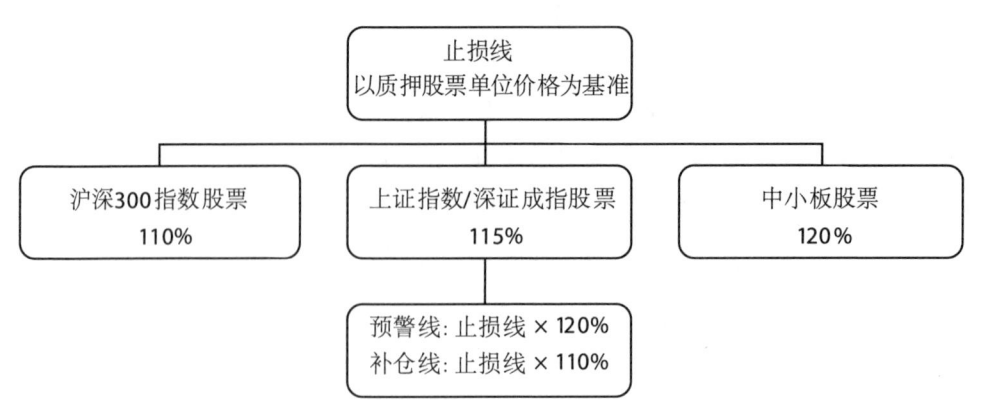

```
                    ┌──────────────────────┐
                    │       止损线         │
                    │ 以质押股票单位价格为基准 │
                    └──────────┬───────────┘
                               │
        ┌──────────────────────┼──────────────────────┐
┌───────┴────────┐   ┌─────────┴──────────┐   ┌───────┴────────┐
│沪深300指数股票 │   │ 上证指数/深证成指股票 │   │  中小板股票     │
│    110%        │   │       115%         │   │     120%       │
└────────────────┘   └─────────┬──────────┘   └────────────────┘
                               │
                    ┌──────────┴───────────┐
                    │ 预警线：止损线×120%  │
                    │ 补仓线：止损线×110%  │
                    └──────────────────────┘
```

（三）其他风险控制措施

除了上述质押率、预警线、补仓线和止损线等基本的风控指标外，还应当注意如下内容：

1. 对于有较大风险的中小板股票作为质物，或者交易对手为资质一般的民营企业，可以要求其实际控制人提供连带责任保证担保。

2. 根据《公司法》的规定，公司董事、监事及高级管理人员在任职期间每年转让的股份不得超过其所持有的本公司股份总数的25%；所持有本公司股份自公司股票上市交易之日起一年内不得转让；离职后半年内不得转让其所持有的本公司股份。如果融资人/出质人为质押股票所属上市公司的董事、监事或高级管理人员，则应当注意其已出质股票数与本次质押股数的合计数是否已超过其所持有的该上市公司股份总数的25%；为了防止作为融资人/出质人的上市公司董事、监事或高级管理人员因离职而对质押股票的变现能力造成影响，应当对其在该上市公司的任职进行相应的约束。

3. 如果融资人/出质人通过变现质物以用于支付回购/结算价款时，融资人/出质人应当支付解押保证金；解押保证金可以按照不低于预警线价格和解押股数计算的金额支付，同时还应当约定每次最低解押股数。如果每次解押股数较低，将会增加解押次数，从而增加后续管理成本。

4. 为了防止融资人/出质人大量抛售股票而对该股票的价格造成影响，可以约定融资人在出质期限内不得出售其所持有的未质押部分的股票；如果融资人/出质人违反约定私自出售未质押部分的股票，融资人/出质人应当承担违约责任。

三、风险监控与风险处置

（一）标的股票监控

信托公司应安排专门人员对标的股票进行逐日盯市。如果标的股票收盘价低于预警线，信托公司应及时向融资人/出质人予以预警，并要求其做好补仓准备；如果标的股票收盘价低于补仓线，融资人/出质人应及时按照约定足额补仓；如果标的股票收盘价低于止损线，信托公司应当及时进行平仓。

标的股票于信托存续期间发生分红派息情形的，根据交易合同约定是否一并质押或纳入监管账户；如果标的股票发生送股、配股、公积金转增、拆分股票等而获得的派生股票，根据交易合同约定是否一并质押或纳入监管账户。标的股票发生上述情形的，预警线、补仓线、止损线等应作相应的除权调整。

密切关注影响标的股票上市公司正常经营的重大事项，如果发生标的股票上市公司被停业、犯罪及监管处罚、被风险警示（ST）、重大经营风险、重大法律诉讼等事件，信托公司一经发现上述事件，应当立即启动风险预案以防止风险的发生及扩大。

（二）交易对手监控

信托公司应定期收集交易对手的财务报表，关注交易对手的日常经营是否出现异常，是否出现重大公开不良信息及法律诉讼等情况。交易对手风险监控应当注意如下方面：

①交易对手财务与经营状况严重恶化；

②交易对手出现重大违约事件，包括交易对手连续3个月拖欠金融机构贷款本息等；

③司法机关/监管部门对交易对手立案调查或者对财产进行冻结，对其履约能力产生重大影响；

④交易对手以转移财产、抽逃资金等方式恶意逃废债务；

⑤交易对手主要管理人员、实际控制人发生失踪、犯罪等情形；

⑥交易对手向金融机构提供虚假尽职调查材料。

如果交易对手出现上述风险，信托公司应当要求交易对手提前清偿债务；如果交易对手不能按时清偿或清偿不适当，信托公司应当及时启动质物处置预案，以防止风险的进一步扩大。如果出现欺诈等风险，业务主办部门应当将相关情况及时上报，并由风控合规部门配合司法机关介入调查。

第三节　上市公司股票质押登记与处置

一、上市公司股票质押登记

（一）出质登记材料

《证券质押登记业务实施细则》（2016修订）对在中国证券登记结算有限公司进行证券质押登记的相关事宜进行明确。质押双方在中国证券登记结算有限公司申请办理证券质押登记应提供如下材料：①《证券质押登记申请》（以国有股东持有的股份出质的,质押双方应在《证券质押登记申请》中承诺本次证券质押已按照规定在出质人所属省级以上国有资产管理部门备案,且质权人同意接受该笔证券质押);②《质押合同》原件;③质押双方有效身份证明文件及复印件;④质押证券登记在证券公司及其子公司定向资产管理专用证券账户或基金公司及其子公司单一客户特定资产管理专用证券账户中,且资产委托人为个人或机构,应当由资产委托人和管理人共同现场提交上述业务申请材料,并提供托管人出具的知晓并同意办理质押登记的相关文件;⑤中国证券登记结算有限公司要求提供的其他材料。

（二）解除质押材料

质权人申请解除质押登记应提供的材料包括:①解除证券质押登记申请;②质权人、经办人有效身份证明文件及复印件;③证券质押登记证明原件(如果原件遗失的,需要提供证监会指定报刊上刊登的遗失作废声明);④部分解除质押登记的,需要提供质押变更协议原件或登记机构认可的其他有效文件;⑤登记机构要求的其他材料。如果主合同发生变更需要重新办理质押登记,需要先解除原质押登记后,才能重新向登记机构申请办理质押登记手续;如果该已质押证券被司法冻结的,需要先解除冻结后,才能重新办理质押登记手续。

（三）质押登记的其他事项

1. 衍生质押:证券质押登记期间产生的孳息,登记机关一并予以质押登记;证券质押登记期间发生配股时,配股权由出质人行使,并由质押双方自行约定获配股份是否一并予以质押。

2. 质押顺位:如果登记机构对标的证券先受理质押登记,再受理司法冻结的,先办理质押登记,再对该笔已质押证券办理司法冻结;如果先受理司法冻结的,则不再受理该笔证券的质押登记。已被司法冻结、已作回购质押或已提交登记机构作为交收担保品的证券,不得再申请办理质押登记。已经被质押的证券,在解除质押登记前不得重复设置质押。

3. 质押期限:证券质押登记不设具体期限,解除质押登记手续需要由质权人申请办理。质权作为担保物权的一种,相对于主债权而言具有从属性,只要主债权存续,质权亦同时存续。

4. 代理质押登记:质权人与出质人可以选择在中国证券登记结算有限公

司上海分公司或深圳分公司现场办理质押登记，也可以通过远程电子化申报方式办理质押登记。符合条件的证券公司申请并经中国证券登记结算有限公司审核同意，与中国证券登记结算有限公司签署《证券质押登记业务委托代理协议》后，即成为证券质押登记业务代理机构，开展代理证券质押登记业务。质押双方通过远程电子化方式向证券公司提交登记材料，并由证券公司进行初审。

二、上市公司质押股票处置

（一）非司法处置

根据中国证券登记结算有限责任公司《证券质押登记业务实施细则》（2016年修订），债务人不履行到期债务或者发生当事人约定的实现质权的情形，除了通过司法途径实现质权外，可以采取如下方式实现质权：

（1）以无限售流通股出质的，质押双方可申请将"不可卖出质押登记"调整为"可以卖出质押登记"。

（2）质押双方可以根据质押证券处置协议约定，申请将质押股票（无限售流通股）转让抵偿给质权人。根据"流质质押禁止"原则，质权人在债务履行期届满前，不得与出质人约定债务人不履行到期债务时质押财产归债权人所有；因此只有在债务人不履行到期债务或者发生当事人约定的实现质权的情形，才可以通过上述折价抵偿的方式实现质权。

（二）司法处置

1. 申请执行证书

根据我国《公证法》的规定，对经公证的以给付为内容并载明债务人愿意接受强制执行承诺的债权文书，债务人不履行或者履行不适当的，债权人可以依法向有管辖权的人民法院申请执行；《民事诉讼法》也做了相应的规定：对公证机关依法赋予强制执行效力的债权文书，一方当事人不履行的，对方当事人可以向有管辖权的人民法院申请执行，受申请的人民法院应当执行。根据《公证程序规则》的规定，债务人不履行或者不适当履行经公证的具有强制执行效力的债权文书的，公证机构可以根据债权人的申请，依照有关规定出具执行证书。

在业务实践中，金融机构会对股票质押融资债权文件及质押文件进行强制执行公证，如果债务人不履行或不适当履行债务的，金融机构直接向公证机构申请出具执行证书，然后申请法院根据执行证书进行强制执行措施。根据《司法部关于经公证的具有强制执行效力的合同的债权依法转让后，受让人能否持原公证书向公证机构申请出具执行证书问题的批复》（司复〔2006〕13号）的规定，债权人将经公证的具有强制执行效力的合同的债权依法转让给第三人的，受让人持原公证书、债权转让协议以及债权人同意转让申请人民法院强制执行的权利的证明材料，可以向公证机构申请出具执行证书。

根据我国法律规定，强制执行公证的标的是以给付为内容的债权文书，对于以股票质押合同进行强制执行公证的，股票质押合同是否属于以给付为内容的债权文书是个值得探讨的问题，司法实务界也存在很大争议。笔者认为质押合同设定的是担保物权，属于物权文书范畴，而不是债权文书，更谈不上是以给付为内容的债权文书，因此质押合同不能申请强制执行公证。

2. 人民法院判决书

如果股票质押融资业务没有办理强制执行公证，或者因为公证债权文书确有错误而被人民法院裁定不予执行的，作为债权人/质权人的金融机构应当及时向有管辖权的人民法院提起诉讼，由人民法院作出司法判决；如果债务人/出质人不履行司法判决，债权人/质权人可以申请司法强制执行。

3. 司法强制执行

在取得公证机构执行证书或取得判决书而债务人/出质人不履行生效判决时，债权人/质权人可以申请人民法院对债务人/出质人进行强制执行措施。人民法院处置质押物可以采取变卖、拍卖等方式，也可以采取质押股票折价抵偿等方式。

根据《最高人民法院关于冻结、拍卖上市公司国有股和社会法人股若干问题的规定》及《财政部关于上市公司国有股被人民法院冻结拍卖有关问题的通知》，对于以国有股和社会法人股进行质押融资的，法院不得直接将股权执行给债权人，而应当通过拍卖方式进行；如果连续三次拍卖仍不能成交的，法院应当将所拍卖的股权按照第三次拍卖的保留价折价抵偿给债权人；法院也可以在每次拍卖未成交后主持调解，并将所拍卖的股权参照该次拍卖保留价折价抵偿给债权人。对于国有股权拍卖还应遵守如下规定：①竞买人应当具备依法受让国有股权的条件；②拍卖人受托拍卖国有股，应当提前10天在证监会指定上市公司信息披露报刊刊登国有股拍卖公告；③国有股拍卖必须确定保留价；④国有股拍卖相关事宜应当报财政部备案。

(三) 处置股票的税收问题

1. 根据《财政部、国家税务总局和证监会关于个人转让上市公司限售股所得征收个人所得税有关问题的通知》（财税〔2009〕167号）的规定，自2010年1月1日起，对个人转让的股改限售股和新股限售股[①]取得的所得，按照"财产转让所得"，适用20%的比例税率征收个人所得税。

根据《关于个人转让上市公司限售股所得征收个人所得税有关问题的补充通知》（财税〔2010〕70号），限售股除了财税〔2009〕167号规定的限售股外，还包括：(1) 个人从机构或其他个人受让的未解禁限售股；(2) 个人因依法继承或家庭财产依法分割取得的限售股；(3) 个人持有的从代办股份转让系统转到主板市场（或中小板、创业板市场）的限售股；(4) 上市公司吸收合并中，个人持有的被原被合并方公司限售股所转换的合并方公司股份；(5) 上市公司分立中，个人持有的被分立方公司限售股转换的分立后公司股份。

对于如下情形的，应该征收个人所得税：(1) 个人通过证券交易所集中交易系统或大宗交易系统转让限售股；(2) 个人用限售股认购或申购交易型开放式指数基金（ETF）份额；(3) 个人用限售股接受要约收购；(4) 个人行使现金选择权将限售股转让给提供现金选择权的第三方；(5) 个人协议转让限售股；(6) 个人持有的限售股被司法扣划；(7) 个人因依法继承或家庭财产分割让渡限售股所有权；(8) 个人用限售股偿还上市公司股权分置改革中由大股东代其向流通股股东支付的对价；(9) 其他具有转让实质的情形。

2. 根据《财政部、国家税务总局关于个人转让股票所得继续暂免征收个人所得税的通知》（财税字〔1998〕61号）文件，对个人转让上市公司股票取得的所得继续暂免征收个人所得税。为了配合企业改制和鼓励证券市场的健康发展，我国从1994年以来一直对个人转让上市公司股票所得暂免征收个人所得

[①] 股改限售股是指上市公司股权分置改革完成后股票复牌日之前股东所持原非流通股股份，以及股票复牌日至解禁日期间由上述股份孳生的送转股；新股限售股是指2006年股权分置改革新老划断后，首次公开发行股票并上市的公司形成的限售股，以及上市首日至解禁日期间由上述股份孳生的送转股。

税；从2005年6月1日起，对个人所持上市公司股票的股息红利收入减半征收个人所得税。

3. 根据《企业所得税法》及《企业所得税法实施条例》的规定，企业转让财产收入应当缴纳企业所得税，转让财产收入包括转让股权所取得的收入。根据《财政部、国家税务总局关于企业所得税若干优惠政策的通知》（财税〔2008〕1号）：①对证券投资基金从证券市场取得的收入，包括买卖股票、债券的差价收入，股权的股息、红利收入，债券的利息收入及其他收入，暂不征收企业所得税。②对投资者从证券投资基金分配中取得的收入，暂不征收企业所得税。③对证券投资基金管理人运用基金买卖股票、债券的差价收入，暂不征收企业所得税。

第四节　标的股票相关问题分析

一、限售股类型与处置

（一）我国限售股类型

1. 法定限售股

（1）发起人限售股：发起人持有的本公司股份，自公司成立之日起12个月内不得转让；公司公开发行股份前已发行股份，自公司股票在证券交易所上市之日起12个月内不得转让。

（2）董监高限售股：董事、监事、高级管理人员所持本公司股份自公司股票上市交易之日起12个月内不得转让，在其任职期间每年转让的股份不得超过其所持本公司股份总数的25%，离职后半年内不得转让所持有的本公司股份。

（3）并购限售股：收购人持有的被收购公司股份自收购完成后12个月内不得转让，收购人在被收购公司中拥有权益的股份在同一实际控制人控制的不同主体之间进行转让可以不受上述限售期的限制。

（4）资产重组限售股：特定对象以资产认购而取得的上市公司股份，自股份发行结束之日起12个月内不得转让；如果属于下述情形之一的，36个月内不得转让：

①特定对象为上市公司控股股东、实际控制人或者其控制的关联人；

②特定对象通过认购本次发行的股份取得上市公司实际控制权；

③特定对象取得本次发行的股份时，对其用于认购股份的资产持续拥有权益的时间不足12个月。

（5）非公开发行限售股：上市公司非公开发行股票，本次发行的股份自发行结束之日起，12个月内不得转让；控股股东、实际控制人及其控制的企业认购的股份，36个月内不得转让。

2. 承诺限售股

（1）战略投资者承诺限售股：公司首次公开发行股票并向战略投资者配售的，战略投资者应当承诺获得本次配售的股票在股票上市交易之日起1年内不予转让。

（2）配售承诺限售股①：对于首次公开发行的配售股票由询价对象与发行人、承销商自主约定网下配售股票的持有期限。

（3）实际控制人、控股股东承诺限售股：发行人向证券交易所申请其首次公开发行股票上市时，控股股东和实际控制人应当承诺在股票上市交易之日起36个月内不转让或者委托他人管理其直接和间接持有的发行人首次公开发行股票前已发行的股份，也不由发行人回购该部分股份。如果转让双方存在控制关系，或者受同一实际控制人控制的，自股票上市之日起12个月后，经控股股东和实际控制人申请并经证券交易所同意，可以豁免上述承诺。

（4）金融企业高管和持股超过5万股的个人应当承诺自金融企业上市之日起，股份转让锁定期不得低于3年，持股锁定期满后，每年可出售股份不得超过持股总数的15%，5年内不得超过持股总数的50%。②

（5）董监高特别限售股（中小板）：中小企业板上市公司在公司章程中需要明确：上市公司董事、监事和高级管理人员在申报离任6个月后的12个月内通过证券交易所挂牌交易出售本公司股票数量占其所持有本公司股票总数的比例不得

---

① 《证券发行与承销管理办法》原规定："询价对象应当承诺获得本次网下配售的股票持有期限不少于3个月，持有期自本次公开发行的股票上市之日起计算。"2012年修订后的《证券发行与承销管理办法》取消了3个月的承诺限售期的规定。

② 《财政部、中国人民银行、银监会、证监会、保监会关于规范金融企业内部职工持股的通知》（财金〔2010〕97号）。

超过50%。董事、监事和高级管理人员需要签署《董事（监事、高级管理人员）声明及承诺书》，声明并承诺其在申报离任6个月后的12个月内通过证券交易所挂牌交易出售本公司股票数量占其所持有本公司股票总数的比例不得超过50%。

（二）限售股的司法处置问题

对于承诺的限售股，股东所持股份因协议转让、司法强制执行、继承、遗赠、依法分割财产等原因发生非交易过户的，受让方应当遵守原股东作出的相关承诺，承诺内容应当予以公告。对于法定的限售股，股东所持股份因司法强制执行、继承、遗赠、依法分割财产等原因也可以依据《证券非交易过户业务实施细则（适用于继承、赠与、依法进行的财产分割、法人资格丧失等情形）》进行非交易过户。中国证券登记结算有限责任公司深圳分公司《限售股份登记存管业务指南（2011年修订）》规定，对于因股权协议转让、继承、司法强制执行，以及持有人丧失法人资格等原因发生的限售股份非交易过户，可以办理股份过户手续。

二、国有股与特种股票

（一）国有股

根据《关于上市公司国有股质押有关问题的通知》（财企〔2001〕651号）对于以上市公司国有股进行质押融资的，已质押股数及本次质押股数合计数不得超过出质人持有该上市公司国有股总股本的50%；对于国有股质押融资业务，出质人只能为本单位及其全资或控股子公司提供质押担保；如果公司发起人持有的国有股，在法律限制转让期限内不得用于质押；质权人实现质权时，不得将国有股直接过户到债权人名下，而应通过法律法规规定的方式和程序将国有股变现后清偿。

（二）特种股票

B股可分为境外机构持有的B股和境内机构持有的B股，也可以分为流通B股和非流通B股。境外机构持有的流通B股不能办理质押；目前暂无境外机构上市前持有的非流通B股为境内机构提供质押的相关规则，需要由中国证券登记结算有限责任公司研究办理；境内机构持有的B股可以向A股一样办理质押登记。

第五节　非上市金融股权质押融资业务

一、金融机构类型

(一) 概述

我国金融机构种类众多，中国人民银行发布的《金融机构编码规范》对金融机构的范围进行了明确，既包括传统的银行业、证券业和保险业金融机构，也包括贷款公司、农村资金互助组织和村镇银行，还包括企业年金、交易所和登记结算公司、金融控股公司和小额贷款公司。目前，我国对金融业实行分业监管、分业经营的金融监管体制，银监会、证监会和保监会分别对银行业金融机构、证券业金融机构和保险业金融机构进行监管。按照《金融机构编码规范》对金融机构范围的界定，尚有部分金融机构没有纳入银监会、证监会和保监会的监管范围，如小额贷款公司等。如果根据《金融机构编码规范》对金融机构的界定，私募股权投资机构、第三方理财机构等都不是监管部门承认的金融机构。

由于金融牌照具有相对的稀缺性和垄断性，并且金融机构有较强的盈利能力，所以相对于其他行业来说，金融牌照有较高的价值。由于上述原因，信托公司更乐于接受金融股权作为质押标的开展股权质押融资业务。在业务实际中，非上市金融股权质押融资业务主要集中在城市商业银行和证券公司，也涉及少量的保险公司和期货公司，除此之外的其他金融机构股权质押融资实务案例并不多见，具体可参阅附件一。

(二) 按监管机构划分

1. 银监会监管的银行业金融机构：政策性银行、国有商业银行、股份制商业银行、邮政储蓄银行、城市商业银行、农商行、农村合作银行、农村信用社、三类新型农村金融机构（村镇银行、贷款公司、农村资金互助社）、外资银行、信托公司、财务公司、金融租赁公司、汽车金融公司、货币经纪公司、消费金融公司。

2. 证监会监管的证券业金融机构：证券公司、证券投资基金管理公司、期货公司、证券投资咨询公司。

3. 保监会监管的保险业金融机构：保险集团公司、财产保险公司、人身保险公司、再保险公司、资产管理公司、保险中介公司。

（三）按金融机构编码规范划分

1. 货币当局：中国人民银行、国家外汇管理局。

2. 监管当局：中国银行业监督管理委员会、中国证券监督管理委员会、中国保险监督管理委员会。

3. 银行业存款类金融机构：银行、城市信用合作社、农村信用合作社、农村资金互助社、财务公司。

4. 银行业非存款类金融机构：信托公司、金融资产管理公司、金融租赁公司、汽车金融公司、贷款公司、货币经纪公司。

5. 证券业金融机构：证券公司、证券投资基金管理公司、期货公司、投资咨询公司。

6. 保险业金融机构：财产保险公司、人身保险公司、再保险公司、保险资产管理公司、保险经纪公司、保险代理公司、保险公估公司。

7. 交易及结算类金融机构：交易所、登记结算类机构。

8. 金融控股公司：中央金融控股公司、其他金融控股公司。

9. 其他：小额贷款公司。

二、非上市金融类股权估值

（一）概述

非上市金融类股权融资业务的核心点在于股权价值的评估方法及质押率的设置。由于非上市金融股权没有公开交易市场的公允交易价格，因此该类股权价值的估值主要有三种方法：第一种是参照产权交易市场的挂牌交易价格；第二种是由第三方评估机构进行价值评估，第三种即直接以该金融机构每股净资产为估值标准。目前较为简单且被大多数公司采用的估值方法为第三种，即直接按照该金融机构最新经审计的每股净资产为估值标准。

（二）估值方法

1. 交易所挂牌价格

根据产权交易所公开挂牌信息，下表列出了10家非上市商业银行、证券公司及8家保险公司股权的公开挂牌价格及上一年度末每股净资产。根据下表样本数据，非上市商业银行的平均市净率为1.3891，分别高于上市股份制银行、上市城商行和五大国有银行的平均市净率；非上市证券公司的平均市净率为1.761，低于上市证券公司平均市净率；非上市保险公司的平均市净率为2.855，高于上市保险公司平均市净率。平均市净率最高的为保险公司，证券公司次之，最低的为商业银行。

表一 非上市银行挂牌价格

金融机构名称	每股净资产	挂牌价格	挂牌截止日	市净率[①]
贵阳银行	3.74元/股（2012年度）	3.98元/股	2013/12/25	1.06
上海银行	9.98元/股（2012年度）	10元/股	2013/12/24	1.002
平顶山银行	1.50元/股（2011年度）	1.736元/股	2013/11/25	1.157
上海农商行	5.76元/股（2012年度）	6.08元/股	2013/09/16	1.056
广发银行	3.42元/股（2011年度）	4.35元/股	2013/01/24	1.272
平安银行	3.56元/股（2011年度）	5元/股	2012/08/28	1.404
大连银行	2.21元/股（2011年度）	4.3元/股	2012/09/11	1.946
天津滨海农商行	1.26元/股（2011年度）	2.5元/股	2012/06/06	1.984
成都农商行	1.62元/股（2010年度）	2.44元/股	2012/01/30	1.506
温州银行	2.64元/股（2010年度）	3.97元/股	2011/11/30	1.504
平均值	3.569元/股	4.4356元/股		1.3891
平均市净率		1.3891		
上市股份制银行平均市净率		1.1485		
上市城商行平均市净率		1.0417		
五大国有银行平均市净率		1.0332		

表二 非上市证券公司挂牌价格

金融机构名称	每股净资产	挂牌价格	挂牌截止日	市净率
申银万国证券	2.7元/股（2012年度）	4.25元/股	2013/11/25	1.57
红塔证券	2.7元/股（2012年度）	3.35元/股	2013/08/14	1.24
中信万通证券	3.3元/股（2012年度）	6.10元/股	2013/06/14	1.85
东海证券	2.9元/股（2011年度）	6.10元/股	2013/05/21	2.1

① 按照挂牌价格和上一年度每股净资产计算：市净率＝挂牌价格/上一年度每股净资产。

续表

金融机构名称	每股净资产	挂牌价格	挂牌截止日	市净率
国都证券	2.25元/股（2012年度）	3.96元/股	2013/05/06	1.76
华西证券	4.32元/股（2011年度）	5.11元/股	2013/04/28	1.18
天源证券	1.38元/股（2012年度）	3.92元/股	2013/05/02	2.84
云南证券	0.59元/股（2011年度）	0.62元/股	2013/04/08	1.05
渤海证券	1.28元/股（2011年度）	2.5元/股	2012/11/07	1.95
国泰君安证券	4.63元/股（2011年度）	9.6元/股	2012/10/31	2.07
平均值	2.605元/股	4.551元/股		1.761
平均市净率			1.761	
上市证券公司平均市净率			2.6098	

表三 非上市保险公司挂牌价格

金融机构名称	每股净资产	挂牌价格	挂牌截止日	市净率
华泰人寿保险	0.62元/股（2012年度）	1.24元/股	2013/12/24	2
大众保险	0.66元/股（2012年度）	1.25元/股	2013/12/13	1.9
国泰人寿保险	0.28元/股（2012年度）	1.42元/股	2013/10/12	5.07
泰康人寿保险	7.28元/股（2012年度）	15.82元/股	2013/09/04	2.17
平安人寿保险	1.12元/股（2011年度）	1.74元/股	2013/02/22	1.55
平安财产保险	1.3元/股（2011年度）	2.14元/股	2013/01/16	1.65
幸福人寿保险	0.27元/股（2011年9月）	1.7元/股	2012/08/20	6.3
太平洋安泰人寿保险	1.07元/股（2009年度）	2.36元/股	2010/12/27	2.2
平均值	1.575元/股	3.459元/股		2.855
平均市净率			2.855	
上市保险公司平均市净率			1.7891	

2. 第三方机构评估

根据《资产评估准则——企业价值》，我国目前对于企业价值评估的主要方法有三种：收益法、市场法和成本法。收益法是指将预期收益资本化或者折现，以此确定企业价值的评估方法，主要包括股利折现法和现金流量折现法；市场法是指将评估对象与可比上市公司或者其他可以比较的对象进行比较，具体包括上市公司比较法和交易案例比较法，以此确定企业价值的评估方法；成本法是指被评估企业以评估基准日的资产负债表为基础，合理评估企业表内及表外各项资产、负债价值，以此确定评估对象价值的评估方法。

3. 每股净资产估值

以金融机构每股净资产作为该金融机构股权价值的基准，质押率即为每股质押价格/每股净资产×100%。由于每股净资产会随着公司经营状况的变化而变化，因此每股净资产的基期选择对于质押率的高低会产生直接的影响。每股净资产的基期一般有两种，一种是上一年度末经审计的每股净资产，另一种是最新季度末的每股净资产。

本节表一至表三为部分金融机构该年度末的每股净资产数据。从上述数据分析，保险公司的每股净资产较低，平均每股净资产为1.575元/股，其中很多公司低于1元/股；证券公司较高，平均每股净资产为2.605元/股；商业银行最高，平均每股净资产为3.569元/股。

三、出质登记及处置

(一) 出质登记程序

非上市公司股权质押登记机构为工商行政管理机关，股权登记簿登记事项包括出质人和质权人的姓名或名称，出质股权所在公司的名称及出质股权数额。工商行政管理机关办理完毕股权质押登记手续后，发给质权人加盖股权出质登记专用章的股权出质登记通知书。已被人民法院冻结的股权不得申请办理股权出质登记；以外商投资的公司的股权出质的，需要原公司设立审批机关批准。

根据工商行政管理总局发布的《工商行政管理机关股权出质登记办法》，需要出质人和质权人共同申请的登记事项包括出质设立登记、变更登记和注销登记，仅需要出质人或质权人单方提出申请的登记事项包括出质撤销登记。申请股权出质设立登记、出质变更登记、撤销登记等事项，需要提供的材料如下：

出质设立登记：(1) 申请人签字或盖章的《股权出质设立登记申请书》；(2) 加盖公司印章的记载有出质人姓名或名称及其出资额的股东名册或出质人持有的股票复印件；(3) 股权质押合同；(4) 已签名或盖章的出质人及质权人

的主体资格证明或自然人身份证明复印件；(5) 申请人指定代表或共同委托代理人的证明（如有）。

出质变更登记：(1) 申请人签字或盖章的《股权出质变更登记申请书》；(2) 登记事项变更的证明文件①；(3) 申请人指定代表或共同委托代理人的证明（如有）。

注销或承销登记：对于出质注销登记申请，需要提交申请人签字或盖章的《股权出质注销登记申请书》及申请人指定代表或共同委托代理人的证明（如有）；对于撤销登记申请的，需要提交申请人签字或盖章的《股权出质撤销登记申请书》、质押合同被依法确认无效或者被撤销的法律文件及申请人指定代表或共同委托代理人的证明（如有）。

（二）质押股权处置问题

如果融资人不能履行约定义务或者发生其他实现质权情形的，质权人可以通过拍卖、变卖或折价等方式实现质权。由于监管部门对金融机构股东的资质有特殊要求，因此受让人需要通过监管部门的审批并获批准后方可正式取得该金融机构股权。根据《中资商业银行行政许可事项实施办法》（2017年7月修订），以下对商业银行股权变更及股东资质进行简要介绍：

1. 股权变更的批准程序

（1）由银监会受理并审查、决定的股东变更申请包括：国有商业银行、邮政储蓄银行及股份制商业银行变更持有资本总额或股份总额5%以上股东的变更申请、境外金融机构投资入股申请；

国有商业银行、邮政储蓄银行、股份制商业银行变更持有资本总额或股份总额1%以上、5%以下的股东，应当在股权转让后10日内向银监会报告。

（2）由属地银监局受理审查并决定的股东变更申请包括：城商行变更持有资本总额或股份总额5%以上股东的变更申请、境外金融机构投资入股申请；

城市商业银行变更持有资本总额或股份总额1%以上、5%以下的股东，应当在股权转让后10日内向属地银监局报告。

---

① 对于出质股权数额变更的，应当提交质押合同补充协议；对于出质人或质权人姓名或名称及标的股权公司名称变更的，需要提交名称或姓名变更的证明文件和变更后的主体资格证明或自然人身份证明复印件。

2. 股东资格条件

中资商业银行的发起人包括境内金融机构、境外金融机构、境内非金融机构和银监会认可的其他主体：

境内金融机构：（1）主要审慎监管指标符合监管要求；（2）公司治理良好，内部控制健全有效；（3）最近 3 个会计年度连续盈利；（4）社会声誉良好，最近 2 年无严重违法违规行为和因内部管理问题导致的重大案件；（5）银监会规定的其他审慎性条件。

境外金融机构：（1）最近 1 年末总资产原则上不低于 100 亿美元（城市信用社股份公司不低于 10 亿美元）。（2）银监会认可的国际评级机构最近 2 年对其长期信用评级为良好。（3）最近 2 个会计年度连续盈利。（4）商业银行资本充足率应达到其注册地银行业资本充足率平均水平且不低于 10.5%；非银行金融机构资本总额不低于加权风险资产总额的 10%。（5）内部控制健全有效、注册地金融机构监督管理制度完善、所在国经济状况良好及银监会规定的其他审慎性条件。单个境外金融机构及被其控制或共同控制的关联方作为发起人或战略投资者向单个中资商业银行投资入股比例不得超过 20%，多个境外金融机构及被其控制或共同控制的关联方作为发起人或战略投资者投资入股比例合计不得超过 25%。

境内非金融机构：（1）依法设立，具有法人资格；（2）具有良好的公司治理结构或有效的组织管理方式；（3）具有良好的社会声誉、诚信记录和纳税记录，能按时足额偿还金融机构的贷款本息；（4）具有较长的发展期和稳定的经营状况；（5）具有较强的经营管理能力和资金实力；（6）财务状况良好，最近 3 个会计年度连续盈利；（7）按照合并报表计算，年终分配后，净资产达到全部资产的 30%；（8）除国务院规定的投资公司和控股公司外，按照合并报表计算，权益性投资余额原则上不超过净资产的 50%；（9）入股资金为自有资金，不得以委托资金、债务资金等非自有资金入股，法律法规另有规定的除外；（10）银监会规定的其他审慎性条件。

禁止情形：有如下情形之一的企业不得作为中资商业银行的发起人：（1）公司治理结构与机制存在明显缺陷。（2）关联企业众多、股权关系复杂且不透明、关联交易频繁且异常。（3）核心主业不突出且其经营范围涉及行业过多。（4）现金流量波动受经济景气影响较大。（5）资产负债率、财务杠杆率高于行业平均水平。（6）代他人持有中资商业银行股权；其他对银行产生重大不利影响的情况。

(三) 商业银行股权质押相关问题

1. 监管政策

根据中国银监会《加强商业银行股权质押管理的通知》（银监发〔2013〕43号）的规定，对于商业银行及银监会监管的符合股权质押法定条件的其他金融机构进行商业银行股权质押融资业务应当遵守如下规定：

（1）禁止质押股权种类

商业银行不得接受以下银行股权作为质物：①本行的股权；②银行章程、有关协议或者其他法律文件禁止出质，或者其他在限制转让期限内的银行股权；③权属关系不明、存在纠纷等影响到出质股权价值和处分权利的，或者价值难以评估的银行股权；④被依法冻结或采取其他强制措施的银行股权；⑤证券交易所停牌、除牌或特别处理的上市银行股权；⑥按要求出质前应向股权所在银行董事会备案而未备案或备案未通过的银行股权；⑦涉及重复质押或银监会认定的其他不审慎行为的银行股权。

（2）监管报送及信息披露

被质押股权的商业银行对于如下情形应当向监管部门报送，并通过季报、年报、股权集中托管机构等渠道及时进行信息披露，监管部门可以根据对银行的风险影响采取相应的监管措施：①银行被质押股权达到或超过全部股权的20%；②主要股东（能够直接、间接、共同持有或控制商业银行5%以上股份或表决权及对商业银行决策有重大影响的股东）质押本行股权数量达到或超过其持有本行股权的50%；③银行被指股权涉及冻结、司法拍卖、依法限制表决或者收到其他权利限制。

（3）商业银行章程约束

商业银行的章程应当约定如下事项：①商业银行股东以该商业银行股权出质的，应当事先告知该商业银行董事会。对于拥有该商业银行董事、监事席位的股东，或者直接、间接、共同持有或控制该行2%以上股份或表决权的股东出质该商业银行股份的，需要事先向该行董事会申请备案；商业银行董事会认定对本行股权稳定、公司治理、风险与关联交易控制等存在重大不利影响的，应不予备案。②商业银行股东在该行借款余额超过其持有经审计的该行上一年度股权净值的，不得将该行股权出质。③商业银行股东质押该行股权数量达到或超过其持有的该行股权50%时，应当对其在股东大会和派出董事的董事会上的表决权进行限制。④股东完成股权质押登记后，应配合本行风险管理和信息披露需要，及时向本行提供涉及质押股权的相关信息。

2. 债权人/质权人风险提示

笔者认为信托公司开展商业银行股权质押融资业务时，应注意如下问题，尤其应当重点查阅标的股权商业银行的公司章程对标的股权出质行为的相关规定：

（1）应当取得出质人向标的股权商业银行董事会的告知函或备案文件，不得接受出质人没有按照要求于出质前向标的股权商业银行董事会备案或备案未通过的商业银行股权作为质物。

（2）注意了解出质人在标的股权商业银行的借款余额是否超过其持有的该商业银行经审计的上一年度股权净值，如果超过股权净值的，则不予接受该股权作为质物。

（3）应当注意标的股权商业银行的公司章程或相关协议对标的股权是否有禁止出质或限制转让条款，不得接受有禁止出质条款或尚在限制转让期限内的商业银行股权作为质物。

（4）注意了解标的股权是否存在因权属关系不明、存在纠纷等影响到股权价值和处分权利，或者价值难以评估等因素；标的股权是否已被司法冻结或采取强制措施；标的股权是否存在被重复质押等情形。如果出现上述情形的，不得接受该标的股权作为质物。

第六节 实务案例分析

一、DR电子股票收益权投资集合资金信托计划

（一）交易要素

1. 交易结构

T信托公司设立"DR电子股票收益权投资集合资金信托计划"，以该信托项下信托资金受让M有限公司所持有的6000万股DR电子流通股股票收益权，并由M有限公司到期按照约定回购溢价率回购该股票收益权。为保证M有限公

司按期履行回购义务，M 有限公司将其持有的 6000 万股 DR 电子流通股股票出质给 T 信托公司，并办理强制执行公证。

2. 基本要素

信托单位	15000 万份（1 元/份）
信托期限	18 个月
受托人	T 信托公司
融资人/出质人	M 有限公司
回购溢价率	10%
信托资金用途	用于补充融资人日常营运所需的流动资金
风险控制指标 出让/质押价格（本金） 出让/质押价格（本息）	2.5 元/股 [15000 万元/6000 万股] 2.75 元/股 [（15000×10%）万元/6000 万股]
本金质押率 本息质押率	24.3% [取 10.30 元/股为基准市价①] 26.7% [取 10.30 元/股为基准市价]
预警线 补仓线	3.85 元/股 [出让/质押价格（本息）×140%] 3.3 元/股 [出让/质押价格（本息）×120%]

3. 项目管理及风险监控

（1）预警与补仓

如果 DR 电子股票价格触及预警线时，风险监控员应当及时联系融资人，就股价波动情况予以预警，并要求融资人做好补仓准备；如果股价触及补仓线时，融资人应当于 T+1 日追加保证金或于 T+3 日追加质押股票，补仓标准为：出质股数×T 日收盘价+保证金≥预警价格×出质股数；如果融资人未能按时履行补仓义务，则 T 信托公司可以要求融资人提前回购标的股票收益权，或由 T 信托公司行使质权以处置质物，并追究融资人的违约责任。

如果标的股票价格连续 5 个工作日交易超过预警线，则融资人可以申请退回所追加的保证金，具体标准为：可退回的保证金≤（连续 5 个工作日最低股票收盘价－预警线价格）×出质股数，已追加出质的股票不予解押。

（2）派生权益

如果标的股票分红、送股、公积金转增、配股时，预警价格和补仓价格应进行除权调整，并应当将所获派生权益或股份出质给 T 信托公司。

---

① 以 2013 年 10 月 30 日为 T 日，取 T+10、T+20、T+60 日及 T 日均价孰低价格 10.30 元/股（10.393 元、11.033 元、11.912 元、10.30 元）。

（二）标的股票情况-深圳市 DR 电子股份有限公司（股票代码：××××××）

1. 公司概况

（1）公司名称：深圳市 DR 电子股份有限公司（股票代码：××××××）。

（2）上市地点及板块：深圳证券交易所中小企业板。

（3）注册地址：深圳市×××××。

（4）上市时间/招股时间：2006 年 7 月 25 日/6 月 30 日。

（5）发行股数：1680 万股。

（6）发行价格/首日开盘价：7.88 元/17.10 元。

（7）上市保荐人及主承销商：××证券有限责任公司。

（8）主营范围：生产经营电子连接器、光连接器、汽车连接器及线束、电气元器件、精密组件产品（不含限制项目）；国内商业、物资供销业（不含专营、专控、专卖品）；经营进出口业务（具体按深贸管准证字第 2002 - 1468 号资格证书办理）。

2. 前十大股东（2012 年 9 月 30 日）

股东名称	股数（万股）	持股比例	股份性质
A	13,977.16	33.72%	流通 A 股
B	3,494.29	8.43%	流通 A 股
C	1,426.20	3.44%	流通 A 股
D	500.07	1.21%	流通 A 股
E	419.06	1.01%	流通 A 股
F	399.98	0.96%	流通 A 股
G	340.00	0.82%	流通 A 股
H	310.15	0.75%	流通 A 股
I	300.00	0.72%	流通 A 股
J	283.08	0.68%	流通 A 股

3. 财务分析

报告日期	2013 - 09 - 30	2013 - 06 - 30	2013 - 03 - 31	2012 - 12 - 31
摊薄每股收益（元）	0.23	0.13	0.05	0.25
摊薄每股收益（扣除）（元）	-	-	-	-
每股收益（加权）（元）	0.23	0.13	0.05	0.25
加权每股收益（扣除）（元）	-	0.10	-	0.21

报告日期	2013-09-30	2013-06-30	2013-03-31	2012-12-31
基本每股收益（元）	0.23	0.13	0.05	0.25
稀释每股收益（元）	0.23	0.13	0.05	0.25
每股净资产（元）	-	-	-	2.84
调整后每股净资产（元）	-	-	-	-
每股销售收入（元）	3.35	2.08	0.86	3.75
每股现金流量（元）	-0.28	-0.09	-0.10	-0.12

二、HSH银行股权收益权投资集合资金信托计划

（一）交易要素

1. 交易结构

T信托公司设立"HSH银行股权收益权投资集合资金信托计划"，以该信托项下信托资金受让M有限公司所持有的37000万股HSH银行股权收益权，并由M有限公司到期按照约定回购溢价率回购该股权收益权。未保证M有限公司按期履行回购义务，M有限公司将其持有的37000万股HSH银行股权出质给T信托公司，并办理强制执行公证。

2. 基本要素

信托单位		100000万份（1元/份）
信托期限		24个月
受托人		T信托公司
融资人/出质人		M有限公司
回购溢价率		9.5%
信托资金用途		用于补充融资人非上市金融股权投资
风险控制指标	出让/质押价格（本金）	2.7元/股 [100000万元/37000万股]
	出让/质押价格（本息）	2.96元/股 [（100000×9.5%）万元/37000万股]
	本金质押率	108% [以2012年年末每股净资产2.51元计算]①
	本息质押率	118% [以2012年年末每股净资产2.51元计算]
	补仓线	2.71元/股 [以2013年6月末每股净资产设置]

---

① 对于金融类非上市公司股权质押融资类业务，可以采取评估机构评估或最近年度经审计的每股净资产两种方式对标的股权进行估价。

3. 项目管理及风险监控

（1）补仓规定

对 HSH 银行半年报或季报进行监控，如果 HSH 银行每股净资产触及补仓线时，融资人应当于 T+1 日追加保证金或于 T+3 日追加质押股权，补仓标准为：出质股数×最新一期每股净资产＋保证金≥补仓价格×出质股数；如果融资人未能按时履行补仓义务，则 T 信托公司可以要求融资人提前回购标的股权收益权，或由 T 信托公司行使质权以处置质物，并追求融资人的违约责任。

如果标的股权每股净资产高于补仓线，则融资人可以申请退回所追加的保证金，具体标准为：可退回的保证金≤（最新一期每股净资产－补仓价格）×出质股数，已追加出质的股权不予解押。

（2）派生权益

如果标的股票分红、送股、公积金转增、配股时，补仓价格应进行除权调整，并应当将所获派生权益或股份出质给 T 信托公司。

（二）HSH 银行股权价值分析

1. HSH 银行股权价值评估

2012 年 HSH 银行年报显示，其当年主要财务情况如下：

表一　HSH 银行 2012 年报主要财务数据

财务指标	数据
总资产（亿元）	3242.24
总负债（亿元）	3037.43
股东权益（亿元）	204.81
净利润（亿元）	43.06
总股本（亿股）	81.75
净资产收益率	0.21
每股净资产（元）	2.51
每股净利润（元）	0.53

在估算 HSH 银行股权价值时，参考上市银行中与 HSH 银行较为相近的几家银行的平均市盈率与市净率进行估算。根据表二列出的 2012 年所有上市银行年报的总资产规模，南京银行和宁波银行总资产在 0.34 万亿～0.37 万亿元，

与 HSH 银行 0.32 万亿元的总资产规模较为接近，因此可以选择南京银行和宁波银行两家城市商业银行作为参照标准。

表二 上市银行 2012 年净利润、资产总额与不良贷款数据

简称	净利润 总额（亿元）	同比增长	资产总额 总额（万亿元）	同比增长	不良贷款 余额（亿元）	不良贷款率
工商银行	2386.91	14.50%	17.54	13.30%	745.75	0.85%
建设银行	1936.02	14.26%	13.97	13.77%	746.18	0.99%
农业银行	1451.31	19.00%	13.24	13.40%	858.48	1.33%
中国银行	1394.32	12.20%	12.68	7.190%	654.48	0.95%
交通银行	583.73	15.05%	5.27	14.36%	269.95	0.92%
招商银行	452.73	25.31%	3.4	21.94%	116.94	0.61%
兴业银行	347.18	36.12%	3.25	34.96%	52.86	0.43%
民生银行	375.63	34.54%	3.21	44.00%	105	0.76%
浦发银行	341.86	25.29%	3.14	17.17%	89.4	0.58%
中信银行	310.32	0.690%	2.95	7.020%	122.55	0.74%
光大银行	236.2	30.61%	2.28	31.50%	76.13	0.74%
平安银行	134.03	30.39%	1.6	28.00%	68.66	0.95%
华夏银行	127.96	38.76%	1.48	19.67%	63.39	0.88%
北京银行	117	30.00%	1.12	17.00%	29.44	0.60%
宁波银行	40.68	25.04%	0.37	43.39%	11.08	0.76%
南京银行	40.13	24.94%	0.34	22.00%	10.44	0.83%

将南京银行、宁波银行和 HSH 银行 2012 年年报中的相关财务数据列于表三中进行对比。

表三 南京银行、宁波银行、HSH 银行 2012 财报数据对比

指标	南京银行	宁波银行	HSH 银行
总资产（万亿元）	0.34	0.37	0.32
净利润（亿元）	40.68	40.13	43.06
净资产（亿元）	246.18	221.17	204.81
净资产收益率	0.17	0.2	0.21
每股收益	1.35	1.41	0.53
每股净资产	8.29	7.67	2.51

续表

指标	南京银行	宁波银行	HSH 银行
市价	8.04	8.3	—
市盈率	5.96	5.89	
市净率	0.97	1.08	
总股本（万股）	296,893.30	288,382.10	817,481.90
不良贷款余额（亿元）	10.44	11.08	9.49
不良贷款率	0.83%	0.76%	0.58%

注：表中股票市价采用了 2013.8.15（周四）的收盘价格。

2012 年上市银行的平均市盈率为 5.73 倍，平均市净率为 1.06 倍；南京银行与宁波银行平均市盈率约为 5.925，平均市净率约为 1.025。HSH 银行的股权价值可以参照南京银行和宁波银行的平均市盈率和平均市净率估值如下：

（1）市盈率模型

HSH 银行每股价值 = 每股收益 × 平均市盈率 = 0.53 元 × 5.925 = 3.14 元

HSH 银行总股权价值 = 3.14 元 × 81.75 亿股 = 256.72 亿元

（2）市净率模型

HSH 银行每股价值 = 每股净资产 × 平均市净率 = 2.51 元 × 1.025 = 2.57 元

HSH 银行总股权价值 = 2.57 元 × 81.75 亿股 = 210.32 亿元

通常认为，市净率估值模型更适用于周期性较强，拥有较大资产规模且账面价值较为稳定的公司，如银行和保险公司；而市盈率估值模型更适用于周期性比较弱的行业，如公共服务业。因此可以采用市净率估值模型估算 HSH 银行的股权价值，即每股 2.57 元，总股权价值约为 210.32 亿元。

2. HSH 银行发展前景分析

（1）盈利增长

2012 年，HSH 银行的主营业务收入和净利润都有了相当规模的增长。表四数据为 HSH 银行与南京银行、宁波银行的净利润、主营业务收入和资产总额增长情况数据。

表四　南京银行、宁波银行与 HSH 银行的盈利增长情况对比

	南京银行	宁波银行	HSH 银行
净利润同比增长	24.94%	25.04%	23.30%
主营收入同比增长	22.14%	29.82%	33.35%
资产总额增长率	22.00%	43.39%	26.20%

从表中数据可以看出，在净利润方面，三家银行都保持了20%以上的增长率。表2中，所有上市银行2012年净利率平均增长率为23.54%，南京银行与宁波银行略高于该平均增长率。净利润指标上，HSH 银行并不具备特别突出的优势，但其主营收入的增长显著高于南京银行与宁波银行。在总资产方面，所有上市银行的平均增长率是21.79%，HSH 银行总资产增长率为26.20%，南京银行和宁波银行亦分别达到22.00%和43.39%。

（2）资本充足率

根据2012年报数据（详见表五），HSH 银行保持着较高的资本充足率；虽然2012年资本充足率较2011年有所下降，但仍然处于良好水平。

表五　2012 年 HSH 银行年报资本情况

项目	标准值	2012 年度	2011 年度	2010 年度
核心资本（人民币千元）	-	19657298	16266044	14357293
附属资本（人民币千元）	-	6229743	5756256	1175256
核心资本充足率（%）	≥4	10.30	10.87	11.19
资本充足率（%）	≥8	13.54	14.68	12.06
流动性比率（%）	≥25	35.17	38.48	35.81
存贷比（%）	≤75	68.38	67.50	73.34
减值贷款比率（%）	≤15	0.58	0.48	0.6
利息回收率（%）	-	97.51	98.34	98.32
单一最大客户贷款占资本净额比例（%）	≤10	5.04	6.18	9.1
最大十家客户贷款占资本净额比例（%）	≤50	35.74	44.58	58.91

(3) 不良资产

根据表二与表三的数据，HSH银行不良贷款率为0.58%，除了兴业银行（0.43%）和浦发银行（0.58%）以外，其他银行的不良贷款率都要高于HSH银行的水平。

(4) 贷款结构

HSH银行主要服务于当地企业与市政项目，因此其贷款投向主要集中于政府融资平台企业。表六为HSH银行2012年年报披露的最大的十个贷款企业及其贷款情况。相较于2010年和2011年，HSH银行2012年单一最大客户贷款比例和最大十家客户贷款比例有所下降。

表六　HSH银行最大十家客户贷款情况（2012年报）

序号	客户名称	贷款余额（万元）	占资本净额比例	占总贷款比例
1	安徽省投资集团控股有限公司	130000.00	5.0384%	0.79%
2	芜湖新兴铸管有限责任公司	122825.00	4.7603%	0.74%
3	合肥市滨湖新区建设投资有限公司	117000.00	4.5346%	0.71%
4	合肥城建投资控股有限公司	95200.00	3.6897%	0.58%
5	合肥京东方光电科技有限公司	89918.00	3.4849%	0.55%
6	合肥鑫城国有资产经营有限公司	84120.00	3.4849%	0.51
7	淮北矿业股份有限公司	72617.00	2.8144%	0.44%
8	合肥高新建设投资集团公司	72100.00	2.8144%	0.44%
9	铜陵市土地储备发展中心	71000.00	2.7517%	0.43%
10	芜湖市建设投资有限公司	70000.00	2.7130%	0.43%
11	安徽省公路管理局	70000.00	2.7130%	0.43%
	合计：	994763.00	38.5548%	6.03%

政府融资平台贷款在HSH银行贷款中占据相当大的比例，在地方政府债务不断加重和银监会加强对政府融资平台贷款限制的背景下，加大了HSH银行不良贷款风险。

附件一　市场发行的部分非上市金融机构股权融资类产品[1]

项目名称	受托人	标的股权金融机构	标的股权2012年年末总资产	标的股权2012年年末每股净资产	融资金额	质押股数	估值基准	本金出让价格	本金PB	信托期限	其他担保方式
[慧金663号]非上市公司股权收益权投资集合资金信托计划	新时代信托	哈尔滨银行	2701亿元	2.34	6800万元	1453万股	2.34（2012年年末每股净资产）	4.68元/股	2	18个月	无
洛阳银行股权收益权1号集合资金信托计划	四川信托	洛阳银行	819.74亿元	3.03	9000万元	3140万股	3.03（2012年年末每股净资产）	2.87元/股	0.95	18个月	无
乌商行股权收益权1301号集合资金信托计划	厦门信托	乌鲁木齐商业银行	589亿元	1.65	4950万元	3000万股	1.65（2012年年末每股净资产）	1.65元/股	1	24~30个月	保证担保
HSH银行股权收益权受让项目（二期）集合资金信托计划	中铁信托	HSH银行	3242亿元	2.51	33000万元	10000万股	2.09（2011年年末每股净资产）	3.3元/股	1.58	24~36个月	保证担保
阳光1号股权收益权投资集合资金信托计划	长安信托	阳光保险集团	约800亿元	1.88（2011年）	5148万元	1980万股	1.88（2011年年末每股净资产）	2.60元/股	1.38	18个月	保证担保

[1] 本表数据为公开信息查询所得，部分数据可能与该产品实际情况不符，仅作参考。

续表

项目名称	受托人	标的股权金融机构	标的股权2012年末总资产	标的股权2012年末每股净资产	融资金额	质押股数	估值基准	本金出让价格	本金PB	信托期限	其他担保方式
天津银行股权收益权投资（6期）集合资金信托计划	四川信托	天津银行	3023亿元	4.06	4090万元	1098万股	4.05（2011年年末每股净资产）	3.72元/股	0.92	18～24个月	保证担保
华龙证券股权收益权集合资金信托计划	中融信托	华龙证券	100亿元（CCC）	1.32	5000万元	5000万股	1.3（2011年年末每股净资产）	1元/股	0.77	12～18个月	无
成长176期华西证券股权收益权投资集合资金信托计划	中原信托	华西证券	172亿元（AA）	4.5	2100万元	600万股	4.33（2011年年末每股净资产）	3.5元/股	0.81	12个月	保证担保
HSH银行股权收益权投资集合资金信托计划	紫金信托	HSH银行	3242亿元	2.51	27000万元	15000万股	2.09（2011年年末每股净资产）	1.8元/股	0.86	12个月	代为受让
大连银行股权投资集合资金信托计划	五矿信托	大连银行	2568亿元	2.63	3750万元	1750万股	2.61（2011年年末每股净资产）	2.14元/股	0.82	12个月	保证担保
东方证券股权收益权转让集合资金信托计划	五矿信托	东方证券	456亿元（A）	3.43	18200万元	无信息	3.34（2011年年末每股净资产）	无	无	12个月	无

续表

项目名称	受托人	标的股权金融机构	标的股权2012年末总资产	标的股权2012年末每股净资产	融资金额	质押股数	估值基准	本金出让价格	本金PB	信托期限	其他担保方式
财富精品[38]号重庆农商行股权受益权集合资金信托计划	吉林信托	重庆农商行	4338亿元	3.43	30000万元	30000万股	3.26（2010年末每股净资产）	1.00元/股	0.31	12个月	保证担保
锦州银行股权收益权投资集合资金信托计划	长安信托	锦州银行	1233亿元	2.88	8800万元	5000万股	2.28（2010年末每股净资产）	1.76元/股	0.77	18个月	保证担保
重庆农商行股权收益权集合资金信托计划	北京信托	重庆农商行	4338亿元	3.43	80000万元	17000万股	3.26（2010年末每股净资产）	4.70元/股	1.44	12~24个月	抵押保证
海峡银行股份收益权投资集合资金信托计划	中信信托	福建海峡银行	703亿元	1.89	25000万元	9075万股	2.05（2010年末每股净资产）	2.75元/股	1.34	12~18个月	保证担保
内蒙古银行股权收益权投资集合资金信托计划	长安信托	内蒙古银行	611亿元	2.49	7000万元	5000万股	1.94（2010年末每股净资产）	1.40元/股	0.72	18个月	保证担保
百端宝盈54号集合资金信托计划（申银万国股权质押1期）	百端信托	申银万国证券	492亿元（AA）	2.7	10000万元	2588万股	2.24（2009年末每股净资产）	3.86元/股	1.72	24个月	无

续表

项目名称	受托人	标的股权金融机构	标的股权2012年末总资产	标的股权2012年末每股净资产	融资金额	质押股数	估值基准	本金出让价格	本金PB	信托期限	其他担保方式
(上信-GM-1002)金融企业股权权受益权投资集合资金信托计划	上海信托	佰泰证券	84亿元(BBB)	1.99	3438万元	2500万股	1.81(2009年年末每股净资产)	1.38元/股	0.76	30个月	无

附件二 上市金融机构市净率（2015年4月22日 wind 数据）

类别										
银行	机构名称	农业银行	交通银行	工商银行	建设银行	中国银行	平安银行	浦发银行	华夏银行	民生银行	招商银行
	市净率	1.32	1.12	1.31	1.41	1.33	1.80	1.41	1.46	1.46	1.48
	机构名称	兴业银行	光大银行	中信银行	南京银行	北京银行	宁波银行				
	市净率	1.61	1.43	1.48	1.63	1.43	1.88				
证券	机构名称	申万宏源	东北证券	国元证券	国海证券	广发证券	长江证券	山西证券	西部证券	中信证券	国金证券
	市净率	8.28	5.49	4.28	7.02	3.62	6.05	6.96	9.58	4.20	7.73
	机构名称	西南证券	海通证券	招商证券	太平洋	兴业证券	东吴证券	华泰证券	国信证券	光大证券	东方证券
	市净率	4.58	4.24	5.22	8.43	6.69	5.43	4.39	7.39	4.61	5.82
	机构名称	方正证券	东兴证券	锦龙股份							
	市净率	4.55	7.11	16.64							
保险	机构名称	中国平安	新华保险	中国太保	中国人寿						
	市净率	2.75	3.63	2.86	3.98						
其他	机构名称	安信信托	爱建股份	中航资本	陕国投A						
	市净率	8.25	4.21	6.98	5.01						

第六章 工商企业与矿产能源信托业务风险管理与案例分析

第一节 基本业务综述

一、业务概述

(一) 一般工商企业信托

信托公司目前开展的主流信托业务中,除房地产信托业务、基础设施信托业务(政府融资平台)、资本市场信托业务外,工商企业信托在信托公司业务板块中占据着很大的比重。工商企业信托业务合作的交易对手既有大型企业和中小企业[①],也有国有企业和民营企业。根据国务院办公厅下发的《关于金融支持经济结构调整和转型升级的指导意见》,国家从政策层面大力倡导金融支持实体经济,信托公司可以通过工商企业信托,尤其是中小企业信托以支持实体经济的发展。

2014~2016 年末信托资金投向分布表[②]

资金投向		2014 年度	2015 年度	2016 年度
基础产业	余额	276943999.96 元	262882062.83 元	272989422.03 元
	占比	21.24%	17.89%	15.64%
房地产	余额	130949298.40 元	128772314.61 元	142953738.30 元
	占比	10.04%	8.76%	8.19%

---

① 工业和信息化部、国家统计局、国家发展和改革委员会、财政部联合发布的《中小企业划型标准规定》,从营业收入和从业人员数的角度,对中型、小型和微型企业的划分标准进行界定。

② 摘自中国信托业协会网站统计数据。

续表

资金投向		2014 年度	2015 年度	2016 年度
证券市场	余额	184925242.04 元	299028390.23 元	282974411.71 元
	占比	14.18%	20.35%	16.2%
金融机构	余额	226767457.95 元	263490011.53 元	361501760.96 元
	占比	17.39%	17.93%	20.71%
工商企业	余额	313301406.16 元	330713520.33 元	433280255.20 元
	占比	24.03%	22.51%	24.82%
其他	余额	171162389.83 元	184587484.95 元	252143604.35 元
	占比	13.13%	12.56%	14.4%

上表数据反映了 2014～2016 年度信托公司管理信托资金投向的分布情况，投向工商企业的比例为均超过 20%。从上述数据分析可知，信托作为一种直接融资工具，通过多样化的结构设计和产品创新，服务于实体经济的发展。信托无论是在中小企业领域、三农领域、一般工商企业领域等，已经并将继续发挥非常重要的作用。

(二) 矿产能源信托

矿产能源产业属于资金密集型产业，在勘探、开发、采选及加工利用的各个阶段，都需要大量资金投入，因此具有较强的多元化融资需求；信托公司可以以信托特有的制度优势，为矿产能源企业提供灵活的投融资服务。

二、基本交易模式

(一) 工商企业、矿产能源信托贷款业务

工商企业、矿产能源信托贷款业务是指信托公司以信托资金向工商企业、矿产能源企业发放信托贷款，并由借款人按期履行还本付息义务，信托资金用途可以是借款人日常营运所需的流动资金需求，也可以用于借款人诸如新建、改造生产线等扩大再生产。基本的交易结构图如下：

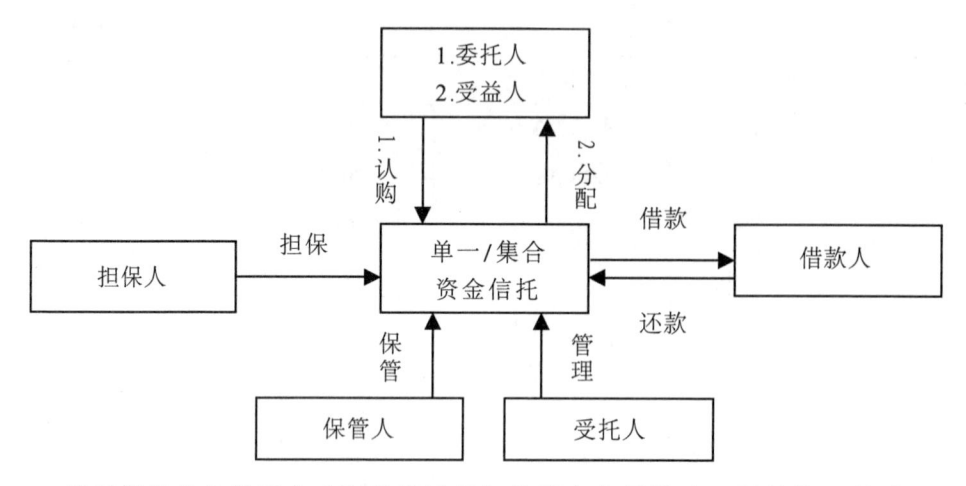

```
                    ┌─────────────┐
                    │ 1.委托人     │
                    │ 2.受益人     │
                    └─────────────┘
                     ↓ 1.认购  ↑ 2.分配
┌────────┐  担保   ┌─────────┐   借款   ┌────────┐
│ 担保人  │──────→│ 单一/集合│←────────│ 借款人  │
└────────┘        │ 资金信托 │   还款   └────────┘
                   └─────────┘
                   ↑ 保管  ↑ 管理
              ┌────────┐ ┌────────┐
              │ 保管人  │ │ 受托人  │
              └────────┘ └────────┘
```

信托贷款业务是所有融资类信托业务的基本交易模式，是结构最简单、风险最可控的一种交易模式。本章仅对工商企业、矿产能源企业融资类信托业务进行分析，股权投资信托业务将在单独章节进行专门论述。

（二）应收账款投资附加回购业务

应收账款投资附加回购业务是指信托公司以信托资金用以受让融资人所持有的应收账款，信托期满时由融资人予以回购应收账款，信托公司也有权直接对应收账款进行托收清算。工商企业及矿产能源企业均可以通过应收账款投资附加回购方式从信托公司进行融资。基本交易结构图如下：

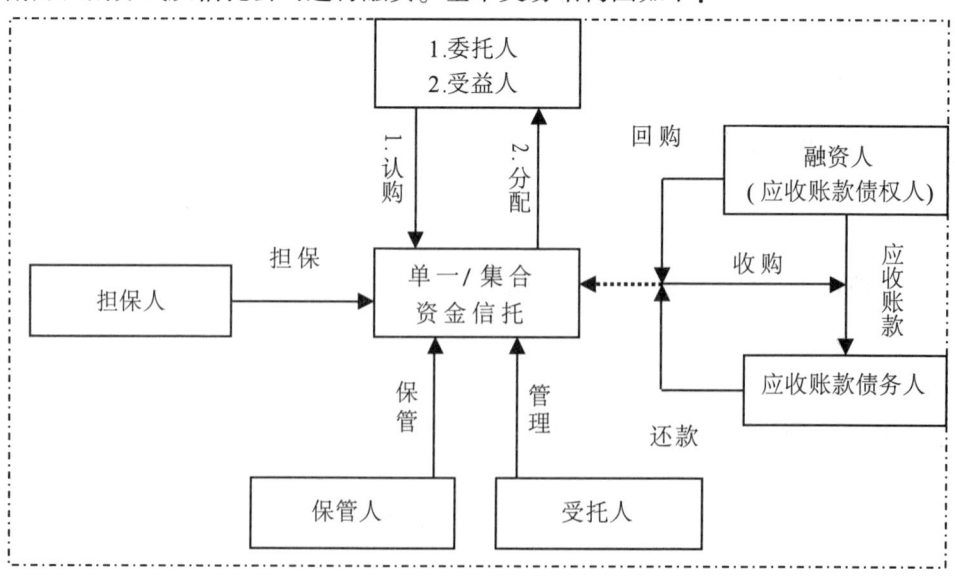

```
                    ┌─────────────┐
                    │ 1.委托人     │
                    │ 2.受益人     │
                    └─────────────┘
                     ↓ 1.认购  ↑ 2.分配      回购   ┌──────────────┐
                                          ←────── │ 融资人        │
                                                   │ (应收账款债权人)│
┌────────┐  担保   ┌─────────┐       收购         └──────────────┘
│ 担保人  │──────→│ 单一/集合│←──────────→        应收账款
└────────┘        │ 资金信托 │                    ┌──────────────┐
                   └─────────┘         还款       │ 应收账款债务人│
                   ↑ 保管  ↑ 管理  ←──────────── └──────────────┘
              ┌────────┐ ┌────────┐
              │ 保管人  │ │ 受托人  │
              └────────┘ └────────┘
```

由于工商企业、矿产能源企业销售货物时经常会形成大量的应收账款，因此将应收账款出售给信托公司，从而将资产盘活以提高资产的流动性。其他信托业务也可以采用应收账款投资附加回购的交易结构，只是工商企业、矿产能源企业的经营特点，使得应收账款信托成为工商企业、矿产能源信托融资的一种典型的融资工具。

（三）中小企业信托基金

中小企业信托基金是指信托公司通过集合资金信托计划募集信托资金设立信托基金，信托资金通过债权、物权、股权、买入返售等方式运用于多个中小企业，具体交易结构图如下：

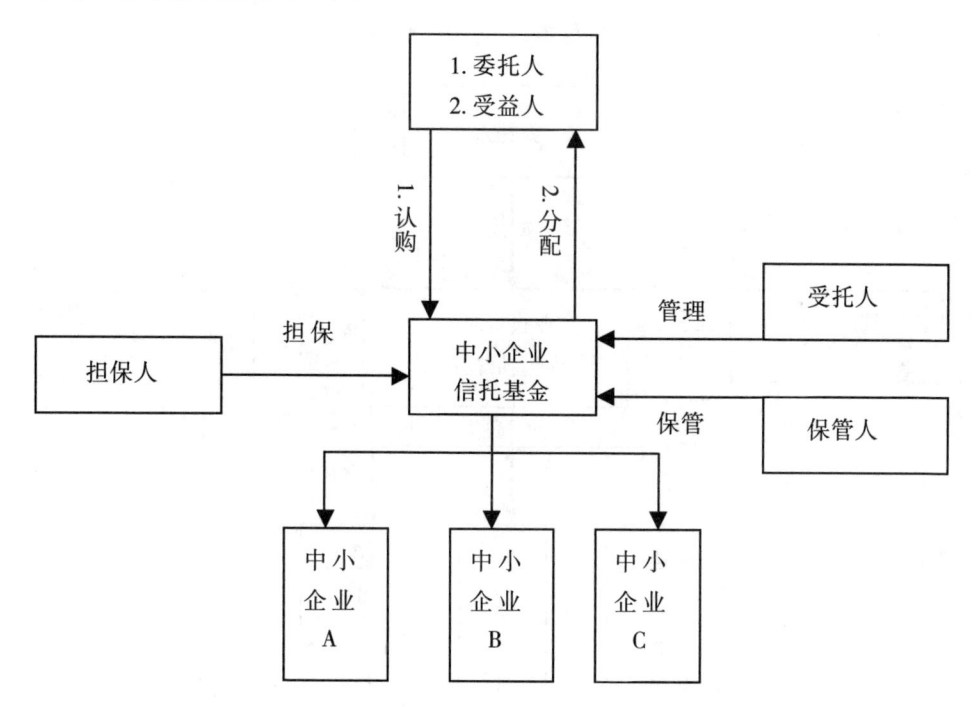

中小企业信托基金项下信托资金主要的运用对象为中小微企业，具体运用方式灵活多样，如可以综合运用债权、物权、股权、买入返售等多种投融资方式。中小企业信托基金具有如下特征：（1）单个企业的融资金额较小，通常中小企业信托基金项下信托资金运用于多个中小微企业；（2）由于单个企业提供的信用增级措施有限，通常中小企业信托基金会由融资型担保公司为多个中小微企业综合提供连带责任保证担保；（3）很多地方政府为了促进当地中小企业

发展，拓宽中小企业融资渠道，信托公司由地方政府牵头并成立中小企业信托基金，地方政府会通过贴息等方式支持中小企业扩宽融资渠道。

（四）矿产能源产业投资基金

矿产能源产业投资基金是指信托公司设立矿产能源产业投资基金集合信托计划募集信托资金，通过贷款、股权、特定资产收益权投资附加回购等方式用于矿产能源企业的矿山、井新建改扩建、技术改造以及矿产能源企业的兼并重组。

根据全行业已发行的矿产能源信托项目分析，信托资金主要用途包括矿业能源企业的日常营运资金需求、技术改造、矿井的新建及改扩建、矿产能源企业重组，信托资金的运用方式包括贷款、特定资产收益权投资附加回购、股权投资、产业投资基金等方式。具体交易结构图如下：

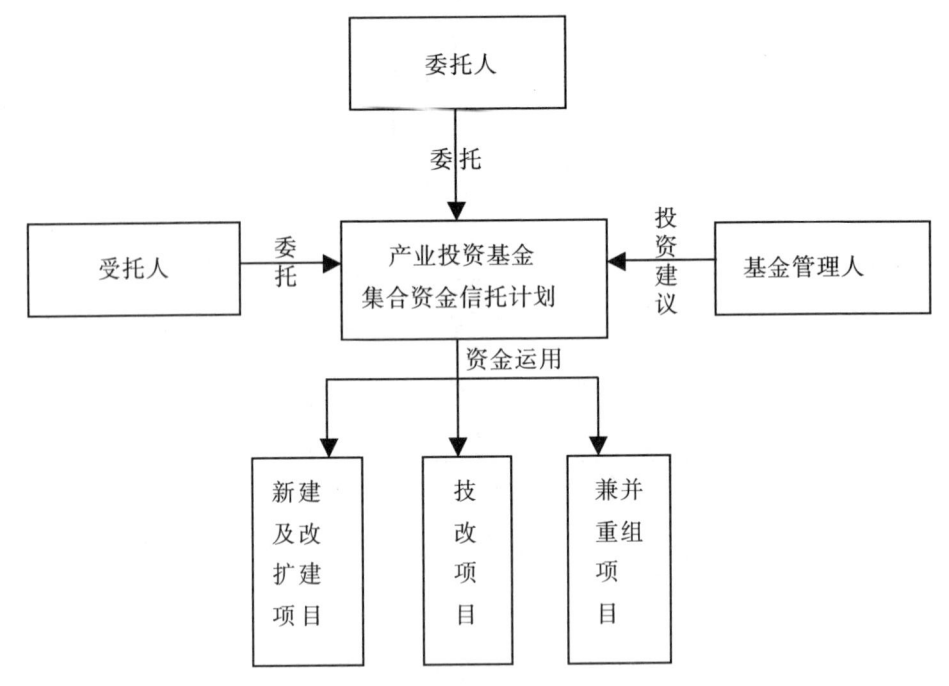

```
                        ┌─────────┐
                        │  委托人  │
                        └────┬────┘
                             │ 委托
                             ▼
┌────────┐   委托   ┌──────────────┐   投资建议   ┌──────────┐
│ 受托人 │────────▶│ 产业投资基金  │◀────────────│ 基金管理人│
└────────┘          │集合资金信托计划│              └──────────┘
                    └──────┬───────┘
                           │ 资金运用
           ┌───────────────┼───────────────┐
           ▼               ▼               ▼
      ┌────────┐      ┌────────┐      ┌────────┐
      │新建及改│      │技改项目│      │兼并重组│
      │扩建项目│      │        │      │ 项目   │
      └────────┘      └────────┘      └────────┘
```

（五）中小企业集群融资

1. 中小非金融企业集合票据

（1）中小企业集合票据概述

根据《银行间债券市场中小非金融企业集合票据业务指引》，中小企业集合票据是指2个及以上、10个及以下具有法人资格的中小企业，在银行间债券市场以统一产品设计、统一券种冠名、统一信用增进、统一发行注册方式共同发行的，约定在一定期限还本付息的债务融资工具。在中国银行间市场交易商协会注册，一次注册、一次发行。任一企业集合票据待偿还余额不得超过该企业净资产的40%。任一企业集合票据募集资金金额不超过2亿元人民币，单只集合票据注册金额不超过10亿元人民币。

（2）区域集优集合票据

区域集优债务融资票据是指：地方政府及主管部门、中国人民银行当地分支机构、信用增进机构以及承销机构共同遴选符合条件的各类地方企业，在银行间市场发行中小企业集合票据；地方政府以财政资金发起设立专项基金"中小企业直接债务融资发展基金"，对中小企业集合票据提供信用支持，专项基金由当地政府、中国人民银行当地分支机构、信用增进机构以及承销银行对专项基金进行四方监管。

【示例】"山东省济宁市2013年度第一期区域集优中小企业集合票据"，山东省济宁市人民政府以财政出资，设立总额为3000万元的"济宁市中小企业直接债务融资发展基金"，在发行人违约的情况下将直接对本次集合票据的增信提供方中债信用增进投资股份有限公司进行偿付，偿付金额上限为济宁市区域集优项目累计发行总额的12.5%。

2. 集群担保融资

集群担保融资是指同一地域内同一产业的多家企业共同合资建立担保公司，担保公司为特定范围内的企业融资提供担保的融资模式。通常而言，集群担保融资具有如下特点：①担保公司提供担保的被担保企业范围是特定担保公司的出资企业；②担保公司不以营利为目的，仅向被担保人收取维持公司正常的运营费用；③出资企业向担保公司出资的担保基金存入贷款银行进行监管，被担保企业同时也需要对担保公司提供反担保。

集群担保融资的另一种方式即担保圈担保融资，担保圈担保融资有互保、联保、循环担保三种方式，具体内容将另行分析。

第二节　工商企业及矿产能源信托风险控制措施

一、偿债能力分析

（一）借款人综合偿债能力分析表：

序号	项目	T年	T+1年	T+2年	T+3年
1	借款人借款及还本付息				
1.1	年初借款余额				
1.2	本年借款				
1.3	本年应计利息				
1.4	本年偿付借款本金				
1.5	本年偿付借款利息				
2	借款人还款现金流量合计				
2.1	项目自由现金流				
2.2	公司自由现金流				
2.3	其他现金流				
3	年度综合偿债覆盖表				
4	平均综合偿债覆盖率				

（二）综合偿债覆盖率

1. 年度综合偿债覆盖率

年度综合偿债覆盖率＝T年借款人还款现金流量合计额/（T年到期借款本金＋T年发生的借款利息）×100%。其中：T年到期借款本金包括中长期借款到期本金和短期借款净减少本金；借款利息包括中长期借款利息和短期借款利息。对于滚动借款的短期债务，应当审慎分析债务到期时，金融机构续贷的保障程度。

2. 平均综合偿债覆盖率

平均综合偿债覆盖率＝还款期内借款人还款现金流量合计额/还款期内还本付息合计额×100%

(三) 自由现金流量

1. 自由现金流量表

项　　目	T 年	T+1 年	T+2 年	T+3 年
年度税后净利润				
加：折旧和摊销				
加：利息支出				
减：资本性支出				
加（减）：营运资金的减少（增加）				
等于：公司自由现金流（公司 FCF）				

2. 计算自由现金流量应当注意如下事项：①以借款人持续经营为假设及当前经营规模为基准预测公司自由现金流量；②分析时可不考虑应缴增值税、非经常性损益的影响；③在以当前财务报表为基础进行未来公司自由现金流预测时，需剔除非经常性损益对借款人盈利能力的影响；④资本性支出为维持现有经营性资产（含在建工程）实现正常运营所需的资本性支出；⑤营运资金具体是指维持现有经营规模正常运营所需的经营性资金，可参考计算公式：营运资金 =（流动资产 – 货币资金 – 交易性金融资产）–（流动负债 – 短期借款 – 交易性金融负债），对于募股筹资、债务结构调整、突发性原材料囤积等情形，要剔除非经营活动和非常规性经营活动对流动资产和流动负债的影响；⑥对于在建项目以及因行业特殊性必须考虑计算期内增加投资的客户，需将投资和收益一并分析说明。

(四) 信用风险评价要素

1. 定量指标

指标	公式	指标	公式
一、偿债能力指标		三、营运能力指标	
流动比率（%）	流动资产/流动负债 ×100%	应收账款周转率（次）	营业收入/应收账款平均余额
现金比率（%）	（货币资金 + 交易性金融资产）/流动负债	存货周转率（次）	营业成本/存货平均余额
资产负债率（%）	负债总额/资产总额 ×100%	固定资产周转率（次）	营业收入/固定资产平均余额

续表

指标	公式	指标	公式
权益资本与刚性债务比率（%）	所有者权益/刚性债务余额×100%	总资产周转率（次）	营业收入/平均资产总额
担保比率（%）	各类担保余额/所有者权益×100%		
二、盈利能力指标		四、现金流量指标	
毛利率（%）	（营业收入－营业成本）/营业收入×100%	营业收入现金率（%）	经营活动现金流量净额/营业收入×100%
净利率（%）	净利润/营业收入×100%	经营性现金流债务率（%）	经营活动现金流量净额/债务总额×100%
净资产收益率（%）	净利润/平均所有者权益×100%	非筹资性现金流债务率（%）	非筹资性现金流量净额/债务总额×100%
总资产收益率（%）	净利润/平均总资产×100%		
五、EBITDA倍数			
利息支出倍数	EBITDA/利息支出		
刚性债务支出倍数	EBITDA/刚性债务		
注1：中位数指标以同行业可比上市公司财务指标平均数为准 注2：上述指标计算以公司合并财务报表数据为准 注3：刚性债务＝短期借款＋应付票据＋一年内到期的长期借款＋长期借款＋应付债券＋其他债务融资工具 注4：EBITDA＝利润总额＋列入财务费用的利息支出＋固定资产折旧＋无形资产及其他资产摊销			

2. 定性指标

指标	评价内容
一、行业风险指标	
产业政策	根据《产业结构调整指导目录》，评价企业是否属于鼓励类产业、限制类产业、淘汰类产业。
行业供求和产品价格变化趋势	评价当前行业产品的供求状况，根据行业周期性和行业所处阶段以及消费习惯的变化趋势来预测未来产品需求的变化趋势，并根据短期行业内产能规划情况，评价未来产品的供应状况。

续表

指标	评价内容
行业在产业链中的地位	根据上下游行业的竞争激烈程度、所属行业对上游资源及技术的依赖程度、所属行业对下游行业销售渠道的依赖程度、所属行业向上下游行业拓展的难度等方面,评价企业所属行业对上下游行业的依赖度、议价能力以及在产业链中的地位。
行业内竞争	1. 根据行业集中度、行业内经营企业数量、行业内企业主要竞争手段,评价企业所处行业的竞争程度是否属于完全垄断、垄断竞争、寡头垄断、完全竞争等。 2. 根据行业内核心企业的经营及发展状况,评价其对行业内其他企业的影响。
二、竞争能力指标	
规模和市场地位	就企业在资产、收入、产能、市场占有率等方面的情况与行业内一般企业进行比较,评价企业在行业中的地位和竞争力。
技术水平和研发能力	1. 就企业当前生产技术与行业主流生产技术进行比较,评价其在行业中的水平状态。 2. 就企业研发机构设置、研发人员素质、研发经费投入、研发成果水平等方面,评价企业的研发能力。
采购渠道稳定性和溢价能力	就企业近几年采购渠道、采购集中度、采购价格、原材料运输成本等方面情况,评价企业原材料保障的稳定性、采购价格控制能力、原材料运输成本等方面竞争优势和不足。
生产设备和产品结构	1. 就企业生产设备先进程度和新旧程度、产品合格率方面,评价企业是否在生产方面具有竞争力。 2. 就企业在产品结构方面,评价企业在产品结构方面是否向盈利能力较强的产品集中。
销售渠道建设和稳定性	1. 评价企业销售渠道和市场网络是否与企业生产规模匹配度。 2. 评价企业下游客户集中度和客户关系稳定性。
三、管理与战略指标	
法人治理结构与组织框架	评价企业的股权结构是否有利于企业发展,股东会、董事会、监事会的构成及履职情况,企业组织结构是否适应企业当前发展需要,决策机制是否完善及决策执行是否有效。
管理团队及人员素质	评价企业主要管理人员的从业经验、历史管理业绩、社会关系及技术水平,以及企业员工的人员教育结构、技术结构和年龄结构;公司事业类单位关注主要管理人员的背景及其可能带来的隐形支持。

续表

指标	评价内容
制度建设及执行情况	1. 制度建设：评价企业采购、生产、销售、财务、人员激励等方面的制度建设情况； 2. 制度执行：采购制度评价采购成本控制情况，生产制度评价产品报废率、产品质量情况，销售制度评价产销率、产成品积压程度，人员激励制度评价员工对企业的实际感受度。
发展战略	评价企业发展战略及其可行性、执行情况：重点关注在建和拟建项目设计产能、产品的市场需求及价格、资金安排、项目建设进度、产品销售配套措施等方面情况，判断其实现预期目标的可行性及投资风险，分析其建成后对企业债务负担和盈利能力的影响，并购、重组及其他特殊市场因素变动对企业的影响情况。
四、特别风险调整	
区域经济社会环境	评价区域经济社会发展状况和产业配套效益对企业盈利能力的影响及区域的诚信情况。
信用记录情况	评价企业是否存在违约记录。

二、信用增级措施

1. 保证担保（企业担保）

保证人提供担保时，担保系数原则上不应大于100%，其中担保系数 = 负债总额 + 或有负债代偿额 + （本次担保本金 + 1年利息）/资产总额×100%。

根据我国《担保法》的规定，保证担保分为连带责任保证担保和一般保证担保，通常情况债权人都会要求保证人提供连带责任保证担保；金融机构向民营企业提供融资时，笔者建议要求该民营企业的实际控制人提供连带责任保证担保。

2. 抵押担保

（1）可以设置抵押的财产

可以设置抵押的财产包括但不限于：建筑物和其他土地附着物；建设用地使用权；以招标、拍卖、公开协商等方式取得的荒地等土地承包经营权；生产设备、原材料、半成品、成品；正在建造的建筑物、船舶、航空器；交通运输工具；法律、行政法规未禁止抵押的其他财产。

（2）禁止设置抵押的财产

禁止设置抵押的财产包括但不限于：土地所有权；耕地、宅基地、自留地、自留山等集体所有的土地使用权（法律规定可以抵押的除外）；学校、幼儿园、医院等以公益为目的的事业单位、社会团体的教育、医疗卫生设施和其他社会公益设施；所有权、使用权不明确或者有争议的财产；依法被查封、扣押、监管的财产；法律法规规定的其他不得用做抵押的财产。

3. 质押担保

可设置质押的财产和权利包括但不限于：法律法规没有禁止转让的动产；汇票、支票、本票；债券、存款单；仓单、提单；可以转让的基金份额、股权；可以转让的注册商标专用权、专利权、著作权等知识产权中的财产权；应收账款；法律、行政法规规定可以出质的其他财产权利。

4. 抵（质）押率

（1）计算公式

抵（质）押率分为本金抵（押）率和一年本息抵（质）押率，其中：本金抵（质）押率＝主债权本金/抵（质）押物评估价值×100%；一年本息抵（质）押率＝（主债权本金＋1年利息）/抵（质）押物评估价值×100%。

（2）抵（质）押率

抵押率分类表

抵押物分类		抵押率
土地使用权	已完成拆迁安置、七通一平，并且已经缴纳完毕市政设施干线干管干道建设等费用的土地使用权	
	已完成拆迁安置和三通一平的土地使用权	
	尚未完成拆迁按照或尚未完成三通一平的土地使用权	
房产	普通住宅	
	别墅	
	写字楼、商铺商场、酒店等商业物业	
	工业地产、旅游地产	
在建工程	普通住宅	
	别墅	
	写字楼、商铺商场、酒店等商业物业	
	工业地产、旅游地产	

续表

抵押物分类		抵押率
矿业权	采矿权	
	探矿权	
机器、设备、产成品、原材料等（设备可以区分为通用设备和专用设备，专用设备的使用范围较窄，因而抵押率相应较低）		
船舶、航空器、交通运输工具		

质押率分类表

质押物（权）分类			质押率
应收账款	销售水、电、气、暖产生的债权		
	出租产生的债权，包括出租动产或不动产		
	提供服务产生的债权		
	公路、桥梁、隧道、渡口、旅游景区等不动产收费权		
	提供贷款或其他信用产生的债权		
	以财政性资金付款形成的应收账款质押		
国债、央行票据			
政策性银行及商业银行发行的金融债券、地方政府发行的债券、银行承兑汇票			
股权（非上市）、企业债券、基金份额、信托受益权等其他有价证券			
股权（上市）	主板市场股票	流通股	
		限售股	
	中小企业板股票	流通股	
		限售股	
	创业板股票	流通股	
		限售股	
	新三板股票	流通股	
		限售股	
保证金、特户、封金及以其他形式特定化以后的现金质押，存单质押			

第三节 工商企业及矿产能源信托主要担保类型

一、保证担保

（一）保证担保概述

1. 保证人范围

能够承担保证责任的主体是具有代为清偿债务能力的法人、其他组织或者公民，根据《担保法》规定：（1）国家机关不得为保证人，但是经国务院批准为使用外国政府或者国际经济组织贷款进行转贷的除外；（2）学校、幼儿园、医院等以公益为目的的事业单位、社会团体不得为保证人；（3）企业法人的分支机构、职能部门不得为保证人，企业法人的分支机构有法人书面授权的，可以在授权范围内提供保证。

2. 保证方式

保证方式分为一般保证和连带责任保证。当事人在保证合同中约定，债务人不能履行债务时，由保证人承担保证责任的，为一般保证；当事人在保证合同中约定保证人与债务人对债务承担连带责任的，为连带责任保证，当事人对保证方式没有约定或者约定不明确的，按照连带责任保证承担保证责任。一般保证和连带责任保证的区别在于：一般保证的保证人在主合同纠纷未经审判或者仲裁，并就债务人财产依法强制执行仍不能履行债务前，对债权人可以拒绝承担保证责任；而连带责任保证的债务人在主合同规定的债务履行期届满没有履行债务的，债权人可以要求债务人履行债务，也可以要求保证人在其保证范围内承担保证责任。

3. 保证期间

债权人与保证人可以约定保证期间，如果未约定保证期间的，一般保证的保证期间为主债务履行期届满之日起 6 个月，连带保证的债权人有权自主债务履行期届满之日起 6 个月内要求保证人承担保证责任。一般保证的债权人在保证期间内未对债务人提起诉讼或者申请仲裁，保证人免除保证责任，债权人已经提起诉讼或申请仲裁的，保证期间适用诉讼时效中断的规定。连带保证的债权人在保证期间内未要求保证人承担保证责任的，保证人免除保证责任。保证合同约定的保证期间早于或等于主债务履行期间的，视为没有约定，保证期间为主债务履行期届满之日起6个月。保证合同约定保证人承担保证责任直至主债务本息还清时为止等类似内容的，视为约定不明，保证期间为主债务履行期届满之日起2年。

【司法实务】《公司法》第十六条能否作为认定担保效力的依据？

（一）案例名称：（2012）民提字第156号民事判决书

（二）裁判要点

（1）根据《合同法》第五十二条第（五）项的规定，违反法律、行政法规的强制性规定的，合同无效。根据《最高人民法院关于适用〈中华人民共和国合同法〉若干问题的解释（二）》第十四条规定："合同法第五十二条第（五）项规定的'强制性规定'，是指效力性强制性规定。"因此法律及相关司法解释明确了将违反法律或行政法规中效力性强制性规范作为合同效力的认定标准之一。

（2）《公司法》第十六条第二款关于"公司为公司股东或者实际控制人提供担保的，必须经股东会或者股东大会决议"的规定应理解为管理性强制性规范；违反该管理性规范的，原则上不宜认定合同无效。

（三）裁判依据

《公司法》第一条明确规定："为了规范公司的组织和行为，保护公司、股东和债权人的合法权益，维护社会经济秩序，促进社会主义市场经济的发展，制定本法。"《公司法》第十六条的立法本意应在于限制公司主体行为，防止公司的实际控制人或者高级管理人员损害公司、小股东或其他债权人的利益，其实质为内部控制程序，不能以此约束交易相对人，故应理解为管理性强制性规范。

如果将《公司法》第十六条认定为效力性强制性规范必将降低交易效率和损害交易安全；譬如股东会何时召开，以什么样的形式召开，何人能够代表股东表达真实的意志，均超出交易相对人的判断和控制能力范围，如以违反股东决议程序而判令合同无效，必将降低交易效率，同时也给公司动辄以违反股东决议主张合同无效的不诚信行为留下了制度缺口，最终危害交易安全，不仅有违商事行为的诚信规则，更有违公平正义。

(二) 融资性担保公司担保

1. 融资性担保公司概述

融资性担保公司是主要经营担保业务的机构，融资性担保公司为债务人向银行业金融机构等债权人进行融资提供保证担保，在被担保人不履行对债权人负有的融资性债务时，由担保人依法承担合同约定的担保责任。中小企业出现融资难问题的一个非常重要的原因是缺乏有效的担保措施，融资性担保公司就可以为中小企业融资提供担保。信托公司开展的很多中小企业集合资金信托计划，融资性担保公司担保就是一种非常重要的担保措施。

信托公司在接受融资性担保公司提供的保证担保属于信用担保，应当注意如下问题：（1）应当明确融资性担保公司提供的是连带责任保证担保，还是一般责任保证担保；（2）信托公司可以要求融资性担保公司在保证金账户中存入按照主债权金额的一定比例计提的保证金，在融资性担保公司承担保证责任时，首先以保证金账户中的保证金向债权人进行清偿，不足清偿的部分再由担保公司继续承担清偿责任。

2. 融资性担保公司的市场准入

（1）担保资格审查

信托公司可以建立融资性担保公司的市场准入标准，按照准入标准的要求选择可以合作的融资性担保公司。信托公司可以从如下几个方面对融资性担保公司的担保资格进行审查：①有符合《公司法》规定的公司章程，以及健全的组织机构、内控和风险管理制度；有符合任职资格的董事、监事、高级管理人员和合格的从业人员。②有具备持续出资能力的股东，具有较强的资本实力。③不得存在任何逃避保证责任、抽逃注册资本、虚假出资等不良记录。

信托公司还应当重点审查融资性担保公司的代偿率。代偿率的审查应当注意两个方面的问题：一方面，融资性担保公司虽然承担了担保责任，但是其可以向被担保人追偿全部或部分代偿款项；另一方面，融资性担保公司承担了担保责任，其已经无法向被担保人追偿任何代偿款项。

（2）担保能力审查

信托公司在审查融资性担保公司的担保能力时，融资性担保公司下述风险控制指标可以作为参考：

①对单个被担保人提供的融资性担保的责任余额不得超过其净资产的10%，对单个被担保人及其关联方提供的融资性担保责任余额不得超过净资产的15%，对单个被担保人发行的债券提供担保的责任余额不得超过净资产的30%。

②融资性担保责任余额不得超过其净资产的10倍。

③自有资金投资只限于国债、金融债、大型企业的债务融资工具等信用等级较高的固定收益类金融产品，以及不存在利益冲突且总额不高于净资产20%的其他投资。

④未到期责任准备金按照当年保费收入的50%提取；担保赔偿准备金按照不低于当年年末担保责任余额1%的比例提取；如果担保赔偿准备金累计达到当年担保责任余额10%的，实行差额提取。

（二）担保圈担保

1. 主要形式

担保圈担保主要有互保、联保、循环担保三种模式：（1）互保是指A企业为B企业的对外融资提供保证担保，B企业也为A企业的对外融资提供保证担保；（2）联保是指A企业为B、C、D等多家企业的对外融资提供保证担保；（3）循环担保是指A企业为B企业的先后发生的多笔外部融资提供担保（如A企业为B企业的X借款提供担保，B企业归还完毕X借款后再向金融机构申请Y借款，A企业仍旧继续为B企业的Y借款提供担保）。

2. 主要风险

担保圈担保主要发生在如下三个领域：一是小微企业和县域企业，二是同一地区的各家政府融资平台，三是同一实际控制人控制下的各关联企业。担保圈担保在一定程度上能够增强企业的偿债能力，某些地方政府也鼓励辖区内企业通过担保圈担保方式进行信用增级以便于从金融机构融资。担保圈担保的问题在于容易造成金融机构对企业的多头授信和过度授信，从而加大企业间风险发生和传递的可能性；特别是在经济下行周期时，因为个别企业的违约而造成的多米诺骨牌效应，使得风险向担保圈内的企业进行传递，进而造成区域性金融风险。

【示例一】A、B、C、D四家企业在江城银行分别有四户互保每户1000万元的贷款（即每家企业分别为其他三家企业在银行合计3000万元贷款提供担保），保证金为每户贷款金额的30%，银行风险敞口为每户700万元。目前A

企业有1000万元资金可以用于归还银行贷款（扣除已经冻结的300万元保证金，A企业仅需支付700万元资金用于还款，因此A企业有足够的偿债能力），但是问题在于B、C两家企业已经无力偿还银行贷款，因此A银行需要为B、C两家企业的1400万元债务承担连带担保责任；A企业即使偿还了自己700万元的贷款，其也无力偿还1400万元的或有负债，此时A企业最好的选择即不偿还自己的贷款，也不偿还1400万元的或有负债。D企业是四家企业中经营情况最好的一家，但是B、C企业无偿债能力且A企业因为无力偿还或有负债而拒绝归还贷款，此时D企业除自己的700万元贷款外，还需要偿还其他2100万元或有负债，D企业也选择拒不偿还贷款和或有负债。

【示例二】在示例一中，江城银行制订了拆解担保圈的方案，江城银行免除了A企业和D企业对B、C企业的连带担保责任，保全A、D企业以使其能按时偿还自身对江城银行的贷款。问题在于A、D企业在其他银行还有互保、联保、循环担保，而其他银行没有拆借担保圈的政策，其他银行对A、D企业提起诉讼并抢先查封其财产。在这种情形下，江城银行的拆借担保圈的政策不但没能保全住A、D企业，反而因清收不利而亏了自己。

二、动产质押担保

（一）概述

动产质押融资业务是指出质人将其合法所有的在生产流通领域具有较强变现能力、价格及物理化学性质相对稳定的货品提供质押担保，信托公司向融资人提供授信融资的业务，其可分为逐笔控制和总量控制两种业务模式。

逐笔控制模式：出质人将动产质押给信托公司，由信托公司委托的监管方占有监管，信托公司给予融资人信托融资，出质人每次提取或置换质物均需经信托公司审核同意并通知监管方进行放货的业务模式。

总量控制模式：出质人将动产质押给信托公司，由信托公司委托监管方占有监管，信托公司给予融资人信托融资，监管方根据信托公司书面通知的最低控货价值进行监管，如果提取或置换后质物不低于原设定最低控货价值，则出质人每次提取和置换质物可以不经过信托公司审核，而由监管方审核办理即可；如果提取后的质物价值低于原设定最低控货价值的，则任意一笔质物提取必须经信托公司审核。其中最低控货价值＝融资余额的风险敞口/质押率。

(二) 风险控制措施

1. 风险控制制度流程

信托公司开展动产质押融资业务，可以建立如下风险控制制度流程：

(1) 建立货控融资业务监管方及监管场所的相关管理规则；建立货控融资业务可质押货品目录管理细则。

(2) 根据质物的保质期不同，规定所接收的质物不得超出出厂日期特定期限；出质人和监管方办理提货换货时，对同类货物应遵守"先进先出"的原则；如果质物有保质期的，信托期限加质物变现所需时间不得超过质物的保质期。

(3) 根据融资人经营状况及还款能力、质物变现能力及价格稳定性、处置变现所需的税费及仓储监管费等因素，合理确定质押率。

(4) 建立仓储监管核巡库、提换货及对账操作流程，以加强对仓储占有质物的日常管理。

(5) 建立质物价值评定及价格盯市管理规则。质物价值核定以购入价和市场价孰低的原则确定；逐日盯市是指对质物市场价格进行每日跟踪和动态分析的过程，如果市场价格下跌超过约定幅度，出质人应当追加质物或保证金。

2. 质物权属、品质及保险

信托公司应当对能够证明质物权属及质量的相关资料进行审核，以确保质物权属明确无争议，且符合特定的质量要求。质物权属资料包括但不限于购货合同、运输单据、增值税发票、付款凭证、入库单、报关单等；质量证明材料包括但不限于质量合格证书、商检证明等，信托公司也可以聘请具备相关检验资质且与融资人和出质人不存在关联关系的第三方质检机构进行质量检验。

信托公司可以要求出质人为质物办理以信托公司为第一受益人的财产险，保单上应当明确"非经第一受益人书面同意，保单不得更改"条款。信托公司可以根据质物特性及监管场地情况，选择投保财产基本险、综合险、一切险或者搭配附加险。

(三) 监管方管理

信托公司可以制定动产质押仓储监管方准入标准，按照准入标准建立质物仓储监管方目录，其中准入标准可以包括监管方准入基本条件及禁止准入情形、监管方在货控融资业务中的监管职责。仓储监管方的选择应当注意如下问题：

1. 调查了解监管方是否与融资人或出质人存在股权或间接控制关系，并有实质性关联交易或资金往来等情形。

2. 监管方对单一融资主体的监管业务收入占其年度监管业务总收入的比例是否过高（具体比例可以具体设定）。

3. 可以根据监管方的监管服务能力及经验、偿付能力及经营情况等因素，合理设定监管方的监管限额。

4. 根据输出监管模式和一般监管模式①的不同，对监管方及监管场所提出不同的要求。

三、应收账款质押担保

（一）概述

工商企业在生产经营活动过程中，因销售商品、提供劳务等业务，必然会形成对购货方的应收账款。工商企业通过先提供商品或劳务、后收取价款的方式，可以增加销售以减少企业的存货，不过也使得企业资金的周转速度放慢、经营成本增加。企业为了盘活应收账款资产，可以应收账款提供质押担保，向信托公司融入资金。

根据中国人民银行《应收账款质押登记办法》（中国人民银行令［2017］第3号），应收账款是指权利人因提供一定的货物、服务或设施而获得的要求义务人付款的权利以及依法享有的其他付款请求权，包括现有的和未来的金钱债权，但不包括因票据或其他有价证券而产生的付款请求权，以及法律、行政法规禁止转让的付款请求权。应收账款具体包括如下权利：

（1）销售、出租产生的债权，包括销售货物，供应水、电、气、暖、知识产权的许可使用，出租动产或不动产等；

（2）提供医疗、教育、旅游等服务或劳务产生的债权；

（3）能源、交通运输、水利、环境保护、市政工程等基础设施和公用事业项目收益权；

---

① 输出监管模式是指质物存放在出质人自有仓库，由监管方派员提供驻场监管服务；一般监管模式是指质物存在在监管方仓库或出质人/融资人之外的其他场所，由监管方提供质物监管服务。

(4) 提供贷款或其他信用活动产生的债权;

(5) 其他以合同为基础的具有金钱给付内容的债权。

(二) 应收账款质押规则

1. 质押登记及办理机构

(1) 登记程序

应收账款质押登记管理机构为中国人民银行征信中心,应收账款质押登记通过登记公示系统办理。应收账款质押登记由质权人办理,质权人也可以委托他人办理登记。

质权人办理质押登记的内容包括质权人和出质人的基本信息、应收账款的描述、登记期限,质权人还应向登记公示系统提交质权人与出质人签订的质押登记协议(内容包括已签订的质押合同及、由质权人办理质押登记)。质权人应将填写完毕的登记内容提交登记公示系统。登记公示系统记录提交时间并分配登记编号,生成应收账款质押登记初始登记证明和修改码提供给质权人。

(2) 登记期限

质权人根据主债权旅行期限合理确定登记期限。登记期限最短6个月,超过6个月的,按年计算且不超过30年。质权人可于登记期限届满前90日内申请展期;质权人可以多次展期,展期期限按年计算,每次不得超过30年。

(3) 异议登记

出质人或其他利害关系人认为登记内容错误的,可以要求质权人变更登记或注销登记。质权人不同意变更或注销的,出质人或其他利害关系人可以办理异议登记,并于异议登记办理完毕之日起7日内通知质权人。

出质人或其他利害关系人自异议登记之日起30日内,未将争议起诉或提请仲裁并在登记公示系统提交案件受理通知的,征信中心撤销异议登记。征信中心按照出质人或其他利害关系人、质权人的要求,根据生效的法院判决、裁定或仲裁机构裁决撤销应收账款质押登记或异议登记。

(三) 应收账款风险与防范

1. 应收账款风险揭示

信托公司进行应收账款质押融资业务时,应当注意应收账款的如下风险:

(1) 应收账款是否真实存在。应收账款是否真实存在主要表现在如下几个方面：一是应收账款根本就不存在，二是出质前应收账款已受清偿，三是出质后应收账款已获清偿而清偿价款未提存。

（2）应收账款价格是否公允。应收账款是否公允主要表现在如下几个方面：一是用于质押的应收账款的账面金额未能反映真实的应收债权金额，二是未能对应收账款进行合理的损失计提。

（3）应收账款债权的权利限制：应收账款的权利限制主要表现在如下几个方面：一是应收账款债权人放弃应收账款债权，二是应收账款债权人在应收账款债权上设置优先权或其他权利限制。

2. 风险防范措施

针对应收账款的如下风险，信托公司在开展应收账款质押融资业务时，应当采取如下风险控制措施：

（1）首先应该聘请会计师事务所对应收账款进行专项审计，取得供销合同、收货凭证、增值税发票等应收账款形成的法律凭证；应收账款债权人已经履行了主要交货义务，并能够提供相应的证明材料。

（2）需要取得应收账款债务人对应收账款的书面确认文件，应收账款债务人应当承诺在付款期限届满时将价款划付至信托公司指定的监管账户；应收账款债务人与应收账款债权人应当存在至少 3 年以上持续合作历史，且不存在过往逾期记录。

（3）应当明确应收账款的账龄，建议不予接受账龄超过 1 年的应收账款作为质物；应收账款的付款期限一般不应超过 180 天，符合交易惯例或其他特殊情况的，应收账款付款期限最长不得超过 360 天。

（4）应收账款应当不存在任何权利争议，应收账款不存在任何形式的权利限制，应收账款质押合同/融资合同中应当明确应收账款债权人不得未经信托公司同意设置任何权利限制或优先权，或者放弃权利。

四、矿业权抵押

（一）矿业权抵押概述

《物权法》第一百二十三条规定："依法取得的探矿权、采矿权、取水权和使用水域、滩涂从事养殖、捕捞的权利受法律保护。"从而确立了探矿权、采矿权的用益物权的法律属性。《物权法》第一百八十条所列举的可以抵押的财产时并未明确列明探矿权和采矿权，但是规定了"法律、行政法规未禁止抵押的其他财产"均可以抵押。

国土资源部于 2000 年 11 月印发的《矿业权出让转让管理暂行规定》第三条第一款明确："探矿权、采矿权为财产权，统称为矿业权，适用不动产法律法规的调整原则。"第五十五条第一款规定："矿业权抵押是指矿业权人依照有关法律作为债务人以其拥有的矿业权在不转移占有的前提下，向债权人提供担保的行为。"值得注意的是：第五十五条将矿业权抵押仅限于矿业权人作为债务人，以其拥有的矿业权向债权人提供担保；国土资发〔2014〕89 号文停止执行《矿业权出让转让管理暂行规定》第五十五条规定，解除了矿业权人只能以其拥有的矿业权为自身债务提供抵押担保的限制。

（二）矿业权抵押相关问题

1. 抵押权设立风险

矿业权设立抵押时，应当注意如下问题：

（1）矿业权是否存在权属争议或者限制转让等情形，矿业权人是否取得相关主管部门的批文证照。

（2）矿业权是否已经出租。《矿业权出让转让管理暂行规定》第五十条规定：已出租的采矿权不得出售、合资、合作、上市和设定抵押。

（3）主债权期限长于矿业权的有效期时，矿业权展期存在不能顺利办理的风险。

（4）是否已经缴纳采矿权使用费、采矿权价款、矿产资源补偿费及资源税及探矿权使用费、探矿权价款。

2. 抵押物价值风险

《矿业权出让转让管理暂行规定》第五十六条规定："债权人要求抵押人提供抵押物价值的，抵押人应委托评估机构评估抵押物。"矿业权价值评估必须以矿产资源储量报告或与评估有关的其他地质报告为依据，矿产资源勘探储量与实际储量的差异度、矿产资源开采的技术水平等因素将决定矿业权的评估价值与实际价值的差异度。另外，矿产资源属于不可再生资源，矿产资源储量随着不断开采而逐渐减少，矿业权的价值自然也就随之降低。

3. 抵押权实现风险

《矿业权出让转让管理暂行规定》第五十八条第一款规定："债务人不履行债务时，债权人有权申请实现抵押权，并从处置的矿业权所得中依法受偿。新的矿业权申请人应符合国家规定的资质条件，当事人应依法办理矿业权转让、变更登记手续。"根据我国现行的法律法规，矿业权转让时，新的矿业权申请人应当符合相应的资质条件，并且矿业权也应当符合相应的条件①，抵押权人实现抵押时就会产生相应的限制。

4. 安全生产风险

矿产权抵押需要注意的另外一个问题就是安全生产事故。矿产企业因安全生产事故等原因而导致相关证照被吊销，就可能意味着矿业权的丧失，这就会直接影响到抵押权的实现。根据《矿业权出让转让管理暂行规定》第五十八条的规定，采矿权人被吊销许可证时，由此产生的后果由债务人承担。因此，抵押权人的权益只能通过向抵押人索赔而寻求保护。如果政府拍卖采矿权，抵押权人优先于事故赔偿而获得受偿。

第四节 矿产能源信托风险审查要点

一、矿产能源企业证照及批复文件

（一）证照及批文

1. 基本证照及批文

矿产能源项目应当取得包括但不限于如下证照及批复文件：

---

① 《探矿权采矿权转让管理办法》第五条规定，转让探矿权，应当具备下列条件：（1）自颁发勘查许可证之日起满2年，或者在勘查作业区内发现可供进一步勘查或者开采的矿产资源；（2）完成规定的最低勘查投入；（3）探矿权属无争议；（4）按照国家有关规定已缴纳探矿权使用费、探矿权价款；（5）国务院地质矿产主管部门规定的其他条件。

《探矿权采矿权转让管理办法》第六条规定，转让采矿权，应当具备下列条件：（1）矿山企业投入采矿生产满1年；（2）采矿权属无争议；（3）按照国家有关规定已经缴纳采矿权使用费、采矿权价款、矿产资源补偿费及资源税；（4）国务院地质矿产主管部门规定的其他条件。国有矿山企业在申请转让采矿权前，应当征得矿山企业主管部门的同意。

《探矿权采矿权转让管理办法》第七条规定，探矿权或者采矿权转让的受让人，应当符合《矿产资源勘查区块登记管理办法》或者《矿产资源开采登记管理办法》规定的有关探矿权申请人或者采矿权申请人的条件。

（1）采矿许可证或勘查许可证

根据《矿产资源法》第三条第三款中规定，"勘查、开采矿产资源，必须依法分别申请、经批准取得探矿权、采矿权，并办理登记"。

（2）煤炭生产许可证或非煤矿山生产许可证

2013年6月29日新修订的《煤炭法》正式取消了煤炭生产许可证，《煤炭生产许可证管理办法》被第638号国务院令予以废止。

（3）安全生产许可证

根据《安全生产许可证条例》的规定，国家对矿山企业、建筑施工企业和危险化学品、烟花爆竹、民用爆破器材生产企业实行安全生产许可制度。企业未取得安全生产许可证的，不得从事生产活动。煤矿安全生产许可证及非煤矿山安全生产许可证有效期为3年。安全生产许可证有效期满需要延期的，煤矿企业应当于期满前3个月向原安全生产许可证颁发机关提出延期申请。非煤矿山安全生产许可证包括开采安全生产许可证、勘探安全生产许可证、尾矿库安全生产许可证等。

（4）矿长资格证

鉴于国家已正式取消煤炭生产许可证，根据国家煤矿安全监察局于2014年5月21日印发的《关于取消煤矿矿长资格证行政许可的通知》，为了减少煤矿生产环节的行政审批事项，决定取消作为煤炭生产许可证颁发前置条件的煤矿矿长资格证。

（5）矿长安全资格证

根据《矿山安全法》第二十七条第一款规定，矿长必须经过考核，具备安全专业知识，具有领导安全生产和处理矿山事故的能力。《矿山安全法实施条例》第三十八条规定，对矿长安全资格的考核包括如下内容：①《矿山安全法》和有关法律、法规及矿山安全规程；②矿山安全知识；③安全生产管理能力；④矿山事故处理能力；⑤安全生产业绩。

（6）环境影响评价报告及批复

根据《环境保护法》第十九条规定："编制有关开发利用规划，建设对环境有影响的项目，应当依法进行环境影响评价。未依法进行环境影响评价的开发利用规划，不得组织实施；未依法进行环境影响评价的建设项目，不得开工建设。"

(7) 排污许可证

根据《环境保护法》第四十五条规定："国家依照法律规定实行排污许可管理制度。实行排污许可管理的企业事业单位和其他生产经营者应当按照排污许可证的要求排放污染物；未取得排污许可证的，不得排放污染物。"

排放污染物的企事业单位和其他生产经营者，应当按照国家有关规定缴纳排污费；依法征收环境保护税的，不再征收排污费；排污费应当全部专项用于环境污染防治。

(8) 水土保持方案合格证

根据《水土保持法》第二十五条规定，在山区、丘陵区、风沙区以及水土保持规划确定的容易发生水土流失的其他区域开办可能造成水土流失的生产建设项目，生产建设单位应当编制水土保持方案，报县级以上人民政府水行政主管部门审批，并根据批准的水土保持方案，采取水土流失预防和治理措施。

(9) 地质灾害危险性评估报告

根据《地质灾害防治条例》第二十一条规定，在地质灾害易发区内进行工程建设应当在可行性研究阶段进行地质灾害危险性评估，并将评估结果作为可行性研究报告的组成部分。国土资源部于2014年12月9日发布《关于取消地质灾害危险性评估备案制度的公告》（国土资源部公告2014年第29号），为了进一步简化行政审批，取消地质灾害危险性评估备案制度。

(10) 矿产资源量、储量地质勘察报告评审意见及备案证明

根据《矿产资源储量评审认定办法》规定，国家对矿产资源储量的评审认定实行统一管理，经评审机构评审且符合要求的矿产资源储量，评审机构出具评审意见，地质矿产主管部门给予办理认定手续，下达认定书并批复矿业权人及有关单位。

(11) 项目核准书

根据《政府核准的投资项目目录（2018年本）》，煤矿、煤制燃料、稀土/铁矿/有色矿山开发、黄金采选矿项目均实行项目核准制，生产建设单位应当取得相关主管部门的核准批复文件。

(12) 其他审核备案及设计材料

①可行性研究：生产建设单位应当编制矿产能源勘探开采项目可行性研究

报告，并将其作为项目核准申请材料报送发改委批复。

②开发利用方案：根据《关于加强对矿产资源开发利用方案审查的通知》（国土资发〔1999〕98号），凡是新建矿产申请采矿权时，申请人必须按照《矿产资源开发利用方案编写内容》的要求编报开发利用方案，并报请采矿登记管理机关审查。开发利用方案可以在可行性研究报告中进行编写。

③安全预评价及安全设施设计：见本节"二、（一）1.安全评价及安全设施设计验收"。

④初步设计及安全专篇：根据《矿山安全法实施条例》第六条规定，编制矿山建设项目的可行性研究报告和总体设计，应当对矿山开采的安全条件进行论证。矿山建设项目的初步设计，应当编制安全专篇。

⑤征地方案等：生产建设单位应当编制征地及土地复垦方案，并报请勘查采矿用地审批；生产建设单位应当按时支付土地使用税费及征地拆迁安置费用。

（二）审查要点

矿产能源项目的尽职调查，信托公司应当关注：①矿产能源项目各项证照及批复文件是否齐全；②各项证照及批复文件的权利人与直接交易对手是否一致；③各项证照及批复文件是否尚在有效期内以及在信托期间内是否涉及展期问题；④各项证照及批复是否需要年检及是否已按照规定办理了年检手续；⑤信托公司还应当向国土资源部门、环保部门、安全生产监督部门等主管部门核实各项证照及批复文件的真实性、合法性和有效性。

二、安全生产与环境保护

（一）安全生产

1. 安全评价及安全设施设计验收

根据《非煤矿矿山建设项目安全设施设计审查与竣工验收办法》（国家安全生产监督管理局、国家煤矿安全监察局令第18号）：

①建设项目在可行性研究阶段，应当进行安全预评价，由具有相应资质的安全评价机构出具安全预评价报告；建设项目在投入生产和使用前，应当进行安全验收评价，由具有相应资质的安全评价机构出具安全验收评价报告。建设单位在评价工作完成后30日内，将安全评价报告报送安全生产监督部门备案。

②建设项目应当由具有相应资质的设计单位进行安全设施设计，建设单位将安全设施设计提交安全生产监督管理部门审查并经审查同意后，方可进行建设项目施工。

③建设项目的安全设施应当由具有相应资质的施工单位施工；建设项目的安全设施和安全条件应当经安全生产监督管理部门验收合格后，方可投入生产和使用。

2. 安全生产事故

调查评估矿业企业是否发生过重大安全生产事故，是否存在重大安全生产隐患，是否受到安全生产监督管理部门的监管处罚。

3. 其他需要关注的问题

调查评估尾矿库建设、运行、闭库和闭库后再利用的安全技术要求是否符合《尾矿库安全技术规程》；矿业企业是否按照《非煤矿矿山企业安全生产许可证实施办法》的有关规定，申领尾矿库安全生产许可证；

如果矿业企业依法使用、存放民用爆炸物品的，其是否已经办理《民用爆炸物品使用许可证》等相关证照；

矿业企业是否为员工购买工伤保险以及安全生产责任险，以控制安全生产事故所带来的风险。根据《安全生产法》的规定，生产经营单位必须依法参加工伤保险，国家鼓励生产经营单位投保安全生产责任保险。国家安全生产监管总局《关于在高危行业推进安全生产责任保险的指导意见》，原则上要求煤矿、非煤矿山、危险化学品、烟花爆竹、公共聚集场所等高危及重点行业推进安全生产责任保险，原则上企业可以在购买安全生产责任保险与缴纳风险抵押金中任选其一。

(二) 环境保护

调查评估矿业企业是否按照规定编制《环境影响评价报告书》，并取得环境保护部门审查批复同意，环境保护设施竣工是否已通过环保验收；调查评估矿业企业对废水废气的排放及废物的存储是否符合法律法规规定，以及有毒危险物质对场地和地下水的污染状况；调查评估矿山地质环境保护与治理恢复方案是否获得批复，关于环境保护的投资是否到位等。调查了解矿业企业是否发生过重大环境污染事故，以及是否受到过环境保护部门的监管处罚。

三、矿产资源相关税费

信托公司在对矿产资源企业进行尽职调查时，应当关注矿产资源企业是否按照法律法规和监管政策要求缴纳相关税费。矿产资源企业应当缴纳的相关税费归纳如下：

（一）矿业企业主要税收种类

1. 资源税

根据《资源税暂行条例》规定，在中国领域及管辖海域开采矿产品或者生产盐的单位和个人应当缴纳资源税。纳税人开采或者生产应税产品，自用于连续生产应税产品的，不缴纳资源税。资源税的应纳税额，有从价定额或者从量定额两种方式计征。

2. 营业税

根据财政部和国家税务总局印发的《关于转让自然资源使用权营业税政策的通知》，转让自然资源使用权属于转让无形资产，应当缴纳营业税。转让自然资源使用权是指权利人转让勘探、开采、使用自然资源权利的行为，自然资源使用权是指海域使用权、探矿权、采矿权、取水权和其他自然资源使用权（不含土地使用权）。县级以上地方政府或自然资源行政主管部门出让、转让或收回自然资源使用权的行为，不征收营业税。

3. 增值税

根据《增值税暂行条件》规定，中国境内销售矿产资源产品以及进口矿产资源产品的单位和个人应当缴纳增值税，税率为17%，其中自来水、暖气、冷气、热气、煤气、石油液化气、天然气、沼气、居民用煤炭制品的税率为13%。根据财政部、国家税务总局《关于金属矿、非金属矿采选产品增值税税率的通知》，金属矿采选产品、非金属矿采选产品增值税税率由13%恢复至17%；食用盐仍适用13%的增值税税率。

4. 了解矿业企业享有的税收优惠或财政补贴情况，调查税收优惠或财政补贴的来源、归属、用途及会计处理等情况，关注税收优惠期或补贴期及其未来影响。

(二) 矿产资源主要规费种类①

1. 探矿权采矿权使用费

根据《探矿权采矿权使用费和价款管理办法》规定：①探矿权使用费是指国家将矿产资源探矿权出让给探矿权人，按规定向探矿权人收取的使用费；探矿权使用费以勘查年度计算，按区块面积逐年缴纳，第一个勘查年度至第三个勘查年度，每平方公里每年缴纳 100 元，从第四个勘查年度起每平方公里每年增加 100 元，最高不超过每平方公里每年 500 元。②采矿权使用费是指国家将矿产资源采矿权出让给采矿权人，按规定向采矿权人收取的使用费；采矿权使用费按矿区范围面积逐年缴纳，每平方公里每年 1000 元。

2. 探矿权采矿权价款

根据《探矿权采矿权使用费和价款管理办法》规定：①探矿权价款是指国家将其出资勘查形成的探矿权出让给探矿权人，按规定向探矿权人收取的价款；采矿权价款是指国家将其出资勘查形成的采矿权出让给采矿权人，按规定向采矿权人收取的价款。②探矿权采矿权价款以国务院地质矿产主管部门确认的评估价格为依据，一次或分期缴纳；但探矿权价款缴纳期限最长不得超过 2 年，采矿权价款缴纳期限最长不得超过 6 年。

3. 矿产资源补偿费

矿产资源补偿费是采矿权人因开采消耗属于国家所有的矿产资源而对国家的经济补偿。根据《矿产资源补偿费征收管理规定》规定，在中国领域和其他管辖海域开采矿产资源，应当由采矿权人缴纳矿产资源补偿费。矿产资源补偿费 = 矿产品销售收入 × 补偿费率 × 开采回采率系数，其中开采回采率系数 = 核定开采回采率/实际开采回采率。

4. 水土保持补偿费

根据《水土保持补偿费征收使用管理办法》规定，在山区、丘陵区、风沙区以及水土保持规划确定的容易发生水土流失的其他区域开办生产建设项目或者从事其他生产建设活动，损坏水土保持设施、地貌植被，不能恢复原有水土

---

① 根据《关于全面清理涉及煤炭原油天然气收费基金有关问题的通知》（财税〔2014〕74 号），自 2014 年 12 月 1 日起，在全国范围统一将煤炭、原油、天然气矿产资源补偿费费率将为零，停止征收煤炭、原油、天然气价格调节基金，取消煤炭可持续发展基金（山西省）、原生矿产品生态补偿费（青海省）、煤炭资源地方经济发展费（新疆维吾尔自治区）。

保持功能的单位和个人，应当缴纳水土保持补偿费。水土保持补偿费纳入政府性基金预算管理，专项用于水土流失预防治理的资金。开采矿产资源处于建设期的，缴纳义务人应当在建设活动开始前一次性缴纳水土保持补偿费；处于开采期的，缴纳义务人应当按季度缴纳水土保持补偿费。

（三）矿业企业自提费用

1. 煤矿维简费

根据《关于规范煤矿维简费管理问题的若干规定》，煤炭生产企业应当从成本中提取煤矿维持简单再生产费用，专项用于维持简单再生产的资金，主要用于煤矿生产正常接续的开拓延伸、技术改造以确保矿井持续稳定和安全生产。煤矿维简费由煤炭生产企业自行安排，专款专用，专项核算。

2. 生产安全费

根据《企业安全生产费用提取和使用管理办法》，从事煤炭生产、非煤矿山开采的企业以及其他经济组织应当按照规定标准提取安全生产费用，安全生产费用在成本中列支，专项用于完善和改进企业或项目安全生产条件的资金。

根据《煤炭生产安全费用提取和使用管理办法》，煤炭生产企业应当按照原煤实际产量从成本中提取煤炭生产安全费用，专项用于煤矿安全生产设施投入的资金。煤炭生产安全费用由企业自行安排使用，专户存储，专款专用。

3. 非煤矿山安全生产风险抵押金

根据《企业安全生产风险抵押金管理暂行办法》（财建〔2006〕369号），非煤矿山企业应当在指定风险抵押金代理银行开设风险抵押金专户，并应及时将核定金额的风险抵押金存入风险抵押金专户，专项用于本企业生产安全事故抢险、救灾和善后处理。风险抵押金的使用范围包括：为处理本企业生产安全事故而直接发生的抢险、救灾费用支出；为处理本企业生产安全事故善后事宜而直接发生的费用支出。

煤炭企业按照《煤矿企业安全生产风险抵押金管理暂行办法》（财建〔2005〕918号）相关规定，缴存安全生产风险抵押金。

4. 矿山环境恢复治理基金①

矿山环境恢复治理保证金是指矿山开采企业依法提取的，保证用于本矿区生态环境和水资源保护、地质灾害防治、污染治理和环境恢复整治的专项资金。根据国务院《关于全面整顿和规范矿产资源开发秩序的通知》（国发〔2005〕28号）要求，积极推进矿山生态环境恢复保证金制度等生态环境恢复补偿机制。

5. 矿山转产发展基金

煤矿转产发展资金是指企业从成本中提取，企业所有、政府监督、专户存储，专门用于煤炭企业转产、职工再就业、职业技能培训和社会保障等的专项资金。根据《山西省煤炭转产发展资金提取使用管理办法（试行）》，转产发展资金的提取标准为每吨原煤产量5元，按月提取，其中原煤产量以征收煤炭可持续发展基金核定的产量为准。

转产发展资金的使用范围包括：①发展循环经济的科研和设备支出；②发展第三产业的投资支出；③破产企业的职工安置支出；④煤矿转岗失业工人转产就业支出；⑤自谋职业、自主创业转岗失业人员的创业补助支出；⑥职工技能培训支出；⑦接续资源的勘察、受让支出；⑧迁移异地相关支出；⑨发展资源延伸产业支出；⑩其他社会保障支出。

第五节　我国矿产资源法律制度体系

一、矿产资源权利制度

（一）矿产资源所有权

根据我国法律规定，矿产资源属于国家所有。我国关于矿产资源国家所有制规定的法律体系分为三个层级：第一个层级是国家的根本法《宪法》；第二个层级是基本法律《民法通则》和《物权法》；第三个层级是《矿产资源法》。

---

① 根据山西省人民政府《关于进一步促进全省煤炭经济转变发展方式实现可持续增长的措施的通知》（晋政发〔2013〕26号），自2013年8月1日起至2013年12月31日止，暂停提取煤炭企业矿山环境恢复治理保证金和煤炭转产发展资金。根据陕西省财政厅《关于继续暂定矿山环境恢复治理保证金和煤矿转产发展资金的通知》（晋财煤〔2014〕17号），自2014年1月1日起至国家煤炭资源税改革方案正式公布实施之日止，继续暂定矿山环境恢复治理保证金和煤矿转产发展资金。

《宪法》第九条第一款规定："矿藏、水流、森林、山岭、草原、荒地、滩涂等自然资源，都属于国家所有，即全民所有；由法律规定属于集体所有的森林和山岭、草原、荒地、滩涂除外。"

《民法通则》第八十一条第二款规定："国家所有的矿藏，可以依法由全民所有制单位和集体所有制单位开采，也可以由公民开采。国家保护合法的采矿权。"《物权法》第四十六条规定："矿藏、水流、海域属于国家所有。"

《矿产资源法》第三条第一款规定："矿产资源属于国家所有，由国务院行使国家对矿产资源的所有权。地表或地下的矿产资源的国家所有权，不因其所依附的土地所有权或者使用权的不同而改变。"

（二）矿业权（探矿权、采矿权）

1. 我国《矿产资源法》第三条第三款中规定，"勘查、开采矿产资源，必须依法分别申请，经批准取得探矿权、采矿权，并办理登记……国家保护探矿权和采矿权不受侵犯"。在其他条款中，对探矿权、采矿权的取得、利用、流转和保护等都作了原则性规定，构建起了矿业权法律体系框架。

法规体系：《矿产资源勘查区块登记管理办法》《矿产资源开采登记管理办法》《探矿权采矿权转让管理办法》《探矿权采矿权招标拍卖挂牌管理办法（试行）》《关于进一步规范矿业权出让管理的通知》。

2. 矿业权出让

法律依据：《矿产资源勘查区块登记管理办法》《矿产资源开采登记管理办法》《探矿权采矿权转让管理办法》《探矿权采矿权招标拍卖挂牌管理办法（试行）》《关于进一步规范矿业权出让管理的通知》。

（1）批准申请方式：矿业权批准申请出让是指登记管理机关通过审查批准矿业权申请人的申请，授予矿业权申请人矿业权的行为。

矿业权批准申请出让遵循申请在先原则，即先申请先依法登记的方式取得，主要用于矿产勘查基础工作不够的区域设置的探矿权出让。

（2）协议出让方式：协议出让方式主要用于国务院和省级政府批准的重点、大型矿产资源开发项目，已设采矿权需要整合扩区，危机矿山接替项目的探矿权采矿，协议出让价格不得低于市场价格。

(3) 招拍挂方式①：招标拍卖挂牌方式是矿业权出让的最主要方式，凡是符合一定条件，可以通过竞争方式出让的，都应当采取招拍挂方式。

3. 矿业权转让

(1)《矿产资源法》第六条规定了探矿权、采矿权可以依法转让的如下两种情形：

探矿权转让：探矿权人有权在划定的勘查作业区内进行规定的勘查作业，有权优先取得勘查作业区内矿产资源的采矿权。探矿权人在完成规定的最低勘查投入后，经依法批准，可以将探矿权转让他人。

探矿权转让应当具备如下条件：①自颁发勘查许可证之日起满2年，或者在勘查作业区内发现可供进一步勘查或者开采的矿产资源；②完成规定的最低勘查投入；③探矿权属无争议；④按照国家有关规定已经缴纳探矿权使用费、探矿权价款；⑤国务院地质矿产主管部门规定的其他条件。

采矿权转让：已取得采矿权的矿山企业，因企业合并、分立，与他人合资、合作经营，或者因企业资产出售以及有其他变更企业资产产权的情形而需要变更采矿权主体的，经依法批准可以将采矿权转让给他人采矿。

采矿权转让应当具备如下条件：①矿山企业投入采矿生产满1年；②采矿权属无争议；③按照国家有关规定已经缴纳采矿权使用费、采矿权价款、矿产资源补偿费和资源税；④国务院地质矿产主管部门规定的其他条件。

---

① 根据《探矿权采矿权招标拍卖挂牌管理办法（试行）》的规定，新设探矿权有下列情形之一的，主管部门应当以招拍挂方式授予：(1) 国家出资勘查并已探明可供进一步勘查的矿产地；(2) 探矿权灭失的矿产地；(3) 国家和省两级矿产资源勘查专项规划划定的勘查区块；(4) 主管部门规定的其他情形。

新设采矿权有下列情形之一的，主管部门应当以招拍挂方式授予：(1) 国家出资勘查并已探明可供开采的矿产地；(2) 采矿权灭失的矿产地；(3) 探矿权灭失的可供开采的矿产地；(4) 主管部门规定无须勘查即可直接开采的矿产；(5) 国土资源部、省级主管部门规定的其他情形。

符合上述应当以招拍挂方式授予矿业权规定的范围，有下列情形之一的，主管部门应当以招标方式收益权矿业权：(1) 国家出资的勘查项目；(2) 矿产资源储量规模为大型的能源、金属矿产地；(3) 共伴生组分多、综合利用技术水平要求高的矿产地；(4) 多国民经济具有重要价值的矿区；(5) 根据法律法规、国家政策规定可以新设矿业权的环境敏感地区和未达到国家规定的环境质量标准的地区。

有下列情形之一的，主管部门不得以招拍挂的方式授予：(1) 探矿权人依法申请其勘查区块范围内的采矿权；(2) 符合矿产资源规划或者矿区总体规划的矿山企业的接续区、已设采矿权的矿区范围上下部需要统一开采的区域；(3) 为国家重点基础设施建设项目提供建筑用矿产；(4) 矿业权属有争议；(5) 法律法规另有规定以及主管部门规定因特殊情形不适于以招拍挂方式授予的。

（2）其他方式

矿业权出租：矿业权出租需要注意如下事项：①矿业权出租应当符合国务院规定的矿业权转让的条件；②矿业权人在矿业权出租期间应继续履行矿业权人的法定义务并承担法律责任；③已出租的采矿权不得出售、合资、合作、上市和设定抵押；④矿业权承租人不得再行转租矿业权；⑤采矿权的承租人在开采过程中，需要改变开采方式和主矿种的，必须由出租人报经登记管理机关批准并办理变更登记手续；⑥出租国家勘查形成的采矿权的，应按照采矿权转让的规定，进行评估、确认，采矿权价款按照有关规定处置。

矿业权抵押：根据《矿业权出让转让管理暂行规定》的规定，以矿业权作抵押的债务人为抵押人，问题在于矿业权人能否以其所有的矿业权为第三人债务提供抵押担保，并无明确的规定。矿业权设定抵押时，矿业权人应持抵押合同和矿业权许可证到原发证机关办理备案手续。抵押权人处置矿业权以实现抵押权时，新的矿业权申请人应当符合相应的资格条件。

4. 矿业权期限

（1）采矿许可证的有效期：大型以上矿山的采矿许可证有效期最长为30年，中型矿山的采矿许可证有效期最长为20年；小型矿山的采矿许可证有效期最长为10年。有效期满且需要继续采矿的，采矿权人应当在采矿许可证有效期届满30日前办理延续登记手续；采矿权人逾期不办理延续登记手续的，采矿许可证自行废止。

（2）勘查许可证有效期最长为3年，但是石油天然气勘查许可证有效期最长为7年。需要延长勘查工作时间的，探矿权人应当在勘查许可证有效期满30日前办理延续登记手续，每次延续时间不得超过2年。采矿权人逾期不办理延续登记手续的，勘查许可证自行废止。石油天然气滚动勘探开发的采矿许可证有效期最长为15年；但是探明储量的区块，应当申请办理采矿许可证。

二、矿产资源勘查开采审批登记制度

（一）勘查审批登记制度

根据《矿产资源勘查区块登记管理办法》，国家实行矿产资源勘查审批登记制度，具体包括：①探矿权申请人资格管理制度；②区块管理制度；③探矿权审批制度；④勘查许可证制度；⑤探矿权年检制度；⑥探矿权变更、延续、保留和注销制度。

(二) 开采审批登记制度

根据《矿产资源开采登记管理办法》，国家实行矿产资源开采审批登记制度，具体包括：①采矿权申请人资格管理制度；②开发方案审查制度；③采矿权审批制度；④开采许可证制度；⑤采矿权年检制度；⑥采矿权变更、延续、保留和注销制度。

三、矿产资源有偿使用制度

1. 有偿取得制度

《矿产资源法》第五条规定，国家实行探矿权、采矿权有偿取得制度；开采矿产资源，必须按照国家有关规定缴纳资源税和资源补偿费。

《矿产资源勘查区块登记管理办法》《矿产资源开采登记管理办法》《关于深化探矿权采矿权有偿取得制度改革有关问题的通知》《关于探矿权采矿权有偿取得制度改革有关问题的补充通知》，确立了以探矿权、采矿权使用费和探矿权、采矿权价款为基础的矿业权有偿取得制度。

2. 有偿使用的方式

(1) 矿产资源补偿费：《矿产资源补偿费征收管理规定》《关于加强矿产资源补偿费征收管理的通知》。

(2) 探矿权、采矿权使用费：《探矿权采矿权使用费和价款管理办法》。

(3) 探矿权、采矿权价款：《探矿权采矿权使用费和价款管理办法》。

(4) 矿区使用费：对外合作开采海洋石油资源及陆上石油资源。

四、矿产资源规划管理制度

根据《矿产资源规划管理暂行办法》，国家实行矿产资源规划管理制度。矿产资源规划包括全国性矿产资源规划、地区性矿产资源规划和行业性矿产资源开发规划。

全国性矿产资源规划包括全国矿产资源总体规划和专项规划。其中专项规划主要包括地质矿产调查评价与勘查规划、矿产资源开发利用与保护规划、矿山生态环境保护规划。

地区性矿产资源规划包括省级、市（地）级、县级和跨行政区的矿产资源规划。

行业性矿产资源开发规划指有关矿产资源开发产业行业管理部门编制的相关矿产资源开发规划。

五、矿产资源储量管理制度

（一）矿产资源储量登记统计管理制度

1. 概述

根据《矿产资源登记统计管理办法》，我国实行矿产资源储量登记和矿产资源统计制度。矿产资源储量登记是指县级以上人民政府国土资源主管部门对查明、占用、残留、压覆矿产资源储量的类型、数量、质量特征、产地以及其他相关情况进行登记的活动；矿产资源统计是指县级以上人民政府国土资源主管部门对矿产资源储量变化及开发利用情况进行统计的活动。

2. 矿产资源储量登记

矿业权人或者建设单位应当依法办理矿产资源储量登记的情形包括：①探矿权人在不同勘查阶段查明矿产资源储量的；②采矿权申请人申请占用矿产资源储量的；③采矿权人因变更矿区范围等调整占用矿产资源储量的；④停办或者关闭矿山后有残留或者剩余矿产资源储量的；⑤工程建设压覆重要矿产资源储量的；⑥省级以上人民政府国土资源主管部门规定的其他矿产资源储量。

3. 矿产资源统计

采矿权人应当于每年 1 月底前，将填报完成的矿产资源统计基础表报送矿区所在地县级国土资源主管部门；开采石油、天然气、煤层气和放射性矿产的，采矿权人应当于每年 3 月底前将填报完成的矿产资源统计基础表报送国土资源部。

矿产资源统计基础表包括采矿权人和矿山（油气田）基本情况、生产能力和实际产量、采选技术指标、矿产组分和质量指标、占用矿产资源储量变化情况、共伴生矿产综合利用情况等内容。未列入矿产资源统计基础表的查明矿产资源储量、压覆矿产资源储量、残留矿产资源储量及其变化情况和占用矿产资源储量的相关情况，依据矿产资源储量登记书进行统计。

（二）矿产资源储量评审认定制度

根据《矿产资源储量评审认定办法》，国家实行矿产资源储量评审认定制度。必须进行评审认定的矿产资源储量包括：①申请供矿山建设设计使用的采矿权或取水许可证依据的矿产资源储量；②探矿权人或者采矿权人在转让探矿权或者采矿权时应核实的矿产资源储量；③以矿产资源勘查、开发项目公开发行股票及其他方式筹资、融资时依据的矿产资源储量；④停办或关闭矿山时提交的尚未采尽的和注销的矿产资源储量；⑤矿区内的矿产资源储量发生重大变化，需要重新评审认定的矿产资源储量；⑥国土资源部认为应予评审认定的其他情形的矿产资源储量。

如果矿产资源储量应当进行评审认定而未按照规定履行评审认定的，综合经济管理部门不予受理矿山建设或水源地建设项目立项申请；地质矿产主管部门不予受理探矿权、采矿权以及探矿权、采矿权转让申请；证券管理机构不予受理公开发行股票申请；银行及其他金融机构不予受理贷款申请。

六、地质资料管理制度

根据《地质资料管理条例》（国务院令第349号），国家实行地质资料统一汇交、保管和利用管理制度。在中国领域及管辖的其他海域从事矿产资源勘查开发的探矿权人或者采矿权人，为地质资料汇交人。地质资料具体是指在地质工作中形成的文字、图像、声像、电磁介质等形式原始地质资料、成果地质资料和岩矿芯、各类标本、光薄片、样品等实物地质资料。

七、相关术语

1. 尾矿库：尾矿是指金属或非金属矿山开采出的矿石，经选矿厂选出有价值的精矿后所产生的废渣。尾矿库是指筑坝拦截谷口或者围地构成的，用以贮存金属非金属矿石选别后排出尾矿的场所。

2. 开采回采率：开采回采率具体是指采矿过程中采出的矿石或金属量与该矿区的矿石或金属储量的百分比，矿产资源补偿费的征收金额直接和开采回采率系数挂扣。开采回采率系数是指核定开采回采率与实际开采回采率之比，其中核定开采回采率 =（工作面核定储量 − 核定损失量 − 煤柱摊销）/保有储量，

实际开采回采率 = 采出量/保有储量。

开采回采率越高，浪费的矿产资源越少，矿产资源开发效益越高；矿产资源补偿费与开采回采率系数相挂钩，就是充分发挥开采回采率系数的引导和调节作用，以使矿产资源得到最大化效益的开发利用。

3. 采矿贫化率：采矿贫化率是指实际采出矿石的品位比原矿石的品位降低的百分率，即采矿贫化率 = （原矿地质品位 - 采出矿石品位）/原矿地质品位。

4. 选矿回收率：选矿回收率是指选矿产品（精矿）中所含被回收有用成分的质量占入选矿石中该有用成分质量的百分比。选矿回收率是衡量矿山企业选矿技术、管理水平和入选矿石中有用成分回收程度的重要经济技术指标。

第六节　实务案例分析

一、江城窖酒特定资产收益权投资集合资金信托计划

（一）交易要素

1. 产品要素

产品名称	江城窖酒特定资产收益权投资集合资金信托计划
信托总规模	2500万元
信托期限	12个月，受托人可根据信托计划运行情况，将信托期限延期至18个月。
预期信托收益率	优先级信托单位信托收益：8%/年 + 窖酒选择权。
信托资金运用方式	用于投资江城酒业酿酒有限公司20000件53度江城窖酒和4000件江城15年窖酒收益权（规格型号：1×6［3KG/件］）。江城酒业集团股份有限公司以所获得的信托资金用于购买设备、原材料等日常经营周转所需的流动资金。
委托人	优先级信托受益权份额（2000万元）由社会投资者认购，次级信托收益权份额（500万元）由江城酒业集团股份有限公司认购。
受托人	ZX信托公司
回购约定	江城酒业酿酒有限公司到期以10%/年的溢价率回购其所出让的窖酒收益权。
信托利益分配	信托期限届满时，信托受益权人可以选择现金形式或者窖酒现货形式的信托利益。

2. 交易结构

（1）交易结构图

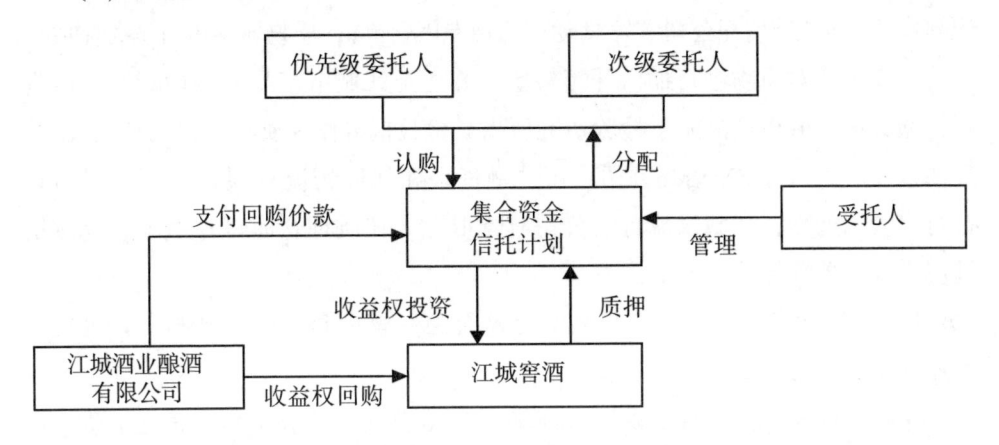

```
         优先级委托人              次级委托人
              │                      ↑
           认购│                   分配│
              ↓                      │
  支付回购价款      集合资金            管理
  ←─────────────  信托计划  ←─────────── 受托人
              ↑ ↑
        收益权投资 │ 质押
              ↓ │
   江城酒业酿酒    江城窖酒
     有限公司  ───收益权回购→
```

（2）交易结构说明

ZX 信托公司发起设立江城窖酒特定资产收益权投资集合资金信托计划，其中 2000 万元优先级信托受益权份额向社会投资者发售，500 万元次级受益权份额由江城酒业集团股份有限公司认购。2500 万元信托资金用于投资江城酒业酿酒有限公司 20000 件 53 度江城窖酒和 4000 件江城 15 年窖酒收益权［规格型号：1×6（3KG/件）］。江城酒业酿酒有限公司以所获得的信托资金用于购买设备、原材料等日常经营周转所需的流动资金，江城酒业酿酒有限公司到期以约定的溢价率回购其所出让的窖酒收益权。为了保证其按时履行回购义务，江城酒业酿酒有限公司以 20000 件 53 度江城窖酒和 4000 件江城 15 年窖酒提供质押担保；如果信托期限届满时，优先级信托受益权人本金及预期信托收益不能获得足额兑付，次级委托人应当追加信托资金对优先级受益权人承担差额补足义务。

（二）信用增级措施

1. 动产质押担保

江城酒业酿酒有限公司以 20000 件 53 度江城窖酒和 4000 件江城 15 年窖酒为其按时履行回购义务提供质押担保。ZX 信托公司委托第三方监管机构江城物流有限公司作为质押物的监管机构对质押物进行监管，ZX 信托公司与江城酒业酿酒有限公司、江城物流有限公司签署三方监管协议。

鉴于成品白酒对保藏环境有较高的要求，质押物存放于融资人位于江城市江城街道 180 号的仓库中。ZX 信托公司和融资人江城酒业酿酒有限公司向江城物流有限公司出具《出质通知书》，江城物流有限公司核查库存货物并对质物进行标识封签后，向 ZX 信托公司签发《动产质押专用仓单》，质物转移占有即告完成。

信托公司对质物进行抽样开箱检验，并送至江城市产品质量检验研究所进行检验，由江城市产品质量检验研究所出具检验报告作为质物品种的证明文件。质物入库后，未经 ZX 信托公司许可，融资人和江城物流有限公司不得对质物进行出入库处理；江城物流有限公司应派遣专人在质押仓库每日值守，仓库钥匙应由专人单独保管。

【评析】动产质押的监管模式分为总量控制模式和逐笔控制模式，本项目的监管模式采用的是逐笔控制模式。

总量控制模式：某企业以评估价值为 5000 万元的库存货物向银行申请动产质押贷款，银行按照质物价值的六折给该企业发放 3000 万元贷款。质物在由仓储监管机构监管期间，只要库存货物保持在 5000 万元以上时，企业即可以正常地将货物进行出入库调度。

逐笔控制模式：某企业以评估价值为 5000 万元的库存货物向银行申请动产质押贷款，银行按照质物价值的六折给该企业发放 3000 万元贷款。质物在由仓储监管机构监管期间，企业不能销售和使用货物；如果企业确实需要销售或使用货物，企业应当向银行进行逐笔申请，并归还相应金额的贷款或提供等值担保物后，方可以销售或使用相应数额的货物。

2. 质物财产险

融资人应当为质物办理财产险，确定 ZX 信托公司为保险第一受益人；融资人为质物投保的财产险险种和保额等应当事前取得 ZX 信托公司同意，并应于信托计划成立前将保险公司的批复文件原件交付 ZX 信托公司。

3. 差额补足义务

江城酒业集团股份有限公司认购 500 万元次级信托受益权份额，为优先级受益权人提供 25% 的信用支持。如果优先级信托受益权人本金及预期信托收益不能获得足额兑付，则次级委托人应当追加信托资金对优先级受益权人承担差额补足义务，具体差额补足金额 =（2000 万元 + 8% × 信托计划实际存续天数/365 天）- 优先级受益权人实际获得兑付金额。

(三) 信托利益分配

1. 融资人还款资金来源

融资人主要以其日常经营活动产生的现金流作为第一还款来源，以质物变现作为第二还款来源。质押物的价值评估如下表所示：

53度江城窖酒 20000件（1件=6瓶）	零售价（280元/瓶）
	出厂价（405元/瓶）
江城15年窖酒 4000件（1件=6瓶）	零售价（600元/瓶）
	出厂价（850元/瓶）

【评析】笔者以某区域性品牌酱香型白酒为例分析白酒的成本构成：酱香型白酒的原材料为高粱、小麦和水等，其中高粱的进货单价约为3000元/吨，小麦进货单价约为2240元/吨，外包装成本价约为1.5元/盒，高端酿酒曲为30元/kg；根据酱香型白酒的制造工艺，一年两次投粮可七次取酒，投粮与基酒产出比约为4:1，由此可以测算500ml基酒约需要粮食2kg（以高粱计算，成本为6元）；酱香型白酒粮食和酒曲的投入比例为1:1，因此500ml基酒的酒曲成本为60元（500ml基酒需要2kg的酒曲）。综上分析，500ml基酒的原材料成本为外包装1.5元+高粱6元+酒曲60元=67.5元。

2. 次级委托人的差额补足义务

信托期限届满时，如果信托财产不足以向优先级信托受益权人兑付本金及预期信托收益时，次级委托人应当追加信托资金，受托人以次级委托人追加的信托资金向优先级信托受益权人进行兑付。次级委托人应当追加的信托资金金额为：优先级信托资金本金×（1+8%×信托实际存续天数/365）－可供分配的信托财产，其中可供分配的信托财产是指扣除信托报酬等信托费用后的剩余信托财产；如果可供分配的信托财产在向优先级信托受益权人足额兑付信托资金本金和预期信托收益后还有剩余信托财产，则受托人将所剩余的信托财产全部向次级受益权人分配。

3. 窖酒选择权

信托期限届满时，信托利益的分配有现金和窖酒现货两种方式可供信托受益权人选择，窖酒现货价格以信托受益权人行权时天猫和京东旗舰店同型号窖酒价格的九折计算。比如某信托受益权人在信托期限届满时合计可以获得的信托利益为108万元，其选择全部以江城15年窖酒现货行权，江城15年窖酒在行权时的天猫和京东旗舰店零售价为800元/瓶，则该信托受益权人可以提货：（1080000÷800×0.9）瓶。

二、江城电力建设集团应收账款投资附加回购单一资金信托

（一）交易要素

1. 产品要素

产品名称	江城电力建设集团应收账款投资附加回购单一资金信托
信托总规模	10亿元
信托期限	12个月，受托人可根据信托计划运行情况，将信托期限延期至18个月。
预期信托收益率	6.8%/年
信托资金运用方式	用于投资受让江城电力建设集团下属成员单位所持有的应收账款（应收账款具体内容为工程施工合同和销售合同项下的质量或安全保证金）。
委托人	江城发展银行以理财资金委托江银资产管理有限公司设立单一客户专项资产管理计划
受托人	江城信托公司
回购约定	江城电力建设集团下属成员单位按照7%/年的溢价率到期回购其出让的应收账款，江城电力建设集团为该回购义务承担差额补足义务。
信托利益分配	回购义务人每自然季度末月20日支付溢价款，受托人于收到溢价款后3个工作日内向信托受益权人进行分配；信托期限届满时，回购义务人应当支付回购本金价款和剩余溢价款，受托人将扣除完毕信托费用后的清算信托财产向信托受益权人分配。

2. 交易结构

江城发展银行以理财资金委托江银资产管理有限公司设立单一客户专项资产管理计划，江银资产管理有限公司以专项资产管理计划项下委托资金委托江城信托公司设立单一资金信托，江城信托公司以信托资金用于受让江城电力建设集团下属成员单位所持有的应收账款（应收账款具体内容为工程施工合同和销售合同项下的质量或安全保证金）。江城电力建设集团下属成员单位按照7%/年的溢价率到期回购其出让的应收账款，江城电力建设集团为该回购义务承担差额补足义务。

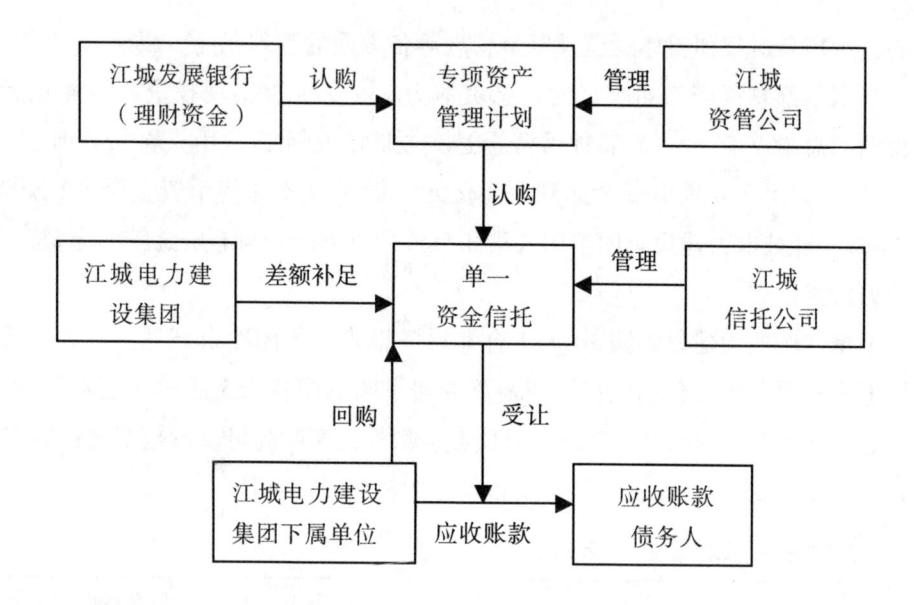

```
江城发展银行          专项资产         江城
(理财资金)  →认购→  管理计划  ←管理←  资管公司
                      ↓认购
江城电力建  差额补足   单一         江城
设集团      →→→→→  资金信托 ←管理← 信托公司
            ↑回购     ↓受让
江城电力建设         应收账款
集团下属单位 →应收账款→ 债务人
```

(二) 还款来源分析

1. 第一还款来源分析

本信托项下回购义务人的第一还款来源为江城电力建设集团下属单位的营业收入。截至2013年年末合并财务报表，江城电力建设集团总资产达到3508亿元，同比增长27%；总负债为2870亿元，同比增长28%；实现营业收入2263亿元，同比增长11.93%；实现利润总额91亿元，同比增长12.68%；实现净利润73亿元，同比增长21%；资产负债率为81%，与上年度基本持平。

江城电力建设集团2013年非传统业务继续迅猛增长，全年新签合同1881亿元，占比54.8%，实现营业收入785亿元，占比34.7%；传统业务继续稳健增长，传统建筑施工业务依然是集团的主要收入来源，2013年新签合同1550亿元，占比45.2%，实现营业收入1478亿元，占比65.3%；电力、房地产等投资类业务利润贡献显著增强，2013年全年实现营业收入151亿元，占比6.7%，利润18.75亿元，占比20.6%，成为公司稳定发展的重要保障。

2. 第二还款来源分析

江城电力建设集团与江城信托公司签订《差额补足协议》，承诺如果其指定的下属成员单位未能按期履行溢价回购其出让的应收账款的义务，江城电力建设集团承担差额补足义务。江城电力建设集团本部作为整个集团公司的管理中心，承担着对集团整体运营及资金管理等各方面的管理职能。截至2013年年末，集团本部总资产为466亿元，总负债为139亿元，实现投资收益4亿元，实现利润总额2亿元。本部货币资金达到95.45亿元，货币资金资产比达到20.48%；集团合并货币资金达到588亿元，集团整体的货币资金资产比达到16.76%，江城电力建设集团本部及集团整体的可支配的自有资金较为充裕，偿债能力较强。

根据江城电力建设集团2013年合并财务报表，集团净资产达到638亿元，江城电力建设集团可分别发行短期融资券和中期票据各255亿元（债券发行余额不超过净资产的40%）；除已发行债券余额外，实际尚可发行短期融资券225亿元、中期票据78亿元，合计可发行债券303亿元。

（三）应收账款清单（示例）

序号	基础文件	债务人	应收账款金额
1	HM-ZZ+800kv特高压直流输电线路工程4标准	江城电网物资有限公司	900万元
2	SS热电厂二期2×1000MW超超临界燃煤发电机组	江城发电有限责任公司	1500万元
3	中压蒸汽供热改造管网工程施工合同	江城热电有限责任公司	400万元
4	HS公司100万吨PVC项目一期工程电石装置斗轮堆取料机供货合同	江城工程科技股份有限公司	80万元
……	……	……	……

【评析】

1. 工程质量保证金

本信托项下信托资金用以受让的应收账款主要为建设工程质量保证金。根据《建设工程质量保证金管理暂行办法》（建质〔2005〕7号）规定，发包人和承包人可以在建设工程承包合同中约定，从应付工程款中预留一定比例的保证金，用于保证承包人在缺陷责任期内对建设工程出现的缺陷进行维修。

社会投资项目采用预留保证金方式的，工程质量保证金应当交由金融机构托管；如果采用工程质量保险、工程质量保证担保等其他担保方式的，则发包人不得再行预留保证金。

全部或者部分使用政府投资的建设项目,按照工程价款结算总额的5%左右的比例预留保证金;社会投资项目采用预留保证金方式的,预留保证金的比例可以参照5%执行。

2. 风险揭示

信托计划在受让应收账款前,受托人应当在中国人民银行征信系统查询确认该应收账款没有转让给其他第三方,没有设定质押等权利负担,以确保应收账款的合法、真实和有效。该类项目还需要注意应收账款期限与信托期限的匹配度,通常情况应收账款账期不应长于信托期限,防止因资金期限错配而导致的流动性风险。

融资人整体盈利能力一般,资产负债率偏高、资产流动性较弱,近年融资规模及偿债能力均持续较大幅度增长;受托人对该类企业还应当关注期间大额工程合同的履约汇款情况、集团公司整体经营及财务变化情况、银行授信及其他融资渠道的变化情况,审慎评估融资人的整体债务承受能力和债务偿付能力。

三、江城聚汇煤炭资源产业投资基金1号集合资金信托计划

(一) 交易要素

1. 产品要素

产品名称	江城聚汇煤炭资源产业投资基金1号集合资金信托计划
信托总规模	60亿元人民币,其中优先级信托单位资金44亿元,中间级信托单位资金1亿元,次级信托单位资金15亿元(江城煤业集团49%股权)。
信托期限	优先级信托单位期限为2+1年,中间级信托单位期限为3年,次级信托单位期限不超过10年。
预期信托收益率	优先级信托单位:信托成立之日起前两年预期信托收益率为9%/年,延长期内预期信托收益率为11%/年; 中间级信托单位:预期信托收益率为25%/年(其中期间预期收益率为10%,期终补足期间预期收益率的差额); 次级信托单位:无预期信托收益率。
信托财产运用方式	信托资金用于认购江城煤业集团特定资产收益权,闲置信托资金可用于投资银行存款、货币市场、债券市场、新股申购、信贷资产等。
委托人	优先级和中间级信托单位面向合格投资者募集,次级信托单位由江城煤业集团股东认购。
受托人	江城信托公司

续表

信托利益分配	1. 信托计划每满一年时（自信托成立之日起每满一年的对日），支付优先级信托受益权人的预期信托收益；优先级信托单位到期日，支付优先级信托受益权人的信托本金。 2. 信托计划每满一年时（自信托成立之日起每满一年的对日），支付中间级信托受益权人的期间预期信托收益；中间级信托单位到期日，支付中间级信托受益权人的信托本金，并按照预期信托收益率补足期间预期信托收益率的差额收益部分。

2. 交易结构

江城信托公司拟以江城聚汇煤炭资源产业投资基金1号集合资金信托计划项下信托资金用于认购江城煤业集团特定资产收益权，闲置信托资金可用于投资银行存款、货币市场、债券市场、新股申购、信贷资产等。特定资产收益权具体是指包括8座年产690万吨焦煤、动力煤矿产的开采收益和3座洗煤厂的经营收益的权益。江城煤业集团按照《特定资产收益权转让及回购合同》的约定，按期溢价回购特定资产收益权。

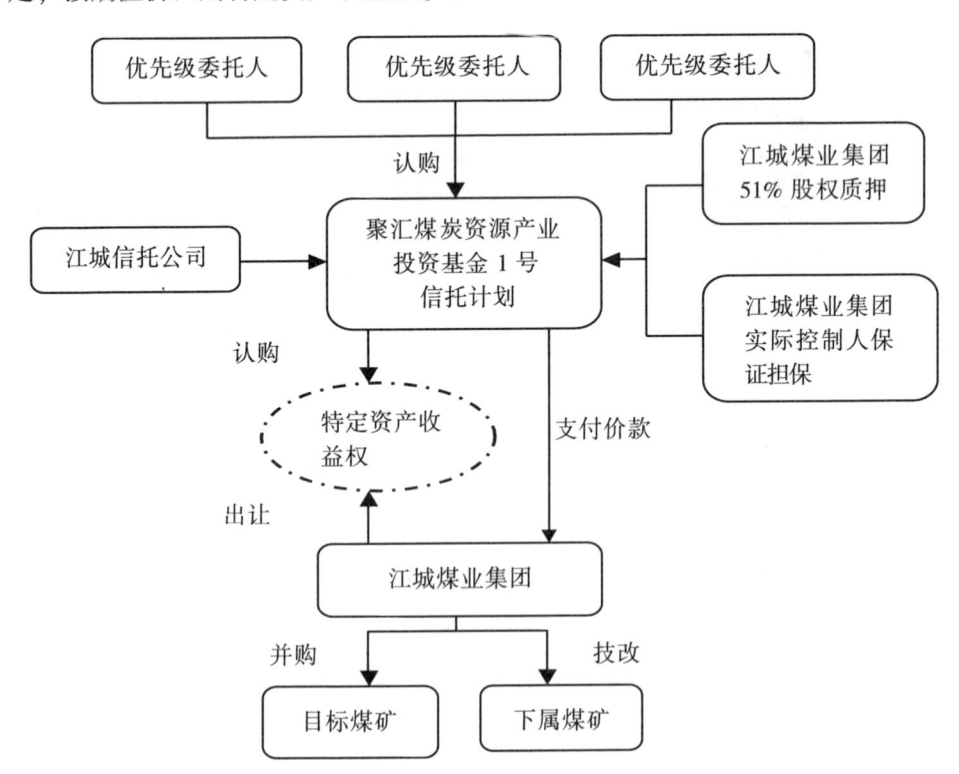

（二）风险控制措施

1. 担保措施

（1）股权控制：江城煤业集团股东以其持有的江城煤业集团49%股权认购次级信托单位，该49%的股权将过户至江城信托公司；同时，江城煤业集团股东将其持有的江城煤业集团剩余51%的股权质押给江城信托公司。江城信托公司通过上述方式，实现了对江城煤业集团100%股权的控制。

（2）保证担保：江城煤业集团实际控制人为江城煤业集团按期履行回购义务提供连带责任保证担保。

【评析】煤炭企业的核心资产为采矿权，企业的股权价值主要体现在采矿权价值上；如果融资人已将其采矿权全部抵押给其他债权人，则上述担保措施风险缓释效果被极大弱化。

2. 压力测试

通过销量或价格的单项变动以及销量和价格的组合变动，对江城煤业集团的现金流进行压力测试，分析江城煤业集团的现金流能否覆盖信托期限内的债务性现金支出以及日常营运资金支出。

单位：万元

年度	现金流	销量变动幅度		价格变动幅度		组合变动
		-30%	-15%	-20%	-10%	销量-30%及价格-20%
T	143920.33	80789.10	112420.93	101504.35	123296.40	51034.55
T+1	188873.13	69467.56	129796.84	108925.75	150044.80	13440.93
T+2	205075.68	29395.77	118422.50	87596.90	148042.95	-52902.94

3. 项目公司管理

（1）重大决策否决权：江城信托公司向江城煤业集团派驻一名董事，在投资、融资及担保等事项上具有一票否决权。

（2）财务监督权：聘请专业的中介机构协助监管财务状况、安全生产状况。如果江城煤业集团①销售利润率较T-1年审计报告确定的基准数下降30%及以上；②净利润同比下降30%及以上；③资产负债率超过70%；以及④江城信托公司认为财务指标恶化的其他事项，江城信托公司有权要求江城煤业集团采取必要的补救措施或者向信托专户划付保证金，否则江城信托公司有权宣布加速贷款到期。如果江城煤业集团所属煤矿发生重大安全生产事故，江城信托公司有权宣布加速贷款到期。江城信托公司有权聘请中介机构检查江城煤业集团的财务账册。

（三）融资人概况

1. 财务状况

融资人江城煤业集团T-1年末合并资产总额45亿元、负债总额20亿元，净资产25亿元，资产负债率44%；江城煤业集团T-1年实现主营业务收入14亿元，主营业务利润4亿元，净利润2亿元，净利润率为14.3%。

2. 主要资产

江城煤业集团重组后拥有8个煤业公司和3个洗煤厂，下辖8座煤矿，煤炭资源储量4亿吨，年生产能力700万吨/年。

采矿权人	开采矿种	开采方式	矿区面积	产能万吨/年	税前单价元/吨	保有储量（万吨）	评估价值（万元）
A公司	动力煤	地下开采	3km²	60	550	1088	91759
B公司	动力煤	地下开采	9km²	90	550	5756	251731
C公司	动力煤	地下开采	5km²	90	550	3498	219025
D公司	动力煤	地下开采	15km²	90	550	5303	243960
E公司	动力煤	地下开采	3km²	30	550	742	59120
F公司	焦煤	地下开采	7km²	90	700	2372	246950
G公司	动力煤	地下开采	9km²	120	410	11220	226832
H公司	动力煤	地下开采	5km²	120	410	11506	236052

【评析】

一、煤炭行业基础知识简介

（一）根据煤化程度的不同，煤炭可以分为褐煤、烟煤和无烟煤。

1. 褐煤的煤化程度最低，外观多呈褐色且光泽暗淡；褐煤碳含量60%~75%，挥发物在40%以上。

2. 烟煤煤化程度介于褐煤和无烟煤之间，是我国第一大煤种；烟煤碳含量为75%~90%，挥发物10%~40%，燃烧时火焰长而多烟。

3. 无烟煤的煤化程度最高，固定碳含量高，密度及硬度大，燃点高及燃烧时不冒烟；无烟煤碳含量一般在90%以上，挥发物在10%以下，燃烧时火焰短而少烟。

（二）根据煤炭用途的不同，煤炭可以分为动力煤、炼焦煤、喷吹煤、无烟煤。其中动力煤主要用于火电，炼焦煤和喷吹煤主要用于钢铁，无烟煤主要用于建材和化工。

（三）煤炭的价格可分为坑口价、车板价和平仓价。

1. 坑口价：煤炭坑口价是指买卖双方在坑口交易的价格，不包含除煤价外的费用。

2. 车板价：煤炭车板价是指将煤炭装载发出之前所有的费用（不含火车运费），即在坑口价的基础上，加上汽车运费、火车站台费、税费及地方煤运收费，即为车板价。

3. 平仓价：煤炭平仓价即FOB价格，是指煤炭运送至港口并装运到船上的价格，包含了上船之前所有费用（不含海运费），即在车板价的基础上，加上铁路运费和杂费，即为平仓价。

二、矿产资源开发流程

（一）地质勘查与矿山区域测量阶段

1. 地质勘查报告

2. 储量评审与备案

3. 矿区划定范围

4. 选矿试验报告

（二）可行性研究阶段

1. 可行性研究报告的编制

2. 安全预评估报告

3. 环境影响报告

4. 水土保持方案

5. 地质灾害危险性评估

6. 开发利用方案

7. 建设用地预申报

（三）项目立项申请阶段

1. 立项、可研、初步设计的审批

2. 采矿许可证的办理

3. 建设用地的审批

4. 征占林地的审批

5. 电力、取水等的审批

（四）建设及验收阶段

1. 基建工作筹备与施工

2. 设备采购与安装

3. 安全验收

4. 联合试运转

5. 整体验收

6. 颁发相关安全、生产许可

三、煤炭建设项目审核流程图①

---

① 陕西省发改委网站：http://www.sndrc.gov.cn/view.jsp? ID = 20372。

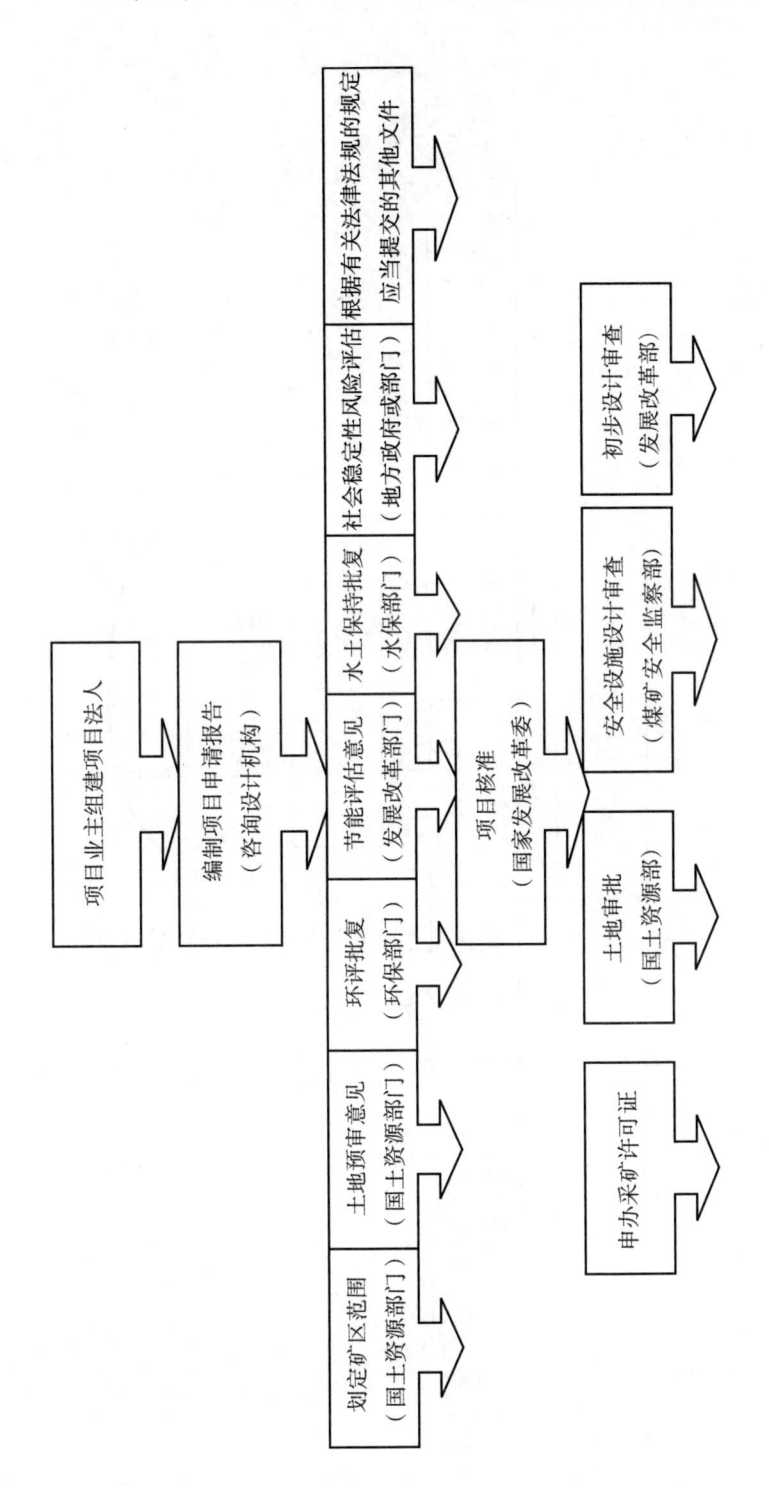

第六章　工商企业与矿产能源信托业务风险管理与案例分析 | **335**

项目业主组建项目法人 ⇒ 编制项目申请报告（咨询设计机构）

土地预审意见（国土资源部门）⇒
环评批复（环保部门）⇒
节能评估意见（发展改革部门）⇒
水土保持批复（水保部门）⇒
社会稳定性风险评估（地方政府或部门）⇒
根据有关法律法规的规定应当提交的其他文件 ⇒

项目核准（国家发展改革委）⇒

土地审批（国土资源部）⇒
安全设施设计审查（煤矿安全监察部）⇒
初步设计审查（发展改革部）

划定矿区范围（国土资源部门）⇒ 申办采矿许可证

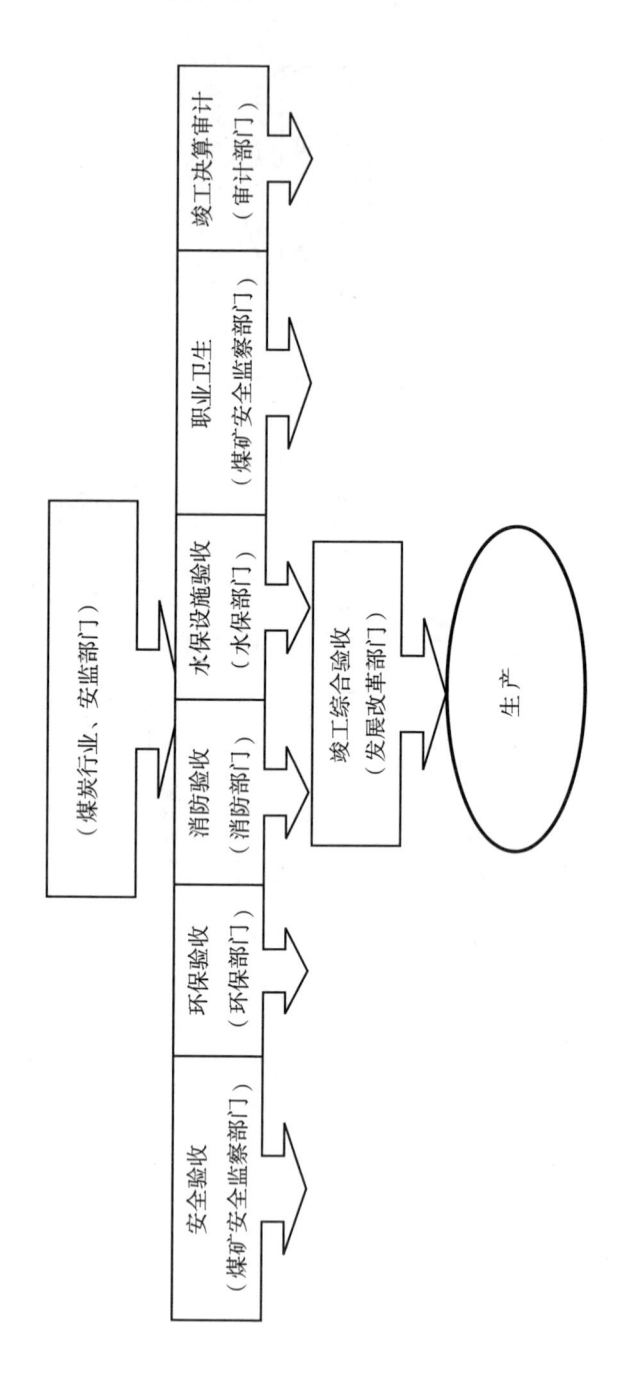

安全验收（煤矿"安全监察部门）→ 环保验收（环保部门）→ 消防验收（消防部门）／水保设施验收（水保部门）（煤炭行业、安监部门）→ 职业卫生（煤矿"安全监察部门）→ 竣工决算审计（审计部门）→ 竣工综合验收（发展改革部门）→ 生产

第七章 基础设施信托业务（政信合作）风险管理与案例分析

第一节 基础设施信托业务（政信合作）概述

一、基础设施建设融资概述

（一）银行贷款

银行贷款是地方政府性债务资金的最主要资金来源，是市政基础设施建设最主要的融资渠道；反之，市政基础设施建设也是各家银行信贷资金的主要投向之一。根据审计署2013年全国政府性债务审计结果：政府负有偿还责任的银行贷款债务余额为55252亿元，政府负有担保责任的银行贷款债务余额为19085亿元，政府可能承担一定救助责任的银行贷款债务余额为26849亿元，银行贷款债务占地方政府性债务总额的比例超过50%。

银行贷款包括商业银行贷款和政策性银行贷款，其中政策性银行的信贷资金重点支持的领域包括公路建设、保障房建设、市政建设、农田水利等基础设施建设。根据国家开发银行2013年年报，该行2013年年末贷款余额为71483亿元，其中公路贷款和公共基础设施贷款占比分别为18.05%和19.31%。

（二）项目融资

1. BOT融资模式：BOT是"building - operate - transfer"的简称，即"建设-经营-转让"，是指政府通过民营企业融资建设特定的公共基础设施，并授予该民营企业一定期限的特许经营权经营该公共基础设施以收回投资并赚取相应的利润，特许经营期限届满时，民营企业将该基础设施无偿移交给政府的一种项目融资模式。

2. TOT 融资模式：TOT 是"transfer – operate – transfer"的缩写，即"移交 – 经营 – 移交"，是指政府部门或国有企业将建设好的项目的一定期限的产权和经营权有偿转让给投资人经营管理，投资人在合约期内通过经营收回全部投资和合理回报，并在合约期满后移交给政府部门或原单位的一种融资方式。

3. BT 融资模式：BT 是指"building – transfer"的缩写，即委托单位建设并承担逐年回购责任的融资模式。财政部、发改委、人民银行和银监会于 2012 年 12 月 24 日联合发布了根据 463 号文的规定：地方各级政府及所属机关事业单位、社会团体不得以 BT 方式举借政府性债务。对于符合法律或国务院规定可以举借政府性债务的公共租赁住房、公路等项目，确实需要代建制建设并由财政性资金逐年回购的，必须根据项目建设规划和偿债能力等，合理确定建设规模，落实分年资金偿还计划。

（三）发行债券

1. 地方政府债券

我国在 20 世纪五六十年代时的地方政府曾被允许发行地方政府债券，比如 1950 年发行的"东北生产建设折实公债"以及"地方经济建设公债"。在此之后，国家便取消了地方政府债券的发行。根据 1994 年施行的《预算法》规定，除法律和国务院另有规定外，地方政府不得发行地方政府债券。

为了应对国际金融危机对我国宏观经济的冲击，国家实施了积极的财政政策，并推出了 4 万亿元的投资计划。为了增强地方政府安排配套资金和扩大政府投资能力，国务院同意并由财政部代理发行 2000 亿元地方政府债券。2009 年，地方政府债券为以省级政府和计划单列市为发行和偿还主体，由财政部代理发行并代办还本付息和支付发行费的可流通记账式债券。债券期限为 3 年，利息按年支付，利率通过市场化招标确定；债券名称为"2009 年××省（自治区、直辖市、计划单列市）政府债券（××期）"。此后 2010 年、2011 年度，财政部分别代理政府政府发行了多期地方政府债券。

财政部于 2012 年下发了《2012 年地方政府自行发债试点办法》，上海、浙江、广东、深圳四省市经国务院批准可以开展地方政府债券自行发行的试点工作。试点省市发行的地方政府债券为记账式固定利率附息债券。2012年,地方政府债券期限可分为3年、5年、7年,每种期限债券发行规模不得超过本地区发债规模限额的50%,试点省市最多可以发行三种期限债券。承销商应当为2012~2014年记账式国债承销团成员,且原则上不得超过20家。

2. 企业债券、债务融资工具

债券融资是基础设施建设非常重要的融资渠道,主要包括证券交易所市场的债券和银行间市场的债券。证券交易所市场的债券是指在证券交易所发行上市的债券。

【示例】宣城经济技术开发区建设投资有限公司在上海证券交易所发行的"14宣建债"(证券代码124973),本期债券募集资金总额为9亿元,全部用于安徽宣城承接东部地区产业转移基地基础设施示范项目。银行间市场债券是指在全国银行间债券市场发行的债务融资工具,如济南西城投资开发集团有限公司发行的2014年度第二期中期票据(代码101460042),发行总额为3亿元,期限为3年。

(四)非银行金融机构融资

1. 信托融资

信托公司设立集合资金信托计划或单一资金信托募集信托资金,通过股权、债权、买入返售等方式将信托资金注入政府投融资平台公司,用于市政基础设施项目的开发建设。银行可以通过发行理财产品募集理财资金,委托信托公司设立单一资金信托或认购集合资金信托计划,通过信托将理财资金用于向政府投融资平台提供融资。

信托资金是地方政府投融资平台公司融资的重要资金来源。根据国家审计署2013年全国政府性债务审计结果公告,2013年6月底,政府负有偿还责任的信托融资债务余额为7620亿元,政府负有担保责任的信托融资债务余额为2527亿元,政府可能承担一定救助责任的信托融资债务余额为4104亿元。

2. 证券、保险、其他金融机构融资

(1)保险资金基础设施投资计划

根据保监会《保险资金间接投资基础设施项目试点管理办法》规定,保险公司作为委托人将保险资金委托给受托人,由受托人按照委托人意愿以自己的名义设计基础设施投资计划，受托人以债权、股权及其他可行方式将保险资金投资运用于交通、通信、能源、市政、环境保护等国家级重点基础设施项目。

保险资金基础设施投资计划各方当事人包括委托人、受托人、受益权人、托管人、独立监督人①。投资计划投资的基础设施项目，自筹资金不得低于项目总预算的60%且资金已实际到位，以及项目方资本金不得低于项目总预算的30%且资金已经实际到位。

委托人投资于基础设施投资计划应当符合如下投资比例规定：①人寿保险公司投资的余额，按成本价格计算不得超过该公司上季度末总资产的5%；财产保险公司投资的余额，按成本价格计算不得超过该公司上季度末总资产的2%；②人寿保险公司投资单一基础设施项目的余额，按成本价格计算不得超过该项目总预算的20%；财产保险公司投资单一基础设施项目的余额，按成本价格计算不得超过该项目总预算的5%；③保险公司独立核算的产品账户投资的余额，按成本价格计算不得超过保险条款具体约定的比例。

(2) 证券、基金资产管理计划

根据《基金管理公司特定客户资产管理业务试点办法》规定，基金公司资产管理计划可以投资于：①现金、银行存款、股票、债券、证券投资基金、央行票据、非金融企业债务融资工具、资产支持证券、商品期货及其他金融衍生品；②未通过证券交易所转让的股权、债权及其他财产权利；③中国证监会认可的其他资产。基金管理公司可以通过子公司设立专项资产管理计划，将委托资金管理运用于市政基础设施项目建设。

根据《证券公司集合资产管理业务实施细则》规定，集合资产管理计划可以投资证券期货交易所以及银行间市场的交易品种，也可以投资证券投资基金、证券公司专项资产管理计划、商业银行理财计划、集合资金信托计划等金融监

---

① (1) 委托人可以是保监会批准设立的保险公司、保险集团公司和保险控股公司；(2) 受托人包括信托公司、保险资产管理公司、产业投资基金管理公司或者其他专业管理机构，受托人与托管人、独立监督人不得为同一人或具有关联关系；(3) 受益人是委托人指定的享有投资计划受益权的人，受益人可以为委托人，也可以兼任独立监督人；(4) 托管人是委托人根据投资计划约定聘请的负责投资计划财产托管的商业银行或者其他专业金融机构，托管人不得与受托人、项目方和受益权人为同一人或具有关联关系；(5) 独立监督人是指受益人根据投资计划约定聘请的负责对受托人管理投资计划和项目方具体运营情况进行监督的专业管理机构，独立监督人与受托人、项目方不得为同一人或具有关联关系。

管部门批准或备案发行的金融产品。证券公司不能通过集合资产管理计划直接投资于市政基础设施建设项目,但是可以将集合资产管理计划项下资金投资集合资金信托计划的方式,间接地投资于市政基础设施建设项目。

3. 融资租赁

融资租赁是地方政府基础设施建设融资的重要方式,可以广泛应用于:①城市燃气、热力和供排水等管网设备;②城市轨道交通、公共交通等交通设备和工程设备;③城市污水及垃圾处理厂、危险废物处理处置场所及环境污染治理设施设备等。基础设施建设可以通过如下融资租赁模式进行融资:

(1) 直租方式:融资企业指定租赁物的型号标准、价格以及产品设备供应商,融资租赁公司出资购置指定型号和价格的设备并出租给融资企业,融资企业按照约定向融资租赁公司支付租金,融资企业于融资租赁期满时取得租赁物的所有权。

【示例】

西安市公共交通总公司和交银金融租赁有限责任公司签署融资租赁协议,交银租赁出资1.3亿元用于购买公交汽车,公交公司向交银租赁支付租金租赁交银租赁所购买的公交汽车,公交公司于租赁期满时取得所承租的公交汽车的所有权。

(2) 售后回租方式:融资企业可以将经营性资产、设备、生产线出售给融资租赁公司,融资租赁公司再将经营资产、设备、生产线回租给融资企业,融资企业将出售资产所得资金用于新项目的建设。

【示例】

武汉地铁集团有限公司与工银金融租赁有限公司签署融资租赁协议,武汉地铁集团将武汉市轨道交通1号线部分设备和车辆资产出售给工银租赁,武汉地铁集团在3年内可以向工银租赁提款20亿元用于武汉地铁4号线的工程建设;武汉地铁集团回租所出售的轨道交通1号线的部分设备和车辆,武汉地铁集团向工银租赁支付租金。融资租赁期限届满时,武汉地铁集团支付完毕全部租金和资产净残值后重新取得所承租的设备和车辆的所有权。

(3) 杠杆融资租赁方式:融资租赁公司以自有资金支付部分租赁设备的购置价款,同时向银行等金融机构融资用以支付剩余购置价款,融资租赁公司将应收账款(融资租赁收益权)或者租赁设备质押/抵押给银行,融资租赁项下的担保权益、租赁设备的保险受益权转让给银行。杠杆融资租赁方式主要适用于购置成本非常高的大型成套设备的融资租赁业务，以解决融资租赁公司自有资金不足的问题。

（五）国债、外债等财政转贷

1. 国债转贷

根据财政部《国债转贷地方政府管理办法》规定，国债转贷是指财政部将国债转贷给省级政府，用于地方的经济和社会发展建设项目。国债转贷资金主要用于如下建设项目：①农林水利投资；②交通建设投资；③城市基础设施和环境保护建设投资；④城乡电网建设与改造；⑤其他国家明确的建设项目。

省级人民政府归还转贷资金本息的资金来源是全省的综合财力：①项目实施单位用收益归还的转贷资金本息；②预算内安排的基本建设等资金；③纳入预算管理的政府性基金；④预算外资金用于建设的部分；⑤其他资金。

2. 外债转贷

（1）国际金融组织贷款和外国政府贷款

国际金融组织贷款是指财政部经国务院批准代表国家向世界银行、亚洲开发银行、国际农业发展基金、欧洲投资银行等国际金融组织统一筹借并形成政府外债的贷款，以及与上述贷款搭配使用的联合融资；外国政府贷款是指财政部经国务院批准代表国家向外国政府、北欧投资银行等统一筹借并形成政府外债的贷款，国务院批准的参照外国政府贷款管理的其他国外贷款，以及与上述贷款搭配使用的联合融资。

财政部可以将上述统一筹借的国际金融组织贷款和外国政府贷款转贷给国务院有关部门和地方政府，其中财政部为转贷债权人，国务院有关部门和地方政府为转贷债务人。转贷债权人为直接外债的债务人，承担直接外债合同下第一性还款责任；对转贷债权人直接承担契约性还款责任的机构为转贷债务人（根据转贷关系的不同，转贷债务人可以分为一级债务人、二级债务人等）。

（2）外债转贷

根据国家外汇管理局《外债转贷款外汇管理规定》，外债转贷款包括政策性外债转贷款和商业性外债转贷款。

①商业性外债转贷款是指境内金融机构按照规定直接借用商业性外债后，

按照国家外债主管部门的政策要求，使用该笔资金向特定境内机构继续发放的贷款。

②政策性外债转贷款包括财政外债转贷款和财政性外债转贷款两类：

财政外债转贷款：是指国家财政部门代表中央政府对外谈判和签约，并由国家财政部门作为转贷款债权人（或直接外债的债务人）向下级财政部门或境内其他机构继续发放的贷款。

财政性外债转贷款：是指国家财政部门代表中央政府参与对外谈判和签约，并在其委托下根据政府协议等规定，由开展转贷款业务的政策性银行、国有商业银行和股份制商业银行作为转贷款债权人（或直接外债的债务人）向境内其他机构继续发放的贷款。

（六）其他融资方式

1. 应付未付款项

由于地方政府建设资金需求量很大，融资平台公司会通过各种方式进行融资，"打白条"就是融资方式的一种。除垫资施工、延期付款外，融资平台公司通过赊销方式采购工程建设物资，从而形成应付未付账款。

2. 其他单位和个人借款

如果融资平台公司因为银行融资平台公司债务规模控制等原因而难以获得银行信贷资金，则该融资平台公司可以寻找能够获得银行授信的外部企业向银行贷款，抵质押担保措施由该融资平台公司提供，外部企业将获得的贷款资金以往来款的形式提供给融资平台公司。

通过外部企业进行的"借壳贷款"，融资平台公司通常会以"往来款"的形式进行记账；由于往来款科目的管理并不严格，因此"借壳贷款"的会计记账就没有银行贷款清晰，甚至还会出现漏报现象。融资平台公司甚至还会采取直接使用外部企业账户的方式，资金使用和还款都通过外部企业账户进行，这样就无须以"往来款"的形式将外部企业的贷款划入自己的账户。

3. 垫资施工、延期付款

地方政府将工程承包给建筑企业，建筑企业自己垫资施工，从而形成地方政府的工程欠款债务。垫款施工有三个深层次的原因：第一，建筑企业因自身相对"弱势"，为了获得工程项目，不得已接受垫资施工的要求；第二，建筑企业为了赚取垫资施工的高息回报，而甘愿承担拖欠工程款的风险；第三，建筑企业的领导与地方政府及相关部门存在某种关联的利益。

4. 集资

融资平台公司通过提供财政担保等方式，向行政事业单位职工等社会公众集资，用于开发区、工业园区等的拆迁及基础设施建设；融资平台公司向社会公众集资通常会采取委托理财或委托贷款等形式，比如①融资平台向行政事业单位职工及其亲友等社会公众集资，并将集资资金认购信托产品，由信托公司将集资资金投向融资平台公司；或者②融资平台公司向行政事业单位职工及其亲友等社会公众集资，并直接将该集资资金用于其名下的建设项目，融资平台公司直接向社会公众偿付本息。

根据审计署2013年全国政府性债务审计结果公告，政府负有偿还责任的集资债务为373亿元，政府负有担保责任的集资债务为38亿元，政府可能承担一定救助责任的集资债务为394亿元。财政部于2009年11月下发《关于坚决制止财政违规担保向社会公众集资行为的通知》（财预〔2009〕388号），明确禁止财政违规担保向社会公众集资行为。

二、城市基础设施建设类型

（一）城市道路交通基础设施建设

1. 公共交通基础设施建设项目：包括地铁、轻轨等城市轨道交通系统建设，地面公共交通系统建设（调度中心、停车场、保养场、首末站、停靠站、换乘枢纽、充电桩/站、公共停车场等配套设施建设）。

2. 城市道路、桥梁建设改造项目：城市道路网络系统建设以及城市桥梁的建设以及危桥加固改造。

3. 城市步行和自行车交通系统建设项目：包括城市步行及自行车"绿道"、行人过街设施、自行车停车设施、道路林荫绿化、照明灯设施建设）。

（二）城市管网建设和改造

1. 市政地下管网建设改造项目：包括城市供水、污水、雨水、燃气、供热、通信等各类地下管网的建设、改造和检查。

2. 城市供水、排水防涝和防洪设施建设：城镇供水设施改造与建设、饮用水水源建设与保护、雨水分流管网改造与排水防涝设施建设、建设河湖水系的保护与管理。

3. 城市电网建设：城市配电网建设、城市电网智能化建设等。

（三）污水和垃圾处理设施建设

1. 城市污水处理设施建设项目：城市污水处理设施的升级改造、污泥处理处置设施建设、污水处理设施再生水利用建设。

2. 城市生活垃圾处理设施建设项目：包括生活垃圾分类处理设施、生活垃圾存量治理以及城市生活垃圾无害化处理。

（四）生态园林建设

1. 城市公园建设项目：包括社区公园、街头游园、郊野公园、绿道绿廊等生态园林的规划建设。

2. 城市绿地建设项目：包括防灾避险公园、下沉式绿地、城市湿地公园以及其他城市绿地规划建设。

第二节 基础设施信托业务（政信合作）类型

一、土地储备贷款

（一）土地一级开发融资概述

我国土地一级开发的资金筹措方式分为两种：第一种，由土地储备机构直接负责土地一级开发的资金筹措，由土地储备机构负责向商业银行等金融机构申请土地储备贷款；第二种，土地储备机构通过市场化方式进行招投标，由中标的市场化主体负责土地一级开发，土地一级开发的资金也由中标的市场化主体负责筹措。负责土地一级开发的市场化主体既可以是政府设立的独立法人机构，也可以是房地产开发企业或其他机构（民营企业、国有企业、外资企业等）。

土地储备机构负责筹措土地储备资金的来源主要有以下渠道：①财政部门从已供应储备土地产生的土地出让收入中安排给土地储备机构的征地和拆迁补偿费用、土地开发费用等储备土地过程中产生的相关费用；②财政部门从国有土地收益基金①中安排用于土地储备的资金；③土地储备机构按照国家规定举借的银行贷款及其他金融机构贷款；④经财政部门批准的可用于土地储备的其他资金；⑤上述资金产生的利息收入。

市场化主体负责筹措土地一级开发资金的来源主要有以下渠道：①自有资金投入（如果是由专门成立的项目公司负责土地一级开发，则自有资金投入包括项目公司自有资本金和股东借款）；②按照国家规定通过银行及其他金融机构进行融资。

（二）土地储备贷款

1. 土地储备贷款概述

国土资源部、财政部、中国人民银行颁发的《土地储备管理办法》（国土资发〔2007〕277号）以及国土资源部、财政部、中国人民银行、银监会《关于加强土地储备与融资管理的通知》（国土资发〔2012〕162号），从贷款规模管理、贷款期限及用途、贷款担保三个方面对土地储备贷款进行规范，凡是列入名录②的土地储备机构都可以向商业银行及其他金融机构进行融资。

土地储备贷款应注意如下几方面的问题：

(1) 土地储备贷款规模管理

土地储备机构的贷款规模必须与年度土地储备计划、土地储备项目资金预

---

① 国有土地收益基金是从国有土地使用权出让收入提取的专项政府性基金，主要用于土地收购储备，这样可以从一定程度上弥补土地收购储备资金不足，避免地方政府对土地出让收入的"寅吃卯粮"问题。

根据国务院办公厅《关于规范国有土地使用权出让收支管理的通知》（国办发〔2006〕100号）："财政部门从缴付地方国库的土地出让收入中，划出一定比例资金，用于建立国有土地收益基金，实行分账核算，具体比例由省、自治区、直辖市及计划单列市人民政府确定，并报送财政部和国土资源部备案。国有土地收益基金主要用于土地收购储备。"国有土地收益基金的计提比例由省、自治区、直辖市及计划单列市人民政府确定，如上海市规定市、区政府按照不低于土地出让收入1.5%的比例计提国有土地收益基金。

国有土地收益基金主要用于土地收购储备支付，包括土地补偿费、安置补助费、地上附着物和青苗补偿费、拆迁补偿费以及前期土地开发支出，按照地方人民政府批准的收购土地补偿方案、拆迁补偿方案以及财政部门核定的预算执行。

② 《关于加强土地储备与融资管理的通知》要求建立土地储备机构名录。各县市国土资源管理部门将符合规定的土地储备机构信息逐级上报至省级国土资源管理部门，经省级国土资源管理部门审核后上报国土资源部，列入土地储备机构名录并定期进行更新。国土资源部将土地储备机构名录或更新结果抄送财政部、

中国人民银行和银监会，地方各级国土资源管理部门将经审核后的土地储备机构名录抄送同级财政部门、中国人民银行分支机构和属地银监局。

查询网址：http://jcjg.mlr.gov.cn；通过"机构名录"和"名录代码"进行查询。

算相衔接，不得超计划、超规模贷款；土地储备机构申请贷款时必须取得的材料为财政部门的贷款规模批准文件和同级人民政府批准的项目实施方案等书面材料[1]；土地储备贷款应当纳入地方政府性债务统一管理，执行地方政府性债务管理的统一政策。

商业银行及其他金融机构应当按照商业原则在财政部门批准的规模内发放贷款。商业银行及其他金融机构应当对土地储备机构提供的融资规模控制卡中的已有融资额度进行核对，拟批准的融资额度与本年度已发生的融资额度（含本年度贷款已在本年度归还部分）累计不得超过年度可融资规模。

（2）土地储备贷款期限与用途管理

商业银行及其他金融机构根据贷款人的信用状况、土地储备项目周期、资金回笼计划等因素合理确定贷款期限，但是贷款期限最长不得超过5年。

土地储备贷款实行专款专用、封闭管理，不得挪用；贷款用途可以不对应抵押土地相关补偿、前期开发等内容，但是贷款资金使用必须符合规定的土地储备资金使用范围，不得用于城市建设以及其他与土地储备业务无关的项目。

（3）土地储备贷款担保管理

土地储备机构向银行等金融机构申请的贷款必须为担保贷款，如果以储备土地抵押担保的，该储备土地必须具有合法的土地使用权证。已储备土地设定抵押权的，该储备土地的价值按照市场评估价值扣除应当上缴政府的土地出让收益确定，抵押程序参照划拨土地使用权抵押程序执行。

各类财政性资金依法不得用于土地储备贷款担保，土地储备机构也不得以任何形式为第三方提供担保，纳入储备的土地不得用于为土地储备机构以外的机构融资担保。

2. 商业银行土地储备贷款

根据《商业银行房地产贷款风险管理指引》（银监发〔2004〕57号）、《关于加强商业性房地产信贷管理的通知》（银发〔2007〕359号）的规定，商业

---

[1] 根据国土资源部、财政部、中国人民银行、银监会《关于加强土地储备与融资管理的通知》规定：土地储备机构同级财政部门会同国土资源管理部门、中国人民银行分支机构，根据年度土地储备计划核定土地储备融资规模，经同级人民政府审核后，按照财政管理层次逐级上报至省级财政部门。省级财政部门依据地方政府性债务管理法律法规和政策规定核准后，向土地储备机构核发年度融资规模控制卡，明确年度可融资规模并同时反映已发生的融资额度。

银行发放的土地储备贷款是指向借款人发放的用于土地收购及土地前期开发、整理的贷款,其中土地储备贷款的借款人仅限于负责土地一级开发机构。商业银行土地储备贷款应当遵守如下规定:

(1) 严禁向资本金没有到位或严重不足、经营管理不规范的借款人发放土地储备贷款。

(2) 商业银行应对发放的土地储备贷款设立土地储备机构资金专户,加强对土地经营收益的监控。

(3) 银行应对土地的整体情况进行调查分析(土地的性质、权属关系、测绘情况、土地契约限制、在城市整体综合规划中的用途与预计开发计划是否相符等)。

(4) 银行应密切关注政府有关部门及相关机构对土地经济环境、土地市场发育状况、土地的未来用途及有关规划、计划等方面的政策和研究,实时掌握土地价值状况,避免由于土地价值虚增或其他情况而导致的贷款风险。

(5) 不得向房地产开发企业发放专门用于缴纳土地出让金的贷款;对政府土地储备机构的贷款应当以抵押贷款方式发放,且贷款额度不得超过所收购土地评估价值的70%,贷款期限最长不得超过2年。

3. 信托公司土地储备贷款

根据《关于加强信托公司房地产信托业务监管有关问题的通知》(银监办发〔2010〕54号)的规定,信托公司不得以信托资金发放土地储备贷款。土地储备贷款是指向借款人发放的用于土地收购及土地前期开发、整理的贷款。

二、保障性住房建设

(一) 经济适用住房开发融资

1. 经济适用房概述

(1) 经济适用房界定:经济适用住房是指政府提供政策优惠,限定套型面积和销售价格,按照合理标准建设,面向城市低收入住房困难家庭供应,具有保障性质的政策性住房。经济适用住房单套的建筑面积控制在60平方米左右,当地政府应当根据当地实际情况合理确定经济适用住房建设规模和各种套型的比例。

(2) 利润最小化原则：经济适用住房的销售价格以保本微利为原则，房地产开发企业开发的经济适用住房的项目利润率应当控制在3%以内，地方政府直接组织建设的经济适用住房应按成本价销售。

(3) 有限产权制度：经济适用住房实行有限产权制度，购买经济适用住房不满5年的，不得直接上市交易，购房人因特殊原因需要转让经济适用住房的，由政府按照原价格并考虑折旧和物价水平等因素进行回购；购买经济适用住房满5年，购房人上市交易的，应当按照交易当时同地段普通商品住房与经济适用住房的差价的一定比例向政府交纳土地收益等相关价款，政府可以优先回购；购房人可以按照政府所定的标准向政府交纳土地收益等相关价款后，取得完全产权。在取得完全产权前，购房人不得将所购买的经济适用住房用于出租经营。

(4) 优惠政策支持：国家对经济适用住房建设有相应的优惠政策支持：经济适用住房的建设用地以划拨方式供应，但是不得以经济适用房名义取得划拨土地后，以补交土地出让金等方式，变相进行商品房开发；经济适用住房项目免收城市基础设施配套费等各种行政事业性收费和政府性基金，经济适用住房项目的基础设施建设费用由政府承担。

2. 经济适用房建设融资

(1) 贷款主体：中国人民银行与银监会于2008年1月18日联合颁发了《经济适用住房开发贷款管理办法》。根据该办法规定，在中国境内依法设立的商业银行和其他银行业金融机构可以向具有法人资格、并取得房地产开发资质的房地产开发企业发放专项用于经济适用房项目建设的开发贷款。各政策性银行未经批准，不得发放经济适用房开发贷款。

(2) 贷款用途、期限及利率：该办法对经济适用房开发贷款的用途进行了严格规定，即只能专项用于经济适用住房项目建设，并且严格禁止商业银行或者其他银行业金融机构以流动资金贷款形式发放经济适用住房开发贷款。经济适用住房开发贷款期限最长不得超过5年，一般为3年。贷款利率可以在央行基准利率基础上适当下浮，但下浮比例不得超过10%。

(3) 贷款条件：经济适用住房取得开发贷款应具备如下条件：①借款人已经取得贷款卡，并在贷款银行开立基本存款账户或一般存款账户；②借款人产权清晰，法人治理结构健全，经营管理规范，财务状况良好，核心管理人员素质较高；③借款人实收资本不低于人民币1000万元，信用良好，具有按期偿还贷款本息的能力；④建设项目已列入当地经济适用房年度建设投资计划和土地供应计划，能够进行实质性开发建设；⑤借款人已取得建设项目所需的《国有土地使用权证》《建设用地规划许可证》《建设工程规划许可证》和《建设工程施工许可证》；⑥建设项目资本金（所有者权益）不低于项目总投资的30%，并在贷款使用前已投入项目建设；⑦建设项目规划设计符合国家相关规定。

（二）廉租住房建设融资

1. 廉租住房概述

（1）廉租住房保障制度：为了解决城市低收入家庭的住房困难，国家推行廉租住房保障制度。廉租住房保障制度实行货币补贴和实物配租两种方式相结合。货币补贴是指由申请廉租住房保障的家庭自行承租住房，地方政府向其发放租赁补贴；实物配租是指地方政府按照较低的租金标准向申请廉租住房保障的家庭提供租赁住房。

（2）廉租住房保证资金：国家通过多种渠道筹措廉租住房保障资金：政府年度财政预算应当安排专项的廉租住房保障资金；住房公积金增值收益扣除提取的贷款风险准备金和管理费用后的余额应当全部用于廉租房建设；土地出让净收益中安排用于廉租住房保障资金的比例不得低于10%；政府的廉租住房租金收入、社会捐赠或其他方式筹集的资金。地方政府可以将新建的廉租租房、腾退的公有住房、社会捐赠的住房以及通过其他渠道筹集的住房向申请廉租住房家庭进行实物配租。对于新建的廉租住房，应当将单套建筑面积控制在50平方米以内，并且免征行政事业性收费和政府基金。

2. 廉租住房建设融资

（1）贷款主体、期限及利率：为了促进廉租住房建设，中国人民银行和银监会于2008年12月3日联合颁发了《廉租住房建设贷款管理办法》，办法规定在中国境内依法设立的、经银监会及其派驻机构批准的银行业金融机构可以向依法设立的、具有房地产开发资质的、从事廉租住房建设的房地产开发企业发放廉租住房建设贷款。廉租住房建设贷款期限为5年及5年以下，利率按照央行基准利率下浮10%执行。

（2）贷款条件：房地产开发企业申请廉租住房建设贷款，应当具备的条件包括：①廉租住房项目已纳入政府廉租住房建设计划，并按照规定取得政府部门的批准文件；②已与政府签订廉租住房回购协议；贷款申请额度不得高于回购协议确定的回购价款；③在贷款银行开立专用存款账户；④提供贷款人认可的有效担保；⑤新建廉租住房项目已取得所需要的《国有土地使用权证》《建设用地规划许可证》《建设工程规划许可证》《建设工程施工许可证》，改建廉租房已取得相关部门颁发的许可文件；⑥新建廉租住房项目资本金不低于项目总投资的20%；改建廉租房项目资本金不低于项目总投资的30%；⑦借款人信用状况良好，无不良记录。

（三）棚户区改造建设融资

1. 《关于推进城市和国有工矿棚户区改造工作的指导意见》（建保〔2009〕295号）

为了改造城镇危旧住房、改善困难家庭住房条件，国家推出大规模的棚户区改造工程。住房和城乡建设部、发改委、财政部、国土资源部、中国人民银行于2009年12月24日联合颁发《关于推进城市和国有工矿棚户区改造工作的指导意见》（建保〔2009〕295号）。《指导意见》要求各级政府应当采取适当方式对城市和国有工矿棚户区改造项目予以资金支持；省级政府可以采取以奖代补方式对棚户区改造项目予以资金支持；县、市政府可以从城市维护建设税、城镇公用事业附加、城市基础设施配套费、土地出让收益中安排资金用于棚户区改造项目；有条件的地方可以对棚户区改造项目给予贷款贴息支持；棚户区改造项目资本金按照廉租房建设的20%项目资本金比例执行。

对于棚户区改造项目应当免征城市基础设施配套费等各种行政事业性收费和政府基金；棚户区改造安置住房建设和通过收购筹集房源的，执行经济适用房的税收优惠政策；电力、通信、市政公用事业等企业及市政公用设施等要对棚户区改造项目给予支持。

鼓励金融机构创新金融产品、改善金融服务，向符合条件的城市和国有工矿棚户区改造项目提供融资支持，对符合条件的项目要在信贷规模上予以保障。积极建立贷款担保机制，引导信贷资金投入城市和国有工矿棚户区改造项目。

2. 《关于做好城市和国有工矿棚户区改造金融服务工作的通知》（银发〔2010〕37号）

中国人民银行与银监会于2010年2月3日联合颁发了《关于做好城市和国有工矿棚户区改造金融服务工作的通知》（银发〔2010〕37号），《通知》要求银行业金融机构应根据城市和国有工矿棚户区改造具有综合性的特点，依据商业性开发、经济适用房和廉租房建设贷款管理规定，创新金融服务措施，为符合贷款条件的城市和国有工矿棚户区改造项目提供贷款支持。银行业金融机构应积极主动地掌握当地城市和国有工矿棚户区改造工作的进展，参与项目设计与论证，全面细致介绍信贷条件，为相关部门科学制订项目方案提供金融咨询服务。

3. 《国务院关于加快棚户区改造工作的意见》（国发〔2013〕25号）

国务院于2013年7月4日印发《国务院关于加快棚户区改造工作的意见》（国发〔2013〕25号），要求2013年至2017年改造各类棚户区1000万户，其中城市棚户区改造800万户，国有工矿棚户区改造90万户，国有林区棚户区改造30万户，国有垦区危房改造80万户。《意见》要求从资金筹措、建设用地供应、税费减免、安置补偿四个方面加大政策支持力度。

《意见》要求多渠道筹措建设资金：①加大各级政府资金支持；②加大信贷支持；③鼓励民间资本参与改造；④规范利用企业债券融资；⑤加大企业改造资金投入。各银行金融机构要按照风险可控、商业可持续原则，创新金融产品，改善金融服务，积极支持棚户区改造，增加棚户区改造信贷资金安排，向符合条件的棚户区改造项目提供贷款。各地区要建立健全棚户区改造贷款还款安排保障机制，积极吸引信贷资金支持。

4. 《国务院办公厅关于进一步加强棚户区改造工作的通知》（国办发〔2014〕36号）

国务院办公厅于2014年7月21日印发《国务院办公厅关于进一步加强棚户区改造工作的通知》（国办发〔2014〕36号），就国发〔2013〕25号印发一年以来棚户区改造工作进行总结，并要求从如下五个方面进一步加强棚户区改造工作：①进一步完善棚户区改造规划；②优化规划布局；③加快项目前期工作；④加强质量安全管理；⑤加快配套建设；⑥落实好各项支持政策；⑦加强组织领导。

《通知》从如下几个方面加大对棚户区改造工作的金融支持力度：①国家开发银行成立住宅金融事业部，重点支持棚户区改造及城市基础设施等相关工程建设；纳入国家计划的棚户区改造项目，国家开发银行贷款与项目资本金可以在年度内同比例到位。②鼓励商业银行等金融机构按照风险可控、商业可持续的原则，积极支持符合信贷条件的棚户区改造项目；经过清理整顿符合条件的省级政府及地级以上城市政府融资平台的棚户区改造项目，银行业金融机构可以比照公共租赁住房融资的政策予以信贷支持。③支持承担棚户区改造项目的企业发行企业债券，并适当放宽企业债券发行条件；推进债券创新，优化债券品种方案设计，研究推出棚户区改造项目收益债券。④通过投资补助、贷款贴息等方式吸引社会资金，参与投资和运营棚户区改造项目。

(四) 公租房建设融资

为了支持公共租赁住房建设，中国人民银行、银监会于2011年8月4日颁发了《关于认真做好公共租赁住房等保障性安居工程金融服务工作的通知》，《通知》要求对于政府投资建设的公共租赁住房项目，凡是实行公司化运营、商业化运作、项目资本金到位、项目自身现金流能够满足贷款本息偿还要求的，银行业金融机构按照风险管理的要求，予以贷款支持。对于政府以外的其他机构投资建设并持有且纳入政府总体规划的公共租赁住房项目，各银行业金融机构可以按照商业化原则提供贷款支持。

政府投资建设的公共租赁住房项目应当符合国家关于最低资本金比例的政策规定，贷款利率下浮比例不得超过基准利率的0.9倍；贷款期限一般不应超过15年；项目达产后，贷款应当一年两次还本，利随本清。

对于不符合"实行公司化运营、商业化运作、项目资本金到位、项目自身现金流能够满足贷款本息偿还"等要求的，直辖市、计划单列市、省会城市政府投资建设的公共租赁住房项目，银行业金融机构在符合国发〔2010〕19号《国务院关于加强地方政府融资平台公司管理有关问题的通知》规定的前提下，向资本金充足、治理结构完善、运作规范、自身经营性收入能够覆盖贷款本息的政府融资平台公司发放贷款，融资平台公司公共租赁住房贷款偿付能力不足的，由本级政府统筹安排还款，并且同一个城市只能有一家融资平台公司承贷公共租赁住房贷款；地级市政府投资建设的公共租赁住房项目应当符合上述省级项目的条件，经过银行业金融机构总部评估认可、自身能够确保偿还公共租赁住房项目贷款的，银行业金融机构可以向该类融资平台公司发放贷款。其他县、市政府投资建设的公共租赁住房项目，可在省级政府对还款来源作出统筹安排后，由省级政府指定一家省级融资平台公司统一借款。

三、交通运输设施建设

（一）公路建设概述

1. 公路等级划分

我国公路分为五个等级，分别为高速公路、一等级公路、二等级公路、三等级公路、四等级公路，各等级公路的具体建设条件如下：

（1）高速公路：具有特别重要的政治经济意义。专门供汽车分向分车道行驶并全部控制出入的干线公路。分为四车道、六车道、八车道高速公路。一般能适应按各种汽车折合成小客车的年平均昼夜交通量25000辆以上。

（2）一等级公路：为连接重要的政治、经济中心，通往重点工矿区、港口、机场，专供汽车分道行驶并部分控制出入的公路。一般能适应按各种汽车折合成小客车的年平均昼夜交通量为15000~30000辆。

（3）二等级公路：为连接政治、经济中心或大矿区、港口、机场等地的公路。一般能适应按照各种车辆折合成中型载重汽车的年平均昼夜交通量为3000~7500辆。

（4）三等级公路：为沟通县以上城市的公路。一般能适应按各种车辆折合成中型载重汽车的年平均昼夜交通量为1000~4000辆。

（5）四等级公路：为沟通县、乡（镇）、村的公路。一般能适应按各种车辆折合成中型载重汽车的年平均昼夜交通量为双车道1500辆以下，单车道200辆以下。

2. 公路参与企业

公路建设涉及的企业主要包括建设单位、设计单位、施工单位、监理单位。我国公路建设需要实行项目法人责任制，即投资主体（或交通主管部门）需要专门成立项目法人负责公路的建设。

（1）建设单位：主要负责项目整体融资、建设协调以及项目的后期运营管理，大多数为各省市交通厅、交通局下属的地方建设平台。

（2）设计单位：业务单位聘请负责设计工作的单位，大多数为各省市的公路设计院。

（3）施工单位：施工单位负责整个工程的建设施工。公路工程总承包企业有严格的资质要求，主要分为特级、一级、二级、三级四个等级。

（4）监理单位：设计单位聘请的负责在现场监督施工单位的主体。

3. 基本建设程序

（1）根据规划，编制项目建议书。根据全省路网规划，省级交通主管部门规划处组织编制项目建议书；项目建议书需报经省级发改委审查通过后，报经国家发改委审批。项目建议书获得国家发改委批复同意后，投资主体应当负责项目法人的筹建工作；工程可行性研究报告获经批复后，投资主体应当及时依法确立项目法人。

（2）根据批准的项目建议书，进行工程可行性研究，编制可行性研究报告。工程可行性研究报告的编制批准阶段，投资主体还应当取得如下批复文件：

①环评批复：省级交通主管部门应将具有相应资质的单位编制的环境影响评价报告报省级环保局审查，并应取得环评批复；

②水保批复：省级交通主管部门应将具有相应资质的单位编制的水土保持方案报告报经省水利厅审查，并应取得水保批复；

③压矿批复：省级交通主管部门应将具有相应资质的单位编制的矿产压覆报告报省级国土资源厅审查，并应取得压矿批复；

④文物调查报告：省级交通主管部门应将具有相应资质的单位编制的文物调查报告报省级文物主管部门审查；

⑤用地预审批复：省级交通主管部门应将具有相应资质的单位编制的用地报告报省国土资源主管审查，并应取得用地预审批复。

（3）根据批准的可行性研究报告，编制初步设计文件。投资主体应当依法选择勘察设计单位，组织勘察设计单位进行勘察设计工作，并将初步设计文件报省交通厅审查；省交通厅委托咨询审查单位进行审查，并由咨询审查单位提交审查意见；省级交通厅组织初步设计预评审，并印发预审意见；经修编后的初步设计文件由省交通厅上报交通部审批，交通部组织外业现场考察和室内考察后，批复初步设计文件。

（4）根据批准的初步设计文件，编制施工图设计文件。建设单位依据经批复的初步设计文件编制施工图设计文件，并报省级交通厅审查；省交通厅委托咨询审查单位进行审查，并由咨询审查单位提交审查意见；省交通厅组织召开施工图设计审查会议，并印发审查意见；经修编后的施工图设计文件报经省交通厅审批，省交通厅委托造价机构审查预算文件，并根据造价机构的审查机构批复施工图设计文件。

（5）初步设计文件的用地红线图提供后，即可开展建设项目用地报批工作。林地手续由地方林业主管部门报省林业厅初审后，由省林业厅报国家林业局审批。用地手续由地方国土部门报省国土资源厅初审后，由省国土资源厅报国土资源部审批。

用地手续获得批复后即可开展征地拆迁工作。征地拆迁首先需要对沿线居民进行动员宣传，进行埋桩放线、现场丈量清点造册后张榜公布。建设单位需要做好征地拆迁的补偿工作。

（6）根据批准的施工图设计文件，组织项目招标。招标工作应当严格遵守《公路工程施工招标投标管理办法》《公路工程施工监理招标投标管理办法》《工程建设项目货物招标投标办法》以及各地方关于招投标的相关规定。

（7）根据国家有关规定，向交通主管部门申报施工许可；根据批准的项目施工许可，组织项目实施。

（8）项目完工后，编制竣工图标、工程决算和竣工财务决算，办理项目交接、竣工验收和财产移交手续。

交工验收是指检查施工合同的执行情况，评价工程质量是否符合技术标准及设计要求，是否可以移交下一阶段施工或是否满足通车要求，对各参建单位工作进行初步评价。竣工验收是综合评价工程建设成果，对工程质量、参建单位和建设项目进行综合评价。对于规模较小、等级较低的小型项目，交工验收和竣工验收可以合并进行。

交工验收和竣工验收的具体程序：由建设单位申请工程质量检测，检测单位经核查于检测后提交工程质量检测意见，建设单位据此组织交工验收和工程质量鉴定；省交通厅组建竣工验收委员会，由竣工验收委员会对参建单位、工程质量以及建设项目进行评分，并签发《公路工程竣工验收鉴定书》。

（二）公路建设成本

1. 公路建筑工程包括隧道工程、桥涵工程、路基工程和路面工程三个部分。公路工程造价具体包括建筑工程费用、安装工程费用、设备购置费用、其他相关费用等：

（1）建筑工程费用：路基工程、路面工程、隧道工程、桥涵工程、交叉工程、其他工程以及沿线设施以及管理、养护、服务房屋工程等费用。

（2）安装工程费用：高等级公路中的管理设施的安装，如收费站设施、通信系统设施、监控系统设施、供电系统设备以及某些隧道的通风设备、供电设备等费用。

（3）设备购置费用：渡口设备、隧道照明、通风动力设备、高等级公路的监控设备、养护用的机械、设备和工具、器具等的购置费用。

（4）其他相关费用：包括工程建设其他费用和预留费用。

2. 如下表格数据为平顶山至临汝高速公路造价的明细，可以供读者参考公路造价的大体情况。

	项目	造价（单位：万元）
	建筑工程费用	2376
1	路基费用	1067
2	路面费用	642
3	桥涵费用	603
4	房建工程	58
	安装工程费用	176
5	机电安装	28
6	交安设施	138
7	绿化及隔离墙	10
	设备购置费	39
8	设备购置费	39
	工程建设其他费用	636
9	土地费用	302
10	建设单位管理费	33
11	工程监理费	23
12	研究试验费	2
13	勘察设计费	22

（三）公路建设的资金来源

世界各国公路建设资金来源主要有五个方面，分别是国家财政拨款、公路使用者税收、社会筹资、公路收费、金融机构贷款。我国公路建设资金来源主要包括金融机构贷款、车辆购置税、国家预算资金、吸引外资、地方自筹资金、企事业单位资金和其他资金，其中金融机构贷款、地方自筹和国家预算内资金是最重要的三个来源。

（1）金融机构贷款：银行贷款是公路建设最主要的融资方式，银行贷款可以分为商业银行贷款和政策性银行贷款，其中公路等交通基础设施建设是政策性银行信贷资金的主要投向之一，如国家开发银行2013年公路行业贷款余额为12382亿元，占其贷款总额比例为18.05%[1]。

除商业银行和政策性银行外，信托公司、保险公司、基金子公司等非银行金融机构也可以信托资金、保险资金、委托资金为公路建设提供资金支持；信托公司、基金子公司等非银行金融机构向公路建设提供的资金中，很大一部分仍然是银行的资金（包括银行自营资金和理财资金），如银行将自营资金或理财资金委托给信托公司设立单一资金信托，由信托公司向建设单位发放信托贷款，用于银行指定的公路建设。

（2）车辆购置税

根据《交通和车辆税费改革实施方案》，车辆购置税收入应由中央财政根据交通部提出、国家计委审批下达的公路建设投资计划，主要用于国道、省道干线公路建设。

根据财政部、交通部《车辆购置税交通专项资金管理暂行办法》（财建〔2000〕994号）规定，车辆购置税收入中专项用于国家交通项目的资金，主要用于国家计划内干线公路建设及其他交通方面的专项支出。交通专项资金具体支出范围包括：重点用于纳入行业规划的国家干线公路、特大桥梁、隧道建设，重要公路立交桥、公路与铁路交叉道口的改建，以及具有重要意义的省级干线公路建设；适当安排与上述公路相配套的重点汽车客货场、站设施建设；适当安排用于农村公路、扶贫公路、陆岛公路、边境口岸公路、断头路、国道标准化美化（GBM）工程、文明样板路、危桥改造和公路网技术结构升级改造等建

---

[1] 摘自国家开发银行2013年年报。

设支出；适当安排西部交通科研试验费、前期工作费、在建公路自然灾害支出等；国务院和财政部批准的内河航运建设及其他支出。

根据《车辆购置税收入补助地方资金管理暂行办法》的规定，中央财政从车辆购置税收入中通过财政专项转移支付方式安排资金，用于支持地方交通运输行业的发展。补助地方资金支出范围包括：交通运输重点项目；一般公路建设项目；普通国省道灾毁恢复重建项目；公路灾损抢修保通项目；农村老旧渡船报废更新项目；交通运输节能减排项目；公路甩挂运输试点项目；内河航道应急抢通项目；老旧汽车报废更新项目；国务院批准用于交通运输的其他支出。

(3) 国家预算内资金：地方政府交通主管部门规划建设公路时，会向中央财政申请专项财政预算资金，地方财政根据中央财政资金划拨配套资金。根据财政部 2013 年财政预决算报告，2013 年公路新建和改建支持分别为 656.44 亿元和 402.33 亿元。

(4) 吸引外资

建设单位可以国际金融机构的贷款资金用于公路等基础设施建设，世界银行、国际金融公司、欧洲复兴与开发银行、亚洲开发银行、美洲开发银行等全球性或区域性金融机构可以为公路等基础设施建设提供项目贷款。中国倡导筹建的亚洲基础设施投资银行，主要为本地区国家的基础设施建设提供资金支持。

除国际金融机构贷款外，公路等基础设施建设还可以吸引外商直接投资。根据《外商投资产业指导目录（2011 年修订版）》，公路、独立桥梁和隧道的建设和运营属于鼓励类外商投资产业目录。

(四) 收费公路及公路收费权质押

1. 收费公路

(1) 收费公路类型：根据《公路法》及《收费公路管理条例》的规定，符合国务院交通主管部门规定的技术等级和规模的下列公路，可以依法收取车辆通行费：

政府还贷公路：由县级以上地方人民政府交通主管部门利用贷款或者向企业、个人集资建成的公路；

经营性公路：①由国内外经济组织依法受让前项收费公路收费权的公路；②由国内外经济组织依法投资建成的公路。

（2）收费公路技术等级和规模：根据《收费公路管理条例》规定，建设收费公路，应当符合下列技术等级和规模：

①高速公路连续里程30公里以上。但是，城市市区至本地机场的高速公路除外。

②一级公路连续里程50公里以上。

③二车道的独立桥梁、隧道，长度800米以上；四车道的独立桥梁、隧道，长度500米以上。

④技术等级为二级以下（含二级）的公路不得收费。但是，在国家确定的中西部省、自治区、直辖市建设的二级公路，其连续里程60公里以上的，经依法批准，可以收取车辆通行费。

（3）收费公路收费期限：根据《收费公路管理条例》规定，收费公路的收费期限由省、自治区、直辖市人民政府按照下列标准审查批准：

①政府还贷公路收费期限：按照用收费偿还贷款、偿还有偿集资款的原则确定，最长不得超过15年。国家确定的中西部省、自治区、直辖市的政府还贷公路收费期限，最长不得超过20年。

②经营性公路收费期限：按照收回投资并有合理回报的原则确定，最长不得超过25年。国家确定的中西部省、自治区、直辖市的经营性公路收费期限，最长不得超过30年。

2. 公路收费权质押

（1）规范依据

根据《最高人民法院关于适用〈中华人民共和国担保法〉若干问题的解释》第九十七条规定："以公路桥梁、公路隧道或者公路渡口等不动产收益权出质的，按照《担保法》第七十五条第（四）项的规定处理。"根据国务院《关于收费公路项目贷款担保问题的批复》："公路建设项目法人可以用收费公路的收费权质押的方式向国内银行申请抵押贷款，以省级人民政府批准的收费文件作为公路收费权的权利证书，地市级以上交通主管部门作为公路收费权质押的登记部门。质权人可以依法律和行政法规许可的方式取得公路收费权，并实现质押权。"《应收账款质押登记办法》将公路、桥梁、隧道、渡口等不动产收费权纳入应收账款范畴。

综合上述相关规定，公路收费权可以作为应收账款进行质押融资，质押登记部门为中国人民银行征信中心，省级人民政府批准的收费文件为公路收费权的权利证书。

(2) 相关问题

根据实际业务经验，出质人以公路收费权进行质押融资时，应当注意如下问题：

(1) 出质人应当提供省级人民政府及其职能部门批准的公路收费文件及同意公路收费权质押文件。

(2) 出质人应当提交省级人民政府或国务院交通主管部门依法出具的关于公路收费站数量、站点的批复文件。

(3) 省级交通主管部门会同同级物价主管部门出具的关于公路收费标准的批复文件。

(4) 质押期间内，出质人应当在监管银行开立公路收费专用账户，出让人将公路车辆通行费的全部或按约定比例存入公路收费专用账户，质权人对出质人使用专用账户内的资金进行监管。

(5) 质权人可以要求出质人在公路建设期间投保工程建设险，在公路建成后投保财产险。

第三节 基础设施信托业务（政信合作）风险评估与防范

一、概述

信托公司开展基础设施信托业务必须合法合规，严禁将信托资金投入国家法律法规明确禁止的领域，审慎进入国家法律法规限制进入的领域，鼓励选择国家重点支持的领域。重点支持旧城与棚户区改造、公共租赁房和廉租房、经济适用房以及其他涉及民生领域和环境保护领域的项目建设。

信托公司开展基础设施信托业务规模应当与当地经济社会发展水平和人均收入水平相适应；充分考虑当地投资人的资金实力、风险识别和承受能力、投资习惯等因素。信托公司应加强对合作方资金实力、信用程度和综合偿债能力的跟踪分析，结合地方政府财政实力与实际负债状况，核定信用等级和风险限额；在符合融资条件、权衡风险与收益的前提下，审慎选择服务支持对象；信托业务规模要与建设项目实际资金需求相匹配，信托融资期限要与建设项目期限相匹配。

中国银监会办公厅于 2009 年 4 月颁发《关于信托公司信政合作业务风险提示的通知》，《通知》指出部分信托公司在开展信政业务时，项目管理不够严谨，担保行为不规范，个别业务环节存在法律瑕疵等问题。《通知》要求信托公司开展信政合作业务要高度重视合规经营问题，积极探索创新，采取有效措施防范合规性风险和法律风险；信托公司进一步提高风险管理能力，尽职管理信托财产，确保信政业务既支持地方经济发展，又能保证信托资金的安全和受益人的合法权益。

二、基础设施信托业务（政信合作）风险评估与风险揭示

（一）风险评估与准入

1. 经济社会发展状况评估

信托公司开展基础设施建设投融资信托业务时，需要对地方经济社会发展程度、地方政府财政实力及信用状况进行评估。

（1）经济社会发展状况：经济社会发展状况主要分析 GDP 总量和年度增长情况、当地产业状况及支柱产业情况、财政收入的主要来源等方面。

（2）财政实力：财政实力主要分析近 3 年本级财政总收入、本级财政一般预算收入及公共税收收入占财政总收入的比例、本级财政可支配财力①以及年均增长率等方面，同时还需要考察当地政府的负债率、债务率以及逾期债务率等情况。

（3）信用状况：信用状况主要分析当地政府是否存在不良信用情况、地方政府届期对政策连续性的影响、政府与建设单位的关系、当地整体社会信用环境等方面。

2. 交易对手资质审查

信托公司开展基础设施信托业务时，需要对交易对手的资质进行审查。政府融资平台的法律组织形式有企业法人和事业单位法人等。信托融资不同于银

---

① 可支配财力是指地方政府在一定时期内所能机动地支配使用的财政资金。按现行法规和财政体制，地方政府可支配财力由地方一般预算收入、上级税收返还收入、上级财力性转移支付补助收入，以及原体制上解中央收入或中央补助地方收入等构成。

行融资的地方在于信托融资可以采取债权、股权、受益权买入返售等方式进行，而银行向政府投融资平台融出资金的方式只有债权方式，即向政府投融资平台发放贷款。金融机构向企业法人和事业单位法人发放贷款是没有主体资格方面的法律障碍，但是如果采取股权模式则存在相当的合规风险。信托公司在业务实践中就采取过向事业单位进行股权投资的实例。

政府投融资平台的一个普遍问题是出资不足。根据《公司法》的规定，股东可以用货币出资，也可以用实物、知识产权、土地使用权等可以用货币估价并可以依法转让的非货币财产作价出资，全体股东的货币出资金额不得低于公司注册资本的30%。在实践中，部分地方政府将学校、医院、城市基础设施等大量不能变现的资产充当资本金，货币资金出资严重不足，甚至还会出现以流动资金或过桥贷款充当资本金。

政府投融资平台设立和运作一般都不规范，公司法人治理结构不健全。政府相关部门作为政府投融资平台的实际控制人，政府对其经营管理起主导作用，这就导致政府投融资平台难以按照市场化运作机制和现代法人治理机制去运作。政府投融资平台和政府相关部门一般是"两块牌子、一套人马"的关系，平台公司的高管都由政府部门领导兼任。

3. 建设项目审查

国家对基本建设项目有着严格的管理制度，信托公司要对政府投融资平台建设项目的法律手续的办理情况进行审查。基本建设项目应当取得的文件包括国土资源部或建设规划部门等相关部门的用地批复文件（划拨）或者土地使用权证（出让）、项目已获批准的项目建议书或可行性研究报告、行政机关对项目同意立项的正式批复文件、完成环境影响评价的审批文件等。国家对基本建设项目实行资本金制度，建设项目的资本金是否符合国家规定也是合规性审查的重点内容之一，同时还应当落实项目其他建设资金落实方案和到位情况。

信托公司还应当区分经营性建设项目和非经营性建设项目。信托公司应当测算经营性建设项目完工达产后所能够产生现金流的情况，以此测算建设项目现金流对信托资金本息的覆盖度；信托公司对于非经营性建设项目，应当重点测算政府融资平台其他现金流对信托资金的覆盖度，尤其注意了解地方政府对非经营性建设项目的财政补贴或还款安排等情况。

4. 还款来源评估

（1）政府融资平台还款资金来源：基础设施信托业务的信托资金退出主要靠政府投融资平台①的三种资金来源：平台公司或其自身的现金流、国有土地使用权出让收入、政府财政补贴和转移支付。信托公司在审批该类业务时，尤其应该注意交易对手的收入来源主要是出让国有土地使用权的收入还是政府财政补贴，或者其自身或开发的项目有稳定的现金流。对于有稳定现金流的交易对手，信托公司在风险可控和遵循商业化原则的前提下，可以与其开展业务合作；对于自身没有稳定现金流的交易对手，信托公司应审慎进入。

（2）非经营性项目还款资金来源：非经营性项目还款资金来源评估应当注意如下问题：①本级财政负责债务偿还的项目：本级政府向同级人大或其常委会提交的，明确建设项目承贷主体、建设内容和补贴方式等内容的相关文件；同级人大或其常委会出具的，同意将建设项目资金纳入本级财政预算相关文件；地方政府和财政部门出具的，同意将建设项目资金本息按时向承贷主体进行拨付，由承贷主体归还信托资金本息的相关文件。②上级政府下拨资金用于偿还贷款的项目：评估上级政府下拨资金相关文件的合法有效性，下拨资金是否专项用于建设项目的融资本息。③政府部门负责债务偿还的项目：调查了解负责债务偿还的政府部门财务收支状况，以评估该部门的偿债能力；信托公司还需要评估该政府部门同意偿还建设项目融资本息的相关文件的合法有效性。

（3）第一还款资金来源：在开展基础设施信托业务过程，需要关注交易对手的第一还款来源，以及其未来现金流量净额能否覆盖融资项目款及孳息。对于没有第一还款来源的政府融资平台，则其主要还款来源依赖于地方政府的财政收入和预算支出。如果地方经济出现较大波动，则导致财政收入大幅下降，信托资金的退出就得不到有效保障；如果地方政府负债水平过高，除非由中央政府代为偿付地方债务，否则地方政府就会发生违约风险。地方经济状况、地方政府财政收入及地方政府负债状况都会给信政合作信托业务带来系统性风险。

对于第一还款来源充足的政府融资平台，需要关注的是市场风险和经营风

---

① 政府投融资平台一般可分为"经营性政府投融资平台"和"非经营性政府投融资平台"两种类型。"经营性政府投融资平台"自身或其所开发的项目本身能够产生稳定充足的现金流，其完全可以依靠自身的现金流去支付对外融资的成本；"非经营性政府投融资平台"自身或其所开发的项目本身不能产生稳定充足的现金流，其需要完全依靠或者大部分需要依靠财政拨款以支付对外融资成本。

险。如果由于外部市场环境、宏观经济状况、交易对手内部治理结构与经营状况等出现较大波动，国家宏观经济政策的调整，地方政府融资平台的经营不善，地方政府的人事变动、机构调整、发展规划变化等因素，都会给信托资金带来相应的风险。

(二) 信用增级措施相关问题分析

1. 财政担保

基础设施信托业务中，政府投融资平台公司向信托公司提供财政局关于同意提供财政担保的承诺和人大关于安排财政担保预算的决议。信托公司在开展该类业务时，为了控制风险以及增加该类产品的吸引力，也会要求政府投融资平台公司提供政府财政担保。但是《担保法》及《最高人民法院关于适用〈中华人民共和国担保法〉若干问题的解释》规定国家机关不得为保证人，但是经国务院批准为使用外国政府或者国际经济组织贷款进行转贷的除外。

为了制止这一政府违规担保的行为，财政部颁布《关于坚决制止财政违规担保向社会公众集资行为的通知》，要求地方政府严格遵守《担保法》及其他相关规定，不得违规提供政府担保向社会公众集资。2010年6月，国务院发布《国务院关于加强地方政府融资平台公司管理有关问题的通知》，要求地方各级政府及其所属部门、机构和主要依靠财政拨款的经费补助事业单位，均不得以财政性收入、行政事业单位的国有资产，或其他任何直接和间接形式为融资平台公司融资行为提供担保。

《关于制止地方政府违法违规融资行为的通知》（财预〔2012〕463号）再次重申了坚决制止地方政府违规担保承诺行为。地方政府及所属机关事业单位、社会团体不得出具担保函、承诺函、安慰函等直接或变相担保协议，不得以机关事业单位及社会团体的国有资产为其他单位或企业融资进行抵押、质押担保，不得为其他单位或企业融资承诺承担偿债责任，不得为其他单位或企业的回购协议提供担保。

【司法实务】政府出具的《承诺函》不构成保证

1. 案例名称：(2014) 民四终字第37号民事判决书
2. 裁判要点

(1)《承诺函》是否构成保证担保应当依据其名称和内容确定。如果承诺人仅承诺"协助解决",没有对债务人的债务作出代为清偿责任的意思表示,则《承诺函》不符合《担保法》第六条有关"保证"的规定,不能构成法律意义上的保证。且该案中律师事务所代表债权人向承诺人寄送的《律师函》,也并未要求承诺人承担代为清偿债务的责任,而是仅要求其履行承诺不让债权人受到经济上的损失。因此,《承诺函》所涉承诺人与债权人双方对案涉债务并未达成保证担保的合意,不能在双方之间形成保证合同关系。

(《承诺函》承诺内容:我省人民政府在此承诺以下事项:1. 我省人民政府同意贵行向借款人提供及/或继续提供上述的融资安排;2. 我省人民政府将尽力维持借款人的存在及如常营运;3. 我省人民政府将竭尽所能,确使借款人履行其在贵行所使用的银行便利/贷款的责任及义务;4. 如借款人不能按贵行要求偿还就上述银行便利/贷款下产生的任何债务时,我省人民政府将协助解决借款人拖欠贵行的债务,不让贵行在经济上蒙受任何损失。)

(2) 根据国家外汇管理局《境内机构对外提供外汇担保管理办法》[①] 第七条第(二)项的规定,非金融性质的企业法人对外提供的外汇担保属于外汇担保的审批范围。根据《最高人民法院关于适用〈中华人民共和国担保法〉若干问题的解释》第六条第(一)项的规定,未经国家有关主管部门批准或者登记的对外担保合同无效。担保人出具的《不可撤销担保书》并未经过国家外汇管理机关审批或登记,因此该《不可撤销担保书》为无效担保合同。

《担保法》第五条第二款规定:"担保合同被确认无效后,债务人、担保人、债权人有过错的,应当根据其过错各自承担相应的民事责任。"《最高人民法院关于适用〈中华人民共和国担保法〉若干问题的解释》第七条规定:"主合同有效而担保合同无效,债权人无过错的,担保人与债务人对主合同债权人的经济损失,承担连带赔偿责任;债权人、担保人有过错的,担保人承担民事责任的部分,不应超过债务人不能清偿部分的二分之一。"

本案担保人未按规定办理对外担保批准或者登记手续,导致担保合同无效,应当对债权人的经济损失承担责任。而债权人应知晓内地关于对外担保的相关规定,却未要求担保人办理审批手续,对《不可撤销担保书》无效亦存在过错。因此,担保人承担的民事责任不应超过其担保债权未能清偿部分的二分之一。

[①] 已失效。

2. 土地使用权抵押

政府投融资平台公司向金融机构融资，往往会提供其拥有的国有建设用地使用权设定抵押担保。按照《物权法》的相关规定，设定建设用地使用权抵押担保，一般情况下不存在合规问题。需要注意的问题有两点：首先，信托公司需要了解该建设用地使用权是通过划拨方式取得还是通过出让方式取得，如果是通过划拨方式取得，信托公司在处置抵押物时，需要以处置价款补交出让金后方可优先受偿；其次，政府投融资平台公司是否拥有合法的土地使用权证。地方政府土地储备中心以储备土地提供抵押的，需要提供其合法拥有的土地使用权证，如果土地储备中心没有储备土地使用权证，则该储备土地不得用于设定抵押担保。

政府投融资平台对外融资过程中，有时也会出现土地收益权质押的情况发生。如果政府投融资平台或土地储备中心没有合法的土地使用权证，则会以土地收益权（未来土地出让收入）设定质押。但是根据《物权法》的规定，除该法规定的可以质押的权利外的权利只有在法律、行政法规规定可以设定质押的方可设定质押。《最高人民法院关于适用〈中华人民共和国担保法〉若干问题的解释》规定了部分不动产收益权（公路桥梁、公路隧道或者公路渡口等不动产收益权）可以设定抵押担保，相关法律、行政法规并没有规定土地收益权可以用来设定质权。因此以土地收益权设定质权违反了"物权法定原则"，该项质押权的设定是无效的。

三、政府性债务风险指标

（一）地方政府综合财力分析

1. 一般预算本级收入

（1）税收收入

我国的税种主要包括关税、增值税、营业税、企业所得税及企业所得税退税、个人所得税、资源税、消费税、城市维护建设税、房产税、印花税、城镇土地使用税、土地增值税、车辆购置税、车船税、耕地占用税、契税、烟叶税、其他税收收入。

我国实现中央和地方分税制，其中中央税包括消费税、关税、车辆购置税、海关代征的增值税和消费税；中央和地方共享税包括增值税、企业所得税、个人所得税、资源税、证券交易印花税；地方税包括营业税、土地增值税、印花税、城市建设维护税、城镇土地使用税、房产税、车船税、契税、耕地占用税、烟叶税。

（2）非税收入

非税收入主要包括专项收入、行政事业性收费收入、罚没收入、国有资本经营收入、国有资源（资产）有偿使用收入、其他收入。

一般预算收入中的非税收入比较容易进行数据造假，如地方政府将市属公交公司的车票收入、市属自来水公司的水费收入、市属电视台的广告收入纳入非税收入。

2. 政府性基金

根据《政府性基金管理暂行办法》规定，政府性基金是指各级政府及其所属部门根据法律、行政法规和中共中央、国务院文件规定，为支持特定公共基础设施建设和公共事业发展，向公民、法人和其他组织无偿征收的具有专项用途的财政资金。政府性基金项目详见附件《2012年全国政府性基金项目目录》。

3. 转移支付和税收返还收入

（1）一般性转移支付收入

一般性转移支付是指中央政府按照相应规定对财力有缺口的地方政府给予的补助，地方政府可以统筹安排使用。主要包括均衡性转移支付、民族地区转移支付、农村税费改革转移支付、调整工资转移支付等。

（2）专项转移支付收入

专项转移支付是指上级政府为实现特定的宏观政策目标，以及委托下级政府代理的一些事务进行补偿而设立的专项补助资金，专项转移支付收入应当按照规定的用途进行专款专用。

（3）税收返还收入

税收返还收入究其本质而言是中央财政对地方财政、上级财政对下级财政的一种转移支付收入，比如中央核定的增值税及消费税税收返还、所得税基数返还及出口退税基数返还等。

4. 国有土地使用权出让收入

（1）国有土地使用权出让收入来源

国有土地使用权出让收入具体是指①地方政府出让国有土地使用权取得的

土地价款（招标、拍卖、挂牌和协议方式）；②转让划拨国有土地使用权或依法利用原划拨国有土地使用权进行经营性建设所应当补缴的土地价款；③处置抵押划拨国有土地使用权应当补缴的土地价款；④转让房改房、经济适用房应当补缴的土地价款；⑤改变出让国有土地使用权的土地用途、容积率等土地使用条件应当补缴的土地价款，以及其他和国有土地使用权出让或变更有关的收入。

(2) 国有土地使用权出让收入使用范围

国有土地使用权出让收入使用范围包括征地和拆迁补偿支出、土地开发支出、支农支出、城市建设支出以及其他支出。

征地和拆迁补偿支出：包括土地补偿费、安置补助费、地上附着物和青苗补偿费、拆迁补偿费。

土地开发支出：包括前期土地开发性支出以及财政部门规定的与前期土地开发相关的费用，含因出让土地涉及的需要进行的相关道路、供水、供电、供气、排水、通信、照明、土地平整等基础设施建设支出，以及需要支付的银行贷款本息等支出。

支农支出：包括保持被征地农民原有生活水平补贴支出、补助被征地农民社会保障支出、农业土地开发支出以及农村基础设施建设支出。

城市建设支出：包括完善国有土地使用功能的配套设施建设以及城市基础设施建设支出。具体包括：城市道路、桥涵、公共绿地、公共厕所、消防设施等基础设施建设支出。

其他支出：包括土地出让业务费、缴纳新增建设用地有偿使用费、国有土地收益基金支出、城镇廉租住房保障支出以及支付破产或改制国有企业职工安置费用。

【知识扩展】国有土地使用出让收入中计提的各项基金（资金）

①国有土地收益基金

根据国务院办公厅《关于规范国有土地使用权出让收支管理的通知》和财政部、国土资源部、中国人民银行联合发布的《国有土地使用权出让收支管理办法》的规定，由财政部门从缴入地方国库的招标、拍卖、挂牌和协议方式出让国有土地使用权所取得的总成交价款中，划出一定比例资金，用于建立国有土地收益基金，实行分账核算，具体比例由省、自治区、直辖市及计划单列市政府确定，并报财政部和国土资源部备案。国有土地收益基金主要用于土地收购储备。

②农业土地开发资金

根据《国务院关于将部分土地出让金用于农业土地开发有关问题的通知》及财政部、国土资源部联合发布的《用于农业土地开发的土地出让金收入管理办法》规定，国务院决定从2004年起将部分土地出让金专项用于土地整理复垦、宜农未利用土地开发、基本农田建设以及改善农业生产条件等农业土地开发。各市县土地出让金用于农业土地开发的比例不得低于土地出让平均收益的15%，具体的计算公式为：从土地出让金划出的农业土地开发资金＝土地出让面积×土地出让平均纯收益征收标准（对应所在地征收等别）×各地规定的土地出让金用于农业土地开发的比例（不低于15%）。

③农田水利建设资金

根据《关于从土地出让收益中计提农田水利建设资金有关事项的通知》（财综〔2011〕48号）规定，从2011年7月1日，各地统一按照当年实缴地方国库的国有土地出让收入，扣除当年实际支出的征地和拆迁补偿支出、土地开发支出、计提农业土地开发资金、补助被征地农民社会保障支出、保持被征地农民原有生活水平补贴支出、支付破产或改制企业职工安置支出、支付土地出让业务费、缴纳新增建设用地土地有偿使用费等相关支出项目后，按照10%的比例计提农田水利建设资金。

④保障房建设资金

根据国务院办公厅《关于加强保障性安居工程建设和管理的指导意见》（国办发〔2011〕45号），土地出让收益用于保障性住房建设和棚户区改造的比例不低于10%。

⑤教育资金

根据《关于从土地出让收益中计提教育资金有关事项的通知》（财综〔2011〕62号），从2011年1月1日，各地统一按照当年实缴地方国库的国有土地出让收入，扣除当年实际支出的征地和拆迁补偿支出、土地开发支出、计提农业土地开发资金、补助被征地农民社会保障支出、保持被征地农民原有生活水平补贴支出、支付破产或改制企业职工安置支出、支付土地出让业务费、缴纳新增建设用地土地有偿使用费等相关支出项目后，按照10%的比例计提教育资金。

5. 预算外财政专户收入

根据财政部《关于将按预算外资金管理的收入纳入预算管理的通知》规

定,自 2011 年 1 月 1 日起,将按预算外资金管理的收入(不含教育收入)全部纳入预算管理。

中央各部门各单位的教育收费(包括在财政专户管理的高中以上学费、住宿费、高校委托培养费、党校收费、教育考试考务费、函大、电大、夜大及短训班培训费等)作为本部门的事业收入,纳入财政专户管理,收缴比照非税收入收缴管理制度执行。

中央部门预算外收入全部上缴中央国库,支出通过一般预算或政府性基金预算安排。其中交通运输部集中的航道维护收入纳入政府性基金预算管理。中央部门收取的主管部门集中收入、国有资产出租出借收入、广告收入、捐赠收入、回收资金、利息收入等预算外收入纳入一般预算管理,使用时用于收入上缴部门的相关支出,专款专用。

(二)债务风险指标分析

信托公司考察地方政府的偿债能力,一方面需要了解地方政府的财政实力,另一方需要了解地方政府的债务情况①。信托公司可以通过如下债务风险指标对地方政府的债务风险及偿债能力进行判断。

1. 负债率 = 年末债务余额/当年 GDP,衡量经济总规模对政府债务的承载能力或经济增长对政府举债依赖度的指标。根据《马斯特里赫特条约》,60%的负债率为政府债务风险控制标准参考值。

2. 债务率 = 年末债务余额/当年政府综合财力。衡量债务规模大小的指标。国际货币基金组织确定的债务率控制标准参考值为 90%~150%。

3. 政府外债与 GDP 的比率 = 年末政府外债余额/当年 GDP,是衡量经济增长对政府外债依赖程度的指标。国际通常使用的控制标准参考值为 20%。

4. 逾期债务率 = 年末逾期债务余额/年末债务余额,反映到期不能偿还债务所占比重的指标。

5. 偿债率 = 当年偿还债务本息占当年综合财力的比率,是衡量政府当年的偿债压力情况的指标。

6. 借新还旧率 = 举借新债偿还的债务本金占当年偿还债务本金总额的比例。

---

① 地方政府财政预决算情况通常会向社会进行公布,因此地方政府的财政实力比较容易了解。地方政府的政府性债务举债方式多种多样,因此地方政府的债务情况很难予以准确掌握。

(三) 政府财政资金作为还款来源项目的风控措施

以政府财政资金作为还款来源的项目，通常设置"两率一空间"（政府债务率、政府现金流覆盖率和地方政府债务空间）指标作为地方政府债务的风险控制措施。

1. 政府债务率：

（1）计算公式

政府债务率=（政府直接债务+政府担保债务×代偿系数）/地方综合财力。

代偿系数取值通常为20%；政府直接债务和担保债务可以基准期实际数额为准，基准期可以设定为项目报审前一个月及提交评审之日前一个月；地方综合财力应以上年度的实际数额为准。

（2）风险控制边界

政府债务率风险控制边界 $= 100\% \times V \times H$

V：政府信用等级调节系数：

政府信用等级	AAA	AA+	AA	AA-	A+	A	A-
V	1.6	1.5	1.4	1.3	1.2	1.1	1.0
政府信用等级	BBB+	BBB	BBB-	BB+	BB	BB-及以下	
V	0.9	0.8	0.7	0.6	0.5	0.4	

H：行政级别调节系数：

行政级别	省级（含副省级）	地市级（含副地市级）	县级及以下	国家级开发区	省级开发区
H	1.1	0.9	0.7	1.1	0.9

2. 政府现金流覆盖率

（1）计算公式：

政府现金流覆盖率=年度还款现金流/年度还本付息额

（2）计算模型

政府本级财政建设与债务支出分析表：

第七章 基础设施信托业务（政信合作）风险管理与案例分析

	年度	备注
建设与债务支出合计 （①+②+③+④+⑤+⑥）		
①基本项目支出		"基本建设支出"科目下的支出，扣减"办公设备购置"和"交通工具购置"两项。
②债务还本支出		包括地方政府当年实际偿还的债务本金总。使用过一般预算收入和政府性基金收入的，应备注是否经人大审议。
③债务利息支出		"债务利息支出"科目下的全部支出。
④贷款转贷及产权参股支出		"贷款转贷及产权参股支出"科目下的全部支出。
⑤其他资本性支出		"其他资本性支出"科目下的全部支出。
⑥其他支出		"对企事业单位的补贴支出"科目下"企业政府性补贴""财政贴息"两项支出；"赠与支出"科目下的全部支出；其他建设与债务支出（如有）。

政府本级财政现金覆盖率测算表：

序号	项目	合计	〔 〕年	〔 〕年	〔 〕年
1	预测建设与债务支出增长率				
2	年度还款现金流（=2.1−2.2−2.3）				
2.1	建设与债务支出				
2.2	本次新增项目资本金支出				
2.3	其他在建或拟建项目资本金支出				
3	年度还本付息额度（3.1+3.2+3.3+3.4）				
3.1	本次新增项目还本付息额				
3.2	已有债务本息支出				
3.3	开发银行承诺未贷本息支出				
3.4	其他新增债务本息支出				
4	政府现金流覆盖率（=2/3）				

（3）控制边界

贷款期内每年的政府现金流覆盖率均应大于100%。

（4）财政性支出履约能力分析

项目	基准期 -4年	基准期 -3年	基准期 -2年	基准期 -1年	基准期	基准期 +1年	基准期 +n年
本年收入增长率							
本年收入合计							
减：经常性支出合计							
减：本项目外的其他建设与债务支出							
=可用于新增建设和债务支出额度							

3. 政府债务空间

地方政府债务空间是指未来五年内，地方政府在风险可控前提下的可新增负债额度。

地方政府债务空间=5年后的地方政府综合财力×地方政府债务率控制边界－基准期债务余额－基准期开发银行承诺未贷额（含已承诺但未签订借款合同的贷款额度和已签订借款合同但未发放的贷款额度）－基准期其他银行已签订借款合同但未发放的贷款额度+地方政府5年内拟偿还的已有债务本金。

四、地方政府信用风险评价指标[①]

一、地区经济发展基础条件			
地区经济发展基础条件	地理位置对应得分×20%＋资源禀赋对应得分×20%＋基础设施对应得分×30%＋居民收入水平对应得分×30%。	20%	经济实力（30%）
二、经济规模			
实际地区生产总值	取近3年加权平均值，权重分别为50%、30%、20%。	40%	
人均地区生产总值	地区生产总值取近3年加权平均值，权重分别为50%、30%、20%。	20%	
三、经济结构			
经济结构	三次产业结构占比对应得分×40%＋对单一产业依赖性对应得分×40%＋出口对经营影响对应得分×20%。	20%	

[①] 参考中债资信评估有限责任公司关于地方政府信用风险评价方法。

续表

四、财政收入规模			
全地区政府综合财力	取近3年加权平均值,权重分别为50%、30%、20%;对于土地出让收入某一年度增速超过100%的特殊情况下,可以将该年度权重作相应调低。	15%	财政实力(50%)
本级政府综合财力	取近3年加权平均值,权重分别为50%、30%、20%;对于土地出让收入某一年度增速超过100%的特殊情况下,可以将该年度权重作相应调低。	10%	
人均政府综合财力	取近3年加权平均值,权重分别为50%、30%、20%;对于土地出让收入某一年度增速超过100%的特殊情况下,可以将该年度权重作相应调低。	10%	
五、财政支出弹性			
财政支出弹性	通过刚性支出/地方政府财政支出衡量地方政府财政支出弹性,刚性支出占比越低,地方政府的财政支出可调节性越大。	15%	
六、财政收入稳定性及收支平衡程度			
财政收入稳定性及收支平衡程度	财政收入稳定性占比对应得分×60% + 财政收支平衡性对应得分×40%。通常而言,税收占比越高,政府性基金占比适中(20%~35%),税收来源分散,转移支付中自由支配资金占比越高,且未来土地出让规模相对稳定,则地方政府财政收入稳定性越高;上级转移收入占比越高,地区财政收支平衡程度越差。	10%	
七、债务指标			
政府债务率	债务余额/地方政府综合财力。地方政府综合财力取近三年加权平均值,权重分别为50%、30%、20%;对于土地出让收入某一年度增速超过100%的特殊情况下,可以将该年度权重作相应调低。	20%	
偿债率	债务余额/可偿债资金,地方政府综合财力扣除刚性支出后的资金可以反映政府可以用来偿还债务的资金情况。	20%	
八、信息透明度			
经济、财政、债务数据披露情况	经济信息透明度对应得分×20% + 财政信息透明度对应得分×40% + 债务信息透明度×40%。	50%	政府治理(20%)
九、财政和债务管理情况			
财政、政府债务管理制度完成程度及执行情况	政府制定了响应的财政预算管理办法×20% + 公布对预算执行情况的审计报告×40% + 制定了政府性债务管理办法×40%。	50%	

第四节 政府融资平台与地方政府性债务

一、政府投融资平台公司

(一) 融资平台界定

地方政府投融资平台公司是指地方政府通过划拨土地、股权、债权、税费返还等资产而设立的能够用于向社会融资以用于市政基础设施和公用事业等项目建设的公司，一般情况下地方政府对于投融资平台公司的融资会提供政府财政担保承诺。银监会《关于加强融资平台贷款风险管理的指导意见》（银监发〔2010〕110号）将地方政府融资定义为："地方政府及其部门或机构、所属事业单位等通过财政拨款或注入土地、股权等资产设立，具有政府公益性项目投融资功能，并拥有独立法人资格的经济实体。"地方政府投融资平台主要表现为城市建设投资公司、建设开发公司、投资开发公司、投资控股公司、投资集团公司、国有资产运营公司、国有资本经营管理中心等，以及诸如交通投资公司等行业性投资公司。

财政部、发改委、人民银行和银监会于2012年12月24日联合发布了《关于制止地方政府违法违规融资行为的通知》（财预〔2012〕463号）：地方政府不得以政府办公楼、学校、医院、公园等公益性资产作为资本注入融资平台公司，不得以储备土地注资融资平台公司，不得承诺将储备土地预期收入作为融资平台公司偿债资金来源；以土地使用权注资融资平台公司的，必须经过法定的出让或者划拨手续。以出让方式注资的，融资平台公司必须及时足额缴纳土地出让收入并取得国有土地使用权证；以划拨方式注资的，必须经过有关部门依法批准并严格用于指定用途。

(二) 融资平台的职责

《预算法》第三十五条规定，地方各级预算按照量入为出、收支平衡的原则编制，不列赤字。除法律和国务院另有规定外，地方政府不得发行地方政府债券。根据该规定可知，我国法律不准地方政府发行地方政府债券。在中华人民共和国成立后，地方政府曾经发行过地方政府债券，但是后来国家叫停了地方政府债券的发行。1994年的分税制改革虽然加强了中央政府的财政实力,但是削弱了地方政府的财政实力;由于地方政府需要承担大量的基础设施、公用事业建设等公共事务支出,地方政府财政收入往往不足以承担公共建设的资金需求,因此地方政府通过设立融资平台公司向社会融资用于政府项目建设。

地方政府投融资平台替政府承担向社会筹措资金的任务,所筹措的资金主要用于交通基础设施建设(具体包括:高速公路、一级公路、二级及以下公路、铁路、港口码头等水运设施、机场等航运设施、其他交通基础设施)、市政基础设施建设(具体包括:城市道路建设及改造、地铁及轻轨、水电气热等城市公用设施、城市片区改造、其他市政基础设施)、水利及农村基础设施建设、环境保护相关设施建设、工业园区建设、土地储备、保障性安居工程建设以及其他社会公共事业。地方政府融资平台的还款来源主要包括:自身经营性现金流、土地出让收入、专项费用返还收入、专项税收返还收入、地方财政兜底以及采取BOT或者类似模式所产生的直接或间接收入。

二、地方政府债务问题[①]

(一) 政府性债务情况

1. 全国政府性债务规模情况

年度	政府层级	政府债务 (政府负有偿还责任的债务)	政府或有债务	
			政府负有担保责任的债务	政府可能承担一定救助责任的债务
2012年年底	中央	94376.72	2835.71	21621.16
	地方	96281.87	24871.29	37705.16
	合计	190658.59	27707.00	59326.32
2013年6月底	中央	98129.48	2600.72	23110.84
	地方	108859.17	26655.77	43393.72
	合计	206988.65	29256.49	66504.56

---

① 根据审计署2013年12月30日公告《全国政府性债务审计结果》的数据。

2. 地方政府性债务情况

（1）地方各级政府性债务规模情况

	政府层级	政府债务（政府负有偿还责任的债务）	政府或有债务	
			政府负有担保责任的债务	政府可能承担一定救助责任的债务
2013年6月底	省级	17780.84	15627.58	18531.33
	市级	48434.61	7424.13	17043.70
	县级	39573.60	3488.04	7357.54
	乡镇	3070.12	116.02	461.15
	合计	108859.17	26655.77	43393.72

（2）地方政府性债务余额举借主体情况

	举债主体类别	政府债务（政府负有偿还责任的债务）	政府或有债务	
			政府负有担保责任的债务	政府可能承担一定救助责任的债务
2013年6月底	融资平台公司	40755.54	8832.51	20116.37
	政府部门和机构	30913.38	9684.20	0.00
	经费补助事业单位	17761.87	1031.71	5157.10
	国有独资或控股企业	11562.54	5754.14	14039.26
	自收自支事业单位	3462.91	377.92	2184.63
	其他单位	3162.64	831.42	0.00
	公用事业单位	1240.29	143.87	1896.36
	合计	108859.17	26655.77	43393.72

（3）地方政府性债务资金来源情况

	债权人类别	政府债务（政府负有偿还责任的债务）	政府或有债务	
			政府负有担保责任的债务	政府可能承担一定救助责任的债务
2013年6月底	银行贷款	55252.45	19085.18	26849.76
	BT	12146.30	465.05	2152.16
	发行债券	11658.67	1673.58	5124.66
	其中：地方政府债券	6146.28	489.74	0.00

续表

	债权人类别	政府债务 （政府负有偿还责任的债务）	政府或有债务	
			政府负有担保责任的债务	政府可能承担一定救助责任的债务
2013年 6月底	企业债券	4590.09	808.62	3428.66
	中期票据	575.44	344.82	1019.88
	短期融资券	123.53	9.13	222.64
	应付未付款项	7781.90	90.98	701.89
	信托融资	7620.33	2527.33	4104.67
	其他单位和个人借款	6679.41	552.79	1159.39
	垫资施工、延期付款	3269.21	12.71	476.67
	证券、保险业和其他金融机构融资	2000.29	309.93	1055.91
	国债、外债等财政转贷	1326.21	1707.52	0.00
	融资租赁	751.17	193.05	1374.72
	集资	373.23	37.65	393.89
	合计	108859.17	26655.77	43393.72

（4）地方政府性债务余额支出投向情况

	债务支出投向类别	政府债务 （政府负有偿还责任的债务）	政府或有债务	
			政府负有担保责任的债务	政府可能承担一定救助责任的债务
2013年 6月底	市政建设	37935.06	5265.29	14830.29
	土地储备	16892.67	1078.08	821.31
	交通运输设施建设	13943.06	13188.99	13795.32
	保障性住房	6851.71	1420.38	2675.74
	教科文卫	4878.77	752.55	4094.25
	农林水利建设	4085.97	580.17	768.25
	生态建设和环境保护	3218.89	434.60	886.43
	工业和能源	1227.07	805.04	260.45
	其他	12155.57	2110.29	2552.27
	合计	101188.77	25635.39	40684.31

（5）地方政府性债务余额未来偿债情况

	偿债年度	政府债务 （政府负有偿还责任的债务）		政府或有债务	
				政府负有担保责任的债务	政府可能承担一定救助责任的债务
2013年6月底	2013年7月至12月	24949.06	22.92%	2472.69	5522.67
	2014年	23826.39	21.89%	4373.05	7481.69
	2015年	18577.91	17.06%	3198.42	5994.78
	2016年	12608.53	11.58%	2606.26	4206.51
	2017年	8477.55	7.79%	2298.60	3519.02
	2018年及以后	20419.73	18.76%	11706.75	16669.05
	合计	108859.17	100.00%	26655.77	43393.72

（二）地方政府性债务管理

国务院办公厅于2014年9月21日下发《关于加强地方政府性债务管理的意见》，明确赋予地方政府依法适度举债融资权限，加快建立规范的地方政府举债融资机制，坚决制止地方政府违法违规举债。《意见》的主要内容可以概括如下：

1. 地方政府举债权限与规模

（1）举债权限：省、自治区、直辖市可以经过国务院的批准适度举借债务，市县级政府不得自行举借债务，但可以由省、自治区、直辖市代为举借；政府债务不得通过企事业单位举借，只能通过政府及其相关部门举借。如果地方政府出现偿债困难时，应当通过多渠道筹集资金偿还债务，中央政府实行不救助原则。

（2）举债规模：国务院确定地方政府债务规模的上限并报全国人大或全国人大常委会批准，地方政府一般债务和专项债务规模纳入限额管理；分地区债务限额由财政部在全国人大或全国人大常委会批准的地方政府债务规模内根据各地区债务风险、财力状况等因素测算并报国务院批准。地方政府在国务院批准的分地区限额内的具体举债规模无须国务院审批，但必须报本级人大或人大常委会批准。

2. 地方政府举债融资机制

（1）难以吸引社会资本参与、确实需要政府举债的公益性项目，由政府发行债券融资。地方政府发行一般债券融资（一般债务），用于没有收益的公益性事业的发展，主要以一般公共预算收入偿还；地方政府发行专项债券融资（专项债务），用于有一定收益的公益性事业发展，以对应的政府性基金或专项收入偿还。

（3）供水供气、垃圾处理等具有一定收益的公益性事业可以通过特许经营等方式吸引社会资本参与投资和运营，政府通过特许经营权、合理定价、财政补贴等事先公开的收益约定规则，使社会资本投资者获得长期稳定的收益。社会资本投资者或者项目公司可以通过市场化方式举借债务，并自行承担偿债责任，政府不承担偿债责任。

（4）商业房地产开发等经营性项目要与政府脱钩，完全推向市场，债务转化为一般企业债务。

3. 存量债务处置

由地方政府及其部门直接举借的，以及由企事业单位举借而属于政府应当偿还的存量债务纳入一般债务和专项债务，并逐级报经国务院批准后分类纳入预算管理。处理存量债务要遵循市场化原则，具体分为如下四种情形：

（1）偿债能力充足：对于项目自身运营收入能够按时还本付息的债务，则继续通过项目自身收入予以偿还。

（2）偿债能力不足：对于项目自身运营收入不足以还本付息的债务，可以通过依法注入优质资产、加强经营管理和改革力度等措施，提高项目盈利能力，以增强偿债能力。

（3）无偿债能力：对于确实需要地方政府偿还的债务，地方政府可以通过处置政府资产等方式切实履行相应的偿债责任。对于确实需要地方政府承担担保或救助责任的债务，地方政府应当根据相关协议约定，切实履行相应的担保或救助义务。

（4）债务违约：对于确实已经形成损失的存量债务，债权人则需要根据商业化原则承担损失等相应责任。

三、融资平台的清理整顿

（一）概述

1. 清理整顿背景

2008年下半年，美国金融危机爆发，为了应对严峻复杂的国内外经济形势，国家实施积极的财政政策和适度宽松的货币政策，并提出了包括4万亿元投资计划在内的一系列政策措施。为了解决地方政府配套资金来源的问题，地方政府投融资平台积极承担了融资职能，由此地方政府及融资平台的债务迅速扩大，相应地也积聚了一定程度的系统性风险。

2010年6月13日，国务院发布了《关于加强地方政府融资平台公司管理有关问题的通知》（国发〔2010〕19号）。财政部、发改委、人民银行、银监会联合发布了《关于贯彻〈国务院关于加强地方政府融资平台公司管理有关问题的通知〉相关事项的通知》（财预〔2010〕412号）。

2. 清理整顿基本原则

国务院关于地方政府融资平台公司的清理整顿工作的基本原则包括四个方面：逐包打开、逐笔核对、重新评估、整改保全，具体要求分别如下：

逐包打开：要将贷款包内的每笔贷款一一对应到合格的项目，甄别贷款包的潜在风险，确实存在合规性问题和风险问题的，要采取相应保全措施。

逐笔核对：对融资平台公司贷款进行逐笔核实查对，从借款主体、担保主体、贷款管理等方面查找贷款存在的风险和问题。

重新评估：重新评估贷款对应的项目的合规性和可行性，项目的效益性以及还款来源的充足性和持续性，项目资本金的可靠性，项目融资需求的合理性，项目资金使用的真实性等方面存在的风险和问题，确保项目债务水平与还款水平相匹配。

整改保全：针对自查发现的风险和问题，在制度建设、项目合规性、贷款管理、操作流程、还款来源、抵押担保等方面采取的整改保全措施。

（1）对于清理规范后自身具有稳定的经营性现金流，能够全额偿还贷款本息且符合一般商业公司经营性质的融资平台公司，银行应将该类公司的贷款整体纳入一般公司类贷款进行管理；

（2）对于清理规范后自身具有一定的经营性现金流，能够部分偿还贷款本息的融资平台公司，银行应采取补充完善合同手续、增加新的借款主体和担保主体等整改保全措施，强化还款约束，将其中规范后满足一般公司类贷款条件的贷款从融资平台公司中剥离，纳入一般公司类贷款管理。

（二）清理整顿范围

纳入清理规范范围的地方政府融资平台债务包括：

（1）融资平台公司因承担公益性项目建设举债，主要依靠财政性资金偿还的债务。主要是指偿债资金70%及以上来源于一般预算资金、政府性基金预算收入、国有资本经营预算收入、预算外收入等财政性资金的债务。但是已注入融资平台公司的土地使用权出让收入、因承担政府公益性项目获得的土地使用权出让收入、车辆通行费等专项收费收入除外；

（2）融资平台公司因承担公益性项目建设举债，项目本身有稳定经营性收入并主要依靠自身收益偿还的债务；

（3）融资平台公司因承担非公益性项目建设举借的债务。

根据财预〔2010〕412号文件，"公益性项目"是指为社会公共利益服务、不以营利为目的，且不能或不宜通过市场化方式运作的政府投资项目，如市政道路、公共交通等基础设施项目，以及公共卫生、基础科研、义务教育、保障性安居工程等基本建设项目。

（三）清理整顿措施

1. 融资平台的清理整顿：

（1）融资平台公司按照如下四类分别进行清理规范：

第一类：只承担公益性项目融资任务，并且主要依靠财政性资金偿还债务的融资平台（公益性项目融资任务＋财政资金还款）。该类融资平台公司今后不得再承担融资任务，地方政府在明确还债责任和落实还款措施后，必须对公司作出妥善处理。

第二类：不仅承担公益性融资任务，同时还承担公益性项目建设和运营任务的融资平台公司（公益性项目融资任务＋公益性项目建设运营）。该类融资平台公司要在落实偿债责任和措施后剥离融资业务，不再保留融资平台职能。

第三类：承担有稳定经营性收入的公益性项目融资任务①，并且可以自身经营收益来偿还债务的融资平台公司（公益性项目融资任务＋自身经营收入还款）。

第四类：承担非公益性项目融资任务的融资平台公司（非公益性融资任务）。第三、四类融资平台公司需要充实资本金、完善公司治理结构，按照一般商业化原则经营运作。

如果以后地方政府确需设立融资平台公司，应当按照法律法规的规定设立注册，且应足额注入资本金，但为社会公共利益服务，且依据有关法律法规规定不能或不宜变现的公益性资产不得作为资本金注入融资平台公司，如学校、医院、公园、广场、党政机关及经费补助事业单位办公楼，以及市政道路、水利设施、非收费管网设施等不能带来经营性收入的基础设施等。

（2）分类处置措施

整改为公司类贷款：经核查评估和整改后，2010年8月末已经具备商业化贷款条件，即自身具有稳定的经营性现金流、能够全额偿还贷款本息的，拟整体转化为一般公司类贷款进行管理的贷款余额。

保全分离为公司类贷款：经核查评估后，部分贷款有望达到商业化贷款条件，即自身具有一定的经营性现金流、能够部分偿还贷款本息的，通过项目剥离、公司重组、增加新的借款主体和担保主体，经验收合格后，按照"达标一笔分离一笔"的原则，将其从平台贷款中分离为一般公司类贷款的余额。

清理回收：拟直接回收的贷款余额。

仍按平台处理的贷款：除上述三种处置方式外，仍纳入地方政府融资平台贷款管理的贷款余额。

2. 融资管理与信贷管理

（1）融资平台公司向金融机构融资必须落实到具体的项目，并以法人作为承贷主体；贷款资金应用于项目本身，承贷主体应为具有独立承担民事责任能力的市场主体。

（2）地方各级政府要严格审核项目投资预算和资金来源，各类资金主要集中用于项目续建和收尾，严格控制新开工项目。

---

① "对承担有稳定经营性收入的公益性项目融资任务并主要依靠自身收益偿还债务"主要是指融资平台公司因承担公益性项目融资任务举债，且偿债资金70%及以上来源于公司自身收益，其中包括已注入融资平台公司的土地出让金收入和车辆通行费等其他经营性收入。

（3）对还款来源主要依靠财政性资金的公益性在建项目，不得再继续通过融资平台公司融资，应通过财政预算、市场化引导社会资金等方式解决建设资金问题。但是对按照《公路法》《国务院关于加强国有土地资产管理的通知》等法律和国务院规定可以融资的项目，以及经国务院核准或审批的重大项目，如城市快速轨道交通项目等，可暂时继续执行既定的融资计划。

（4）金融机构应按照商业化原则严格规范信贷管理。对于没有稳定现金流作为还款来源的，不得发放贷款。

（5）向融资平台公司新发贷款要直接对应项目，并严格执行国家有关项目资本金的规定。

（6）要按照要求将符合抵押、质押条件的项目资产或者项目预期收益等权利作为贷款的担保。

（四）平台退出管理

1. 融资平台风险分类定性

根据动态调整风险定性的要求，按照借款人自身现金流覆盖应付债权本息的比例，融资平台可以以"全覆盖、基本覆盖、半覆盖和无覆盖"四类进行风险定性：①"全覆盖"是指借款人自有现金流量占其全部应还债务本息的比例为100%及以上；②"基本覆盖"是指借款人自有现金流量占其全部应还债务本息的比例为70%（含）至100%之间；③"半覆盖"是指借款人自有现金流量占其全部应还债务本息的比例为30%（含）至70%之间；④"无覆盖"是指借款人自有现金流占其全部应还债务本息的比例为30%以下。

可以计入现金流的还贷资金来源：①借款人自身经营性收入；②已明确归属于借款人的专项规费收入。除车辆通行费外，还可以包括具有法律约束力的差额补足协议所形成的补差收入，具有质押权的取暖费、排污费、垃圾处理费等稳定有效的收入；③借款人拥有所有权和使用权的自有资产可变现价值。地方政府提供的信用承诺、没有合法土地使用权证的土地预期出让收入（专业土地储备机构除外）、一般预算资金、政府性基金预算收入、国有资本经营预算收入、预算外收入等财政性资金承诺，均不得计入借款人自有现金流。

2. 平台退出的条件与程序

（1）平台退出的条件

对于融资平台实行名单制管理，各银行总行或其他金融机构总部统一规划确定融资平台名单后向监管部门备案，不得向名单制管理系统外的融资平台发放贷款。对于融资平台实行退出分类制度，对融资平台划分为"仍按平台管理类"和"退出为一般公司类"。

融资平台的退出需要满足如下条件：①符合现代公司治理要求，属于按照商业化原则运作的企业法人；②资产负债率70%以下，财务报告经过会计师事务所审计；③各债权银行的风险定性为全覆盖；④存量贷款中需要财政偿还的部分已经纳入地方财政预算管理并已落实预算资金来源，且存量贷款的抵押担保、贷款期限、还款方式等已经整改合格；⑤诚信经营、无违约记录，可持续独立发展。

（2）平台退出的程序

融资平台退出按照如下程序进行：牵头行发起、各总行审批、三方签字、退出承诺、监管备案。对于不符合有关退出监管要求、违背退出程序和贷款承诺的，各总行应当及时向融资平台属地监管机构反馈并重新纳入平台管理，各银行不得向"退出类"平台公司发放保障性住房和其他公益性项目贷款。

（五）新增贷款要求

对于融资平台新发放的贷款必须符合如下条件：①现金流全覆盖；②抵押担保符合现行规定，不存在地方政府及所属事业单位、社会团体直接或间接担保，且存量贷款已在抵押担保、贷款期限、还款方式等方面整改合格；③融资平台存量贷款中需要财政偿还的部分已纳入地方财政预算管理，并已落实预算资金来源；④借款人为本地融资平台；⑤资产负债率低于80%；⑥符合财预〔2012〕463号文件的要求。

"仍按平台管理类"新发放贷款由总行统一授信和审批，投向主要限定为：①符合《公路法》的收费公路项目；②国务院审批或核准通过且资本金到位的重大项目；③符合《关于加强土地储备与融资管理的通知》（国土资发〔2012〕162号）要求，已列入国土资源部名录的土地储备机构的土地储备贷款；④保障性安居工程建设项目；⑤工程进度达到60%以上，且现金流测算达到全覆盖的在建项目。

（六）担保措施规范

地方政府在出资范围内对融资平台公司承担有限责任，对于融资平台公司的新增债务，地方政府仅以出资额为限承担有限责任，以实现融资平台公司债务风险内部化。如果债务人无法偿还全部债务，债权人也应承担相应责任。

地方各级政府及其所属部门、机构和主要依靠财政拨款的经费补助事业单位，均不得以财政性收入、行政事业等单位的国有资产或者其他任何直接、间接形式为融资平台公司融资行为提供担保。主要包括：（1）为融资平台公司融资行为出具担保函；（2）承诺在融资平台公司偿债出现困难时，给予流动性支持，提供临时性偿债资金；（3）承诺当融资平台公司不能偿付债务时，承担部分偿债责任；承诺将融资平台公司的偿债资金安排纳入政府预算。

债权人完善贷款的担保措施时应当遵守如下原则：不得再接受地方政府以直接或间接形式提供的任何担保和承诺；不得再接受以学校、医院、公园等公益性资产作为抵质押品；不得再接受以无合法土地使用权证的土地预期出让收入承诺作为抵押、质押。

第五节 政府和社会资本合作业务

一、政府和社会资本合作模式[①]

（一）主要模式

1. 委托运营

政府将存量公共资产的运营维护职责委托给社会资本或项目公司，社会资本或项目公司负责用户服务的政府和社会资本合作项目运作方式。政府保留资产所有权，只向社会资本或项目公司支付委托运营费。合同期限一般不超过 8 年。

2. 管理合同

政府将存量公共资产的运营、维护及用户服务职责授权给社会资本或项目公司的项目运作方式。政府保留资产所有权，只向社会资本或项目公司支付管理费。

---

① Public – Private Partnership，简称 PPP。

管理合同通常作为转让–运营–移交的过渡方式，合同期限一般不超过3年。

3. 建设–运营–移交（BOT）

社会资本或项目公司承担新建项目设计、融资、建设、运营、维护和用户服务职责，合同期满后项目资产及相关权利等移交给政府的项目运作方式。合同期限一般为20~30年。

4. 建设–拥有–运营（BOO）

由BOT方式演变而来，二者的区别主要是BOO方式下社会资本或项目公司拥有项目所有权，但必须在合同中注明保证公益性的约束条款，一般不涉及项目期满移交。

5. 转让–运营–移交（TOT）

政府将存量资产所有权有偿转让给社会资本或项目公司，并由其负责运营、维护和用户服务，合同期满后资产及其所有权等移交给政府的项目运作方式。合同期限一般为20~30年。

6. 改建–运营–移交（ROT）

政府在TOT模式的基础上，增加改扩建内容的项目运作方式。合同期限一般为20~30年。

（二）模式选择

1. 经营性项目

具有明确的收费基础，且经营收费能够完全覆盖投资成本的项目，可以通过政府授予特许经营权，采用建设–运营–移交（BOT）、建设–拥有–运营–移交（BOOT）等模式开展政府和社会资本的合作。

2. 准经营性项目

经营收费不足以覆盖投资成本、需要政府补贴部分资金或资源的项目，可以通过政府授予特许经营权附加部分补贴或直接投资参股等措施，采用建设–运营–移交（BOT）、建设–拥有–运营（BOO）等模式开展政府和社会资本的合作。

3. 非经营性项目

缺乏"使用者付费"基础，主要依靠"政府付费"回收投资成本的项目，可以通过政府购买服务，采用建设–拥有–运营（BOO）、委托运营等市场化模式开展政府和社会资本的合作。

二、政府和社会资本合作操作流程

(一) 项目识别

①项目发起：采用政府和社会资本合作模式的基础设施及公共服务类项目应当具备投资规模较大、需求长期稳定、价格调整机制灵活、市场化程度较高等特点。

由政府发起的，财政部门应向各行业主管部门征集，并由各行业主管部门从新建、改建项目或存量公共资产中遴选潜在的项目。

由社会资本发起的，社会资本应以项目建议书的方式向财政部门推荐潜在的政府和社会资本合作项目。

②项目筛选：财政部门根据其与行业主管部门对潜在项目的评估筛选结果制订项目年度和中期开发计划。

列入年度开发计划的新建、改建项目，项目发起方应提交可行性研究报告、项目产出说明和初步实施方案。

列入年度开发计划的存量项目，项目发起方应提交存量公共资产的历史资料、项目产出说明和初步实施方案。

③物有所值评价[1]：财政部门会同行业主管部门通过定性评价和定量评价两个方面开展物有所值的评价工作。

④财政承受能力论证：财政部门根据项目的全生命周期内的财政支出、政府债务等因素，对部分政府付费或政府补贴的项目，开展财政承受能力论证，每年政府付费或政府补贴等财政支出不得超过当年财政收入的一定比例。

(二) 项目准备

①管理架构组建：政府或其指定的有关职能部门或事业单位可作为项目实施机构，负责项目准备、采购、监管和移交等工作。

②实施方案编制：项目实施机构应组织编制项目实施方案，项目实施方案包括项目概况、风险分配基本框架、项目运作方式、交易结构、合同体系、监

---

[1] 物有所值是指一个组织运用其可利用资源所能获得的长期最大利益。物有所值评价是国际上普遍采用的一种评价政府提供的公共产品和服务是否可运用政府和社会资本合作模式的评估体系，旨在实现公共资源配置利用效率最优化。

管架构、采购方式选择。①

③实施方案审核：财政部门对项目实施方案进行物有所值和财政承受能力验证通过后，由项目实施机构报政府审核。

(三) 项目采购

1. 资格预审

项目实施机构根据项目需要开展资格预审工作。项目有 3 家以上社会资本通过资格预审的，项目实施机构可以继续开展采购文件准备工作；项目通过资格预审的社会资本不足 3 家的，项目经调整实施方案并重新进行资格预审后，合格的社会资本仍不够 3 家的，可以依法调整实施方案的采购方式。

2. 采购文件编制

项目采购文件应包括采购邀请、竞争者须知、竞争者应提供的资格资信及业绩证明文件、采购方式、政府对项目实施机构的授权、实施方案的批复和项目相关审批文件、采购程序、响应文件编制要求、提交响应文件截止时间、开启时间及地点、强制担保的保证金交纳数额和形式、评审方法、评审标准、政府采购政策要求、项目合同草案及其他法律文本等。

3. 响应文件评审

评审小组由项目实施机构代表和评审专家共 5 人以上单数组成，其中评审专家人数不得少于评审小组成员总数的 2/3。评审专家可以由项目实施机构自行选定，但评审专家中应至少包括 1 名财务专家和 1 名法律专家。项目实施机构代表不得以评审专家身份参加项目的评审。

4. 谈判与合同签署

项目实施机构成立的采购结果确认谈判工作组根据候选社会资本的排名，依次与候选社会资本及与其合作的金融机构就合同中可变的细节问题进行合同签署前的确认谈判。率先达成一致的即为中选者。

---

① 项目概况包括：基本情况、经济技术指标、项目公司股权等；风险分配基本框架：项目设计、建造、财务和运营维护等商业风险由社会资本承担，法律、政策和最低需求等风险由政府承担，不可抗力等风险由政府和社会资本合理共担；项目运作方式包括：委托运营、管理合同、BOT、BOO、TOT、ROT 等；交易结构包括：项目投融资结构、回报机制和相关配套安培；合同体系主要包括：项目合同、股东合同、融资合同、工程承包合同、运营服务合同、原料供应合同、产品采购合同和保险合同等；监管架构主要包括：授权关系和监管方式；采购方式选择主要包括：公开招标、竞争性谈判、邀请招标、竞争性磋商和单一来源采购。

确认谈判完成后，项目实施机构应与中选社会资本签署确认谈判备忘录，并将采购结果和拟定的合同文本进行公示。公示期不得少于5个工作日，公示期满无异议的项目合同，应在政府审核同意后，由项目实施机构与中选社会资本签署。

（四）项目执行

1. 项目公司设立

社会资本可以依法设立项目公司，政府可以指定相关机构依法参股项目公司。

2. 融资管理

项目融资由社会资本或项目公司负责。如果社会资本或项目公司未能按照项目合同约定完成融资的，政府可以提取履约保函直至终止项目合同。

3. 绩效监测与支付

项目实施机构应根据项目合同约定，定期监测项目产出绩效指标，编制季报和年报，并报财政部门备案。

政府有支付义务的，财政部门应根据中长期财政规划，纳入同级政府预算；项目实施机构应根据项目合同的约定，按照实际绩效直接或通知财政部门向社会资本或项目公司及时足额支付。

4. 中期评估

项目实施机构应每3~5年对项目进行中期评估，重点分析项目运行状况和项目合同的合规性、适应性和合理性。

（五）项目移交

1. 移交准备

项目实施机构或政府指定的其他机构组建项目移交工作组，代表政府收回项目合同约定的项目资产。

项目移交的范围通常包括：①项目设施；②项目土地使用权及与项目用地相关的其他权利；③与项目设施相关的设备、机器、装置、零部件、备品备件以及其他动产；④项目实施相关人员；⑤运营维护项目设施所要求的技术和技术信息；⑥与项目设施有关的手册、图纸、文件和资料；⑦移交项目所需的其他文件。

项目移交还应当符合如下的条件和标准：①权利条件和标准：项目设施、土地及所涉及的任何资产不存在权利瑕疵，其上未设置任何担保及其他第三人的权利。②技术条件和标准：项目设施应符合双方约定的技术、安全和环保标准，并处于良好的运营状况。

2. 性能测试

项目移交工作组应委托资产评估机构对移交资产进行资产评估，项目移交工作组应严格按照性能测试方案和移交标准对移交资产进行性能测试。评估和测试工作通常由政府委托的独立专家或者由政府和项目公司共同组成的移交工作组负责。

经过评估和测试，项目状况不符合约定的移交条件和标准的，政府有权提取移交维修保函，并要求项目公司对项目设施进行相应的恢复性修理、更新重置，以确保项目在移交时满足约定要求。

3. 资产交割

社会资本或项目公司应将满足性能测试要求的项目资产、知识产权和技术法律文件，连同资产清单移交项目实施机构或政府指定的其他机构，办妥法律过户和管理权移交手续。

资产交割除项目资产的法律过户和管理权限移交外，还需要办理项目相关合同的转让和相关技术转让。资产交割时，项目公司在项目建设运营阶段签订的仍需要继续履行的重要合同，需要由项目公司转让给政府或政府制定的其他机构。项目公司应将项目运营维护所需要的所有技术全部移交给政府或政府制定的其他机构，并确保政府或政府指定的其他机构不会因使用这些技术而遭受任何侵权索赔。

4. 绩效评价

项目移交完成后，财政部门应组织有关部门对项目产出、成本效益、监管成效、可持续性、政府和社会资本合作模式应用等进行绩效评价，并按相关规定公开评价结果。

三、政府和社会资本合作付费机制

（一）使用者付费

1. 定义

使用者付费是指由最终消费用户直接付费购买公共产品和服务，项目公司以此回收项目的建设和运营成本并获取合理收益。使用者付费通常适用于高速公路、桥梁、地铁等公共交通项目以及供水、供热等部分公用设施。

2. 使用条件

采用使用者付费机制需要综合考虑如下因素：①项目使用需求测算：项目需求量是社会资本进行项目财务测算的重要依据，项目需求量是否可测算以及预测需求量的多少是决定社会资本是否愿意承担需求风险的关键因素。②使用者付费的可操作性：采用使用者付费的项目应当具备收费的可操作性。如果项目公司向使用者收费不实际或者不经济，则不适宜采用使用者付费机制。

【示例】公路的出入口过多，致使车流量难以有效控制，则该公路项目采用使用者付费机制不具有可操作性。再如，项目收费实行政府定价或指导价，如果按照政府定价或指导价无法保障项目公司回收投资成本并获得合理收益，则该项目无法采用使用者付费机制。

3. 收益平衡机制

收益平衡机制包括唯一性条款和超额利润限制机制：①唯一性条款是指项目公司为了能够获得稳定的融资支持和投资回报，在项目合同中增加唯一性条款，要求政府承诺在一定期限内不得在项目附近新建竞争性项目。②如果使用者需求激增或收费价格上涨，致使项目公司可能因此获得超过合理预期的超额利润。政府可以设定投资回报率上限，超过上限的部分归政府所有，或者超额利润由项目公司和政府按比例分成等超额利润限制机制。

（二）可行性缺口补助：

1. 定义

使用者付费不足以满足社会资本或项目公司成本回收和合理回报，而由政府以财政补贴、股本投入、优惠贷款和其他优惠政策的形式，给予社会资本或项目公司的经济补助。可行性缺口补助是在政府付费机制与使用者付费机制之外的一种折中选择，主要用以弥补使用者付费不足的缺口，以使项目具有商业上的可行性。

2. 补助方式

可行性缺口补助通常有投资补助、价格补贴以及其他方式：①投资补助是指在指定项目融资计划时或签署项目合同前，确定政府的投资额度，由政府无偿提供部分项目建设资金。②如果因为政府定价或指导价较低致使使用者付无法覆盖项目投资成本和合理投资收益，政府应当给予项目公司一定的价格补贴。③可行性缺口补助还包括政府无偿划拨土地、提供优惠贷款及贷款贴息、投资入股、放弃项目公司中政府股权的分红权、授予项目周边土地商业等开发收益权等方式。

（三）政府付费

政府直接付费购买公共产品和服务，主要包括可用性付费、使用量付费和绩效付费。政府付费的依据主要是设施可用性、产品和服务使用量和质量等要素。

1. 可用性付费

可用性付费是指政府依据项目公司所提供的项目设施或服务是否符合合同约定的标准和要求来付费。可用性付费的适用条件包括：①相对于项目设施或服务的实际使用量，政府更关注项目设施或服务的可用性（如体育场馆）。②相对于项目公司，政府对于项目设施或服务的需求更有控制力，且政府决定承担需求风险（如学校、医院等）。

对于项目设施或服务不符合"可用性"的情形，通常会设置不同比例扣减机制、宽限期、不可用设施或服务仍需使用的情形下的处理、计划内暂停服务的认定、豁免事由等项目合同条款。

【示例】比如体育场馆项目，政府更关注的是场馆及设施的可用；对于学校、医院项目，政府能够对生源、就医等需求量有较好的控制度，因此政府可以承担其中的需求风险。

2. 使用量付费

使用量付费是指政府主要依据项目公司所提供的项目设施或服务的实际使用量来付费。使用量付费模式中，项目的需求风险通常由项目公司承担，因此项目公司需要对拟建项目的潜在需求量进行测算。

【示例】比如垃圾处理项目，政府可以根据日垃圾处理量进行付费。

3. 绩效付费

绩效付费是指政府依据项目公司所提供的公共产品或服务的质量付费，通常会与可用性付费或者使用量付费搭配使用。PPP项目采用绩效付费机制的，政府和项目公司应当根据项目的特点和实际情况，设置适当的绩效标准及绩效监控机制。项目合同根据设施或服务在整个项目中的重要程度以及未达到绩效标准的情形和影响程度，分别设置相应的政府付费扣减比例；如果项目长期或者多次无法达到绩效标准，或者未达绩效标准的情形非常严重，可能构成严重违约而导致项目合同终止。

四、承诺与担保机制与安排

（一）政府承诺

PPP项目合同中通常包括政府承诺条款，用以明确政府在PPP项目实施过程中的主要义务。通常而言，政府承诺需要同时具备如下两个前提：一是如果没有政府承诺，则会导致项目的效率降低、成本增加，甚至无法实施；二是政府有能力控制和承担该承诺义务。

（1）付费或补助承诺：在采取政府付费及可行性缺口补助机制的项目中，应当约定政府按照合同约定的时间和金额付费或提供补助的义务。

（2）提供或协助获取项目土地承诺：在特定的PPP项目中，需要政府承诺提供项目有关土地的使用权或者为项目公司取得项目土地相关权利提供必要便利。

（3）提供项目连接设施承诺：需要政府建设或者政府和项目公司共同建设的项目配套设施，以完成项目与现有相关基础设施和共用事业的对接，项目合同合同需要明确政府的建设义务。

【示例】对于电力项目，需要建设输电线路以及其他辅助连接设施用益实现上网或并网发电，该部分连接设施可能由政府建设或者政府与项目公司共同建设。

（4）办理政府审批手续承诺：项目公司无法自行获得或者由政府办理更为便利的审批，甚至可能会直接规定由政府负责办理并提供合法有效的审批文件，项目合同中需要明确政府办理或者协助办理相关审批手续的义务。

（5）不合理竞争禁止义务：采用使用者付费机制的项目，项目公司的投资收益主要依赖于最终用户的付费，项目合同中应当明确政府有义务防止不必要的竞争性项目，以确保有足够多的最终用户使用该项目设施并支付费用。

（二）履约担保

为了确保项目公司能够按照合同约定履行相应义务，政府通常会要求项目公司或其承包商、分包商提供相应的履约担保措施。履约担保的原则是可以足够担保项目公司按照项目合同履约，且在出现违约的情形下，政府有足够的救济手段。

履约担保的常见方式是保函，即项目公司请求金融机构向政府开立书面信用担保凭证，用以保证项目公司未能履约时，该金融机构代为承诺赔偿责任。履约担保主要包括以下几种保函形式：①投标保函；②担保合同前提条件成就的履约保函；③建设期的履约保函；④运营维护期的履约保函；⑤移交维修保函。

（三）保险

通常而言，项目合同约定项目公司应承担购买和维持保险的相关义务，常见的保险种类包括：货物运输保险、建设工程一切险、安装工程一切险、第三者责任险、施工机具综合保险、雇主责任险。

五、风险承担机制与安排

（一）政府承担的风险

1. 土地使用权取得风险

通常情况下，政府以土地划拨或出让等方式向项目公司提供项目建设用地的土地使用权及相关进入场地的道路使用权，并根据项目建设需要为项目公司提供临时用地。项目的用地预审手续和土地使用权证由政府办理，项目公司主要予以配合。

如果项目公司完全有权、有能力依法自行取得土地使用权的，则可以由项目公司自行取得土地使用权，但是政府应当提供必要的协助。

2. 项目审批风险

PPP项目需要履行相关行政审批程序的，则需要履行相应的批准或备案程序后，才能保证PPP项目的合规性要求：①如果相关审批属于政府的审批权限，则应由政府负责获得项目的审批；②如果无政府协助项目公司无法获得相关审批，则政府有义务协助项目公司获得审批；③如果项目公司可以自行且快捷的获得相关审批，则该义务可以由项目公司承担。

3. 政治不可抗力风险

政治不可抗力风险通常是指非因签约政府方原因导致的、且不在其控制下的征收征用、法律变更、未获审批等政府行为引起的不可抗力风险。该类政治不可抗力风险通常由政府承担：①项目公司有权要求延长工期、获得额外补偿或延长项目合作期限；②因政治不可抗力事件导致项目提前终止，项目公司可以获得比其他不可抗力时间更多的回购补偿，甚至可以包括利润损失。

（二）项目公司承担的风险

1. 项目融资的风险

项目融资风险通常由项目公司承担。项目公司需要完成融资交割条件，即项目公司已为项目建设融资的目的签署并向融资方提交所有融资文件，并且融资文件要求的就本项目获得资金的所有前提条件得到满足或被豁免。

2. 项目设计、建设、运营维护风险

项目设计、建设、运营维护风险通常应由项目公司承担。比如完工风险、供应风险、技术风险、运营风险以及移交资产不达标的风险等。

（1）项目设计

通常由项目公司对其所作出的设计承担全部责任，且不因该设计已由项目公司分包给其他设计单位或已经政府方审查而被豁免或解除。政府享有在一定期限内审查设计文件并提出意见的权利，以此确保这幅对设计质量的控制。

土建项目的设计通常包括可行性研究、初步设计和施工图设计三个阶段，工业项目以及复杂的基础设施项目通常包括可行性研究报告、初步设计、扩初设计和施工图设计四个阶段。其中，政府发起的PPP项目的可行性研究报告和项目产出说明由政府编制，社会资本发起的PPP项目的可行性研究报告和项目产出说明由社会资本方编制；初步设计和施工图设计通常由项目公司完成。

（2）项目建设

通常由项目公司承担按照合同约定的建设标准、建设工期和进度完成项目的建设并开始运营的责任，且不因项目建设已部分或全部由项目公司分包给施工单位或承包商实施而豁免或解除。常见的建设标准和要求包括：设计标准、施工标准、验收标准、安全生产要求、环境保护要求等。

政府可以拥有对项目建设期适度的监督和介入的权利，以使政府能够及时了解项目建设情况，并确保项目能够按时开始运营并满足合同约定的全部要求。

(3) 项目运营维护

①项目运营：项目的运营通常由项目公司负责，但是特定的公共服务和共用设施类 PPP 项目，通常需要政府的配合与协助。

【示例】垃圾污水处理项目中，需要政府负责垃圾污水的供应；供暖供气项目中，政府负责输暖气管道的对接等。

项目的运营应当符合一定的标准和要求：服务范围和内容；生产规模或服务能力；运营技术标准或规范；产品或服务质量要求；安全生产要求；环境保护要求等。

②项目维护：项目设施的维护和修理职责通常由项目公司承担，项目公司为此应当编制维护方案；技术难度较大等特别项目，项目公司还需要另外编制详细的维护手册。项目公司维护和修理职责不因项目公司将部分或全部维护事务分包给其他运营维护商实施而豁免或解除。

3. 项目审批风险

见政府承担的项目审批风险部分之分析。

4. 项目相关保险风险

保险是 PPP 项目重要的风险转移和保障机制，项目公司应当根据项目合同的约定购买保险，并将已生效的保单复印件提交政府。为了确保项目公司在项目实施前已按合同约定获得足额的保险，政府通常会将保险生效作为全部合同条款生效的前提条件。

【示例一】收费公路 PPP 项目（三种付费机制：使用者付费＋政府按使用量付费＋政府按可用性和绩效付费）

一、风险影响因素

1. 竞争因素：收费公路项目的竞争性因素包括：①现有公路、铁路和航空交通网络的运行情况；②交通网络的未来规划；③竞争性道路升级改造规划；④周边地区路网建设的影响。

2. 车流量因素：收费公路项目的车流量因素包括：①居住区、人口分布及人员流动的影响；②工业区、商业区布局及货物流向的影响；③人口增长、经济增长预测对车流量的影响；④历史车流量分析及未来车流量预测。项目合同可以约定最低车流量的保底条款及最高车流量的限高条款。

3. 定价因素：收费公路项目的定价机制包括：①现有收费公路的定价体

系，即现有收费率、定价权利部门等；②市场能够接受的收费定价水平，以及收费价格对车流量的影响；③收费价格的调整机制，如收费价格调整的触发条件、价格调整公式及批准程序等。

影响高速公路收费定价的影响因素包括：高速公路的建设成本和运营维护成本、车流量、项目期限、使用者支付意愿、高速公路的性能和技术条件、高速公路辐射区内其他交通运输方式及定价。

二、风险控制措施

1. 唯一性条款：项目合同要求政府作出相关承诺，项目期限内不得在项目附近兴建任何竞争性的道路，并控制公路支线叉道口的连接，使项目公司保持较高的回报率，以避免过度竞争引起项目公司经营收益的下降。

2. 政府优惠政策：政府优惠政策有利于项目公司在高速公路项目中规避一定的投资风险，谈判争取政府提供给项目包括但不限于如下优惠政策：向项目公司无偿划拨土地、授予周边土地或商业开发收益权以及优先审批、简化审批等。

3. 调价机制：物价水平、车流量以及路况条件等因素发生较大变化均会对高速公路项目的运营维护成本和收益水平产生直接影响，项目合同在综合考虑如下因素的前提下订立合理的调价机制：项目公司的合理回报、使用者可承受以及其他综合性因素（如通货膨胀、物价上涨和收费管理人员工资上涨等因素）。

【示例二】（使用量＋绩效付费）－污水处理

1. 竞争性因素：项目合同可以约定合作期限内，如果区域内污水日处理需求小于N吨时，不再新建污水处理厂。

2. 使用量因素：项目合同可以约定最低使用量付费条款，如污水日处理量小于N吨时，按照N吨付费。项目合同可以约定，政府应确保在整个项目期限内，收集和输送污水至处理项目指定的交付地点，并应满足合同约定的基本水量和进水水质。

3. 绩效指标因素：绩效指标包括但不限于日均进水量、进水水质情况、配套管网建设情况等。绩效监控机制包括但不限于定期报告、水质监测、信息公开、绩效不足的扣款机制。

调价机制可以包括与指数挂钩的公式法、委托第三方重新核算成本等。

六、财政承受能力论证与物有所值评价

(一) 财政承受能力论证

财政承受能力评估包括财政支出能力评估以及行业和领域平衡性评估。财政支出能力评估是指根据PPP项目预算支出责任,评估PPP项目实施对当前及今后年度财政支出的影响;每一年度全部PPP项目需要从预算中安排的支出责任,占一半公共预算支出比例应当不超过10%。

行业和领域均衡性评估是指根据PPP模式适用的行业和领域范围,以及经济社会发展需要和公众对公共服务的需求,平衡不同行业和领域PPP项目,防止某一行业和领域PPP项目过于集中。

1. 财政支出责任种类:PPP项目在其全生命周期过程中可能发生的财政支付责任主要包括股权投资、运营补贴、风险承担及配套支付等。

(1) 股权投资支出责任:股权投资支出责任具体是指政府和社会资本共同组建项目公司时,政府需要承担的股权出资责任;如果项目公司是由社会资本独资组建,则政府不承担股权投资支出责任。

(2) 运营补贴支出责任:运营补贴支出责任具体是指在项目运营期间,政府承担的直接付费责任。政府付费模式下,政府承担全部运营补贴支出责任;可行性缺口补助模式下,政府承担部分运营补贴支出责任;使用者付费模式下,政府不承担运营补贴支出责任。

(3) 风险承担支出:风险承担支出责任具体是指根据项目实施方案及PPP项目合同的约定,政府应当承担的风险所产生的或有风险损失/赔偿支出责任。

(4) 配套投入支出责任:配套投入支出责任具体是指根据项目实施方案及PPP项目合同约定,应由政府提供的项目配套工程等所产生的其他投入责任。比如土地征收和整理、建设部分项目配套措施、完成项目与享有相关基础设施和共用事业的对接、投资补助、贷款贴息等。

2. 财政支出测算公式

(1) 股权投资支出

股权投资支出 = 项目资本金 × 政府占项目公司股权比例

2. 运营补贴支出

（1）政府付费模式

当年运营补贴支出数额 =

$$\frac{项目全部建设成本 \times （1+合理利润率） \times （1+年度折现率）^n}{财政运营补贴周期（年）} +$$

年度运营成本 × （1+合理利润率）

（2）可行性缺口补助模式

当年运营补贴支出数额 =

$$\frac{项目全部建设成本 \times （1+合理利润率） \times （1+年度折现率）^n}{财政运营补贴周期（年）} +$$

年度运营成本 × （1+合理利润率）－当年使用者付费数额

3. 风险承担支出

（1）比例法：在各类风险支出数额和概率难以进行准确测算的情况下，可以按照项目的全部建设成本和一定时期内的运营成本的一定比例确定风险承担支出。

（2）情景分析法：

风险承担支出数额 = 基本情景下财政支出数额 × 基本情景出现的概率 + 不利情景下财政支出数额 × 不利情景出现的概率 + 最坏情景下财政支出数额 × 最坏情景出现的概率。

（3）概率法：在各类风险支出数额和发生概率均可进行测算的情况下，可将所有可变风险参数作为变量，根据概率分布函数，计算各种风险发生带来的风险承担支出。

4. 配套投资支出责任：

配套投入支出数额 = 政府拟提供的其他投入总成本 － 社会资本方支付的费用

（二）物有所值评价

1. 定性分析

定性分析是指专家组根据已给定的基本指标及其权重、附加指标及其权重，对PPP项目进行评分，并形成专家组意见。PPP项目本级财政部门会同行业主管部门根据评分结果和专家小组意见，作出定性分析结论。定性分析重点关注项目采用PPP模式与采用政府传统采购模式相比，能否增加公共供给、优化风险分配、提高效率、促进创新和公平竞争、有效落实政府采购政策等。

(1) 评分指标

①基本指标：包括全生命周期整合潜力、风险识别与分配、绩效导向、潜在竞争程度、鼓励创新、政府机构能力、政府采购政策落实潜力。

②附加指标：包括项目规模、项目资产寿命、项目资产种类、全生命周期成本估计准确性、法律和政策环境、资产利用及收益、融资可行性。附加指标应当不少于3项，可以从上述推荐的附加指标选取，亦可以另行提出，但是不得与基本指标重复。

(2) 评分规则

单个指标评分：在每个专家的单个指标评分中，分别去掉一个最高分和一个最低分，然后就剩下的专家评分求取该项指标平均分。各项指标加权总分：根据各个指标的平均分及该项指标的权重比例，计算出加权总分。原则上，加权总分评分结果在60分及以上的，项目通过物有所值分析定性分析。

2. 定量分析

定量分析是指在假定采用PPP模式与政府传统采购模式的产出绩效相同的前提下，通过对PPP项目全生命周期内政府支出成本的净现值（PPP值）与公共部门比较值（PSC值）进行比较，判断PPP模式能否降低项目全生命周期成本。

定量分析的主要步骤：首先，根据参照项目计算PSC值；其次，根据影子保价和实际保价计算PPP值；最后，比较PSC值和PPP值，计算物有所值量值和指数。定量分析使用于项目识别、准备、采购、执行和移交阶段。

(1) 公共部门比较值（PSC）

PSC值是指政府采用传统采购模式提供与PPP项目产出说明要求相同的基础设施及公共服务的全生命周期成本的净现值。

PSC值 = 初始PSC值 + 竞争性中立调整值 + 可转移风险承担成本 + 自留风险承担成本。

①初始PSC值 = （建设成本 – 资本性收益） + （运营维护成本 – 第三方收入） + 其他成本。

②竞争性中立调整值：主要是为了消除政府传统采购模式下，公共部门相对社会资本所具有的竞争优势，以保障在物有所值定量分析中政府和社会资本能够在公平基础进行比较。比如政府通常可比社会资本少支出土地费用、行政审批费用、所得税等有关税费。

③风险承担成本：

概率法：风险承担成本 = Σ（某情景风险后果值×某情景发生概率）。可转移风险承担成本占项目风险承担成本的比例一般为70%~85%。

情景假设	风险后果	发生概率
有利	成本节约5%以上	5%
基本	成本节约5%~成本超支5%以上	10%
不利	成本超支5%~15%	50%
较差	成本超支15%~25%	25%
最坏	成本超支25%以上	10%

比例法：风险承担成本 = 项目建设运营成本×风险承担比例

通常风险承担成本不超过项目建设运营成本的20%，可转移风险承担成本占项目全部风险承担成本的比例通常为70%~85%。

（2）政府支出成本的净现值（PPP值–全生命周期）

PPP值是指政府实施PPP项目所承担的全生命周期成本的净现值。在项目识别和准备阶段，政府根据项目实施方案等测算的PPP值称为影子报价PPP值（PPPs值）；在项目采购阶段，政府根据社会资本提交的采购响应文件等测算的PPP值称为实际报价PPP值（PPPa值）。

①PPPs值 = 影子报价政府建设运营成本 + 政府自留风险承担成本。影子报价中政府应承担的建设运营成本包括政府建设成本、政府运营维护成本和政府其他成本。

政府建设运营成本 =（政府建设成本–资本性收益）+（政府运营维护成本–第三方收入）+其他成本。其中政府运营维护成本 =（社会资本建设成本–社会资本额资本性收益 + 社会资本运营维护成本–第三方收入 + 社会资本其他成本）×（1 + 合理利润率）

②PPPa值 = 实际报价政府建设运营成本 + 政府自留风险承担成本。实际报价政府建设运营成本根据采购响应文件测算出的政府应承担的建设运营成本，包括政府建设成本、政府运营维护成本和政府其他成本。

(3) 物有所值量值和指数

物有所值量值 = PSC 值 – PPP 值

物有所值指数 =（PSC 值 – PPP 值）÷PSC 值×100%

物有所值量值和指数越大，则 PPP 模式替代传统采购模式实现的价值越大。物有所值量值和指数为正，则适宜采用 PPP 模式。

第六节　实务案例分析

一、TJ 区域发展基金集合资金信托计划

（一）交易要素

1. 产品要素

产品名称	ZX 信托 – TJ 区域发展基金集合资金信托计划
信托总规模	40 亿元
信托期限	3 年，信托成立之日起满 24 个月后可以提前终止。
预期信托收益率	7.8%/年，募集期限届满前，如果商业银行同期贷款基准利率下调，则本信托计划预期收益率同比下浮。受托人每年向信托受益权人分配一次信托收益。
信托资金运用方式	用于向 TJ 城市基础设施建设投资集团有限公司（以下简称城投集团）发放流动资金贷款。
委托人	优先级信托受益权份额由社会投资者认购（含城投集团内部职工），次级信托收益权份额由融资人城投集团认购。
受托人	ZX 信托公司
流动性安排	优先级受益权份额可以进行转让，转让登记费为所转让信托受益权份额的 0.1%，次级信托受益权在优先级信托受益权全部偿付之前不可转让。

2. 交易结构

ZX 信托有限责任公司发起设立集合资金信托计划，募集信托资金用于向 TJ 城市基础设施建设投资集团有限公司发放流动资金贷款；优先级信托受益权份额由社会合格投资者（含城投集团内部职工）认购，次级信托受益权由融资人城投集团认购。TJ 金融城开发有限公司以其名下土地使用权提供抵押担保，城投集团以其持有的 TJ 城投建设有限公司 100% 股权提供质押担保。

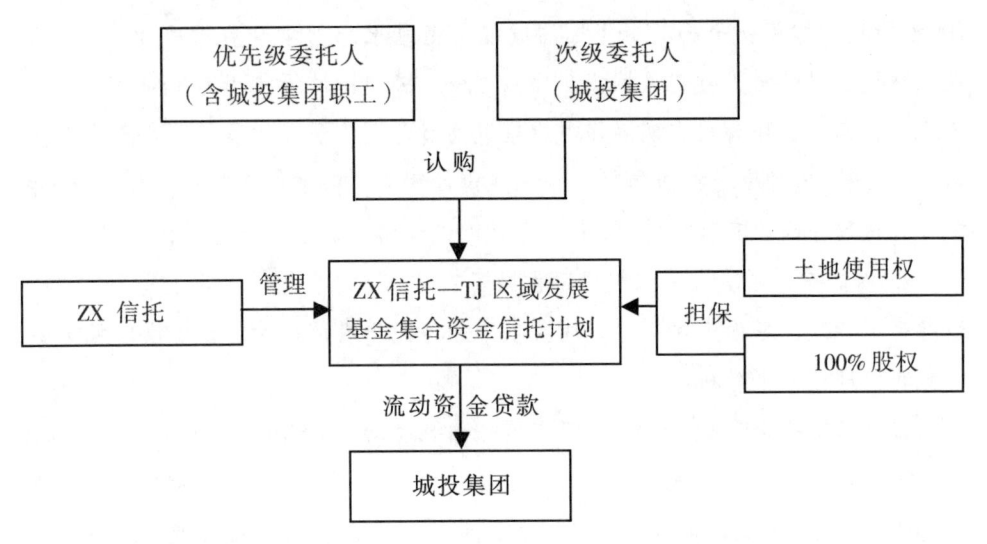

```
        优先级委托人              次级委托人
      （含城投集团职工）          （城投集团）
              │                       │
              └──────认购─────────────┘
                        │
                        ▼
   ZX信托 ──管理──→ ZX信托—TJ区域发展   ──担保──   土地使用权
                   基金集合资金信托计划
                        │                        100%股权
                    流动资金贷款
                        ▼
                    城投集团
```

（二）信用增级措施

1. 担保措施

（1）TJ金融城开发有限公司将其名下评估价值不低于20亿元的金融城项目土地使用权提供抵押担保。

（2）融资人城投集团将其持有的净资产为50亿元的TJ城投建设有限公司100%股权质押给ZX信托。

2. 结构化杠杆

融资人城投集团认购次级信托受益权份额，以此为优先级信托受益权份额提供信用支持；如果优先级信托受益权人的信托利益不能按时得以兑付，则次级信托受益权人应当追加认购次级信托受益权份额，受托人以次级受益权人认购资金用于向优先级信托受益权人兑付。

3. 政府信用

争取TJ市政府在财政、税收上的优惠政策支持，以及财政收益返还和协助办理抵押、质押担保措施等。

【评析】本信托计划项下信用增级措施有如下特点：

1. 本信托项下抵押物为TJ金融城项目土地使用权，TJ金融城位于市中心CBD核心区域，本身即TJ市历史上的金融中心，区位优势十分明显。抵押物的评估价值为20亿元，信托融资规模为40亿元，本金抵押率为200%。

质押物为融资人城投集团持有的净资产为50亿元的TJ城投建设有限

100%股权，如果以净资产作为标的股权估值基准，则本金质押率为80%。TJ城投建设有限公司为融资人城投集团的全资子公司，城投集团为TJ省级政府融资平台，因此信托公司在实际操作中难以通过处置变现标的股权以实现质权。

上述抵/质押率是按照信托资金总规模计算的，由于次级信托受益权份额由融资人认购，因此实际抵/质押率应当以优先级信托资金规模进行计算。

2. 本信托计划次级受益权份额由融资人认购，信托资金用于向融资人发放流动资金贷款，表面上次级信托受益权不能为优先级信托受益权提供信用支持，为此我们进行如下分析：

假设优先级信托受益权份额10亿元，次级信托受益权份额5亿元，合计信托总规模为15亿元，全部用于向A企业发放信托贷款。如果A企业发生破产的话，所有债权人均可以债权本金的2/3受偿，受托人可以获偿信托贷款本金10亿元（受托人可以15亿元进行债权申报），优先级受益权人本金不受损失；如果信托计划总规模为10亿元，没有次级信托受益权提供信用支持；受托人在该种情况下可以获偿信托贷款本金6.7亿元，信托受益权人损失本金3.3亿元。

这里需要说明另一个问题：如果融资人不能按时履行还本付息义务，致使受托人不能按时向优先级信托受益权人兑付信托利益，则融资人也不可能去追加认购次级信托受益权分份额，所以说优先级信托受益权人的信托利益不能按时得以兑付时，通过融资人追加认购次级信托受益权份额的方式来保证优先级信托利益的兑付不具有可行性。

3. 融资人为TJ省级政府融资平台，省级政府信用是本信托计划项下信托资金安全性的重要保证。如果融资人不能按时履行还本付息的义务时，TJ市政府应当会对融资人进行救助。

(三) 融资人分析

融资人TJ城市基础设施建设投资集团有限公司是TJ市政府于2004年出资组建的国有独资公司，是TJ市城市基础设施建设的投融资平台，代表政府负责城市基础设施的投资建设和运用管理。城投集团目前拥有四大业务板块（城市路桥、轨道交通、环境水务、土地置业）、11个全资子公司、1个上市公司、2个控股公司和3个参股公司。截至2008年9月末，城投集团注册资本为161亿元、总资产1850亿元、净资产437亿元。

【评析】本信托计划项下信托资金主要用于向 TJ 城市基础设施建设投资集团有限公司发放流动资金贷款，TJ 城市基础设施建设投资集团有限公司是省级政府融资平台，省级政府信用是本信托计划项下信托资金安全性的重要保证。下文摘录了该省级政府的财政收支情况、政府性债务情况数据，以供参考。

（一）TJ 市 2013 年财政收支情况[①]

1. 公共财政收支（原一般预算收支）。全市公共财政收入 2078 亿元，完成预算 105.4%，比上年增长 18.1%。公共财政收入加上中央税收返还、转移支付等 369 亿元，上年结余 157 亿元，以及调入（调出）资金 22 亿元，公共财政总财力 2626 亿元。全市公共财政支出 2506 亿元，完成预算 101.8%，比上年增长 18.7%。总财力与支出相抵，全市公共财政结余 120 亿元，其中结转项目资金 106 亿元，主要是地方建设项目和中央转移支付资金；预算纯结余 14 亿元。

市级公共财政收入 765 亿元，完成预算 105.1%，比上年增长 17.7%，剔除调整完善市对区县分税制财政体制应返还区县的收入基数 37 亿元，同比增长 12%，与年初预算持平。公共财政收入加上中央税收返还、转移支付等 369 亿元，上年结余 81 亿元，以及调入资金 47 亿元，减除对区县转移支付 209 亿元，公共财政总财力 1053 亿元。市级公共财政支出 996 亿元，完成预算 98.8%，比上年增长 10.7%。总财力与支出相抵，市级公共财政结余 57 亿元，全部为结转项目资金，主要是地方建设项目和中央转移支付资金。

2. 政府性基金收支。全市政府性基金收入 814 亿元，完成预算 78%，比上年下降 14.2%，其中土地出让收入 735 亿元，下降 16.5%。政府性基金收入加上上年结余 148 亿元，减除调出资金等 10 亿元，政府性基金总财力 952 亿元。全市政府性基金支出 817 亿元，完成预算 67.6%，比上年下降 21.1%。总财力与支出相抵，全市政府性基金结余 135 亿元，全部为结转项目资金。

市级政府性基金收入 353 亿元，完成预算 135.7%，比上年增长 46.6%，其中土地出让收入 303 亿元，增长 56.6%。政府性基金收入加上上年结余 9 亿元，减除对区县转移支付和调出资金等 29 亿元，政府性基金总财力 333 亿元。市级政府性基金支出 317 亿元，完成预算 114.7%，比上年增长 24%。总财力与支出相抵，市级政府性基金结余 16 亿元，全部为结转项目资金。

---

① 摘自《TJ 市 2013 年预算执行情况及 2014 年预算草案的报告》。

3. 地方政府债券收支。2013年财政部代理我市发行地方政府债券45亿元。经市十六届人大常委会第三次会议审查批准，用于美丽天津建设15亿元，排水设施提升改造5亿元，旧楼区综合整修5亿元，水利建设项目5亿元，市容环境综合整治4亿元，东亚运动会场馆3亿元，七里海湿地二期2亿元，清水工程1.9亿元，于桥水库水源保护1.4亿元，偿还到期地方政府债券本金2.7亿元。

(二) TJ市政府性债务情况（截至2013年6月末）①

1. 全市政府性债务分类

（1）政府负有偿还责任的债务2263.78亿元。主要是政府部门、事业单位、融资平台公司举借，用财政资金偿还的债务。

（2）政府负有担保责任的债务1480.60亿元。主要是事业单位、融资平台公司举借，用非财政资金偿还，由政府部门提供担保，由举债主体所属部门出具反担保的债务。但如果发生偿债风险，通过部门预算资金或专项规费代偿。

（3）可能承担一定救助责任的债务1089.36亿元。主要是事业单位、融资平台公司为公益性项目举借，用非财政资金偿还，且政府在法律上不承担偿债责任的债务。但如果发生偿债风险，政府有可能承担一定的救助责任。

2. 全市政府性债务主体

举债主体类别	政府负有偿还责任的债务	政府负有担保责任的债务	政府可能承担一定救助责任的债务
融资平台公司	1013.20②	578.99	398.95
自收自支事业单位	504.86	18.00	0.00
经费补助事业单位	315.07	4.57	98
国有独资或控股企业	296.79	789.34	539.68
政府部门和机构	115.85	81.72	0.00
公用事业单位	3.00	1.04	52.73
其他单位	13.01	6.94	0.00
合计	2263.78	1480.60	1089.36

① 摘自《TJ市政府性债务审计结果》（2014年1月24日公告）。

② 单位为亿元，下同。

3. 全市政府性债务来源

债权人类别	政府负有偿还责任的债务	政府负有担保责任的债务	政府可能承担一定救助责任的债务
银行贷款	1753.16①	1097.86	591.92
信托融资	187.70	70.80	146.57
垫资施工、延期付款	122.92	0.00	0.00
发行债券	71.40	109.30	100.04
国债外债等财政转贷	28.76	23.94	0.00
融资租赁	14.65	0.00	21.53
BT	11.16	0.00	15.58
证券、保险业和其他金融机构融资	10.00	78.70	199.01
应付未付款项	0.18	0.00	11.78
其他单位和个人借款	63.85	100.00	2.93
合计	2263.78	1480.60	1089.36

4. 全市政府性债务投向

债务支出投向类别	政府负有偿还责任的债务	政府负有担保责任的债务	政府可能承担一定救助责任的债务
市政建设	1091.80②	781.97	543.34
土地收储	701.27	221.26	4.60
保障性住房	84.56	205.08	276.62
生态建设和环境保护	68.51	0.48	3.20
交通运输设施建设	53.93	181.80	28.88
科教文卫	37.34	5.38	84.35
农林水利建设	23.56	33.33	0.31
工业和能源	2.35	6.40	0.00
其他	103.25	25.42	59.64
合计	2166.57	1461.12	1000.94

---

① 单位为亿元，下同。
② 单位为亿元，下同。

6. 政府性债务负担情况分析

（1）债务比例

截至 2012 年年末，政府负有偿还责任的债务余额与当年综合财力比率计算的债务率为 57.46%。按照全市政府负有担保责任的债务和可能承担一定救助责任的债务偿还本金中，由财政资金实际偿还的比率折算后，全市总债务率为 72.45%。

（2）逾期债务率

截至 2012 年年末，全市政府负有偿还责任债务除去应付未付款项形成的逾期债务后，无逾期债务；政府负有担保责任的债务、可能承担一定救助责任的债务的逾期债务率分别为 0.04% 和 1.42%。

（3）偿债资金

市政建设债务的主要还款来源是高速公路收费、地铁公司运营收入等经营性收入，以及基础设施配套费和水利建设基金等政府规费收入。土地收储债务的主要还款来源是土地出让收入。保障性住房债务的主要还款来源是公积金增值收益、公房租金收入等。其他项目还款来源都有对应的经营性收入或支付预算。

二、JL 省高速公路集团有限公司股权投资单一资金信托

（一）交易要素

1. 产品要素

产品名称	JL 省高速公路集团有限公司股权投资单一资金信托
委托人/受益人	PF 银行理财资金
受托人	XY 信托公司
信托规模及期限	信托规模：60 亿元；信托期限：8 年
信托资金运用	XY 信托公司以本信托项下信托资金和 JG 集团合资成立项目公司，项目公司将全部资本金分别用于 HD 高速 JY 至 TH 段、HD 高速 XGL 至 FS 段、CS 高速 CC 至 SL 段等高速公路项目建设。
融资综合成本	8.5%/年
融资本息支付	股权溢价款支付：信托成立且信托资金投入项目公司之日起，由 JG 集团按季度支付股权收购溢价款。 股权收购款支付：JG 集团于 2019 年支付股权收购款 15 亿元、2020 年支付 15 亿元、2021 年支付 15 亿元、2022 年支付 15 亿元。

续表

还款方式	JG集团到期收购受托人所持有的项目公司股权，JL省交通厅承担差额收购义务。
还款资金来源	高速公路建设配套资金投入；JG集团综合性现金流；JL省交通厅燃油费返还资金、省政府财政预算内专项资金。

2. 交易结构

PF银行以60亿元理财资金委托XY信托公司设立单一资金信托。XY信托公司以单一信托项下信托资金与JG集团合资成立项目公司，其中信托出资60亿元，持有项目公司75%股权，JG集团出资20亿元，持有项目公司25%股权。项目公司将全部资本金分别用于HD高速JY至TH段、HD高速XGL至FS段、CS高速CC至SL段等高速公路项目建设。

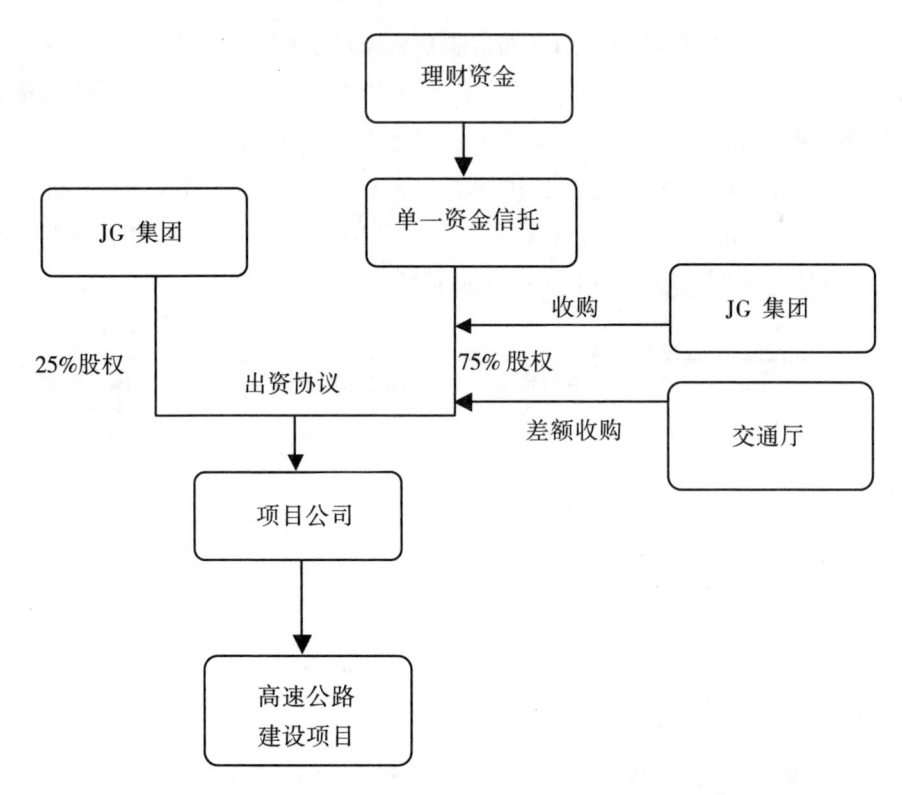

（二）建设项目分析

1. 建设项目批复

建设项目（HD高速JY至TH路段项目、HD高速XGL至FS路段项目、CS

高速 CC 至 SL 段项目）已取得国家发改委可行性研究报告的批复、环境保护部环境影响报告书的批复、国土资源部建设用地预审意见的复函、水利部水土保持方案的复函。

【评析】高速公路整个建设过程中应当取得包括但不限于如下批复文件：①发改委关于项目建议书的批复；②发改委关于可行性研究报告的批复；③环境保护部门关于环境影响评价报告的批复；④水利部门关于水土保持方案的批复；⑤国土资源部门关于矿产压覆报告的批复；⑥文物部门关于文物调查报告的批复；⑦国土资源部门关于用地预审的批复（如果涉及林地的，还应取得林业部门批复）；⑧交通部门关于初步设计的批复；⑨交通部门关于施工图设计文件的批复；⑩交通部门关于施工许可的批复。

2. 投资概算

建设项目（HD 高速 JY 至 TH 路段项目、HD 高速 XGL 至 FS 路段项目、CS 高速 CC 至 SL 段项目）合计概算总投资 315.40 亿元，其中中央专项建设资金（交通部补贴）40.63 亿元，JL 省安排公路建设资金（燃油税返还资金和省政府预算内专项资金）64.77 亿元，国家开发银行牵头的银团贷款 210 亿元。中央专项建设资金和省公路建设资金合计预算为 105.4 亿元，占概算总投资的比例为 33.42%；银行贷款 210 亿元，占概算总投资的比例为 66.58%。

单位：亿元

项目名称	概算总投资	中央专项资金 合计：40.63		省公路建设资金 合计：64.77		申请国开行贷款 合计：210	
		已投入	未投入	已投入	未投入	已投入	未投入
	总计：315.40	5.2	35.43	4.1	60.67	26	184
HD 高速 JY 至 TH 段	84.62	9.5		20.12		55	
		0	9.5	0	20.12	0	55
HD 高速 XGL 至 FS 段	165.70	24.28		26.42		115	
		1	23.28	0	26.42	5	110
CS 高速 CC 至 SL 段	65.08	6.85	18.23	40			
		4.2	2.65	4.1	14.13	21	19

【评析】JL 省需要安排公路建设资金 64.77 亿元，已投入 4.1 亿元，尚有 60.67 亿元的资金缺口。JL 省安排的公路建设资金是作为建设项目的资本金，

60.67亿元的资金缺口不能通过银行贷款予以解决,因此信托公司以股权投资的方式将信托资金投向建设项目,以此充当建设项目资本金。JL集团用以向项目公司出资的20亿元资金来源于本年度内到位的中央专项建设资金,信托公司用以向项目公司出资的60亿元资金来源于银行的理财资金。

(三) 信托资金退出方式

信托期限为8年(4+4年),JG集团于信托存续期限内每年支付股权收购溢价款,JG集团于信托期满4后每年支付15亿元股权收购价款用以收购信托所持项目公司股权。如果JG集团未能履行到期收购义务,则JL省交通厅承担差额收购义务。

JG集团和交通厅均需在监管银行设立监管账户,并接受监管银行的监管。JG集团从通行费收入和财政补贴收入中安排资金存入监管账户,每年于收购价款支付日前2个季度存入监管账户的资金至本年度应支付总金额的30%,前1个季度存入资金的比例至60%,前3个银行工作日存入资金的比例至100%;如果JG集团不能按时向监管账户存入收购价款,则由交通厅从燃油费返还资金、省政府财政预算内专项资金中安排资金代为履行缴存义务。

【评析】高速公路贷款的贷款期限通常较长,还款来源通常为高速公路建成后的通行费等现金流;通过PPP等方式吸引社会资本进入的建设项目,通常也是以项目建成后的通行费等收入作为社会资本的投资收益及资本退出的资金来源。本信托的期限为4+4年,信托资金的退出不会依赖于高速公路建成后的通行费的现金流;本信托项下的信托资金仅是JL省应当投入的专项建设资金在一定期间内的替代资金,因此信托资金的退出主要依赖于JL省安排的专项建设资金。

(四) 合作方财务概况

1. JG集团财务概况

JG集团2013年年末(合并)资产总额409.28亿元,所有者权益261.78亿元(其中少数股东权益14.86亿元);2013年公司合并口径实现营业收入9.97亿元,利润总额7.49亿元。

JG集团资产构成占比较大的科目主要有:货币资金40亿元、其他应收款25亿元、预付账款为16亿元、固定资产310亿元、在建工程为14亿元。

JG集团负债构成占比较大的科目主要有：其他应付款11亿元、长期借款63亿元、应付债券67亿元。

2. JL省交通运输厅2011~2013年收支平衡表

单位：万元

科　目	2013年	2012年	2011年
一、资金来源合计	2,942,238	3,081,152	3,077,039
1. 上年结余	250,377	230,734	233,696
2. 中央财政补助	104,508	82,294	77,100
3. 交通部补助	305,000	346,600	462,000
4. 车辆通行费收入	356,253	336,244	236,668
5. 银行借款	1,424,000	1,675,280	1,635,375
6. 其他收入	70000	50,000	80,000
7. 燃油税返还资金	382,100	360,000	352,200
8. 中央代发地方债	50,000		
二、支出合计	2,710,420	2,830,775	2,846,305
1. 事业支出	69,120	61,415	54,075
（1）养护管理	30,500	28,800	23,700
（2）收费管理	28,100	25,600	23,500
（3）运营支出	10,520	7,015	6,875
（4）其他事业支出			0
2. 公路养护工程	145,000	181,000	177,450
3. 建设性支出	1,841,300	2,016,360	2,109,520
（1）重点建设支出	1,578,000	1,711,360	1,611,280
（2）一般建设支出	187,000	185,000	343,240
（3）其他建设支出	76,300	120,000	155,000
4. 偿还贷款本息	655,000	572,000	505,260
（1）偿还本金	203,000	142,000	135,000
（2）完工项目付息	414,000	393,000	370,260
5. 其他支出			0
三、本年结余	231,818	250,377	230,734

【评析】全国各省（市）通常都会由交通运输主管部门出资成立交通建设集团公司（如××省高速公路集团有限公司，以下简称高速公路集团公司），专门负责本省高速公路及高等级公路的投资建设和运营管理。

1. 高速公路集团公司对高速公路的投资模式有两种：

第一种，高速公路集团公司自己管理建设高速公路，其中在建的高速公路项目计入在建工程，竣工结算后转入固定资产。

第二种，高速公路集团公司将部分工程项目委托给省交通运输厅所属事业单位省高等级公路建设局负责工程建设管理。高速公路集团公司将工程款项预付给省交通运输厅，并计入其他应收款，待取得项目批复及结算文件后，再将该预付工程款转入预付账款。建设项目竣工结算并由省高等级公路建设局移交给高速公路集团公司后，高速公路集团公司将预付账款转入固定资产科目。

2. 高速公路集团公司对高速公路的运营模式有两种：

第一种，由高速公路集团公司下属子公司承担所辖高速公路和高等级公路的投资建设、运营管理、维护收费等，其自主收费收入计入其营业收入。

第二种，高速公路集团公司所辖高速公路或高等级公路的通行费由省高速公路管理局负责收取并上交省交通运输厅财政专户。省交通运输厅在扣除运营管理费用后，将通行费以财政补贴的形式返还给高速公路集团公司，高速公路集团公司将取得的该类财政补贴收入计入营业外收入。

附件 2015年全国政府性基金目录清单

序号	项目名称	资金管理方式	政策依据
1	铁路建设基金	缴入中央国库	国发 [1992] 37 号，财工字 [1996] 371 号，财综 [2007] 3 号
2	港口建设费	缴入中央和地方国库	财综 [2011] 29 号，财综 [2012] 100 号，财综 [2012] 40 号
3	民航发展基金	缴入中央国库	财综 [2012] 17 号
4	高等级公路车辆通行附加费（海南）	缴入地方国库	财综 [2008] 84 号
5	国家重大水利工程建设基金	缴入中央和地方国库	财综 [2009] 90 号，财综 [2010] 97 号，财税 [2010] 44 号
6	水利建设基金	缴入中央和地方国库	财综 [2011] 2 号，财综函 [2011] 33 号，财办综 [2011] 111 号
7	城市公用事业附加	缴入地方国库	(64)财预王字第 380 号，(78)财预 26 号，(78)建发城 584 号，财综 [2007] 3 号
8	城市基础设施配套费	缴入地方国库	计价格 [2001] 585 号，财综函 [2002] 3 号
9	农网还贷资金	缴入中央和地方国库	财企 [2001] 820 号，财企 [2002] 266 号，财综 [2007] 3 号，财综 [2012] 7 号
10	教育费附加	缴入中央和地方国库	《教育法》，国务院令第 60 号，国发 [1986] 50 号，国发明电 [1994] 2 号、23 号，国发 [2010] 35 号，财综 [2010] 103 号
11	地方教育附加	缴入地方国库	《教育法》，财综 [2001] 58 号，财综 [2003] 2 号、9 号、10 号、12 号、13 号、14 号、15 号、16 号、18 号，财综 [2004] 73 号，财综函 [2005] 33 号，财综 [2006] 2 号、61 号，财综函 [2006] 9 号，财综函 [2007] 45 号，财综函 [2008] 7 号，财综 [2010] 2 号、3 号、7 号、8 号、11 号，财综函 [2010] 71 号、72 号、73 号、75 号、76 号、78 号、79 号、80 号，财综 [2010] 98 号，财综函 [2011] 1 号、2 号、3 号、4 号、5 号、6 号、7 号、8 号、9 号、10 号、11 号、12 号、13 号、15 号、16 号、17 号、57 号

续表

序号	项目名称	资金管理方式	政策依据
12	文化事业建设费	缴入中央和地方国库	国发〔1996〕37号，财税字〔1997〕95号，国办发〔2006〕43号，财综〔2012〕68号，财综〔2013〕88号，财综〔2013〕102号
13	国家电影事业发展专项资金	缴入中央国库	国办发〔2006〕43号，财教〔2006〕115号
14	旅游发展基金	缴入中央国库	国办发〔1995〕57号，旅发〔1991〕124号，财外字〔1996〕396号，财行〔2001〕24号，财综〔2007〕3号，财综〔2010〕123号
15	水库移民扶持基金（含大中型水库移民后期扶持基金、大中型水库库区基金、三峡水库库区基金、小型水库移民扶助基金）	缴入中央和地方国库	国务院令第299号，国发〔2006〕17号，财综〔2006〕29号，监察部、人事部、财政部令第13号，财综〔2007〕26号，财综〔2007〕69号，财企〔2011〕303号，财综〔2012〕315号，财综〔2008〕17号，财综〔2008〕29号，30号，31号，32号，33号，34号，35号，64号，65号，66号，67号，68号，85号，86号，87号，88号，89号，90号，财综〔2009〕51号，59号，财综〔2010〕15号，16号，43号，113号，财综函〔2010〕10号，财综〔2010〕39号
16	残疾人就业保障金	缴入地方国库	《残疾人保障法》，财综字〔1995〕5号，财综〔2001〕16号
17	新菜地开发建设基金	缴入地方国库	《土地法》，《国家建设征用土地条例》，〔1985〕农（土）字第11号
18	森林植被恢复费	缴入中央和地方国库	《森林法》，财综〔2002〕73号
19	育林基金	缴入中央和地方国库	《森林法》，经重〔1988〕122号，林财字〔1991〕74号，（91）财农字第333号，（93）财农字第144号，财综〔2009〕32号

续表

序号	项目名称	资金管理方式	政策依据
20	新型墙体材料专项基金	缴入地方国库	国发〔1992〕66号，财综〔2007〕3号，财综〔2007〕77号
21	散装水泥专项资金	缴入地方国库	国函〔1997〕8号，财综〔2002〕23号，财综〔2007〕3号
22	可再生能源发展基金	缴入中央国库	财综〔2011〕115号，财建〔2012〕102号，财综〔2013〕89号
23	船舶油污损害赔偿基金	缴入中央国库	财综〔2012〕33号，交财审发〔2014〕96号
24	核电站乏燃料处理处置基金	缴入中央国库	财综〔2010〕58号
25	废弃电器电子产品处理基金	缴入中央国库	财综〔2012〕34号，财综〔2012〕48号，财综〔2012〕80号，财综〔2013〕109号，财综〔2013〕110号，财政部公告2014年第29号

第八章　股权投资与并购信托业务风险管理与案例分析

第一节　股权投资信托业务模式

一、股权投资信托业务概述

（一）基本业务模式

1. 公司制模式

（1）基本交易结构

投资人根据《公司法》出资设立基金管理公司，基金管理公司再发起设立股权投资基金，股权投资基金的基金份额由基金管理公司投资人（股东）认购，基金管理公司受托管理股权投资基金进行非上市公司股权投资。具体交易结构如下图：

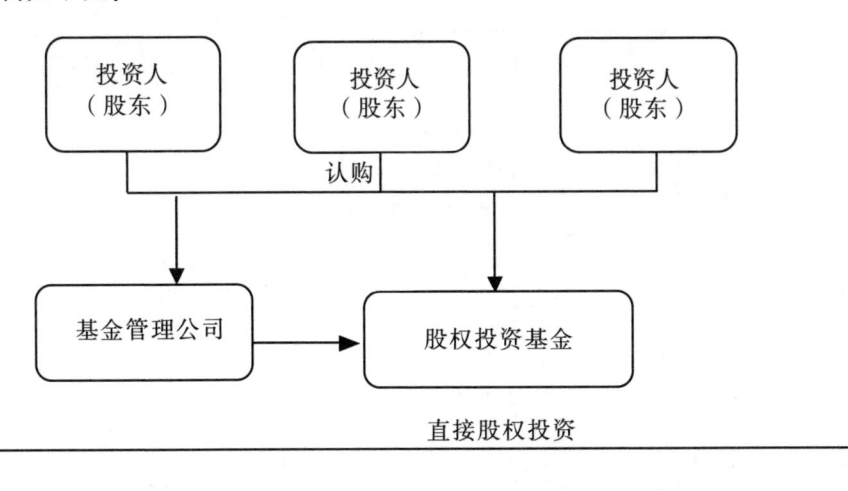

（2）业务模式辨析

公司制模式是国内股权投资基金市场最常见的业务模式，具有如下业务特点：①公司制基金退出所投资项目后，如果需要向投资人返还投资本金，则应当办理减资或清算手续；通常情况下，公司制基金以分红形式向投资者分配投资收益，而不是通过减资或清算向投资者返还本金，因此公司制基金具有较好的稳定性。②公司制基金存在双重征税问题，即公司制基金作为纳税义务人应当缴纳企业所得税，投资者也应当就其从公司制基金分配所得缴纳企业/个人所得税①。③采取有限责任公司组织形式的，投资者人数（股东）不得超过50人；采取股份公司组织形式的，发起人人数为2~200人，且须有半数以上的发起人在中国境内有居所。

2. 信托制模式

（1）基本交易结构

信托公司根据《信托法》《信托公司集合资金信托计划管理办法》发起设立股权投资集合资金信托计划，委托人认购信托单位，信托公司管理运用信托资金主从事非上市公司股权投资。具体交易结构如下图：

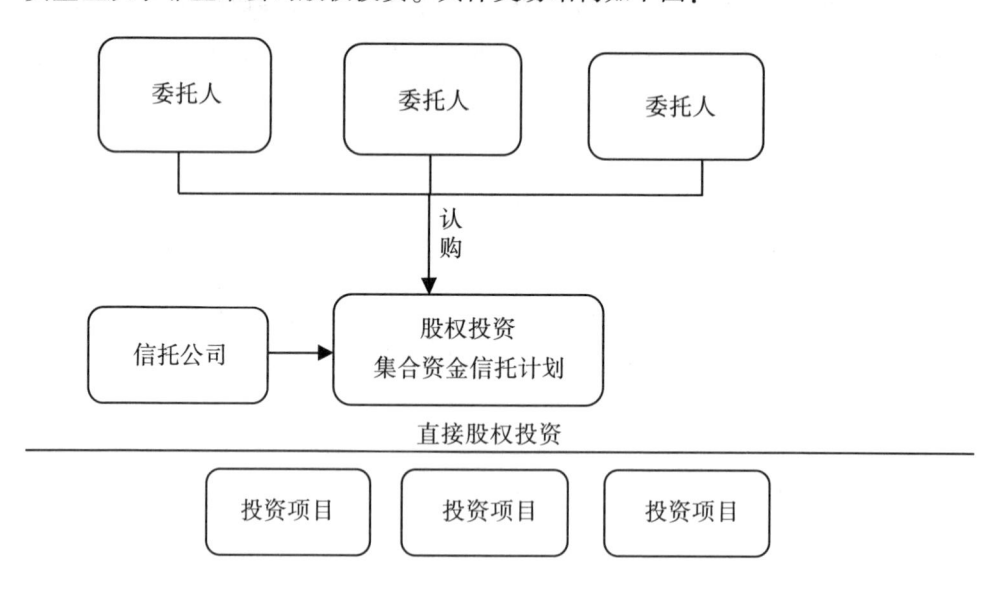

---

① 《企业所得税法》及《企业所得税法实施条例》规定：创业投资企业采取股权投资方式投资于未上市的中小高新技术企业2年以上的，可以按照其投资额的70%在股权持有满2年的当年抵扣该创业投资企业的应纳税所得额；当年不足抵扣的，可以在以后纳税年度结转抵扣。《国家税务总局关于实施创业投资企业所得税优惠问题的通知》（国税发〔2009〕87号）对创业投资企业的税收优惠的条件进行了规范。

(2) 业务模式辨析

信托制模式是国内股权投资基金市场较为少见的业务模式，具有如下业务特点：①集合资金信托计划的投资者多为个人投资者，信托期限通常较短，并不适合存续期限较长的股权投资基金。②根据目前 IPO 的相关要求，准备 IPO 的公司不允许信托持股，这在很大程度上打击了信托公司开展私募股权投资业务的积极性。③现在很多信托公司通过设立直投子公司从事股权投资业务，如兴业国际信托有限公司的直投子公司兴业国信资产管理有限公司。④委托人应当符合《信托公司集合资金信托计划管理办法》的合格投资人标准。

3. 有限合伙制模式

(1) 基本交易结构

合伙人根据《合伙企业法》设立有限合伙企业，有限合伙人认购合伙企业的有限合伙份额，有限合伙人以其认缴的出资额为限对合伙企业债务承担有限责任；普通合伙人认购合伙企业的普通合伙份额，对合伙企业债务承担无限连带责任；普通合伙人担任合伙企业合伙事务执行人，具体负责管理运用合伙资金进行非上市公司股权投资。具体交易结构如下图：

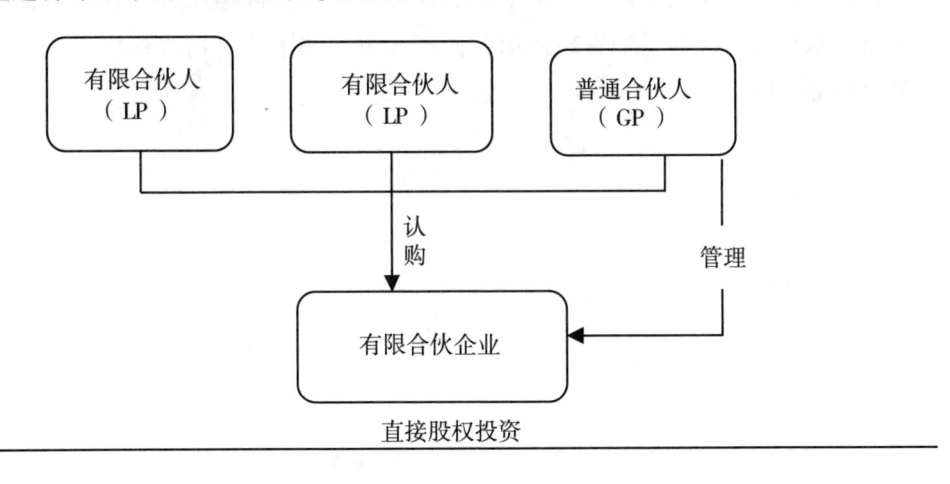

（2）业务模式辨析

有限合伙制模式是国内股权投资基金市场较为灵活的业务模式，具有如下业务特点：①根据我国《企业所得税法》的规定，合伙企业不是企业所得税的纳税主体，其纳税义务人为各合伙人。②普通合伙人通常为合伙事务执行人，认购合伙企业少数份额（如1%），对合伙企业债务承担无限连带责任；有限合伙人不参与合伙企业的经营管理，作为合伙企业实际出资人，以其认缴的出资额为限对合伙企业债务承担有限责任。③合伙企业模式较为灵活，合伙企业的大多数事项都可以通过合伙协议进行约定。④有限合伙企业的合伙人为2～50人，其中至少应当有1个普通合伙人；投资人应当符合《私募投资基金监督管理暂行办法》合格投资人的标准[①]。

（二）衍生业务模式

1. 信托+有限合伙（XOP）

（1）基本交易结构

信托公司发起设立集合资金信托计划，用于认购有限合伙基金的有限合伙份额；普通合伙人认购有限合伙基金的普通合伙份额，并担任有限合伙基金的合伙事务执行人，具体负责管理运用合伙资金进行非上市公司股权投资。具体交易结构如下图：

[①] 根据《私募投资基金监督管理暂行办法》的规定，私募基金的合格投资者是指投资于单只私募基金的金额不低于100万元且净资产不低于1000万元的单位或金融资产不低于300万元或者最近3年个人年均收入不低于50万元的个人。

视为合格投资者的投资者包括：（1）社保基金、企业年金等养老基金，慈善基金等社会公益基金；（2）依法设立并在基金业协会备案的投资计划；（3）投资于所管理私募基金的私募基金管理人及其从业人员；（4）中国证监会规定的其他投资者。以合伙企业、契约等非法人形式，通过汇集多数投资者的资金直接或者间接投资于私募基金的，私募基金管理人或者私募基金销售机构应当穿透核查最终投资者是否为合格投资者，并合并计算投资者人数。但是，符合本条第（1）、（2）、（3）项规定的投资者投资私募基金的，不再穿透核查最终投资者是否为合格投资者和合并计算投资者人数。

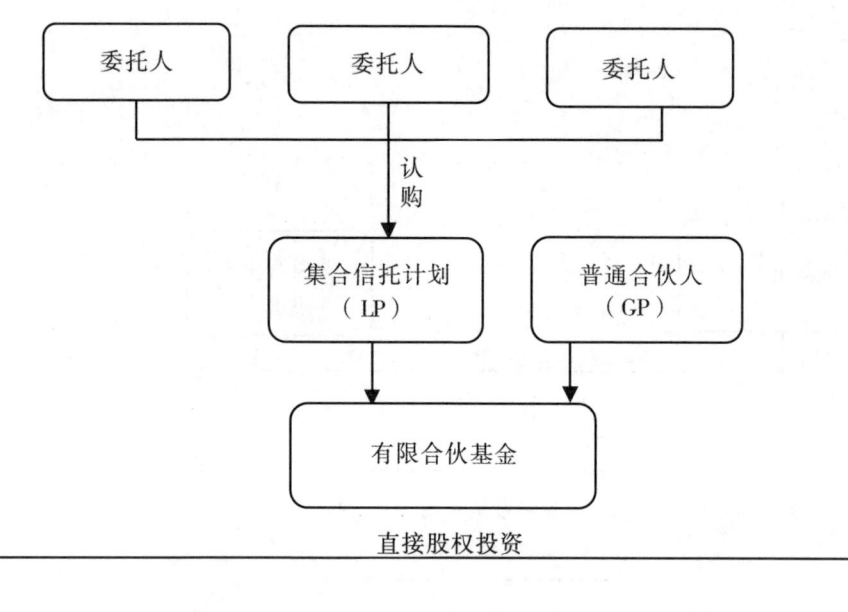

```
    委托人          委托人           委托人
     └──────────────┬─┴──────────────┘
                   认购
                    │
            ┌───────┴──────┐
         集合信托计划     普通合伙人
           （LP）          （GP）
              └──────┬───────┘
                 有限合伙基金
                 
                直接股权投资
─────────────────────────────────────────

     投资项目      投资项目      投资项目
```

（2）业务模式辨析

信托公司可以信托项下信托资金作为有限合伙人设立有限合伙基金，再由有限合伙基金参与非上市企业的股权投资，以此规避准备 IPO 的公司不允许信托持股的政策限制；普通合伙人可以由信托公司直接设立的子公司担任，也可以第三方合作者担任。

2. 母子基金（FOF）

（1）基本交易结构

投资者认购母基金份额，母基金并不直接进行股权项目投资，而作为有限合伙人与普通合伙人成立子基金，由子基金进行股权项目投资。具体交易结构如下图：

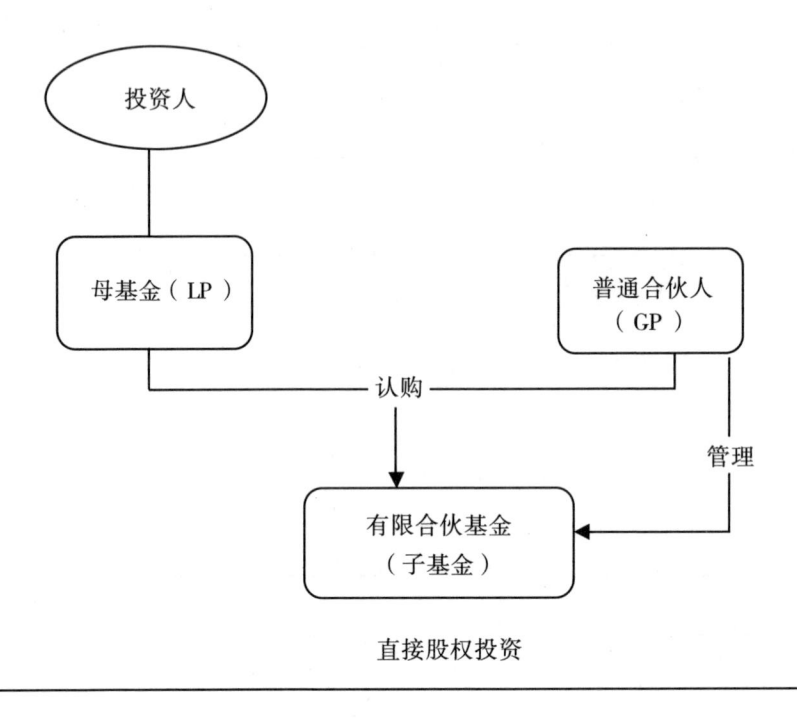

```
         ┌─────────┐
         │  投资人  │
         └────┬────┘
              │
    ┌─────────┴──┐         ┌──────────────┐
    │ 母基金(LP) │         │ 普通合伙人   │
    │            │         │   (GP)       │
    └─────┬──────┘         └──────┬───────┘
          │      认购              │
          │                        │ 管理
          ▼                        │
    ┌──────────────┐◄──────────────┘
    │  有限合伙基金  │
    │   (子基金)    │
    └──────────────┘

            直接股权投资
```

┌──────────┐ ┌──────────┐ ┌──────────┐
│ 投资项目 │ │ 投资项目 │ │ 投资项目 │
└──────────┘ └──────────┘ └──────────┘

（2）业务模式辨析

目前国内股权投资母基金主要有两类，一类是由政府主导设立的产业引导基金，另一类是由国有或民营企业以市场化方式设立的股权投资母基金：①产业引导基金主要是通过财政基金的引导示范作用和杠杆放大效应，引导社会资本进入创业投资领域。产业引导基金主要运作方式包括参股、融资担保和跟进投资三种[①]，产业引导基金本身不直接从事创业投资业务，也不得借"跟进投资"之名直接从事创业投资业务。②市场化股权投资母基金可以分为由国有企业设立的母基金、民营企业设立的母基金和外资设立的母基金三种类型。

---

① 参股是指引导基金主要通过参股方式，吸引社会资本共同发起设立创业投资企业；融资担保是指对历史信用记录良好的创业投资企业债权融资提供融资担保，以此增强创业投资企业的财务实力和投资能力；跟进投资是指当创业投资企业投资创业早期企业或者需要政府重点扶持和鼓励的高新技术等产业领域时，引导基金可以按照适当股权比例向该被投资创业企业进行投资。

二、夹层融资信托业务

(一) 股权投资附加回购

夹层投资者可以通过如下两种方式取得目标企业的股权:

1. 增资/新设:夹层投资者通过向目标企业直接进行增资或者通过合资成立目标企业,以夹层资金用于目标企业名下新建、扩建、改建等项目建设。

2. 股权受让:收购目标企业原股东所持的目标企业部分股权,夹层资金支付给目标企业原股东,用以新建、扩建、改建等项目建设。

夹层资金可以通过如下方式实行退出:①目标企业控股股东回购;②目标企业管理层回购;③目标企业回购①。投资收益可以分为固定收益和保底收益+浮动收益两种模式。目标企业应当按照约定优先向夹层投资者分红,目标企业大股东对分红收益不足保底/固定收益的差额部分承担补足义务。为保障目标企业大股东的回购义务和保底/固定收益,目标企业大股东可以提供资产抵押或股权质押等担保措施。

(二) 认股选择权

夹层投资者以夹层资金认购目标企业的认股选择权,认股选择权行权期内,夹层投资者可以要求目标企业溢价回购该认股选择权,或者以约定的行权价格行权,行权方式可以分为向目标企业增资或者受让目标企业原股东所持目标企业股权两种方式。

【示例】认股选择权主要要素

---

① 《公司法》第七十四条规定第一款有限责任公司回购本公司股权的情形为:对如下情形之一的股东会决议事项投反对票的股东,可以请求公司按照合理价格收购其股权:(1) 公司连续五年不向股东分配利润,而该公司连续五年盈利,并且符合本法规定的分配利润条件的;(2) 公司合并、分立、转让主要财产的;(3) 公司章程规定的营业期限届满或者章程规定的其他解散事由出现,股东会会议通过决议修改章程使公司存续的。

《公司法》第一百四十二条第一款规定股份有限公司回购本公司股份的情形为:(1) 减少公司注册资本;(2) 与持有本公司股份的其他公司合并;(3) 将股份奖励给本公司职工;(4) 股东因对股东大会作出的公司合并、分立决议持异议,要求公司收购其股份的。

如果不符合上述回购本公司股权情形的,公司回购本公司的股权可以通过减资的方式实现。公司必须编制资产负债表及财产清单,自作出减少注册资本决议之日起 10 日内通知债权人,并于 30 日内在报纸上公告。债权人自接到通知书之日起 30 日内,未接到通知书的自公告之日起 45 日内,有权要求公司清偿债务或者提供相应的担保。

一、认股选择权：认股选择权指投资者在协议约定的行权期限内，有权按照约定的认股份额和价格，通过对目标企业进行直接投资（增资扩股）或者受让目标企业股份的方式行使认股选择权。如果投资者在行权期限内不行权，则可以由目标企业或其股东按照约定的价格回购该认股选择权。

二、行权方式与认股份额：投资者可以选择如下两种方式行权：

（一）投资者在行权期限内，可以选择通过对目标企业直接投资方式（增资扩股）持有目标企业 [　　] 万股股份或者 [　　]% 股权。

（二）投资者在行权期限内，可以选择通过对受让目标企业股份/股权的方式持有目标企业 [　　] 万股股份或则 [　　]% 股权。

三、认股选择权对价：投资者获取认股选择权所需支付的对价可以为如下方式：

（一）自认股选择权协议生效之日起 [　　] 日内，向 [　　] 方支付 [　　] 元认股选择权价款；

（二）作为目标企业远期战略投资者，在行权期限内行权并向丙方提供资本金支持，或者通过为目标企业引进战略投资者，补充目标企业资本金需求；

（三）投资者为目标企业提供或者居间介绍第三方为目标企业提供各项股权增值服务，如投后管理服务、战略咨询服务、营销渠道服务、成本控制服务等，以提高目标企业的经营管理能力和业绩水平。

（四）投资者与商业银行联合为目标企业提供投贷联动服务、上市退出服务等金融服务，实现目标企业股权增值。

四、行权价格：投资者在约定的行权期限内决定行权的，行权价格按照如下方式确定：

（一）自认股选择权协议签署之日起，投资者有权以 [　　] 万元的价格，以增资扩股方式认购目标企业 [　　] 万股股份或 [　　]% 股权（对应注册资本 [　　] 万元），溢价部分计入目标企业的资本公积；

（二）投资者以 [　　] 万元的价格受让目标企业 [　　] 万股股份或 [　　]% 股权（对应注册资本 [　　] 万元），转让价款支付给股权转让方。

（三）行权价格不得高于认股选择权签订后目标企业引入的其他投资者的认股价格（不含内部股权激励）。或者行权价格在 6 个月内不得高于其他投资者的认股价格的 10%，6 个月以上至 12 个月内不得高于其他投资者的认股价格的20%，超过12个月的另行协商确定。

五、行权期限：各方均同意投资者行权的期限为自［　］年［　］月［　］日至［　］年［　］月［　］日之前仍未实现上市之日止。

（三）优先股

优先股是指其股份持有人优先于普通股股东分配公司利润和剩余财产，但参与公司决策管理等权利受到限制。根据《优先股试点管理办法》规定，上市公司可以发行优先股，非上市公众公司[①]可以非公开发行优先股。根据上述优先股的定义，优先股具有如下三个特征：利润分配优先权、剩余财产分配优先权以及决策管理权限制。

有限责任公司不存在优先股制度，但是根据《公司法》的规定，股东之间可以通过约定以实现优先股的目的。根据《公司法》第三十四条及第四十二条规定，股东之间可以通过公司章程约定特定股东的利润分配优先权和决策管理权限制。根据《公司法》第一百八十七条的规定，公司清算后的剩余财产按照股东的出资比例分配，但是司法判决认可在不损害公司及债权人利益的前提下，股东之间关于利益补偿条款的约定，因此股东之间可以通过特殊约定以实现剩余财产的优先分配权。

（四）债转股

根据国家工商行政管理总局颁发的《公司债权转股权登记管理办法》，债权转股权是指债权人以其持有的对在中国境内设立的有限责任公司或者股份有限公司的债权转为公司股权，增加公司注册资本的行为。

工商行政管理局办理债权转股权登记管理的情形包括：①公司经营中债权人与公司之间产生的合同之债转为公司股权，债权人已经履行债权所对应的合同义务，且不违反法律、行政法规、国务院决定或者公司章程的禁止性规定；②人民法院生效裁判确认的债权转为公司股权；③公司破产重整或者和解期间，列入经人民法院批准的重整计划或者裁定认可的和解协议的债权转为公司股权。

---

① 根据《非上市公众公司监督管理办法》规定，非上市公众公司是指具有下列情形之一且其股票未在证券交易所上市交易的股份有限公司：（1）股票向特定对象发行或者转让导致股东累计超过200人；（2）股票公开转让。

债权转股权作价出资金额与其他非货币财产作价出资金额之和，不得高于公司注册资本的70%[①]。用于转为股权的债权，应当经依法设立的资产评估机构评估，且作价出资金额不得高于该债权的评估值。

第二节　股权投资信托业务尽职调查与风险控制措施

一、目标公司尽职调查[②]

（一）看准一个团队

优秀的管理团队是一个企业的灵魂，是企业健康成长的关键性因素，因此对目标企业的考察，首先是对企业管理团队的考察。管理团队的考察，既包括对团队核心领导人员的考察，也包括对团队全体成员素质及团队凝聚力的考察。

管理团队考察没有统一固定的标准，但如下标准应是优秀管理团队所必须具备的基本要求：①懂经营、善管理、会沟通的综合素质；②锲而不舍的艰苦创业精神；③互信互谅的团队合作精神；④诚实信用的道德标准。

（二）发掘两个优势

通常来说，优势行业是指具有广阔发展前景、国家政策大力支持的行业，优势企业是指在行业中具有核心竞争力、主营业务突出的企业。发掘两个优势就是指在优势行业中发掘、寻找优势企业。

【示例一】诸如钢铁行业等极度饱和、产能严重过剩行业的投资机会在于优势企业兼并重组劣势企业，通过扩大市场份额、降低产品的生产和销售的边际成本，获取产品的定价权，进而进一步构筑市场壁垒。当然，国家通过行政力量推动的国有企业兼并重组，并非按照市场定价原则进行的，其政治意义大于经济意义，以此该类国有企业并不具有投资价值。

在行业萧条末期仍然具有良好现金流，机具竞争力的企业，在同行业其他企业纷纷陷入困境之时，具有极大的投资价值。

---

① 2014年3月1日起实行的《公司法》删除了"全体股东的货币出资金额不得低于有限责任公司注册资本的30%"的条款，公司的注册资本可以全部为非货币资产。

② 该部分内容是笔者根据网络资源整理而来，以供读者参考。

【示例二】在成熟行业中通过产业升级和技术创新以创造出大量新的需求的企业极具投资价值。该类企业通过新的技术打破原有的供需关系，创造出大量新的需求，其产品和服务将逐步甚至完全取代旧的产品和服务。比如，汽车行业中特斯拉的电动汽车、通讯行业的苹果智能手机。

【示例三】节能环保、信息技术、生物与新医药、新能源、新材料、航空航天、航海、先进装备制造业、新能源汽车、高新技术服务业（包括信息技术、生物技术、研发设计、检验检测、科技成果转化服务等）等战略性新兴产业和高新技术改造传统产业领域，需要重点挖掘具备领军地位的优秀企业，该类行业通常是伟大企业的摇篮。

（三）弄清三个模式

商业模式可以分为业务模式、盈利模式和营销模式三个方面：业务模式是指企业提供什么样的产品和服务，产品生产和服务提供的流程是什么，产品和服务是否符合市场的需求，人力、资金等资源是否可以支持该业务模式等。盈利模式是指企业挣钱的手段和方法什么。销售模式是指企业如何去推广销售产品和服务，销售渠道、销售激励机制如何等。

【示例】戴尔和联想都销售 PC 产品，两者销售的产品并无本质的区别，但是两者的商业模式却有很大的差异。戴尔商业模式的核心竞争力是基于其全球直销网上管理系统的电脑直销盈利模式，构成了戴尔排除其他竞争者的商业壁垒；联想或者其他竞争者若想搭建该平台，可能需要付出远高于戴尔的成本，将会付出很高的代价。

百度商业模式的核心在于搜索流量的变现，搜索技术的不断进步、先发优势构筑的巨大数据库和大量的应用软件构成了百度排除其他竞争者的商业壁垒。雅虎360的商业模式是通过免费杀毒为入口以获取流量变现，其具有强大的研发能力、快速的服务相应能力以及快速积累的巨大用户群等优势。虽然雅虎360努力通过其巨大的用户量进入搜索领域，但是其在搜索领域一直没有突破性的技术进展以挑战百度积累的巨大数据库和应用软件的商业壁垒，因此很难去颠覆百度的商业模式。

（四）查看四个指标

判断目标企业是否适合于被投资，主要在于其盈利能力和成长性：盈利能力指标主要包括营业收入、营业利润和营业净利润率三个指标；成长性指标主要是指增长率指标，增长率指标主要可以分析营业收入增长率、营业利润增长率和净利润增长率。

【示例】分析企业净利润可以从两个层面进行：第一层面即是利润表上的账面净利润，第二层面即是剔除投资收益、公允价值变动收益以及营业外收益后的净利润。

营业利润率的高低能够反映目标企业的行业竞争力。如果目标企业的劳动生效率较高，营业成本以及其他费用会相应较低，从而能够维持较高的营业利润率。目标企业可以通过价格战抢占市场份额：比如目标企业的营业利润率为30%，竞争对手的营业利润率只有10%，如果目标企业降价将其产品降价10%，竞争对手却没有相应幅度的产品降价空间，此时目标企业就会抢占相应的市场份额。

（五）理清五个结构

（1）股权结构：理清股权结构即是需要了解目标企业的股权构成（各股东的持股比例）、股东性质（国有企业/民营企业、机构/个人等）、股东所处行业，以及控股股东及控股股东的产业分布。

（2）高管结构：理清高管结构即是需要了解目标企业高管的学历结构、职业资格、从业经验、年龄结构等。

（3）业务结构：理清业务结构即是需要了解目标企业产品和服务的结构，主营业务是否突出，新产品、新技术的研发情况等。

（4）客户结构：理清客户结构即是需要了解目标企业下游客户的分布情况，客户是否具有较高的稳定性，客户的采购能力和经销能力等。

（5）供应商结构：理清供应商结构即需要了解目标企业上游供应商的分布情况，供应商的产品质量情况等。

（六）考察六个层面

（1）历史沿革：考察目标企业的历史沿革的合法合规性，在注册验资、股权变更等方面不存在重大历史瑕疵。

（2）财务规范：考察企业是否具有健全的财务管理制度，是否严格遵守企业财务会计的准则和规范，会计师事务所的聘请、变更是否履行必要的程序，年度报告审计是否符合相应的规范要求。

（3）依法纳税：考察企业是否严格依法纳税，是否存在拖欠税收、偷税漏税等行为。

（4）产权清晰：企业的无形资产、不动产以及其他资产的产权是否清晰，是否存在产权不清晰、产权纠纷等情形。

（5）劳动合规：考察企业是否严格遵守劳动法规，是否按照规定缴纳社会保障等相关费用，是否存在频繁的劳动纠纷。

（6）环保合规：考察企业的生产经营活动是否符合环保要求，是否因为环保问题而受到处罚。

（七）落实七个关注

（1）制度汇编：查看企业的制度汇编主要在于了解企业是否具有健全的经营管理制度，相关经营管理制度是否规范等。

（2）例会制度：询问企业的例会制度主要在于了解企业管理的规范性，以及经营管理制度是否能够得到贯彻执行。

（3）企业文化：企业文化是企业在经营管理过程中所创造的具有本企业特色的精神文明，是企业的核心精神和价值观，是企业团队凝聚力的动力所在。

（4）战略规划：企业通过战略规划，可以了解企业的内外部优劣势，明确企业未来的发展目标和方向。战略规划应具有有效性，一方面是战略规划是否符合行业发展方向和趋势，另一方面战略规划是否与企业本身的生产经营与管理活动相适应。

（5）人力资源：考察企业的人力资源情况，可以了解企业的员工年龄构成、学历构成、员工流动性、员工培训、薪酬激励机制等内容。

（6）公共关系：考察企业的公共关系，可以了解企业的公共关系策略和状况、企业社会公民/责任意识，企业形象和品牌等。

（7）激励机制：优秀的企业必然有一套成熟健全的激励机制。如果企业的激励机制趋于保守，则不能调动员工的积极性；如果企业的激励机制趋于激进，则会诱导员工的短期业绩冲动，不利于企业长远发展。

（八）分析八个数据

（1）资产负债率

【资产负债率＝（负债总额÷资产总额）×100%】资产负债率是企业长期

偿债能力的主要指标，反映的是企业总资产中的债务比例。企业需要合理的资本结构，企业的股权资本和债权资本需要保持合理的水平；如果企业的资产负债率过高，企业的债务杠杆过大，长期偿债能力较弱，企业存在较大的经营风险；如果企业的资产负债率过低，企业可能没有充分利用债务杠杆效应以获取超额的资本回报。

（2）流动比率

【流动比率＝流动资产÷流动负债】流动比例是企业短期偿债能力的主要指标。流动比例越高，企业资产的变现能力越强，企业的短期偿债能力就越强。

企业短期偿债能力的另一指标是速动比例。扣除存货、1年内到期的非流动资产以及其他流动资产扣除后的流动资产即是速动资产，速动资产和流动负债的比例即是速动比例。

（3）总资产周转率

【总资产周转率＝销售收入÷平均总资产】总资产周转率反映企业整体资产的运营能力，总资产周转率越高，资产周转速度越快，则企业的营运能力越强。如果总资产周转率较低，企业可能存在闲置资产或利用不充分的资产，企业应当处置闲置资产或提高资产的利用效率，以此改善经营业绩。

（4）应收账款周转率

【应收账款周转率＝销售收入÷平均应收账款】应收账款周转率反映企业应收账款的周转速度。应收账款周转率越高，企业应收账款的回款速度越快，账款回收期越短，应收账款的坏账率相应的也就越低。如果应收账款周转率过低，企业的营运资金过多的滞留在应收账款上，影响企业正常资金周转。

（5）销售毛利率

【销售毛利率＝［（销售收入－销售成本）÷销售收入］×100%】销售毛利率反映企业每销售/提供一元钱的产品/服务取得的收入扣除产品/服务的成本后，还有多少资金可以用于各项期间费用和利润的形成，是企业实现盈利的基础。

（6）净资产收益率

【净资产收益率＝（净利润÷平均净资产）×100%】净资产收益率又叫权益报酬率，反映的是企业净资产的投资收益水平，是企业盈利能力的核心指标。净资产收益率＝资产净利率×权益乘数。

(7) 经营活动净现金流

【经营活动产生的现金流量净额 = 经营活动产生的现金流入 – 经营活动产生的现金流出】经营活动产生的现金流入：销售商品、提供劳务收到的现金 + 收到的税费返还 + 收到的其他与经营活动有关的现金。经营活动产生的现金流出：购买商品、接受劳务支付的现金 + 支付给职工以及为职工支付的现金 + 支付的各项税费 + 支付的其他与经营活动有关的现金。

(8) 市场占有率

市场占有率是企业销售/提供的产品/服务在市场上所占的份额，是企业市场地位最直接的体现。较高的市场占有率还可以形成某种程度的垄断，即可以带来相应的垄断利润，也可以保持企业一定的竞争优势。

示例一：企业的预收账款和应付账款分别是其对下游客户和上游客户资金的无偿占用，而应收账款和预付账款分别是下游客户和上游客户对企业资金的无偿占用，存货是企业自身对资金的无偿占用；分析预收账款、应付账款和应收账款、预付账款可以了解该企业的商业模式及市场地位。如果预收账款 + 应付账款 > 应收账款 + 预付账款 + 存货，也即企业可以用别人的钱来赚钱，从某种程度上反映了企业的强势地位，比如苏宁电器和国美电器。

示例二：现金流是评估企业竞争力的关键指标，大致可以分为如下几种情形：

情形一：企业的现金及现金等价物的净增加额和经营活动产生的现金流量净额均为正值，从某种程度上反映企业生产经营较为安全稳健。

情形二：企业现金及现金等价物的净增加额和经营活动产生的现金流量净额均为负值，对于传统企业而言，从某种程度上反映了企业生产经营存在财务问题。当然，对于创业企业或者新型产业，还是要综合行业的发展趋势以及企业的核心竞争力和市场壁垒进行分析。

情形三：企业现金及现金等价物的净增加额为负值，经营活动产生的现金流量净额为正值，表明企业有较大的投资研发或债务支出。重点需要分析现金支出的结构，即投资活动产生的现金支付和筹资活动产生的现金支付的比例；如果企业经营活动产生的现金流主要用于债务支出，则该企业存在较为严重的经营及财务问题。

情形四：企业现金及现金等价物的净增加额为正值，经营活动产生的现金流量净额为负值，表明企业有较大的投资活动和/或筹资活动的现金净流入；如果企业的筹资活动的现金净流入占主要比例，说明企业有较为广阔的融资渠道，当然这需要综合利率水平判断企业可能存在的财务风险。

(九) 走好九个程序

(1) 收集资料：通过各种途径收集企业及其所处行业的各种有用资料。

(2) 高管面谈：通过高管面谈，了解高管的从业经验背景、经营管理理念、对行业发展前景的展望、对企业未来发展的规划。

(3) 企业考察：通过对企业的日常经营管理、生产研发、采购销售等进行实地考察，对高管以下的员工进行随机或不经意的访谈，已取得对企业更深层次了解。

(4) 竞争调查：梳理企业所处行业的市场竞争格局和竞争对手的基本情况。通过各种方式和途径对企业竞争对手进行考察、访谈或第三方的评价，以此对比市场各种竞争对手的优劣势。

(5) 供应商走访：通过走访供应商，了解企业的采购情况、企业的信誉、企业的真实生产情况以及行业的竞争格局。

(6) 客户走访：通过走访客户，了解企业产品/服务的质量和受欢迎程度，了解企业实际的销售情况和竞争情况；同时，了解客户的优质情况也有助于了解企业的市场地位、市场需求的潜力等。

(7) 协会走访：通过走访行业协会，了解企业所处行业发展现状和未来发展前景，以及企业的行业地位和声誉。

(8) 政府走访：通过走访当地政府，了解当地政府对企业所处行业及企业的支持政策，以及企业在当地的发展状况和影响。

(9) 券商咨询：通过向券商咨询企业上市可行性和上市时间等问题，以有助于对企业成熟度的判断。

(十) 报告十个内容

尽职调查人员应当将尽职调查工作所获取的资料和信息进行系统化综合整理，形成《尽职调查报告》。《尽职调查报告》是前期尽职调查工作的总结，也是投资决策的一句。通常而言，《尽职调查报告》主要包括但不限于如下10个方面的内容：①企业历史沿革；②企业产品与技术；③行业分析；④优势和不足；⑤发展规划；⑥股权结构；⑦高管结构；⑧财务分析；⑨融资计划；⑩投资意见。

二、风险控制措施

（一）目标公司估值

1. 市盈率定价法

私募股权基金对目标公司进行投资时，需要对目标公司进行估值，具体的估值方法通常采用市盈率法（P/E）估值法。市盈率定价法具体计算公式为：P = E × PE（P：目标公司股权价值；E：目标公司净利润；PE：市盈率倍数）。

【示例】私募股权基金按照10倍市盈率对目标公司进行估值，如果目标公司上一年度经审计的净利润为3000万元，则该企业的价值为30000万元。

2. 市净率定价法

市净率定价法是根据目标公司净资产和市净率倍数的乘积得出目标公司的股权价值，具体计算公式为：P = BV × PB（P：目标公司股权价值；BV：目标公司净资产；PB：市净率倍数）。

3. 现金流折现法

现金流折现法是根据目标公司未来现金流的现值计算目标公司的股权价值，具体计算公式为：$P = \sum NCF_i/(1+r)^i$（P：目标公司股权价值；NCF_i是i期的现金净流量，r是折现率）。

（二）对赌协议

对赌协议又称为"估值调整条款"，具体是指私募股权基金对目标公司进行投资时，可以与目标公司及其原股东约定目标公司在投资期间的业绩指标；如果目标公司在投资期间达不到约定的业绩指标，则私募股权基金需要对目标公司的估值进行调整，目标公司原股东需要对私募股权基金进行利益补偿，利益补偿方式可以包括调整股权比例、现金补偿等。

【示例】承接上述市盈率估值示例，私募股权基金拟持有目标企业15%的股权，则需要支付4500万元的股权价款。如果投资期间的某一年度目标公司的净利润低于3000万元（假设为M元），则需要对目标公司进行估值调整，目标公司的估值调整为 10M 元。目标公司估值调整后，PE 基金可以要求目标公司原股东按照需要调整的股权价值差额＝（3000 万元 – M 元）×10×15% 元的标准，向 PE 基金退还股权价款金额，或者私募股权基金管理人可以要求调增对目标公司的持股比例至（4500 万元/10M 元）%。

【示例】私募股权基金管理人与目标公司及其原股东约定，目标公司每年的净利润的增长率不低于 10%；如果目标公司的净利润增长率低于 10%（假设实际增长率为 N%），目标公司原股东需要向私募股权基金支付业绩补偿价款（10% – N%）×4500 万元。[1]

（三）股权回购

投资方私募股权基金与目标公司及其原股东对目标公司未来发展的特定事项进行约定，如果约定的条件成就时，目标公司或其原股东需要回购 PE 基金所持有的目标公司股权。设置回购条款主要是为了督促目标公司及其原股东努力实现目标公司的经营目标，同时也可以锁定私募股权基金的投资风险，但是回购条款的实现取决于回购义务人的回购能力。

【示例】投资方私募股权基金与目标公司及其原股东约定：①如果目标公司在投资期内（自投资价款缴付之日起 8 年）没有完成 IPO，该等原因包括但不限于经营业绩不具备上市条件，或公司历史沿革不规范未能实现上市，或目标公司原股东经营失误、重大过错等原因造成目标公司无法上市，以及其他原因造成目标公司无法上市等；②在投资期内的任何时间，无论任何原因，目标公司原股东或目标公司放弃目标公司的上市安排。目标公司及其原股东均应按照如下孰高的价格回购投资方持有的目标公司股份：

（1）目标企业或其原股东需要按照 10%/年的溢价率回购私募股权基金所持有的目标公司股权，上例目标公司或其原股东需要支付的回购总价款为（1 + 10%/年 × 8）×4500 万元。

---

[1] 具体的业绩补偿计算公式没有统一的标准，如下业务补偿计算公式供读者参考：
T1 年度业绩补偿款金额＝PE 基金投资总额×（1 – 目标公司 T1 年度实际净利润/目标公司 T1 年度约定净利润）；T2 年度业绩补偿款金额＝（PE 基金投资总额 – PE 基金 T1 年度已实际获得的业绩补偿款金额）×［1 – 目标公司 T2 年度实际净利润/目标公司 T1 年度实际净利润×（1 + 目标公司约定 T2 年度同比增长率）］；T3 年度业绩补偿款金额＝（PE 基金投资总额 – PE 基金 T1 年度和 T2 年度已实际获得的业绩补偿款金额合计数）×［1 – 目标公司 T3 年实际净利润/目标公司 T2 年实际净利润×（1 + 目标公司约定 T3 年度同比增长率）］。

（2）目标公司或其原股东按照投资方所持股份对应的目标公司经审计的净资产的价格回购投资方所持股份。

【司法实务】"上海瑞沨股权投资合伙企业与连云港鼎发投资有限公司等股权转让合同纠纷案"［（2014）沪一中民四（商）终字第730号］确认如下条款有效：如果目标公司在约定时间前未能成功实现上市或者无法上市时，各股权增资方有权要求目标公司原股东以现金方式溢价回购各增资方所持全部或部分股权。

（四）反稀释条款

反稀释条款具体是指私募股权基金与目标公司及其原股东约定，私募股权基金进入目标公司后，如果目标公司接受新权益投资者的投资，则新权益投资者所持有的目标公司的每股权益不得超过PE基金所持有的目标公司的每股权益。

反稀释条款常见的有"全棘轮条款"和"加权棘轮条款"。"全棘轮条款"是指PE基金对目标公司进行投资时或投资后，如果后续投资者的入股价格低于PE基金的入股价格，则私募股权基金投入资金所换取的股份应当按照最低价格重新计算。"加权棘轮条款"是指所有投资者的入股价格的加权平均价格重新计算PE基金、目标公司原股东及其他投资人的持股比例。

【示例】私募股权基金以每股5元的价格向目标公司投资1000万元，持有目标公司200万股，占目标公司股权比例为20%（目标公司原股东持有800万股）。目标公司再次按照每股4元的价格增发500万股，融资2000万元；如果按照"全棘轮条款"计算，PE基金持股数调整为250万股（1000万元/每股4元），此时目标公司总股本变化为：800万股+500万股+250万股）=1550万股；如果按照"加权棘轮条款"计算，则加权入股价格为：（1000万元+2000万元）/（200万股+500万股）=4.3元/股，私募股权基金持股数变化值233万股，目标公司总股本变化为：233万股+500万股+800万股=1533万股。

（五）关联交易及竞业限制

为了防止目标企业及其原股东通过关联交易进行利益输送，私募股权基金可以与目标公司及其原股东约定关联交易的限制条款；如果目标公司及其原股东发生了不符合约定的关联交易，目标公司及其原股东应当按照关联交易金额的约定比例对私募股权基金进行赔偿。

【条款示例】

1. 关联交易条款：

目标企业原股东及目标企业确认，截至本协议签署之日，目标企业已签署且未履行完毕的关联交易如本协议附件一所列示，该等关联交易所有商业条款均遵循公平公允的原则拟定，不存在损害目标企业利益或不合理加重目标企业负担的情形。

各方一致同意于本协议签署后，目标企业的关联交易均应按照公司章程及相关制度规定履行审核批准等内部决策程序，并应由关联交易相关方依据市场价格，根据公平公允的原则签署相关交易文件，明确交易各方的权利义务。

各方股东承诺，均不存在无偿占有、使用目标企业的财产。如果任何一方股东无偿占有、使用目标企业财产，无偿占有使用方应自占有使用之日起，按照市场价格的150%向目标企业支付占有使用费。各方股东承诺，在持股期间不得发生损害目标企业利益的关联交易行为，否则应当对目标企业承担损害赔偿责任。

2. 竞业限制条款：

目标企业原股东及目标企业承诺，目标企业原股东及目标企业其他关联方目前没有，并且保证未来不会以任何形式从事或参与与目标企业主营业务构成直接和/或间接竞争关系的业务或活动。

各方应确保目标公司股东、董事、高级管理人员不得违反《公司法》及公司章程规定，从事同业竞争、竞业禁止及关联交易行为；符合公司章程并经目标公司内部审批决策程序的关联交易，目标企业应及时将该等关联交易情况及定价依据通知各股东，该等内部审批决策程序应当符合表决回避制度相关规定。

（六）大额负债及或有负债

私募股权基金应当要求目标公司及其原股东充分披露目标公司已经发生的负债及或有负债情况，私募股权基金投资期间目标公司的大额负债及或有负债应当经由PE基金同意；如果目标公司及其原股东违反大额负债及或有负债的相关约定，则目标公司及其原股东应当按照如下计算公司对私募股权基金进行的补偿：大额负债及或有负债×私募股权基金持股比例。

【条款示例】

目标企业原股东及目标企业确认并保证，除已向投资方披露外，目标企业并未签署其他任何对外担保性文件，不存在其他任何未披露的债务。如果目标企业存在未披露其他债务及或有债务，该等债务及或有债务全部由原股东承担；目标公司先行承担并清偿上述债务的，原股东应当自清偿之日起10日内向目标公司全额赔偿。

各方一致同意于本协议签署后，目标企业发生1000万元以上债务或5000万元以上或有负债的，均应事先经投资方的同意；如果该等债务及或有负债未经投资方同意，则目标企业原股东应当对该等债务及或有负债承担清偿责任。

（七）股权转让及优先购买权

如果目标公司股东转让所持有的目标公司股权，可能存在包括但不限于如下情形：①不看好目标公司未来发展前景；②通过股权转让进行利益输送；③目标公司被收购等。目标公司大股东转让所持有的目标公司股权是较为敏感且重大事项，对目标公司的估值也会产生重大影响，私募股权基金可以通过投资协议、公司章程对目标公司大股东的股权转让进行限制，业务实践中亦有目标公司原股东将所持有的目标公司股权质押给私募股权基金。

投资协议可以约定，目标公司在上市前要增发股份的，私募股权基金对于增发股份具有优先认购权。提示注意的是，根据《公司法》的规定，有限责任公司的股东对外转让股权或公司新增资本的，其他股东或原股东具有优先认购权，公司章程或投资协议也可以作例外约定；股份有限公司的股东对外转让股份或公司增发股本，《公司法》并未赋予其他股东或原股东以优先认购权，但是也没有禁止公司章程或投资协议作例外规定。

（八）优先分红权及清算权

私募股权基金可以与目标公司及其原股东约定，目标公司年度净利润应当按照私募股权基金投资额的一定比例，优先于其他股东获取分红。比如目标公司每年的净利润在扣除法定资本公积、风险准备金等法定扣除项金额后，应当按照私募股权基金投资金额的10%优先向私募股权基金分配红利，然后再按照各股东的持股比例进行红利分配；如果目标公司当年盈利不足以按照私募股权基金投资额的10%优先向PE基金分配红利，差额部分由目标公司大股东予以补足。目标公司清算时，私募股权基金有权优先于其他股东分配目标公司的剩余财产。

根据《中外合资经营企业法》及《中外合资经营企业法实施条例》的规定，合营各方按照出资比例分享利润和分担风险损失，因此目标企业为中外合资企业的，"优先分红权及清算权"的约定会因为违反强制性法律规定而被认定为无效。[①] 根据《中外合作经营企业法》及《中外合作经营企业法实施细则》的规定，合作各方可以根据合同的约定分配收益和承担风险损失，因此目标企业为中外合作企业的，"优先分红权及清算权"可以在投资协议中约定。[②] 但是注意，合作企业的亏损未弥补前，外国合作者不得先行收回投资。

根据《公司法》第三十四条规定，股东应按照实缴的出资比例分取红利，但全体股东约定不按照出资比例分取红利的除外。该条款允许股东对分红比例进行约定，但并未允许股东对分红顺序进行约定，因此优先分红权并未被法律明确认可。[③] 笔者认为可以通过如下条款以实现优先分红权的安排：当目标公司的分红额达到私募股权基金投资额的N%时，私募股权基金的分红比例是N%，其他股东的分红比例是0；当分红额超过私募股权基金投资额的N%时，私募股权基金和其他股东按照股权比例进行分红。

【条款示例】

目标企业原股东确认并承诺，目标企业有可供分配的利润时，应当优先向投资者分配红利；如果目标企业的分红低于投资方的预期投资收益时，目标企业原股东应当对差额部分向投资方承担补足义务。

目标企业原股东确认并承诺，目标企业清算时，投资方优先于其他股东获

[①] 《中外合资经营企业法》第四条第三款："合营各方按注册资本比例分享利润和分担风险及亏损。"第八条第一款："合营企业获得的毛利润，按中华人民共和国税法规定缴纳合营企业所得税后，扣除合营企业章程规定的储备基金职工奖励及福利基金、企业发展基金，净利润根据合营各方注册资本的比例进行分配。"《中外合资经营企业法实施条例》第七十六条对合营企业税后利润的分配原则进行规范。

[②] 《中外合作经营企业法》第二十一条第一款："中外合作者依照合作企业合同的约定，分配收益或者产品，承担风险和亏损。"《中外合作经营企业法实施细则》第七章对中外合作者的收益分配及投资回收进行相应的规范，请读者查阅相应法条。

[③] 根据《优先股试点管理办法》，上市公司可以发行优先股，非上市公众公司可以非公开发行优先股。因此，除上市公司和非上市公众公司外，其他公司暂时不能发行优先股。根据《非上市公众公司监督管理办法》，非上市公众公司是指具有下列情形之一且其股票未在证券交易所上市交易的股份有限公司：（1）股票向特定对象发行或转让导致股东累计超过200人；（2）股票公开转让。

得其投资本金的分配；在投资者获得现金或其他可流通证券形式的投资本金后，目标公司可以按照法律规定将剩余财产根据股份比例向其他股东分配。

（九）共同售股权及强卖权

共同售股权是指目标公司原股东向第三方出售股权时，私募股权基金有权以同等条件及同比例向该第三方出售股权，否则原股东不得向该第三方出售股权。强卖权是指私募股权基金出售其持有的目标公司股权时，目标公司股东应当同比例出售目标公司股权。

【条款示例】

共同售股权：目标企业原股东经投资方同意向目标企业股东之外的第三方转让其股份时，投资方有权按照相同的条款和条件向第三方出售目标企业股份；目标企业原股东应当确保受让方签署接受本协议条款的协议，并应优先购买投资方所持目标企业的股份。投资方可以按照与目标企业原股东相同的比例向该受让方出售目标企业股份。

（十）一票否决权

私募股权基金投资目标公司，通常持股比例不会超过50%，即不会控股目标公司，私募股权基金管理人仅以股权表决权数很难控制目标公司重大事项以保护私募股权基金权益。私募股权基金管理人与目标公司及其原股东约定，私募股权基金管理人对在目标公司股东会或董事会审议的特定事项拥有一票否决权，该特定事项包括但不限于：高级管理人员聘请及员工激励机制、对外投资、大额负债及对外担保、重大资产购并、增资控股、股权出售等。

三、投资增值服务

（一）公司治理完善与经营团队激励

1. 完善公司治理结构

私募股权基金对目标公司进行投后管理，首先需要完善目标公司三会一层的公司治理结构，在投资协议及公司章程中明确约定股东会、董事会、监事会及高级管理层的职责；其次需要改组目标公司的董事会，私募股权基金及目标公司原股东按照投资协议的约定向目标公司董事会派驻董事，制定完善的董事会议事规则。

投资协议及公司章程应当明确约定私募股权基金对目标企业重大决策的参与权与否决权，重大决策事项包括但不限于：高级管理人员聘请及员工激励机制、对外投资、大额负债及对外担保、重大资产购并、增资控股、股权出售等。

2. 经营团队激励

私募股权基金及目标公司原股东应当在投资协议中约定目标公司高级管理人员的聘任及考核规则，目标公司董事会应当制定合理的高级管理层的薪酬考核机制及经营团队的长期激励机制。投资协议可以约定目标公司总经理、财务总监以及其他高级管理人员是由股东各方派任，还是通过市场化方式进行聘任。

（二）优化资产结构及财务管理

1. 优化资产结构

各项资产的有效配置和合理运用，以使资源配置效益最大化，是目标企业股权增值的关键要素。私募股权基金可以根据专业化的投资管理经验，结合目标企业的主营业务情况及行业市场状况，帮助目标企业剥离和出售低效的资产和部门，抽回低回报的投资，或者对目标企业的债权债务或业务结构进行重组，以实现目标企业的高效运营及资产的高效益配置。

2. 优化财务管理

私募股权基金可以帮助目标企业规范财务及预算管理制度，有效控制经营成本及费用支出，可以通过成本控制以提高经营利润。私募股权基金可以根据目标企业的实际情况，为目标企业设定合理的资本结构。

（三）支持业务拓展及提升营销能力

私募股权基金可以帮助目标企业对其上下游产业或者横向产业进行整合重组，支持新客户的引进及业务的拓展，加强PE基金所投资企业之间的合作和交流。

私募股权基金可以帮助目标企业进行企业品牌管理和建设，提高企业品牌的形象和知名度；梳理目标企业主营产品，并进行合理的产品定价；积极拓宽产品销售渠道，完善销售渠道的维护和管理；合理配备销售队伍，提高销售队伍的效率及销售人员的销售能力。

（四）提供投贷联动及资本市场服务

私募股权基金可以为目标企业引进战略投资者或者其他财务投资者，为目标企业提供股本融资服务；为目标企业引进商业银行等金融机构，为目标企业提供债务融资服务；为目标企业的 IPO、并购重组、新三板挂牌等提供各种增值服务。

四、投资退出方式

（一）场内市场退出

1. 证券交易所首发上市

目标公司首发上市的地点包括上海证券交易所（主板市场）、深圳证券交易所（主板市场、中小企业板市场、创业板市场）、香港联合交易所、其他境外证券交易所。通常而言，私募股权基金在境内证券交易所市场退出的平均投资回报率高于境外证券交易所市场，境内证券交易所市场中的深圳中小企业板和创业板市场的退出平均投资回报率高于沪深主板市场，境外证券交易所市场中的香港主板市场的退出平均投资回报率高于其他境外证券交易所市场。

目标公司上市后，限售期的规定限制了私募股权基金并不能立即退出目标公司；根据我国首发上市的相关规定，公司公开发行股份前已发行的股份，自公司股票在证券交易所上市之日起 12 个月内不得转让。

2. 新三板挂牌转让

全国中小企业股份转让系统是我国多层次资本市场体系的重要组成部分，截至 2014 年年底，全国中小企业股份转让系统挂牌公司已超过 1500 家。目标公司在全国中小企业股份转让系统挂牌后，私募股权基金可以通过并购、转板等途径实现从目标公司的退出。相较于沪深交易所市场股票，因为全国中小企业股份转让系统挂票股票流动性较差且风险较高，因此其估值水平也较低，私募股权基金的退出投资收益率也相对较低。

3. 并购重组

上市公司向目标企业全体股东非公开发行股票，用以收购目标企业的全部股权；目标企业成功注入上市公司后，私募股权基金可以在限售期结束后将其所持有的上市公司股票通过二级市场减持的方式实现退出。

根据《上市公司重大资产重组管理办法》第四十六条规定：特定对象以资产认购而取得的上市公司股份，自股份发行结束之日起 12 个月内不得转让；属于下列情形之一的，36个月内不得转让：（1）特定对象为上市公司控股股东、实际控制人或者其控制的关联人；（2）特定对象通过认购本次发行的股份取得上市公司的实际控制权；（3）特定对象取得本次发行的股份时，对其用于认购股份的资产持续拥有权益的时间不足12个月。

（二）场外市场退出

1. 对外股权转让：如果被投资企业达不到上市条件或者在近期内完成不了申请公开发行并上市工作，私募投资基金可以通过对外股权转让的方式退出被投资企业。如果被投资企业未完成股份制改组，企业组织形式为有限责任公司的，则股权转让应当符合《公司法》第七十一条①的规定；被投资企业为股份有限公司的，股份转让应当符合《公司法》第一百四十一条②的规定。

【司法实务】侵害优先购买权的股权转让合同的效力认定及救济

（一）案例名称

深圳市罗湖区人民法院："胡某诉张某、张某力股权转让纠纷案"

（二）裁判要点

1. 法规依据：《公司法》第七十一条

有限责任公司的股东之间可以相互转让其全部或者部分股权。

股东向股东以外的人转让股权，应当经其他股东过半数同意。股东应就其股权转让事项书面通知其他股东征求同意，其他股东自接到书面通知之日起满三十日未答复的，视为同意转让。其他股东半数以上不同意转让的，不同意的股东应当购买该转让的股权；不购买的，视为同意转让。

经股东同意转让的股权，在同等条件下，其他股东有优先购买权。两个以上股东主张行使优先购买权的，协商确定各自的购买比例；协商不成的，按照转让时各自的出资比例行使优先购买权。

---

① 《公司法》第七十一条："有限责任公司的股东之间可以相互转让其全部或者部分股权。股东向股东以外的人转让股权，应当经其他股东过半数同意。股东应就其股权转让事项书面通知其他股东征求同意，其他股东自接到书面通知之日起满三十日未答复的，视为同意转让。其他股东半数以上不同意转让的，不同意的股东应当购买该转让的股权；不购买的，视为同意转让。经股东同意转让的股权，在同等条件下，其他股东有优先购买权。两个以上股东主张行使优先购买权的，协商确定各自的购买比例；协商不成的，按照转让时各自的出资比例行使优先购买权。公司章程对股权转让另有规定的，从其规定。"

② 《公司法》第一百四十一条第一款："发起人持有的本公司股份，自公司成立之日起一年内不得转让。公司公开发行股份前已发行的股份，自公司股票在证券交易所上市交易之日起一年内不得转让。"

公司章程对股权转让另有规定的，从其规定。

2. 股权转让合同的法律效力

《公司法》第七十一条规定是任意性规定，而非强制性规定，故不能因转让股权未经其他股东同意而以股权转让合同违反法律、行政法规的强制性规定为由认定股权转让合同无效。《公司法》第七十一条关于公司章程排除其他股东同意权及优先购买权，及其他股东未在规定时间行使同意权及反对股东不购买时视为同意转让的规定，意味着股权转让在特定条件下可以违背其他股东意愿进行，因此《公司法》第七十一条显然不是法律、行政法规的强制性规定，不能以此认定股权转让合同无效。

3. 股权转让行为的法律效力

《公司法》第七十一条的规定主要兼顾两个方面：一是维护有限公司的人合性，二是维护股东自由处分股权的权利。因此不能认定股权转让行为无效，但是可以赋予其他股东对股权转让行为的撤销权，这样既可以维护各方股东的合法权益，也可以维护公司的人合性。如果股权转让合同尚未实际履行，则其他股东可以通过不予追认同意而要求自己购买或者行使优先购买权来维护自己的合法权益；如果股权转让合同已实际履行，则其他股东可以对该履行行为行使撤销权。

如果其他股东在知道或者应当知道新股东已经加入的情况下长时间不行使撤销权，表明新股东与原股东之间存在相当的信赖基础，公司的人合性并未被破坏。由此可知，当事人的撤销权必须在法定期间内行使，即自知道或者应当知道撤销事由之日起一年之内。

2. 管理层、股东收购：私募股权基金可以通过目标企业管理层/股东收购的方式实现投资退出。根据我国现行法律规定，公司能够收购本公司股份的情形包括：（1）减少注册资本；（2）与持有本公司股份的其他公司合并；（3）将股份奖励给本公司职工；（4）股东因对股东大会作出的公司合并、分立决议持异议，要求公司收购其股份的。除上述四种情形外，公司不得收购本公司股份。因此私募股份基金在设计退出渠道时，不得约定由被投资企业回购其所持有的被投资企业股份，但是可以约定由被投资企业管理层或其他股东收购其所持有的被投资公司股份。

根据《企业国有产权向管理层转让暂行规定》，管理层不得受让企业的国有产权的情形有：（1）经审计认定对企业经营业绩下降负有直接责任的；（2）故意转移、隐匿资产或者在转让过程中通过关联交易影响企业净资产的；（3）向中介机构提供虚假材料，导致审计、评估结果失真，或者与有关方面串通，压低资产评估结果以及国有产权转让价格的；（4）违反有关规定，参与国有产权转让方案的制订以及与此相关的清产核资、财务审计、资产评估、底价确定、中介机构委托等重大事项的；（5）无法提供受让资金来源相关证明的。《企业国有产权向管理层转让暂行规定》同时规定，管理层不得采取信托或委托等方式间接受让企业国有产权；管理层受让企业国有产权时，应当提供其受让资金来源的相关证明，不得向包括标的企业在内的国有及国有控股企业融资，不得以这些企业的国有产权或资产为管理层融资提供保证、抵押、质押、贴现等。

3. 破产清算：如果由于经营管理不善，内外部环境产生重大变化，导致目标企业经营产生重大困难，或者通过其他渠道无法实现顺利退出，则私募股权基金选择清算目标企业作为最后的退出方式。

通过破产清算方式退出，需要启动破产清算程序，程序复杂且时间较长，并且还会产生不可避免的投资损失；但是企业因经营不善等各种原因导致破产清算情形是客观存在，并且通过破产清算还能收回部分投资，因此破产清算是私募股权基金保底退出方式。

五、估值方法

（一）市场法

1. 参考最近融资价格法

参考最近融资价格法是指采用被投资企业最近一次融资的价格对被投资企业的股权进行估值。运用参考最近融资价格法对被投资企业进行估值时，需要注意如下事项：

（1）如果没有主要的新投资人参与最近融资，或最近融资金额对被投资企业而言并不重大，或者最近交易被认为是非有序交易（如被迫出售股权或对被投资企业陷入危机后的拯救性投资），则该融资价格一般不作为被投资企业公允价值的最佳估计使用。另外，还应结合最近融资的具体情况，考虑是否需要对影响最近融资价格公允性的因素进行调整，相关因素包括但不限于：

①最近融资使用的权益工具与私募基金持有的非上市股权在权利和义务上是否相同；

②被投资企业的关联方或其他第三方是否为新投资人提供各种形式的投资回报担保；

③新投资人的投资是否造成对原股东的非等比例摊薄；

④最近融资价格中是否包括了新投资人可实现的特定协同效应，或新投资人是否可享有某些特定投资条款，或新投资人除现金出资外是否还投入了其他有形或无形的资源。

（2）被投资企业新发股权融资时，现有股东将其持有的部分股权出售给新投资人的价格与新发股权的价格通常是不同的，此时应当分析价格差异的原因（如新老股权是否对应不同的权利义务、是否面临不同的限制，以及老股权出售的动机等），并据此合理确定公允价值的取值依据。

（3）估值日距离融资完成的时间越久，最近融资价格的参考意义越弱。在后续估值日运用最近融资价格法进行估值时，应当根据市场情况及被投资企业自身情况的变化判断最近融资价格是否仍可作为公允价值的最佳估计。在后续估值日通常需要对最近融资价格进行调整的主要情形包括：

①被投资企业的经营业绩与财务预算或预设业绩指标之间出现重大差异；

②被投资企业实现原定技术突破的预期发生了重大变化；

③被投资企业面对的宏观经济环境、市场竞争格局、产业政策等发生了重大变化；

④被投资企业的主营业务或经营战略发生了重大变化；

⑤被投资企业的可比公司的业绩或者市场估值水平出现重大变化；

⑥被投资企业内部发生欺诈、争议或诉讼等事件，管理层或核心技术人员发生重大变动。

（4）如果被投资企业在最近融资后发生了重大变化而判定最近融资价格无法直接作为公允价值的最佳估计，同时也无法找到合适的可比公司或可比交易案例以运用市场乘数法进行估值时，可以根据被投资企业主要业务指标自融资时点至估值日的变化，对最近融资价格进行调整。

2. 市场乘数法

在被投资企业相对成熟，可产生持续的利润或收入的情况，通常采用市场乘数法对非上市股权进行估值；常见的市场乘数法包括：市盈率（P/E）、市净率（P/B）、企业价值/销售收入（EV/SALES）、企业价值/息税折摊前利润（EV/EBITDA）、企业价值/息税前利润（EV/EBIT）。

3. 行业指标法

在行业发展比较成熟及行业内各企业差别较小的情况下，可以采用行业指标法对非上市股权进行估值；行业指标法是指某些行业中存在特定的与公允价值直接相关的行业指标，此指标可作为被投资企业公允价值估值的参考依据。行业指标法通常被用于检验其他估值法得出的估值结论是否相对合理，而不作为主要的估值方法单独运用。

（二）其他方法

1. 收益法

非上市公司股权估值所使用的收益法通常为现金流折现法，即采用合理的假设预测被投资企业未来现金流及预测期后的现金流终值，并采用合理的折现率将上述现金流及终值折现至估值日得到被投资企业相应的企业价值。

如果被投资企业处于初创期、持续亏损、战略转型、扭亏为赢、财务困境等阶段时，被投资企业的现金流通常难以进行可靠预测，因此应当谨慎运用现金流折现的估值方法。另外需要注意，折现率的确定应当能够反映现金流预测的内在风险。

2. 成本法

成本法也即净资产法，主要通过适当的方法分别估计被投资企业的各项资产和负债的公允价值，综合考虑后得到股东全部权益价值。

成本法主要适用于诸如重资产型企业、投资控股型企业、因经营状况不佳而可能面临清算的被投资企业等企业价值主要来源于其占有的资产的情况。

第三节　并购信托

一、并购业务概述

（一）并购定义

并购具体是指并购方企业通过受让现有股权、认购新增股权，或者收购资产、承接债务等方式以实现合并或实际控制已设立并持续经营的目标企业的交易行为。并购方可以直接参与并购交易，亦可以通过专门设立的无其他业务经营活动的全资或控股子公司参与并购交易。根据上述关于并购的定义可知，并购可以分为股权并购与资产并购两种业务类型。

(二) 股权并购

股权并购是指收购方通过受让目标企业原股东所持目标企业股权或者对目标企业进行增资，从而持有目标企业股权或对目标企业控股的一种并购行为。股权并购具有如下特点：

1. 收购方拟收购目标企业股权前，应当对目标企业进行详尽的财务尽职调查和法律尽职调查。股权并购对目标企业的尽职调查应当是全方位的，包括但不限于目标企业主体资格/资质、股权结构与历史沿革、业务经营情况、财务状况、人力资源情况、税务及其他规费缴纳情况等。

2. 通常情况下，股权并购涉及目标企业的股权变更，因此需要到工商行政管理部门办理工商变更登记手续。如果涉及国有股权变更的，需要取得国有资产管理部门的批复；如果是上市公司股权并购的，需要遵守证监会关于上市公司股权并购的相关规定；如果涉及外商投资的，需要取得商务主管部门及外汇主管部门的批复。

3. 根据《反垄断法》的规定，经营者集中达到国务院规定的申报标准的，经营者应当事先向国务院反垄断执法机构申报，未申报的不得实施集中。经营者集中主要指：①经营者合并；②经营者通过取得股权或者资产的方式取得对其他经营者的控制权；③经营者通过合同等方式取得对其他经营者的控制权或者能够对其他经营者施加决定性影响。

4. 根据《公司法》的规定[①]，有限责任公司向股东以外的人转让股权，应当经过其他股东过半数同意，并且其他股东具有优先购买权。因此目标企业原

[①] 《公司法》第七十一条规定："有限责任公司的股东之间可以相互转让其全部或部分股权。股东向股东以外的人转让股权，应当经其他股东过半数同意。股东应就其股权转让事项书面通知其他股东征求同意，其他股东自接到书面通知之日起满三十日未答复的，视为同意转让。其他股东半数以上不同意转让的，不同意的股东应当购买该转让的股权；不购买的，视为同意转让。经股东同意转让的股权，在同等条件下，其他股东有优先购买权。两个以上股东主张行使优先购买权的，协商确定各自的购买比例；协商不成的，按照转让时各自的出资比例行使优先购买权。公司章程对股权转让另有规定的，从其规定。"

股东向收购方转让股权时，应当按照《公司法》的规定履行股东通知义务，并且应取得其他股东放弃优先购买权的书面函件。

【司法实务】受让股东对原股东抽逃出资是否应当承担赔偿责任。

1. 案例名称：江苏省高级人民法院（2006）苏民二终字第0201号。

2. 裁判要点：

首先，借款人股东抽逃出资，侵犯了借款人的公司财产权，违反了《公司法》关于股东应当按章程规定足额缴纳出资的法定义务，虽然借款人股东（原股东）将其持有的借款人股权转让给第三方（受让股东），其对借款人不足出资的义务不能因股权转让而免除。

其次，虽然借款人股东抽逃借款人的注册资本，但是借款人股东投入的资金由借款人占有使用至次年4月，故借款人已经具备法人资格。因此本案可以参照适用最高人民法院法复〔1994〕4号《关于企业开办的其他企业被撤销或者歇业后的民事责任承担问题的批复》第二条规定，在借款人的财产不足以清偿债务时，由借款人股东在抽逃出资的范围内对借款人的债务承担赔偿责任。

再次，借款人受让股东实际支付1元对价取得借款人70%的股权，其对借款人的经营和资产状况应当知悉，对借款人原股东抽逃出资的事实也应当知道。同时借款人受让股东受让股权之后，在借款人公司章程中明确其认缴出资金额，但又未按照其承诺补足出资，使得借款人注册资本不足的情形处于持续状态，故应当与借款人原股东连带承担补偿责任。

由上，借款人原股东在借款人财产不足清偿贷款人的债务时，在注册资本范围内，对贷款人的债务承担赔偿责任；借款人受让股东与原股东连带承担借款人对贷款人债务的补充赔偿责任。

3. 裁判依据：

根据《最高人民法院关于适用〈中华人民共和国公司法〉若干问题的规定（三）》（简称《公司法解释三》）第十四条第二款规定："公司债权人请求抽逃出资的股东在抽逃出资本息范围内对公司债务不能清偿的部分承担补充赔偿责任、协助抽逃出资的其他股东、董事、高级管理人员或者实际控制人对此承担连带责任的，人民法院应予支持；抽逃出资的股东已经承担上述责任，其他债权人提出相同请求的，人民法院不予支持。"

第十九条规定："有限责任公司的股东未履行或者未全面履行出资义务即

转让股权，受让人对此知道或者应当知道，公司请求该股东履行出资义务、受让人对此承担连带责任的，人民法院应予支持；公司债权人依照本规定第十三条第二款向该股东提起诉讼，同时请求前述受让人对此承担连带责任的，人民法院应予支持。受让人根据前款规定承担责任后，向该未履行或者未全面履行出资义务的股东追偿的，人民法院应予支持。但是，当事人另有约定的除外。"

本案例裁判时，《公司法解释三》尚未出台，因此关于股东抽逃出资的补充赔偿责任尚无明确的法律依据。提示注意，《公司法解释三》对有限责任公司股东未履行或者未全面履行出资义务即转让股权时关于受让人连带赔偿责任有明确规定，但是并未就股东抽逃出资即转让股权时受让人是否承担连带赔偿责任进行明确。

（三）资产并购

资产并购是指收购方收购目标企业的机器设备、不动产、无形资产以及其他资产的一种并购行为。资产并购具有如下特点：

1. 股权并购需要对目标企业进行详尽的尽职调查，而资产并购则无须对目标企业进行尽职调查；但是资产并购需要对拟并购的资产进行尽职调查，尽职调查的内容包括但不限于资产的权属关系是否明确，资产的取得手续是否存在法律、财务瑕疵，资产是否存在担保物权以及其他权利负担，资产是否存在转让限制等情形。

拟收购资产为享受进口设备减免税优惠待遇并且仍在海关监管期内的机器设备，如果根据海关相关规定，目标企业在转让该资产前需要补缴相应税款的，收购方与目标企业应当明确补缴税款的承担主体。

2. 通常情况下，资产并购交易是收购方与目标企业之间的自主商业行为，无须相关政府管理部门的批准登记。如果拟并购资产为不动产以及其他需要办理产权变更登记的资产，则需要到房地产登记部门以及其他登记管理部门办理产权变更登记手续；如果拟并购资产为国有资产的，则需要取得国有资产管理部门的批复；如果是上市公司股权并购的，需要遵守证监会关于上市公司股权并购的相关规定；如果涉及外商投资的，需要取得商务主管部门及外汇主管部门的批复。

3. 资产并购交易中，收购方仅需承担拟并购资产本身的潜在风险，无须对目标企业自身的债权债务、劳资关系、法律纠纷、违规经营等方面承担相应的额责任、义务。如果拟并购的资产存在他物权或其他权利负担，则资产并购并不能自动消除资产之外的他物权或其他权利负担，收购人应当承受拟并购资产之上的他物权或权利负担。

二、并购信托业务模式

（一）并购贷款信托业务

1. 基本交易结构

信托公司发起设立并购贷款信托，募集信托资金用于向并购方或其子公司发放信托贷款，用于支付并购交易价款。并购贷款的借款人可以是并购方，亦可以是并购子公司。

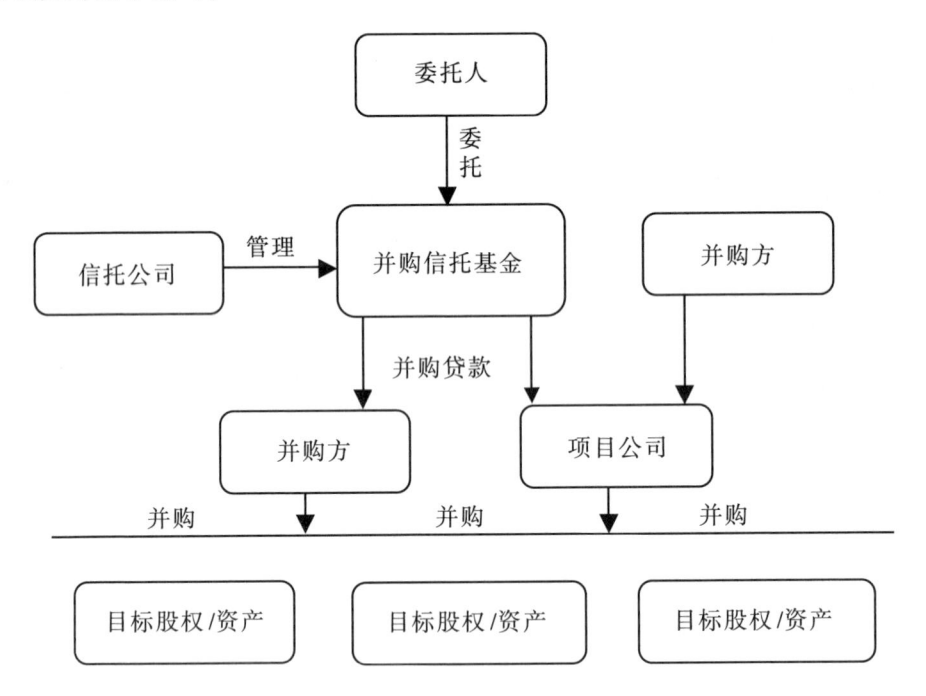

2. 业务模式辨析

并购方企业在进行并购交易时，除以自筹资金用于支付部分并购交易价款外，剩余部分并购交易价款可以金融机构的贷款资金进行支付。并购贷款可以使并购方企业利用较少的自筹资金即可完成需要支付较大金额价款的并购交易，由于并购贷款资金的融资成本相对较为固定，并购方通过并购贷款资金的杠杆效用，以使并购交易增值回报最大化。

贷款利息支出可以列支为财务费用，作为企业的经营成本在应纳税（所得税）所得额中扣除。贷款利息的抵税效用可以减少税收支出，从另一个角度可以理解为贷款利息的抵税效用可以产生利息节税收益，并购方企业可以此提高并购投资回报率。

（二）并购投资信托业务

1. 基本交易结构

信托公司发起设立并购信托基金，募集信托资金收购目标企业股权或资产，对目标企业进行整合、重组及运营，通过上市、转售、回购等方式出售目标企业股权或资产而获取目标企业股权或资产的增值收益。

通常情况下，信托公司以信托资金认购有限合伙基金的有限合伙份额，再以有限合伙基金进行并购交易活动；有限合伙基金的普通合伙人通常由信托公司出资设立，当然也可以由其他第三方基金管理公司担任。

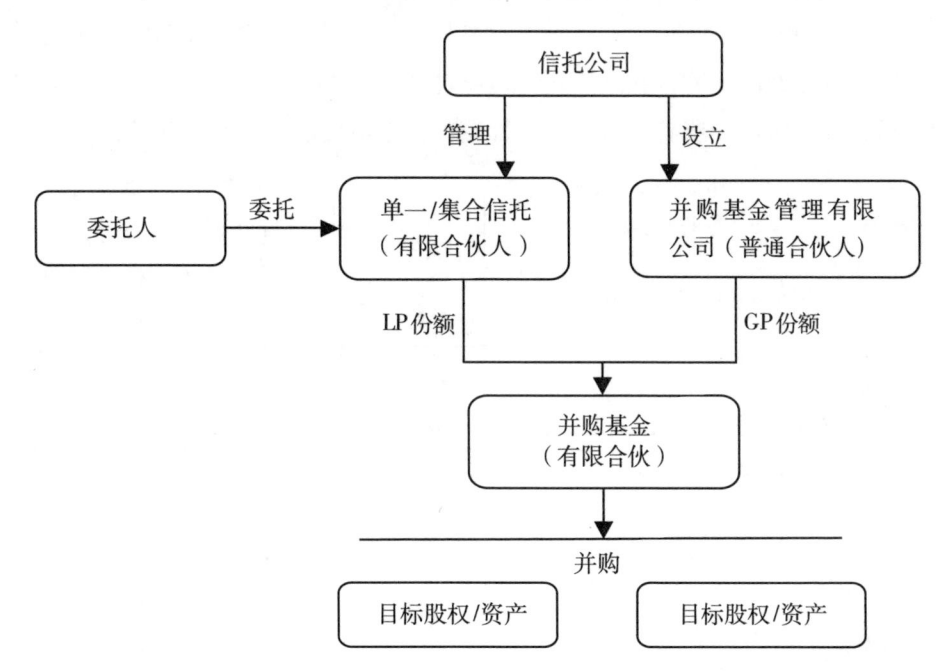

2. 业务模式辨析

根据《中国银监会办公厅关于信托公司风险监管的指导意见》，鼓励信托公司开展并购业务，积极参与企业并购重组，推动产业转型。信托公司可以开展的并购业务，除前述并购贷款业务外，还可以开展并购投资业务，亦即可以信托资金直接收购股权或资产，或者以信托资金通过有限合伙企业收购股权或资产，参与企业的并购重组。

并购投资信托业务进行的收购交易可以分为控股权收购和行业整合收购两种类型：①控股权收购是指收购目标企业控股权，通过对目标企业进行重组优化以实现目标企业股权或者资产的增值；②行业整合收购是指并购基金联合合作方企业（通常为行业龙头企业）共同收购目标企业，并购基金并不持有目标企业的控股权，仅作为财务投资者为产业并购整合提供资金支持。

（三）结构化并购信托业务

1. 基本交易结构

信托公司设立结构化并购集合资金信托计划，信托资金通过 SPV 用于并购上市公司战略规划范围内的目标企业。优先级信托单位由信托公司向合格投资者发售，次级信托单位由上市公司认购（也可以由上市公司大股东或实际控制人认购）。上市公司再向 SPV 定向增发股票，SPV 以目标企业的股权或资产支付定向增发股票的认购价款。信托计划通过 SPV 将持有的上市公司股票在限售期满后通过二级市场或者大宗交易进行变现，以实现信托计划的退出。

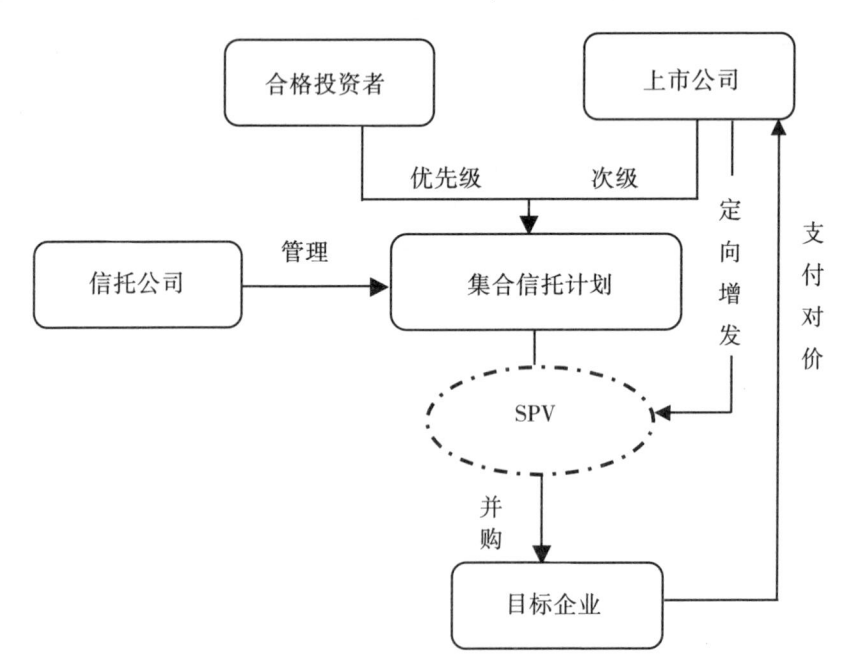

2. 业务模式辨析

结构化并购信托计划可以为上市公司进行产业并购提供融资。一方面，由上市公司认购次级信托单位，以此为优先级信托受益权人提供信用增级；另一方面，上市公司通过向 SPV 定向增发股票，以实现目标企业股权或资产注入上市公司，信托计划可以通过二级市场或大宗交易变现上市公司股票以实现退出。

由于信托计划不能作为定向增发的对象，所以信托计划通过 SPV 并购目标企业股权或资产，最终通过 SPV 参与上市公司的定向增发以实现退出。SPV 可以为有限合伙企业，也可以为基金公司专项资产管理计划。

三、并购贷款风险控制措施

(一) 风险评估

根据《商业银行并购贷款风险管理指引》（银监发〔2015〕5 号），并购贷款业务风险评估是指在全面分析与并购有关的各项风险的基础上对并购贷款的相关风险进行的评估。与并购有关的风险包括但不限于战略风险、法律与合规风险、整合风险、经营风险以及财务风险。

1. 战略风险评估

战略风险评估需要分析并购双方的产业相关度和战略相关性，以及可能形成的协同效应；并购双方从战略、管理、技术和市场整合等方面取得额外回报的机会；并购后的预期战略成效及企业价值增长的动力来源；并购后新的管理团队实现新战略目标的可能性；并购的投机性及相应风险控制对策；协同效应未能实现时，并购方可能采取的风险控制措施或退出策略。

2. 法律与合规风险评估

法律与合规风险评估需要分析并购交易各方是否具备并购交易主体资格；并购交易是否按有关规定已经或即将获得批准，并履行必要的登记、公告等手续；法律法规对并购交易的资金来源是否有限制性规定；担保的法律结构是否合法有效并履行了必要的法定程序；借款人对还款现金流的控制是否合法合规；贷款人权利能够获得有效的法律保障；与并购、并购融资法律结构有关的其他方面的合规性。

3. 整合风险评估

整合风险评估需要分析并购双方是否有能力通过发展战略、组织、资产、业务、人力资源及文化等方面的整合以实现协同效应。

4. 经营及财务风险评估

（1）经营风险：经营风险评估需要分析并购后的企业能否保持行业发展和市场份额的稳定或增长趋势；公司治理是否有效；管理团队是否稳定并且具有足够能力；技术是否成熟并能提高企业竞争力；财务管理是否有效等。

（2）财务风险：财务风险评估需要分析并购双方的未来现金流及其稳定程度；并购股权（资产）定价高于目标企业股权（资产）合理估值的风险；并购双方的分红策略及其对并购贷款还款来源造成的影响；并购中使用的固定收益类工具及其对并购贷款还款来源造成的影响；汇率和利率等因素变动对并购贷款还款来源造成的影响。

（二）风险管理

1. 并购贷款申请的基本条件

《商业银行并购贷款风险管理指引》对商业银行受理的并购贷款申请应当符合的基本条件进行相应的规范，笔者认为信托公司并购贷款信托业务亦应当符合该基本条件：

（1）并购方：申请并购贷款的并购方应当依法合规经营，信用状况良好，没有信贷违约、逃废金融机构债务等不良记录。

（2）并购交易：并购交易应当合法合规，涉及国家产业政策、行业准入、反垄断、国有资产转让等事项的，应按适用法律法规和政策要求，取得有关各方面的批准和履行相关手续。

（3）并购相关度：并购方与目标企业之间具有较高的产业相关度或战略相关性，并购方通过并购能够获得目标企业的研发能力、关键技术与工艺、商标、特许权、供应或分销网络等战略性资源以提高其核心竞争能力。

2. 风险限额比例控制措施

《商业银行并购贷款风险管理指引》对商业银行并购贷款业务设立了风险限额比例指标。信托公司开展并购贷款信托业务时，可以参考《商业银行并购贷款风险管理指引》设立相应的风险限额比例指标。

（1）总量比例控制指标：商业银行全部并购贷款余额占同期本行核心资本净额的比例不应超过50%。

（2）集中度比例控制指标：商业银行应按照本行并购贷款业务发展策略，分别按单个借款人、企业集团、行业类别对并购贷款集中度建立相应的限额控制体系，其中对同一借款人的并购贷款余额占同期本行核心资本净额的比例不应超过5%。

（3）杠杆比例控制指标：并购的资金来源中并购贷款所占比例不应高于50%。

（4）贷款期限控制指标：并购贷款期限一般不超过5年。

3. 权益约束条款

根据实务操作经验，笔者认为并购贷款交易文件可以设置如下权益限制条款：

（1）担保权益限制条款：并购方企业应当承诺确保目标企业不得将其所属权益以任何方式转让给第三方，不得将其所属权益向第三方设置抵押、质押，或者设定任何优先权和其他权利。

（2）资产、资本限制条款：并购方企业应当承诺确保目标企业不得出售、出租、出让、转让或者以其他方式处置其价值超过 X 万元的资产或者以任何方式处置目标企业对其子公司的股权。并购方企业应当承诺确保其自身或目标企业不会减少注册资本；并购方企业应当承诺确保其对目标企业的持股比例不低于 Y% 至全部贷款清偿完毕之日。

（3）重组限制条款：并购方企业应当承诺确保其自身或目标企业不会进行任何合并、分立、被承包经营、重组、改制或类似安排。

（4）银行账户限制条款：并购方企业应当承诺确保并购贷款相关资金均应当通过贷款资金监管账户进行划转（划入与划出）。资金监管账户资金余额不得低于并购方企业当期应当偿还的贷款本息。并购方企业应当承诺确保其或其并购子公司从目标企业获取的分红或者其他约定的现金流应当按时足额地划入资金监管账户。

（5）财务指标约束条款：并购方企业应当承诺确保其资产负债率在全部并购贷款本息清偿完毕之前不得高于 X%；如果并购方企业资产负债率高于 X%，或者在完成某项交易后的资产负债率高于或可能高于 X% 时，并购方企业应当及时告知贷款人，并按照约定采取相应的风险完善措施。

另外，交易文件还可以约定如下财务指标约束条款：现金流或利润指标的偿债保障倍数指标；刚性负债总量、比例指标；负债比率指标；固定费用偿付比率指标；年度资本性支出限额指标等。

（6）重大事项知情、认可权条款：并购方企业和目标企业举借债务、对外担保、资本性支出、出售资产、派发红利等重大事项实施前，应当告知贷款人或者征得贷款人同意。目标企业经营范围的任何实质性变更前，应当告知贷款人或者征得贷款人同意。并购方企业变更对目标企业的持股比例前，应当告知贷款人；如果持股比例变更使其丧失对目标企业绝对控股或实际控制地位的，应当事前征得贷款人的同意。

（7）其他条款：包括市场灵活条款（比如在市场条件发生重大变化时，贷款人有权调整贷款金额、定价等商业条款），干净市场条款（比如并购方企业在本次贷款完成之前，不得在市场上发行债务融资工具或者筹借银团贷款等）。

四、国有资产转让问题分析

（一）转让程序

1. 内部决策程序

国有独资企业的产权转让，应当由总经理办公会议审议。国有独资公司的产权转让，应当由董事会审议；未设立董事会的，由总经理办公会议审议。涉及职工合法权益的，应当听取转让标的企业职工代表大会的意见，对职工安置等事项应当经职工代表大会讨论通过。

2. 外部批准程序

（1）企业单位国有产权

①国有资产监督管理机构决定所出资企业的国有产权转让。其中转让企业国有产权致使国家不再拥有控股地位的，应当报本级人民政府批准。②所出资企业决定其子企业的国有产权转让。其中，重要子企业的重大国有产权转让事项，应当报同级国有资产监督管理机构会签财政部门后批准。其中，涉及政府社会公共管理审批事项的，需预先报经政府有关部门审批。③烟草行业国有资产管理相关事项依照《财政部关于烟草行业国有资产管理若干问题的意见》（财建〔2006〕310号）文件进行审批。

(2) 事业单位国有产权

根据《事业单位国有资产管理暂行办法》（财政部令第36号）第六条第（三）项、第七条第（三）项、第五十六条规定：①各级财政部门按规定权限审批本级事业单位有关资产的购置、处置等事项；②事业单位主管部门按规定权限审核或者审批本部门所属事业单位有关资产的购置、处置事项；③实行企业化管理并执行企业财务会计制度的事业单位，以及事业单位创办的具有法人资格的企业，由财政部门按照企业国有资产监督管理的有关规定实施监督管理。

(3) 行政单位国有产权

根据《行政单位国有资产管理暂行办法》第八条规定，各级财政部门负责行政单位国有资产的综合管理，按照规定进行资产处置和产权变动事项的审批。

3. 进场交易程序

企业国有产权转让应当在依法设立的产权交易机构中公开进行，不受地区、行业、出资或者隶属关系的限制。进场交易程序主要内容如下：

(1) 信息披露：转让方应当将产权转让公告委托产权交易机构刊登在省级以上公开发行的经济或者金融类报刊和产权交易机构的网站上，公开披露有关国有产权转让信息，广泛征集受让方。

(2) 交易方式：经公开征集产生两个以上受让方时，转让方应当与产权交易机构协商，根据转让标的的具体情况采取拍卖或者招投标方式组织实施产权交易。经公开征集只产生一个受让方或者按照有关规定经国有资产监督管理机构批准的，可以采取协议转让的方式实施产权交易。

(3) 成交登记：企业国有产权转让成交后，转让方与受让方应当签订产权转让合同，并取得产权交易机构出具的产权交易凭证；转、受让双方应当凭产权交易机构出具的产权交易凭证，按照国家有关规定及时办理产权登记手续。

(二) 转让价格

1. 清产核资与资产评估

企业国有产权转让事项经批准或者决定后，转让方应当组织转让标的企业按照有关规定开展清产核资，根据清产核资结果编制资产负债表和资产移交清册，并委托会计师事务所实施全面审计。

在清产核资和审计的基础上，转让方应当委托具有相应资质的资产评估机构依照《企业国有资产评估管理暂行办法》的有关规定进行资产评估[①]。评估报告经核准或者备案后，作为确定企业国有产权转让价格的参考依据。

2. 转让价款及支付方式

在产权交易过程中，当交易价格低于评估结果的90%时，应当暂停交易，在获得相关产权转让批准机构同意后方可继续进行。

转让价款原则上应当一次付清。如金额较大、一次付清确有困难的，可以采取分期付款的方式。采取分期付款方式的，受让方首期付款不得低于总价款的30%，并在合同生效之日起5个工作日内支付；其余款项应当提供合法的担保，并应当按同期银行贷款利率向转让方支付延期付款期间利息，付款期限不得超过1年。

（三）转让效力

国有资产监督管理机构或者企业国有产权转让相关批准机构应当就如下行为要求转让方终止产权转让活动，必要时应当依法向人民法院提起诉讼，确认转让行为无效：

1. 转让程序瑕疵：①未按照《企业国有产权转让管理暂行办法》有关规定在产权交易机构进行交易的[②]；②转让方、转让标的企业不履行相应的内部决策程序、批准程序或者超越权限、擅自转让企业国有产权的。

2. 产权估值瑕疵：①转让方、转让标的企业故意隐匿应当纳入评估范围的资产，或者向中介机构提供虚假会计资料，导致审计、评估结果失真，以及未经审计、评估，造成国有资产流失的；②转让方与受让方串通，低价转让国有产权，造成国有资产流失的。

3. 权益人利益受侵害：①转让方、转让标的企业未按规定妥善安置职工、接续社会保险、处理拖欠职工各项债务以及未补缴的各项社会保险，侵害职工合法权益的。②转让方未按照规定落实转让标的企业的债权债务，非法转移债

---

① 根据《企业国有资产评估管理暂行办法》第七条的规定："企业有下列行为之一的，可以不对相关国有资产进行评估：（一）经各级人民政府或者国有资产监督管理机构批准，对企业整体或者部分资产实施无偿划转；（二）国有独资企业与其下属独资企业（事业单位）之间或其下属独资企业（事业单位）之间的合并、资产（产权）置换和无偿划转。"

② 《企业国有产权转让管理暂行办法》第四条规定，企业国有产权转让应当在依法设立的产权交易机构中公开进行，不受地区、行业、出资或者隶属关系的限制。第十条规定了国有产权转让可以选择的产权交易机构的基本条件。

权或者逃避债务清偿责任的；以企业国有产权作为担保的，转让该国有产权时，未经担保权人同意的。

4. 受让方恶意：①受让方采取欺诈、隐瞒等手段影响转让方的选择以及产权转让合同签订的；②受让方在产权转让竞价、拍卖中，恶意串通压低价格，造成国有资产流失的。

第四节　股权投资与并购税务问题分析

一、股权投资业务税务问题分析

《创业投资企业管理暂行办法》第二十三条规定："国家运用税收优惠政策扶持创业投资企业发展并引导其增加对中小企业特别是中小高新技术企业的投资。具体办法由国务院财税部门会同有关部门另行制定。"《企业所得税法》第三十一条规定："创业投资企业从事国家需要重点扶持和鼓励的创业投资，可以按投资额的一定比例抵扣应纳税所得额。"根据《企业所得税法实施条例》的规定，创业投资企业采取股权投资方式投资于未上市的中小高新技术企业2年以上的，可以按照其投资额的70%在股权持有满2年的当年抵扣该创业投资企业的应纳税所得额；当年不足抵扣的，可以在以后纳税年度结转抵扣。

《国家税务总局关于实施创业投资企业所得税优惠问题的通知》（国税发〔2009〕87号）对创业投资企业的税收优惠的条件进行了规定：

（1）经营范围符合《创业投资企业管理暂行办法》的规定，且工商登记为"创业投资有限责任公司""创业投资股份有限公司"等专业性法人创业投资企业。

（2）按照《创业投资企业管理暂行办法》规定的条件和程序完成备案，经备案管理部门年度检查核实，投资运作符合《创业投资企业管理暂行办法》的相关规定。

（3）被投资中小高新技术企业应通过国家高新技术企业认定，并且职工人数不超过500人，年销售额不超过20000万元，资产总额不超过20000万元。

中小企业接受创业投资后，经认定符合高新技术企业标准的，应当从其被认定为高新技术企业的年度起，计算创业投资企业的投资期限。该期限内中小企业接受创业投资后,企业规模超过中小企业标准,但仍然符合高新技术企业标准的,不影响创业投资企业享受的税收优惠。

二、并购业务所得税务问题分析

(一)股权转让企业所得税问题

根据《企业所得税法》规定,股权、资产转让方应当就其转让股权、资产所取得的收益缴纳企业所得税,股权、资产转让收益等于股权、资产转让收入减去股权、资产取得成本。股权、资产转让收入是指股权、资产转让方就其转让股权、资产所取得的现金、非现金资产或权益,股权、资产取得成本是指股权、资产转让方向标的股权企业投资时实际交付的出资额或者收购标的股权、资产时支付的收购价款。

股权、资产转让方应当就其股权、资产转让收益缴纳25%的企业所得税,股权、资产转让损失可以从其应纳税所得额中扣除;股权转让方为非居民企业的,应当就其股权转让收益缴纳10%的预提所得税。股权转让方转让其全资子公司或者持股95%以上的控股子公司股权时,股权转让应享有的标的股权企业累计未分配利润和累计盈余公积应当确认为股息所得,股权转让收入应当扣除该部分股息性质所得。

(二)股权转让个人所得税问题

根据《股权转让所得个人所得税管理办法(试行)》,自然人股东投资于在中国境内成立的企业或组织的股权,存在:①出售股权;②公司回购股权;③发行人首次公开发行新股时,被投资企业股东将其持有的股份以公开发行方式一并向投资者发售;④股权被司法或行政机关强制过户;⑤以股权对外投资或进行其他非货币性交易;⑥以股权抵偿债务;⑦其他股权转移行为等情形的,转让人应按照"财产转让所得"缴纳个人所得税。应纳税所得额=股权转让收入-(股权原值+合理费用)。

股权转让收入包括:转让方因股权转让而获得的现金、实物、有价证券和其他形式的经济利益;转让方取得与股权转让相关的各项款项,包括违约金、补偿金以及其他名目的款项、资产、权益等;转让人按照合同约定,在满足约定条件后取得的后续收入。

股权原值的确认方法为：①以现金出资方式取得的股权，按照实际支付的价款与取得股权直接相关的合理税费之和确定股权原值；②以非货币性资产出资方式取得的股权，按照税务机关认可或核定的投资入股时非货币性资产价格与取得股权直接相关的合理税费之和确认股权原值；③通过无偿让渡方式取得股权，具备规定情形的，按取得股权发生的合理税费与原持有人的股权原值之和确认股权原值；④被投资企业以资本公积、盈余公积、未分配利润转增股本，个人股东已依法缴纳个人所得税的，以转增额和相关税费之和确认其新转增股本的股权原值；⑤主管税务机关按照避免重复征收个人所得税的原则合理确认股权原值。

（三）企业并购重组所得税处理问题

根据《关于企业重组业务企业所得税处理若干问题的通知》（财税〔2009〕59号）和《关于促进企业重组有关企业所得税处理问题的通知》（财税〔2014〕109号）规定，企业并购重组的所得税处理区分不同条件分别使用一般性税务处理规定和特殊性税务处理规定。

1. 一般性税务处理

企业股权收购、资产收购重组交易，相关交易按以下规定处理：①被收购方应确认股权、资产转让所得或损失；②收购方取得股权或资产的计税基础应以公允价值为基础确定；③被收购企业的相关所得税事项原则上保持不变。

2. 特殊性税务处理

企业并购重组符合特殊性税务处理条件①的，交易各方对其交易中的股权支付部分，可以按照如下规定进行特殊性税务处理；重组交易各方按如下规定

---

① 1.适用特殊性税务处理规定需要同时符合如下条件：①具有合理的商业目的，且不以减少、免除或者推迟缴纳税款为主要目的。②被收购、合并或分立部分的资产或股权比例符合本通知规定的比例。③企业重组后的连续12个月内不改变重组资产原来的实质性经营活动。④重组交易对价中涉及股权支付金额符合本通知规定比例。⑤企业重组中取得股权支付的原主要股东，在重组后连续12个月内，不得转让所取得的股权。

2. 企业发生涉及中国境内与境外之间（包括港澳台地区）的股权和资产收购交易，除应符合上述1规定①~⑤的条件外，还应同时符合下列条件，才可选择适用特殊性税务处理规定：①非居民企业向其100%直接控股的另一非居民企业转让其拥有的居民企业股权，没有因此造成以后该项股权转让所得预提税负担变化，且转让方非居民企业向主管税务机关书面承诺在3年（含3年）内不转让其拥有受让方非居民企业的股权；②非居民企业向与其具有100%直接控股关系的居民企业转让其拥有的另一居民企业股权；③居民企业以其拥有的资产或股权向其100%直接控股的非居民企业进行投资；④财政部、国家税务总局核准的其他情形。

对交易中股权支付暂不确认有关资产的转让所得或损失的，非股权支付仍应在交易当期确认相应的资产转让所得或损失，并调整相应资产的计税基础。

（1）股权收购：收购企业购买的股权不低于被收购企业全部股权的50%，且收购企业在该股权收购发生时的股权支付金额不低于其交易支付总额的85%，可以选择按以下规定处理：①被收购企业的股东取得收购企业股权的计税基础，以被收购股权的原有计税基础确定；②收购企业取得被收购企业股权的计税基础，以被收购股权的原有计税基础确定；③收购企业、被收购企业的原有各项资产和负债的计税基础和其他相关所得税事项保持不变。

（2）资产收购：受让企业收购的资产不低于转让企业全部资产的50%，且受让企业在该资产收购发生时的股权支付金额不低于其交易支付总额的85%，可以选择按以下规定处理：①转让企业取得受让企业股权的计税基础，以被转让资产的原有计税基础确定。②受让企业取得转让企业资产的计税基础，以被转让资产的原有计税基础确定。

三、并购业务其他税务分析

（一）营业税

根据《营业税暂行条例》第一条规定："在中华人民共和国境内提供本条例规定的劳务、转让无形资产或销售不动产的单位和个人，为营业税的纳税人，应当依照本条例缴纳营业税。"根据《关于股权转让有关营业税问题的通知》（财税〔2002〕191号）规定，对股权转让不征收营业税，因此股权并购业务中，并购双方均不涉及营业税。

资产并购时涉及转让不动产或无形资产的，资产出售方应当就其转让不动产和无形资产所得营业额缴纳5%的营业税。另外需要说明的是，房地产开发企业转让的不动产为其购置的不动产，房地产开发企业转让所得营业额为其转让所得收入扣除不动产购置成本后的余额；房地产开发企业通过出让方式取得的国有土地使用权，该国有土地使用权的转让所得营业额即为其转让所得收入，购置成本（土地出让金）不得予以扣除。

营业税的纳税义务人还应当缴纳城市维护建设税和教育费附加。

（二）土地增值税

根据《土地增值税暂行条例》第二条规定："转让国有土地使用权、地上的建筑物及其附着物（以下简称转让房地产）并取得收入的单位和个人，为土地增值税的纳税义务人，应当依照本条例缴纳土地增值税。"股权并购业务中，并购双方均不涉及土地增值税；资产并购业务中，如果并购标的资产包括国有土地使用权、地上的建筑物及其附着物的。则被并购方（资产出售方）应当缴纳土地增值税。

土地增值税实行四级超额累进税率：增值额未超过扣除项目金额50%的部分，税率为30%；增值额超过扣除项目金额50%、未超过扣除项目金额100%的部分，税率为40%；增值额超过扣除项目金额100%、未超过扣除项目金额200%的部分，税率为50%；增值额超过扣除项目金额200%的部分，税率为60%。

（三）印花税

根据《印花税暂行条例》规定，产权转移书据为印花税应纳税凭证，由立据人按照所载金额的万分之五贴花。另外需要说明的是，如果投资人向标的股权企业进行增资，投资人和标的企业原股东均无须缴纳印花税，印花税由标的股权企业缴纳。

根据上海证券交易所《关于做好调整证券交易印花税税率相关工作的通知》和深圳证券交易所《做好证券交易印花税征收方式调整工作的通知》，自2008年9月19日起，对买卖、继承、赠与所书立的A股、B股股权转让书据的出让方按千分之一的税率征收证券交易印花税，对受让方不再征收。

（四）契税

根据《契税暂行条例》规定，在中国境内转移土地、房屋权属，承受的单位和个人为契税的纳税人，应当依照本条例的规定缴纳契税。转移土地、房屋权属具体包括：国有土地使用权出让、土地使用权转让（出售、赠与和交换）、房屋买卖、房屋赠与和交换。契税的税率为3%~5%。因此资产并购业务涉及土地、房屋权属转移的，应当由承受人缴纳契税，股权并购业务不涉及契税。

根据《国家税务总局关于股权变动导致企业法人房地产权属更名登记不征契税的批复》（国税函〔2002〕771号），由于股权变动引起企业法人名称变更，并因此进行相应土地、房屋权属人名称变更登记的过程中，土地、房屋权属不发生转移，不征收契税。

第五节 实务案例分析

一、江城重工集团并购基金集合资金信托计划

（一）交易要素

1. 产品要素

产品名称	江城重工集团并购基金集合资金信托计划
信托总规模	3.6亿元人民币
信托期限	4+1年
预期信托收益率	8%+浮动投资收益
信托财产运用方式	信托资金用于认购并购基金优先级有限合伙份额，并购基金用于向目标企业进行增资。
委托人	合格投资者
受托人	江城信托公司
信托利益分配	信托期限届满时分配信托利益，信托存续期间不分配信托利益。
信用增级措施	1. 劣后级有限合伙份额为信托资金的优先退出提供信用增级； 2. 如果并购基金未能以并购目标企业上市的方式退出，则江城重工集团有限公司承诺回购并购基金持有的目标企业股权； 3. 江城重工集团以其持有的目标企业51%的股权质押给并购基金，为其回购义务提供质押担保。
退出方式	1. 上市退出 2. 原股东回购 3. 第三方收购

2. 交易结构

江城信托公司拟以江城重工集团并购基金集合资金信托计划项下信托资金与江城资本管理有限公司合作成立江城重工并购基金（有限合伙）（以下简称并购基金），江城信托公司以3.6亿元信托资金认购并购基金的优先级有限合伙份额，江城资本管理有限公司旗下江城资本创业投资合伙企业（有限合伙）以0.4亿元认购劣后级有限合伙份额，江城资本投资顾问有限公司担任并购基金

的普通合伙人及执行事务合伙人。

并购基金用以向江城重工集团有限公司全资子公司江城重工挖掘机有限公司进行增资。增资后，江城重工集团有限公司持有江城重工挖掘机有限公司51%的股权，并购基金持有江城重工挖掘机有限公司49%的股权。

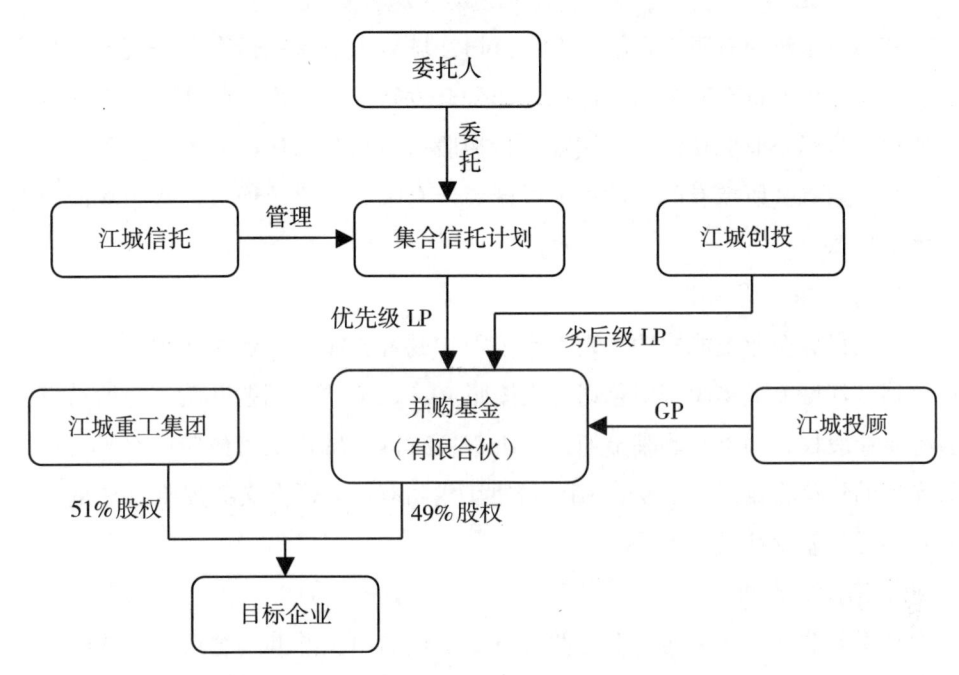

```
                    ┌─────────┐
                    │  委托人  │
                    └────┬────┘
                         │委托
                         ▼
┌────────┐  管理  ┌─────────────┐        ┌──────────┐
│ 江城信托│──────▶│ 集合信托计划 │        │ 江城创投 │
└────────┘        └──────┬──────┘        └────┬─────┘
                    优先级LP              劣后级LP
                         │                    │
                         ▼                    ▼
┌──────────┐         ┌───────────────┐  GP  ┌──────────┐
│江城重工集团│        │   并购基金    │◀─────│ 江城投顾 │
└────┬─────┘         │  （有限合伙） │      └──────────┘
     │51%股权        └───────┬───────┘
     │                49%股权│
     ▼                       ▼
         ┌──────────┐
         │ 目标企业 │
         └──────────┘
```

（二）并购基金收益分配

并购基金退出目标企业时：

1. 获得（10+T）%的年化投资收益时的分配顺序为：优先级有限合伙人可获分配的合伙企业财产份额为 $3.6 \times [1+（10+T \times 50\%）\% \times$ 并购基金存续天数$/365$ 天] 亿元，劣后级有限合伙人可获分配的合伙企业财产份额为 $0.4 \times [1+（10+T）\% \times$ 并购基金存续天数$/365$ 天] 亿元，普通合伙人可获分配剩余合伙企业财产份额。

2. 获得10%的年化投资收益时的分配顺序为：优先级有限合伙人可获分配的合伙企业财产份额为 $3.6 \times （1+10\% \times$ 并购基金存续天数$/365$ 天）亿元，劣后级有限合伙人可获分配的合伙企业财产份额为 $0.4 \times （1+10\% \times$ 并购基金存续天数$/365$ 天）亿元，普通合伙人可获分配合伙企业财产份额为零。

3. 获得低于10%的年化投资收益时的分配顺序为：优先级有限合伙人投资

本金；优先级有限合伙人不高于10%的投资收益；劣后级有限合伙人的投资本金；劣后级有限合伙人不高于10%的投资收益。

(三) 并购基金退出方式

1. 上市退出

江城重工集团有限公司旗下上市公司江城重工机械股份有限公司向目标企业江城重工挖掘机有限公司全体股东非公开发行股票，用以收购目标企业的全部股权；目标企业成功注入江城重工机械股份有限公司后，并购基金可以在限售期结束后将其所持有的江城重工机械股份有限公司股票通过二级市场减持的方式实现退出。

2. 原股东回购

如果目标企业未能成功注入上市公司，或者未能在约定时间内成功注入上市公司，江城重工集团有限公司应当按照10%的溢价率回购并购基金所持有的目标企业股权。如果并购基金通过二级市场减持江城重工机械股份有限公司股票实现的年化收益低于10%，则江城重工集团有限公司有义务按照10%的年化收益率履行差额补足义务。

3. 第三方收购

如果并购基金未能通过上述两种方式实现退出，并购基金可以寻找第三方接盘，并购基金将所持有的目标企业股票转让给第三方。

【评析】并购基金通过二级市场减持上市公司股票以实现退出，主要依赖于上市公司能够成功并购目标企业。如果上市公司未能成功并购目标企业或者未能在预定时间内成功并购目标企业，并购基金需要依赖江城重工集团有限公司回购目标企业的股权以实现退出，因此江城重工集团有限公司的回购能力对于并购资金能否按时退出至关重要。

原型案例中，江城重工集团有限公司整体经营情况不佳，2011~2013年度连续三年净利润和经营性现金净流量均为负数，因此其自身偿债能力不强；目标企业江城重工挖掘机有限公司2013年度的净利润中的政府补贴收入占比高达99%，扣除政府补贴后当年并未盈利。

上市公司江城重工机械股份有限公司与目标企业江城重工挖掘机有限公司均为江城重工集团有限公司的控股子公司。江城重工集团有限公司向证监会承诺，将会在约定的期限内将其旗下从事与上市公司江城重工机械股份有限公司构成同业竞争或者潜在同业竞争业务的企业通过资产并购重组等方式并入江城重工机械股份有限公司。本次并购交易即属于江城重工集团有限公司的承诺交易内容之一。

挖掘机行业属于重工业机械类行业，具有前期资金投入大、资产流动性差等行业特点，新型号挖掘机的持续研发需要投入大量的时间和资源。受宏观经济环境的影响，煤炭、采矿、冶金及房地产等行业均处于下行周期，且工程机械市场的存在市场保有量大、产能过剩等问题，将会对目标公司的经营业绩产生重大影响。

二、江城锦绣股权投资基金信托计划

（一）交易要素

1. 产品要素

产品名称	江城锦绣股权投资基金信托计划
基金信托总规模	次级信托单位 20 亿元，优先级信托单位不超过次级信托单位净值的 50%。
信托期限	次级信托单位期限为 7 年，根据合同约定可以提前终止或延长。优先级信托单位期限不超过 2 年。
预期信托收益率	优先级信托单位：5%～10%/年；每年分配约 5%～10% 的固有收益，信托到期时分配信托本金。次级信托单位：5%～30%/年；信托到期时分配信托财产，其中年收益率超过 20% 的部分可以分配，分配时间及方式由管理人确定。
信托财产运用方式	主要运用于不动产的股权投资、IPO 配售和定向增发项目；通信、能源、金融等股权投资、IPO 配售和定向增发项目。不动产领域的投资不少于次级信托单位净值的 50%。
委托人	次级信托单位由机构投资者、高净值个人投资者、受托人和管理人认购，优先级信托单位由机构投资者认购。
受托人/管理人	受托人：江城信托有限公司
	管理人：江城锦绣资本管理有限公司
风险保障	1. 受托人和管理人认购信托单位以共担风险； 2. 优先级信托单位本金及收益由次级信托单位资金提供信用增级。

续表

流动性安排	1. 优先级信托单位为封闭式产品，优先级受益权不可赎回、不可转让。 2. 次级信托单位为半封闭式产品，信托期满2年后，次级受益权人可以每年向受托人申请一次委托转让信托受益权。 （1）申请日期为每年估值报告公告后的3个工作日内； （2）转让折价：每年开放转让申请截止日累计净收益的30%为委托转让折价，受让人于转让申请截止日后60日内将扣除折价后的转让金额支付给转让人。 （3）受托人负责为转让人寻找受让人，如果未能找到受让人，则转让申请无效。

2. 交易结构

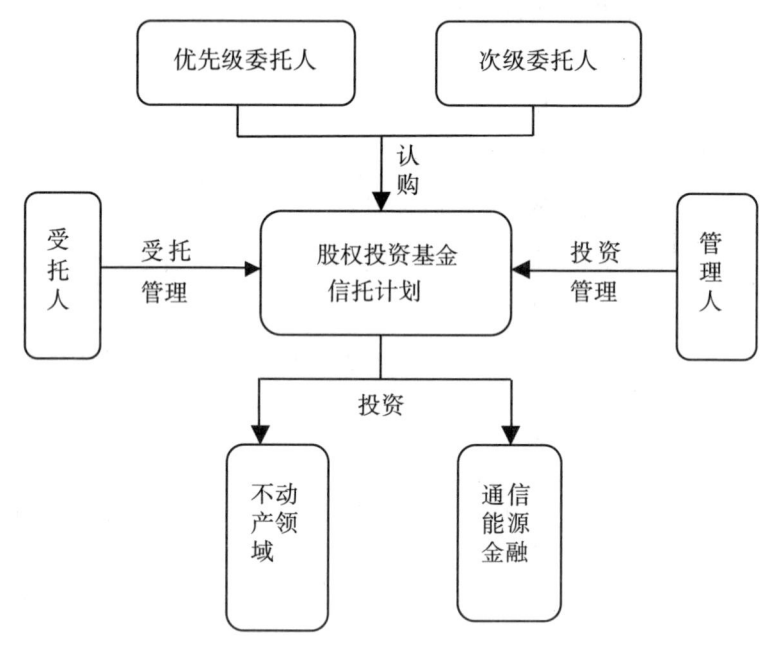

```
     ┌──────────┐          ┌──────────┐
     │ 优先级委托人 │          │ 次级委托人  │
     └─────┬────┘          └─────┬────┘
           └────────┬─────────────┘
                    │认购
                    ▼
  ┌─────┐  受托   ┌──────────┐  投资   ┌─────┐
  │受托人│ ──管理──▶│股权投资基金│◀──管理──│管理人│
  └─────┘         │ 信托计划  │        └─────┘
                  └────┬─────┘
                       │投资
              ┌────────┴────────┐
              ▼                 ▼
          ┌──────┐          ┌──────┐
          │不动产 │          │通信  │
          │领域  │          │能源  │
          │      │          │金融  │
          └──────┘          └──────┘
```

（二）投资策略

1. 投资范围

主要运用于不动产的股权投资、IPO配售和定向增发项目；通信、能源、金融等股权投资、IPO配售和定向增发项目。

不动产领域投资将选择行业内具有明显竞争优势的地产企业和地产项目，可参考的因子包括：①优秀的管理团队；②很强的运营能力；③明确的盈利模式；④较高的品牌知名度；⑤良好的政府支持；⑥丰富的土地储备。

其他领域投资将选择行业内领先企业的投资项目，可参考的因子包括：

①优秀的管理团队；②雄厚的竞争实力；③明确的退出机制；④强势的市场地位；④良好的政府支持；⑤良好的行业前景。

【评析】本信托计划是国内某知名信托公司于2007年发行的股权投资基金产品。根据目前IPO配售及定向增发的监管规定，本信托计划投资于不动产、通信、能源、金融等领域的IPO配售及定向增发项目并不具有可行性。

IPO及配售：证监会于2014年3月21日修订的《证券发行与承销管理办法》规定，信托公司设立并已向相关监管部门履行报告程序的集合信托计划可以作为股票配售的对象。

中国证券业协会于2012年9月7日发布《首次公开发行股票询价和网下申购业务实施细则》，明确信托公司参与首发股票询价和网下申购业务，仅限于信托公司的证券自营账户；同时明确常规类询价对象管理的证券投资产品在招募说明书、投资协议、合同等文件中以直接或间接方式载明以博取一、二级市场价差为目的申购首发股票的，证券业协会不受理其相关证券投资产品的配售对象备案申请。

证监会于2014年3月21日修订的《证券发行与承销管理办法》，增加"不得以代持、信托持股等方式谋取不正当利益或向其他相关利益主体输送利益"的规定。

定向增发：证监会于2011年4月27日发布的《上市公司非公开发行股票实施细则》，明确信托公司作为定向增发的发行对象，只能以自有资金认购。

2. 投资比例

投资金额	对单个目标企业的投资不超过基金信托总额的50%
股权比例	在目标企业的股权投资比例不超过50%
投资周期	对单一目标企业的投资期限不超过5年
投资限制	不动产领域的投资不少于次级信托单位净值的50%

3. 投资管理流程

管理人投资决策委员会制定基金投资策略，管理人基金经理制订投资方案，并向受托人下达投资指令；受托人根据管理人投资指令进行投资，受托人负责基金的会计核算、投资绩效评估；保管银行负责基金资金的划拨，并对投资运作进行监督。具体流程如下图：

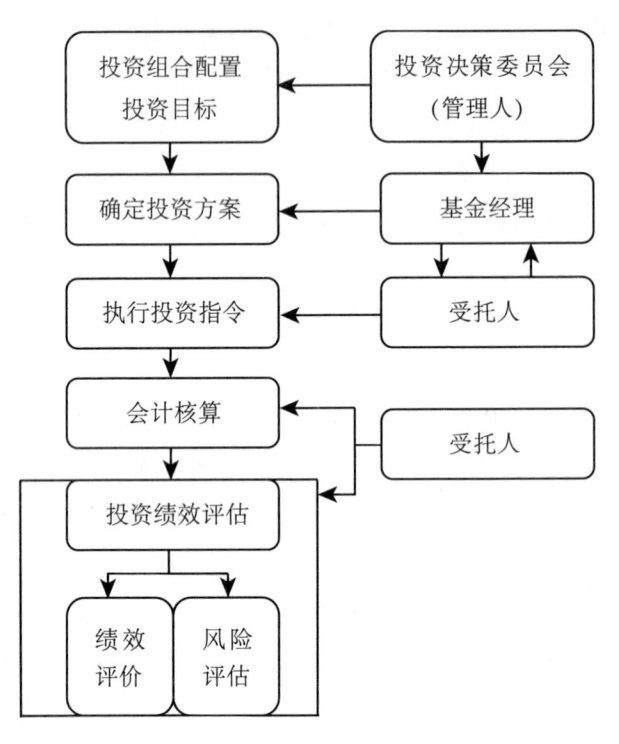

```
投资组合配置        投资决策委员会
   投资目标    ←    （管理人）
       ↓              ↓
   确定投资方案  ←    基金经理
       ↓              ↑
   执行投资指令  ←    受托人
       ↓
    会计核算    ←    受托人
       ↓
   投资绩效评估
     ↓    ↓
   绩效  风险
   评价  评估
```

（三）收益测算

投资收益率	次级受益权净值	优先级收益	次级收益	优先级收益率	次级总收益率	次级收益率
－10%	63052	20000	－136948	10%	－68.47%	－9.78%
－5%	102242	20000	－97758	10%	－48.88%	－6.98%
0%	159007	20000	－40993	10%	－20.50%	－2.93%
5%	239176	20000	39176	10%	19.59%	2.38%
10%	343808	70498	143808	10%	71.90%	8.73%
15%	534070	81975	334070	10%	167.03%	20.28%
20%	802629	95128	602629	10%	301.31%	36.59%
25%	1173069	110112	973069	10%	486.53%	59.08%
30%	1674029	127089	1474029	10%	737.01%	89.49%

注：①投资收益率为复利计算的收益率；②投资收益率低于10%时假设只发行1期2年的优先受益权；③投资收益率高于10%时假设发行3期共6年的优先受益权，预期收益为10%；信托财产优先保障优先受益权人的本金和预期收益的支付。

三、MC 足球俱乐部并购贷款担保单一资金信托

（一）交易结构

江城银行以理财资金委托江城信托设立单一资金信托，用于认购 SM 有限合伙的 LP 份额。SM 有限合伙将合伙资金作为境内保证金，为 HR Element 的 FTN 贷款提供质押担保。HR Element 将该笔贷款用于与 SPV2 共同在境外注册设立 SPV3，并由 SPV3 向 MC 足球俱乐部增资扩股。详见下图：

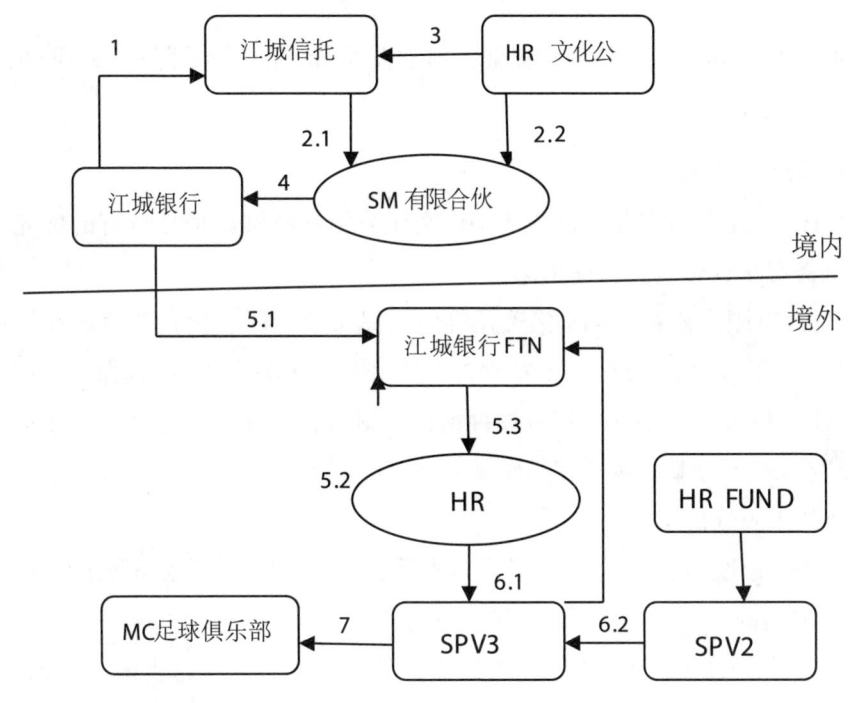

（二）交易流程

1. 江城银行以理财资金委托江城信托发起设立单一资金信托。

2. 江城信托作为 LP（以信托资金出资 1.615 亿美元等值人民币）（2.1），HR 文化公司作为 GP（出资 0.8 亿元美元等值人民币）（2.2），共同在上海自贸区发起设立 SM 有限合伙企业。

3. HR 文化公司与江城信托签署远期受让协议，HR 文化公司承诺远期溢价受让江城信托持有的 SM 有限公司的 LP 份额。

4. SM 有限合伙将 2.415 亿美元等值人民币的有限合伙资金存放在江城银行

开设的保证金账户，SM 有限合伙将其 2.415 亿美元等值人民币的存单质押给江城银行。

5. 江城银行在与 SM 有限合伙签署完毕质押合同并收妥质押凭证（5.1），且 HR Element 的 100% 股权质押给江城银行后（5.2），江城银行通过其上海自贸区分行向 HR Element 发放 2.3 亿元美元贷款（5.3）（FTN 贷款）。

6. HR Element 将 2.3 亿美元用于投资 SPV3 92% 的股权（6.1）。HR 文化公司的海外关联方 HR FUND 通过 SPV2 以 0.2 亿美元投资 SPV3 8% 股权（6.2）。

7. SPV3 将获得的 2.5 亿美元资金，用于投资 MC 足球俱乐部 9% 的股权。

（三）业务方案综合评估

1. 风险缓释措施

（1）HR 文化公司实际控制人为 HR 文化公司受让江城信托持有的优先级 LP 份额义务提供连带责任保证担保。

（2）SM 有限合伙将 2.415 亿美元等值人民币的有限合伙资金存放在江城银行，为江城银行向 HR Element 发放 2.3 亿元美元贷款提供质押担保。

（3）HR Element 的 100% 股权质押给江城银行，为江城银行向 HR Element 发放 2.3 亿元美元贷款提供质押担保。

2. 还款来源分析

（1）HR 文化公司与江城信托签署远期受让协议，HR 文化公司承诺远期溢价受让江城信托持有的 SM 有限公司的 LP 份额。

HR 文化公司注册资本 50 亿元人民币，其中 HR 文化投资公司出资 50 万元，HR 文化投资中心（有限合伙）出资 499950 万元。HR 文化投资中心（有限合伙）的 LP 由 HR 文化、阿里巴巴、腾讯和元禾投资各出资 25% 份额认购。HR 文化公司的境内实体为 HR 文化有限责任公司，注册在中国苏州；HR 文化公司的境外实体为 HR Holdings Limited，注册在开曼群岛。

（2）MC 足球俱乐部正在做海外上市准备，预计于 4 年内上市，届时 SPV3 可以通过二级市场转让方式退出 MC 足球俱乐部。如果 MC 足球俱乐部上市失败，MC 足球俱乐部控股方 ABZB 财团向 HR 文化公司承诺将于 8 年内收购 SPV3 持有的 MC 足球俱乐部股权。

（三）并购各方分析

1. 并购主体

HR Element Holdings Limited 是注册在开曼群岛的 SPV 公司，注册资本为 1 美元，没有其他经营活动，其境主要通过在案公司的保证金贷款获得并购资金。

2. 被并购主体

MC 足球俱乐部的母公司 CS 足球集团是英国与阿联酋合资的联合控股公司，其母公司是 ABZB 集团。2014 至 2015 赛季，MC 足球俱乐部盈利为 1070 万英镑，收入超过 3.5 亿英镑，实现了自 2008 年被 ABZB 联合集团收购以来的首次盈利。

鉴于 ABZB 联合集团对 CS 足球集团的总投入已达 20 亿美元，且与 MC 足球俱乐部相同的 ML 足球俱乐部在纽约证券交易所上市总市值为 29.7 亿美元，因此 HR 文化公司对 MC 足球俱乐部的估值确定为 25 亿美元。

附件：尽职调查资料清单

一、法律尽职调查资料清单

（一）公司基本信息

1. 公司章程及历次修正案，以及投资协议/投资意向书/投资备忘录。
2. 营业执照及组织机构代码证。
3. 行业资质证书及设立批复文件。
4. 股权结构图及股东名册（机构股东应提供其营业执照、章程，自然人股东应提供身份证或者护照）。
5. 公司历史沿革及历次股东变更情况说明及工商变更登记材料。
6. 控、参股公司及持股比例情况说明表。
7. 分支机构情况说明表。
8. 出资证明及验资报告。
9. 历次股东大会及董事会决议/纪要。

（二）重大法律文件

1. 联营、并购、承包经营、投资协议以及其他重大对外投资合同。
2. 过往或现有股东之间所签订的与标的公司有关的所有文件。
3. 标的公司股东历次转让标的公司股权的股权转让协议、同意标的公司股权变动的股东会/董事会决议以及其他股东放弃优先购买权的承诺函；如果涉及国有资产转让的，应提供转让标的资产的评估报告及批复备案文件、主管部门的批复文件。

4. 如果标的公司股权被质押，应提供主债权合同、质押合同以及质押登记文件。

5. 如果标的公司股权存在被司法冻结、权属争议以及其他限制其转让的情形，应提供该等情形的详细书面说明及法院裁判/冻结等相关材料。

6. 如果标的公司股东所持标的公司股份存在委托代持、信托代持等相关情况，应提供委托代持股协议、信托合同等。

7. 独家许可合同等限制竞争相关协议，以及限制公司未来相关经营活动的文件。

8. 股票、债券发行的所有文件。

9. 采购合同、建筑工程承包合同、销售合同、包销协议、进出口合同、加工承揽合同等。

10. 保险合同及未决理赔事项。

11. 全部融资及担保文件。

12. 和政府签署的所有合同/协议（比如重组上市、政府采购、就业、税收等协议性安排）。

13. 专利、商标、专有技术等权利证书及许可合同。

14. 公司与子公司之间签署的所有文件。

15. 公用事业许可使用协议。

16. 其他重大合同。

17. 重要子公司的上述文件。

（三）不动产及其他重要资产情况

1. 公司名下土地使用权、房产、在建工程等不动产的清单及权证。

2. 公司名下重要机器设备及其他重要资产清单。

3. 评估机构出具的不动产及其他重要资产评估报告。

（四）公司债权债务

1. 公司债权债务清单及说明。

2. 借款合同、担保合同。

3. 其他债权债务文件。

4. 重要子公司的上述文件。

(五) 组织、人力资源和劳资关系

1. 董事会、监事会、高级管理层成员名单。

2. 董事会、监事会的议事规则。

3. 董事、监事及高级管理人员简历。

4. 董事会及监事会下设专业委员会情况,比如薪酬及提名委员会、审计委员会、人力资源委员会等专业委员会。

5. 公司组织架构图。

6. 各职能部门职责。

7. 公司员工结构及骨干员工清单,包括员工姓名、年龄、籍贯、级别、学历、技术职称等。

8. 员工的薪酬水平区间,及薪酬激励计划。

9. 提供员工福利及劳资关系相关文件。

10. 社保税费缴纳凭证。

11. 劳资纠纷情况说明。

(六) 环境保护

1. 公司经营活动和已/拟投资项目是否涉及废水、废气及其他污染物排放情况的说明。

2. 环保工程设施及投资金额清单。

3. 公司经营活动和已/拟投资项目环境保护评价及批复。

4. 因环境污染事故而受处罚或诉讼情况（如有）。

(七) 税务情况

1. 税务登记证（国地税）、出口企业退税登记证。

2. 近三年内完税凭证。

3. 优惠待遇和差别待遇等税收待遇证明文件。

(八) 诉讼、仲裁或处罚

1. 已决未决诉讼、仲裁或行政处罚等情况说明。

2. 公司董事、监事、高级管理人员是否涉讼或被处罚等情况说明。

3. 律师事务所关于上述诉讼、仲裁或处罚情况的法律意见。

二、财务尽职调查资料清单

1. 财务管理制度。
2. 近三年的审计报告。
3. 近三年及最近一期的会计报表。
4. 年度财务预算与决算报告。
5. 近三年的所得税、增值税汇交清单及凭证。
6. 近三年出租/承租协议。
7. 近三年以及最近一期会计报表明细科目。
8. 近三年年末及最近一月末银行存款对账单和余额调节表。
9. 近一年及最近一月末的应收、应付、预收、预付科目分户、分账龄明细账以及各年应收款项的坏账情况。
10. 贷款卡信息、银行借款清单、应收应付票据清单。
11. 近三年及最近一月末固定资产原值、累计折旧及固定资产清单。
12. 近三年及最近一月的无形资产摊销表。
13. 近三年及最近一年对外投资情况。
14. 未来3年投融资计划、固定资产、无形资产投资等资本性支出计划。
15. 公司的收入确认政策。
16. 主营产品近三年及最近一月的销量/额。
17. 关联方清单及关联方交易情况。
18. 合并报表底稿及关联交易抵销资料。
19. 近三年底的存货盘点表、盘点差异汇总表。
20. 主要的上游供应商及下游客户情况说明。
21. 或有负债的相关资料。

三、业务尽职调查资料清单

（一）主营产品及销售情况

1. 公司产品简介、特性、用途、主要客户群。
2. 公司产品类别、产量、销量、价格、客户类别、市场占有率、毛利率。
3. 产品性能水平、新颖性、先进性和独特性说明。
4. 详细列明产品执行的标准。
5. 企业各类产品发展规划与新产品计划。

6. 公司主要的销售策略、定价策略与市场推广策略。

7. 公司有关国际贸易的主要政策与交易规则。

（二）企业生产经营情况

1. 近三年最大生产能力与实际生产能力变动趋势及对差异和变动趋势的说明。

2. 按生产线列出近三年产品产量、废品率的说明。

3. 按产品类列出近三年产品产量、废品率的说明。

4. 生产建设用地：土地位置、土地面积、所有权属、生产车间规划、总建筑面积、使用成本及其他说明。

5. 重要机器设备来源：设备/生产线名称、来源、购买价/年租金、按使用年限估计总成本、附加条件及备注。

6. 设施维修保养资本化、折旧政策及投保情况。

7. 如扩大规模，列出建设周期、设备采购周期、安装调试周期情况。

8. 近三年各生产线产量及未来三年预计产量。

9. 近三年各品类的产量及未来三年预计产量。

10. 描述生产工艺流程。

11. 独有的生产工艺设施及技术说明。

12. 质量保证情况：质量认证情况、质量检验流程。

13. 环保问题：环保执行的标准、"三废"处理方法及处理后的指标；目前与潜在的环保问题评估、已完成的环保工程及效果。

（三）原材料及库存情况说明

1. 原料材料清单、主要用途、单价、占材料成本比例。

2. 主要供应商名称及区域分布、提供主要供应商的联系方式。

3. 现有库存原材料的品类、数量、周转率、进货渠道、订货周期。

4. 按品类列举库存原才材料近三年每次进货的数量、价格。

5. 按品类列举库存半成品和成品的数量和周转率。

（四）行业市场的基本情况

1. 行业发展历史及趋势。

2. 行业的技术及贸易壁垒、政策限制。

3. 权威机构对于上下游和本产业的基本面分析。

4. 主营产品市场规模与增长潜力分析。

5. 企业在行业中地位。

6. 核心竞争力情况及专利、专有技术的说明。

7. 企业的销售利润率和行业平均销售利润率分析。

8. 替代品分析。

9. 竞争对手分析：

（1）竞争对手名称。

（2）竞争对手技术水平。

（3）竞争对手目前所占市场份额。

（4）竞争对手的销售利润率。

（5）竞争对手的优势与劣势。

（五）公司战略

1. 公司战略规划及支持公司战略规划的主要驱动因素。

2. 简要分析公司战略实施过程中需要关注的要点及主要风险因素。

（六）企业融资计划

1. 公司上市规划、上市过程可能存在的障碍及解决措施。

2. 公司私募股权融资安排。

3. 公司金融机构债务融资安排。

第九章 影子银行与事务管理类信托业务风险管理与案例分析

第一节 影子银行业务

一、影子银行概述

(一) 影子银行界定

1. 影子银行定义

影子银行目前并无统一的定义，由于各国金融体系和监管框架存在巨大差异，各国影子银行有着各自不同的特征和表现。影子银行较有代表性的定义有两个：纽约联邦储蓄银行将影子银行定义为从事期限、信用及流动性转换，但不能获得中央银行流动性支持或公共部门担保的信用中介，包括财务公司、资产支持商业票据发行方、有限目的的财务公司、结构化投资实体、信用对冲基金、货币市场共同基金、融券机构和政府特许机构等。金融稳定理事会将影子银行广义地描述为"由正规银行体系之外的机构和业务构成的信用中介体系"，狭义的影子银行则是指"正规银行体系之外，可能因期限/流动性转换、杠杆和有缺陷的信用转换而引发系统性风险和存在监管套利等问题的机构和业务构成的信用中介体系，主要集中在货币市场基金、资产证券化、融资融券和回购交易等领域。①《国务院办公厅关于加强影子银行监管有关问题

---

① 参见《中国金融稳定报告2013》专题四：影子银行；FSB《Global shadow Banking Monitoring Report 2014》：The shadow banking system can broadly be described as credit intermediation involving entities and activities outside of the regular banking system.

的通知》（国办发〔2013〕107号）将影子银行定义为传统银行之外的信用中介机构和业务。

2. 我国影子银行类型

根据《国务院办公厅关于加强影子银行监管有关问题的通知》（国办发〔2013〕107号），我国影子银行主要包括三类：

（1）不持有金融牌照、完全无监督的信用中介机构，包括新型网络金融公司、第三方理财机构等；

（2）不持有金融牌照，存在监管不足的信用中介机构，包括融资性担保公司、小额贷款公司等；

（3）持有金融牌照，但存在监管不足或规避监管的业务，包括货币市场基金、资产证券化、部分理财业务等[1]。

银监会在其2012年报[2]中指出我国绝大部分的信用中介机构都已纳入监管体系，并受到严格监管，银监会所监管的六类非银行金融机构及其业务、商业银行理财等表外业务不属于影子银行。

（二）影子银行的影响

1. 积极影响

《国务院办公厅关于加强影子银行监管有关问题的通知》（国办发〔2013〕107号）指出，影子银行的产生是金融发展、金融创新的必然结果，作为传统银行体系的有益补充，在服务实体经济、丰富居民投资渠道等方面起到了积极作用。

《中国金融监管报告2013》认为影子银行发挥如下积极作用：一方面，影子银行体系突破了传统银行体系的禁锢，提高了储蓄资金的配置效率，为中国实体经济提供了必要的流动性缓冲，对于中国经济的稳定、持续增长作用明显；

---

[1] 部分理财业务主要指商业银行采用混合资金池运作实现资金期限转换的表外理财产品以及信托公司发行的进行期限错配、投资于非标准化债权资产的资金池信托产品。货币市场基金通过购买金融债券、投资银行存款、参与货币市场回购交易等方式增加了银行信用和社会信用规模；银行通过信贷资产证券化，将表内信贷资产予以真实出售，从而增加银行信用，因此货币市场基金和信贷资产证券化具有明显的影子银行特征。笔者认为：除信贷资产支持证券外，其他的资产支持证券是原始权益人以基础资产为信用支持，向投资者融入资金的行为，其与普通债券的区别在于资产支持证券是以基础资产为信用支持，而将原始权益人的主体信用进行隔离，其不具有杠杆效应、期限错配、信用转换等影子银行特征。

[2] 《中国银行业监督管理委员会2012年报》专栏12：加强重点领域行业风险监测严防外部风险传染。

另一方面，通过各种金融创新手段，打破了分业监管所导致的金融市场人为分割和壁垒，为中国利率市场化改革和金融体系效益的提高奠定了基础。

《中国金融稳定报告2013》认为影子银行在一定程度上改变了融资过度依赖银行体系的情况，满足了实体经济的部分融资需求，丰富和拓宽了居民企业的投资渠道。影子银行的活动还提高了整个金融市场的流动性和活跃程度，有利于提高金融市场价格发现功能，提高投融资效率。

2. 消极影响

在肯定影子银行的积极作用的同时，也不可忽视影子银行存在的风险，影子银行存在通过期限错配、流动性转换、信用转换和高杠杆等要素易引发系统性风险。《国务院办公厅关于加强影子银行监管有关问题的通知》（国办发〔2013〕107号）指出，影子银行风险具有复杂性、隐蔽性、脆弱性、突发性和传染性，容易诱发系统性风险。

《中国金融监管报告2013》认为影子银行存在如下消极作用：首先，金融产品的期限错配所导致的流动性风险，并随着市场规模的扩大而放大，并开始威胁到金融体系的稳定；其次，导致信贷过度膨胀，进而导致银行信贷扩张的监管政策失效，产生系统性风险；再次，对央行M2作为货币政策中间目标的做法提出挑战，容易对货币政策形成干扰，影响货币、信贷等宏观变量的既有轨迹，进而削弱传统货币政策操作的有效性。

《中国金融稳定报告2013》认为影子银行风险在于：一是降低宏观调控和金融管理的有效性，在一定程度上影响了经济结构调整步伐；影子银行采取刚性兑付政策掩盖债务问题，可能引发道德风险和逆向选择。二是影子银行风险可能会跨行业、跨市场传递，向正规金融体系传递风险。三是影子银行通过风险和收益错配冲击正规金融机构的经营。四是部分影子银行管理不规范，加之有关部门没有对其日常运营进行有效监控，容易出现超范围经营等问题。

诸如小额贷款公司、典当行和民间融资等，都是以自有资金开展业务，其本身没有杠杆效应，完全是自负盈亏，不会给公众投资者带来损害，也不会给经济和金融带来系统性风险。值得关注的是，上述机构通过向银行以较低成本拆解资金，并以高利率放贷，利用了杠杆机制，向银行体系传导了很大的风险。

(三) 影子银行监管

根据《国务院办公厅关于加强影子银行监管有关问题的通知》（国办发〔2013〕107号），关于影子银行主要监管要点归纳如下：

1. 监管原则

（1）监管管理责任。按照谁批设机构谁负责风险处置的原则，落实各类影子银行主体的监管责任。

法定监管部门监管：①银行业机构的理财业务由银监会负责监管；②证券期货机构的理财业务及各类私募投资基金由证监会负责监管；③保险的理财业务由保监会负责监管；④金融机构跨市场理财业务和第三方支付业务由人民银行负责监管协调。

国务院相关部门制定规则、地方政府监管：①融资性担保公司由银监会牵头的融资性担保业务部际联席会议制定统一的监管制度和经营管理规则，地方政府负责具体的监管。②小额贷款公司由银监会会同人民银行等制定统一的监管制度和经营管理规则，建立行业协会自律机制，省级政府负责具体的监管；未明确监管主体：第三方理财和非金融机构资产证券化、网络金融活动等，由人民银行会同有关部门共同研究制定办法。

（2）理财业务基本原则。金融机构的理财业务应遵循12字原则：代客理财、买者自负、卖者尽责，监管部门应按照12字原则严格监管金融机构理财业务。各类金融机构应对理财业务建立风险隔离墙：①应将理财业务分开管理，建立单独的理财业务组织体系，并由专营部门归口管理；②建立单独的业务管理体系，实施单独建账管理；③建立单独的业务监督体系，强化全业务流程监督。

2. 金融机构理财业务规范

（1）商业银行理财业务。商业银行要按照实质重于形式的原则计提资本和拨备。商业银行代客理财资金要与自有资金分开使用，不得购买本银行贷款，不得开展理财资金池业务，切实做到资金来源与运用一一对应。

（2）信托公司理财业务。按照"受人之托、代人理财"的功能定位，加快推动信托公司业务转型，回归信托主业，运用净资本管理约束信托公司信贷类业务，信托公司不得开展非标准化理财资金池等具有影子银行特征的业务。建立完善信托产品登记信息系统,探索信托受益权流转。

(3) 通道业务。规范金融交叉产品和业务合作行为：金融机构之间的交叉产品和合作业务都必须以合同形式明确风险承担主体和通道功能主体,并由风险承担主体的行业归口部门负责监督管理。

(4) 其他金融机构。证券公司要加强资本管理,保险公司要加强偿付能力管理。按照不同类型投资基金的本质属性,规范定位私募投资基金业务；严禁私募股权投资基金开展债权类融资业务。

3. 民间融资业务

(1) 小额贷款业务。小额贷款公司应以自有资金发放贷款,并自行承担风险；通过行业自律组织,建立小额贷款公司业务规范。小额贷款公司不得吸收存款、不得发放高利贷、不得用非法手段收贷。银行业金融机构与小额贷款公司发生的融资业务,要作为一般商业信贷业务管理。

(2) 融资性担保业务。融资担保公司应遵循代偿能力与业务发展相匹配的原则,稳健开展担保业务；明确界定融资性担保公司的融资性担保责任余额与净资产的比例上限,防止违规放大杠杆倍数超额担保。非融资性担保公司不得从事融资性担保业务。银行业金融机构不得为各类债券、票据发行提供担保。

(3) 典当及融资租赁业务。典当行和融资租赁公司应当严格界定业务范围。典当行业要回归典当主业,不得融资放大杠杆；融资租赁公司要依托适宜的租赁物开展业务,不得转借银行贷款和相应资产。

4. 网络金融活动

金融机构借助网络技术和互联网平台开展业务,要遵守业务范围规定,不得因技术手段的改进而超范围经营。网络支付平台、网络融资平台、网络信用平台等机构要遵守各项金融法律法规,不得利用互联网技术违规从事金融业务。

二、事务管理类信托概述[①]

(一) 事务管理类信托的概念

根据管理职责和风险承担主体的不同,可以将信托业务划分为事务管理类信托业务和主动管理类信托业务。事务管理类信托业务即使通常所说的通道类信托业务,具体是指信托公司不承担实质性风险,仅承担事务性管理职责的信托业务。事务管理类信托业务通常以单一信托业务为主,也包括集合信托业务和财产/财产权信托业务。事务管理类信托业务主要以信托公司和商业银行、证券公司、基金公司和保险公司等金融机构开展的金融交叉产品的形式存在。

(二) 事务管理类信托的特征

1. 单一信托业务:事务管理类单一信托业务应当符合如下特征:(1) 由委托人或其指定第三方承担尽职调查、资产评估和投后管理的职责;(2) 委托人向受托人出具投资指令,受托人根据投资指令管理运用信托财产,委托人自行承担受托人根据投资指令管理运用信托财产所产生的所有风险;(3) 受托人仅承担账户管理、清算分配及提供必要文件以配合委托人管理信托财产等事务;(4) 信托期限届满时,受托人可以届时信托财产的现状向委托人分配。

2. 集合信托业务:事务管理类集合信托业务应当有明确的实际风险承担主体,信托公司仅承担通道主体功能,实际风险承担方通常作为集合信托计划的投资顾问。笔者认为事务管理类集合信托业务应当符合如下特征:(1) 集合信

[①] 根据中国银监会于2014年4月份下发的《关于调整信托公司净资本计算标准有关事项的通知》(征求意见稿),事务管理类信托业务具体是指委托人自主决定信托设立、信托财产运用对象、信托财产管理运用处分方式等事宜,自行负责前期尽职调查及存续期信托财产管理,自愿承担信托投资风险,受托人仅负责账户管理、清算分配及提供或出具必要文件以配合委托人管理信托财产等事务,不承担积极主动管理职责的信托业务。

信托公司可以将在信托合同中同时明确体现以下特征的信托业务确定为事务管理类信托业务:(1) 信托设立之前的尽职调查由委托人或其指定第三方自行负责,委托人相应承担上述尽职调查风险。受托人有权利对信托项目进行独立的尽职调查,确认信托项目合法合规。(2) 信托的设立、信托财产的运用对象、信托财产的管理、运用和处分方式等事项,均由委托人自主决定。(3) 受托人仅依法履行必须由受托人或必须以受托人名义履行的管理职责,包括账户管理、清算分配及提供或出具必要文件以配合委托人管理信托财产等事务。受托人主要承担一般信托事务的执行职责,不承担主动管理职责。

在信托合同中约定的如下条款是判断事务管类信托的重要特征,但不是充分条件和必要条件:(1) 信托报酬率较低;(2) 信托合同约定以信托期限届满时信托财产存续状态交付受益人进行分配。

托计划应当由实际风险承担主体全额代销；（2）信托资金管理运用的方式及投向由实际风险承担方指定；（3）实际风险承担方承担尽职调查、资产评估和投后管理的职责；（4）实际风险承担方应当出具保函，明确是对信托计划的兑付提供流动性支持，并负责对出现兑付风险的信托计划项下资产进行处置变现。

三、资金池业务

（一）监管禁止

根据《国务院办公厅关于加强影子银行监管有关问题的通知》（国办发〔2013〕107号）规定，商业银行不得开展理财资金池业务，切实做到资金来源与运用一一对应；信托公司不得开展非标准化理财资金池等具有影子银行特征的业务。《中国银监会办公厅关于信托公司风险监管的指导意见》指出，信托公司不得开展非标准化理财资金池等具有影子银行特征的业务。《中国证监会关于进一步加强基金管理公司及其子公司从事特定客户资产管理业务风险管理的通知》规定：专户产品募集的资金应按照合同约定的投资范围、投资策略和投资标准进行投资，不得开展资金池业务，切实做到资金来源与运用一一对应，确保投资资产逐项清晰明确并定期向客户披露投资组合情况。

（二）资金池业务特征

关于什么是资金池业务，监管机关并无明确的界定。中国证券投资基金业协会印发的《证券期货经营机构落实资产管理业务"八条底线"禁止行为细则》第七条列举了资金池业务的几种情形：①不同资产管理计划进行混同运作，资金与资产无法明确对应；②资产管理计划未单独建账、独立核算，多个资管计划合并编制一张资产负债表或估值表；③资产管理计划在开放申购、赎回或滚动发行时未进行合理估值，脱离对应资产的实际收益率进行分离定价。

笔者认为资金池信托业务具备以下特征：①是资金来源与资金运用期限错配，通过滚动发行，以短期资金进行长期运用；②是设置有申购、赎回机制，申购资金与赎回资金无法独立核算，无法保证到期清算资金全部来源于该期资金投资运作收益。

第二节　事务管理类信托业务主要类型

一、银信理财合作业务

（一）业务概述

银信理财合作业务是指商业银行将理财资金交付信托，信托公司担任受托人并按照信托文件的约定管理运用和处分信托财产的业务。在通常情况下，银信理财合作业务由商业银行主导并承担实际风险，因此银信合作业务可以界定为事务管理类业务。银信理财合作业务基本交易结构图如下：

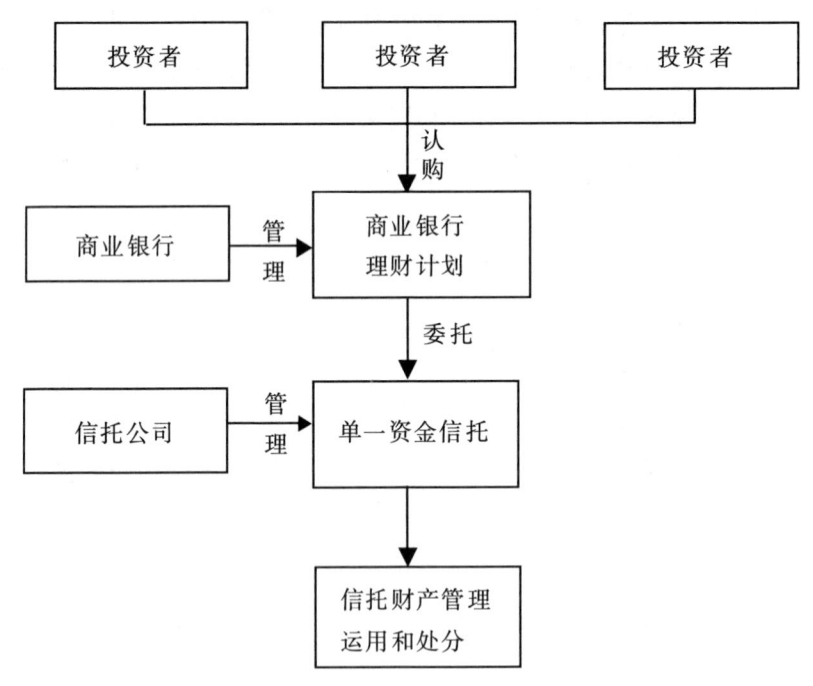

（二）银信理财合作信托业务监管政策

1. **银信理财合作受让信贷资产/票据资产**

银行募集的理财资金作为信托资金用于受让银行信贷资产，标的债权评级应为正常；银信合作理财产品不得投资于理财产品发行银行自身的信贷资产或票据资产。

2. 投资类银信理财合作业务管理

银信合作理财产品投资于权益类金融产品或者具备权益类特征的金融产品，商业银行理财产品的投资者满足集合资金信托计划的合格投资者的条件；如果需要聘请第三方投资顾问的，应提前10个工作日向监管部门报告。

商业银行和信托公司开展投资类银信理财合作业务，其资金原则上不得投资于非上市公司股权。

3. 融资类银信合作业务管理

信托公司融资类银信理财合作业务余额和银信理财合作业务余额之比不得高于30%；信托资金同时用于融资类和投资类业务，应参照融资类业务余额的30%比例管理。

4. 银信理财合作期限

信托公司开展银信理财合作业务，信托产品期限不得低于1年。商业银行和信托公司开展融资类银信理财合作业务，信托公司信托产品不得设计为开放式。

5. 转表与拨备

《中国银监会关于规范银信理财合作业务有关事项的通知》（银监发〔2010〕72号）发布以前开展的银信理财合作业务，商业银行应按照要求将表外资产在2010年和2011年内转入表内，并按照150%的拨备覆盖率要求计提拨备，同时大型银行应按照11.5%、中小银行按照10%的资本充足率要求计提资本。对设计为开放式的非上市公司股权投资类、融资类或含融资类业务的银行理财产品和信托产品，商业银行和信托公司在本通知发布后停止接受新的资金申购，并妥善处理后续事宜。

《中国银行业监管管理委员会关于进一步规范银信理财合作业务通知》（银监发〔2011〕7号）对银监发〔2010〕72号文做了进一步的补充。各商业银行应当在2011年年底前将银信理财合作业务表外资产转入表内，并应于2011年1月31日前向银监会或省级派出机构报送资产转表计划，原则上银信合作贷款余额应当按照每季至少25%的比例予以压缩；对于商业银行未转入表内的银信合作信托贷款，信托公司应按照10.5%的比例计提风险资本；信托公司信托赔偿准备金低于银信合作不良信托贷款余额150%或低于银信合作信托贷款余额2.5%的，信托公司不得分红，直至达到该标准。

二、债权资产转让

(一) 业务概述

商业银行将自营资金、理财资金委托信托公司设立单一资金信托,信托公司以信托资金受让商业银行的信贷资产、票据资产,或者证券公司融资融券业务项下融资业务所形成的债权资产;信托公司委托商业银行或证券公司作为债权资产服务方(通常为债权资产出让方),为基础债权提供管理服务;信托公司可以将债权资产持有到期(持有至到期模式),也可以将债权资产返售给出让人(投资附加回购模式)。

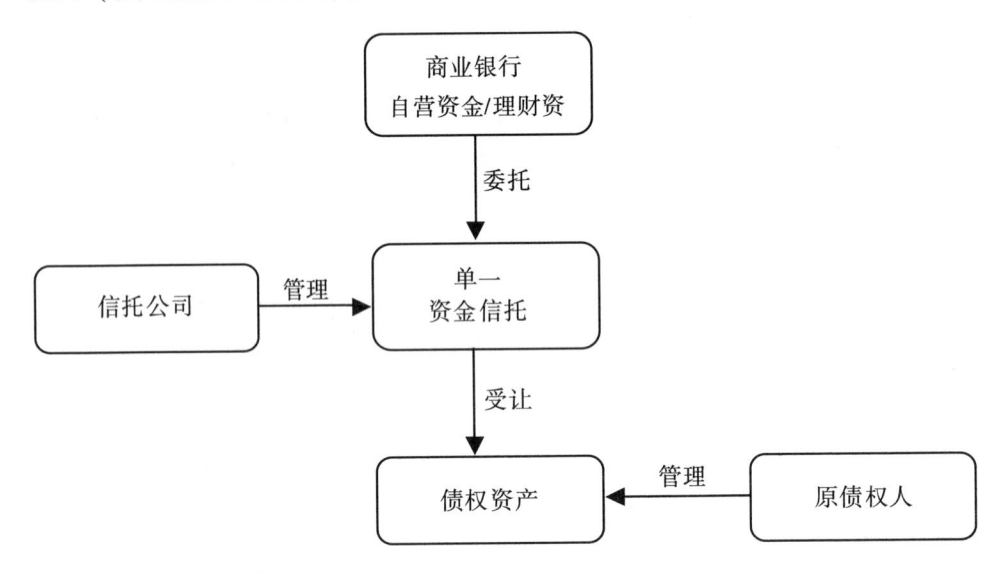

```
        ┌──────────────┐
        │  商业银行     │
        │自营资金/理财资金│
        └──────┬───────┘
               │ 委托
               ▼
┌──────┐ 管理 ┌──────────┐
│信托公司│─────▶│ 单一     │
└──────┘      │ 资金信托 │
              └────┬─────┘
                   │ 受让
                   ▼
              ┌──────────┐ 管理 ┌──────────┐
              │ 债权资产 │◀─────│ 原债权人 │
              └──────────┘      └──────────┘
```

(二) 信贷资产转让

1. 基本业务模式

信贷资产转让业务有卖断式和回购式两种业务类型,这两种业务类型关键区别点在于信贷资产转移的真实性。卖断式业务中,债权人由出让方转移到受让方;回购式业务中,出让方有回购信贷资产的义务,债权人不发生转移,回购义务主要通过回购协议、即期买断附加远期回购协议来完成的。

2. 监管政策

(1) 信贷资产转让的真实性原则

银行业金融机构开展信贷资产转让业务时,应坚持资产转让真实性原则,所转让的信贷资产应是确定的、可转让的。禁止资产的非真实转移转让，转、受让双方不得通过签订回购协议、即期买断加远期回购协议等任何显性或隐性的回购条件规避监管。

坚持资产转移的真实性原则，转出方只有将信用风险、市场风险和流动性风险完全转移给转入方后，方可将信贷资产移出资产负债表，而转入方应同时将信贷资产作为自己的表内资产进行管理，转入方应按相应权重计算风险资产和计提必要的风险拨备。

（2）信贷资产转让的整体性原则

银行业金融机构开展信贷资产转让业务时，应当坚持整体性原则，所转让的信贷资产应当包括全部未偿还本金及应收利息，同时禁止下列情形：①将未偿还本金与应收利息分开；②按一定比例分割未偿还本金或应收利息；③将未偿还本金及应收利息整体按比例进行分割；④将未偿还本金或应收利息进行期限分割。

银行业金融机构转让银团贷款的，转出方应优先整体转让给其他银团贷款成员，如果转让方整体转让给银团贷款成员之外的银行业金融机构应符合两个条件：一是其他银团贷款成员都不愿受让，二是其他银团贷款成员对受让方银行业金融机构无异议。

银行将理财资金委托给信托公司，用于受让信贷资产的，单一、有明确到期日的信贷资产类理财产品的期限应与该信贷资产的剩余期限一致；信贷资产类理财产品通过资产组合管理的方式投资于多项信贷资产，理财产品的期限与信贷资产的剩余期限存在不一致时，应将不少于30%的理财资金投资于高流动性、本金安全程度高的存款和债券等产品。

（3）信贷资产转让的洁净性原则

洁净性原则指实现资产和风险的真实完全转移，洁净性原则的基本要求：①信贷资产转入方应与信贷资产的借款方重新签订协议，确认变更后的债权债务关系；②信贷资产转出方在信贷资产转出前征求保证人的意见（如有），保证人同意后方可进行转让。如果保证人不同意，转出方应和借款人协商，更换保证人或者提供新的抵押物；③拟转让的信贷资产有抵质押物的，应当完成抵质押物变更登记手续或将质物移交占有、交付，确保担保物权有效转移；④转出方应向转入方提供全套原始权利证明文件。信贷资产转出方应提供加盖有效印章的全套信贷资产证明文件的复印件（确保复印件与原始文件的一致性、真实性和完整性），如信托公司要求提供原件，银行应提供原件。

（三）票据资产转让

1. 基本业务模式

（1）票据资产定义

我国明确可以开展票据业务的金融机构主要包括各类银行、企业集团财务公司、信用合作社，这类金融机构可以开展票据承兑与贴现业务，以及与票据相关的衍生业务。因为：①根据《信托公司管理办法》规定的营业范围，信托公司不能直接开展票据承兑与贴现业务；②票据开立、背书转让等都必须具有真实的贸易背景，信托公司不能直接以背书方式受让基础票据。所以信托公司通常通过票据质押融资和票据资产投资两种方式开展票据业务。票据资产可以定义为：基于基础票据提示付款（承兑）后取得相关票款的权利；基础票据被拒付后对出票人以及基础票据的其他债务人（如有）行使追索权后取得相关票款的权利；取得基础票据产生的其他任何收入的权利。

（2）票据质押融资业务

票据质押融资是指票据持有人将其持有的票据质押给信托公司，信托公司向其发放信托贷款，或者票据持有人将其持有的票据质押给信托公司，同时将票据资产出让给信托公司并到期回购。票据质押融资与票据贴现业务的主要区别在于票据所有权是否转移，票据质押融资业务项下票据所有权未发生转移，而票据贴现业务项下的票据所有权发生了转移。在办理票据质押融资业务时，需要在质押的商业汇票上背书记载"质押"字样，并且记载被背书人名称。

根据《中国人民银行关于完善票据业务制度有关问题的通知》（银发〔2005〕235号）的规定：主债务履行完毕，票据解除质押时，被背书人应以单纯交付的方式将质押票据退还背书人。如果债务人（背书人）未能按期履行还本付息等义务时，质权人（被背书人）不能直接将票据进行转让或者贴现以实现质权，被背书人在票据到期时按照支付结算制度的有关规定行使票据权利；如果被背书人为银行的，只能在票据到期时按照商业汇票贴现到期收回的处理手续，并在托收凭证备注栏注明"质押票据收款"字样。

（3）票据资产投资

票据资产投资是指信托公司以信托资金购买银行已贴现或转贴现、未到期银行承兑汇票和企业所持有的未贴现、未到期银行承兑汇票的收益权，信托公司委托商业银行对基础票据进行鉴别、保管，并于基础票据到期时委托商业银行进行托收，商业银行将托收款支付至信托专户。

2. 风险识别与管理

信托公司不是专门从事票据业务的金融机构，和银行等专业票据业务经营机构相比较，其风险识别和管理能力相对较弱。信托公司在开展该类业务时，应当借助于银行的专业力量，识别和防范票据业务可能出现的风险。信托公司开展票据业务，应当注意如下风险：

（1）应当注意基础票据是否存在真实的贸易关系和债权债务关系。按照我国法律法规和监管政策规定，签发和转让的商业汇票必须具有真实的贸易关系和债权债务关系，不准签发流转融资性商业汇票。风险管理部需要审核基础贸易合同或相关凭证、增值税发票或其他税务凭证、商品发运单据复印件等。

（2）应当注意信托资金的流向，明确信托资金的具体用途。无论是票据质押融资，还是票据资产投资，都应该明确信托资金的具体用途，严禁信托资金流入楼市和股市。我国票据贴现资金按规定是不能流入股市和楼市，虽然信托公司不直接从事票据贴现业务，但是其所开展的票据业务也应当遵守相应的规定。

（3）应当注意鉴别票据的真实性和规范性。票据业务风险管理很重要的一个方面就是票据的审验与鉴别。首先需要鉴别票据的真伪，其次要审核诸如背书是否连续、签章是否清晰完整等票据要素。信托公司并没有专门的票据业务人员，并不具备票据真伪的鉴别能力，因此应当与银行合作，加强对票据的鉴别、保管与托收管理。

（4）应当注意出票人、背书人、承兑人等票据债务主体的偿债能力。信托公司在开展票据业务过程中，票据持有人的主体信用程度与偿债能力直接关系到信托资金的安全。在票据资产质押式回购业务中，由于信托公司没有直接受让商业汇票，也没有在商业汇票上背书，如果持票人不能到期回购票据资产，则信托公司很难处置该项票据资产。

（5）票据资产转让合同中约定：票据资产转让后，未经受让方同意，转让方不得以背书或任何其他方式将票据资产或基础票据再转让或变相再转让，也不得设置任何其他权利限制或优先权；明确出现基础票据因挂失止付、公示催告、被有权机关采取保全执行措施等原因被承兑人拒付情形时的应对措施。

（6）基础票据的鉴别应当注意如下事项：背书人的签章不清晰；汇票与粘贴单连接处的骑缝章不清晰；汇票与粘贴单连接处的骑缝章位置错误（连接处的缝应当穿过骑缝章的中心）；骑缝章与前手背书人签章重叠；背书人签章超出背书栏；被背书人名称有误、涂改、未在被背书人栏；背书不连续（如背书人签章与前手被背书人名称或签章不一致）；汇票票面严重污迹致使票面字迹签章无法清晰辨认；汇票票面有破损或撕裂；汇票票面字迹不够清楚或有涂改；汇票票面填写不齐全；汇票票面金额大小写不一致；出票日期和票据到期日没大写或不规范；承兑期限超过6个月；出票人签章与出票人名称不一致；汇票收款人与第一背书人签章不一致；粘贴单不是银行统一格式；连续背书转让时，日期填写不符合前后逻辑关系（如后手背书日期比前手日期早）。

3. 票据资产服务

信托公司委托商业银行作为票据资产的服务行，为票据资产提供审验、保管和托收服务。票据资产服务行根据《票据法》《支付结算办法》以及其自身相关买入（贴现/转贴现）标准，对信托公司委托审验的基础票据的真实性、合法性和有效性进行现场临柜审验，对基础票据瑕疵进行书面提示。

票据资产服务行签收基础票据后，应当妥善保管基础票据，将基础票据与其自有票据分离单独保存、验收并封存；票据资产服务行不得将基础票据交付第三人保管，不得使用或者许可第三人使用基础票据。

基础票据到期时，信托公司委托票据资产服务行将封存的票据拆开并按每张票据到期时间的先后顺序与承兑人逐一办理票据的兑现事宜。票据资产服务行为基础票据单独开立临时托收账户，该账户仅用于基础票据托收回款资金的归集，不得用于票据托收之外的其他活动。票据资产服务行根据信托公司指令将临时托收账户中的票据托收回款资金划入信托专户。

4. 监管禁止

为了防范银行通过银信票据合作业务规避信贷规模控制，进行监管套利，以此规范银信合作业务，银监会于2012年2月21日下发了《关于信托公司票据信托业务等有关事项的通知》（银监办发〔2012〕70号），根据《通知》规定，信托公司自该《通知》下发之日起，信托公司不得再与商业银行开展各种形式的票据资产转/受让业务，对于存续的票据信托业务，信托公司采取相应措施以加强风险管理；在已经发行的票据信托项目存续期间不得开展新的票据业务，到期后应当立即终止，不得展期。上述《通知》同时强调了信托公司在银信合作业务中应当始终坚持自主管理原则，融资类业务余额占银信合作业务余额的比例不得超过30%。

在银监办发〔2012〕70号文禁止信托公司与商业银行开展各种的票据资产转/受让业务后，信托公司基本停止了票据类业务。商业银行转而与基金子公司开展票据合作业务，由基金子公司专项资产管理计划项下资金投资票据资产。

(四) 融资融券项下融资业务债权收益权

1. 融资业务债权收益权定义

融资业务债权收益权是指出让人合法开展融资业务对其融资客户进行融资所产生债权所对应的财产收益权利，包括但不限于：①融资融券合同项下融资客户偿付的融资余额、利息、违约金；②违约情况下出让人将融资客户提供的担保证券强制平仓所得；③融资客户用于担保出让人融资债权额保证金和证券的担保权益和信托权益；④出让人就不足清偿融资债务部分向出让人融资客户继续追索所得以及出让人在融资融券合同项下可能取得的其他任何财产收益。

2. 融资融券业务债权收益权的管理

(1) 债权转化

受让方所受让的标的融资业务债权收益权是基于标的融资业务债权形成的出让方与受让方之间的债权债务关系，标的融资业务债权相应的权利和义务仍由出让方享有和履行。如果出让方不按照合同约定履行标的融资业务债权收益权远期回购义务的，受让方有权选择将融资业务债权收益权转让业务转化为融资业务债权转让业务，在此情况下受让方有权要求出让方就债权转让事宜对其原融资业务下的融资客户进行通知，且出让方应无条件配合受让方办理所转让债权业务项下相应担保手续的变更，将担保权利变更登记至受让方名下。需特别强调的是，受让方有权选择行使或放弃行使该项转化权利，并且即便在受让方选择行使转化权利的情况下，也并不视为受让方放弃要求出让方远期回购的权利，即在此情况下受让方仍有权要求出让方远期回购相关标的融资业务债权。

无论在上述何种情形下，受让方对出让方享有和履行标的融资业务债权项下的权利或义务所产生的任何纠纷都不承担责任。

(2) 其他义务

出让人不得怠于管理和追索其到期债权，或者以无偿、明显低于市场价格或其他不适当的方式处理其自有财产，或以明显不合理的高价受让他人财产。

出让人不得将已转让给受让人的标的融资业务债权收益权对应的债权再行转让给其他第三方，或者在该债权之上设立任何形式的担保或其他权利负担。

在未作出经受让人书面同意的债权担保措施前，出让人不得进行解散、清算及实施其他影响受让人债权实现的行为，因维持担保比例等触及信用交易业务风险控制措施而实施的清算、交收除外。

三、商业银行同业业务

(一) 同业业务概述

商业银行同业业务传统上属于资金业务，但是近几年同业业务逐渐演变成为一种新型的表外融资工具——类贷款业务，该种新型的表外融资工具与常规的贷款业务相比，可以实现商业银行的如下需求：①同业资产不占用贷款额度，不挤占存贷比例限额[①]；②同业业务的风险权重相对较低，其中3个月以内的同业资产的风险权重为20%、3个月以上的同业资产的风险权重为25%，而工商企业贷款的风险权重为100%；③同业业务中的同业负债无须缴纳存款准备金。

(二) 信托受益权买入返售

1. 交易结构

信托受益权买入返售（三方买入返售：A、B、C银行分别作为甲方、乙方

[①] 根据《商业银行法》的规定，商业银行贷款余额与存款余额的比例不得超过75%，其中存贷比的分子包括一般贷款、贸易融资、贴现及买断式贴现，分母包括企业存款、储蓄存款、保本或保本保收益理财产品、保险公司的协议存款。原先除保险公司外，银行、信托公司、财务公司等的同业存款均不计入存贷比，但是根据《中国人民银行关于存款口径调整后存款准备金政策和利率管理政策有关事项的通知》，将存款类金融机构吸收的证券及交易结算类存放、银行业非存款类存放、SPV存放、其他金融机构存放以及境外金融机构存放新纳入各项存款口径的存款，上述存款应计入存款准备金缴存范围，适用的存款准备金率暂定为零。

和丙方签署三方协议）是指 A 银行委托信托公司成立单一资金信托，信托公司以信托资金用于向融资人提供信托贷款。信托成立后（一般为当日或次日），A 银行将其所持有的信托受益权转让给 B 银行，C 银行承诺于信托到期前受让 B 银行所持有的信托受益权。具体的交易结构如下图所示：

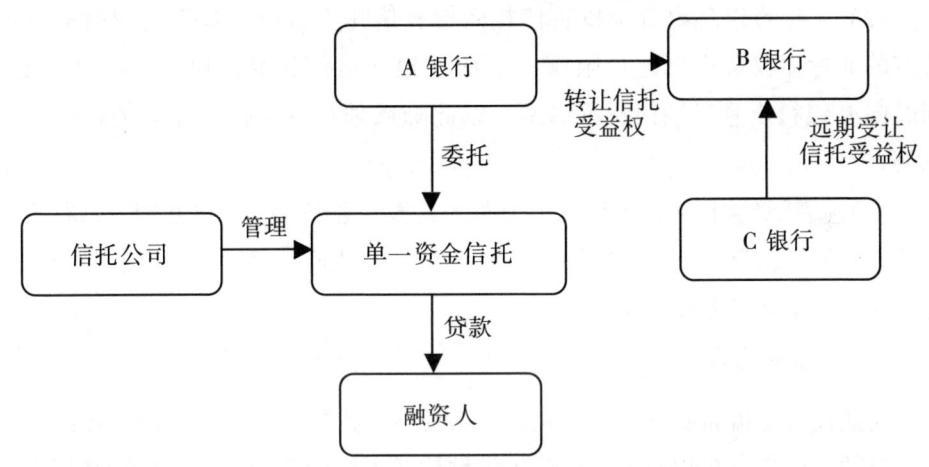

```
信托公司 --管理--> 单一资金信托
A 银行 --委托--> 单一资金信托
A 银行 --转让信托受益权--> B 银行
C 银行 --远期受让信托受益权--> B 银行
单一资金信托 --贷款--> 融资人
```

2. 业务模式说明

信托受益权买入返售业务中，A 银行是提供过桥资金的过桥方，B 银行是实际资金提供方，C 银行是实际风险承担方，B 银行可将其所持有的信托受益权计入买入返售金融资产。信托受益权买入返售业务在 2011～2013 年间得以快速发展，根据某股份制商业银行 2013 年年度报告，其买入返售金融资产 9210 亿元，占总资产（36276 亿元）的比例为 25.4%，在资产负债表的资产科目中仅次于发放贷款和垫款（13206 亿元）。

中国人民银行、银监会、证监会、保监会、外汇管理局联合发布《关于规范金融机构同业业务的通知》，明确规定买入返售是指两家金融机构之间按照协议约定先买入金融资产，再按照约定价格于到期日将该项金融资产返售的资金融通行为。买入返售业务项下的金融资产应当为银行承兑票据、债券、央票等在银行间市场、证券交易所等具有合理公允价值和较高流动性的金融资产，该通知间接规定了买入返售业务项下的金融资产不得为非标资产。该通知还禁止三方或以上交易对手之间的类似交易不得纳入买入返售业务进行管理和核算。

3. 派生业务

（1）A 银行由于信贷额度限制等原因，无法直接向其授信客户发放贷款，于是请 B 银行作为委托人通过信托公司设立单一资金信托，由信托公司向授信客户发放信托贷款，A 银行承诺远期受让 B 银行所持有的信托受益权。

（2）A 银行以理财资金投资信托而持有信托受益权，基于其理财资金所持有的非标债权资产已超过限额，于是 A 银行将信托受益权卖断给 B 银行，同时向 B 银行出具远期回购承诺函，以此降低理财资金投资非标债权资产的比例。

（3）信托受益权买入返售（三方买入返售）业务中，如果 C 银行总行不允许其分行签署该类业务的三方协议，则 C 银行可以向 D 银行出具保函，由 D 银行作为丙方签署三方买入返售协议。

（三）同业代付

同业代付是指商业银行（受托方）接受金融机构（委托方）的委托向企业客户付款，委托方在约定还款日偿还代付款项本息的资金融通行为。受托方同业代付款项在拆出资金会计科目核算，委托方同业代付相关款项在贷款会计科目核算。

根据《关于规范金融机构同业业务的通知》，同业代付原则上仅适用于银行业金融机构办理跨境贸易结算。境内信用证、保理等贸易结算原则上应通过支付系统汇划款项或通过本行分支机构支付，委托方不得在同一市、县有分支机构的情况下委托当地其他金融机构代付，不得通过同业代付变相融资。

（四）同业存、借款

1. 同业存款：A 商业银行委托信托公司设立单一资金信托，信托公司将信托资金用于存放 B 银行的同业存款。同业存款不计入存贷比，因此同业存款对商业银行的存贷比没有影响；如果银行信贷政策收紧导致商业银行流动性紧张时，流动性富余的商业银行会通过信托将其自营资金或理财资金存放到流动性紧张的商业银行。同业存款信托已经被银监会通过窗口指导方式予以叫停。

【知识拓展】协议存款与同业存款辨析

类别	协议存款	同业存款
存款资金	存款资金主要为特定的保险资金，特定存款单位包括中资保险公司、社会保障基金以及养老保险的个人账户基金。（注：2008年10月起，邮政储蓄协议存款列入同业存款，不再算作协议存款）	存款资金主要为商业银行、政策性银行、邮储银行、证券公司、信托公司、期货公司、住房公积金等持牌金融机构许可证的机构自有或管理的资金。保险资管公司的资本金、企业年金账户以及发行的理财产品均不属于保险资金，因此只能算作同业存款。
存款起点	不低于3000万元，其中养老保险个人账户资金协议存款单笔不低于50000万元。	各家银行的最低额度均不一样。
存款期限	五年以上（不含五年）	期限灵活，包括1天、7天、1个月、3个月、6个月、9个月或12个月等各种期限。
存贷比考核	计入存贷比	不计入存贷比，存款准备金率暂定为零。
提前支取	不可以提前支取	可以提前支取

2. 同业借款：同业借款业务是指现行法律法规赋予此项业务范围的金融机构开展的同业资金借出和借入业务。同业借款相关款项在拆出和拆入资金会计科目核算。同业拆借业务特指经中国人民银行批准，进入全国银行间同业拆借市场的金融机构之间通过全国统一的同业拆借网络进行的无担保资金融通行为。简言之，同业拆借业务属于场内业务，而同业借款业务属于场外业务。

（五）同业投资业务

同业投资是指金融机构购买（或委托其他金融机构购买）同业金融资产或特定目的载体的投资行为，其中同业金融资产包括但不限于金融债、次级债等在银行间市场或证券交易所市场交易的同业金融资产，特定目的载体包括但不限于商业银行理财产品、信托投资计划、证券投资基金、证券公司资产管理计划、基金管理公司及子公司资产管理计划、保险业资产管理机构资产管理产品等。

根据上述同业投资的定义，商业银行等金融机构投资信托公司发行的信托产品（单一信托或集合信托计划）属于同业投资业务。因为信贷额度或者信贷政策等原因，商业银行不能直接向其授信客户发放贷款，商业银行可以将其自营资金或者理财资金委托信托公司设立单一资金信托，由信托公司以信托资金向授信客户发放信托贷款。

四、不良资产处置业务

（一）组合投资业务模式

1. 交易结构

商业银行将其持有的标的不良资产按照协议价格转让给金融资产管理公司，商业银行委托信托公司设立单一资金信托，信托公司再以信托资金受让金融资产管理公司持有的不良资产。

标的不良资产分为两类：①有可以变现的担保财产，能够产生现金流的信贷资产；及②没有有效担保财产，不能产生现金流的信贷资产。交易结构图如下：

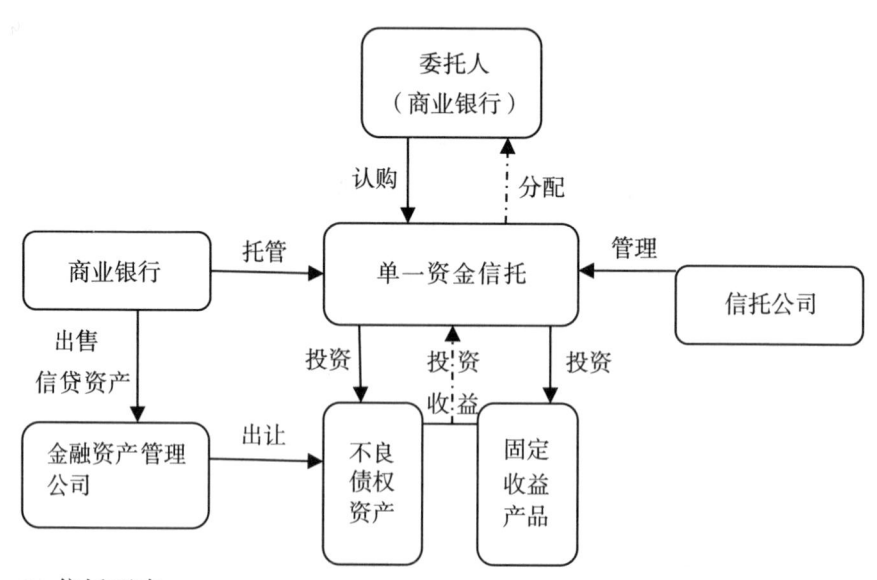

2. 信托要素

（1）投资范围：信托资金的投资范围包括：①金融资产管理公司所持有的标的信贷资产（不良资产）；②银行间市场及交易所市场债券及其他债务融资工具

等固定收益类金融产品；③现金管理类产品。投资于固定收益类金融产品的信托资金比例原则上高于信贷资产，具体投资比例按照委托人的投资指令确定。

（2）投资期限：信托项下每期项目的期限为固定投资期+处置变现期。

（3）分配与退出：信托公司以信托投资收益为限向委托人进行分配，信托公司可以信托资产现状向委托人进行分配。

（4）管理费及收益分成：信托公司按照与委托人的约定收取固定比例的信托报酬；信托公司协助委托人处置变现信托财产，信托公司可以按照约定提取相应比例的业绩报酬。

【评析】商业银行以100亿元资金委托信托公司设立单一资金信托，其中95亿元用于投资债券资产，5亿元用于投资不良资产，假设债券投资收益能够超过5亿元，则债券投资收益就能够完全覆盖不良资产全部不能回收的损失。商业银行通过该种业务模式，虽然在账面上信托投资收益较低，但却实现了剥离不良资产以降低不良资产率的目的。

（二）收益互换模式

1. 交易结构

收益互换是指交易双方通过达成在将来互相交换现金流的协议，以此锁定风险收益或者进行风险收益的再分配。不良资产的收益互换业务，可以使出资银行的理财资金获得固定的投资收益（互换对价款扣除信托报酬等相关信托费用）；需要不良资产出表的银行在保留不良资产的风险与收益的同时，实现了不良资产出表目的。

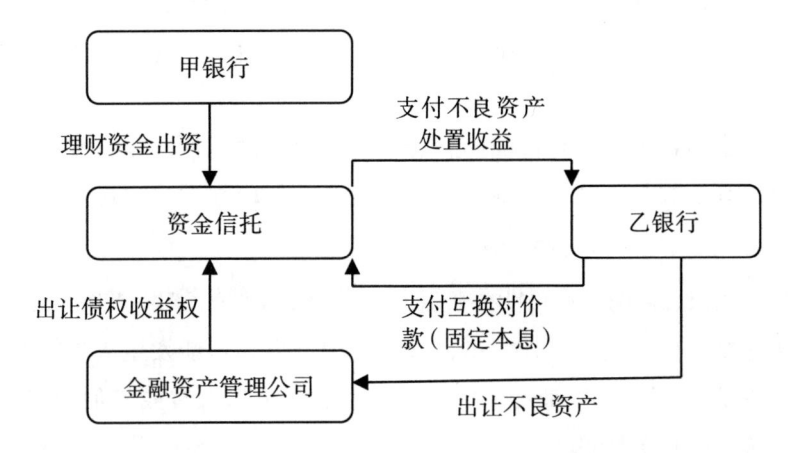

2. 收益互换模式的基本交易流程为：

（1）甲银行以理财资金委托信托公司设立单一资金信托，乙银行将不良资产出售给金融资产管理公司，信托公司再以信托资金受让金融资产管理公司持有的该不良资产之收益权。

（2）乙银行与信托公司签署收益互换协议，信托公司将从金融资产管理公司收取的不良资产处置收益支付给乙银行，乙银行向信托公司支付固定价款作为收益互换的对价。

（三）不良资产受让风险

转让方转让给受让方的拟转让债权，存在或可能存在下列瑕疵或风险，且因如果转让方并非拟转让债权的原始权利人，转让方无法对其承继的、由任何第三方制作的拟转让债权证明文件的真实性、有效性、准确性和完整性提供保证，致使受让方受让拟转让债权的预期利益可能无法实现。该等瑕疵或风险包括但不限于下列一项或多项：

①拟转让债权系不良资产，存在着部分或全部不能回收的风险特性以及清收的困难性。

②由于可能存在的计算误差或其他原因，受让方实际接收的拟转让债权金额与《拟转让债权明细表》载明的金额可能不完全一致；基于有关司法政策文件，受让方受让拟转让债权后向债务人或担保人所能主张并获得司法支持的收益可能与本协议附表中所列明的收益不完全一致。

③拟转让债权项下借款人、担保人或其他责任主体可能存在破产、被吊销、被撤销、注销、解散、关闭、歇业、停业、下落不明以及其他主体存续性瑕疵的情形。

④拟转让债权可能已超过诉讼时效、法定或约定时效或丧失其他相关的期间利益或因其他原因已部分或全部丧失。拟转让债权项下担保权利可能存在未生效、无效、消灭或已过诉讼时效等情形。

⑤拟转让债权证明文件可能存在缺失（不限于原件）、内容冲突等相关情形。

⑥担保物、抵债资产（协议抵债且未办理过户）可能发生灭失、毁损或可能存在欠缴税费、不能办理权属变更手续、不能实际占有或其他减损担保物、抵债资产价值的相关情形。

⑦拟转让债权事实上可能已经全部或部分灭失。

⑧受让方受让拟转让债权后,对该拟转让债权在交割日后的收益请求权,受让方可能无法继续享有。

⑨受让方受让拟转让债权后,可能无法享有转让方所享有的国家法律政策规定的各项优惠条件和特殊保护,包括但不限于税收和诉讼方面的优惠和特殊保护。

⑩涉诉拟转让债权可能存在全部或部分败诉、不能变更诉讼(含执行)主体、相关诉讼、执行费用未付等情形,涉诉拟转让债权可能在交割前已诉讼终结、执行终结或破产终结。

【评析】不良资产处置方式

(一)债务追偿

1. 直接催收:采用直接催收方式处置不良金融资产,需要及时向债务人(担保人)发送催收通知,并且监控债务人(担保人)的还款能力变化情况,但在直接催收方式不能顺利实施时,应当实际调整处置方式。

2. 诉讼(仲裁)追偿:采用诉讼(仲裁)追偿方式处置不良金融资产,应根据债务人(担保人)的财产情况,合理确定诉讼时机、方式和标的,按照生效法律文书要求债务人(担保人)履行偿债义务或者申请强制执行。

3. 委托第三方追偿:采取委托第三方追偿债务方式处置不良金融资产,包括一般代理和风险代理两种。采用风险代理方式的,应当严格委托标准,择优选择代理方,明确授权范围、代理期限,合理确定委托费用支付标准和方式等。

4. 破产清偿:采取破产清算方式处置不良金融资产,应当及时申报债权,参加债权人会议,密切关注破产清算的进程。

(二)出售

银行业金融机构和金融资产管理公司可以通过拍卖、竞标、竞价转让和协议转让等方式转让不良金融资产,但是金融资产管理公司转让不良资产时,原则上应采取竞标、竞价方式。通过拍卖、竞标、竞价和协议等方式转让不良金融资产时,原则上要求一次性付款;确实需要分期付款的,应当确认付款期限及次数等条件,并应在落实有效履约保障措施后,才可以向受让人移交部分或全部标的产权。

（三）债务重组

1. 以物抵债：采取以物抵债方式处置不良金融资产，应当关注如下风险要素：抵债资产的产权是否清晰、评估价值是否公允、资产的维护费用、资产价值的未来变动趋势及变现能力等。

2. 修改债务条款：采取修改债务条款方式处置不良金融资产，需要根据债务人（担保人）的实际偿债能力，合理谨慎地确定新债务条款；债权人与债务人（担保人）重新签订还款计划，落实相应的担保条款和保障措施。

3. 资产置换：采取财务资产置换方式处置不良金融资产，拟置换入的资产应当权属清晰、价值公允。

4. 以债务人分立、合并和破产重整为基础的债务重组。

（四）债权转股权

银行业金融机构和金融资产管理公司可以通过债权转股权或以实物资产出资入股方式处置不良金融资产，但是应当综合考虑如下因素：转股债权或实物资产的价值、目标企业的经营管理水平和未来发展前景、目标企业股权未来的价值等。

金融资产管理公司实施债权转股权应在国家批准的范围内，按照有关法律法规和文件的规定执行。金融资产管理公司对债转股企业改制实行限期管理，对债转股方案批准后超过规定期限仍未注册新公司的应恢复计息；对不具备实施债转股条件的要及时恢复行使债权。

第十章　另类信托业务风险管理与案例分析

第一节　公益信托

一、公益信托概述

(一) 公益信托定义

根据《信托法》第六十条规定："为了下列公共利益目的之一而设立的信托，属于公益信托：（一）救济贫困；（二）救助灾民；（三）扶助残疾人；（四）发展教育、科学、文化、艺术、体育事业；（五）发展医疗卫生事业；（六）发展环境保护事业，维护生态环境；（七）发展其他社会公益事业。"根据中国信托业协会编著的《信托公司经营实务》第三章第三节，公益信托，也被称为慈善信托，是指出于公共利益的目的，为使全体社会公众或者一定范围内的社会公众受益而设立的信托。

根据《信托法》的界定，凡是以公共利益为目的而设立的信托即为公益信托，公益信托的信托目的是发展社会公益事业。从词义上来说，公益事业包括慈善事业，但是公益事业不等于慈善事业，公益事业的范围比慈善事业的范围广；比如教科文卫体事业为公益事业，而不是慈善事业。由此可知，《信托公司经营实务》中关于"公益信托，也被称为慈善信托"的表述是不准确的。再者，特定的公益信托仅能以一定范围的社会公众的公共利益为目的，而不可能做到为了全体社会公众的公共利益为目的。

(二) 公益信托的特点

1. 信托目的公益性

设立信托，必须有合法的信托目的；信托目的违反法律、行政法规或者损害社会公共利益的，信托无效。公益信托的信托目的应具有公益性，即信托的目的是为了发展公益事业；这里需要讨论如下几个问题：

(1) 信托目的必须是完全公益性，还是可以包括其他非公益目的？

【示例】委托人以其名下财产设立信托，其中部分信托财产用于其子女教育，部分财产用于支持发展贫困地区的教育事业。根据《信托法》第六十三条规定，公益信托的信托财产及其收益不得用于非公益目的，因此公益信托的信托目的必须具有完全公益性。

(2) 信托目的的公益性应从实质性角度去认定，并不能从形式性角度去认定。

【示例】某企业家出资20万元设立信托，信托目的是资助小鹿和小玮完成大学学业；从形式上看，教育事业显然属于公益事业，但是信托的目的仅使小鹿和小玮二人获益，并不能产生公益性效果，因此该信托为私益信托，而非公益信托。如果该企业家出资100万元设立信托，信托目的是资助江城县符合信托约定条件的贫困学子完成大学学业，则该信托属于公益信托。

2. 受益人的不特定性

根据《信托法》第十一条规定，受益人或者受益人范围不能确定的信托，属于无效信托；因此信托成立的有效条件之一即是受益人能够确定，或者受益人的范围能够确认。公益信托的受益人应当符合确定性原则，笔者认为公益信托受益人确定性原则指的是受益人范围应当能够确定，而不能是受益人确定。

【示例】委托人设立信托用于资助对国家具有重大贡献的科研人员从事航空发动机的研发，该信托的信托目的是资助航空发动机的研发，信托受益人为对国家具有重大贡献的科研人员。由于"对国家具有重大贡献"的科研人员的范围无法确定，因此该信托因不符合受益人确定性原则而无效。如果该信托是用于资助从事航空发动机研发的科研人员，则因为"从事航空发动机研发"的科研人员的范围能够确定，因此该信托符合公益信托的受托人确定性和不特定性原则。

二、公益信托设立与审批

(一) 设立要件

根据《信托法》第二章关于信托设立的相关规定,公益信托的设立应具有如下基本条件:

1. 公益信托的设立,应当具备合法的信托目的,且该信托目的应当具备公益性;

2. 公益信托的设立,必须有确定的信托财产,并且该信托财产必须是委托人合法所有的财产。公益信托的信托财产及其收益,不得用于非公益目的;

3. 公益信托的设立,应当采取书面形式。书面形式可以是信托合同,也可以是遗嘱或者法律、行政法规规定的其他书面文件;

4. 公益信托的设立,受益人范围应当能够确定。

(二) 公益信托的审批

1. 审批机关:公益信托的审批机关是有关公益事业的管理机构。不同的公益事业有不同的管理机构,比如以救济贫困、救助灾民和扶助残疾人为目的的公益事业的管理机构是民政主管部门,以发展教育事业为目的的公益事业的管理机构是教育主管部门,等等。

在实务操作中,关于审批机关的确定存在如下困境:①比如某公益信托的目的是发展教育事业,同时也救济贫困,此时审批机构就无法确定(是教育主管部门,还是民政主管部门);②公益信托没有具体的审批规则和审批程序,公益事业管理机构在审批时无章可循;在实务操作中,设立公益信托时,往往出现审批无门的情况。

2. 审批事项:公益信托的审批包括设立审批和受托人审批两个方面,未经审批的,不得以公益信托的名义从事活动:

(1) 公益信托的设立审批主要审查该公益信托是否符合信托设立的一般要件及公益信托的特别要件;公益信托成立后,发生设立信托时不能预见的情形,公益事业管理机构可以根据信托目的变更信托文件中的有关条款。

(2) 公益信托受托人的确定应当经公益事业管理机构的批准;公益信托的受托人未经公益事业管理机构的批准,不得辞任;如果公益信托受托人违反信托义务或者无能力履行其职责的,由公益事业管理机构变更受托人。

3. 反向监督:为了确保公益目的的实现,《信托法》赋予公益事业管理机构监督管理权,同时也设置了对公益事业管理机构的反向监督条款。如果公益事业管理机构违反《信托法》相关规定的,委托人、受托人或者受益人有权向人民法院提起诉讼。

(三)公益信托监察人

1. 监察人指定

公益信托的受益人是不特定的社会公众,因此公益信托受益人无法像私益信托受益人那样行使受益人应有的权利;为了充分保护公益信托受益人的权益,公益信托设置信托监察人制度。信托监察人由信托文件规定;信托文件未规定的,由公益事业管理机构指定。

2. 监察人职权

(1)法定职权:监察人法定职权是指《信托法》直接规定监察人享有的职权,主要有如下三项:①《信托法》第六十五条:信托监察人有权以自己的名义,为维护受益人的利益,提起诉讼或者实施其他法律行为。②《信托法》第六十七条第二款:受托人应当至少每年一次作出信托事务处理情况及财产状况报告,经信托监察人认可后,报公益事业管理机构核准,并由受托人予以公告。③《信托法》第七十一条:公益信托终止的,受托人作出的处理信托事务的清算报告,应当经信托监察人认可后,报公益事业管理机构核准,并由受托人予以公告。

(2)推定职权:监察人推定职权是指监察人推定享有的应当由受益人行使的监督权,即《信托法》第二十条(信托事务知情权)、第二十一条(信托财产管理方法调整权)、第二十二条(撤销权及损害赔偿请求权)及第二十三条(解任权)规定的受益人可以行使的监督权。如果监察人行使上述监督权,与委托人意见不一致时,可以申请人民法院裁定。

三、公益信托的终止

(一)终止事由

根据公益信托的特殊性质,公益信托的终止事由包括如下四类:

1. 信托文件规定的终止事由发生。

【示例】根据信托文件规定，本公益信托的期限为50年，则信托期限届满50年时，信托终止。

2. 信托存续违反信托目的。

【示例】公益信托用于资助足球事业的发展，但是俱乐部爆发贪腐丑闻，严重违反信托目的，因此信托便告终止。

3. 信托目的已经实现或者不能实现。

【示例】公益信托用于研发永动机，经研究证实永动机在理论上是不可行的，因此信托目的无法实现，信托便告终止。

4. 信托被撤销。如果公益信托的设立损害了委托人的债权人利益，则该债权人可以申请法院撤销该信托，公益信托被撤销的，该信托便予以终止。

根据《信托法》的规定，信托终止事由除上述四项外，还包括信托当事人协商同意和信托被解除两项。由于公益信托受益权人具有不特定性，因此无法做到信托当事人协商同意后终止信托；同时亦因为公益信托受益权人具有不特定性，所以不可能出现因受益权人对委托人有重大侵权行为或者经受益人同意而解除的情形。①

公益信托终止的，受托人应当于终止事由发生之日起15日内，将终止事由和终止日期报告公益事业管理机构。

(二) 清算分配

1. 清算报告

信托终止的，受托人应当作出处理信托事务的清算报告。受益人或者信托财产的权利归属人对清算报告无异议的，受托人就清算报告所列事项解除责任。但受托人有不正当行为的除外。通常情况下，公益信托的受益人或信托财产的权利归属人具有不特定性，因此受托人无法取得受益人或信托财产的权利归属人对清算报告的确认。公益信托的清算报告应当经信托监察人认可后，报公益事业管理机构核准，并由受托人予以公告。

---

① 根据《信托法》第51条规定，受益人对委托人或其他共同受益人有重大侵权行为或者经受益人同意的，委托人可以解除信托；另外信托文件规定的其他情形，委托人可以解除信托。该项信托解除事由可以归类于信托文件规定的终止事由发生而导致信托终止事项。

2. "近似原则"

信托终止的，信托财产归属于信托文件规定的人；信托文件未规定的，按照下列顺序确定归属：（1）受益人或者其继承人；（2）委托人或者其继承人。公益信托终止的，如果没有信托财产权利归属人或者信托财产权利归属人是不特定的社会公众的，受托人经公益事业管理机构批准，根据"近似原则"确定信托财产的最终归属，即将信托财产用于与原公益目的相近似的目的，或者将信托财产转移给具有近似目的的公益组织或者其他公益信托。

第二节　家族信托

一、家族财富传承概述

（一）国内私人财富概况

根据招商银行和贝恩公司联合发布的《2013中国私人财富报告》，2012年中国个人持有的可投资资产总规模达到80万亿元人民币，年均复合增长率为14%。2012年，可投资资产1000万元人民币以上的中国高净值人士数量超过70万人，人均持有可投资资产约3100万人民币，共持有可投资资产22万亿人民币。

高净值人群首要财富目标已开始从"财富创造"向"财富保障"和"财富传承"转变，遗产税政策调整、财富保障、子女成年及家族企业逐步进入移交阶段等因素促使高净值人群开始关注财富的传承问题。

（二）家族财富传承问题

中国家族财富的传承存在"富不过三代"的魔咒，家族财富的传承通常会面临如下问题：

1. 家族内部的利益争斗和代际冲突。将家族财富设立家族信托，指定家族成员为信托受益人，并约定信托利益的分配方式，以避免遗产分配所带来的家族纠纷。

2. 家族继承人没有兴趣或者没有能力继承家族企业。民营企业家所面临的重大问题即是子女是否有兴趣或者有能力继承家族产业，家族信托使家族成员在不参与家族产业经营管理的同时，保持对家族产业的控制权，家族产业的经营管理由职业经理人负责。

3. 多子女家族继承家族财富容易导致家族资本被摊薄,从而不利于家族企业的发展。如果家族企业股权平均分配给各个子女,会导致家族企业股权被分散;如果通过家族信托集中持有家族企业的股权,一方面可以保持对家族企业的集中控制,另一方面也可以保持家族企业的长久发展。

4. 家族企业成长和控制权转移与外部人力资本和金融资本的矛盾,找不到合适的方式方法和制度安排。家族企业的成长需要外部的人力资本和金融资本的支持,家族信托可以实现家族企业在引进外部人力资本和金融资本的同时,保持家族成员对家族企业的控制权。

二、家族信托优势

家族信托是对家族财富进行长期规划和风险隔离的重要金融工具,越来越受到高净值人群的关注,超高净值人群对家族信托的需求更加旺盛。

(一)财富传承灵活

高净值客户可以将其名下全部或部分财产设立信托,受托人根据委托人实际需求设置灵活的信托条款(包括但不限于信托期限、信托利益分配条件及方式、信托财产的处置方式等):

【示例一】比如委托人可以指定其子女作为受益权人,并设定子女领取信托利益的条件,在保障子女的生活水平和教育水平的前提下,又可以防止"败家子"对家族财富的挥霍。

【示例二】比如委托人为了防止其离婚或者去世后配偶再婚而使得家族财产为家族外成员受益,可以将家族财产设立信托,以保证家族财产的受益人只能为其子女或其他家族成员。

(二)财产风险隔离

信托财产具有风险隔离的制度优势,信托财产与委托人未设立信托的其他财产、受托人的固有财产以及受托人管理的其他信托财产相隔离;除法律规定情形外[1],信托财产不得被强制执行。

---

[1] 《信托法》第十七条第一款:除因下列情形之一外,对信托财产不得强制执行:(一)设立信托前债权人已对该信托财产享有优先受偿的权利,并依法行使该权利的;(二)受托人处理信托事务所产生的债务,债权人要求清偿该债务的;(三)信托财产本身应担负的税款;(四)法律规定的其他情形。

【示例】委托人将其部分财产设立信托，如果委托人的企业经营失败时，委托人的个人财产通常因为保证担保以及其他各种原因而被债权人追偿，委托人已经设立信托的财产可以不被债权人追偿或法院强制执行。由此可知，委托人可以通过家族信托，降低企业的经营风险对家族财富所产生的重大不利影响。

（三）信托合理避税

在征收遗产税的国家，如果委托人的遗产直接由继承人继承，则需要缴纳巨额的遗产税；如果委托人将其名下财产设立信托，并指定其继承人为受益权人，这样就规避了因直接继承遗产而需缴纳的遗产税。我国目前尚未出台遗产税，因此信托的合理避税功能未能得以体现，这也是目前家族信托发展的一大制度障碍。

在避税功能上，除设立家族信托外，高净值客户还可以选择购买人寿保险。比如，《遗产税（草案）》明确规定，被继承人投保人寿保险所取得的保险金不计入应征遗产税总额。保险金信托即是将保险和信托相结合的金融产品，投保人与保险公司和信托公司分别签订《保险合同》和《信托合同》，投保人指定保险公司在保险理赔条件成就时，将保险金交付信托公司设立信托，而不是直接支付给保险受益人，保险受益人此时被指定为信托受益人。

（四）家族企业传承

家族信托可以通过持有家族企业的股权以实现家族企业的平稳传承：第一，可以保证家族成员对家族企业的控制权；第二，可以避免子女没有能力或没有兴趣直接接手家族企业而影响家族企业的长久兴盛；第三，可以引入外部人力资本，由职业经理人对家族企业进行专业化的经营管理。

具体而言：企业家可以以其所持有的家族企业全部或部分股份设立家族信托，由家族信托基金作为家族企业的控股股东；家族成员可以作为家族信托基金的受益权人享受家族信托基金的信托受益权，家族信托基金受益权既包括对家族企业的分红收益分配权，也包括通过家族信托基金持有的家族企业股份表决权出任家族企业的董事会及管理层的重要职位。

三、我国家族信托发展的问题

(一) 信托登记制度

根据《信托法》第十条的规定:"设立信托,对于信托财产,有关法律、行政法规规定应当办理登记手续的,应当依法办理信托登记。未依照前款规定办理信托登记的,应当补办登记手续;不补办的,该信托不产生效力。"关于信托登记,目前存在如下两个层次的问题有待于进一步的理论探讨和制度构建:(1) 推动建立统一的信托登记平台;(2) 信托登记制度的内容是"信托财产登记",或者是"信托登记"。从《信托法》的上述规定可知,我国信托登记制度属于特定信托财产的强制登记制度;信托登记的对象是特定的信托财产,比如土地使用权、房屋所有权、股权、船舶航空器等,资金信托则无须进行登记[①]。

家族信托的信托财产不仅仅是货币资金,更重要的还在于企业股权、房产等财产或财产权。如果委托人将企业股权、房产等财产或财产权委托受托人设立信托,需要办理信托财产权属变更手续,目前只能到工商登记部门或房屋管理部将企业股权、房产过户至受托人名下,这样就达不到信托公示的作用,不能将信托财产与受托人的固有财产以及受托人管理的其他信托财产进行有效的风险隔离。如果委托人不将企业股权、房产等财产或财产权过户转移,亦达不到信托公示的作用,同样不能将信托财产与委托人的其他财产进行风险隔离。

(二) 信托税收制度

我国目前没有关于信托的专门税收政策,在信托层面存在重复征税的问题,各地税务机关对于信托税收问题执行的标准也不尽相同。比如,委托人将不动产委托受托人设立不动产信托,将不动产转移给受托人时存在诸如营业税及附加、所得税、土地增值税等不动产流转相关税费;信托终止时,受托人将不动产分配给信托受益权人,在将不动产转移给受益权人时,同样存在不动产流转相关税费。

[①] 集合资金信托计划需要开立信托专用账户,并且必须聘请商业银行作为保管银行对信托资金进行保管,信托资金必须通过信托专用账户进行归集;家族信托主要为单一信托,监管法规并未明确单一资金信托的强制托管规则,但是委托人/受托人可以在实际业务中设立信托专用账户,并且聘请商业银行作为单一资金信托的保管银行。

国外家族信托的主要功能之一在于能够规避税负，其中最重要的即规避遗产税。国家财政部于2004年起草了《遗产税暂行条例（草案）》，并于2010年进行修订，但是至今仍未正式出台。由于我国目前并不课征遗产税，也没有关于信托的专门税收优惠政策，因此家族信托的避税功能并不显著。相反，因为我国对于因继承而进行的不动产权属变更不产生营业税及附加、所得税、土地增值税等不动产流转相关税费。通过继承方式传承家族财富在税务负担方面反而比家族信托的要轻。

随着中国私人财富的快速增长，越来越多的高净值人群希望移民海外。对于有海外移民计划的高净值客户，如果移民目的地征收遗产税，当其成为移民地居民后，亦需要承担移民地包括遗产税在内的税负，此时该类高净值客户就是利用家族信托的避税功能规避高额的遗产税。

（三）信托理念与信托机构

随着私人财富不断快速增长，家族财富的传承问题内在地推动了对家族信托的客观需求，但是信托的理念还有待于继续培育。信托公司是我国唯一合法经营信托业务的信托机构，但是从整体实力、外部声誉等方面，信托公司和商业银行还存在很大的差距。

高净值客户的家族信托的需求通常会通过商业银行去寻求解决方案，但是目前商业银行经营信托业务之禁止，使得商业银行自身不能直接向客户提供家族信托服务。商业银行及其私人银行客户、信托公司共同设立家族信托，其中私人银行客户为委托人、信托公司为受托人、商业银行担任保管行和投资顾问。

第三节　土地流转信托

一、土地承包经营权流转概述

（一）农村土地产权基本制度

1. 土地所有权

我国存在两种土地所有权形式，即国家所有和农民集体所有。属于农民集体所有的土地，由村集体经济组织或者村民委员会代表集体行使所有权；分别属于村内两个以上农民集体所有的土地，由村内各该集体经济组织或者村民小组代表集体行使所有权；属于乡镇农民集体所有的土地，由乡镇集体经济组织代表集体行使所有权。

2. 土地承包经营权

土地按照用途分类，可以划分为农业用地、建设用地和未利用地。农民集体所有的土地主要为农业用地，也包括少量的建设用地和未利用地，其中农村建设用地主要包括乡镇企业、乡村公共设施和公益事业用地及宅基地等。土地所有权可以划分为土地的占有、使用、收益、处分四项权能，农民集体所有的农业用地的使用权表现形式主要为土地承包经营权。

根据我国《宪法》《民法通则》《物权法》《土地管理法》《农村土地承包法》等法律规定，农村集体经济组织实施家庭承包经营为基础、统分结合的双层经营体制。农民集体所有和国家所有由农民集体使用的耕地、林地、草地以及其他用于农业的土地，依法实施土地承包经营制度。耕地的承包期为30年，草地的承包期为30~50年，林地的承包期为30~70年。农村土地承包采取农村集体经济组织内部的家庭承包方式，不宜采取家庭承包方式的荒山、荒沟、荒丘、荒滩等农村土地，可以采用招标、拍卖、公开协商等方式承包。

3. 三权分置改革

根据《中共中央办公厅、国务院办公厅关于完善农村土地所有权、承包权、经营权分置办法的意见》，将农村土地承包经营权分为承包权和经营权，实行农村土地所有权、承包权、经营权分置并行，所有权归集体、农民保留土地承包权、流转土地经营权。

农村土地三权分置改革，需要始终坚持农村土地集体所有权的根本地位，严格保护农户承包权，加快放活土地经营权；可以积极试点土地承包权有偿退出、土地经营权抵押贷款、土地经营权入股农业产业化经营等。

(二) 土地承包经营权流转方式

1. 转让：承包方有稳定的非农职业或者有稳定的收入来源，经承包方申请和发包方同意，将部分或全部土地承包经营权让渡给其他从事农业生产经营的农户，由其履行相应土地承包合同的权利和义务。转让后原土地承包关系自行终止，原承包方承包期内的土地承包经营权部分或全部灭失。

2. 转包：承包方将部分或全部土地承包经营权以一定期限转给同一集体经济组织的其他农户的权利和义务。接包方按转包时约定的条件对转包方负责。承包方将土地交他人代耕不足一年的除外。

3. 互换：承包方之间为方便耕作或者各自需要，对属于同一集体经济组织的承包地块进行交换，同时交换相应的土地承包经营权。

4. 入股：实行家庭承包方式的承包方之间为发展农业经济，将土地承包经营权作为股权，自愿联合从事农业合作生产经营；其他承包方式的承包方将土地承包经营权量化为股权，入股组成股份公司或者合作社等，从事农业生产经营。

5. 出租：承包方将部分或全部土地承包经营权以一定期限租赁给他人从事农业生产经营。出租后原土地承包关系不变，原承包方继续履行原土地承包合同规定的权利和义务。承租方按出租时约定的条件对承包方负责。

二、土地承包经营权流转信托业务模式

（一）模式一：土地承包经营权信托＋信托受益权质押贷款

农户/农业专业合作社将土地承包经营权委托信托公司设立财产权信托（土地承包经营权信托），农户/农业专业合作社再将其持有的信托受益权质押给商业银行，从商业银行融入贷款资金。

信托公司将土地承包经营权委托给农户/农业专业合作社用于农业生产，农户/农业专业合作社、信托公司与农业供销公司签署《农产品购销协议》；根据《农产品购销协议》，农户/农业专业合作社将农作物出售给农业供销公司，农业供销公司将销售价款（信托财产收益）支付给信托公司，信托公司首先将销售价款代农户/农业专业合作社用于向商业银行归还贷款本息，再将剩余价款（剩余信托收益）支付给农户/农业专业合作社。基本交易结构如下图所示：

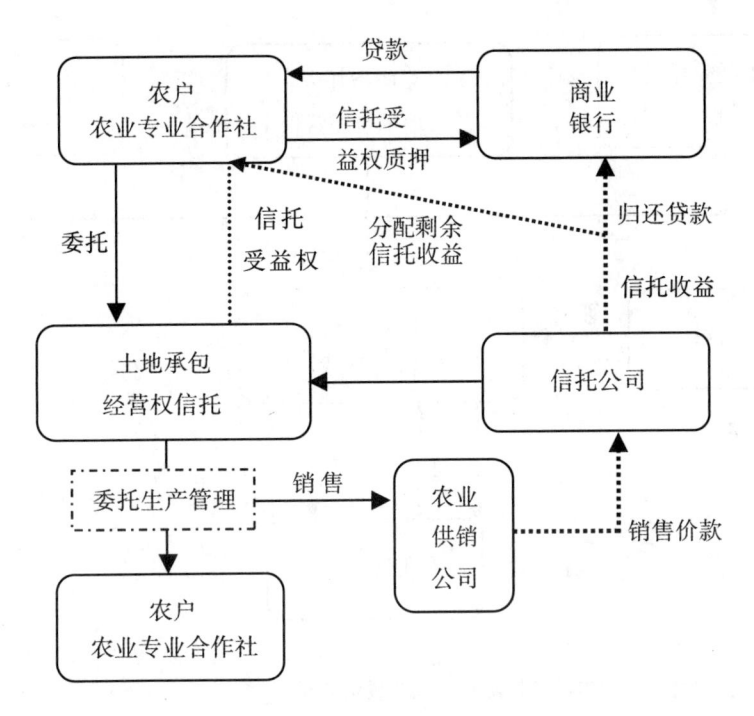

第十章　另类信托业务风险管理与案例分析 | **517**

（二）模式二：土地承包经营权信托＋信托融资

信托公司设立结构化土地流转集合信托计划，集合信托计划分为 A 类信托单位和 B 类信托单位，其中 A 类信托单位由农户/农业专业合作社以土地承包经营权认购，B 类信托单位由合格投资者以货币资金认购。信托公司将土地承包经营权出租给农业投资公司进行农业项目的生产建设，信托资金则被用于向承租人的农产项目的生产建设提供融资。

如果信托计划出现兑付 A 类和 B 类信托受益权人预期信托收益及 B 类受益权人信托单位本金的流动性风险时，信托公司定向发行 C 类信托单位募集信托资金用以支付 A 类和 B 类信托受益权人预期信托收益及 B 类信托受益权人信托单位本金；C 类信托单位由农业投资公司的母公司或其指定的第三方认购，且认购 C 类信托单位是农业投资公司的母公司或其指定的第三方的义务而非权利。基本交易结构如下图所示：

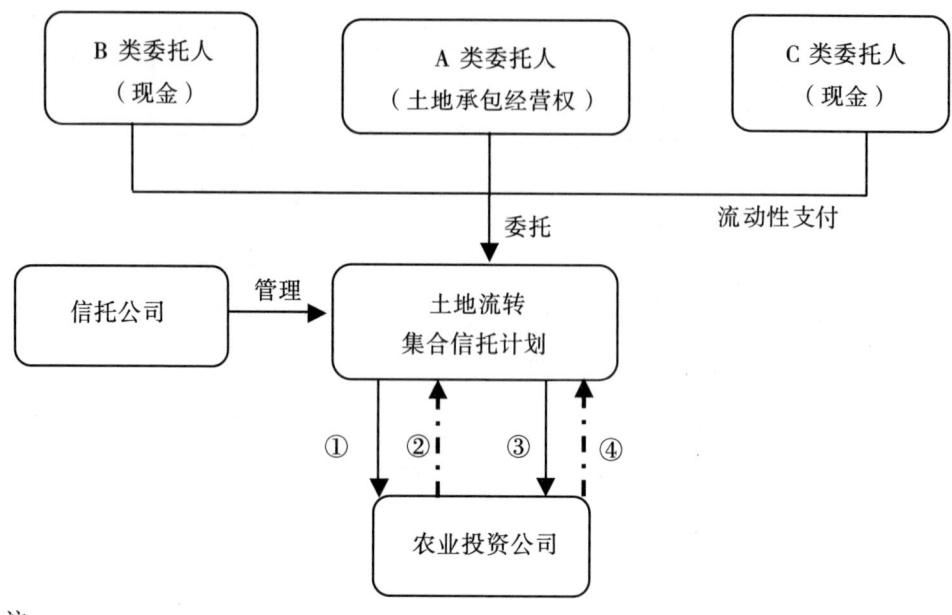

注：

①信托公司将土地承包经营权出租给农业投资公司。

②农业投资公司支付租金。

③信托公司以信托资金用以向农业投资公司提供融资资金。

④农业投资公司向信托公司支付融资本息。

（三）模式三：土地承包经营权流转信托

农户各自将土地承包经营权入股设立土地股份合作社，股份合作社向农户颁发合作社股份证书，股份合作社将土地承包经营权通过流转等方式产生的收益向农户分派股份收益。股份合作社将土地承包经营权委托信托公司设立土地流转信托，信托公司将土地承包经营权出租给农业专业合作社或农业投资公司，信托公司将农业专业合作社或农业投资公司支付的租金收入用以向土地股份合作社分配信托收益。

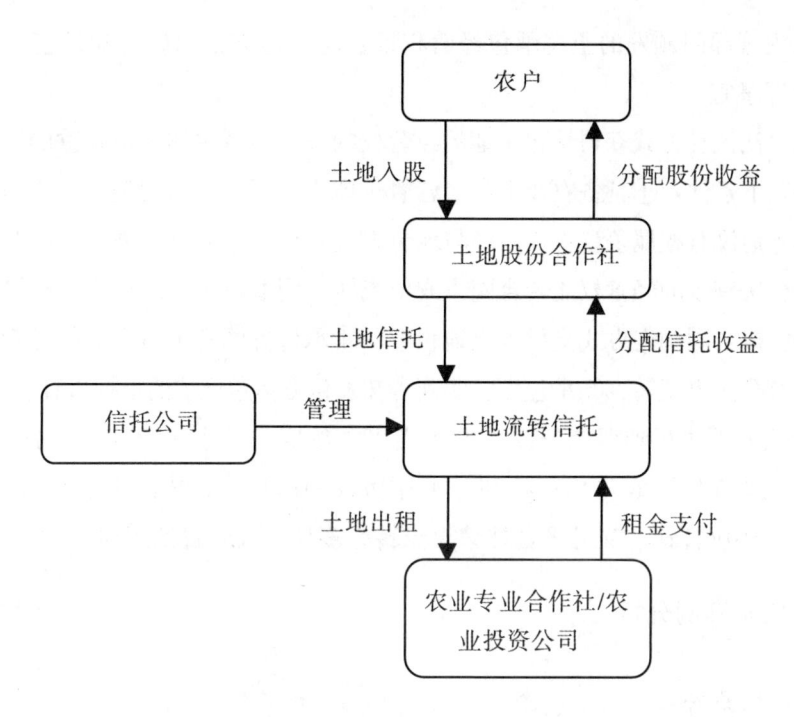

```
                        农户
                  ↓           ↑
            土地入股        分配股份收益
                  ↓           ↑
                  土地股份合作社
                  ↓           ↑
            土地信托        分配信托收益
                  ↓           ↑
  信托公司 ──管理──→  土地流转信托
                  ↓           ↑
            土地出租        租金支付
                  ↓           ↑
              农业专业合作社/农
                业投资公司
```

三、农村承包土地经营权抵押贷款

根据《物权法》及《担保法》规定，耕地、宅基地、自留地、自留山等集体所有的土地使用权，不得作为抵押财产进行抵押，但是法律规定可以抵押的除外；对于以招标、拍卖、公开协商等方式取得的荒山等土地承包经营权，可以作为抵押财产进行抵押。

根据《国务院关于开展农村承包土地的经营权和农民住房财产权抵押贷款试点的指导意见》，为了进一步深化农村金融改革创新，加大对"三农"的金融支持力度，引导农村土地经营权有序流转，慎重稳妥推进农民住房财产权抵押、担保、转让试点，积极开展农村承包土地（耕地）的经营权和农民住房财产权的抵押贷款试点工作。中国人民银行、银监会、保监会、财政部、农业部联合印发《农村承包土地的经营权抵押贷款试点暂行办法》对农村承包土地的经营权抵押贷款进行规范：

通过家庭承包方式取得土地承包经营权的农户以其获得的土地经营权作为抵押申请贷款的，应当符合如下条件：①具有完全民事行为能力，无不良信用记录；②用于抵押的承包土地没有权属争议；③依法拥有县级以上人民政府或政府相关主管部门颁发的土地承包经营权证；④承包方已明确告知发包方承包土地的抵押事宜。

通过合法流转方式获得承包土地的经营权的农业经营主体申请贷款的，应当同时符合以下条件：①具备农业生产经营管理能力，无不良信用记录；②用于抵押的承包土地没有权属争议；③已经与承包方或者经承包方书面委托的组织或个人签订了合法有效的经营权流转合同，或依流转合同取得了土地经营权权属确认证明，并已按合同约定方式支付了土地租金；④承包方同意承包土地的经营权可用于抵押及合法再流转；⑤承包方已明确告知发包方承包土地的抵押事宜。

因借款人不履行到期债务或者发生当事人约定的情形需要实现抵押权时，允许金融机构在保证农户承包权和基本住房权利前提下，依法采取贷款重组、按序清偿、协议转让、交易平台挂牌再流转等多种方式处置抵押物。

四、实务案例分析

（一）交易要素

1. 产品要素

产品名称	江城市江城乡农村土地承包经营权流转财产权信托
信托总规模	2000亩农村土地承包经营权
信托期限	120个月
预期信托收益率（土地租金）	1000元/亩/年，委托人与承租人根据土地市场及物价水平情况，每3年重新协商上调土地租金，上调幅度不超过10%。
信托财产运用方式	委托人将2000亩农村土地承包经营权委托江城信托公司设立财产权信托，指定出租给江城现代农业发展有限公司，用于江城乡家庭农场建设项目。
委托人	江城市江城乡村委会
受托人	江城信托公司
承租人	江城现代农业发展有限公司
信托利益分配	承租人于信托成立之日起1个月内支付首期3年租金，自第四年开始每年第1个月内支付当年租金，受托人于收到租金之日起3个工作日内向信托受益权人支付信托利益（以信托年度计算）。
信用增级措施	江城农业产业集团有限公司为承租人按时履行支付租金义务提供连带责任保证担保。保证人为被保证人的母公司。

2. 交易结构

江城市江城乡村委会代表该村全体村民将该村 2000 亩农村土地承包经营权委托江城信托公司设立财产权信托，指定出租给江城现代农业发展有限公司，用于江城乡家庭农场建设项目。本财产权信托的期限为 120 个月，土地租金为 1000 元/亩/年（每 3 年可以协商上调租金，但上调幅度不超过 10%）。承租人于信托成立之日起 1 个月内支付首期 3 年租金，自第四年开始每年第 1 个月内支付当年租金，受托人于收到租金之日起 3 个工作日内向信托受益权人分配信托利益（以信托年度计算）。江城农业产业集团有限公司为承租人按时履行支付租金义务提供连带责任保证担保。保证人为被保证人的母公司。交易结构图如下：

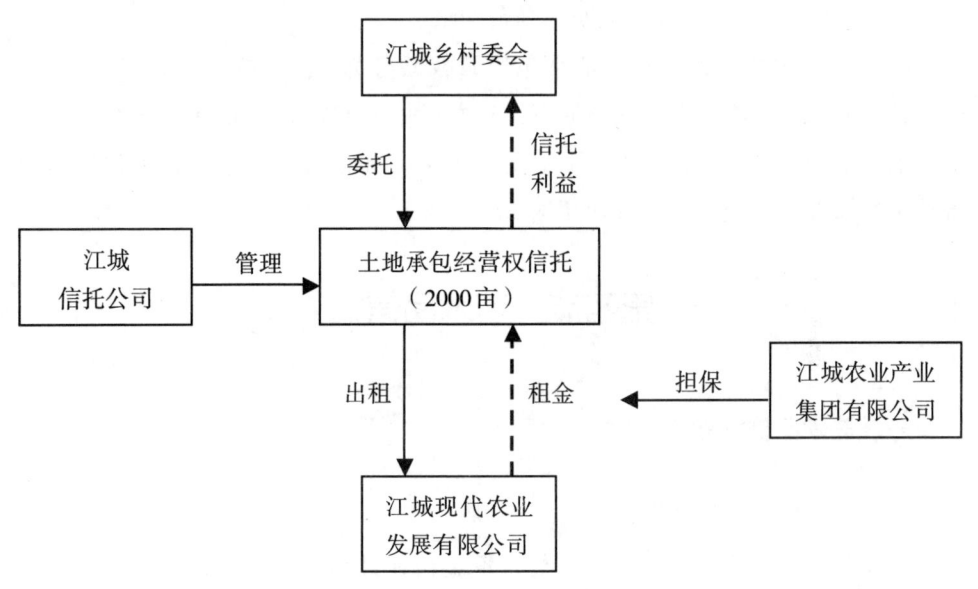

（二）土地承包经营权流转

1. 流转程序

（1）农户（承包方）向江城市江城乡村委会出具土地流转委托书，各家农户委托村委会统一负责土地承包经营权的流转，委托书应当载明委托的事项、权限和期限等，并有委托人的签名或盖章。

（2）江城市江城乡村委会与江城信托公司签署《信托合同》，将 2000 亩农村土地承包经营权委托江城信托公司设立江城市江城乡农村土地承包经营权流转财产权信托。江城市江城乡村委会向江城信托公司出示各家农户出具的土地流转委托书，并承诺土地承包经营权属的真实完整性。

（3）江城信托公司与江城现代农业发展有限公司签署《土地承包经营权租赁合同》，江城信托公司将2000亩土地承包经营权出租给江城现代农业发展有限公司。

《信托合同》和《土地承包经营权租赁合同》均应交由发包方（村委会）和乡镇人民政府农村土地承包管理部门各备案一份。

2. 流转期限和用途

（1）流转期限：根据各农户提供的土地承包经营权证，2000亩土地承包经营权承包起止日为1995~2025年，剩余承包期10年。本信托期限和租赁期限为10年，流转期限未超过承包期的剩余期限。

（2）流转用途：2000亩土地承包经营权共分为1、2、3、4、5、6六个地块，其中1、2、3地块主要种植酸枣，4号地块主要种植大棚草莓，5号地块主要种植黄梨和美国樱桃，6号地块主要种植黄梨和花卉。上述土地承包经营权流转用途均没有改变土地的农业用途。

第四节　艺术品信托

一、艺术品信托业务模式

（一）艺术品组合投资信托

信托公司设立艺术品组合投资集合资金信托计划，募集信托资金用于进行艺术品的组合投资；投资范围可以限定特定种类的艺术品，同时设置相应的投资比例（比如艺术品信托投资范围为书画作品，其中古典书画的投资比例不超过15%~25%，近代书画的投资比例不超过25%~35%，当代书画的投资比例不低于50%）。艺术品信托的投资周期为5年~10年，或者更长的时间；信托公司可以设置一定期限的封闭期，投资者在封闭期结束后约定的开放期可以申购或赎回信托受益权份额。信托公司收取一定比例的固定信托报酬，并按照投资业绩的一定比例提取浮动业务报酬。

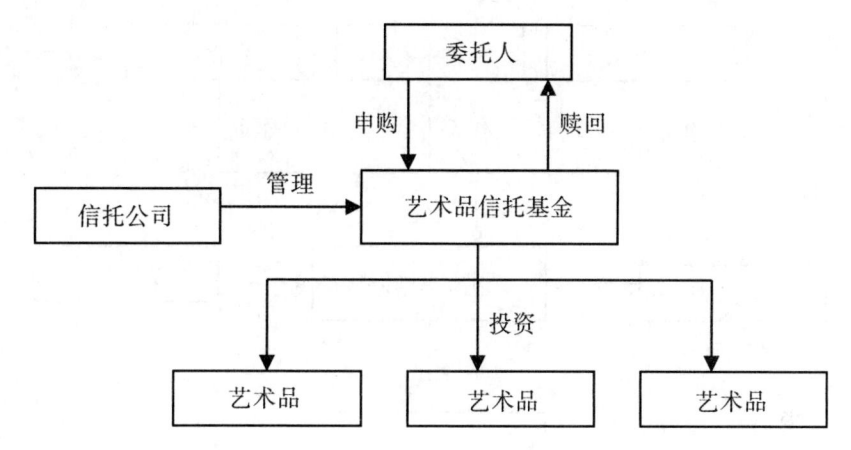

```
                    委托人
              申购 ↓   ↑ 赎回
    信托公司 ──管理──→ 艺术品信托基金
                        │
                       投资
              ┌─────────┼─────────┐
              ↓         ↓         ↓
            艺术品     艺术品     艺术品
```

（二）艺术家共同信托

信托公司可以针对特定的年轻艺术家或者知名艺术家，设立艺术家共同信托；艺术家共同信托的投资者是特定的艺术家，但是艺术家投资信托的并非资金，而是艺术家自己创作的作品；艺术家加入艺术家共同信托后，应当按照信托合同的约定，在特定期限内向艺术家共同信托提供一定数量的自己创作的作品。信托公司组建专家团队（投资顾问）对艺术家及其作品进行包装、宣传，以提高艺术作品的价值；信托公司根据艺术品市场的具体情况，适时向市场推出艺术品，以实现艺术品投资收益最大化的目标。

如果某位艺术家的某件作品被销售以后，该艺术家可以获得销售收入的60%（假设），剩下40%的销售收入作为艺术家共同信托的公积金被划入公积金账户，每位参与艺术家共同信托的艺术家都可以从公积金账户中均等的分享投资收益。艺术家共同信托主要有如下意义：（1）艺术家可以获得当期收入，也可以分享未来的收益；（2）艺术家可以通过投资组合以规避自己作品的市场风险；（3）艺术家共同信托可以整合艺术家资源，以实现艺术家资源的高效运作。

```
        艺术家        艺术家        艺术家
          |            |            |
         作品          作品         作品
          \            |            /
           交付              分配
              ↓          ↑
  信托公司 → 艺术家共同信托 ← 投资顾问
                  |
                 销售
                  ↓
              艺术品市场
```

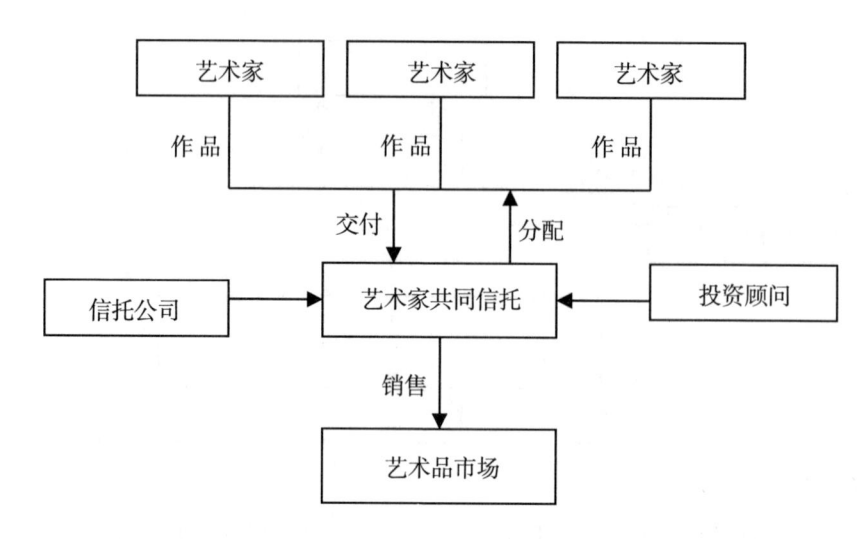

二、实务案例分析

（一）交易要素

1. 产品要素

产品名称	誉满紫砂 1 号艺术品投资集合资金信托计划
信托总规模	3600 万元，优先级：中间级：次级信托单位不高于 6:2:1。
信托期限	36 个月
预期信托收益率	优先级信托份额：预期（基本）信托收益率 10%/年，超额信托收益为超额投资收益的 20%。 中间级信托份额：预期（基本）信托收益率为 15%/年，不享有超额信托收益。 次级信托份额：超额信托收益为超额投资收益的 80%，不享有预期（基本）信托收益。
信托财产运用方式	信托资金用于投资当代新生代紫砂壶工艺师的紫砂壶作品。闲置资金可用于投资经受托人和投资管理人共同认可的金融产品。
委托人	优先级信托份额由受托人向合格投资者发售，中间级信托份额由工艺师认购，次级信托份额由投资管理人认购。
受托人	江城信托公司
投资管理人	江城市艺术品投资管理有限公司
信托利益分配	受托人于信托终止时向信托受益权人分配信托利益。

2. 交易结构

江城信托公司发起设立誉满紫砂1号艺术品投资集合资金信托计划，信托份额采取结构化分层设计，其中优先级信托份额由受托人向合格投资者发售，中间级信托份额由工艺师认购，次级信托份额由投资管理人认购。信托资金用于投资当代新生代紫砂壶工艺师的紫砂壶作品。闲置资金可用于投资经受托人和投资管理人共同认可的金融产品。

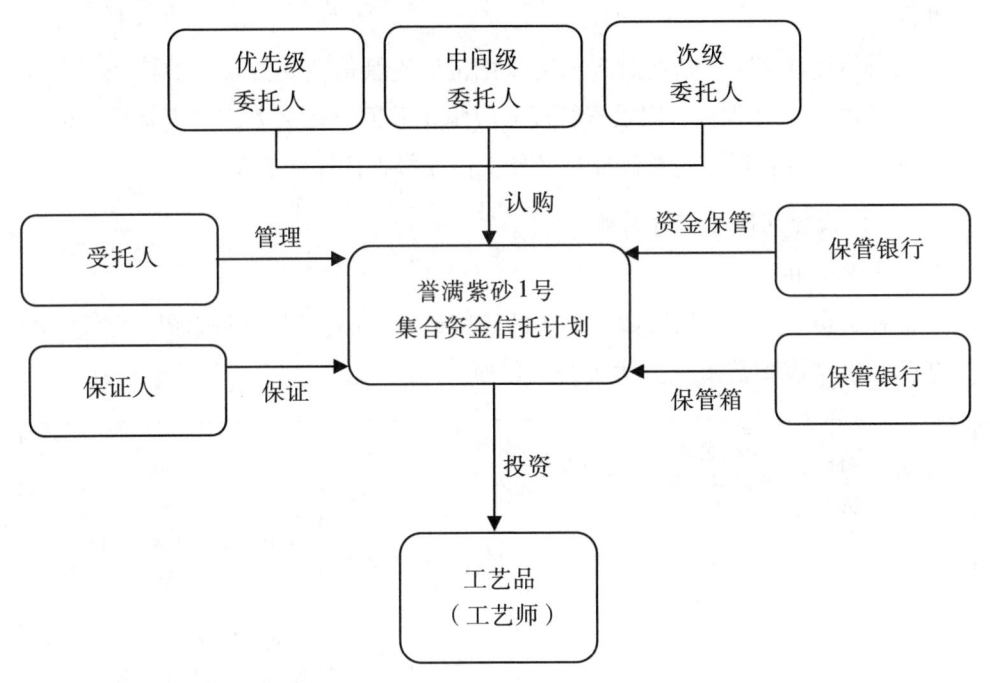

```
       ┌─────────┐   ┌─────────┐   ┌─────────┐
       │ 优先级  │   │ 中间级  │   │  次级   │
       │ 委托人  │   │ 委托人  │   │ 委托人  │
       └────┬────┘   └────┬────┘   └────┬────┘
            │             │             │
            └─────────────┼─────────────┘
                          │ 认购
┌────────┐  管理   ┌──────▼──────┐  资金保管  ┌────────┐
│ 受托人 ├────────►│ 誉满紫砂1号 │◄──────────┤保管银行│
└────────┘         │集合资金信托 │            └────────┘
                   │    计划     │
┌────────┐  保证   │             │  保管箱    ┌────────┐
│ 保证人 ├────────►│             │◄──────────┤保管银行│
└────────┘         └──────┬──────┘            └────────┘
                          │ 投资
                   ┌──────▼──────┐
                   │   工艺品    │
                   │ （工艺师）  │
                   └─────────────┘
```

（二）风险控制措施

1. 工艺品鉴定

信托资金购入工艺品（紫砂壶）时，工艺师本人对工艺品进行鉴定，并出具工艺品收藏证书。如果工艺品出现赝品或者其他不符合购买合同约定情形的，工艺师应承担相应的赔偿责任。信托期满时，信托受益权人选择以工艺品实物行权时，由工艺师亲自再次进行鉴定无误后，受托人以工艺品向信托受益权人进行实物分配；如果鉴定为赝品时，由投资管理人承担赔偿责任。

2. 工艺品的保管

受托人租用江城银行的保管箱对工艺品进行保管。投资管理人应保证工艺品的运送及保管安全，如果工艺品出现丢失、毁损、被调包等事故时，由投资管理人承担赔偿责任。

3. 工艺品的收购及差额补足

投资管理人应承担滞销工艺品的收购义务。如果信托期满前一个月尚有未变现的工艺品，则投资管理人应按照约定收购价格履行收购义务；如果工艺品市场价格超过收购价格的，投资管理人应协助受托人通过公开拍卖的方式出售工艺品。

如果信托期满时，信托财产不足以兑付优先级信托受益权人的信托本金和预期（基本）信托收益，则投资管理人应承担差额补足义务，投资管理人的实际控制人为投资管理人的差额补足义务提供连带责任保证担保。

（三）投资范围与投资策略

1. 投资范围

信托资金主要用于投资如下工艺师的紫砂艺术品：以"学院派"为代表的工艺师和以"陶刻艺术"为代表的工艺师。

姓名	性别	资格名称及证书编号	工作单位	专业	级别
				制壶/陶刻/雕塑	助理工艺美术师/工艺美术师/高级工艺美术师
				制壶/陶刻/雕塑	助理工艺美术师/工艺美术师/高级工艺美术师
				制壶/陶刻/雕塑	助理工艺美术师/工艺美术师/高级工艺美术师
				制壶/陶刻/雕塑	助理工艺美术师/工艺美术师/高级工艺美术师
				制壶/陶刻/雕塑	助理工艺美术师/工艺美术师/高级工艺美术师

工艺师简介及其代表性作品如下：（略）

2. 投资比例与限制

（1）投资比例：本信托计划按照如下投资比例进行艺术品资产配置：投资

于"学院派"工艺师作品的信托资金占信托资金总额的比例不超过70%，投资于"陶刻派"工艺师作品的信托资金占信托资金总额的比例不超过30%。

（2）投资限制：持有单个工艺师的作品价值不得超过信托财产总值的20%（以成本估值）。

投资管理人出具投资建议书时应当承诺：不得投资于本信托约定范围之外的艺术品种类；不得损害委托人的利益操纵工艺品价格；不得与投资管理人管理的其他艺术品基金进行交易；不得违反文物主管部门规定进行投资。

第五节 企业年金基金

一、企业年金基金概述

（一）企业年金基金概述

1. 企业年金概述

企业年金是指企业及其职工在依法参加基本养老保险的基础上，自愿建立的补充养老保险制度，是我国多层次养老保险制度的重要组成部分。企业年金所需费用由企业和职工个人共同缴纳，其中企业缴费每年不超过本企业上年度职工工资总额的1/12，企业和职工个人缴费合计一般不超过本企业上年度职工工资总额的1/6。

企业年金基金是指根据依法制定的企业年金计划筹集的资金及其投资运用收益形成的企业补充养老保险基金。企业年金基金主要由企业缴费、职工个人缴费和企业年金基金投资运营收益三部分组成。

2. 企业年金基金法律关系

根据《企业年金基金管理办法》第一条规定："为维护企业年金各方当事人的合法权益，规范企业年金基金管理，根据劳动法、信托法、合同法、证券投资基金法等法律和国务院有关规定，制定本办法。"由此可见，《企业年金基金管理办法》明确规定企业年金基金采用信托结构，委托人与法人受托机构或企业年金基金理事会之间形成信托关系。但是根据《企业年金试行办法》第十九条及《企业年金基金管理办法》第三条的规定，受托人与账户管理人、托管人、投资管理人之间为委托关系。

3. 企业年金计划

企业年金计划分为单一计划和集合计划，其中受托人将单个委托人交付的企业年金基金单独进行受托管理的企业年金计划为单一计划，受托人将多个委托人交付的企业年金基金集中进行受托管理的企业年金计划为集合计划。法人受托机构应当为每个集合计划确定账户管理人、托管人各1名，投资管理人至少3名。

（二）基本业务模式

1. 基本交易结构

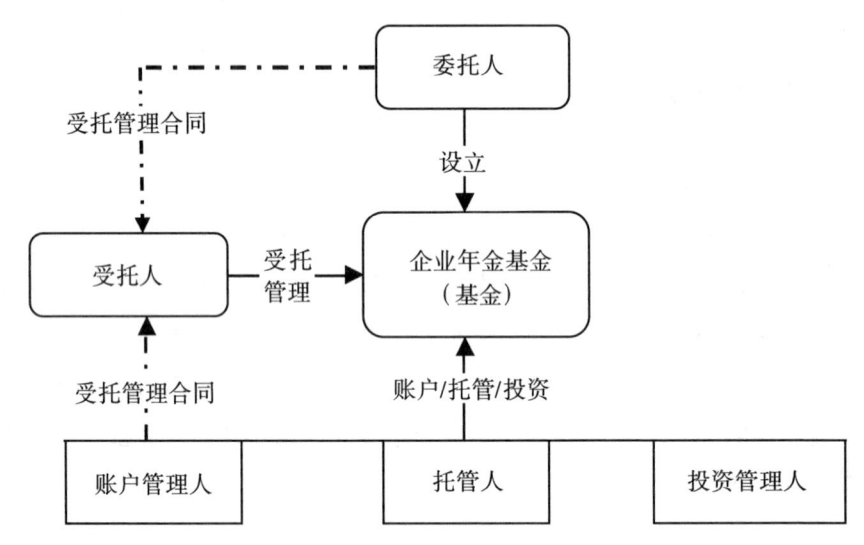

```
                          委托人
                            │
          受托管理合同       │ 设立
        ┌─────────────┐     ▼
        │           受托  企业年金基金
       受托人  ────管理──→   （基金）
        │                     ▲
        └─────────────┘       │
         受托管理合同    账户/托管/投资
        ┌──────────┬──────────┬──────────┐
     账户管理人    托管人    投资管理人
```

2. 业务模式辨析

企业年金基金的委托人是依法建立企业年金计划的企业及其职工，委托人与受托人（法人受托机构或者企业年金理事会）签订受托管理合同（信托合同），受托人与账户管理人、托管人和投资管理人分别签署委托管理合同。

一个企业年金计划应当仅有一个受托人、一个账户管理人和一个托管人，但是投资管理人可以为多个。同一企业年金计划中，受托人与托管人、托管人与投资管理人不得为同一人，但是受托人可以兼任账户管理人或者投资管理人。

二、企业年金管理机构

(一) 基本资格条件

企业年金基金当事人应当具备的基本资格条件包括：①经国家金融监管部门/有关部门批准，在中国境内注册的独立法人；②具有完善的法人治理结构；③取得企业年金基金从业资格的专职人员达到规定人数；④具有符合要求的营业场所、安全防范设施和与企业年金基金受托/账户/投资管理业务或者托管业务有关的其他设施；⑤具有完善的内部稽核监控制度和风险控制制度；⑥近3年没有重大违法违规行为；⑦国家规定的其他条件。

(二) 特定资格条件

1. 受托人：法人受托机构应当具备的特定资格条件包括：注册资本不少于5亿元人民币，净资产在任何时候不得少于5亿元人民币。

根据《企业年金基金管理办法》规定，企业年金基金的受托人除上述法人受托机构外，还包括企业年金理事会。企业年金理事会由企业代表和职工代表等人员组成，也可以聘请企业以外的专业人员参加，其中职工代表不少于1/3。

2. 账户管理人：账户管理人应当具备的特定资格条件包括：①注册资本不少于5亿元人民币，且在任何时候都维持不少于5亿元人民币的净资产；②具有相应的企业年金基金账户信息管理系统。

3. 托管人：托管人应当具备的特定资格条件包括：①注册资本不少于50亿元人民币，且在任何时候都维持不少于50亿元人民币的净资产；②设有专门的资产托管部门；③具有保管企业年金基金财产的条件；④具有安全高效的清算、交割系统。

4. 投资管理人：投资管理人应当具备的特定资格条件包括：①具有受托投资管理、基金管理或者资产管理资格；②具有证券资产管理业务的证券公司注册资本不少于10亿元人民币，且在任何时候都维持不少于10亿元人民币的净资产；养老金管理公司注册资本不少于5亿元人民币，且在任何时候都维持不少于5亿元人民币的净资产；信托公司注册资本不少于3亿元人民币，且在任何时候都维持不少于3亿元人民币的净资产；基金管理公司、保险资产管理公司、证券资产管理公司或者其他专业投资机构注册资本不少于 1 亿元人民币，且在任何时候都维持不少于 1 亿元人民币的净资产。

三、企业年金基金投资

（一）投资范围

企业年金基金项下信托财产仅限于如下境内发行的金融产品：存款、国债、中央银行票据、债券回购、万能保险产品、投资连结保险产品、证券投资基金、股票，以及信用等级在投资级以上的金融债、企业（公司）债、可转换债（含分离交易可转换债）、短期融资券和中期票据等金融产品。根据《关于扩大企业年金基金投资范围的通知》（人社部发〔2013〕23 号），企业年金基金还可以投资商业银行理财产品、信托产品、基础设施债权投资计划、特定资产管理计划、股指期货[①]。

（二）投资比例

1. 投资组合比例

企业年金基金资产以投资组合为单位，按照公允价值计算应当符合下列规定：

（1）投资于银行活期存款、中央银行票据、一年期以内（含）的银行定期存款、债券回购、货币市场基金、货币型养老金产品的比例，合计不得低于投资组合委托投资资产净值的 5%；清算备付金、证券清算款以及一级市场证券申购资金视为流动性资产。

（2）投资一年期以上的银行定期存款、协议存款、国债、金融债、企业（公司）债、可转换债（含分离交易可转换债）、短期融资券、中期票据、万能保险产品、商业银行理财产品、信托产品、基础设施债权投资计划、特定资产

---

① 企业年金基金可投资的商业银行理财产品、信托产品、基础设施债权投资计划的发行主体，限于以下三类：(1) 具有"企业年金基金管理机构资格"的商业银行、信托公司、保险资产管理公司；(2) 金融集团公司的控股子公司具有"企业年金基金管理机构资格"，发行商业银行理财产品、信托产品、基础设施债权投资计划的该金融集团公司的其他控股子公司；(3) 发行商业银行理财产品、信托产品、基础设施债权投资计划的大型企业或者其控股子公司（已经建立企业年金计划）。该类商业银行理财产品、信托产品、基础设施债权投资计划仅限于大型企业自身或者其控股子公司的企业年金计划投资，并且投资事项应当由大型企业向人力资源和社会保障部备案。

管理计划、债券基金、投资连结保险产品（股票投资比例不高于30%）、固定收益型养老金产品、混合型养老金产品的比例，合计不得高于投资组合委托投资资产净值的135%。债券正回购的资金余额在每个交易日均不得高于投资组合委托投资资产净值的40%。

（3）投资股票、股票基金、混合基金、投资连结保险产品（股票投资比例高于30%）、股票型养老金产品的比例，合计不得高于投资组合委托投资资产净值的30%。其中，企业年金基金不得直接投资于权证，但因投资股票、分离交易可转换债等投资品种而衍生获得的权证，应当在权证上市交易之日起10个交易日内卖出。

2. 投资集中度比例

（1）标准化金融产品比例

单个投资组合的企业年金基金财产，投资于一家企业发行的股票，单期发行的同一品种短期融资券、中期票据、金融债、企业（公司）债、可转换债（含分离交易可转换债），单只证券投资基金，单个万能保险产品或者投资连结保险产品，分别不得超过该企业上述证券发行量、该基金份额或者该保险产品资产管理规模的5%；按照公允价值计算，也不得超过该投资组合企业年金基金财产净值的10%。单个投资组合的企业年金基金财产，投资于经备案且符合投资组合比例规定的单只养老金产品，不得超过该投资组合企业年金基金财产净值的30%。

（2）非标准化金融产品比例

单个投资组合委托投资资产，投资商业银行理财产品、信托产品、基础设施债权投资计划、特定资产管理计划的比例，合计不得高于投资组合委托投资资产净值的30%。其中，投资信托产品的比例，不得高于投资组合委托投资资产净值的10%。投资商业银行理财产品、信托产品、基础设施债权投资计划或者特定资产管理计划的专门投资组合，可以不受此30%和10%规定的限制。专门投资组合，应当有80%以上非现金资产投资于投资方向确定的内容。

单个投资组合委托投资资产，投资于单期商业银行理财产品、信托产品、基础设施债权投资计划或者特定资产管理计划资产，分别不得超过该期商业银行理财产品、信托产品、基础设施债权投资计划或者特定资产管理计划资产管理规模的20%。投资商业银行理财产品、信托产品、基础设施债权投资计划或者特定资产管理计划的专门投资组合，可以不受此规定的限制。

（三）投资限制

1. 企业年金基金投资的商业银行理财产品应当符合如下条件：

（1）风险等级为发行银行根据银监会评级要求，自主风险评级处于风险水平最低的一级或者二级；（2）投资品种限于保证收益类和保本浮动收益类；（3）投资范围限于境内市场的信贷资产、存款、货币市场工具、公开发行且评级在投资级以上的债券，基础资产由发行银行独立负责投资管理；（4）发行商业银行理财产品的商业银行应当具有完善的公司治理、良好的市场信誉和稳定的投资业绩，上个会计年度末经审计的净资产不低于300亿元人民币或者在境内外主板上市，信用等级不低于国内信用评级机构评定的A级或者相当于A级的信用级别；境外上市并免于国内信用评级的，信用等级不低于国际信用评级机构评定的投资级或者以上的信用级别。

2. 企业年金基金投资的信托产品应当符合如下条件：

（1）限于融资类集合资金信托计划和为企业年金基金设计、发行的单一资金信托计划。（2）投资合同应当包含明确的"受益权转让"条款。（3）信用等级不低于国内信用评级机构评定的AA+级或者相当于AA+级的信用级别。但符合下列条件之一的，可以豁免外部信用评级：①偿债主体上个会计年度末经审计的净资产不低于90亿元人民币，年营业收入不低于200亿元人民币；②提供无条件不可撤销连带责任保证担保的担保人，担保人上个会计年度末经审计的净资产不低于90亿元人民币，年营业收入不低于200亿元人民币。（4）安排投资项目担保机制，但符合上述（3）①规定且在风险可控的前提下可以豁免担保；（5）发行信托产品的信托公司应当具有完善的公司治理、良好的市场信誉和稳定的投资业绩，上个会计年度末经审计的净资产不低于30亿元人民币。

3. 企业年金基金投资的基础设施债权投资计划应当符合如下条件：

（1）履行完毕相关监管机构规定的所有合法程序；（2）基础资产限于投向国务院、有关部委或者省级政府批准的基础设施项目债权资产；（3）投资合同应当包含明确的"受益权转让"条款；（4）信用等级不低于国内信用评级机构评定的A级或者相当于A级的信用级别；（5）投资品种限于信用增级为A类、

B类增级方式；（6）发行基础设施债权投资计划的保险资产管理公司应当具有完善的公司治理、良好的市场信誉和稳定的投资业绩，上个会计年度末经审计的净资产不低于2亿元人民币。

4. 企业年金基金投资的特定资产管理计划应当符合如下条件：

（1）限于结构化分级特定资产管理计划的优先级份额；（2）不得投资于商品期货及金融衍生品；（3）不得投资于未通过证券交易所转让的股权；（4）发行特定资产管理计划的基金管理公司应当具有完善的公司治理、良好的市场信誉和稳定的投资业绩，上个会计年度末经审计的净资产不低于2亿元人民币。

5. 企业年金计划投资组合、养老金产品参与股指期货交易应当符合如下条件：

（1）根据风险管理的原则，只能以套期保值为目的，并按照中国金融期货交易所套期保值管理的有关规定执行；（2）企业年金计划投资组合、养老金产品参与股指期货交易，任一投资组合或者养老金产品在任何交易日日终所持有的卖出股指期货合约价值不得超过其对冲标的股票、股票基金、混合基金、投资连结保险产品（股票投资比例高于30%）等权益类资产的账面价值；（3）企业年金计划投资组合、养老金产品不得买入股指期货套期保值。

6. 其他限制：

投资管理人管理的企业年金基金财产投资于自己管理的金融产品必须经受托人同意；企业年金基金证券交易以现货和国务院规定的其他方式进行，不得用于向他人贷款和提供担保；投资管理人不得从事使企业年金基金财产承担无限责任的投资。

四、企业年金所得税

根据《关于企业年金、职业年金个人所得税有关问题的通知》（财税〔2013〕103号）的规定，企业年金关于个人所得税的相关规定如下：

（一）企业年金缴费的个人所得税处理

1. 单位为在本单位全体职工缴付的企业年金单位缴费部分，在计入个人账户时，个人暂不缴纳个人所得税。

2. 个人缴付的年金个人缴费部分，在不超过本人缴费工资计税基数的4%

标准内的部分，暂从个人当期的应纳税所得额中扣除。

3. 超过上述标准缴付的年金单位缴费和个人缴费部分，应并入个人当期的工资、薪金所得，依法计征个人所得税。

4. 企业年金个人缴费工资计税基数为本人上一年度月平均工资。月平均工资超过职工工作地所在设区城市上一年度职工月平均工资300%以上的部分，不计入个人缴费工资计税基数。

（二）年金基金投资运营收益的个人所得税处理

年金基金投资运营收益分配计入个人账户时，个人暂不缴纳个人所得税。

（三）领取年金的个人所得税处理

1. 个人达到国家规定的退休年龄后领取的年金，全额按照"工资、薪金所得"项目适用的税率，计征个人所得税；

2. 对个人因出境定居而一次性领取的年金个人账户资金，或个人死亡后，其指定的受益人或法定继承人一次性领取的年金个人账户余额，允许领取人将一次性领取的年金个人账户资金或余额按12个月分摊到各月，就其每月分摊额计算缴纳个人所得税。对个人除上述特殊原因外一次性领取年金个人账户资金或余额的，则不允许采取分摊的方法，而是就其一次性领取的总额单独作为一个月的工资薪金所得计算缴纳个人所得税。

附件：2013年企业年金基金管理机构业务情况表[①]

表一　法人受托管理情况

法人受托机构	受托管理资产金额	法人受托机构	受托管理资产金额
华宝信托	609997.22 万元	中信信托	27852.76 万元
平安养老	7229034.59 万元	太平养老	2920605.75 万元
建设银行	3649126.41 万元	工商银行	5011404.35 万元
招商银行	1144680.12 万元	上海信托	504.43 万元
长江养老	3678693.22 万元	中国人寿养老	10204882.09 万元
泰康养老	980502.65 万元		

---

① 中国养老保险网 http://www.cnpension.net/index_lm/2014-05-08/1449296.html；《2013年全国企业年金基金业务数据摘要》。

表二　账户管理情况

账户管理人	企业账户数	个人账户数	账户管理人	企业账户数	个人账户数
工商银行	32061 个	8693245 个	交通银行	3062 个	880344 个
浦发银行	635 个	350212 个	招商银行	1685 个	1410352 个
光大银行	3411 个	884501 个	中信银行	260 个	85080 个
华宝信托	324 个	190839 个	新华人寿	25 个	3746 个
建设银行	7739 个	3218440 个	民生银行	228 个	138640 个
中国银行	7644 个	2431479 个	中国人寿养老	2783 个	1197283 个
泰康养老	286 个	92736 个	平安养老	503 个	239365 个
长江养老	5474 个	746627 个			

表三　托管情况

托管人	托管资产金额	托管人	托管资产金额
工商银行	25074467.32 万元	建设银行	7875758.30 万元
中国银行	6954239.52 万元	交通银行	4174918 万元
招商银行	4734940.31 万元	光大银行	2649629.35 万元
中信银行	2240130.67 万元	浦发银行	2676505.48 万元
农业银行	3049147.88 万元	民生银行	917335.76 万元

表四　投资管理情况

投资管理人	组合组合金额	投资管理人	组合组合金额
海富通基金	2406143.77 万元	华夏基金	5011353.38 万元
南方基金	2494249.55 万元	易方达基金	2037634.03 万元
嘉实基金	3715522.93 万元	招商基金	457822.61 万元
富国基金	1260188.90 万元	博时基金	2973990.43 万元
银华基金	276496.42 万元	中金公司	2216506.91 万元
中信证券	3282092.19 万元	华泰资产	512631.64 万元
平安养老	8048624.40 万元	太平养老	3098516.75 万元
国泰基金	484226.82 万元	工银瑞信基金	3067307.50 万元
广发基金	264671.50 万元	泰康资产	5122603.25 万元
中国人保资产	649237.01 万元	长江养老	3508199.66 万元
中国人寿养老	6947931.77 万元		

第六节　铁路发展基金专项信托

一、铁路发展基金专项信托

（一）基本交易结构

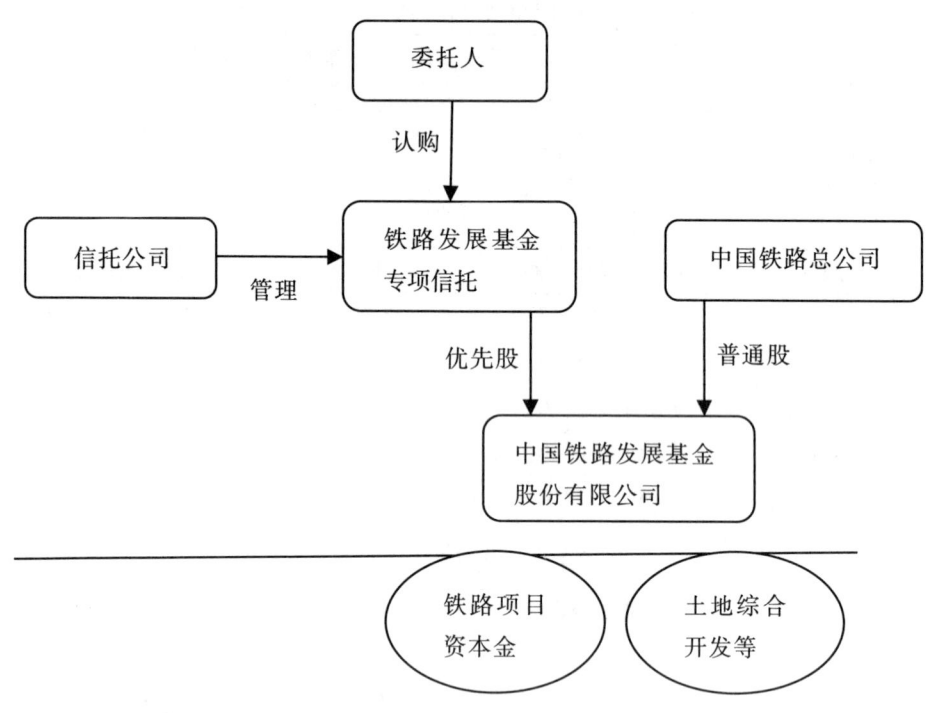

```
                      委托人
                        │
                       认购
                        ↓
信托公司 ──管理──→ 铁路发展基金        中国铁路总公司
                    专项信托
                        │                    │
                      优先股                普通股
                        ↓                    ↓
                    中国铁路发展基金
                      股份有限公司
                    ┌──────┬──────┐
                   铁路项目        土地综合
                   资本金          开发等
```

（二）监管政策

中国银监会办公厅印发《关于信托公司开展铁路发展基金专项信托业务有关事项的通知》（银监办发〔2015〕44号）：

1. 拟开展铁路专项信托业务的信托公司，应当向监管部门提出申请，由监管部门依据其公司资本实力、管理水平和风控能力等因素逐一核准该项业务资格。信托公司设立铁路专项信托，应逐笔向监管部门事前报告。

2. 经营稳健、风控能力较强的信托公司可设立铁路专项信托，委托人最低委托金额不低于人民币1万元，参与人数不受限制；其他类别信托公司设立铁路专项信托，应严格遵守《信托公司集合资金信托计划管理办法》等有关规定。

二、铁路发展基金

(一) 组织形式及股权结构

组织形式：铁路发展基金采用公司制形式，存续期为 15~20 年。中国铁路总公司作为政府出资人代表及铁路发展基金主发起人，联合社会资本共同发起设立中国铁路发展基金股份有限公司。

股权结构：中国铁路发展基金股份有限公司的股份分为普通股和优先股，中国铁路总公司认购普通股股份，社会资本认购优先股股份。中国铁路总公司认购股份的资金来源于中央财政性资金，包括铁路建设基金、中央预算内投资及车辆购置税。

(二) 经营管理

投资范围：铁路发展基金以不低于基金总额的 70% 用于国家批准的铁路项目资本金，剩余资金用于投资土地综合开发等经营性项目；铁路发展基金不得用于担保、期货交易、衍生金融产品等高风险领域，闲置资金可以存放银行和开展银行间市场业务。

投资管理：铁路发展基金应委托中国铁路总公司为铁路建设项目的投资管理人，铁路土地综合开发等经营性项目可以自行管理或实行委托投资管理。

资金募集：铁路发展基金可以通过增资扩股方式募集资金，也可以通过设立有限合伙制基金等方式募集资金。铁路发展基金可以发行期限不超过 1 年的债券或者银行流动资金贷款等方式筹措资金，用益补充日常运营的流动资金需求。

(三) 收益分配与退出

1. 收益分配

固定收益回报：社会资本获取稳定合理的投资回报，不参与铁路发展基金的剩余利润分配，具体投资回报水平由中国铁路总公司和社会资本在基金募集时按照市场情况协商确定。

差额补足义务：铁路发展基金可分配利润不足以支付社会资本约定回报时，中国铁路发展基金予以差额补足。铁路发展基金可分配利润超过社会资本约定回报时，超额部分首先用于补偿中国铁路总公司累计承担的差额补足部分，剩余部分留作中国铁路总公司对铁路发展基金的新增资本金，待清算时上缴国库。

2. 社会资本退出

铁路发展基金存续期内，中国铁路总公司不得退出，社会资本出资到位1年后可以通过股份转让方式实现退出。铁路发展基金存续期满时，中国铁路总公司提出续期或清算方案建议；铁路发展基金续期的，社会资本有权选择退出，由中国铁路总公司按原始投资额以现金方式回购社会资本所持股份。

第七节　其他创新信托业务

一、炭资产信托

(一) 清洁发展机制 (CDM)

1. 灵活履约机制

根据《京都议定书》"共同但有区别的责任"原则，发达国家在2008~2012年度第一个承诺期内，温室气体全部排放量从1990年水平减少5%，发展中国家暂不承担温室气体减排的义务。发达国家履行温室气体减排义务时可以采取在"境外减排"的灵活机制：(1) 联合履约机制 (JI)：发达国家之间通过项目的合作，转让其实现的减排单位 (EUR)；(2) 清洁发展机制 (CDM)：发达国家提供资金和技术，与发展中国家开展项目合作，实现"经核证的减排量"(CER)，大幅度降低其在国内实现减排所需的费用；(3) 排放贸易 (ET)，发达国家将其超额完成的减排指标，以贸易方式直接转让给另外一个未能完成减排义务的发达国家。

2. 清洁发展机制 (CDM)

鉴于发达国家能源利用效率高、能源结构优化、新能源技术被大量采用等原因，其减少温室气体排放的成本相对较高，减排难度较大；反之，发展中国家能源利用效率低、减排成本低、减排空间大，这就导致发达国家和发展中国家同一减排单位存在较高的成本价差。因此《京都议定书》设定了灵活履约机制——清洁发展机制，即发达国家通过给予技术和资金支持在发展中国家开展有助于减少温室气体排放的项目,并以项目减少排放的温室气体量来完成发达国家《京都议定书》项下应承担的减排任务的交易机制。

(二) 国内碳排放交易品种

1. 排放配额交易

(1) 排放配额概念

"碳排放权"是指企业依法取得排放温室气体的权利,"排放配额"是指企业取得一定时期内合法排放温室气体①的总量。国家根据不同地区经济发展情况、能源结构和产业结构等制定不同的配额分配机制,分配给排放企业一定数量的排放配额;如果企业实际排放量超过所分配的排放配额,则应在碳交易市场购买碳排放配额;如果企业实际排放量少于所分配的排放配额,则可以将剩余碳排放配额在碳交易市场进行出售。

(2) 排放配额总量

根据《碳排放权交易管理暂行办法》规定,国务院碳交易主管部门根据国家控制温室气体排放目标的要求,综合考虑国家和各省市自治区温室气体排放、经济增长、产业结构、能源结构,以及重点排放单位纳入情况等因素,确定国家以及各省、自治区和直辖市的排放配额总量。

(3) 免费配额分配

排放配额分配在初期以免费分配为主,实时引入有偿分配,并逐步提高有偿分配的比例。国务院碳交易主管部门制订国家配额分配方案,明确各省、自治区、直辖市免费分配的排放配额数量、国家预留的排放配额数量等。省级碳交易主管根据确定的配额免费分配方法和标准,提出本行政区域内重点排放单位的免费分配配额数量,报国务院碳交易主管部门确定后,向本行政区域内重点排放单位免费分配配额。

(4) 有偿配额分配

国务院碳交易主管部门在排放配额总量中预留一定数量,用于有偿分配、市场调节、重大建设项目等;有偿分配所取得的收益,用于促进国家减碳以及相关能力建设。各省、自治区、直辖市的排放配额总量中,扣除向本行政

---

① 主要指二氧化碳(CO_2)、甲烷(CH_4)、氧化亚氮(N_2O)、氢氟碳化物(HFCs)、全氟化碳(PFC_s)和六氟化硫(SF_6)六种温室气体。

区域内重点排放单位免费分配的配额量后剩余的配额，由省级碳交易主管部门用于有偿分配；有偿分配所取得的收益，用于促进地方减碳以及相关能力建设。

2. 核证自愿减排量交易

（1）核证自愿减排量备案

碳排放配额属于强制减排，企业亦可以参与自愿减排，自愿减排市场是强制减排市场的补充。根据《温室气体自愿减排交易管理暂行办法》，国家对温室气体自愿减排交易采取备案管理。参与自愿减排交易的项目，在国家主管部门备案和登记，项目产生的减排量在国家主管部门备案和登记，并在经国家主管部门备案的交易机构内交易。中国境内注册的企业法人可以依法申请温室气体自愿减排项目及减排量备案。

（2）核证自愿减排量核证

申请备案的自愿减排项目在申请前应由经国家主管部门备案的审定机构审定，并出具项目审定报告。经备案的自愿减排项目产生减排量后，项目业主在向国家主管部门申请减排量备案前，应由经国家主管部门备案的核证机构核证，并出具减排量核证报告。

（3）核证自愿减排量交易

经备案的减排量称为"核证自愿减排量"，应在国家主管部门备案的交易机构内，依据交易机构制定的交易细则进行交易。国内外机构、企业、团体和个人均可参与温室气体自愿减排交易。

（三）实务案例分析

1. 交易要素

（1）基本要素

信托名称	江城信托——碳资产投资基金集合资金信托计划
信托规模	6000万元
受托人	江城信托有限公司
基金投资顾问	江城碳资产经营有限公司
保管人	江城银行
信托期限	6年，受托人有权根据信托资产管理运用情况，提前终止信托计划。

第十章 另类信托业务风险管理与案例分析

（2）交易结构

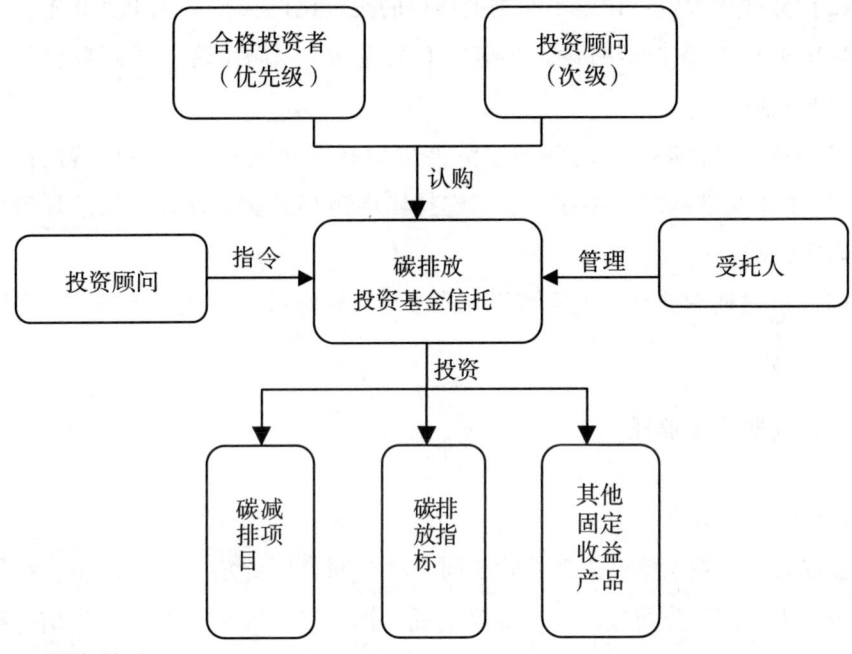

```
         合格投资者          投资顾问
         （优先级）          （次级）
               │                │
               └────认购────┬───┘
                            ▼
   投资顾问 ──指令──→  碳排放       ←──管理── 受托人
                    投资基金信托
                            │
                          投资
                            ▼
            ┌───────────┬───────────┐
         碳减         碳排          其他
         排项         放指          固定
          目           标           收益
                                   产品
```

2. 投资策略

投资范围：CDM（清洁发展机制）、国内碳市场、黄金标准、VCS 等标准[①] 碳减排项目和碳排放指标投资，闲置基金用于银行存款、货币基金、短期理财产品等高流动性固定收益产品。

盈利模式：①信托资金用于为项目业主垫支项目前期开发费用，在项目注册成功后，信托计划分享项目获签发的减排量指标在市场上出售价款收益。②信托资金用于买卖碳排放指标，信托计划通过买卖价差获取投资收益。

3. 风险控制措施

（1）结构化设计：投资顾问认购6000万元次级信托单位，为优先级信托

[①] 核证碳标准（VCS: Verified Carbon Standard）：以政府、企业等为单位计算其在社会和生产活动中各环节直接或间接排放的温室气体，称为"碳盘查"；由具有公信力的第三方对企业的碳盘查报告进行审核，并出具核查报告或声明的过程。核证碳标准是指由第三方机构来核证产品、项目或组织的碳盘查过程是否符合标准要求时所引用的标准依据。

黄金标准：黄金标准即清洁发展机制和联合履约项目的质量标准，为清洁发展机制和联合履约之下的减排项目提供第一个独立的最佳实施标准。这一标准可以作为项目实施者的工具，用以保证项目的环境效益，并给予东道国和公众一种坚信：这些项目相对于可持续能源服务的新增投资。

单位提供信用增级，优先级和次级信托单位比例不超过9:1。

（2）分散化投资：设定不同类型项目的投资比例（比如风电、水电、太阳能、生物质能等），投资时设定相应的安全边际，以防范部分投资项目不能成功注册的风险。

（3）按照项目进度的时间节点分期以信托资金支付前期垫付费用；如果2012年CDM交易机制不存在，可以选择国内市场的交易途径，或选择黄金标准、VCS标准。

（4）通过期货交易、远期结售汇等方式以规避可能出现的市场波动风险和汇率波动风险。

二、人寿保险信托

（一）交易结构

投保人与保险人签订人寿保险合同，并按照合同约定交付保险费；投保人作为委托人与信托公司签订人寿保险信托合同，以保险单受益权作为信托财产设立人寿保险信托。当保险事故发生时，保险人按照约定将保险金交付信托公司；信托公司按照信托合同约定，管理运用信托财产（保险金）。

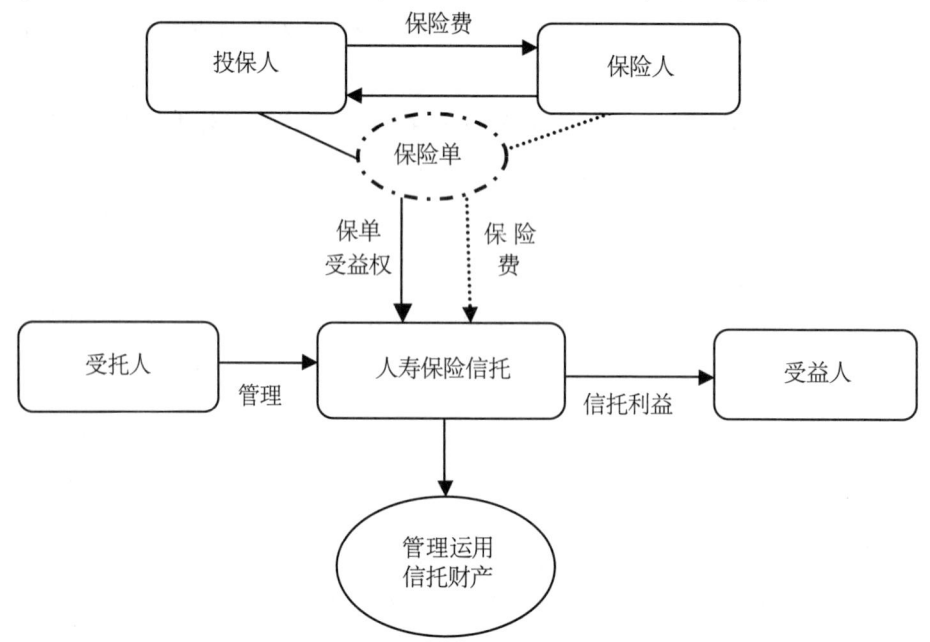

（二）业务特点

1. 受益人权益保障功能：投保人以自己未成年子女为保险受益人向保险公司投保人寿保险，如果保险公司于保险事故发生时直接向保险受益人支付保险金，保险受益人会因为未成年而无法独立管理支配保险金。如果投保人委托信托公司设立人寿保险信托，则保险公司将保险金支付信托公司，信托公司可以为信托受益人的利益管理运用信托财产。

2. 储蓄与投资理财的双重功能：以被保险人死亡为保险事故的人寿保险，大部分具有储蓄功能，信托则是有效的投资理财工具，人寿保险与信托相结合，就可以发挥人寿保险信托的储蓄和投资理财的双重功能。保险公司于保险事故发生时支付保险金，以保障保险受益人的利益；信托公司按照信托合同的约定管理运用保险金，以使保险金保值增值。

三、传媒影视信托

（一）基本交易模式

1. 版权质押贷款：版权是传媒影视业的核心价值，信托公司向影视传媒公司发放信托贷款时，融资人可以其所拥有的版权提供质押担保。基本的交易结构如下：

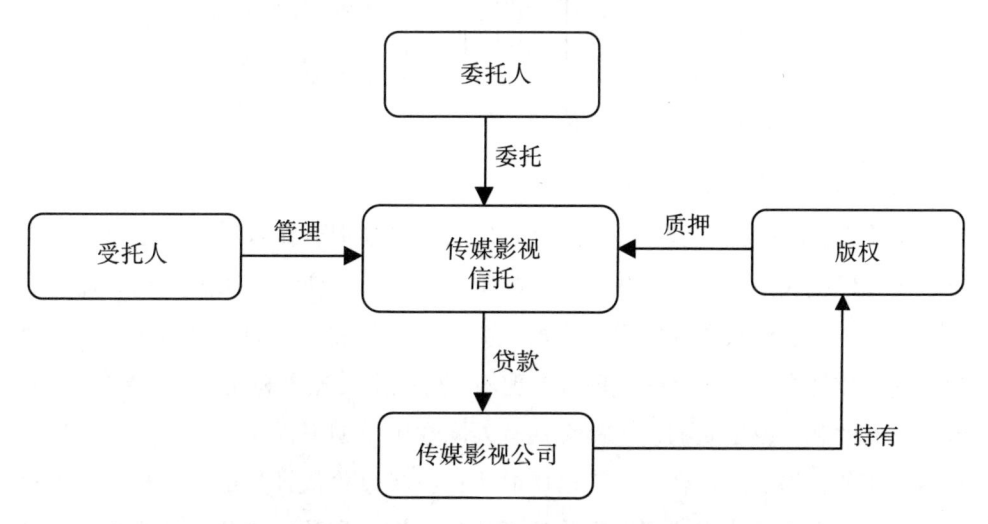

2. 影视直接投资：信托公司成立影视文化信托募集信托资金，用以认购影视文化产业基金（有限合伙）的有限合伙份额。影视文化产业基金（有限合

伙）可以对影视制作公司或影视传播公司的股权进行股权投资，以参与影视文化产业的直接投资；影视文化产业基金（有限合伙）也可以直接投资参与影视片的制作。

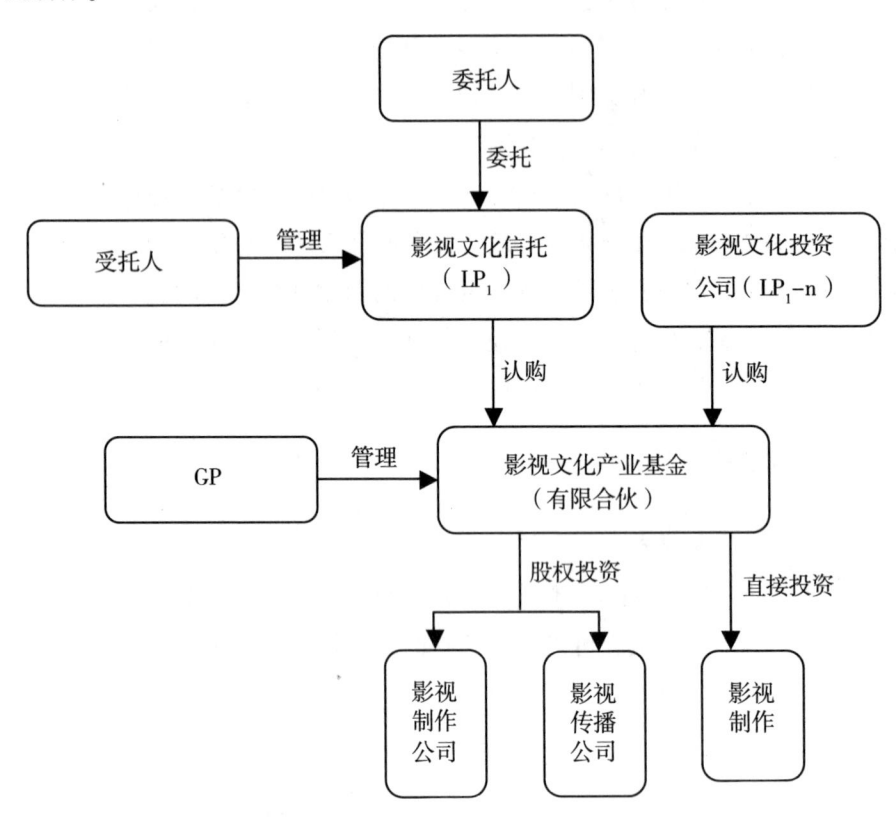

```
                          委托人
                            │
                           委托
                            ↓
   受托人  ──管理──→  影视文化信托      影视文化投资
                      （LP₁）          公司（LP₁-n）
                            │                │
                           认购              认购
                            ↓                ↓
     GP   ──管理──→      影视文化产业基金
                          （有限合伙）
                          │            │
                        股权投资      直接投资
                        ↓     ↓         ↓
                    影视    影视       影视
                    制作    传播       制作
                    公司    公司
```

（二）著作权质押相关问题分析

（1）著作权质押登记申请

出质人和质权人可以自行向国家版权局申请办理著作权质押登记手续，也可以委托代理人办理。申请办理著作权质押登记的，应当向国家版权局提交的资料包括：①著作权质押登记申请表；②出质人和质权人的身份证明；③主债权合同及质押合同；④委托代理人办理的，应提交委托书和受托人的身份证明；⑤以共有的著作权出质的，应提交共有人同意出质的书面文件；⑥出质前授权他人使用的，提交授权合同；⑦出质的著作权经过价值评估的，质权人要求价值评估的或者相关法律法规要求价值评估的，提交有效的价值评估报告；⑧其他需要提供的材料。如果提交的文件是外文的，需要附送中文译本。

(2) 著作权质押登记权证

对于符合质押登记要求的质押登记申请,国家版权局向出质人和质权人发放《著作权质权登记证书》。国家版权局设立《著作权质权登记簿》,记载著作权质权登记信息供社会公众查询,如果《著作权质权登记证书》的内容与《著作权质权登记簿》的内容不一致的,以《著作权质权登记簿》为准,但是有证据证明《著作权质权登记簿》的记载确有错误的除外。

(3) 著作权质押登记除外

《著作权质权登记办法》规定了不予办理出质登记的情形:①出质人不是著作权人;②合同违反法律法规强制性规定;③出质著作权的保护期届满;④债务人履行债务的期限超过著作权保护期;⑤出质著作权存在权属争议的;⑥其他不符合出质条件的情形。

(4) 著作权质权的撤销、注销与转让

撤销:如果出现:①登记后发现有登记机关不予登记的情形;②根据司法机关、仲裁机关或者行政管理机关作出的影响质权效力的生效裁决或者行政处罚决定书应当撤销的;③著作权质权合同无效或者被撤销;④申请人提供虚假文件或者以其他手段骗取著作权质权登记的;⑤其他应当撤销的情形,国家版权局应当撤销质权登记。

注销:如果出现:①出质人和质权人协商一致同意注销的;②主合同履行完毕的;③质权实现的;④质权人放弃质权的;⑤其他导致质权消灭的情形,申请人应当向国家版权局申请注销质权登记。

转让:著作权出质期间,未经质权人同意,出质人不得转让或者许可他人使用已经出质的权利。出质人转让或者许可他人使用出质的权利所得的价款,应当向质权人提前清偿债务或者提存。

(三) 实务案例分析

1. 产品要素

产品名称	江城传媒影视投资单一资金信托
信托总规模	8000万元
信托期限	36个月

续表

信托财产运用方式	江城银行以其理财资金委托江城信托设立江城传媒影视投资单一资金信托，用以认购江城传媒影视股权投资基金（有限合伙）优先级有限合伙份额。
信托利益分配	受托人于信托成立后每满一年向信托受益权人分配固定预期信托收益，于信托终止时分配浮动信托收益和信托本金。
委托人	江城银行（理财资金） 预期信托收益率：7%/年+浮动收益
受托人	江城信托公司 信托报酬：0.3%/年
有限合伙基金 — 基金份额	优先级LP份额：8000万元，江城信托公司以江城传媒影视投资单一资金信托项下信托资金认购。 劣后级LP份额：4000万元，江城传媒影视集团有限公司以自有资金认购。 普通合伙份额GP：120万元，江城股权投资基金管理公司以自有资金认购。
有限合伙基金 — 基金投资	江城传媒影视股权投资基金（有限合伙）用合伙企业资金以股权方式投资影视投资公司，最终用于传媒影视作品的投资拍摄，并获得影视剧的版权、播放权和广告投放权。
基金管理人	江城股权投资基金管理公司
基金收益分配	有限合伙基金于优先级有限合伙人缴付认缴资金之日起每满一年向优先级有限合伙人分配固定预期投资收益，并于优先级有限合伙人退出时分配浮动投资收益和实缴本金。 浮动投资收益率=（基金净投资收益率-7.3%/年）×20%，最小值为0，净投资收益率指按照基金投资总收益扣除各项基金负债后的净值。

2. 交易结构

江城银行以其理财资金委托江城信托设立江城传媒影视投资单一资金信托，用以认购江城传媒影视股权投资基金（有限合伙）优先级有限合伙份额，江城传媒影视集团有限公司认购劣后级有限合伙份额，江城股权投资基金管理公司认购普通合伙份额。

江城传媒影视股权投资基金（有限合伙）用合伙企业资金以股权方式投资影视投资公司，最终用于传媒影视作品的投资拍摄，并获得影视剧的版权、播放权和广告投放权。

第十章 另类信托业务风险管理与案例分析 | 547

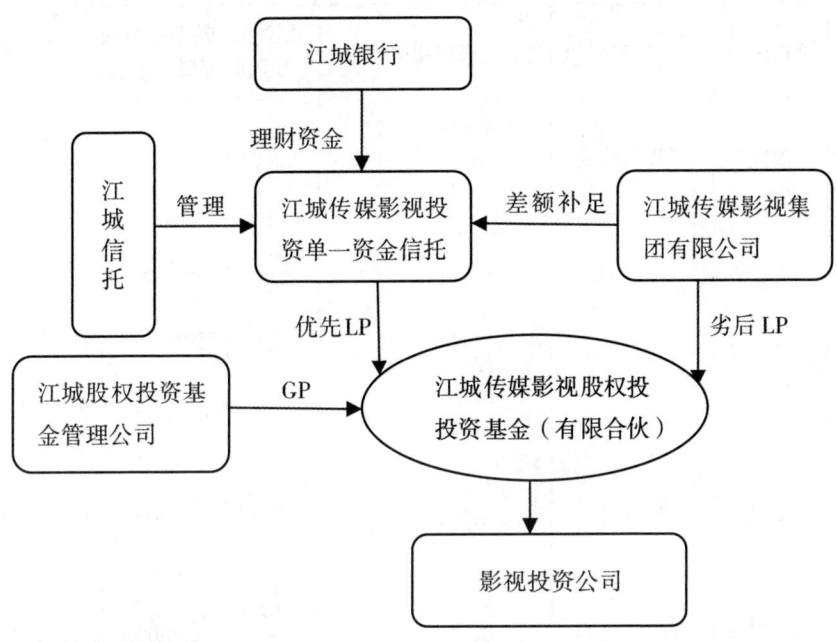

```
                    ┌─────────┐
                    │ 江城银行 │
                    └────┬────┘
                         │ 理财资金
                         ▼
┌──────┐  管理  ┌──────────────┐  差额补足  ┌──────────────┐
│ 江城 │──────▶│ 江城传媒影视投 │◀──────────│ 江城传媒影视集 │
│ 信托 │       │ 资单一资金信托 │           │ 团有限公司     │
└──────┘       └──────┬───────┘           └──────┬───────┘
                      │ 优先LP                    │ 劣后LP
┌──────────┐          ▼                           ▼
│ 江城股权 │       ┌─────────────────────┐
│ 投资基金 │  GP   │ 江城传媒影视股权投   │
│ 管理公司 │──────▶│ 投资基金(有限合伙)   │
└──────────┘       └──────────┬──────────┘
                              │
                              ▼
                        ┌──────────┐
                        │ 影视投资公司 │
                        └──────────┘
```

3. 投资与退出

（1）基金投资

江城银行以其理财资金委托江城信托设立江城传媒影视投资单一资金信托，用以认购江城传媒影视股权投资基金（有限合伙）优先级有限合伙份额。基金投资方向仅限于以股权方式投资影视投资公司，通过影视投资公司投资影视剧、广告传媒等与江城传媒影视集团有限公司战略发展规划相关的细分领域。

基金设投资决策委员会作为基金对外投资的最高决策机构。投资决策委员会共有5名委员组成，其中江城信托委派1名，其余成员均由江城传媒影视集团有限公司委派；所有投资事项均需投资决策委员会全体委员一致通过后方可执行，但是江城传媒影视集团有限公司负责为基金投资提供投资咨询服务。

拟投资项目情况表：

项目	项目类型	题材	主创团队	总投资（万元）	基金拟投资金额（万元）	发行预案
《A》	主投资方	现代情感剧	导演：[ ] 编剧：[ ] 主演：[ ]	8000	5000	东方卫视、爱奇艺等
《B》	主投资方	抗战剧	导演：[ ] 编剧：[ ] 主演：[ ]	7000	5000	央视
《C》	参投	抗战剧	导演：[ ] 编剧：[ ] 主演：[ ]	7500	2500	浙江台
《D》	参投	抗战剧	导演：[ ] 编剧：[ ] 主演：[ ]	5000	2500	未定
《E》	固定回报	现代情感剧	导演：[ ] 编剧：[ ] 主演：[ ]	7000	1400	无
《F》	固定回报	当代情感剧	导演：[ ] 编剧：[ ] 主演：[ ]	6000	1600	无

（2）信托资金退出

①项目投资收益：拟投资影视剧通过电视台播放权出售、音像版权、网络点播以及其他方式产生投资收益，基金以项目投资收益向基金合伙人分配；

②差额补足：如果基金投资收益不足以向优先级LP分配固定预期投资收益，则江城传媒影视集团有限公司对差额部分予以补足；

③LP份额转让：江城传媒影视集团有限公司与江城信托公司签订份额转让协议，远期受让江城信托公司持有的优先级LP份额，远期受让资金来源于江城传媒影视集团有限公司自身的经营收入。江城传媒影视集团有限公司2012~2014年的营业收入分别为89984万元、103009万元和158998万元，平均营业收入增长率为15%以上。

【电影行业知识拓展】①

一、行业监管与准入

(一) 资格准入许可

1. 电影制片制作资格准入许可

我国对从事电影制片制作业务实施许可制度,国家新闻出版广电总局负责对电影制片制作资格准入进行行政许可审批。未经许可,任何单位和个人不得从事电影制片制作业务。

2. 电影发行和放映资格准入许可

电影的发行和放映业务分别由电影发行公司和电影院线、影院经营,从事电影发行和放映业务,均应取得发行和放映资格准入许可。电影发行公司应当取得《电影发行经营许可证》;电影院投资建设完成后,应当取得《电影放映经营许可证》。

(二) 电影摄制行政许可

1. 摄制电影许可证

电影公司从事具体影片拍摄工作必须经国家新闻出版广电总局的批准,并获得《摄制电影许可证》;持有《摄制电影许可证》的电影公司,在拍摄每部影片之前需要向省级广电局进行备案审核,并由省级广电局报国家新闻出版广电总局备案。《摄制电影许可证》需要接受国家新闻出版广电总局的隔年检验。

已经以《摄制电影片许可证(单片)》的形式投资拍摄了两部及以上电影片的电影公司,可以向国家新闻出版广电总局申请颁发《摄制电影许可证》。

2. 摄制电影片许可证(单片)

未持有《摄制电影许可证》的电影公司,在每次拍摄影片之前都必须申请取得所拍摄影片的《摄制电影片许可证(单片)》,在取得《摄制电影片许可证(单片)》后即享有影片的一次性出品权;《摄制电影片许可证(单片)》在影片公映后自动作废,以后拍摄新片时需要重新申请《摄制电影片许可证(单片)》。

(三) 电影内容审查许可

影片拍摄完成后,进行发行、放映、进口及出口前,应当经过国家新闻出版广电总局电影审查委员会审查通过并获得《电影片公映许可证》。参加境内

---

① 参考《中国电影股份有限公司招股说明书》。

电影展或电影节、通过进口方式公映的境外影片，以及参加境外电影展或电影节、通过出口方式在境外公映的境内影片，也需要取得《电影片公映许可证》。

（四）电影进口业务许可

我国对进口影片实行一家进口、两家发行的原则进行管理。国家广电总局授权中影集团进出口分公司唯一承担境外影片的进口业务，并由中影集团进出口分公司向中国电影股份有限公司和华夏电影发行有限责任公司供片发行。

二、行业经营模式

（一）生产模式

1. 联合摄制模式：投资各方共同投资、共同摄制，按照各自投资比例分享影片权益和分担影片风险。各投资方按照分工合作形式，分为执行制片方和非执行制片方；执行制片方是电影摄制发行工作的主要负责人，通常作为影片的财务主核算方对影片的资金使用进行统一的管理。

2. 委托摄制模式：主要投资方委托外部电影制作机构完成影片制作，外部制作机构根据影片制作预算完成影片摄制工作，投资方负责监督预算的执行情况。

（二）行业产业链

电影行业产业链图示：

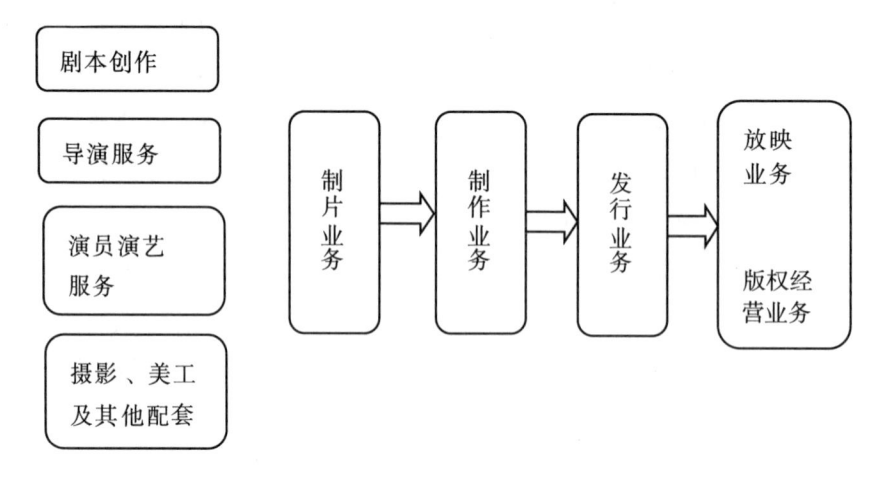

剧本创作

导演服务

演员演艺服务

摄影、美工及其他配套

制片业务 → 制作业务 → 发行业务 → 放映业务 / 版权经营业务

（1）影视制片业务

影视制片业务主要是指就剧本、导演、演员、制片团队、制作成本和制作周期、宣传发行方案进行论证和决策，对影视作品的艺术和技术质量、成本周期以及安全环保等进行管理的业务。

(2) 影视制作业务

影视制作业务分为拍摄前、拍摄中和拍摄后三个环节。拍摄前业务主要包括提供摄影棚等拍摄场地的租赁、置景、美术设计、摄影灯光设备等器材租赁及服装、化妆、道具制作等服务；拍摄中业务主要包括协助剧组成员根据剧本进行分镜头拍摄，并提供录音和粗剪等服务；拍摄后业务主要包括提供声音、特效制作、画面剪辑、洗印、译制、中间片和数字母版的制作服务。

电影摄制活动以剧组为主要单位，剧组是参与电影拍摄工作的演职人员组成的工作团队，主要包括制片、导演、摄影、录音、美术、特技等不同工作组或工作部门。剧组的主要负责人是导演和执行制片人，其中导演全面负责影片的创作摄制工作，执行制片人则协助制片人对影片的财务预算、资金开支、摄制进程、剧组人员选聘等方面进行管理。

(3) 发行业务

电影摄制完成并通过内容审查后，即进入发行和放映阶段。电影发行业务由电影发行公司经营，受电影出品单位委托发行过两部及以上影片的境内公司可以申请设立专营国产影片发行业务的电影发行公司。进口影片由中影集团进出口分公司负责引进后，向中国电影股份有限公司和华夏电影发行有限责任公司供片发行。

电影发行业务的主要服务模式为向电影制片公司或影片进口方提供影片发行服务：比如负责确定影片发行方案、联系电影院线完成影片放映排映档期、联系制作密钥及洗印拷贝、发行硬盘或拷贝、发行海报等影片宣传品、市场巡视、影片监察、票房统计与结算、密钥分发管理与拷贝回库等。

(4) 放映业务

电影放映业务由电影院线和影院经营。电影出品单位委托电影发行公司直接向电影院线公司供片，电影院线公司根据其旗下所属影院的情况对影片放映进行统一安排和管理，根据各家影院的拍片安排进行影片放映。电影院线公司负责与电影发行公司进行影片发行与放映事宜的洽谈，并向影院供片；影院负责在当地及影院内宣传并具体实施影片放映工作。

电影院线公司与影院的合作模式主要包括签约加盟模式和资产联接模式：资产联接模式是指相关电影院线公司作为影院的股东参与影院的经营活动；签约加盟模式是指电影院线公司与影院签署加盟合同以约定双方之间关于影片发

行放映的权利义务关系。

（三）行业盈利模式

1. 销售收入

（1）销售收入类型

票房收入：在我国电影市场中，票房收入是电影收入的主要来源，占比高达90%。目前电影发行方与院线、影院关于票房收入的分成比例为43:57，计算基数为扣除应缴纳的国家电影专项资金和流转税及附加后的净票房收入。

其他收入：电影产品的其他收入包括影像制品、电视播放、网络点播、广告和衍生品销售等版权经营市场的收入。

（2）销售收入确认

电影销售收入实现及销售成本结转具有行业特殊性：影片应在取得电影片公映许可证之日起不超过24个月内全部结转销售成本；如果公司拥有影片著作权，则象征性的保留一元面值计入存货的库存商品科目。国内发行放映为主的影片一般在公映后3个月内基本实现大部分票房收入，并结转大部分销售成本；少数国外发行收入占比较高的影片，在一至两年内可实现全部海外票房收入，并结转全部销售成本。

2. 电影档期

电影的档期是指电影院线根据各家影院的拍片安排，集中一个时间段进行影片放映，影片的票房收入基本在该档期内实现，销售成本在此期间进行相应的集中结转。国内电影市场基本形成以春节档期、暑假档期、国庆档期和贺岁档期四大档期为主，以元旦、情人节、清明节、五一节、端午节等几个小档期为辅的档期格局。

图书在版编目（CIP）数据

信托业务风险管理与案例分析／张同庆编著 .—2版 .—北京：中国法制出版社，2018.8
（金融业务实务与技能丛书）
ISBN 978－7－5093－9696－4

Ⅰ.①信… Ⅱ.①张… Ⅲ.①信托业务－风险管理－案例－中国 Ⅳ.①F832.49

中国版本图书馆CIP数据核字（2018）第191287号

责任编辑：马金风　　　　　　　　　　　　　　封面设计：周黎明

信托业务风险管理与案例分析（第二版）
XINTUO YEWU FENGXIAN GUANLI YU ANLI FENXI（DIERBAN）

编著／张同庆
经销／新华书店
印刷／三河市紫恒印装有限公司
开本／710毫米×1000毫米　16开　　　　印张／35.25　字数／398千
版次／2018年9月第2版　　　　　　　　　　2018年9月第1次印刷

中国法制出版社出版
书号 ISBN 978－7－5093－9696－4　　　　　　　　定价：118.00元

北京西单横二条2号
邮政编码 100031　　　　　　　　　　　　　传真：010－66031119
网址：http://www.zgfzs.com　　　　　　　编辑部电话：010－66070046
市场营销部电话：010－66033393　　　　　邮购部电话：010－66033288

（如有印装质量问题，请与本社印务部联系调换。电话：010－66032926）